四川省志

Sichuan Shengzhi

民族志

1986—2005

【第七十七卷】

四川省地方志编纂委员会 编

方志出版社
Publishing House of Local Records

图书在版编目(CIP)数据

四川省志．民族志：1986—2005／四川省地方志编纂委员会编．—北京：方志出版社，2020.9

ISBN 978－7－5144－4352－3

Ⅰ.①四… Ⅱ.①四… Ⅲ.①四川—地方志②民族志—四川—1986－2005 Ⅳ.①K297.1②K280.71

中国版本图书馆CIP数据核字(2020)第192864号

四川省志·民族志(1986—2005)

编　　者：四川省地方志编纂委员会
责任编辑：王海荣

出 版 者：方 志 出 版 社
地址　北京市朝阳区潘家园东里9号(国家方志馆4层)
邮编　100021
网址　http://www.zgfzcb.cn
发　　行：方志出版社图书经销中心
电话(010)67110500
经　　销：各地新华书店
装帧设计：成都未来人图文设计有限公司
印　　刷：成都现代印务有限公司

开　　本：889×1194　1/16
印　　张：25
字　　数：679千
版　　次：2020年9月第1版　2020年9月第1次印刷
印　　数：0001～2000册

ISBN 978－7－5144－4352－3　定价:329.00元

四川少数民族分布示意图

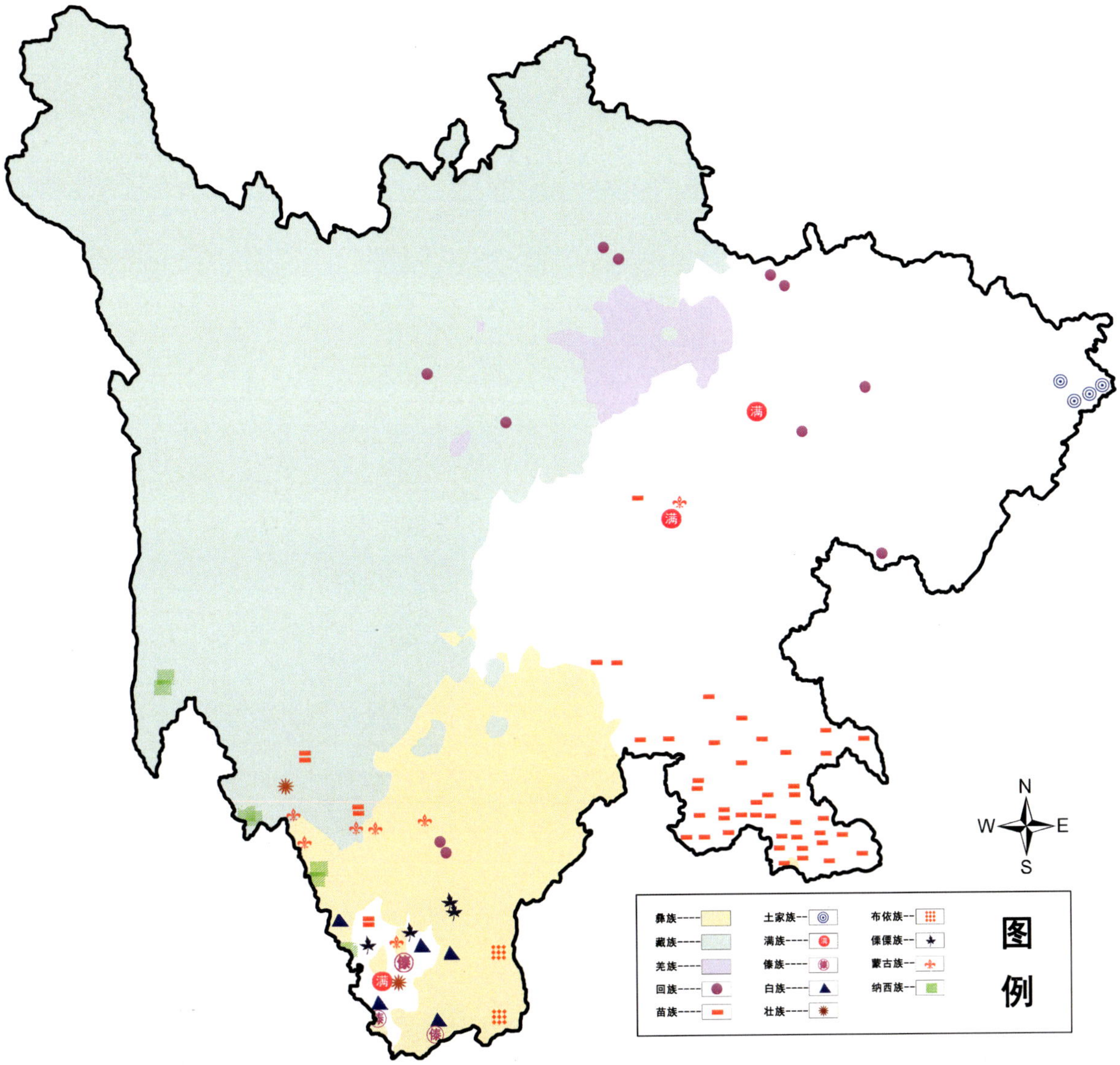

世居少数民族 SHIJUSHAOSHUMINZU

彝族

藏族

羌族

苗族

土家族

蒙古族

回族

满族

傈僳族

纳西族

白族

傣族

布依族

壮族

民族团结 MINZUTUANJIE

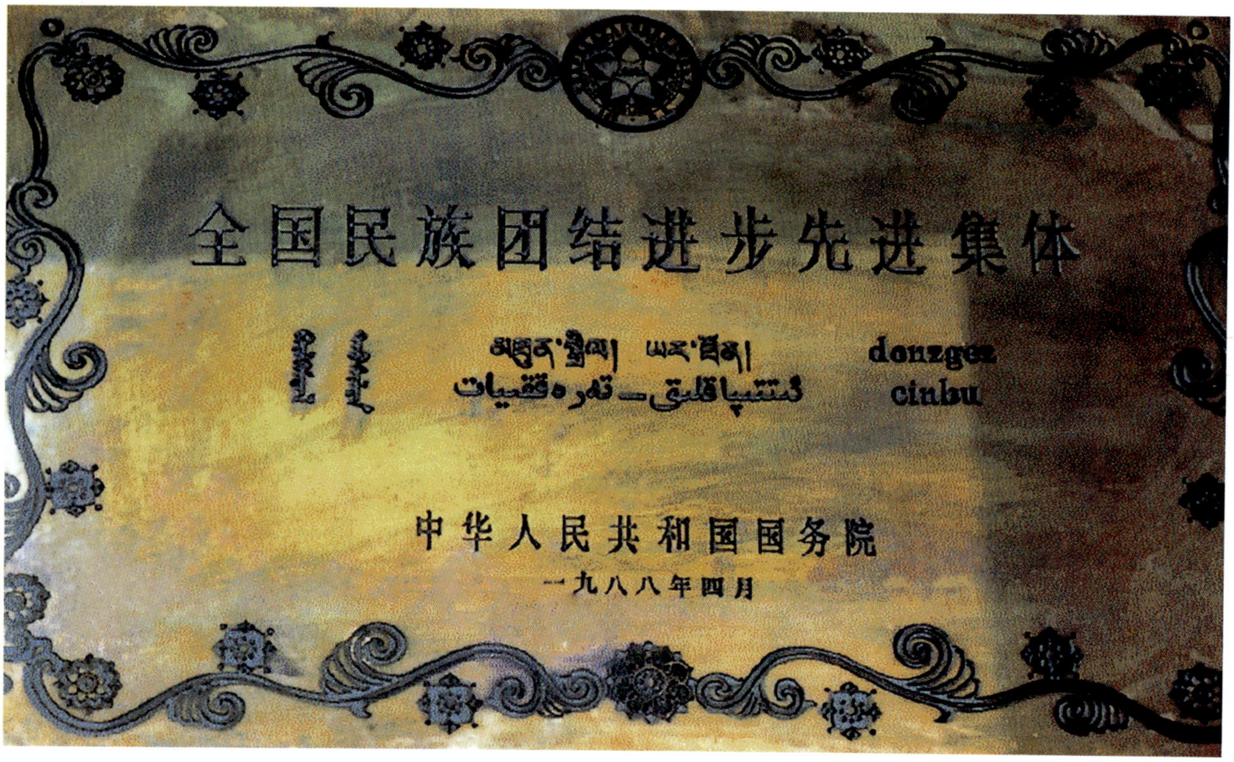

1988年，成都军区某部队获得“全国民族团结进步先进集体”称号

1991年，峨边彝族自治县民族团结宣传月活动——彝族达体舞比赛现场

1999年9月，中央民族工作会议暨国务院第三次全国民族团结进步表彰大会在北京人民大会堂举行

2003年10月，北川羌族自治县成立。图为成立大会现场

1999年10月，全国民族团结进步模范事迹报告会召开

各民族联欢

民族生产及生活 MINZUSHENGCHANJISHENGHUO

塔公帐篷城

藏式客厅

藏药

藏族手工艺品

藏族唐卡绘画

彝族漆器

彝区优质花黄牛

高原之舟——牦牛

红原牦牛乳业公司直饮奶生产线

良种羊到阿坝牧区

羌族群众学习农技知识

羌族农户桃子喜获丰收

土家族家宴

布依族舂糍粑

乐山市马边县荞坝贡茶

傈僳族传统养植业——采蜂蜜

农机奔驰田间地头

凉山州雷波脐橙

阿坝州金川县无公害蔬菜基地

凉山州宁南县蚕桑产业项目

基础设施 JICHUSHESHI

甘孜州康定县（现康定市）新貌

乐山市峨边县城新貌

通村公路（甘孜州）

彝寨通乡公路

牧民新居

藏寨

位于四川省雷波县、云南省永善县交界地段金沙江上的溪洛渡电站全景

信号塔

安曲变电站一角

凉山州青山机场喜迎八方来宾

穿越大凉山彝区的成昆铁路

民族文化 MINZUWENHUA

凉山州木里县大寺外景

位于甘孜州德格县的德格印经院外景

彝文书籍

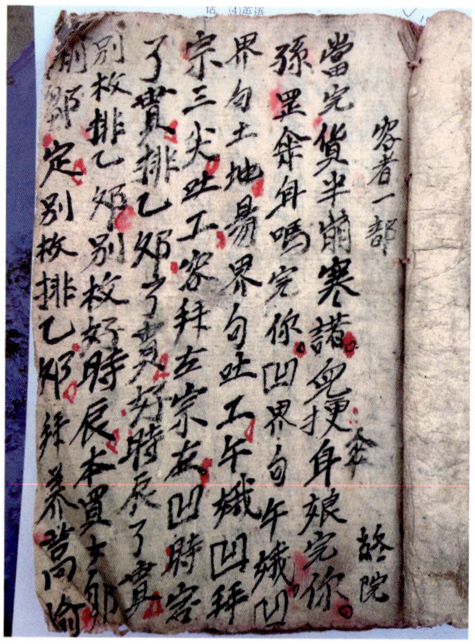

凉山州宁南县布依族布摩《摩经》

满文书法

农村书屋

藏文古籍

藏族服饰表演

藏族舞蹈

藏族服饰展示

彝族火把节

彝族火把节选美

彝族月琴表演

毕摩及器物

纳西族男子服饰

羌族妇女绣花

羌寨沙朗

羌族推杆

吹羌笛

羌族释比作法

羌寨祭山会

苗族女性服饰

苗族传统乐器——芦笙

苗族蜡染

蒙古族歌唱比赛

摩梭舞蹈——甲措舞

傣族泼水节

土家族迎亲

傈僳族妇女传统技艺——火草织布

回族开斋节

四川省地方志编纂委员会成员

《四川省志(1986—2005)》
审核委员会成员

主　　任	王　宁			
副 主 任	蔡　竞			
委　　员	马小彬	冯宝运	何晓平	胡品生
	王孝平	谭继和	陈世松	陈廷湘

《四川省志(1986—2005)》
总编、副总编

总　　编　陈建春

副 总 编　赵　行　邓　瑜　陶利辉　熊　倩

张兆法　高伟明　朱艳林　牛　淼

《四川省志·民族志(1986—2005)》
责任总编、责任编辑

责任总编　陶利辉

责任编辑　牛　淼

《四川省志·民族志(1986—2005)》
分卷编纂委员会

（2017—2019年）

主　　任	张富国			
常务副主任	何晓平	刘文芝		
副 主 任	甘映平	李　凯	刘向鸿	向泽朗
	马　飞			
委　　员	（按姓氏笔画为序）：			
	于迎社	王　军	王立军	王林国
	王小虎	韦　波	帅祥军	龙　彦
	田道云	伍东炬	李兴友	张　健
	杨跃加	杨　松	何耀军	周发成
	罗江龙	赵克彬	荣跃泽仁	侯荣华
	侯前所	夏世华	袁晓文	铁云霞
	曹　阳	韩　荣	鄢克勇	蔡　钦
	撒建波	滕明兵	冀英团	

《四川省志·民族志(1986—2005)》
分卷编纂委员会
（2013—2016 年）

《四川省志·民族志(1986—2005》
分卷编纂委员会
（2007—2013 年）

《四川省志·民族志(1986—2005)》
分卷编纂委员会

（2002—2006 年）

主　　任　袁本朴

副 主 任　德尔基彭错

委　　员　(按姓氏笔画为序)

马勒安	冉光荣	向泽朗	曲木车和
肖晓军	李绍明	何晓平	何耀军
杨秀刚	张　强	郎维伟	周锡银
赵克彬	袁本朴	袁晓文	蓝宇翔
蔡世勤	德尔基彭错		

《四川省志·民族志(1986—2005)》初审领导小组

负 责 人	何晓平			
成　　员	(以姓氏笔画为序)			
	甘映平	冯　敏	任新建	刘文芝
	杨嘉铭	杨跃加	周锡银	周发成
	赵克彬			

《四川省志·民族志(1986—2005)》
编纂机构成员

主　　编　袁晓文

副 主 编　罗凉昭

编　　辑　(以姓氏笔画为序)

刘俊波	李　锦	李豫浔	张　朴
张　利	杨健吾	陈　东	何文海
苏红丽	罗凉昭	尚云川	青　松
袁晓文	耿　静	蒋小琴	

《四川省志（1986—2005）》
凡　例

一、本书编纂工作以马克思列宁主义、毛泽东思想、邓小平理论、“三个代表”重要思想、科学发展观、习近平新时代中国特色社会主义思想为指导，坚持辩证唯物主义和历史唯物主义的立场、观点和方法，全面客观地记述四川省行政区域内自然、政治、经济、文化和社会的历史与现状。

二、本书系中华人民共和国成立后首部《四川省志》续编，总名《四川省志（1986—2005）》，由总类、大事纪述、专志、人物、市（州）概况、附录共92卷构成。各分卷名称为《四川省志·××志（1986—2005）》或《四川省志·××志》（后者为特色志志名），设中英文目录。

三、本书上限一般起自1986年，下限一般截至2005年。对前志未设之分卷或篇章从事物发端写起；对前志漏载、误载的某些事项进行补载、更正；对前志记载后变化不大的某些事项进行简要复载；升格详载具有地方特色的某些事项。

四、本书记述的地域范围以1986—2005年四川省行政区划为准。

五、本书采用述、记、志、传、图、表、录等体裁，以志为主。

六、本书总类卷设序言、凡例、总述、卷目等，为各卷之首，全书之纲。关于自然环境、建置沿革、经济与社会历史发展状况等基本省情在总述中作简要复载或反映。各专志（分卷）根据社会分工和学科分类的实际，按“以类相从”或“突出地方特色”的原则设立，以篇、章、节横分类别，节、目以下纵述史实，立足反映四川省行政区域某一事物（事业、行业）断限期内历史与现状的全貌。人物志卷采用传、录、表诸种表述形式，坚持“生不立传”原则，在世人物的突出事迹以事系人载入相关分卷。人物传统一收入人物志。本书大事记以编年体为主，辅以纪事本末体。为完整记述一些重要事物，保存有价值史料，有些分卷设置了专记。

七、本书使用规范的现代语体文记述，行文严谨、朴实、简洁、流畅。使用规范汉字，用词概念准确，符合现代汉语语法规范。使用的标点符号、数字、计量单位等均按国家规定的统一标准书写。

八、本书使用公元纪年，各卷正文（除引文外）采用第三人称表述；行文涉及机构、会议、文件、职衔、地名等，均按当时称谓；除涉及人名、地名、纪年和简称等项采用括注外，其余采用页下脚注。

九、本书资料来源于文献、档案、报刊、书摘、口碑及实地调查等，所用资料均经各修志部门考证、核实。各分卷数据一般采用省统计局公布的数据，省统计局缺乏的，采用有关部门正式提供的数据。

十、各分卷图片分为前置图片和随文插图，随文插图和表格均以篇为单位依次排序编号；所用地图均以省测绘局审定的为准。

十一、各分卷需要特别说明的事项，均在各分卷的《编辑说明》中注明。

《四川省志·民族志（1986—2005）》
编辑说明

一、《四川省志·民族志（1986—2005年）》为首轮《四川省志·民族志》续修，由四川省民族宗教事务委员会牵头，四川省民族研究所具体承编。本志客观反映四川少数民族和民族地区1986—2005年间的历史和现状。

二、首轮志书编纂时间断限为1990年，本志上限本该起自1991年，但按《四川省志（1986—2005）》统一要求，上限为1986年，下限断至2005年。第二篇记述各世居少数民族时，由于民族历史和文化的不可分割性，内容有部分重复或追述，个别事项为保持记述完整作适当上溯或下延。

三、本志记述的地域范围，以断限期内四川省行政区划为准。其中，1997年前的记述地域范围包含现重庆市所辖行政区。记述中，凡1997年前的统计数据，除注明不含当时重庆市数据外，均包含现重庆市所辖行政区域内当时的统计数据。

四、本志内容包括对四川民族地区政治、经济、文化发展的综述和对14个世居少数民族（彝族、藏族、羌族、苗族、回族、蒙古族、土家族、傈僳族、满族、纳西族、布依族、白族、壮族、傣族）的记述。本志由概述、正文和附录组成，正文含2篇17章。

五、本志的纪年与称谓：凡历史朝代，一般沿用王朝纪年，括注公元纪年；民国时期及中华人民共和国成立以后用公元纪年。本志采用第三人称记述，地理名称及历代政权、官职，会议、文件等均用当时称谓。历史地名之后括注现行地名。凡简称的使用，均在全称首次出现时以括注简称方式予以说明。

六、本志资料主要来源于历史文献和档案，以及有关单位提供的材料、公开出版物和田野调查获得的资料等；图片除注明时间的外，其余均摄于1986—2005年。

目　　录

第二篇　四川世居少数民族

Contents

概 述

四川是一个多民族省份，与西藏、青海、云南、贵州、甘肃、陕西、重庆等省（区、市）接壤，是全国最大的彝族聚居区、第二大藏族聚居区和唯一的羌族聚居区。全省55个少数民族成分齐全，其中世居少数民族14个，即彝族、藏族、羌族、回族、苗族、土家族、白族、傈僳族、蒙古族、满族、纳西族、傣族、布依族、壮族。至2005年，全省总人口8750万人。其中，少数民族人口约460多万人，占全省总人口的5.26%。少数民族人口遍布全省城乡，大杂居、小聚居分布特征明显。

1986—2005年，四川民族自治地方行政区划有较大变动。1986年，民族自治地方有甘孜藏族自治州（以下简称甘孜州）、阿坝藏族羌族自治州（以下简称阿坝州）、凉山彝族自治州（以下简称凉山州），马边彝族自治县（以下简称马边县）、峨边彝族自治县（以下简称峨边县）、木里藏族自治县（以下简称木里县），以及黔江土家族苗族自治县、石柱土家族自治县、秀山土家族苗族自治县、酉阳土家族苗族自治县、彭水苗族土家族自治县（五县均属黔江地区）。1997年3月14日第八届全国人民代表大会第五次会议通过《关于批准设立重庆直辖市的决定》，决定设立重庆直辖市，撤销原重庆市。重庆直辖市设立后，国务院依据宪法和有关法律规定，对其管辖行政区域建置和划分作相应调整。原四川省黔江地区及所辖5个自治县划归重庆直辖市管辖。2003年10月，北川羌族自治县（以下简称北川县）正式成立。至2005年，四川民族自治地方有甘孜州、阿坝州、凉山州和马边县、峨边县、木里县、北川县，共51个县（市），面积30.5万平方公里。全省还有在省内按民族自治县对待的6个县（区），分别是乐山市金口河区，雅安市石棉县，攀枝花市米易县、盐边县、仁和区，绵阳市平武县。二者相加共57个县（区），面积32.17万平方公里，占全省总面积的66%。此外，在雅安、宜宾、广元、泸州、绵阳、达州、南充、攀枝花等少数民族相对集中的市，设有95个民族乡。

四川民族地区地处长江、黄河流域上游及各大支流地带，既是长江、黄河和各大支流的重要水源涵养地，也是全国、全省生态保护和建设的重点地区。其中，长江流域面积28.57万平方公里，占长江上游流域面积的30%；黄河流域面积1.63万平方公里，为黄河流域重要的水源涵养区。民族地区有丰富的自然资源，是四川经济发展的后劲所在。四川民族地区特殊的地理位置、历史文化传统和经济社会条件，决定其发展与稳定不仅事关全省大局，而且对西部地区乃至全国都有重要影响。

一

1986—2005年的20年间，中央召开了3次民族工作会议，提出了不同时期民族工作的方针政策和任务，成为四川民族地区改革和发展的重要依据。四川民族工作始终坚持马克思主义民族观、国家观，坚持民族区域自治制度，坚持民族团结，正确处理民族问题，培养和造就了一支宏大的德才兼备的少数民族干部队伍。

1992年中央民族工作会议提出的民族工作主要任务：一是继续巩固和发展社会主义的民族关系，二是坚持和完善民族区域自治制度，三是加快民族地区的经济发展和社会进步。

1999年召开的中央民族工作会议，吹响了加快少数民族和民族地区经济社会发展的号角，要求“全党同志必须把加强民族团结、促进各民族共同发展和共同繁荣，作为整个社会主义初级阶段民族工作的行动纲领。”

2005年召开的中央民族工作会议，首先对“民族”的概念作出了新的解释，指出民族是在一定的历史发展阶段形成的稳定的人们共同体；一般来说，民族在历史渊源、生产方式、语言、文化、风俗习惯以及心理认同等方面具有共同的特征；有的民族在形成和发展的过程中，宗教起着重要作用。其次，提出了共同团结奋斗、共同繁荣发展的目标。把全国各族人民的智慧和力量凝聚到全面建设小康社会上来，凝聚到建设中国特色社会主义上来，凝聚到实现中华民族的伟大复兴上来。最后，提出要建立平等、团结、互助、和谐的民族关系。民族工作的任务为：全面贯彻党的民族政策；坚持和完善民族区域自治制度；巩固和发展平等团结互助和谐的社会主义民族关系；促进各民族共同繁荣进步。

3次中央民族工作会议，大大推进了民族工作法制化进程。2001年2月28日，第九届全国人民代表大会常务委员会第二十次会议通过《全国人民代表大会常务委员会关于修改〈中华人民共和国民族区域自治法〉的决定》，对《中华人民共和国民族区域自治法》进行了重要修改，修改主要集中在以法制化手段保障民族自治地方的自治权、加快培养少数民族干部、上级政府支持民族自治地方经济社会发展的责任和义务等方面。还规定了各级政府及职能部门应出台相应的政策规定，促进民族自治地方经济社会发展。2005年5月11日国务院第89次常务会议通过《国务院实施〈中华人民共和国民族区域自治法〉若干规定》，5月19日国务院令第435号颁布，于5月31日起施行。四川省也随之启动了相关法制建设的工作。

2005年10月25日，中共四川省委（以下简称省委）、四川省人民政府（以下简称省政府）出台《关于贯彻〈中共中央国务院关于进一步加强民族工作加快少数民族和民族地区经济社会发展的决定〉的意见》，在10个方面制定了具体措施。一是始终坚持以经济建设为中心，紧紧抓住发展与稳定两件大事，努力构建民族地区社会主义和谐社会，确保经济在持续快速增长的基础上实现跨越式发展，确保社会事业在不断进步的基础上实现全面繁荣，确保大多数农牧民生活在脱贫致富的基础上实现宽裕型小康，确保社会局势在总体稳定的基础上实现长治久安。二是加大投入力度，财政性建设资金、其他专项建设资金和政策性银行贷款，适当增加用于民族地区基础设施建设的比重；国家安排的重大基础设施建设项目，需要民族地区承担配套资金的，适当降低配套资金比例：对民族地区扶贫开发工作重点县，免除配套资金；“十一五”期间，实现乡乡通公路，提高通村公路比重；抓好无电乡、无电村工程建设；抓好民族地区信息网络建设，力争在“十一五”时期所有行政村通广播电视。三是把培育壮大特色优势产业作为“十一五”规划的重要内容，对符合国家产业政策的项目，优先安排、优先立项、优先审批、优先转报；各类工业发展资金应向民族地区倾斜，加大投入力度，支持民族地区工业经济发展。四是建立民族地区公共财政基本框架，保证民族地区党政机关正常运转、财政供养人员工资按时足额发放、基础教育经费正常支出。省级部门安排各类专项资金时，优先考虑民族地区；省级财政设立的民族工作机动金和散杂居少数民族发展资金，随财力增长同步增加。各市（州）、县（区）财政相应设立民族工作机动金，并随财力增长同步增加。散杂居地区市、县（区）财政相应设立散杂居少数民族发展资金，并随财力增长同步增加。五是在民族地区征收的矿产资源补偿费、水资源补偿费、新增建设用地有偿使用费、育林基金及森林植被恢复费等费用，全额用于民族地区。六是切实做好民族地区“农村寄宿制学校建设工程”和“农村中小学现代远程教育工程”的各项工作，安排专项资金用于支持散杂区少数民族教育事业，用3年左右时间实施“民族地区基层卫生保障工程”，各类卫生事业发展资金，应向民族地区倾斜，支持民族地区农村卫生、公共卫生事业的发展。七是坚持每年从少数民族大学毕业生中选拔一定数量的优秀学生充实到民族地区基层工作。在招考公务员时，对少数民族考生给予优惠照顾；乐山市、绵阳市、攀枝花市、雅安市、宜宾市、泸州市的党政领导班子要选配少数民族干部；享受民族地区待遇的县（区）和辖有民族乡的县（区）及少数民族人口较多的乡镇的领导班子，应配备一定数量的少数民族干部。八是建立民族工作的目标责任制，把民族工作作为各级党政领导干部工作情况考核的重要内容，作为干部选拔任用的重要依据。九是各市的民族待遇县（区）及辖有民族乡的县和民族自治地方的县要有民族工作机构，其他县（区）与其他部门合署办公的民族工作机构，应在政府序列中保留名称。市（州）、县（区）、乡（镇）和街道办事处要有领导分管民族工作。十是注重选拔优秀干部特别是年轻干部充实民族工作部门，加强民族工作干部队伍的培养、培训；切实帮助民族工作部门解决实际困难，提供必要的工作条件和经费保障。

民族干部培养在数量和质量上均有重大突破。1993年，中共中央组织部、中共中央统战部、国家民委制定《关于进一步做好培养选拔少数民族干部工作的意见》。按照中央精神，四川省先后出台《关于进一步做好我省培养选拔少数民族干部工作的意见》《关于进一步解决三州组织、干部工作中若干问题的意见》《培养选拔少数民族干部十年规划》等。同时，对少数民族干部的来源、培养、选拔和管理等方面工作作出了明确规定。

四川民族地区少数民族干部培养重点突出，针对性强。民族自治地方少数民族干部数量大，在领导班子中占多数，民族干部工作的重点是选好配强班子，提高干部素质。在按规定配备少数民族干部的同时，注意选拔少数民族干部担任主要领导职务。散杂居少数民族地区少数民族种类多，少数民族人口较少，干部数量不足，工作重点在发现人才、重点培养、大胆使用上。对少数民族干部，坚持政治上严格要求，教育引导少数民族干部牢固树立马克思主义民族观、宗教观、国家观，牢固树立汉族离不开少数民族、少数民族离不开汉族、少数民族互相离不开的思想。坚持充分考虑少数民族干部成长的客观环境，为他们提供事业舞台。把优秀的少数民族干部放到改革发展稳定的第一线，经受锻炼，提升能力。坚持改善少数民族干部生活工作条件。省委规定，对在甘孜州、阿坝州、凉山州海拔3500米以上地区工作的少数民族干部，每年可以休假40天。

至2005年，全省有少数民族干部8.45万人，占干部总数的6%，数量大幅度增加。同年，自治地方党政班子全部配备了民族干部。已实现自治州州长和自治县县长全部由民族干部担任，民族自治地方县委书记中，少数民族干部已超过60%。自治州、县法院院长、检察院检察长有三分之二是民族干部。同时，明确中共四川省委政法委员会（以下简称省委政法委）、四川省发展和改革委员会（以下简称省发改委）、四川省教育厅（以下简称省教育厅）、四川省财政厅（以下简称省财政厅）、四川省扶贫开发领导小组办公室（以下简称省扶贫办）等省直部门领导班子中要有1名以上的少数民族干部。到2005年，省直机关厅局领导班子中，配备有33名厅级少数民族干部。省级四大领导班子中配备7名副省级少数民族干部。为提高少数民族干部质量，省委、省政府每年拨款100万元，专门用于县处级以上少数民族干部培训。2004年，中共四川省委民族工作委员会（以下简称省委民族工委）、中共四川省委组织部（以下简称省委组织部）、四川省民族事务委员会（以下简称省民委）分别对民族地区57个县的县委书记、县长进行集中培训。到2005年，8.45万名少数民族干部已有41.6%达到大专以上学历。每年有计划地从民族地区选派优秀少数民族年轻干部到中央、国家机关、省直机关和省内外发达地区挂职锻炼，同步从内地选派一批干部到民族地区挂职锻炼，推进少数民族干部与汉族干部交流挂职锻炼的双向对接。四川先后组织13批260名民族地区少数民族干部到中央、国家机关和省外发达地区挂职；组织500多人出国出境学习考察；组织14批近千人到省直机关和省内经济发达地区挂职锻炼。

散杂居少数民族工作得到法制保障。四川有散杂居少数民族81万人，分布在全省18个市，占全省少数民族总人口的19.50%。自1990年后，四川城镇化发展迅速，大量少数民族群众在省内外流动务工或者定居。到2005年，仅成都市每天的流动少数民族人口就达到30万人次，散杂居工作性质更加复杂、工作任务不断增加，工作地位越来越重要。省委、省政府全面贯彻落实中央、国家对散杂居民族工作的相关政策法规，先后颁布《四川省民族乡工作暂行规定》《四川省〈城市民族工作条例〉实施办法》等法规，制定出台《中共四川省委办公厅　四川省人民政府办公厅转发〈关于扶持我省杂散居少数民族发展经济文化有关政策问题请示〉的通知》《四川散杂居少数民族发展资金管理办法》《关于加强散杂居少数民族工作的意见》《关于石棉、北川等县（区）享受民族地区待遇的实施意见》《关于平武县享受少数民族地区待遇的通知》《关于贯彻〈中共中央国务院关于进一步加强民族工作加快少数民族和民族地区经济社会发展的决定〉的意见》等政策性文件。2003年召开了全省散杂居民族工作会议。

1992年，省委、省政府设立了四川省散杂居少数民族发展资金250万元，1996年增至400万元，2002年达450万元，2005年达到800万元，主要用于散杂居少数民族（主要是民族乡）发展经济、社会事业和基础设施建设。各市以及少数民族人口较多的县均设立了扶持散杂居少数民族经济社会发展的专项资金，如攀枝花市按人均10元的标准设立了民族工作机动金。同时，重视培养选拔散杂居地区的少数民族干部。1993年出台的《民族乡行政工作条例》规定：民族乡乡长应由建乡少数民族公民担任；乡人民政府其他工作人员的配备，应保证建乡少数民族公民占有一定的比例。另外，同年的《城市民族工作条例》规定：少数民族人口较多的城市的人民政府、少数民族聚居的街道的办事处，以及直接为少数民族生产生活服务的部门或者单位，应当配备适当数量的少数民族干部。省委民族工委、省民委每年拨款60万元用于民族乡镇领导干部培训。

依法使用少数民族语言文字。四川的藏族、彝族聚居区面积大，藏语文、彝语文有广泛的群众基础，使用普遍。四川省在藏族和彝族聚居区实行藏汉、彝汉“双语教学”。四川省少数民族语言文字工作委员会（以下简称省民语委）主管少数民族语言文字工作。设立民族出版社1家，省民族语文报纸杂志14种，四川人民广播电台开展了藏、彝语节目的编播工作，阿坝州、甘孜州、凉山州广播电台、电视台每日都安排了藏语、彝语节目。完成彝文国际标准和国家标准《信息交换用彝文编码字符集》，先后推出《计算机彝文/汉字/西文系统》等10多种应用软件；出版了大量双语对译工具书，如《藏汉大词典》《汉彝大词典》等。同时，四川省重视少数民族古籍整理，1984年成立四川省少数民族古籍整理办公室（以下简称省古籍办），负责全省少数民族古籍抢救、整理工作。仅

1990—2000年间，就完成了少数民族古籍中彝文古籍、藏文古籍、羌族古籍、苗族古籍、回族古籍的普查和部分收集、整理和研究工作。加大了对《格萨尔》资料古本、孤本、手抄本的收集、整理、出版力度，开展对民间说唱艺人的抢救工作，得到各族群众的好评。

尊重民族风俗习惯。各级党委、政府尊重少数民族的婚姻、礼仪、服饰、民居、饮食、丧葬等风俗习惯。1996年，《四川省殡葬管理条例》以法规形式明确了尊重少数民族丧葬习俗，少数民族和宗教教职人员死亡后，按少数民族丧葬习俗或宗教习俗安葬。1999年，省民政厅、省民委、省卫生厅重申根据国家有关法规和政策规定，执行尊重少数民族丧葬习俗的政策。各少数民族聚居区的地方政府，按各民族节日习惯，将重要的民族节日确定为假日。对清真食品供应给予照顾，合理设置清真饭店和清真食品生产加工、供应网点，并在投资、贷款、税收等方面给予支持。清真饮食习俗民族人口较多的成都市、德阳市按《城市民族工作条例》和有关政策先后制订了《清真食品管理办法》。各级政府还重视发展民族特需品生产，保障少数民族群众的生产生活所需，改善和提高各族人民的生活质量，增强各民族的团绪。

依法管理少数民族宗教事务。2002年，中共中央印发的《关于加强宗教工作的决定》强调，要认真贯彻执行党的宗教信仰自由政策，切实做好少数民族中的宗教工作。2004年11月，国务院颁布《宗教事务条例》。四川省在民族地区认真贯彻党和国家的宗教政策。在加强藏区宗教管理上制定了一些新政策。如，四川省人民政府宗教事务局（以下简称省宗教局）印发的《关于加强藏区佛教管理工作的意见》，省委民族工委、省民委印发的《关于正确处理民族宗教问题维护社会稳定的意见》和四川省历次藏区工作会议文件，对宗教工作中的若干问题制定了相应政策。省政府还采取修缮保护寺观、教堂，创办佛学院培养爱国宗教职业人员等配套措施，切实保障少数民族宗教信仰自由的权利。以甘孜州为例，2005年，全州经政府批准开放和依法登记的藏传佛教寺庙及活动点515座，并恢复和建立了州佛教协会和各县的佛教协会。

二

1986—2005年间，四川民族地区立足社会主义初级阶段这一基本国情，坚持“发展才是硬道理”的战略思想，处理好改革、发展、稳定的关系；坚持以资源为依托，以市场为导向，发挥优势，壮大支柱产业；坚持以人为本，改善民生；坚持保护生态环境，实现人与自然协调发展。坚持加快民族地区社会发展，民族地区教育卫生文化事业取得极大进步。

1986—1990年，民族地区地区生产总值增长较快。其中，1990年末全省民族自治地方国内生产总值达到66.82亿元，比1980年的20亿元增长2.35倍；比1986年增长71%。

1991—2005年，是全国集中精力抓发展时期。四川民族地区注重经济结构调整，经济结构转型初见成效。以1998年天然林资源保护和退耕还林（草）为分界点，民族自治地方的经济结构调整和经济发展模式大体分为1991—1997年、1998—2005年两个时期。

1991—1997年，民族地区经济发展的主要方式，一是发展传统农业，解决农村的绝对贫困问题。二是依托林业资源，发展以天然林采伐为基础的森林工业。1997年，民族自治地方地区生产总值为177.30亿元。三次产业结构为40:28.40:31.60，农业仍然是主导产业。全部工业总产值为92.70亿元。其中，轻工业总产值25亿元，重工业总产值67.70亿元。森林工业是支柱产业。1997年重庆被设为中央直辖市，黔江地区5个自治县划归重庆市，四川民族自治地方经济总量下降。1998—1999年，四川实施天然林资源保护和退耕还林（草）工程。民族自治地方的经济结构出现大的调整。1999年底，民族自治地方三次产业结构调整为37.20∶30.40∶32.40，第二产业仅增长2.8%。随着天然林保护工程的大力实施，森林工业对民族地区工业的支撑作用减弱。四川民族自治地方工业总产值105.10亿元，其中：轻工业总产值29.90亿元，重工业总产值75.20亿元。

1998—2005年间，四川民族地区充分利用西部大开发的相关政策优势，以水电业和旅游业为抓手，逐步调整经济结构，实现经济转型。到2005年，水电业和旅游业已成为四川民族地区经济发展的支柱产业。民族自治地方实现地区生产总值453.60亿元，增长14%。其中，第一产业增加值126.30亿元，对经济增长的贡献率为12.90%；第二产业增加值167.50亿元，对经济增长的贡献率首次超过60%，达到61.20%；第三产业增加值159.80亿元，对经济增长的贡献率为25.90%。三次产业结构由上年的30∶37∶33调整为27.80∶36.90∶35.30。第一产业比重下降2.2个百分点，第二产业比重基本维持不变，第三产业比重上升2.3个百分点。实现地方财政收入24.40亿元，增长32.30%。以水电业、高耗能工业、天然药业和绿色食品加工业为发展方向的工业实现快速增长。全部工业实现增加值122.40亿元，工业对经济增长的贡献率为49.3%。全年接待游客超过千万人，达1253万人次，增长25.6%；实现旅游总收入79.40亿元，增长26.4%，其中旅游外汇收入保持在1亿美元左右。

受退耕还林后耕地面积下降的影响，四川民族地区农业总量增加不大，但结构调整非常明显。一是农业中的养殖业迅速发展，在很多地方成为农业发展和农民增收的主要渠道。二是种植业中以水果、蔬菜、特色农产品为主的产品大幅度增加，粮食产量增长比例较小。2005年，全年粮食总产量233.90万吨，猪牛羊肉产量69.50万吨，年末大牲畜存栏726万头，生猪存栏537.90万头，羊存栏845万只。农牧民人均纯收入比上年增加254元，突破2000元，达到2200元，增长幅度达13.10%。

1986—2005年，四川加大对民族地区基础设施投入，交通等基础设施发展较快，初步形成了公路、铁路、航空一体化的交通体系。

1990年以来，四川民族地区的交通建设加快发展，二郎山隧道开工建设，过境国道改造加快，成昆铁路凉山段电气化改造、西昌青山机场改建。到2000年，四川民族地区已经有公路3.34万公里，国有铁路营业里程407公里，民用机场1个，运输能力大幅提高。2001年6月，国务院总理朱镕基到四川考察，决定国家资助三州（指甘孜州、阿坝州、凉山州，下同）州府所在地到各县的柏油路建设，立项47个项目，里程4276公里，按三、四级公路标准实施，每公里补助50万元，不足部分由省、州自筹。工程于2003年9月全部验收，均达到合格及优良工程。四川自身也加大了对三州公路建设资金的投入，改造了九寨环线旅游公路，打通了二郎山、鹧鸪山公路特长隧道，分段实施了川藏南线改造工程和川藏北线油路工程。三州通县公路建设极大地改善了民族地区公路总量不足、公路密度低、技术等级低、通行能力差、抗灾能力弱的状况，三州州府所在地与各县城间全部以柏油路相连，行车时速平均提高一倍以上，三州交通事业一步跨越20年。到2005年，四川民族地区公路通车里程达3.5万公里，新增等级公路2069公里。

交通基础设施的改善，大大促进了民族地区经济社会发展。在交通条件具备的地方，旅游业迅速成为支柱产业。1998—2004年间，三州旅游总收入从11.30亿元、占地区生产总值的6.2%，增加到60.50亿元、占地区生产总值的11.7%。2004年，阿坝州的旅游收入占地区生产总值的比例高达62.9%，群众收入大幅增加。

2000年开始实施的西部大开发，不仅把生态环境保护与建设作为重点投入对象，而且规定了民族地区在全国战略布局中的地位和作用。在四川民族地区，这一重大战略调整通过西部大开发生态重点工程建设、生态环境建设和保护工程得到充分体现。

长江上游生态屏障建设的主体工程在四川民族地区。1998年，四川在全国率先实施天然林资源保护工程，1999年又第一批试点退耕还林还草工程。两项工程均以林业重点工程的大规模实施为支撑和带动，农村生态建设持续推进，生态状况明显改善。到2005年，阿坝、甘孜、凉山三州森林覆盖率分别达到22.82%、28.5%、32.06%，以森林植被为主体的农村生态屏障基本形成。一大批益林荒地、陡坡耕地和疏林地，已形成乔灌草结合的森林复合群落，沿江沿路到处绿树成荫，减轻了水土流失和风沙危害强度。

四川民族地区资源富集。水能资源分别占全国和全省水能资源理论蕴藏量的17.5%和70%，是国家西电东送的战略基地。矿产资源分布有“三江（金沙江、雅砻江、大渡河）成矿带”“攀西成矿带”，具备发展高耗能工业的条件。为适应西部大开发对生态环境的硬要求，四川民族地区坚持走“工业生态化”之路，转变生产方式，延伸产业链，发展循环经济。攀钢利用新技术，对历年积累的矿渣进行再利用，不仅减少了环境污染，从矿渣中提取的精钛还创造了良好的经济效益，实现了经济发展和环境保护双重目标。

民族地区在发展旅游业的过程中，按照西部大开发战略要求，高度重视生态环境保护。九寨沟、黄龙建成了世界级人与环境协调的景区，其他景区也按照两地的发展模式进行调整。特别是民族风情村寨旅游，不仅为保护传统民族村寨提供了资金，也为中国少数民族文化遗产保护进行了有益探索。

西部大开发战略将民族地区基础设施建设作为重点，大力投入。西部大开发前五年进行的基础设施建设主要是油路到县、送电到乡、广播电视到村，主要对民族地区基础设施极度薄弱的区域和领域大力投入。西部大开发的投入，使民族地区基础设施有了质的飞跃。

随着国家西部大开发战略的实施，四川民族地区开工和建成了一批重点项目工程。这些重点工程围绕支柱产业培植、企业技术改造开展，积极实施投资拉动战略，加快推进生态环境、能源、通信、旅游和城镇建设等基础产业发展，为民族地区社会各项事业的发展和经济飞跃夯实了基础。到2005年，凉山州西攀高速公路建设进展顺利，试验路段和沿线设施全部完工；大桥水库灌区一期工程闸首及枢纽工程投入运行，漫水湾左总干渠全部完工；西昌市污水处理厂邛海一万吨分厂建成，五万吨小庙分厂土建工程完成90%；凉山州农村卫生服务体系全部竣工使用；黄土坡电站投入运行；美姑柳洪电站引水隧洞贯通，实现截流；装机容量1260万千瓦的溪洛渡电站投入9.3亿元，装机容量360万千瓦的锦屏一级电站，投入16亿元。

1985年以来，四川民族地区开始有组织、有计划、大规模地开展扶贫开发工作。1988年4月，省委、省政府印发《关于加速贫困地区开发步伐的通知》，确定“七五”期间解决贫困人口温饱的标准是：人均收入200元，粮食300公斤；明确了扶贫工作的目标、工作方式，改变了扶贫资金的管理和使用方式。逐步实现从“救济式”向“开发式”扶贫转变。扶贫开发资金投向以经济建设为主，重点改善农牧民生产生活条件。经过努力，到1993年四川民族地区贫困人口已有较大幅度的减少。

1994年，国家开始实施“八七扶贫攻坚计划”，确定要在20世纪末基本解决贫困人口温饱问题。四川省根据国家安排，确定了民族地区29个贫困县，其中国定贫困县16个，省定贫困县13个，建卡贫困户118万人。1994—1998年，四川民族地区投入扶贫资金9亿元，有7个贫困县，61.9万建卡贫困户越过温饱线。到2000年底，四川民族地区按标准全面完成“八七扶贫攻坚计划”，农牧民人均纯收入达1253元，建卡贫困户减少到16万人。这期间，民族地区扶贫工作摸索出一些具有特色的措施。凉山州的形象扶贫工程，以人畜分开、庭院经济为中心，帮助彝族聚居区134万人口彻底改变了人畜混居的状况，提高了健康水平，发展了经济。甘孜州、阿坝州实施“人草畜三配套建设”，进一步保障33万牧民的牧业生产，减少牲畜冬春死亡率，提供一定的教育和就医条件，改善了牧民的生产生活条件。

2000年以后，四川民族地区重点开展新村、移民、教育、卫生、牧区“五项扶贫工程”，2004年后调整为新村、移民、劳务、产业、社会扶贫新的“五项扶贫工程”，极大地改善了贫困地区贫困人口生产生活条件。2004年，凉山州盐源县进行了易地扶贫搬迁试点工程，总投资2168万元，在下海、双河实施试点工作，跨乡搬迁安置500户、2500人。项目调整、改造农田3800亩，移民人均拥有土地1.5亩左右；新建公路15公里，新建、改扩建小二型水库1座，新建山坪塘10口、提灌站1座；新架设输电线路15公里；新建住房面积5.50万平方米，附属设施2.20万平方米；新改扩建校舍500平方米、医疗点200平方米；建成生态经济林500亩，实施天然草场保护2000亩。

1986—2005年，四川民族地区的扶贫工作经历了救济式扶贫、开发式扶贫、整村推进扶贫三大阶段，贫困县的经济实力整体加强，大量贫困人口摆脱了贫困。

随着《中华人民共和国义务教育法》和《四川省义务教育实施条例》的颁布，四川民族地区出台了一系列发展教育的政策法规，如《阿坝藏族羌族自治州施行〈四川省义务教育实施条例〉的补充规定》《凉山彝族自治州义务教育实施办法》等。根据积极坚定、保证质量、因地制宜、分区规划、分类指导的原则，提出了实施义务教育的方案，制订了实施义务教育的乡规民约，发展了民族寄宿制教育，实施了双语教学。特别是2000年、2004年，分别实施《四川省民族地区教育发展十年行动计划》和《国家西部地区“两基”攻坚计划》以来，民族地区教育事业进入历史最快最好的发展时期。四川民族地区建立了幼儿教育、基础教育、中等职业教育、大学教育和成人教育相结合，民族教育、农村教育、民办教育协调发展的完整教育体系。2001年四川正式启动“四川民族地区教育发展十年行动计划”（以下简称“教育十年行动计划”），在省委、省政府的高度重视和精心组织下，通过民族地区各级党委、政府和社会各界的共同努力，四川民族地区教育事业取得长足发展。至2005年，5年来累计投入各种资金近20亿元，新建和改扩建学校项目1650个；完成民族地区23个县的“普九”、17个县的“扫盲”和12个县的“普初”工作，民族地区义务教育阶段在校学生净增23万人；内地10个市的71个县、1568所中小学、33所高校、37个省级部门与民族地区所有乡中心校以上学校结对援助，先后选派5300余名教师到民族地区支教，捐资捐物价值7800万元，接受民族地区2300多名教师、250名校长和教导主任挂职任教，资助培养民族地区贫困生7.40万人。这些举措有力地推动了民族地医教育事业发展，促进了民族地区经济发展、政治稳定、民族团结和社会进步。

经过多年建设，四川民族地区的卫生事业已有一定基础，初步建立了统筹防治、城乡结合的医疗网络，形成了相对完整的医疗卫生防疫体系。进入21世纪，通过办医政策、办医形式、管理体制等改革措施，拓宽了卫生事业的发展道路。同时，开展卫生事业重点县的整顿建设，加快县级卫生事业的发展。在做好疾病治疗工作的同时，大力开展预防疾病工作，大骨节、包虫病等地方病防控措施逐步得到加强。坚持防疫注射，开展以除害灭病为中心的爱国卫生运动。农村修了厕所、畜圈，人畜饮水得到改善，提高了城镇和厂矿饮食卫生和公共卫生水平。

1990—2005年间，四川省举办了三届少数民族传统体育运动会，各族体育健儿弘扬民族传统体育精神，团结拼搏，为少数民族体育事业发展作出了贡献。四川各少数民族绚丽多彩的文化艺术是国家文化宝库的重要组成部分。改革开放以来，四川省加强了民族地区现代文化基础设施建设，大力发展广电事业，拓展图书发行渠道；开展送文化下乡、送电影下乡、送图书下乡活动；各地文化馆（站）常以书报、黑板报、幻灯、电视、图片展览、美术摄影和文艺演出等形式丰富各族人民文化生活，经常组织群众业余文艺宣传队到农村、牧区为群众演出；各民族还创作出了大批优秀的文学作品，在按期举行的少数民族艺术节上，各种精彩节目层出不穷，涌现出了一批优秀的作家、艺术家。

20世纪80年代中期以后，四川省民族研究所、四川大学、西南民族学院（现西南民族大学）、四川省社会科学院等机构，从事民族理论政策研究和民族问题研究的学者深入实际开展研究，形成了一系列有影响的研究成果，提出的“治藏必先安康”“稳藏必先安康的历史新启示”的认识，受到中共中央主要领导同志和四川省委的肯定。对藏彝走廊的深入研究，丰富和发展了中华民族多元一体机制研究的新局面，对学术界影响深远。

三

1986—2005年间，四川民族地区及各民族的经济、社会发展和文化保护取得长足进步，既是中国改革开放取得辉煌成就这一总体局势的一部分，也是省委、省政府民族工作取得成效的体现。从经济社会发展和文化保护发展的历程看，四川民族工作可分为3个阶段：1986—1991年为第一阶段，1992—1997年为第二阶段，1998—2005年为第三阶段。

1986—1991年期间，四川省全面恢复和落实了党的民族政策，开始实现民族工作重心的转移，加强民族团结、加快少数民族和民族地区经济社会发展成为中心工作。这一时期，四川经济发展仍然面临中央和地方财政投入不足的问题，但改革开放的机制体制释放出巨大力量。农业经济体制改革不仅大大缓解了农村粮食短缺、牧区生产效率低下的问题，而且促进了第一产业和二三产业的共同发展，出现了农工商、牧工商等新的业态，农业发展的内源性动力活跃，农村呈现勃勃生机。四川先后出台的一系列法律法规和政策促进了民族团结工作，宗教信仰自由得到充分尊重，少数民族语言文字和优秀文化保护提上议事日程。

1992—1997年，如何在社会主义市场经济条件下坚持、完善和发展党的民族政策，开展反贫困工作，实现民族地区的快速发展，成为四川省民族工作的中心任务。在经济发展上，表现出两条腿走路的特征。一方面充分利用自然资源发展，优势产业发展迅速；另一方面高度重视农村贫困问题，系统性扶贫和改善民生工作得到重视。在社会进步上，教育、卫生、科技得到长足发展，民族团结进一步巩固。

1998—2005年间，伴随国家战略重点向西部转移，国家投入不断加大，四川民族地区迎来了前所未有的发展机遇。西部大开发战略一开始就将生态环境保护与经济社会发展目标融为一体，在基础设施、生态工程、经济发展、社会事业投入全面增长的情况下，四川省民族地区初步形成以水电、矿冶、旅游等特色优势产业为龙头的经济社会发展格局，经济综合实力进一步增强，经济结构调整步伐加快，财政收入稳步增长，基础设施建设成效明显，特色产业快速壮大，有效供给不断增强，经济运行质量和效益明显提高，人民生活质量逐步得到改善，社会事业欠账得到有效缓解，民族政策法规体系进一步完善，干部队伍结构优化，民族优秀文化保护和弘扬成为常态。

到2005年，四川民族地区发展还面临许多矛盾和问题。如区域生态功能定位与资源型开发的矛盾；经济发展中资本密集型投入需求与投资依赖型矛盾；进入大规模基础设施建设阶段与受国家宏观调控影响的矛盾；保持传统优秀文化与改造落后观念的矛盾；发展不平衡、不协调的矛盾等。

2006年，四川民族地区站在新的历史起点上，进入了新的发展时期。我们相信，只要坚持改革开放，不忘初心，砥砺前行，四川民族地区就一定会创造新的辉煌。

四川省志·民族志

第一篇　四川民族地区发展综述

第一章　民族区域自治与民族工作机构

第一节　民族区域自治

一、民族自治地方概况

民族区域自治是中国共产党运用马克思主义关于民族问题的理论，结合中国实际解决国内民族问题的基本制度，也是中国特色解决国内民族问题的正确路线、方针、政策。2005 年，四川全省有 3 个自治州、4 个自治县。

民族自治地方的建立，是当地各族人民政治生活中具有历史意义的大事。中央决定，自治区、自治州、自治县成立逢十周年举行庆祝活动，中央或省级部门应派出代表团、祝贺团或代表前往祝贺。

按照《中华人民共和国宪法》《中华人民共和国民族区域自治法》规定，各级自治机关在行使地方国家机关职权的同时，在立法、经济、财政、干部、教育、文化、卫生、科技等方面享有广泛的自治权。随着民族自治机关的成立，各民族一律平等和少数民族当家做主的权利得到切实尊重和有效保障，自治州州长、自治县县长均由实行自治的民族的公民担任，自治州、自治县人大代表和政协委员以及自治机关组成人员也是以实行自治的民族为主。同时，省级各部门在执行政策、履行职务时严格尊重和切实保障自治地方的自治权，对民族自治地方的经济社会发展和干部培养使用等给予足够的重视和关心。

（一）民族自治州

甘孜藏族自治州　位于四川省西部，青藏高原东南缘。1950 年 3 月 27 日，康定军事管制委员会成立，对西康省政府各部门进行接管。1950 年 11 月 24 日，西康省藏族自治区人民政府成立，隶属西康省人民政府，自治区政府驻康定。1955 年 3 月，改西康省藏族自治区为西康省藏族自治州。同年 10 月 1 日，西康省大部并入四川省，西康省藏族自治州更名为四川省甘孜藏族自治州。2005 年，全州辖康定、泸定、丹巴、九龙、雅江、道孚、炉霍、甘孜、新龙、德格、白玉、石渠、色达、理塘、巴塘、乡城、稻城、得荣 18 个县。面积 15.60 万平方公里，居住着藏族、汉族、回族、彝族、羌族、纳西族等 20 多个民族。2005 年末总人口为 91.55 万人，其中藏族占 75.68%。州府康定是全州的政治、经济和文化中心。境内山峰高耸，河谷幽深，平均海拔 3500 米，地貌分为高原、山原、高山峡谷三大类型。属高原型季风气候，复杂多样，地域差异显著。自然资源丰富，有天然草地 1.40 亿亩，牲畜以牦牛、藏系绵羊为主，理论载畜量 1493 万个羊单位，畜种优良、肉质鲜美，无污染；矿产资源以稀有金属、有色金属和贵金属为主，种类多、品位高、开发价值大；大渡河、雅砻江、金沙江纵贯全州，水流急，落差大，水能理论蕴藏量3729万千瓦；森林面积2050万亩，活立木蓄积量3.50亿立方米：以贡嘎山风景名胜区为中心的自然景观资源个性突出，贡嘎山—海螺沟冰川森林公园、香格里拉—稻城亚丁、康定跑马山—木格措、德格阿须格萨尔故里—德格印经院等风景旅游区较为著名。产虫草、鹿茸、贝母、麝香、天麻等名贵中药材。古朴厚重的民俗风情，流派纷呈的藏戏，风格各异的锅庄、弦子和踢踏舞，独树一帜的康巴藏族绘画和雕塑，神奇奥妙的南派藏传医药等，极具浓郁的藏族文化特色。德格与西藏拉萨、甘南夏河并称为藏区的三大文化中心，是藏文化的发祥地之一。

阿坝藏族羌族自治州　位于四川省西北部，地处青藏高原东南缘、横断山脉北端与川西北高山峡谷的结合部。1953年1月建立四川省藏族自治区，1955年12月更名为阿坝藏族自治州（州府驻刷经寺，1958年迁马尔康），1987年7月更名为阿坝藏族羌族自治州。2005年，辖马尔康、金川、小金、阿坝、若尔盖、红原、壤塘、汶川、理县、茂县、松潘、九寨沟、黑水13个县，面积8.42万平方公里。2005年末总人口为85.1万人，其中，藏族占54.5%，羌族占18.4%。地貌以高原和高山峡谷为主。气温自东南向西北随海拔由低到高而降低，西北部的丘状高原冬季严寒漫长，夏季凉寒湿润，高山峡谷地带的气候随海拔高度变化呈明显的垂直性差异。旅游、水能、森林和矿产资源丰富。有九寨沟、黄龙等世界自然遗产，森林覆盖率22.8%，已建立包括森林类型、湿地类型、野生动植物类型在内的自然保护区21处，其中，国家级4处。有8处（22个点）全国重点文物保护单位。有优质天然草场422万公顷，为全国五大牧区之一的川西北牧区的重要组成部分。长江上游主要支流岷江、大渡河上游纵贯全境，也是黄河流经四川的唯一地区和黄河上游的重要水源地。野生中药材1900余种，年生长量8.5万吨，贝母、红豆杉、黄芪、红景天、党参等名贵药材和羌活、秦艽、大黄等大宗药材十分丰富。已探明矿种59种，金、铀、锂、硅、铁、锰等为优势矿种。泥炭储量70多亿立方米，居世界之冠；褐煤储量逾30亿吨；黄金远景储量500吨，近期储量270吨；大理石、花岗石储量丰富。水能理论蕴藏量1933万千瓦，可开发量1400万千瓦。截至2005年底，已建成大中小型水电站总装机容量237万千瓦。独特的民族风情，如安多藏戏和嘉绒藏戏、神秘的藏传佛教觉囊文化、藏族寺院彩沙艺术、羌族释比文化、羌族多声部、藏羌碉楼等吸引了越来越多的中外游客。

凉山彝族自治州　位于川西南，为中国最大的彝族聚居区。1950年12月，成立西康省西昌专员公署委员会。1952年从西昌专区析出部分县成立西康省凉山彝族自治区，首府驻昭觉。1955年4月15日，更名为凉山彝族自治州。凉山州与西昌专员公署同属西康省，1955年10月西康省撤销，西昌专区、凉山州改属四川省。1978年撤西昌专区，其中，米易、盐边2县划归攀枝花地区（今攀枝花市），其余并入凉山州，州府由昭觉移驻西昌。2005年，全州辖西昌市（县级市）、盐源、德昌、会理、会东、宁南、普格、布拖、金阳、昭觉、喜德、冕宁、越西、甘洛、美姑、雷波和木里县等17个县（市），面积6万平方公里。2005年末总人口为428.32万人，少数民族人口203.49万人，其中彝族人口188.25万人，占总人口的43.95%。地势自西北向东南倾斜，西部为高原，东部为山地。安宁河谷为主要农耕区，是国家和省的农业开发重点区域。气侯垂直差异明显，日照强，温差大，雨量充沛，干湿季节分明。自然资源以森林、矿藏、动植物为主，盛产粮、油及中药材、烤烟、甘蔗、水果、鲜花等经济作物。地处攀西裂谷成矿带，探明矿藏82种，储量大，品位高，易开发，综合利用价值高。水能理论蕴藏量4300万千瓦，可开发量2811.3万千瓦，国家在金沙江、雅砻江、大渡河“三江”上规划的14座大型水电站中，有8座在凉山州境内。历史人文和自然景观众多，有国家级重点风景名胜区邛海—螺髻山景区、灵山—彝海风景区，美姑大风顶国家级自然保护区。民族风情浓郁，文化异彩纷呈，独具特色，建有全国唯一的彝族奴隶社会博物馆。交通通信便利，已形成以西昌为中心的公路、铁路、航空立体交通运输格局。自治州政府所在的西昌市素有“月城”雅称，是“南方丝绸之路”的重要集散中心，也是世界闻名的航天城。

（二）民族自治县

马边彝族自治县 1984年4月9日成立，位于四川盆地西南边缘小凉山区域，面积2383平方公里。2005年末总人口18.2万人，其中彝族占37%。全县辖2镇18乡。有磷、铅锌、铜等多种矿产资源，其中磷矿储量24.8亿吨，已建成的磷矿列全国八大磷矿的第四位。水能资源可开发量32万千瓦。旅游资源丰富，主要有马边大风顶国家级自然保护区、黄莲山万亩人工林等。林地面积130万亩，森林覆盖率40.8%，盛产茶叶、竹笋、酸梅、中药材等。药用植物1619种，是全省重要的中药材基地。

峨边彝族自治县 1984年4月9日成立，位于四川省西南部，面积2395平方公里，耕地面积15.74万亩。2005年末总人口14.3万人，其中彝族4.56万人，占31%。全县辖6镇13乡。水能、矿产和森林资源丰富，水能理论蕴藏量125万千瓦；金属和非金属矿产26种；林业用地占全县总面积的77.63%，森林覆盖率46.7%，有著名的国家级森林公园、省级风景名胜区黑竹沟。茶叶、水果、蚕桑、山葵、中药材为主要经济作物。

木里藏族自治县 1953年2月19日成立，地处青藏高原东南缘，平均海拔3100米。面积13252平方公里。2005年末总人口12.8万人，其中藏族4万余人，约占33%。森林覆盖率60.4%，活立木蓄积量1.05亿立方米；矿产资源富集，铁、铜、铅锌、黄金等均有较大储量；野生中药材种类100种以上，较名贵的有虫草、贝母、三七、黄芪、雪莲花、天麻、木香、党参等。境内风光秀丽，有贡嘎雪山、穆天王古堡群、高原湖泊千姿百态，有古老而神秘的东巴文化和藏传佛教文化，素有“绿色宝库”“天然动物园”“神秘的喇嘛王国”之称，2002年，被列入“中国香格里拉生态旅游区”。

北川羌族自治县 2003年7月6日成立，位于四川盆地西北部。幅员面积2867平方公里。2005年末总人口16万人，其中羌族人口近10万人，约占62.5%。辖3镇17乡（其中1个民族乡）。既是少数民族聚居地，又是革命老区。有大禹故里风景名胜区、猿王洞自然风景区、古城堡—永平堡遗址、古人类遗迹、红军遗迹等自然和人文景观资源。矿产资源主要有黄金、赤铁矿、锰矿等。水能蕴藏量49.5万千瓦，可开发量34.86万千瓦。森林覆盖率76.2%。农作物以玉米、马铃薯、油菜为主，畜牧业以生猪、山羊、牛为主。

（三）享受少数民族待遇县

少数民族人口、民族乡数量、民族乡幅员面积所占比重高的县，在省内享受少数民族地区政策待遇。2005年末，全省有少数民族地区待遇县（区）6个，分别是：攀枝花市米易县、盐边县、仁和区，乐山市金口河区，雅安市石棉县，绵阳市平武县。

（四）民族乡

在一些少数民族聚居地域较小、人口较少并且分散的地方建立民族乡，成为民族区域自治的重要补充形式。民族乡人民政府与一般乡、镇人民政府一样，都是县（市）、自治县人民政府领导下的农村基层政权机构，是同级人民代表大会的执行机关，行使《中华人民共和国地方各级人民代表大会和地方各级人民政府组织法》第五十二条规定的职权。此外，民族乡还有鲜明的民族特点：民族乡是中国独有的、少数民族自己管理自己的内部事务、依法行使当家作主权利的一种基层政权形式，是解决国内散杂居少数民族问题的方式，是民族区域自治制度的补充形式。1984 年以来，全省先后共建立 128 个民族乡。由于行政区划调整，乡镇撤并，至 2005 年全省共有民族乡 95 个。

二、民族区域自治法制建设

（一）省级民族法规规章

民族区域法制化、规范化，是民族区域自治制度健全和完善的重要标志。推进民族区域法制化、制度化建设，充分体现了中国共产党坚持和完善民族区域自治的坚定决心。自《中华人民共和国民族区域自治法》（以下简称《民族区域自治法》）颁布实施后，国务院制定公布了一系列法规、条例等文件。

1991 年 12 月，国务院出台《关于进一步贯彻实施〈民族区域自治法〉若干问题的通知》，提出了 11 条具体措施。同时，为依法保障散杂居地区少数民族的合法权益，经国务院授权，中华人民共和国国家民族事务委员会（以下简称国家民委）于 1993 年 9 月发布施行《民族乡行政工作条例》和《城市民族工作条例》。20 世纪 90 年代后期，为适应社会主义市场经济体制和实施西部大开发战略的要求，中国开始了《民族区域自治法》的修改工作。2001 年 2 月，第九届全国人民代表大会常务委员会第二十次会议通过了新修订的《民族区域自治法》。为确保《民族区域自治法》的全面贯彻实施，2005 年 5 月，国务院颁布《实施〈中华人民共和国民族区域自治法〉若干规定》。同年 5 月，中共中央、国务院颁发《中共中央国务院关于进一步加强民族工作加快少数民族和民族地区经济社会发展的决定》，明确指出：要按照《民族区域自治法》的有关规定，抓紧制定配套的法律法规、具体措施和办法，制定或修订自治条例和单行条例，逐步建立比较完善的具有中国特色的民族法律法规体系。

省委、省政府根据国务院和国家民委的意见，也制定出台了一系列的法规、条例，民族区域自治地方的法制建设在不断完善。

1986 年 2 月，四川省率先在全国颁布《四川省关于贯彻实施〈中华人民共和国民族区域自治法〉的若干规定》，为民族区域自治地方制定自治条例打下了坚实基础，提供了政策依据。该规定的重要内容包括：一是指出全省各级政府机关必须认真学习、宣传和贯彻执行《民族区域自治法》，必须充分尊重民族自治州、县的自治权利。二是规定了民族区域自治机关的自治权。主要有：政治方面的自治权，包括根据民族自治地方实际情况变通执行或者停止执行省级各机关的决议、决定、命令、指示等；经济建设方面的自治权，包括自主地安排和管理地方性的经济建设事业，根据本地方的特点和需要，制定经济建设的方针、政策和计划等；财政税收方面的自治权，包括自主安排属于自治地方的财政收入，在执行预算过程中自行安排使用收入的超收和支出的节余资金等；社会事业方面的自治权，包括自主地发展民族教育事业，自主地发展具有民族形式和民族特点的文化事业，自主地发展民族传统医药，开展民族传统体育活动等；培养少数民族干部自主权，民族区域自治机关培养少数民族干部，根据省政府规定的机构设置和编制控制指标，可以按照实际情况，自行确定和调整自治地方国家机关和事业单位和机构设置与编制员额等。三是规定了省级部门在安排发展计划的时候，应根据民族自治地方的实际需要和特点，对自治地方从优给予照顾和扶持。

1991年11月，结合全省民族乡的实际情况，颁布《四川省民族乡工作暂行规定》，规定在散居少数民族占总人口百分之三十左右的乡，可建立民族乡，民族乡可由一个少数民族建立，也可由几个少数民族共同建立。该规定主要包括以下内容：一是政治平等。民族乡人民政府的乡长，由建立民族乡的少数民族的公民担任。民族乡人民政府工作人员的配备应照顾乡内各民族，所占比例与其人口占全乡总人口的比例相适应。二是经济扶持。一方面是在财政体制、税收体制、少数民族事业费等方面给予优惠和照顾。另一方面是资金扶持，帮助民族乡发展经济和社会事业。三是文化教育扶持。大中专院校、技工学校按规定对民族乡考生降分录取，并可对民族乡实行定向招生、定向分配。提倡和鼓励教师、科技人员、管理人员到民族乡工作，帮助民族乡发展各项建设事业等。

为加速发展民族地区的经济和社会事业，逐步缩小与发达地区的差距，根据国务院《关于进一步贯彻实施〈中华人民共和国民族区域自治法〉若干问题的通知》，省政府结合全省实际，印发《四川省人民政府关于进一步贯彻落实〈中华人民共和国民族区域自治法〉的通知》。

为全面贯彻落实党和国家对城市民族工作的相关政策，促进城市民族工作的法制化、规范化，1995年11月，颁布《四川省〈城市民族工作条例〉实施办法》，以保障城市少数民族的平等权利。该实施办法共25条，在政治权利上，提出要保障城市少数民族的合法权益，维护和发展各民族的平等、团结、互助关系。规定了少数民族干部的培养和任用等。在经济发展上，在资金、信贷、税收、资源等方面作了详尽的规定，并规定了对少数民族企业的政策扶持与优惠。在少数民族教育上，提出制定优惠政策，改善办学条件。此外，在宗教信仰、语言文字、民族艺术及传统体育等方面都作了具体规定。

省级地方性民族法规规章一览表

表1-1

名称	发布单位	发布时间
《四川省关于贯彻实施〈中华人民共和国民族区域自治法〉的若干规定》	四川省人民政府	1986年
《四川省民族乡工作暂行规定》	四川省人民政府	1991年
《四川省人民政府关于进一步贯彻落实〈中华人民共和国民族区域自治法〉的通知》	四川省人民政府	1992年
《四川省〈城市民族工作条例〉实施办法》	四川省人民政府	1995年

（二）各自治州、县制定的民族法规

按照《民族区域自治法》规定，民族自治地方的人民代表大会有权制定自治条例和单行条例。自治条例是指民族自治地方的人民代表大会根据宪法和法律的规定，并结合当地政治、经济和文化特点制定的有关管理自治地方事务的综合性法规。其内容涉及民族区域自治的基本组织原则、机构设置、自治机关的职权、活动原则、工作制度等重要问题。单行条例是指民族自治地方的人民代表大会及其常务委员会在自治权范围内，依法根据当地民族和区域的特点，针对某一方面的具体问题而制定的法规。从1986年起，全省各自治州、县先后制定一系列民族法规，使民族自治地方的法治建设走上了依法自治的轨道。

各自治州、县自治条例一览表

表 1-2

名称	发布单位	发布时间
《甘孜藏族自治州自治条例》	1986 年 6 月 4 日甘孜州第五届人民代表大会第三次会议通过，1986 年 7 月 12 日四川省第六届人民代表大会常务委员会第二十次会议批准	1986 年 7 月
《凉山彝族自治州自治条例》	1987 年 4 月 16 日凉山州第五届人民代表大会第二次会议通过，1987 年 7 月 2 日四川省第六届人民代表大会常务委员会第二十六次会议批准	1987 年 7 月
《阿坝藏族羌族自治州自治条例》	1986 年 5 月 21 日阿坝州第五届人民代表大会第四次会议通过《阿坝藏族自治州自治条例》，1986 年 7 月 12 日四川省第六届人民代表大会常务委员会第二十次会议批准。1988 年 1 月 5 日阿坝州第六届人民代表大会第一次会议通过将《阿坝藏族自治州自治条例》改为《阿坝藏族羌族自治州自治条例》，1988 年 3 月 16 日四川省第七届人民代表大会常务委员会第二次会议批准	1988 年 3 月
《峨边彝族自治县自治条例》	1988 年 8 月 6 日峨边县第二届人民代表大会第三次会议通过，1988 年 9 月 26 日四川省第七届人民代表大会常务委员会第五次会议批准	1988 年 9 月
《马边彝族自治县自治条例》	1990 年 3 月 14 日四川省马边县第三届人民代表大会第一次会议通过，1990 年 9 月 5 日四川省第七届人民代表大会常务委员会第十八次会议批准	1990 年 9 月
《木里藏族自治县自治条例》	1990 年 3 月 18 日木里县第七届人民代表大会第一次会议通过，1992 年 3 月 13 日四川省第七届人民代表大会常务委员会第二十八次会议批准	1992 年 3 月

各自治州、县单行条例一览表

表 1-3

区域	名称	发布单位	发布时间
甘孜州	《甘孜藏族自治州施行〈四川省土地管理实施办法〉的变通规定》	1990 年 12 月 21 日甘孜州第六届人民代表大会常务委员会第十次会议通过，1991 年 5 月 28 日四川省第七届人民代表大会常务委员会第二十三次会议批准	1991 年 5 月
	《甘孜藏族自治州矿产资源管理条例》	1995 年 4 月 9 日四川省甘孜州第七届人民代表大会第二次会议通过，1995 年 10 月 19 日四川省第八届人民代表大会常务委员会第十七次会议批准	1995 年 10 月
	《甘孜藏族自治州藏族语言文字使用条例》	1997 年 11 月 21 日甘孜州第七届人民代表大会第五次会议通过，1998 年 4 月 6 日四川省第九届人民代表大会常务委员会第二次会议批准	1998 年 4 月
	《甘孜藏族自治州实施〈四川省人口与计划生育条例〉的变通规定》	2004 年 3 月 24 日甘孜州第九届人民代表大会第一次会议通过，2004 年 6 月 3 日四川省第十届人民代表大会常务委员会第九次会议批准	2004 年 8 月

续表 1-3

区域	名称	发布单位	发布时间
阿坝州	《阿坝藏族羌族自治州施行四川省〈中华人民共和国草原法〉实施细则的补充规定》	1994年6月23日阿坝州第七届人民代表大会常务委员会第九次会议通过，1994年7月26日四川省第八届人民代表大会常务委员会第十次会议批准	1994年7月
	《阿坝藏族羌族自治州施行〈中华人民共和国继承法〉的变通规定》	1989年3月8日阿坝州第六届人民代表大会第二次会议通过，1989年9月20日四川省第七届人民代表大会常务委员会第十一次会议批准	1989年9月
	《阿坝藏族羌族自治州矿产资源管理条例》	1996年4月19日阿坝州第七届人民代表大会第四次会议通过，1998年10月17日四川省第九届人民代表大会常务委员会第五次会议批准	1998年10月
	《阿坝藏族羌族自治州实施〈四川省义务教育条例〉的补充规定》	1997年12月13日阿坝州第八届人民代表大会第一次会议通过，1998年4月6日四川省第九届人民代表大会常务委员会第二次会议批准	1998年4月
	《阿坝藏族羌族自治州施行〈四川省土地管理实施办法〉的变通规定修正案》	1996年10月8日阿坝州第七届人民代表大会常务委员会第二十三次会议通过，1997年2月21日四川省第八届人民代表大会常务委员会第二十五次会议批准	1997年2月
凉山州	《凉山彝族自治州施行〈中华人民共和国婚姻法〉的规定》	1982年11月17日凉山州第四届人民代表大会常务委员会第八次会议通过1983年2月26日四川省第五届人民代表大会常务委员会第十九次会议批准	1983年2月
	《凉山彝族自治州义务教育实施办法》	1988年9月23日凉山州第五届人民代表大会常务委员会第十四次会议通过，1990年4月28日四川省第七届人民代表大会常务委员会第十六次会议批准	1990年4月
	《凉山彝族自治州彝族语言文字工作条例》	1992年4月29日凉山州第六届人民代表大会第二次会议通过，1992年9月26日四川省第七届人民代表大会常务委员会第三十一次会议批准	1992年9月
	《凉山彝族自治州矿产资源管理条例》	1993年5月18日凉山州第六届人民代表大会第四次会议通过，1993年10月28四川省第八届人民代表大会常务委员会第五次会议批准	1993年10月
	《凉山彝族自治州施行〈四川省土地管理实施办法〉的变通规定》	1993年7月9日凉山州第六届人民代表大会常务委员会第十五次会议通过，1993年12月15日四川省第八届人民代表大会常务委员会第六次会议批准	1993年12月
	《凉山彝族自治州东西河飞机播种林区保护管理条例》	1995年5月2日凉山州第六届人民代表大会第六次会议通过，1995年8月17日四川省第八届人民代表大会常务委员会第十六次会议批准	1995年8月
	《凉山彝族自治州邛海保护条例》	1997年3月26日凉山州第七届人民代表大会第二次会议通过，1997年6月16日四川省第八届人民代表大会常务委员会第二十七次会议批准	1997年6月
	《凉山彝族自治州渔业管理条例》	1999年3月4日凉山州第七届人民代表大会第四次会议通过，1999年8月14日四川省第九届人民代表大会常务委员会第十次会议批准	1999年8月
	《凉山彝族自治州大桥水库工程管理条例》	2000年3月30日凉山州第七届人民代表大会第六次会议通过，2000年5月9日四川省第九届人民代表大会常务委员会第十六次会议批准	2000年5月

续表 1-3

区域	名称	发布单位	发布时间
凉山州	《凉山彝族自治州施行〈四川省禁毒条例〉补充规定》	2001 年 3 月 25 日凉山州第八届人民代表大会第一次会议通过，2001 年 5 月 25 日四川省第九届人民代表大会常务委员会第二十三次会议批准	2001 年 5 月
	《凉山彝族自治州实施〈四川省中华人民共和国动物防疫法〉实施办法的补充规定》	2003 年 3 月 26 日凉山州第八届人民代表大会第四次会议通过，2003 年 5 月 28 日四川省第十届人民代表大会常务委员会第三次会议批准	2003 年 5 月
	《凉山彝族自治州实施〈四川省人口与计划生育条例〉的补充规定》	2003 年 3 月 26 日凉山州第八届人民代表大会第四次会议通过，2003 年 5 月 28 日四川省第十届人民代表大会常务委员会第三次会议批准	2003 年 5 月
	《凉山彝族自治州泸沽湖风景名胜区保护条例》	2004 年 2 月 28 日凉山州第八届人民代表大会第五次会议通过，2004 年 7 月 30 日四川省第十届人民代表大会常务委员会第十次会议批准	2004 年 7 月
峨边县	《峨边彝族自治县施行〈中华人民共和国婚姻法〉的补充规定》	1989 年 3 月 10 日峨边县第二届人民代表大会第四次会议通过　1989 年 9 月 20 日四川省第七届人民代表大会常务委员会第十一次会议批准	1989 年 9 月
	《四川省峨边彝族自治县施行〈四川省土地管理实施办法〉的补充规定》	1991 年 7 月 23 日峨边县第三届人民代表大会常务委员会第十次会议通过，1991 年 11 月 27 日四川省第七届人民代表大会常务委员会第二十六次会议批准	1991 年 11 月
	《峨边彝族自治县黑竹沟风景区保护条例》	2002 年 1 月 16 日峨边县第五届人民代表大会第五次会议通过，2002 年 11 月 30 日四川省第九届人民代表大会常务委员会第三十二次会议批准	2002 年 11 月
	《峨边彝族自治县实施〈四川省人口与计划生育条例〉的变通规定》	2004 年 2 月 14 日峨边县第六届人民代表大会第二次会议通过，2004 年 6 月 3 日四川省第十届人民代表大会常务委员会第九次会议批准	2004 年 8 月
马边县	《马边彝族自治县施行〈中华人民共和国继承法〉的补充规定》	1995 年 3 月 9 日四川省马边县第四届人民代表大会第三次会议通过，1995 年 6 月 20 日四川省第八届人民代表大会常务委员会第十五次会议批准	1995 年 6 月
	《马边彝族自治县矿产资源管理条例》	1997 年 1 月 17 日马边县第四届人民代表大会第六次会议通过，1998 年 10 月 17 日四川省第九届人民代表大会常务委员会第五次会议批准	1998 年 10 月
	《马边彝族自治县实施〈四川省义务教育条例〉的补充规定》	2002 年 1 月 19 日马边县第五届人民代表大会第六次会议通过，2002 年 5 月 30 日四川省第九届人民代表大会常务委员会第二十九次会议批准	2002 年 5 月
	《马边彝族自治县实施〈四川省人口与计划生育条例〉的变通规定》	2004 年 1 月 9 日马边县第六届人民代表大会第二次会议通过，2004 年 6 月 3 日四川省第十届人民代表大会常务委员会第九次会议批准	2004 年 8 月
	《马边彝族自治县水资源管理条例》	2005 年 1 月 18 日马边县第六届人民代表大会第三次会议通过，2005 年 5 月 26 日四川省第十届人民代表大会常务委员会第十五次会议批准	2005 年 5 月

续表 1-3

区域	名称	发布单位	发布时间
木里县	《木里藏族自治县矿产资源管理条例》	1996 年 2 月 6 日木里县第八届人民代表大会第四次会议通过，1998 年 10 月 17 日四川省第九届人民代表大会常务委员会第五次会议批准	1998 年 10 月
	《木里藏族自治县实施《四川省〈中华人民共和国草原法〉实施细则》的补充规定》	2001 年 9 月 7 日木里县第九届人民代表大会常务委员会第二十二次会议通过，2001 年 11 月 23 日四川省第九届人民代表大会常务委员会第二十六次会议批准。	2001 年 11 月

（三）人大监督

截至 2004 年，全省共制定和修改民族法规 72 件（次），内容涉及政治、经济、文化、教育、卫生、环保等多个领域，为全面贯彻实施民族区域自治法提供了较好的法制基础。同时，为使《民族区域自治法》和配套法规落到实处，省人大重视监督工作。如，1989 年 10 月，省人大常委会对林业、交通、农牧、财政、物资、冶金、银行、税务、商业、供销、财贸、计划、电力、国土、烟草、教育、文化、卫生、劳动人事等 21 个部、委、厅、局贯彻执行《民族区域自治法》的情况进行了重点检查。1990 年，省人大民宗委会同省人大农业委员会（以下简称省人大农委）完成省人大常委会对甘孜、阿坝、凉山、乐山、雅安贯彻实施《四川省天然林保护条例》情况的执法检查，督促当地政府对滥砍乱伐进行严肃处理。1998 年 5 月，四川省人大民族宗教委员会（以下简称省人大民宗委）组织省地矿厅、省黄金局对甘孜、凉山两州贯彻实施矿产资源法律法规的情况进行了检查，两州对乱掘乱采矿产资源的状况进行了全面迅速的清理整顿。同年 5 月，省人大民宗委还组织常委会委员和省扶贫移民办、省民委等单位，以常委会的名义对凉山州、甘孜州的扶贫工作进行了视察，对发现的问题，以省人大常委会的名义转省政府研究办理，省扶贫办向省人大常委会上报了改进办法。2000 年，省人大民宗委、省人大教育科学文化卫生委员会（以下简称省人大科教文卫委）、省教育厅组成的三个检查组，对甘孜、阿坝、凉山贯彻实施义务教育法律法规情况进行了检查，反映了民族地区义务教育存在的困难和问题，提出了加强民族地区实施义务教育的建议。2001 年，省人大民宗委牵头，并与省人大农委和城环资委共同承办并参与了省人大常委会对草原法律法规贯彻实施情况的执法检查。充分肯定了贯彻实施草原法所取得的成绩，反映了草原生态退化、沙化，鼠虫害严重等问题，提出了加大草原建设的资金、技术投入力度，建立健全草原监理机构等具体意见。2002 年 2 月，省人大民族宗教委与省人大农委一道对乐山、雅安、绵阳、凉山、阿坝、甘孜等市州退耕还林还草工作情况进行了检查。2002 年 7 月，省人大民宗委组织了省人大常委会贯彻实施民族区域自治法汇报会，检查了省级机关和民族自治地方贯彻实施民族区域自治法的情况。

三、民族地区优惠政策

省委、省政府把制定特殊优惠政策作为贯彻《民族区域自治法》有关规定的手段，建立并推进《民族区域自治法》的长效机制，出台了一系列方针政策。

（一）民族贸易政策

民族贸易是中共中央和人民政府在民族工作中开展最早的经济工作之一。1987 年 12 月，省委、省政府办公厅印发《四川省民族工作会议纪要》，指出：为适应商品生产发展，适应改革流通体制，民族贸易将形成多渠道、多形式、少环节的商品流通体制。1988 年 9 月，四川省商业厅（以下简称省商业厅）制定了《关于进一步深化民族贸易体制改革的意见》，虽然改革的要点是逐步把企业推上市场竞争和自负盈亏的轨道，但对民族贸易制定的各项优惠政策，国家仍要贯彻执行。1990 年 3 月，中国人民银行、中国工商银行、中国农业银行的四川省分行发布了《关于对少数民族贸易和少数民族用品生产贷款继续实行优惠利率的通知》，对 20 世纪 80 年代以来的民族贸易优惠政策进行清理、补充，继续在金融方面扶持民族贸易。这些扶持不仅覆盖民族自治地方，也包括享受自治县待遇的地方。

1991 年，省政府召开民族贸易工作会议，印发了《四川省民族贸易工作会议纪要》，针对民族贸易的困难和存在的问题，提出了逐步予以解决的办法，仍然强调要搞活民贸，扶持民贸企业的发展。

1995 年，省政府印发了《四川省人民政府关于继续扶持民贸企业发展的通知》，同年，省委印发《四川省第二次藏区工作会议纪要》的通知，再次对民贸工作给予政策支持：继续执行民贸企业流动资金优惠利率贷款，解决好利差负担；继续对民贸经营中的运费实行按实补贴或定额补贴；建立省级边茶储备制度，省财政承担边茶储备贷款贴息，开户银行解决储备贷款，省经委为边茶管理部门，省茶叶公司从事生产、经营、管理方面的具体工作；对民贸企业继续给予减免税照顾，实行先征后退的政策。同时，要求民贸企业要深化改革，按照“抓大、放小、建新”的思路，调整企业结构，强化企业经营管理，尽快适应市场经济条件下流通领域的发展变化。

1997 年，为适应税制改革，省政府印发《四川省人民政府关于民族地区到内地兴办企业有关税收返还问题的通知》，对民族地区在内地兴办企业税收返还等政策重新作出了规定，返还比例按 20% 留在经营所在地，80% 由财政返还给民族地区。对征收及返还办法也制定了有利于民族地区的规定。

2004 年，省政府办公厅出台《四川省人民政府办公厅关于进一步促进民族地区民营经济发展的实施意见》，规定：放宽市场准入，鼓励公平竞争；拓宽融资渠道，改进金融服务；健全服务体系，优化发展环境等政策，加大对全省民族地区民营经济的扶持力度。并规定省财政要继续严格执行《四川省人民政府关于民族地区到内地兴办企业有关税收返还问题的通知》的有关规定，对民族地区在内地兴办企业缴纳的增值税、营业税及所得税地方留存部分，按照规定的分成比例给予返还并督促相关地方予以落实。

（二）财政政策

1. 财政照顾政策

为支持民族地区，省政府明确省级财政对三州实行财政递增补助的照顾政策。1989 年 4 月省委办公厅转发《省委民族工委扩大会议纪要》指出，省政府关于三州财政包干、补贴递增的办法，是经省人大批准的三州自治条例中已明文规定，应继续执行。但鉴于财政困难的实际情况，补贴比例有相应调整。1992 年，《四川省人民政府关于进一步落实〈中华人民共和国民族区域自治法〉的通知》规定，合理核定地方财政收支基数，支大于收的自治州，由省财政实行定额补贴，并按 5% 的比例递增。1994 年，全国实行分税制，中央取消了对省的递增补贴政策，但四川省财政仍然维持对三州的递增补助政策。1995 年，《中共四川省委、四川省人民政府关于促进民族地区发展的意见》规定，在维持现有财政体制的基础上，继续实行核实基数、定额递增、专项扶持的政策。2000 年，省对市州调整财政体制，考虑到民族地区财力太弱，发展中面临的许多困难和矛盾，省委、省政府决定继续执行照顾政策，补助额不断增加，到2001年达到了4.49亿元。

2. 转移支付政策

实施了多项转移支付政策，包括客观性转移支付、政策性转移支付、天然林保护工程减收转移支付、调整收入分配政策转移支付、退耕还林还草转移支付。在分配转移支付资金时，把民族地区作为重点照顾对象，尽力予以政策倾斜。如：2005年，《中共四川省委、四川省人民政府关于贯彻〈中共中央国务院关于进一步加强民族工作加快少数民族和民族地区经济社会发展的决定〉的意见》印发，规定要充分考虑民族地区公共服务支出成本差异，通过一般性财政转移支付、专项财政转移支付、民族地区转移支付补助等方式，逐步加大对民族地区财政转移支付力度，确保对民族地区的转移支付、税收返还等优惠政策落实到县。

3. 财政补助政策

财政补助资金量增加，在财力补助和专项补助方面对民族地区倾斜。如，四川对从中央争取的支援经济不发达地区发展资金和三州开发基金（以下简称两项资金），在向民族地区投放中，实行了有效管理，两项资金总量从1986年的1.4亿元增加到2005年2.85亿元。1986年，全国支援经济不发达地区发展资金管理蚕员会颁发了《支援经济不发达地区发展资金管理办法》，新管理办法是在1983年制定的《支援经济不发达地区发展资金管理暂行办法》的基础上修订的，主要对发展资金的投放对象、使用方向、使用方式等都作了新的规定。如发展资金的受援对象，原办法规定以农村集体经济为主，这次修改为以农村经济和贫困户为主，同时对能带动群众脱贫致富的个体户、联体户也可给予必要的支援；发展资金的使用，原办法规定要实行有偿和无偿相结合的原则，改为实行有偿与无偿相结合，以有偿使用为主的原则。另外，新办法强调了发展资金要同各种渠道的扶贫资金结合起来使用，加强资金的责任制等。四川省三州开发基金领导小组制定的《四川省三州开发基金管理暂行办法》，规定了基金使用的范围，实行指标控制和项目管理相结合，实行有偿援助和无偿援助相结合的使用办法等。

1995年8月，省委、省政府印发《中共四川省委、四川省人民政府关于促进民族地区发展的意见》，确定四川设立“民族工作机动金”统筹用于民族地区和民族团结进步事业，三州和有民族自治县的市、地也要比照设立一笔机动金。省财政每年设立3000万元民族工作机动金，用于民族事业的特殊需要。

（三）税收金融优惠政策

1990年，川人行办颁发的《四川省三州民族地区金融工作会纪要》是比较全面的金融扶持政策。文件规定，“八五”期间对三州实行若干特殊政策，例如，省上在安排重点企业、重点行业的点贷资金时，适当照顾三个自治州；三州银行流动资金信贷计划的管理办法较以往灵活有利；到1992年底以前全部返还三州上存资金负担，逐步增补三州农业银行的信贷基金，在两三年内达到全省平均水平。此外，对民族地区金融改革、机构设置、干部培训、定期召开研究民族地区金融工作的会议等都作了部署。1992年11月，《四川省人民政府关于进一步落实〈中华人民共和国民族区域自治法〉的通知》原则性地重申了省级金融部门在分配信贷基金、下达信贷规模、专项贷款、货币投放时要照顾民族地区。1995年，《中共四川省委、四川省人民政府关于促进民族地区发展的意见》对金融政策又有新的拓展，信贷规模和资金逐年有所增加；民族地区骨干企业报经省经委、省工商银行审批后，列入省的贷款规模，直接贷款；省级各专业银行免收民族地区银行当年新增存款的统筹基金；农行和农发行分设后，未纳入政策性业务范围而又符合贷款条件的资金需要，由财政给予部分贴息，农行审查安排资金。这些政策缓解了民族地区经济发展获取资金偏紧偏难的压力。

1995年，《中共四川省委、四川省人民政府关于促进民族地区发展的意见》又制定了一些较全面优惠的计划投资政策，如，同等条件下，优先安排、重点支持民族地区交通、通信、能源及综合开发等大中型骨干建设项目和社会发展项目。每年安排给民族地区的中西部乡镇企业贷款不低于全省的20%，扶贫资金不低于全省的30%，支援不发达地区发展资金不少于全省的40%，“以工代赈”资金不少于全省的50%。同年12月，《中国人行四川分行、工行四川分行、中行四川分行、建行四川分行、农发行四川分行及中国人民保险公司四川分公司印发〈关于三州民族地区继续实行特殊金融政策的意见〉的通知》总结了“八五”期间实行的十条特殊金融政策所取得的成绩，制定了“九五”期间继续和新投入的十二项政策。2004年，省委办公厅、省政府办公厅《关于转发〈省财政厅、省地税局关于我省民族地区免征农牧业税有关问题的意见〉的通知》要求进一步减轻农民税收负担，逐步减低农业税税收，2004年农业税税率总体上减低1个百分点，有条件的地方可以进一步降低农业税税率和免征农业税。从2004年1月1日起，对民族地区免征农牧业税及其附加。免征后，县、乡财政及村级集体组织由此而减收部分由省财政全额予以转移支付补助；对从2004年起增加的退耕还林（草）面积不再给予退耕还林（草）农业税减收财政转移支付补助，即继续给民族地区的退耕还林（草）转移支付补助以2003年补助数为基数。2005年，省委印发《中共四川省委、四川省人民政府关于贯彻〈中共中央国务院关于进一步加强民族工作加快少数民族和民族地区经济社会发展的决定〉的意见》，规定继续执行对民族地区的税收优惠政策。对在民族地区新办企业，经主管税务部门批准后，可减征或免征所得税3年：民族地区的内资企业可定期减征或免征企业所得税。外商投资企业可定期减征或免征地方所得税；对在民族地区新办交通、电力、水利、邮政、广播电视企业，给予减免企业所得税优惠政策。

（四）经济发展政策

1. 农牧林业政策

民族地区从事第一产业的人口多，农牧业是农村人口的主要就业部门，林业建设则是生态环境可持续发展的关键环节。

农业发展政策　1987年12月，《四川省民族工作会议纪要》提出，进一步深化农村产业结构调整，发展开发性农业的商品生产，建立地区特色产业结构，建立生产全过程服务体系，完善统分结合的“双层经营”体制。1992年，随着社会主义市场经济体制的确立，民族地区农业生产迎来了新的机遇和挑战。“九五”期间，农业的政策思路是“立足抗灾增粮，突出重点抓增收，把握大局抓稳定”。1994年，财政部《关于对征收原木、原竹农业特产税问题的通知》规定：在“八五”期间基本维持原农林特产税和原产品税的减免政策；对国有林区138个森工企业（含四川25个）生产、销售的原木，生产环节与收购环节合并，减按10%计算征收农业特产税。1995年，为进一步从政策上扶持、帮助藏区发展，《中共四川省关于印发〈四川省第二次藏区工作会议纪要〉的通知》规定鼓励个人开垦荒滩、荒坡，种植农作物和植树、种草，实行“谁开发，谁经营，谁受益，长期不变”的政策。2000年前，农林特产税农区减征三分之一，牧区减半征收。1996年，《国务院关于批转国家税务总局深化税收征管改革的通知》规定：在“九五”前两年，对因减免农业特产税影响地方财政收入部分，每年由中央财政补助1615万元。四川重点森工农业特产税税率可由四川省政府在

5%—10%幅度内自行确定。2004年，《中共四川省委办公厅、四川省人民政府办公厅关于转发〈省财政厅、省地税局关于我省民族地区免征农牧业税有关问题的意见〉的通知》制定了对民族地区57个县农牧业税及附加给予全部免征，由此而减收部分由省财政全额予以转移支付补助的优惠政策。根据决算资料，民族地区2002年农牧业税及其附加收入8534万元，其中农业税7024万元、牧业税106万元、农业税附加1404万元。

畜牧业发展政策 1986年11月，省政府批转了省农牧厅《关于牧区草地建议工作的意见》，对草地所有权、使用权和承包责任制作出了政策性规定，坚持以草定畜，严禁超载过牧。要求把“两权一制”（草场的所有权、使用权和承包责任制）的落实与调整畜群结构、畜种改良、畜病防治结合起来，贯彻“草是基础，改是手段，防治是保障”的综合有效措施。1987年8月，省政府印发《全省牧区工作会议纪要》，确定了“七五”期间牧区经济的任务和方针，贯彻《中华人民共和国草原法》，走上草原管理法制化轨道。同年，省委、省政府在调查研究的基础上，形成了牧区和半农区划分的基本原则，再次确定四川民族地区牧区有10个县．半牧区31个县。1995年，省政府以70号令颁布《四川省草原承包办法》，同时，省政府在试点成功的基础上制定《关于本世纪末基本完成牧区人草畜三配套建设任务的通知》，以“牧区有住房，畜牧有棚圈，草地有围栏，冬春有贮草”为主要内容，实施“人草畜”三配套建设，从根本上改变传统畜牧业靠天养畜方式，走出“夏饱、秋肥、冬瘦、春死”的恶性循环。通过三配套建设，带动了牧区各项社会事业的发展，实现草地畜牧业的可持续发展。2000年以前，已累计建立三配套户8.17万户，占应建牧户的90%以上，户平均居住房68.22平方米。在三配套建设取得阶段性成果的基础上，三州从1998年起在牧区开展家庭牧场建设试点。同年，为了实现牧业发展的新跨越，省委、省政府制定了在牧区8个县开展牧民新村建设试点计划。2002年，实施“牧区综合配套建设升级深化工程”，以每年帮助1万户牧民实现定居的速度向前推进。2005年，继续实施人草畜“三配套”升级升化工程，加强草原保护建设，大力发展草食牲畜。

林业发展政策 1998年8月20日，省人民政府发布了《关于停止天然林采伐的布告》，决定实施天然林资源保护工程，从9月1日起，阿坝、甘孜、凉山、攀枝花、乐山、雅安等州市全部停止天然林采伐。9月29日，天然林禁伐扩大到全省范围。1999年6月30日，停止了全部木材的销售运输，并且采取了法律、行政、经济等多种措施，强行停止天然林经营性采伐。民族地区及时对大小采伐企业实行了战略性调整，转向对天然林保护和生态环境建设，对民族地区天然林资源实行常年性管护。1999—2000年，四川民族地区三州开始了退耕还林（草）试点工程。到2005年底，民族地区累计完成退耕还林16.28万亩。

2. 工业发展政策

“七五”期间，为帮助三州开发矿产资源，省计经委、省民委、省地矿局联合制定了支持少数民族地区开发矿业，振兴地方经济的政策。此外，在财政、税收、金融、计划投资等方面对民族地区的工业等建设给予政策倾斜。1995年，《中共四川省委、四川省人民政府关于促进民族地区发展的意见》制定了更加开放的民族地区工业发展政策，民族地区凡与省内外合作、合资兴办的企业，均享受“三资”企业有关优惠政策：民族地区的省级改革实验区，经审查报批后，享受当时省内最优惠的政策。2005年，大力培育特色优势产业，调整产业结构，优化产业布局，坚持走新型工业化道路，支持民族地区加快工业园区或工业集中区建设。

四川民族地区水能资源丰富，20 世纪 50 年代以前基本上未能开发利用，只有几个小电站，装机仅 600 多千瓦。20 世纪 50 年代以后，国家先后在民族地区投资建设一批国家大型电站和州县骨干电站。对农村小水电站建设采取“适当补助，自办自主”及“以电养电”的方针，调动了乡村办电的积极性，能源建设有了迅速的发展。“九五”期间和进入“十五”计划的第一年，随着西部大开发的全面推进，民族地区的工业结构调整显示出成效，以资源为依托并有着市场潜力的水电工业、高耗能工业、天然药业和绿色食品业成为了民族地区的支柱产业，对这些产业的政策和资金扶持力度加大。民族地区的水能资源开发在天然林停伐后，成为支柱产业。进入 21 世纪，省委民族工委制定了民族地区经济发展的基本思路，要把水电、矿冶、旅游等建成龙头支柱产业，实现资源开发上的跨越。

3. 交通基础设施发展政策

交通是制约民族地区各行各业发展的瓶颈，在中央和省的全力支持下，民族地区交通逐步发生了根本性变化。1992 年，省政府制定《四川省人民政府关于进一步贯彻落实〈中华人民共和国民族区域自治法〉的通知》，要求在实施“八五”计划和十年规划期间，要根据民族地区全民所有制单位固定资产投资总额当高于“七五”计划的实际水平。省和省级政府各经济主管部门要适当增加对民族地区的投入，帮助民族地区促进基础设施建设和发展地方工业，特别是对交通、能源、水利、邮电、通信等有利于民族地区发展的基础设施建设项目在安排上要适当倾斜，增加投资比重。

2001 年，为促进甘孜州、阿坝州、凉山州公路建设快速发展，中央作出了主要由国家资助，加快三州交通建设的重大决策。省委、省政府印发《四川省人民政府关于促进我省三州地区交通建设快速发展的通知》，主要目标任务是三州干线公路建设，通过川藏南线公路改造、都江堰至汶川高等级公路建设、雅安到攀枝花高速公路建设等，使三州州府所在地有快速通道与成都相连；三州通县的油路建设，总任务为 49 个项目，共计 4500 公里；三州的县通乡公路建设。措施是严格执行《四川省人民政府关于抓住西部大开发机遇加快交通发展的通知》的相关优惠政策；三州通县油路建设征地拆迁由地方政府包干负责；三州通县油路建设需要拆迁光缆、杆缆、管道的，产权单位应积极配合，所需工料费用原则上由产权单位自行解决；三州通县油路建设工程所需沙石材料，在国有荒山、荒坡、河滩上采集的，各县政府要无偿划定料场，并报有关部门办理手续；三州通县油路建设项目免征耕地占用税；三州通县油路建设工程涉及的各类行政事业性收费一律免收。2002 年，省委、省政府《关于推进民族地区跨越式发展和长治久安的意见》出台了加强交通设施建设的优惠政策：新安排的重大基础设施项目，主要由省集中各种渠道的资金投入，做到不留资金缺口。以公路建设为重点，开展好交通建设大会战。2005 年，省委印发《中共四川省委、四川省人民政府关于贯彻〈中共中央国务院关于进一步加强民族工作加快少数民族和民族地区经济社会发展的决定〉的意见》，规定要继续支持民族地区基础设施建设，建立适应市场需求及经济社会发展需要的区域基础设施网络。加大投入力度，适当增加财政性建设资金、其他专项建设资金和政策性银行贷款用于民族地区基础设施建设的比重；省上安排的重大基础设施建设项目，需要民族地区承担配套资金的，适当减低配套资金比例；对民族地区扶贫开发工作重点县，免除配套资金。

（五）扶贫政策

1985 年以前，民族地区扶贫主要采用“救济式”扶贫，扶贫开发资金仅有发展资金一项，实行指标分配到县，无偿使用，无统一的管理办法。1988 年 4 月，省委、省政府制发《关于加速贫困地区开发步伐的通知》，确定了“七五”期间解决贫困人口温饱的标准，即人均纯收入200元，粮食300公斤（简称二六标准）。明确了扶贫目标责任制，对扶贫资金的管理和使用进行了改革。1985—1990年，从“救济式”向“开发式”过渡，增设了开发基金，指标到州，有偿与无偿结合，投向以经济建设为主，重点改善农牧民生产生活条件。在扶贫资金投向上增加了科技扶贫，推行开发性商品农业。1994年，国务院发出关于印发《国家八七扶贫攻坚计划》的通知。该计划力争在20世纪内最后7年，集中力量，基本解决目前全国农村8000万贫困人口的温饱问题。1995年12月，四川制定印发了《四川省7118扶贫攻坚计划》《甘孜州“九五”期间扶贫攻坚计划》《阿坝州723扶贫攻坚计划》《凉山州7210扶贫攻坚计划》。同时，民族地区所有列入国家和省扶贫工作重点的县均制定了扶贫攻坚计划。所有计划都总结了自20世纪80年代以来解决温饱目标实现的情况，确立了20世纪最后7年扶贫的奋斗目标，明确了目标管理责任制、扶贫途径形式、资金物资的使用管理、扶贫政策保障、扶贫部门的任务、动员全社会参与扶贫、扶贫的组织和领导。

在市场经济体制建立过程中，对民族地区扶贫的特殊优惠政策有的已经失效或基本无法执行，有的需报批后继续执行。因此，1995年省委、省政府指示省民委组织三州对所有特殊优惠政策进行清理，其中包括了扶贫政策。如，省政府印发《关于90年代进一步加强扶贫开发工作的通知》规定：“对省定的西部12个少数民族贫困县，‘八五’期间，省计委除正常分配外，每年再统筹安排计划钢材1000吨、柴油1000吨。”实际上，这类物资在20世纪90年代中期的市场经济条件下，计划价格与市场价格齐平而失去了“扶贫”的本意。另外，金融体制的改革，银行企业化、专业化管理后，过去对贫困户贷款延长还款期限间的停息账或停止逾期罚息等优惠政策已无法执行。通过这次清理，扶贫政策得到充实和加强。在《四川省7118扶贫攻坚计划》中规定，20世纪80年代以来国家和省制定的一系列行之有效的扶贫政策，凡没有明文取消的，一律继续执行；同时新出台了信贷、财税、资金、异地开发、定向招收贫困县学生、扶贫培训、劳务输出等方面的政策。

（六）民族干部政策

为进一步贯彻党的民族政策和民族区域自治制度，四川省制定出一系列加强民族干部工作的政策。

1. 民族干部培养政策

1986年，省委组织部、省委民族工委制定了《关于组织三州区、乡干部到内地挂职锻炼的通知》，这是针对民族地区区、乡干部尽快适应农村经济体制改革的要求制定的政策。1992年，省委办公厅转发省委组织部《关于进一步解决甘孜、阿坝、凉山州组织、干部工作中若干问题的意见》，把解决民族地区人才缺乏的问题作为制定政策的重点，从招生、招干、培训、对口支援等多方面制定了培养人才的政策。1994年，省委、省政府转发了省委组织部、统战部、民族工委、省民委联合制定的《关于进一步做好我省培养选拔少数民族干部工作的意见》，把培养少数民族各类人才作为一项长期任务。在增加干部比重方面，规定民族地区领导班子建设，要在贯彻落实“两个离不开”的基础上，积极选拔少数民族干部进入州、县级领导班子；在民族散杂地区，也要注意培养选拔少数民族干部进入各级领导班子，使少数民族干部在班子中有适当比例；省经济、财政、行政、政法、农业、教育、卫生、计划生育、商业、粮食、城乡建设等干部院校，应采取举办岗位培训班和业务短训班等形式，为民族地区培训干部，其收费标准要适当降低；加强对口支援，向民族地区选派各方面的人才。强化民族干部素质方面规定，少数民族县处级以上各级各类干部在每届任期内，应分期分批到各级党校集中培训一次，重点学习马克思列宁主义基本理论和邓小平建设中国特色社会主义理论，培训时间不少于三个月；区级干部接受1—2次政治理论培训；到2000年，年龄在50岁以下的县级和县级以上的少数民族干部都要具有大专以上文化程度；要加强各级领导班子的组织、思想和作风建设；对业务干部的素质提高，也制定了进修培训制度和政策。加强后备队伍建设方面，指出各级党委要建立少数民族后备干部名单，州、县两级党政班子后备干部中，少数民族干部要达到10—15名，而且要有少数民族非党员干部和女干部；少数民族散杂居地区的市、县党政班子后备干部中，要有3—5名少数民族干部；对后备干部按缺什么补什么的原则进行培养，根据不同层次、行业、阅历，制定培养目标、形式和计划；对后备干部的管理坚持德才兼备原则，做到备、用结合。选派少数民族干部到内地挂职锻炼方面，规定到2000年，力争县级党政班子中主要领导在任职前或任期内安排一次挂职锻炼。前往挂职的地方从省级机关扩大到了东部沿海发达地区的党、政机构以及国营大中型企业、公司等。同时，对少数民族干部也采取了异地交流、轮换岗位、上挂见习、下基层任职等培养途径。2001年，中共四川省委办公厅转发《省委组织部、省委统战部、省委民族工委进一步做好新形式下培养选拔少教民族干部工作的意见》的通知，指出当前和今后一个时期培养选拔少数民族干部的工作目标和任务是：以加强思想政治建设为重点，不断提高少数民族干部队伍的思想素质；适应民族地区经济社会发展要求，大力调整改善领导班子和干部队伍结构；积极推进干部人事制度改革，增强干部队伍的生机与活力；大力加强基础教育，努力拓宽基层干部来源渠道；加强教育、管理和培训，稳定干部队伍，增加少数民族干部数量。

2. 民族干部待遇

全省制定了一些提高民族地区干部待遇、妥善安排离退休干部的政策，如调整工资类别和生活费补贴。1987年，省政府办公厅印发四川省人事局等部门《关于加强退休干部易地安置管理工作试行意见的补充通知》及省政府办公厅《关于退休干部易地安置管理工作试行意见的补充通知》规定：在三州工作的内地籍干部，退休后可到夫妇一方原籍、配偶工作地（或配偶正住户口所在地）、独生子女工作单位所在地安置。1989年，省委组织部、省委民族工委、省人事厅制定了《关于适当解决民族自治州、县部分汉族领导干部待遇的通知》。

1989年，省委办公厅《关于转发〈省委民族工委扩大会议纪要〉的通知》规定：对具备正职条件，但因自治法规定和培养少数民族干部的需要而未能提任的主要副职汉族干部，可享受正职待遇。1992年，省委办公厅转发《省委组织部〈关于进一步解决甘孜、阿坝、凉山三州组织干部工作中若干问题的意见〉的通知》规定：对汉族干部、职工在三州工作20年以上的，其子女在升学、就业等方面应享受一定照顾，原定汉族干部、职工子女入大中专院校的照顾分数由20分提高到30分。1994年，四川省人事厅（以下简称省人事厅）《关于三州国家机关事业单位工作人员现行浮动（固定）工资改为民族地区工作补贴的通知》规定，1993年10月1日仍在三州工作的人员，按以下条件和标准执行补贴：大专及以上学历的毕业生和聘任为助理工程师及以上专业技术职务的人员，在州工作8年以下的，每人每月10元；满8年不满16年的，每人每月25元；满16年以上的，每人每月45元。中专毕业生（含相同学历毕业生）和聘任为技术员的人员，以及在三州县以下的区、乡（不含县）和在海拔3000米以上地区或条件特别艰苦县工作的人员，在州工作10年以下的每人每月10元：满10年不满18年的，每人每月25元；满18年以上的每人每月45元。其他人员按在州工作12年以下、不满20年、20年以上计，分别补贴10元、25元、45元。1999年开始，省委、省政府为稳定民族地区干部队伍、改善基层政权形象，实施了四川省民族地区基层政权建设工程、民族地区县级政权办公设施建设工程和民族地区县级四大班子机关职工住房建设工程。2000年，《四川省人事厅、四川省财政厅关于对甘孜州机关事业单位在职和离退休人员实行补贴的通知》确定从2000年10月1日起，对甘孜州机关事业单位在职及离退休人员实行“补充保留补贴”和“艰苦边远地区类补贴”。2001年，《四川省人事厅、四川省财政厅关于对阿坝、凉山等地机关事业单位职工实行艰苦边远地区类区补贴的通知》确定从2001年1月1日起，对阿坝、凉山等艰苦地区机关事业单位职工实行“艰苦边远地区类区补贴”。

3. 三州汉族干部内调安置

1996年，为了贯彻省委、省政府《关于进一步做好三州汉族干部内调安置等工作的意见》的精神，省委组织部、省人事厅、省劳动厅印发了《四川省三州汉族干部内调安置办法》，这份文件兼容了过去的一些政策，并更加系统和规范，同时附上了《四川省三州汉族干部内调交接细则》，极大地提高了政策执行的可操作性。文件规定：在三州工作的内地籍汉族干部，男不满50周岁、女不满45周岁，符合下列条件之一者：在州连续工作15周年的；援州干部子女在州工作满15年的；国家分配进州工作满10年的内地大中专生；配偶在内地且本人在州工作满8年的；父母在内地，年老体弱身边无子女照顾，且本人在州工作8年以上的，可以列入内调安置。干部内调时，配偶同内调或随调，无工作的配偶和未成年子女随迁。

（七）民族教育政策

1986年12月，省教委、省民委专门制定了《全省寄宿制民族中小学教育工作会议纪要》，对三类寄宿制民族班、校作出了具体的政策规定。1988年9月，省教委、省民委制定了《关于彝、藏族中小学双语教学工作的意见》，这份四川少数民族中小学双语教学的基础文件对有关双语教育的方针、政策、规划、教师和教材建设、教育质量和效益等，均有较强的政策规定。

1988年9月，全省民族地区教育改革研讨会在阿坝州理县召开，会后出台《四川民族地区教育改革研讨会议纪要》，制定了民族教育发展目标：到2010年，建立起适应社会主义商品经济，与整个社会发展，振兴民族地区经济相适应的，具有四川民族地区特色的教育体系。为了推动彝、藏双语教学，1989年，省教委和省民委联合发布了宣传提纲，发挥了民族教育和民族政策的宣传普及作用。

1990年1月，省政府转发了省教委、省民委《关于改进和加强牧区教育工作的意见》，这是针对牧区教育的特殊性而制定的专门政策。包括：牧区教育办学形式以寄宿制为主；在夏秋分散游牧、冬春相对集中的地方，举办冬春集中学习、夏秋巡回辅导的牧读小学；藏族牧区使用五省区写作编译的课本；聘请懂藏文有学识的宗教人士担任学校藏文教师；牧区教育除原有的经费外，从1989年起，省财政对三州财政包干补贴的递增资金全部用于牧区教育。

1992年，《四川省人民政府关于发展改革民族教育的通知》，归纳总结了一些办学原则。如，学校布局按人口分散地区校点适当集中，人口集中校点适当分散，中等教育校点适当集中，初等教育校点适当分散；农区以非寄宿制为主，牧区以寄宿制为主，半农半牧区以非寄宿制为基础、寄宿制为骨干的原则；根据彝、藏族地区实际情况，用10年时间建成两种模式并行的双语教学合理格局。规定在省教委统筹安排下，内地师范校对口支援民族地区3所师专和11所中师，帮助办好民族师范教育；省教育学院和小学教师培训中心逐年举办民族地区教育和管理干部培训班。

20世纪90年代，省政府制定了民族教育在20世纪末以前要实现的目标是：打好基础，推进普及，协调基础教育、职业技术教育、成人教育，提高效率，实现基本普及小学教育和基本扫除青壮年文盲，遏制与内地教育差距拉大的趋势，建成具有四川民族地区特点的社会主义现代教育体系。据此，对民族地区实行教育分类指导，制定了相同目标的不同实现比例的计划。如，1996年，《四川省人民政府关于加快民族地区教育的通知》明确提出，民族地区约占总人口50%的城镇及经济相对较好的农业县、乡，在2000年前基本普及九年义务教育；约占总人口的20%的部分农业和半农半牧县、乡，在普及小学教育基础上到2000年使初中入学率达到75%左右；约占总人口25%的半农半牧县、乡，到2000年基本普及六年小学教育；约占人口5%的部分藏族纯牧业县、乡和少数彝族边远乡村，到2000年使小学适龄儿童入学率达到80%左右，巩固率、合格率达到95%左右。同时，对扫盲和职业、成人教育也制定了具体政策目标。

2000年12月15日，省委、省政府转批《四川省民族地区教育发展十年行动计划》，规定从2001年到2010年，四川省民族地区教育事业的奋斗目标是："基本普及九年义务教育和基本扫除青壮年文盲，强化基础教育、职业教育，发展成人教育、高等教育，建立基本适应当地经济社会发展和西部大开发需要、体现民族特色和时代特点的民族地区教育体系，在推进素质教育、实现教育资源优化配置的基础上，使教育更直接地为群众脱贫致富服务，为经济社会发展服务"。为实现上述目标，必须完成以下5项任务，即：教育改革有较大发展，办学条件显著改善，师资队伍明显加强，寄宿制学校有较大进步，初步建立民族地区远程教育体系。2005年，十年行动计划和国家两基攻坚计划已投入民族地区教育资金18.83亿元。

（八）民族地区卫生政策

1986年，省委、四川省高等教育局、省卫生厅制定《关于为少数民族地区培养高级医学人才及中级短缺专业人才的意见》，规定川北医学院举办民族班，西昌师范高等专科学校（以下简称西昌师专）招收医学预科生，毕业后回民族地区工作：泸州医学院为民族地区举办干部专修科，培养在职卫生干部；省内的其他高等医学院和四川省卫生管理干部学院（以下简称省卫干院）增加招收少数民族学生名额；雅安卫生学校等省内卫生学校增加招收少数民族学生就读短缺专业；民族地区的卫校开办了民族班。

1986年，省民委、卫生厅印发《关于"七五"期间发展民族医药的意见》，制定了发展藏医藏药，建立藏医院、藏医科以及整理、翻译藏医古籍的规划。同时，要求凉山州卫生部门组织对彝医的发掘、培训、研究工作。对民族医药的政策措施包括：民族医药机械的生产、人才培养计划、民族医药的进一步发掘和整理、提高民族医药的产供销及管理水平等内容。

1986年，省民委、省高教局、省卫生厅印发《关于经济发达地区对口支援少数民族地区卫生事业建设的意见》，明确具体分工：重庆市、重庆医科大学、省人民医院支援甘孜州及黔江地区；成都市、川北医学院支援阿坝州；自贡市、华西医科大学、泸州医学院支援凉山州；华西医科大学支援马边、峨边、金口河工农区。并制定了对口支援的任务、方式方法等具体政策。1986年《四川省少数民族地区卫生工作会议纪要》规定：用3年时间完成三分之一重点县的卫生机构充实加强任务；每县重点建好2—3个区中心卫生院，乡乡实现有医有药，鼓励符合开业条件的医生个体开业行医。1986年，省政府转发了省民委等部门《关于进一步加强少数民族地区妇幼卫生工作的报告》，决定加强妇幼卫生队伍建设和乡、村妇幼卫生的投入，卫生机构、民委、计划生育部门、妇联、财政、宣传、教育、文化、科普等部门密切配合，共同搞好民族地区妇幼工作。

1992年，省政府批转省卫生厅《关于加强民族地区卫生事业建设的意见》，对卫生机构的布局坚持从实际出发，因地制宜建设民族地区三级医疗卫生网，并把县级卫生机构办成全县卫生业务技术指导中心和人才培训基地。

1997年，省委、省政府《关于卫生改革与发展的决定》，规定多渠道增加卫生投入。指出，以往确定的卫生投入政策，要随着经济发展逐步调整提高，保证落实，并确定了调高的幅度和标准。

1997年7月，“四川省民族卫生扶贫工程”正式启动。该工程的实施，旨在逐步建立、健全民族地区三级医疗防保网络，以乡镇为重点，发挥乡（镇）卫生院的作用和服务功能；提高县级卫生机构的急诊救护的基本条件和产科建设，发挥其医疗保健服务中心和业务指导中心的能力；使广大农牧民能够得到最基本的医疗卫生防保服务，缓解农牧民群众缺医少药的矛盾；进一步增强少数民族群众自我保健意识。工程重点解决民族地区医疗卫生事业人才培养、基本设备、乡镇卫生院无房和危房改造、乡村药品周济金、特别贫困群众医疗防保减免等问题。2000年前，集中投入资金1.1亿元，在全省民族地区实施了5期卫生扶贫工程。

“十五”期间，四川省民族地区医疗卫生事业投入进一步加强。2000—2004年，中央和省对民族地区乡镇卫生机构进行了一系列的专项投入，资金共计1.33亿元，用于卫生扶贫、农村卫生基础设施建设、“十五”卫生专项建设、援藏建设、三项建设、国债项目等。

2003年，根据《中共中央、国务院关于进一步加强农村卫生工作的决定》和《国务院办公厅转发卫生部等部门关于建立新型农村合作医疗制度意见的通知》，四川省制定了新型农村合作医疗制度试点工作意见。选择眉山市的彭山县、广安市的武胜县、泸州市的叙永县、凉山州的金阳县和成都市的都江堰市开展新型农村合作医疗制度试点工作。中央财政补助标准为10元/人年，地方财政补助标准为10元/人年。

2005年，省政府研究确定新型农村合作医疗制度建设的总体目标，即争取2008年在全省基本推行，确保2010年实现基本覆盖全省农村居民：并决定地方各级财政对参加合作医疗的农民补助标准在人均20元的基础上再增加10元，分两年到位，增加部分全部由省级财政承担，不增加地方财政负担。

（九）民族地区宣传政策

1986年，省委宣传部、省委民族工委印发了《民族地区形势教育宣传提纲》，把宣传工作普及到农牧区的千家万户。1986年2月，省民委、省科协联合发起建立了“四川省少数民族地区科学技术普及工作宣传队”，确定了宣传任务、工作要点、宣传机构、宣传方式、具体工作计划等内容。1988年10月，省委办公厅转发了省委民族工委《关于在阿坝县进行民族团结教育试点情况的报告》，通过试点，从形势教育入手，开展对话，达到统一认识，并且针对不同对象开展不同的宣传教育；1990年1月，省委办公厅转发了省委宣传部、省委民族工委《关于在我省藏区开展维护祖国统一和民族团结宣传教育的意见》，确定了宣传的指导思想、目的、对象、方法、内容、形式以及宣传教育的口号等。同时，转发了《四川省三州农牧民普法教育工作座谈会纪要》，加强法制宣传教育。

1998年10月，四川省民族地区第六次宣传工作会议在成都召开。会议总结交流了全省民族地区宣传工作的新进展、新经验，研究分析了当前民族宣传工作面临的新形势和新问题，安排部署了新形势下的民族地区宣传工作，为建设团结、安定、富裕、文明的社会主义民族地区多作贡献。

2001—2005 年“四五”普法期间，全省认真贯彻落实中共中央、国务院转发的《中央宣传部，司法部关于在公民中开展法制宣传教育的第四个五年规划》和《全国民委系统法制宣传教育第四个五年规划》，深入开展法制宣传教育，扎实推进依法治理，取得了明显成效。以《中华人民共和国民族区域自治法》为核心的民族法律法规知识得到广泛普及，各族干部群众的法律意识进一步增强，民族工作部门依法行政的能力不断提高。法制宣传教育在增强民族团结，维护社会稳定，促进少数民族和民族地区经济社会发展，全面建设小康社会中发挥了重要作用。在全国民委系统“四五”普法总结暨“五五”普法动员大会上，省民委等 5 个先进集体和 3 名先进个人受到了表彰。

（十）散杂居民族工作政策

散杂居民族工作是民族工作的重要组成部分，主要包括民族乡工作、城市民族工作和其他散杂居少数民族工作。1987 年，省委办公厅、省政府办公厅转发了省委民族工委、省民委《关于扶持我省散杂居少数民族发展经济文化有关政策问题的请示》。1989 年，由省民委、省公安厅、省商业厅、省卫生厅、省工商局、省税务局、省交通厅、省建委 8 个部门制定了《关于我省民族地区少数民族个体工商户、个人合伙和私营企业到内地各大、中城市从事务工经商活动有关问题的试行意见》。在市场经济环境中，四川省对散杂居少数民族制定的政策还包括：干部的培养使用、民族政策的宣传教育、财政税收、教育、卫生、扶贫等方面。

1992 年，省委办公厅、省政府办公厅先后转发了省委民族工委、省民委《关于扶持我省散杂居少数民族工作的意见》《关于进一步做好我省杂散居少数民族工作的意见的通知》，规定由省、地（市、州）、县三级财政共同建立“四川省杂散居少数民族发展基金”，以帮助其发展经济文化。同年，省民委、省财政厅制定了《关于设立“四川省散杂居少数民族发展基金”及有关问题的通知》，规定：1992—1996 年，每年由省财政厅、省民委共同安排 250 万元建立发展基金，并制定了基金投向的有关政策。

1996 年，省民委以《关于“九五”期间继续安排四川省散杂居民族发展基金的请示》报省政府，省政府同意继续延期使用，并增加 150 万元，达到 400 万元规模。1996 年，省政府下发《关于石棉、北川等县（区）享受少数民族地区待遇的通知》，建立了少数民族地区待遇县制度。1997 年，省民委、省财政厅制定了《关于对四川省散杂居少数民族发展资金省级有偿部分到期回收管理意见的通知》，从而保证了基金投入的管理和运行更加符合市场经济发展的规律，实现资金增值效益的更大化原则，“十五”期间，经省政府同意，该基金继续使用。

2003 年，省委、省政府下发《中共四川省委四川省人民政府关于加强散杂居少数民族工作的意见》，就加强全省散杂居民族工作，提出了积极帮助散杂居少数民族加快经济发展和基础设施建设，大力发展散杂居少数民族教育、科技、文化、卫生等社会事业，实行财政税收金融优惠、加快少数民族干部的培养使用等政策。同时，召开了全省散杂居民族工作会议。

1986—2005年省级散杂居地区法规政策一览表

表1-4

名称	发布单位	发布时间
《关于扶持我省散杂居少数民族发展经济文化有关政策问题的通知》	中共四川省委、四川省人民政府	1987年7月
《四川省殡葬管理条例》	四川省人民代表大会常务委员会	1996年10月
《四川省人民政府关于石棉、北川等县（区）享受少数民族地区待遇的通知》	四川省人民政府	1996年2月
《四川省人民政府关于平武县享受少数民族地区待遇的通知》	四川省人民政府	1999年3月
《中共四川省委办公厅　四川省人民政府办公厅转发〈省委民工委、省民委关于正确处理民族宗教问题维护社会稳定的意见〉》的通知	中共四川省委办公厅、四川省人民政府办公厅	2001年3月
《中共四川省委办公厅　四川省人民政府办公厅关于转发〈省教育厅、省民委关于2010年我省民族地区全面实现基本普及九年义务教育、基本扫除青壮年文盲目标的意见〉和〈省教育厅、省民委关于进一步加快我省少数民族散杂居地区教育发展的意见〉的通知》	中共四川省委办公厅、四川省人民政府办公厅	2002年12月
《中共四川省委四川省人民政府关于加强散杂居少数民族工作的意见》	中共四川省委、四川省人民政府	2003年5月

1986—2005年省直部门散杂居地区法规政策一览表

表1-5

名称	发布单位	发布时间
《四川省民委有关回族中少数人养猪问题的复函》	四川省民族事务委员会办公室	1987年11月
《四川省民委四川省财政厅关于设立“四川省散杂居少数民族发展基金”及有关问题的通知》	四川省民族事务委员会、四川省财政厅	1992年8月
《四川省民族事务委员会关于印发〈四川省民族事务委员会行政执法责任制实施方案〉等三个文件的通知》	四川省民族事务委员会	1999年10月
《关于印发〈四川省散杂居少数民族发展资金管理办法（试行）〉》	四川省民族事务委员会、四川省财政厅	2000年2月
《四川省民族事务委员会关于继续安排和适当增加省散杂居民族发展资金的请示》	四川省民族事务委员会	2001年10月
《关于调整省与内地民族自治县和享受民族待遇县税收分享政策有关文件的通知》	四川省财政厅、四川省国家税务局、四川省地方税务局、中国人民银行成都分行	2003年9月

第二节　民族工作机构

四川民族地区自古就是民族走廊，与周边省区的互动关系密切。四川藏区战略地位十分重要，历来有“治藏必先安康”“稳藏必先安康”“安康必先通康”的历史经验，是“治藏依托”。在现实政治生活中，四川民族地区又是国内外敌对势力和“三股势力”① 从事分裂活动的重点地区，是全

① 指暴力恐怖势力、民族分裂势力、宗教极端势力。

省乃至全国反分裂斗争的重点地区，肩负着维护民族团结和祖国统一的特殊任务。同时，四川民族地区是长江、黄河上游重要的生态功能屏障区，生态功能地位十分突出。因此，四川的民族工作，具有超越省际范围的重大战略作用和全局政治意义。建立健全各级民族工作机构，是四川民族工作的一项重要任务。

省委于1954年3月成立中共四川省委民族工作委员会，作为省委主管民族工作的综合部门，总揽全省民族工作。改革开放后，民族工作任务较重的市、县也相继成立了民族工委，从而形成了“纵向深入、横向拓展”的民族工作机制与体制。2000年机构改革时，中共四川省委办公厅、四川省人民政府办公厅印发的《四川省民族事务委员会〈中共四川省委民族工作委员会〉职能配置、内设机构和人员编制规定》明确规定，中共四川省委民族工作委员会是省委主管民族工作的职能部门，设置四川省民族事务委员会（挂中共四川省委民族工作委员会牌子）。四川省委民族工委实行委员制，委员单位数量逐步增加。2001年8月，四川省委办公厅印发的《中共四川省委民族工作委员会委员单位及委员职责》，明确四川省委民族工委委员单位有17个省级部门。2005年4月，增加到21个省级部门。2005年，全省市州中已建立党委民族工作部门的有乐山（1984年）、攀枝花（1984年）、泸州（1995年）、宜宾（1998年）、雅安（2001年）。

四川省民族事务委员会既是主管全省民族事务的省政府组成部门，又是中共四川省委民族工作委员会的办事机构。1983年机构改革后，省编委确定省委民族工委、省民委下设三室四处，即办公室、政研室、民族语文办公室、政治处、一处、二处、三处。80年代以来，因工作需要，省民委经省编委批准，相继又建立了监察处、老干部工作管理处、机关党委办公室、机关工会等机构。2000年，省委办公厅、省政府办公厅印发《四川省民族事务委员会〈中共四川省委民族工作委员会〉职能配置、内设机构和人员编制规定》的通知，省民委（省委民族工委）机关设办公室、政策法规处、经济发展处、社会事业处（四川省少数民族语言文字工作委员会办公室）、联络处、计划财务处、干部人事处、四川省对国外藏胞工作领导小组办公室、省委民族工作委员会办公室9个职能处室和机关党办。主要职责是：贯彻执行党和政府关于民族工作的方针、政策，当好省委、省政府民族工作方面的参谋助手；组织开展民族理论、民族政策和民族问题等重大课题的调查研究，提出有关民族工作的方针、政策和发展战略，拟定有关民族事务管理的法规、规章，开展民族政策、法规的宣传教育并监督贯彻执行；监督实施和完善民族区域自治制度，监督办理少数民族权益保障事宜，组织指导民族自治地方逢10周年庆祝活动；研究拟定协调民族关系的原则、方法，协调处理民族关系中的重大事宜，促进各民族间的平等团结、互相合作，维护社会稳定和国家统一，组织承办民族团结进步表彰活动；分析民族地区经济运行情况，协助拟定全省民族地区改革开放、经济发展规划，研究提出民族地区经济发展的有关问题和特殊政策及措施，组织协调民族地区科技发展、对口支援、经济技术协助和民族贸易、民族特需用品的生产，研究提出少数民族和民族地区有关专项资金的分配与使用意见，配合承办民族地区扶贫开发事宜；在国家有关方针、政策和专项规划指导下研究少数民族和民族地区教育、文化、科技、卫生、体育、新闻出版等方面的特殊问题并提出相关意见，承办相应事务；管理少数民族语言文字工作，指导少数民族语言文字的翻译、出版和民族古籍的搜集、整理、出版工作；协助有关部门做好民族地区干部队伍建设的调查研究和少数民族干部的培养、教育和使用等工作，负责机关和直属单位机构编制、人事管理及党群工作；组织协调民族工作领导有关对外交流与合作，协助开展少数民族和民族地区对外宣传工作，办理居住境外的少数民族同胞有关回国探亲、旅游、定居和组织接待少数民族学习、参观、考察等事宜；组织对全省少数民族人权状况、妇女儿童状况和散杂居少数民族情况的调查研究，配合有关部门做好相关事宜；对省级有关部门和各市、地、州、县民族工作进行业务指导，加强同民族自治地方的联系；承办省委、省政府交办的其他事项。

至2005年，全省21个市（州）均设有民族工作部门，如下表：

2005年市（州）民族工作机构一览表

表1-6

机构名称	机构性质
成都市民族宗教事务局	政府组成部门
泸州市民族宗教事务局	政府组成部门
攀枝花市民族宗教事务委员会	政府组成部门
宜宾市民族宗教事务局	政府组成部门
绵阳市民族宗教事务委员会	政府组成部门
乐山市民族事务局	政府组成部门
雅安市民族宗教事务局	政府组成部门
阿坝州民族事务委员会	政府组成部门
甘孜州民族事务委员会	政府组成部门
凉山州民族宗教事务委员会	政府组成部门
德阳市民族宗教事务局	设在市政府办公室
广元市民族宗教事务局	设在市政府办公室
内江市民族宗教事务局	设在市政府办公室
巴中市民族宗教事务办公室	设在市政府办公室
资阳市民族宗教事务局	设在市政府办公室
遂宁市民族宗教事务办公室	设在市委统战部
南充市民族宗教事务局	设在市委统战部
自贡市民族宗教事务局	设在市委统战部
眉山市民族宗教事务局	设在市委统战部
广安市民族宗教事务局	设在市委统战部
达州市民族宗教事务局	设在市委统战部

此外，攀枝花、泸州、乐山、宜宾、雅安等市还设立了市委民族工作委员会或市委民族宗教工作委员会，眉山市设立了市委民族工作领导小组。2003年，全省181个县（市、区）中，有170个县（市、区）设立了民族工作机构，占93%，其中有75个县为政府序列单设机构，占41%，有33个县设在县政府办公室，占18%，有62个县设在统战部，对外挂牌，占34%，有20个县设立了县委民族工作委员会。民族机构工作人员得到一定充实，市（州）民族工作部门共有193人（其中专职人员188人，兼职人员5人）。县（市、区）民族工作部门共有540人（其中专职人员432人，兼职人员108人）。

成都等市将民族工作机构向社区延伸，建立社区少数民族工作联络点。成都、遂宁、广安等市实行了少数民族联络员制度。自贡市还在乡镇干部中确定了分管民族工作的兼职人员，做到了基层民族工作有人抓。

1995年，四川省设立民族工作机动金，统筹用于民族地区和民族团结进步事业。三州也设立了机动金。2003年，全省有11个市（州）和17个县（市、区）设立了民族工作专项经费，成都市设立了民族工作特需费30万元，攀校花市设立了民族工作机动金50万元，泸州市设立民族工作机动金40万元，雅安市设立民族工作机动金和补助费38万元，宜宾市设立民族工作机动金17万元，金口河区设立民族机动金10万元，石棉县设立民族工作机动金15万元，马边县设立特需费5万元。

全省设有民族工作部门的市（州）、县（市、区）大部分落实了办公地点，办公条件有所改善。部分市、州级民族工作部门配备了电脑、传真机等现代化办公设备。2003年，全省有16个市（州）和37个县（市、区）民族工作部门配有或与其他部门共用交通工具。

2003年，全省有18个市（州）和135个县（市、区）的民族工作部门基本落实了办公经费，其中乐山市8.5万元、眉山市3万元、绵阳市4万元、南充市2.18万元、雅安市1.4万元、泸州市8.6万元、宜宾市7万元、广无市1.23万元、遂宁市1.6万元、自贡市2.5万元、德阳市0.96万元、达州市0.8万元、资阳市0.65万元、攀枝花市0.56万元、阿坝州2万元、甘孜州10万元、凉山州10万元，成都市则达到23.4万元。

第三节　民族事务管理

一、落实民族政策

省政府制定了《四川省关于贯彻实施〈中华人民共和国民族区域自治法〉的若干规定》（1986年）、出台了《四川省人民政府关于进一步贯彻落实〈中华人民共和国民族区域自治法〉的通知》（1992年）、《四川省〈城市民族工作条例〉实施办法》（1995年）、《四川省实施〈关于中国公民确定民族成份的规定〉办法》（1997年）、《四川省民族事务委员会办理更改民族成份事项须知》（2002年）、《关于贯彻〈中共中央国务院关于进一步加强民族工作加快少数民族和民族地区经济社会发展的决定〉的意见》（2005年）《成都市清真食品管理办法》（2005年）等。各自治地方也相应制定了自治条例。

（一）清真食品管理

对有清真饮食习惯民族的清真食品供应给予照顾，合理设置清真饭店和清真食品生产加工、供应网点，并在投资、贷款、税收等方面给予支持。有清真饮食习惯民族人口较多的成都、德阳、绵阳、遂宁、届山等市按照《城市民族工作条例》和有关政策先后制定了清真食品管理办法加强对清真食品的管理。1997年8月德阳市政府制定了《德阳市清真食品饮食行业管理暂行办法》，对清真食品饮食行业准入条件和管理流程作出严格规定。《成都市清真食品管理规定》自2005年5月1日起施行。各级政府部门按照各自职责依法对生产、运输、储存、经营清真食品的单位和个人实施监督管理。

2004年，成都市根据《中共成都市委 成都市人民政府关于加强散杂居少数民族工作的实施意见》精神，制定《成都市民族宗教事务局 成都市财政局 成都市劳动和社会保障局 成都市人事局关于适当提高回族等少数民族职工清真伙食补贴标准的通知》，落实好有清真饮食习俗少数民族职工的伙食新标准，并定期对清真生产经营行业负责人进行相关知识培训，规范清真食品行业的生产经营行为，为有清真饮食习惯民族的生活提供了保障。

（二）规范民族成份管理

1990年，国家民委、公安部和国务院第四次人口普查领导小组出台了《关于中国公民确定民族成份的规定》。四川省实行三级民族工作部门受理、审核、审批程序：即县（区）级民族工作部门受理、审核后，向市（州）级民族工作部门申报；市（州）级民族工作部门对申报材料进行审核、登记备案后，报省级民族工作部门审批；省级民族工作部门审查后，对符合条件的出具同意更改的书面证明，申请人持证明到户口所在地公安部门办理更改事宜。1997年，省民委、省公安厅从全省实际出发，联合制定颁发了《四川省实施〈关于中国公民确定民族成份的规定〉办法》，细化了部分条款，增强了可操作性。其中第六、七、八条是对审批程序作出的具体规定："符合规定，要求更改民族成份的公民个人，应持书面申请和父母的民族成份有效证件（户口薄）以及本人所在单位人事部门，或街道办事处、乡镇人民政府的证明，到所在的市县级民族工作部门（或负责民族事务工作的部门）申报。""全省使用统一印制的申请表、呈报汇总表、证明书、证明专用章。民族工作部门每季度对更改民族成份申请核实，初审、审批一次。""申请人的申请得到单位批准后，持证明到本人户口所在地公安派出所办理更改民族成份手续；未持证明书的，公安派出所不予办理更改民族成份。"实行逐级审批程序的目的，就是通过层层审查，严格把关，杜绝一切随意更改和反复更改的违规行为，从而规范了全省的民族成份更改工作。

2000年后，根据依法行政的要求，全省的民族成份更改更正工作纳入了全省性的行政审批项目进入省政府政务中心进行统一受理。并根据工作实际，采取了群众向县级民族工作部门申报，县级民族工作部门审查符合更改条件以后，上报市级民族工作部门；市级民族工作部门进行审核后，上报省政务中心；由省政务中心综合窗口代为受理登记以后，省民委从政务中心取件后再进行审核出具更改更正证明书，办理时限为20个工作日。同时，省民委采取不定期的方式对市（州）的民族成份更改更正工作进行监督检查，对基层民族成份更改更正中出现的问题及时进行调查处理。2005年，全省共有796人更改民族成份，其中羌族167人，回族102人，彝族129人，土家族60人，藏族96人，满族62人，其他民族180人。

二、维护民族团结和社会稳定

（一）维护民族团结

1. 爱国主义教育

在民族地区进行爱国主义思想教育，对增强民族团结、维护祖国统一意义重大。20世纪90年代，甘孜州举办了各类理论学习班，先后有数千名骨干学习了中国特色的社会主义理论。仅1994年，各县就举办基层干部培训班115期，学习人数达6343人。甘孜州还利用电化教学等先进手段，在全州范围内播放了45部电教专题片，使干部受教育面达到80%左右。凉山州则结合本地实际，认真落实中央《爱国主义教育实施纲要》，开展"祖国在我心"知识竞赛活动，参赛者十分踊跃，普及了爱国主义教育。通过纪念世界反法西斯战争暨抗战胜利50周年，红军长征胜利过凉山暨彝海结盟60周年等活动，吸引了广大干部群众参与。凉山州精神文明办还于1995年10月承办了川西南8市、地、州爱国主义教育活动经验交流会，大力促进和深化了爱国主义教育活动。阿坝州各县认真抓了爱国主义教育的落实，1995年，举办了各类知识竞赛和其他活动百余次，有上万人参加。2005年，民族地区普遍建立了党委主要领导抓思想工作的领导体制和工作机制，建立健全了民族地区宣传思想工作的各项制度。

2. 慰问制度

1995年以来形成了省委、省政府主要领导在每年春节前夕率团慰问少数民族和民族地区的制度，帮助少数民族群众解决生产生活和民族地区发展、稳定中的具体困难和问题，增进了民族团结。2000年，省政府设立每年100万元的“维护民族团结、保持社会稳定”奖励资金。

3. 民族团结进步表彰

1984年5月，全省召开了第一次全省民族团结进步先进集体和个人表彰大会，对136个先进集体、253名模范个人授奖。1990年9月，召开了第二次全省民族团结进步先进集体和先进个人表彰大会，出席表彰大会的全体代表向全省各族同胞发出了倡议书，号召进行广泛深入持久的马克思主义民族理论和党的民族政策的再教育：坚持改革开发，大力发展民族经济文化事业，169个先进集体和226名先进个人受到表彰。1997年10月，第三次全省民族团结进步表彰大会在成都召开，对在贯彻执行党的民族政策，维护和加强民族团结，促进各民族共同繁荣中作出突出成绩的146个民族团结进步先进集体、146名民族团结进步模范个人予以表彰。2002年，第四次全省民族团结进步表彰大会召开，会议表彰了85个人先进集体、20名模范个人。2005年，省委、省政府召开了省委民族工作会议暨第五次民族团结进步表彰大会，表彰了全省民族团结进步模范集体100个，模范个人197人。

（二）维护社会稳定

1990—2002年，投入资金3.86亿元，在57个民族县、856个乡镇实施县乡两级“基层政权建设工程”，改善了干部职工的工作和生活条件，同步推行了政务公开和规范管理。2001年，省委、省政府办公厅印发了《关于正确处理民族宗教问题维护社会稳定的意见》。同时，省民委制定了《四川省民委关于涉及少数民族群体性事件应急预案》，按照要求，全省21个市州都结合各地实际，制定了《关于涉及少数民族群体性事件应急预案》。2003—2005年，针对三州基层政法部门警力不足，基础设施落后，办公及业务用房普遍较差的主要困难和问题，按照省委、省政府的要求，省委政法委、省财政厅、省发改委、省民委民开办和省级政法部门联合成立了三州民族地区基层政法建设“解困工程”协调办公室。投资2亿元实施“三州基层政法解困工程”，改善了民族地区派出所、法庭、司法所的工作条件和干警的生活条件。同时，在实施“社会治安整体联动防范工程”过程中，针对川、甘、青三省结合部突出的治安问题，因地制宜组建“草原骑警”，增强三省联防能力，确保了各族群众生命财产安全，促进了社会治安状况的根本好转。2005年，建立成都市和三州党政联席会议制度，构筑了加强区域协作、有效维护稳定的联动机制。同年编制《涉及民族方面群体性事件应急预案》，把共同维护民族团结、构建和谐社会、建设平安四川作为联席会议的主要目的和任务。要求三州一市党委、政府建立、完善处理涉及少数民族突发事件的协调、联动机制；依法妥善处理涉及少数民族和民族地区的各种矛盾纠纷；依法维护少数民族群众的合法权益；充分发挥各自优势，促进经济、社会事业的发展。成都市作为全省政治、经济、文化中心，三州党委、政府应积极支持成都市的民族团结工作，对三州少数民族群众在成都市引发重大纠纷和矛盾而影响民族团结、社会稳定的突发性事件，三州党委、政府应积极支持、配合成都市妥善处理。并对三州一市党委、政府具体落实了各自的工作职责。

第二章　四川民族地区经济发展简述

第一节　民族地区经济发展情况

一、经济发展规模

“七五”期间（1986—1990 年），民族地区国内生产总值增长较快。其中，1990 年末全省民族自治地方国内生产总值达到 66.82 亿元，比 1980 年的 20 亿元增长 2.34 倍；比 1986 年增长 71%。

“八五”期间（1991—1995 年），民族地区国内生产总值稳步增长。其中，1995 年末全省民族自治地方国内生产总值达到 175.74 亿元，比 1990 年的 66.82 亿元增长 2.63 倍。

1994 年在重庆黔江召开的全省民族工作会议上，省委提出了“以开明促开放，以开放促开发，以开发促发展”的重要方针，使民族地区各级部门更加坚定了以经济建设为中心的方向，经济取得了长足发展。

“九五”期间（1996—2000 年），民族自治地方国内生产总值年均增长 7.4%，其中，1997 年增长 9.7%；1999 年增长 9.8%，比全国平均增幅高出 2.5 个百分点。人均国内生产总值由 1995 年的 2414 元增加到 2000 年的 3535 元。2000 年民族自治地方第三产业对经济增长的贡献率为 46.5%，比第一、二产业的贡献率分别高 27.5 和 12 个百分点。

“十五”期间（2001—2005 年），民族地区经济发展势头良好，2002 年，民族自治地方实现国内生产总值 264.7 亿元，比上年增长 11.1%，增长速度比上年快 1.3 个百分点，比全省高 0.5 个百分点；三次产业结构调整为 32.1:33:34.9，首次实现了第二、三产业比重均高于第一产业比重，经济结构发生了质的变化。地方财政一般预算收入达到 12.95 亿元，增长 7.9%。

2005 年，民族自治地方实现地区生产总值 453.6 亿元，比上年增长 14%，增速比全省高 1.4 个百分点：其中第一产业增加值 126.3 亿元，增长 6.5%，对经济增长的贡献率由上年的 11.2% 上升为 12.9%；第二产业增加值 167.5 亿元，增长 25.8%，对经济增长的贡献率首次超过 60%，由上年的 58.9% 提高到 61.2%，增加了 2.3 个百分点；第三产业增加值 159.8 亿元，增长 9.3%。三次产业结构由上年的 30:37:33 调整为 27.8:36.9:35.3。

1986—2005 年部分年度四川民族自治地方国内生产总值一览表

表 1-7

时间	全年国内生产总值		第一产业		第二产业		第三产业	
	总值（亿元）	增长比例（%）	增加值（亿元）	增长比例（%）	增加值（亿元）	增长比例（%）	增加值（亿元）	增长比例（%）
1986 年	39.06	7.99	0.74	3.93	0.65	6.28	1.50	21.46
1988 年	55.68	27.88	5.69	26.83	2.24	17.57	4.21	43.95
1990 年	66.82	10.54	4.02	14.42	1.21	6.67	1.12	7.75
1995 年	175.74	10.60	69.01	6.10	54.04	16.20	52.69	10.70
1997 年	177.30	9.30	70.90	7.00	50.40	9.60	56.00	12.30
2000 年	213.70	6.30	76.40	3.20	64.80	6.30	72.50	10.10
2002 年	264.70	11.10	85.0	4.10	87.50	18.40	92.20	11.30
2005 年	453.60	14.00	126.30	6.50	167.50	25.80	159.80	9.30

说明：表格中数据来源于《四川省民族地区国民经济和社会发展统计历史资料（1985—1990）》《四川省国民经济和社会发展的统计公报（1995、1997、2000、2002、2005）》

二、民族地区扶贫工作

20 世纪 80 年代，省建总公司、省有色金属公司、省储备局、省民委、省农机局、省人防办、省地矿局、省旅游局、省公路局、省科协等 11 个省级单位定点帮助美姑、布拖、盐边、马边等 10 个贫困县。为了使定点帮县工作真正落到实处，大多数帮县单位都成立了帮县扶贫工作领导小组，由分管领导和厂、县经协部门负责。如，德阳市政府常务副市长负责协调、组织市内 4 县、4 厂的帮县工作。该市所属县、区和大中型工厂、企业下派的联络组共 105 人，其中，处级以上干部 28 人，他们发挥各自的业务专长，深入区乡进行专题调查，向地方领导部门提出合理化建议。1990 年组织的第一批帮县的省级单位，选派联络组，确定兼任副县长的人选，长驻定点贫困县具体执行帮扶任务，定期轮换。1991 年，增加了德阳市所属什邡、广汉等两县一市一区以及德阳第二重型机器厂、成都无缝钢管厂、成都发动机公司、四川化工总厂、东方电工厂、东方电机厂、中科院成都分院、省工商进出口公司、省林产公司等 14 个单位定点帮助雷波、得荣、壤塘等 10 个贫困县。1992 年，省农科院和邮电部成都电缆厂、农业部成都药械厂协商，承担了稻城和石渠两县的帮县任务。至此，全省有 27 个单位定点帮助 21 个民族地区贫困县。

1991 年，四川省设立了民族地区经济开发工作领导小组办公室，设立了民族地区专职扶贫开发工作机构，落实了扶贫资金，积极开展扶贫工作。1994 年，根据国家“八七扶贫攻坚计划”重新对民族地区的贫困问题进行摸底、排队，确定全省民族自治地方贫困县为 29 个，其中，国扶贫困县 16 个，省扶贫困县 13 个，建卡贫困人口 118 万人。全省各级党委和政府高度重视扶贫工作，建立、健全各级扶贫机构，加大扶贫资金投入，集中组织各级政府以及全社会的力量，大力开展扶贫解困工作。民族自治地方发扬自力更生、艰苦奋斗的精神，依靠自己的力量，从实际出发，创造性地开展扶贫工作，已摸索出了许多符合实际，并行之有效的扶贫路子。

1988 年 4 月，省委、省政府制定了《关于加速贫困地区开发步伐的通知》，确定了“七五”期间解决贫困人口温饱的标准，即人均纯收入 200 元，粮食 300 公斤（简称“二六标准”）。按照“二六”标准，截至 1995 年底，民族自治地方通过扶贫验收的有 21 个贫困县，93 万建卡贫困人口。按照"八七"标准[①]，截至1998年底，民族自治地方通过扶贫验收的有7个贫困县，61.9万建卡贫困人口。

省财政厅、省建设厅等部门和部分大中型企业、科研院所共45个单位积极开展对口扶贫工作，投入大量的财力、人力、物力帮助少数民族地区群众脱贫致富。仅在"八五"期间，省委、省政府就先后召开了6次西部少数民族地区扶贫工作会议，对扶贫工作进行了认真的分析总结，安排部署，采取了一系列行之有效的政策措施，有力地推动了民族自治地方扶贫工作的开展。

这一时期扶贫工作的重要特点之一，是由过去热衷于办工业项目转向着力开发种植业、林果业等，扶贫的主战场由贫困县、乡转向贫困村、贫困户，党政一把手亲自抓，层层落实责任制。

通过扶贫开发，少数民族地区农牧民收入有了较大的提高，生产、生活条件得到了一定的改善。1993年，少数民族地区扶贫开发工作重点县农牧民年人均纯收入466元，人均占有粮食384公斤，到2001年末分别提高到1241元与476公斤。凉山州彝族聚居区有32万户、134万人彻底改变了历史上长期存在的人畜混居现象；阿坝、甘孜州藏族聚居区大力开展人、草、畜"三配套"工程，有8.01万户、33.43万人改变了逐水草而居的习惯；凉山州还有1.2万人实施了异地搬迁移民扶贫；凉山州、阿坝州、甘孜州普遍开展了卫生扶贫，农牧区缺医少药的状况得到有效缓解；贫困乡村67.32万人、209.7万头牲畜的饮水困难得到了根本的解决。2005年，仅以凉山州为例，全州贫困人口从2001年的169万人降至106万人，解决了34万人，67万头牲畜的人畜饮水困难。

三、基础设施建设

1986—2005年，民族地区不断加大基础设施的投入，基础设施投资水平接近全省平均增长速度。一批重要的农业、水利、交通、通信、能源等基础设施和原材料工业的重点项目陆续投产，使国民经济发展的一些薄弱环节得到一定程度的缓解。20世纪90年代以后，全省集中力量完成了西昌至攀枝花光纤通信及甘孜、阿坝州的几个地球卫星通信站的建设，兴建了一批骨干产业和龙头企业，形成了新的增长点。民族地区全面展开城乡电网的改造，建设一批大中型电站，至2005年底，三州地方水电总装机已达359万千瓦，在建水电项目总装机达376万千瓦；通车公路的里程增加，通达能力有了明显的改善；成都到三州州府所在地的光缆开通，并建成了甘孜、阿坝、凉山C3本地电话网，实现了程控化。20世纪90年代以来，广播电视发展迅速，"千乡电视工程"完成，"村村通工程"全面启动，广播电视覆盖面扩大，节目增多。民族自治地方的城市设施水平有了新的提高。2000年，实有公共汽车187辆，城市公共绿地面积617227平方米，年末实有铺装道路面积274万平方米，有公共厕所113座。2005年，民族自治地方公路通车里程已达3.7万公里，通公路的乡（镇）达到1105个，民用汽车7.92万辆。

四、民族乡的经济建设

省委、省政府和各级党委、政府采取了一系列有效措施，推动民族乡经济的发展。为了加快全省民族乡的发展，1992年，省委、省政府专门设立了四川省散杂居少数民族发展资金，各市设立了相应的配套资金。在1996年召开的全省散杂居民族工作经验交流会上，省委、省政府对加快民族乡经济社会事业发展提出了明确的要求，各级地方党委、政府积极响应，努力提高对民族乡工作的认

① "八七"的含义是指对当时全国农村8000万贫困人口的温饱问题，力争用7年左右的时间基本解决。

识，加强领导，制定了一系列符合当地实际的政策措施，扶持帮助民族乡建设，有力地推动了全省民族乡工作的发展。攀枝花、雅安、绵阳等市委、市政府在开展民族乡工作中，书记、市长到民族乡进行实地调研，现场办公，解决民族乡发展中的实际困难和问题。乐山、攀枝花、泸州、宜宾等地党委还建立了市委民族工委，市委书记兼民族工委书记，抓民族工作。

按照省委、省政府的要求，各级党委、政府结合各地实际，加大对民族乡的扶持力度和投入。攀枝花市在“九五”期间，投入资金465万元扶持民族乡乡镇企业，投入229万元支持民族乡发展文化、教育、卫生、体育等社会事业。同时，各地还制定了一系列的优惠政策和措施帮助民族乡发展。攀枝花市依托攀钢集团有限公司（简称攀钢），实施了厂帮乡。泸州市对民族乡实施了“五个十工程”，即：10个教育单位、10个卫生单位、10家企业、10个市级领导和10个市级部门对口帮扶民族乡。广元市发出了“抓发展，保稳定，不把民族乡村的贫困带入21世纪”的号召，在原已确定的18个市级机关事业单位帮扶民族乡的基础上，又确定了24个市级机关单位帮扶民族乡。

2000年，全省民族乡实现工农业总产值15亿元，人均有粮400多公斤，人均纯收入1426元，少数民族生产、生活水平得到了明显提高和改善。2005年，全省民族乡实现农林渔业总产值15.88亿元，乡镇企业总产值26.37亿元，人均有粮450多公斤，人均纯收入2321元

五、民族地区民生保障

1990年，民族自治地方全部职工工资总额11.15亿元，比1985年增长93.6%，年均增长14.1%；全部职工平均工资为2090.6元，增长83.7%，年均增长12.9%。农民人均收入419元，比1985年增加83元，增长24.7%，年均增长4.5%。城乡居民储蓄存款余额达17.06亿元，增长2.26倍，年均增长26.7%；人均储蓄存款210元，比1985年增加142元，增长25.3%。

1995年，民族自治地方全年社会消费品零售总额55.65亿元，增长19.3%。城乡居民储蓄存款年末余额62.83亿元，增长36.0%，其中，城镇居民储蓄存款余额达46.87亿元，增长37.7%；农村居民储蓄存款15.96亿元，增长31.5%。

2000年，民族自治地方城镇居民可支配收入达到了5631.59元，城镇居民人均生活费支出为4169.32元，其中，食品支出为1658.71元，衣着支出为479.69元，居住支出为306.84元，人均居住面积为12.4平方米；家庭设备及服务支出为276.11元，医疗保健支出231.53元，交通和通信支出为218.75元，娱乐教育文化服务支出482.71元；农村居民家庭人均纯收入为1247.39元，比1999年增加了5.3%。农村居民家庭人均生活费支出合计1038.11元，其中，食品支出698.31元，衣着支出60.81元，居住支出94.86元，人均居住面积为23.2平方米；家庭设备及服务支出为33.46元，医疗保健支出30.43元，交通和通信支出为24.89元，娱乐教育文化服务支出为74.53元。城乡储蓄存款年末余额达到105.41亿元，比1999年增加了12%。民族自治地方已基本形成了以养老保险、医疗保险、失业保险等为主要内容，社会保险、社会福利、优抚安置和社会互助、个人储蓄积累保障相结合的多层次、全方位的社会保障制度。

2005年，民族自治地方社会消费品零售总额143亿元，比上年增长13.7%；城乡居民储蓄存款余额232.4亿元，增长13.9%；在岗职工平均工资1.71万元，增长12.2%；农牧民人均纯收入2201元，比上年增加254元，突破2000元，增长幅度达13.1%。

第二节　农　业

一、概况

“七五”至“十五”期间，农业在四川民族地区经济发展中占有重要地位，各地都将农业的发展放在国民经济建设的首位，明确“稳粮调结构，增收奔小康”的发展思路。各地规划到乡，实行分类指导，继续稳定和完善农村各项改革措施，确保做到“四个不变”，即现行农村家庭联产承包责任制政策不变，国家粮食定购和农产品购销政策不变，对民族地区的有关奖励政策不变，减轻农牧民负担政策不变。继续坚持“决不放松粮食生产，积极发展多种经营，大力发展乡镇企业”的方针，在保持粮食产量稳定增长的同时，遵循“因地制宜，发挥优势，突出重点，相对集中，面向市场，讲求效益”的原则，继续增加对农业的投入，同时积极实施“科技兴农”战略，切实增加农业的科技含量。

1986—2005 年期间，通过调整产业结构，农业结构逐步走向合理化，民族自治地方保持了农牧业稳步增长的势头。

“七五”期间，农业结构得到改善，农、林、牧、副、渔业所占比例由 1985 年的 51. 4∶8. 9∶29. 6∶9. 8∶0. 3 改变为 1990 年的 49. 3∶7. 3∶34. 1∶8. 8∶0. 5；种植业产值中，粮食作物相经济作物所占比重由 1985 年的 69. 9∶13. 6 改变为 1990 年的 64. 6∶15. 9。

“八五”期间，民族自治地方农村经济稳定发展。1995，民族自治地方农林牧渔业总产值 106. 90 亿元，增长 7. 7%。其中，粮食总产量 346. 23 万吨，油料产量 56. 43 万吨，猪牛羊肉产量 41. 55 万吨。

“九五”期间，农业结构发生了变化，民族自治地方农业稳步增长。2000 年，民族自治地方农林渔业总产值为 113. 14 亿元，其中农业产值为 57. 99 亿元，林业产值为 9. 54 亿元，牧业生产值为 44. 46 亿元，渔业产值为 1. 15 亿元。从农业内部看，农业、林业、牧业、渔业的总产值构成发生变化，以农、林、牧、渔总产值为 100 计算，农业为 51. 25，林业为 8. 43，牧业为 39. 3，渔业为 1. 01。农、林、牧、渔业的总产值为 113. 14 亿元，中间消耗 36. 15 亿元，增加值为 76. 98 亿元。2000 年，民族自治地方农作物总播种面积 776 千公顷（1164 万亩），粮食播种面积 574 千公顷（861 万亩），油料播种面积 13 千公顷（19. 5 万亩），棉花播种面积为 13 千公顷（19. 5 万亩）。畜牧业继续保持了快速增长的势头，牛羊肉总产量达 12. 41 万吨（其中，牛肉总产量为 8. 07 万吨，比 1999 年增加了 6. 8%；羊肉总产量 4. 34 万吨，比 1999 年增加了 9. 6%）。大牲畜年末存栏 662 万头，比 1999 年增加了 1. 2%（其中，猪年末存栏 454 万头，比 1999 年增加了 2%；羊年末存栏 743 万只，比 1999 年增加了 1. 9%）。主要农产品产量，油料为 1. 72 万吨，麻类 0. 03 万吨，糖类 60. 91 万吨，烟叶 6. 26 万吨，茶叶 0. 2 万吨，水果 28. 09 万吨。

“十五”期间，农业内部结构又发生了新的变化，农村经济得到了进一步发展。2005 年，民族自治地方农林渔业总产值为 199. 83 亿元，其中农业产值为 86. 17 亿元，林业产值为 13. 06 亿元，牧业生产值为 93. 37 亿元，渔业产值为 2. 21 亿元。从农业内部看，以农、林、牧、渔总产值为 100 计算，农业为 43. 12，林业为 6. 54，牧业为 46. 72，渔业为 1. 01。农、林、牧、渔业的总产值为 199. 83

亿元，中间消耗 69.15 亿元，增加值为 130.57 亿元。2005 年，民族自治地方全年粮食总产量达 233.9 万吨，增长 2.9%；猪牛羊肉产量 70.2 万吨，增长 11.1%；年末大牲畜存栏 724.95 万头，增长 0.9%：生猪存栏 544.6 万头，增长 3.6%；羊存栏 851 万只，增长 3%。主要农产品产量，油料为 2.65 万吨，麻类 0.02 万吨，糖类 50.43 万吨，烟叶 9.17 万吨，茶叶 0.45 万吨，水果 41.25 万吨。

1986—2005 年部分年度四川民族自治地方农业发展情况一览表

表 1-8

年度 指标单位	1986	1988	1990	1995	1997	2000	2005
农业总产值（万元）	253659	360513	446482	1069000	1019000	1122000	1998300
粮食总产值（万吨）	249.75	259.77	287.76	346.23	214.60	222.67	233.90
油料产量（万吨）	4.28	4.04	5.31	7.83	1.60	1.72	2.65
甘蔗产量（万吨）	36.72	37.92	45.45	56.43	56.50	60.80	—
猪牛羊肉产量（万吨）	18.63	22.37	25. 67	41.55	32.30	40.30	70.20
猪肉（万吨）	14.63	17.38	20.04	31.04	21.40	27.93	47.20
大牲畜存栏（万头）	570.50	595.75	619.65	663.47	629.30	662	724.95
猪年末存栏（万头）	445.12	487.41	527.84	608.47	424.50	453.80	544.60
羊年末存栏（万只）	648.65	667.37	689.93	758.67	704.20	742.60	851
化肥施用量（万吨）	6.81	6.82	9.47	14.76	9.90	11	12.25
农村用电量（亿千瓦时）	1.84	2.31	2.82	3.74	3.40	4.50	6.41

说明：表格中数据来源于《四川省民族地区国民经济和社会发展统计历史资料（1985—1990）》《四川省国民经济和社会发展的统计公报（1995、1997、2000、2002、2005）》

二、种植业

（一）粮食生产

种植业在“七五”前期处于徘徊阶段，后期开始出现转机，1986 年粮食总产量 249.75 万吨，1987 年粮食总产量 245.04 万吨，1988 年粮食总产量 259.77 万吨，1990 年粮食总产量 287.76 万吨。1990 年种植业产值比 1985 年增长 20.3%，年均增长 3.8%。

1992 年，随着社会主义市场经济目标的确立，民族地区农业生产迎来了新的机遇和挑战，“九五”期间，农业的政策思路是“立足抗灾增粮，突出重点抓增收，把握大局抓稳定”。2001 年，四川民族地区粮食平均亩产 262 公斤，比 1996 年增长 15.4%，粮食总产量同期增长 24.6%，人均占有粮食 365 公斤。水果种植面积 62 万亩，比 1996 年增长 47%，总产量同期增长 50%；蔬菜种植面积同期增长 68%。2002—2005 年，四川民族自治地区粮食总产量 889 万吨。

（二）经济类作物种植

民族地区各地发挥各自优势，结合当地特点，大力发展油料、烤烟、甘蔗、果茶等多种经营，形成了一批支柱产业。1972 年，木里县大办“园艺场”，着手水果商品生产。1984 年开始，全县发展 100 万株苹果，建大小果园 5000 个，从国内外引进名、优、特水果栽培，1990 年以来，各户建“两亩找钱地”，使全县水果生产有了较大的发展，先后培育了 20 多种优良果树的合格果苗 250 万株，除木里县用苗，还出售到陕西等省。1982—2002 年，木里苹果远销中国香港，以及东南亚各国。

2000—2003年，马边县共投入无公害生态茶园基地建设资金2493.56万元，共改土建无公害生态茶园40500亩，建优质茶苗基地1100亩；新增茶叶产量770吨，新增产值2310万元，新增纯收入1547.7万元。凉山州的农产品基地建设做到区域化、规模化、优质化。2004年，宁南、会东、德昌等县的蔗糖基地达到10万亩，产量62万吨；会理、会东、宁南、普格等县的烤烟基地达到40万亩，烟叶产量5.8万吨；宁南、会东、冕宁、西昌、德昌、普格等县的蚕桑基地，桑树达6亿多株，产茧量61.2万吨；会理、德昌等县的石榴基地达到17.5万亩，产量5.5万吨；还有冕宁的花椒、雷波的脐橙等，都已形成规模化生产。阿坝州大力实施“千里绿色蔬菜长廊行动计划”“千里特色水果走廊行动计划”。2004年，全州已建立反季节秋淡绿色蔬菜基地12万亩，年产蔬菜5亿多公斤。甘孜州加强蔬菜、豆类、薯类、蚕桑、小杂水果、药材等特色产品基地建设。2004年全州已完成蔬菜基地建设2.73万亩，豆薯类基地建设10.9万亩，蚕桑基地建设2.6万亩，小杂水果基地建设2.5万亩。在全州建立了中药及藏药生产示范基地18个、面积6113亩。此外，甘孜、阿坝两州的青稞基地及凉山州的“增粮工程”安宁河流域农业综合开发项目等运行良好。

（三）农田水利建设

各地重视加强农田水利基础建设，兴修了一大批农田水利工程，同时，抓好粮食基地的建设，搞好中低产田的改造，使农业的基础地位不断得到巩固和加强。1987年以后，阿坝州针对一些水利设施存在老化失修，有效灌溉面积减少，抗灾能力减弱问题，提出“巩固、改造、适当发展”的原则，对原有水利工程进行了整修配套，新修了一些小型水利工程和人畜饮水工程，到1990年，全州有水利设施2100多处，农田有效灌溉面积1.79万公顷，占农耕地的22.3%。峨边县从1991年开始实施农业综合开发项目，通过实施中央扶持少数民族地方中低产田改造项目工程，到2004年，投入开发的有10个乡（镇），36个村，239个村民小组，7885户农户，37748人，总投资2383.2万元，改造田土面积5.46万亩，新建优质果园6690亩，新修机耕道19条，总长53.57公里，整修机耕道20条，总长40.87公里，新修蓄水池、贮粪池、沉沙池共16131口，容积38605立方米，新修渠53条，总长95.79公里。“十五”期间，全省投入民族地区水利基本建设、小型农田水利建设等专项资金25亿元，建成大桥水库等水利工程31827处，新建堤防205.4公里，解决了81.19万人的饮用水困难，治理水土流失面积3201平方公里。

三、林业

在20世纪90年代前期，木材生产仍然在四川民族地区林业中占有很大的比重。甘孜州、凉山州及马边、峨边等林业生产占较大比重的地区，原来实行的以砍伐为主的林业生产方式虽有所改变，但林业生产仍然在各地经济建设中占相当的比重。甘孜州在天然林禁伐以前，林业是财政收入的主要来源，1996年，林业产值28153万元，占全州工农业总产值的20%，占工业总产值的46%；税利为6652万元，占该州财政总收入的比例达53.09%。

20世纪90年代，四川民族地区继续贯彻20世纪80年代行之有效的林业建设方针，以森林公有制为基础，划分国有林、集体林和个体承包林，调动各方面对森林管护的生产积极性。同时，及时调整了林业生产的经营方针，改变了单纯的砍伐方式，减少和限制采伐，重在抚育和迹地更新，对森工企业实现逐步转产，允许拍卖荒山荒地，鼓励个人承包开发。民族地区的林业建设开始确立了重视生态环境效益的思想，积极摸索林业发展的新路子。阿坝州提出，要抓住长江中上游、黄河流域生态环境建设的机遇，分流域和区域，大力发展生态型立体林业。

1986—1990年，阿坝州工程造林4666.67公顷。1997年，全州完成成片造林4653.33公顷，经济林1756.33公顷，工程造林3093.33公顷，全民义务植树169万株，参加植树人次38万人次，育苗44.4公顷，幼林抚育1.53万公顷，封山育林1.07万公顷，更新造林1013.33公顷。

此外，林间还有大量的菌类生长，如松茸、杉木菌、鹅蛋菌、羊肚菌、白菌等。在林中及草坡与森林接界处遍布蕨类野菜。这些菌类和蕨类野菜构成了特有的美味"山珍"，远销海内外。1996—2004年，甘孜州的外贸出口产品主要以松茸为主，每年通过本地外贸企业出口在150吨左右，年创汇额在200万美元左右。

20世纪90年代末，四川民族地区积极推进天然林保护工程、退耕还林工程，积极调整产业结构。搞好退耕还林（草）试点工程，坡改梯工程。1998年，全省开始实施天然林资源保护工程，随后三州开始了退耕还林（草）试点工程。在退耕还林试点工程中，按照"退耕还林（草），封山绿化，以粮代赈，个体承包"的要求，从实际出发，根据全省不同区域地理、气候的特点，分类指导，积极探索多种模式，包括在尊重农民的意愿的前提下，采取"公司+农户"等方式，更好落实相关政策。已经退耕的坡地全部植了树，种了草，苗木长势良好，植被开始恢复，在一些地方水土流失明显减少。调整好林业内部结构，公益林、经济林合理配置，工程造林面积增加，实行林农、林草、林药结合，发展林农牧药综合开发。2005年，实施退耕还林16.28万亩，配套荒山造林11万亩，封山育林32万亩，总投资达16.57亿元。1999—2005年，退耕还林工程实施以来累计总规模达到598.5万亩，其中退耕还林344.18万亩，配套荒山造林254.32万亩，总投资达40.27亿元。

四、畜牧业

1986—2005年，四川民族地区畜牧业围绕牧区草地生态治理，改造草场，治理沙化，灭鼠灭虫，完成省政府"三配套"工程建设任务，搞好家庭牧场、养殖大户、畜产品基地建设和牧区新村示范工程建设，使牧区经济社会综合建设及牧业产业化建设取得明显成效，提高了畜牧业出栏率和商品率。

进入20世纪80年代中期，草畜矛盾日益突出，牲畜到户解决了人吃"大锅饭"的问题，但是草地责任制没有相应落实，牲畜吃草地"大锅饭"的矛盾变得更加严重。部分草地超载已达50%以上。为此，省政府及相关部门先后出台了相关政策加强对草地的保护。1995年，省政府颁布《四川草原承包办法》，至此，已有81.7%的草原实施了承包经营责任制，冬春草地以承包到户为主，其次联户承包；夏秋草地承包到联户为主，其次是村组。并向承包者颁发了所有证、使用证，签订了承包合同。甘孜州推行有偿使用草原9175万亩，标准是0.001～0.1元/亩，草原承包把草原使用的权利和义务结合到了一起，找到了一条畜牧业发展的良好途径。

从1990年开始，川西北地区进行人草畜"三配套"建设，至2000年，以"人有定居房屋，草有围栏基地，畜有越冬棚圈"的"三配套"建设工程取得了显著成效，"三配套"牧户达到8万多户，改变了牧民生活条件和牧区生态环境。如甘孜州的牲畜死亡率从"三配套"建设前的8%—12%降到了建设后的4.5%左右；牲畜掉膘损失从30%降到15%—20%；仔畜成活率从82%上升到89%左右。仅这三项减少的损失就达3.8亿元，相当于1999年该州牧业产值的65%。人草畜"三配套"建设工程，共帮助33万牧民告别"逐水草而居"的历史。2003年又启动"牧区综合配套建设升级深化工程”，每年投入1000万元，帮助1万户牧民“三配套”升级工程建设，至2005年累计建设围栏改良草地近1400万亩。省级投入资金7300万元，在8个牧区县、9个点进行的“牧民新村示范工程”完成，促进了人居环境改善和牧民生活方式转变。2003年开始，每年投入各类资金2000万元实施民族地区“农牧业产业化推动工程”，提高了农牧业的比较效益。

第三节　工　业

1986年以来，四川民族地区调整产业结构，坚持走新型工业化道路，强力推进工业经济，在发展水电、能源、机械、冶金、采掘、建材等重工业的同时，加快了烟、酒、糖、丝绸、食品、纺织等轻工业的发展，初步形成了以水电、冶金、化工、建材、特色农牧产品加工、烟草、藏药等特色优势产业为龙头的新的工业发展格局。

“七五”末期由于市场疲软，部分地区工业生产受到影响，但工业产值仍呈增长趋势。20世纪90年代初，民族自治地方工业的特点是：多种经济成分并存，全民所有制占主体地位；大、中、小企业并举，小型企业居多；轻重工业并举，重工业占主导地位；行业众多，门类齐全；工业布局在交通方便、离成都较近的地区；销售市场主要在内地，受内地市场影响大。

1990年，民族自治地方已有工业门类37个，能批量生产国民经济建设及人民生活必需的能源、矿产及加工以农副产品为原料的轻工业产品，产品质量较为稳定。当年完成工业总产值35.54亿元(1990年价)，人均工业总产值436.38元；共有工业企业（不包括村）2937个，拥有固定资产28.24亿元。能批量生产主要产品200多种，其中，出口产品有黄金、电解锰、硅铁、硅锰合金、铸钢、丝绸、铅锌、皮革服装、牛奶分离器、小四轮拖拉机、皮革、劳工手套、丝织品等10多个品种，创汇达数千万元。小四轮拖拉机、农用拖车、红原牌全脂加糖奶粉、红原牌婴儿奶粉、岷山牌天然石榴石磨料、獐牌西黄丸、獐牌小金丹、索马花皮革服装、西昌奶糖、格洛蒙荞面粉、猴王电池等30多个品种产品先后获得省优质产品称号；牛奶分离器、草原牌红鞋面革、民族革靴、雪山牌民族革、电解锰、凉山牌电解锌、泌泉曲酒、火把民族餐具、航天玉带蚕豆、硫酸锰等20多个产品先后获部优质产品称号；阿坝州牧业机械厂、若尔盖皮革厂等企业被省政府评定为省级先进企业；阿坝州岷山机械厂等企业被机电部、轻工部批准为国家二级企业。

“八五”期间，四川民族地区完成了一批工业项目的建设。如，兴建了太平驿电站、里伍铜矿等一批能够左右经济全局的骨干企业和龙头企业，形成了新的经济增长点。1996年，26万千瓦的阿坝州太平驿水电站的4个机组全部运行发电；完成了西昌卷烟厂、阿坝铝厂等技改工程；开始进行了大桥水库、康西铜冶炼厂、大河口电站、冷竹关电站、甲基卡锂辉矿等项目的前期工作或建设。康定龙洞沟、布拖牛角湾等一批小水电的建设也开始进行。1995年，民族自治地方工业生产持续发展，全部工业总产值为129.6亿元，增长31.2%；轻工业产值为55.43亿元，增长46.4%；重工业产值为74.17亿元，增长20.4%。

“九五”期间，对甘孜州的发展具有重大意义的瓦斯沟梯级电站开发的前期准备工作开始进行，并继续完成“八五”时期未完成的一批重点工程。发电装机容量近200万千瓦，农村电网改造一期工程全部完成。在资源开发上，重点突出金、铜、锌、铝、锰等有色金属的开发，白玉、九寨沟金属矿、康定锂辉矿、冕宁稀土、马边磷矿等重点工业项目取得了突破性进展。

进一步深化了工业改革，对国有企业按照“产权明晰，权责明确，政企分开，管理科学”和“抓大放小，扶忧解困”的原则，以建立现代企业制度为目标，加快了企业的改革、改组、改造，对重点企业和拳头产品实施大企业、大集团的发展战略；对小企业则区别不同情况进行改革、改组，少数前途无望者予以破产。同时，加强了企业的内部管理，切实把企业搞活，以争取扭亏为盈。积极扶持民族地区独特的出口创汇支柱产业，使其能够在经济发展的进程中发挥龙头的特殊作用。

至“九五”末期，民族地区工业已初具规模，门类也逐渐完善。工业已经逐步摆脱了对森林工业的依赖，步入了平稳增长的轨道。轻工业扭转了停滞局面，加快了发展速度；重工业稳定增长，发展态势良好。至2000年，民族自治地方共有工业企业23342个；全部国有及规模以上非国有工业企业单位有358个；其中，国有企业220个，集体企业33个，股份合作企业11个，其他企业92个。按工业类型划分，轻工业企业单位有100个，重工业企业单位有258个；内资企业有356个；港、澳、台商投资企业1个，外商投资企业1个；国有控股企业为255个，亏损企业97个。

2000年，民族自治地方全部国有及规模以上非国有工业企业工业总产值63.85亿元；其中，轻工业总产值19.48亿元，重工业总产值44.37亿元；国有控股企业为44.64亿元，亏损企业为5.58亿元；工业增加值290416万元；全员劳动生产率44757.88元/人年。总产值指数以1999年为100计算，2000年为107.1，其中，轻工业总产值指数为109，重工业总产值为106.2。工业增加值为29.04亿元；工业销售产值（当年价格）60.61亿元；营业利润4.02亿元；其他业务利润0.41亿元；利润总额3.14亿元；亏损企业亏损总额1.13亿元；利税总额11.22亿元。按注册登记类型分，内资企业总产值为62.62亿元，港、澳台商投资企业为1.13亿元，外商投资企业为0.1亿元。全部国有及规模以上非国有内资工业企业总产值，国有企业为26.12亿元；集体企业5.06亿元；股份合作企业2.5亿元；其他企业28.94亿元。规模以下非国有及个体企业单位有22984个，年内全部从业人员129592人，工业总产值53.28亿元，上缴税金3.12亿元。

2000年，民族自治地方生产机制纸及纸板3022吨，原盐17520吨，糖48347吨，卷烟17万箱，原煤99万吨，生铁1万吨，钢1.4万吨，水泥148.6万吨，农用化肥（折纯）27192吨，发电量79亿千瓦时。有建筑业单位101个，年末从业人数1.13万人，房屋建筑施工面积121万平米，房屋建筑竣工面积71万平米，建筑业总产值8.27亿元。

2000年，民族自治地方全社会固定资产投资合计为70.26亿元，其中，基本建设投资为50.94亿元，更新改造投资为3.61亿元，其他固定资产投资为2.19亿元，房地产开发投资为0.97亿元，农村集体投资为2.7亿元，城镇和工矿私人建房为2.51亿元，农村个人固定资产投资为7.35亿元。民族自治地方新增固定资产32.90亿元，其中，基本建设27.05亿元，更新改造2.97亿元，房地产开发0.84亿元，其他2.03亿元。民族自治地方基本建设投资合计49.56亿元，其中，国家预算内资金10.31亿元，国内贷款10.35亿元，债券0.77亿元，利用外资0.9亿元，自筹资金21.8亿元，其他资金5.42亿元。民族自治地方国有经济固定资产投资为39.95亿元，其中。基本建设投资为36.66亿元，更新改造投资为2.61亿元，其他投资为0.68亿元。

由于实施天然林保护工程，森工企业正处于转产过程，与之相关的产业发展受到了严重的影响，使四川民族地区高耗能工业和电冶工业产品销售遭受阻碍；且“九五”期间民族地区没有工业项目的新投点，投入严重不足，导致了工业在1999年大幅度下滑。2000年，民族地区工业努力摆脱对森林工业的依赖，步入了平稳增长的轨道。全年民族自治地方工业总产值115.4亿元，增长8.5%，比上年提高3.1个百分点，其中：轻工业扭转停滞局面，加速发展，实现产值33.1亿元，增长10.6%，比上年提高9.9个百分点；重工业稳定发展，实现产值82.3亿元，增长7.6%，比上年提高0.2个百分点。

“九五”末，全省民族地区工业体系中，以水电为主的能源工业，以冶金为主的原材料工业，以农牧土特产品加工为主的轻工业最为突出，且不断涌现出一批名特优产品。如阿坝州的红原奶粉、凉山州的凉烟、豪吉鸡精、电池、白糖和生丝等。同时，西昌卷烟厂、岷江电力股份有限公司、大渡河电力股份有限公司、西昌电力股份有限公司、安宁电力股份有限公司、西昌锌业股份有限公司、西昌猴王有限公司、康西铜业有限公司、甘孜州里伍铜矿、四川安华股份有限公司等一批骨干企业脱颖而出。民族地区工业布局更加合理。如，甘孜州工业主要集中在州内东部即康定、泸定、九龙等县．阿坝州则主要在州内东南部的汶川、理县、茂县等地，凉山州集中在西昌及以南区域，乐山市侧重点在峨边县。各地均有意识地集中人、财、物，选择靠近城市大交通的地区建立工业开发区，配套基础设施，大搞招商引资，兴办厂矿企业，形成了一定的规模效益。

进入21世纪以来，民族地区着力推进工业园区和集中区建设，提高产业集聚度。阿坝州建成了包括汶川水磨、桃关、理县下孟和茂县亚坪4个区域的四川高载能工业经济园区，有20多个企业进入园区发展，为加快高载能工业发展创造了条件。甘孜州建成了康东4县（康定、泸定、九龙、丹巴）工业集中发展区，2005年工业增加值占全部工业增加值的88.62%，对工业贡献率达到90%，拉动工业增长约20个百分点；华能水电、里伍铜业、金珠药业等企业迅速崛起，成为甘孜州支柱产业的核心。凉山州设立“工业集中区建设扶持资金”，计划在“十一五”期间培育年销售收入超过10亿元的工业集中区10个。同时，打破能源瓶颈，加快水电资源开发步伐，三州水电装机容量节节攀升，至2005年，三州地方水电总装机已达359万千瓦，在建水电项目总装机达376万千瓦。与此同时，采取国债资金占资本金50%等办法，筹集资金46.2亿元实施“农村电网改造工程”“县城电网改造工程”“无电乡通电工程”，少数民族群众生活能源和城镇工业能源不足的问题得到缓解。

“十五”期间民族地区工业快速增长，特色优势产业逐步形成。2002年，全部工业实现增加值58.9亿元，增长11.6%。其中水电产值占全部工业总产值的30%以上，高耗能工业占25%以上。工业对经济增长的贡献率为23.9%。2005年，民族自治地方全部工业实现增加值122.4亿元，比上年增长27.5%，工业对经济增长的贡献率为49.3%，比2000年增长1.5倍。其中，国有及年销售收入500万元以上非国有工业企业增加值98.5亿元，增长33%。

1986—2005 年部分年度四川民族自治地方工业主要产品产量一览表

表 1-9

项目 \ 年度	1986	1988	1990	1994	1997	2000	2004	2005
机制纸及纸板（万吨）	1.55	1.86	1.70	1.99	1.47	0.30	0.42	0.88
原盐（万吨）	0.80	1	1.35	1.24	2.04	1.75	3.36	4.10
糖（吨）	3.49	3.17	3.84	5.12	4.51	4.83	4.27	3.33
卷烟（万箱）	13.71	22.29	33.85	58.19	15.40	17	95.78	—
原煤（万吨）	138.11	168.16	181.87	264.13	152.80	99	102.32	128.16
生铁（万吨）	0.67	2.69	10.6	10	14	1	67.04	82.68
钢（万吨）	—	—	—	—	1.20	1.40	66.54	58.09
水泥（万吨）	56.12	80.3	78.65	127.30	111	148.6	193.53	215.69
木材（万立方米）	323.92	299.08	262.44	229.65	212.70	—	—	—
农用化肥（折纯）（万吨）	4.28	1.30	2.71	35.05	3.80	2.72	1.24	1.12

说明：表格中数据来源于《四川省民族地区国民经济和社会发展统计历史资料（1985—1900）》《中国民族工作年鉴（1995、1998、2001、2005、2006）》

第四节　旅游业及国内贸易

一、旅游业

四川民族地区旅游资源丰富，生态环境优良、文化特色鲜明，有九寨沟、黄龙两个世界自然遗产，享誉世界的稻城亚丁，闻名遐迩的国宝大熊猫，亚洲海拔最低的海螺沟冰川，少数民族文化地域特色浓郁。四川民族地区旅游业兴起于改革开放之初，发展于20世纪90年代。

1990年，九寨沟和黄龙被评为“中国旅游胜地四十佳之首”；阿坝州九寨沟景区，1991年接待中外游客17万人次，营业收入近800万元，比1990年增长20%以上。1992年，九寨沟、黄龙被国家旅游局列入1992中国友好观光年“奇山异水”全国五大风景黄金旅游线路之榜首。1992年9月14日，九寨沟、黄龙风景区被联合国教科文组织遗产委员会列入《世界自然遗产名录》。这为民族地区开发旅游资源，发展旅游业创造了前所未有的良好条件。这一时期，四川重点开发了九寨沟—黄龙—大草原—米亚罗、卧龙—四姑娘山—夹金山—海螺沟—跑马山—木格措—塔公、航天基地—螺髻山—泸沽湖等旅游区（线）。强化了资源环境保护，加强了景区管理，改善了游览条件，增加了旅游项目，逐步形成了以线联区、线线相联、大小结合、各具特色的旅游区和旅游线路，奠定了旅游业作为民族地区经济发展的主导产业的重要基础。旅游业基础设施建设也有较大的发展。九寨沟黄龙景区改造了沟内游览道路，结合当地民族风情丰富了游览内容，改善和增加了旅途沿线的接待设施；海螺沟加强了景区保护和基础设施建设，成为了四川省又一个知名度很高的国际型景区；以西昌邛海、螺髻山、泸沽湖等地的民族风情为主，形成了一条融民族风情和自然风光为一体的民族风光旅游专线。

四川民族地区，根据旅游资源的不同类型，逐步开发了多种多样的旅游形式，阿坝州桃坪羌寨乡村旅游、凉山州国际火把节、甘孜州海螺沟国家地质公园等独具特色。20 世纪 90 年代，桃坪羌寨以其独特羌族建筑、极佳地理优势、民族风情，开展乡村旅游，到 2000 年游客接待人数达到 10 万人次，创收近 700 万元。1994 年，凉山州委、州政府举办了第一届中国·凉山彝族国际火把节，此后每三年举办一届。国际火把节已成凉山州的对外形象品牌以及扩大开放、招商引资的重要载体。海螺沟以低纬度、低海拔冰川、高温温泉群、原始森林生态环境为特色的大型旅游区。1993 年林业部批准建立海螺沟国家森林公园，2001 年国土资源部批准海螺沟为国家地质公园。2004 年景区旅游人数达 14 多万人次，实现旅游收入 900 余万元。

21 世纪以来，旅游业特殊的经济价值越来越受到高度重视。根据《四川旅游西环线规划建设方案》和《四川香格里拉生态旅游区开发建设方案》精神，甘孜、阿坝和凉山三州先后将旅游业列为新兴支柱产业之一，大力对外宣传旅游资源，建立、健全领导机构，培育旅游市场主体，加强旅游设施建设。经过多年努力，结合当地少数民族节日和旅游景点，开发出了许多旅游项目，加大宣传和促销的力度，吸引了大批中外游客。旅游业的发展，带动了相关产业的发展．如交通运输、酒店、餐饮、旅游产品、文化创意产业等。旅游业及其相关产业成为少数民族地区新的经济增长点，旅游业发展呈现出强劲的发展势头，收入大幅度增长。

民族地区的旅游业对经济增长的拉动作用显著。2000 年，四川民族自治地方有旅行社 45 个，其中，国际旅行社 4 个，国内旅行社 41 个。到民族地区旅游的人数达 421. 4 万人，其中，国际游客 20. 5 万人；国内游客 400. 9 万人。国内旅游收入 11. 9 亿元，国际旅游收入 1998 万美元。2002 年，民族地区接待海内外游客 484. 2 万人次，实现旅游收入 30. 94 亿元，分别增长 6. 4% 和 10. 3%。阿坝州尤为突出，全年接待海内外游客 283. 6 万人次，实现旅游收入 15. 88 亿元，分别增长 17. 2% 和 28. 5%。

2005 年，四川民族自治地方有世界自然遗产 3 处；国家 AAAA 级旅游景区 3 个，AAA 级旅游景区 1 个，AA 级旅游景区 1 个；国家级风景名胜区 4 个；全国重点文物保护单位 6 个；中国历史文化名村 1 个。民族自治地方全年接待游客超过千万人次，达 1268 万人次，比 2000 年增加 847 万人次，增长 1. 9 倍；实现旅游总收入 79. 4 亿元，比上年增长 26. 4%；其中旅游外汇收入 1. 05 亿美元，比 2000 年增加 8402 万元，增长 4. 2 倍。

二、国内贸易

改革开放以后，归口管理的计划品种逐步减少，民族地区调整购销政策，扩大市场调剂范围，将单一定价改为国家统一定价、国家指导价、企业定价。个体商业和餐饮服务业逐渐恢复，并得到较快发展。

至 20 世纪 90 年代初，民族自治地方以公有制为主体的多种经济成分、多种经营方式、多条流通渠道并存的商业流通的新格局已经基本形成。1990 年，民族自治地方的社会商业机构有 5. 4 万个，从业人员 11. 19 万人，社会商品零售总额为 29. 2 亿元，较 1980 年分别增长了 3. 16 倍、1. 08 倍和 2. 27 倍。作为流通领域主渠道的国营商业在改革中发挥了重要作用，实行了多种形式的承包经营责任制，增强了企业内部的活力，使企业素质和经济效益都有所提高。

1992 年，发展社会主义市场经济体制确立后，旧的计划价格管理体制和运行机制被打破，新时期的价格调控、管理、检查和服务体系初步确立。调控方面：将抑制通货膨胀、平抑市场物价作为宏观调控的主要内容，特别是 1994 年 9 月以后，全面实施控制物价目标责任制，全省零售物价指数从1994年的23.9%降至1997年的4%。建立了粮食风险基金、副食品价格调节基金和重要商品的物资储备制度。管理和监督检查方面：理顺了价格管理权限，改进了价格管理方法，加强了对人民生活必需品价格和农村物价的管理，对重要商品和服务价格实施监审，大力清理整顿行政事业性收费和经营性收费，治理“三乱”，健全价格监测网络，开展明码标价，强化监督检查，反暴利，反欺诈，依法治价。服务方面：大力推进价格信息、价格评估等服务性工作，充分运用价格杠杆，促进地方经济发展。

1996年，国家政策调整，民族贸易逐步恢复，民族自治地方的社会消费品零售额为43.89亿元。1997年优惠政策实施后，社会消费品零售额达48.63亿元，增长了10.82%，1998年为51.68亿元，1999年为55.46亿元，2000年为59.81亿元，连续三年比上年增加均超过7%。

2000年，民族自治地方批发零售贸易业352998万元，限额以上为50502万元，限额以下个体户302496万元；餐饮业74673万元，其他170435万元。批发零售贸易业商品销售总额732735万元，其中，批发379810万元，零售352934万元。商品购进总额为283350万元，销售总额为323738万元（其中，批发合计273858万元，零售合计49880万元），年末库存总额为24085万元。民族自治地方定点边销茶企业4个，年末有从业人员652人，边销茶10850吨，销售量42010吨，产值2919万元，销售收入2530万元，销售利润358万元。

在“十五”期间，民族地区贸易继续执行“九五”时期的发展思路，积极调整经营结构，逐步退出一般商品领域，集中力量抓好专营专卖商品的经营。工作主要布局为一般商业网点交给了个体、私营企业进行经营，专营专卖等特需物资由国有企业经营的格局。2005年，民族自治地方全社会消费品零售总额稳步增长，流通业发展基础逐步夯实，现代营销方式实现多样化，市场秩序明显好转，城乡市场体系建设取得新进展。2005年，民族自治地方全年社会消费品零售总额143亿元，比上年增长13.7%；比2000年增长132.2%；“十五”期间年均增长18.3%，比“九五”期间年均增长高9.5个百分点。

第五节　交通通信广电

一、交通

1986—2005年，四川民族地区交通建设有了长足的进步，通达率有了显著的改善。九黄机场、西昌青山机场、西昌火车站新客运大楼、九寨沟旅游环线公路扩建竣工并投入使用，成昆铁路电气化、国道318川藏南线、317川藏北线、成昆108线公路、213线阿坝段、理（理塘）中（中甸）路、茂（茂县）绵（绵竹）路的改造，西攀、雅泸、都汶高速公路开工建设，二郎山和鹧鸪山隧道和康定机场的建设全面展开，同时，加快建设海螺沟及四姑娘山旅游公路等项目，并进行了各地县乡公路的改造和经济路、断头路的改造。投资29亿元的通县柏油路在三州全面实施，改善了三州的交通条件。

在加快公路交通基础设施建设，发展多形式、多层次、多种经济成分运输力量的同时，民族地区各级交通主管部门已基本上形成公路交通各门类生产经营、测量设计施工、管理养护、安全监督、职工培训等体系完备的多民族交通职工队伍。

1986年，四川民族自治地方铁路营业里程为387公里，公路通车里程达25449公里。民族自治地方拥有货车4847辆，拥有客车1056辆。公路货运量为460.71万吨，公路客运量为2537万人次。

20世纪90年代，四川省民族自治地方交通条件在原有的基础上有了显著的改善，交通结构有了重大改变，实现并健全了航空、铁路、公路、内河航运的线路运输体系。1990年，四川民族自治地方已有7县（市）通了铁路，铁路贯通了彝族聚居的凉山腹地，运营里程接近400公里。公路里程已达到27130公里，占全省公路里程的7.02%。其中，三州公路里程已达到20670公里，占全省公路里程的21.2%，实现了县县通公路。县及主要区镇已开辟客货运营路线，水陆交通专业运营企业已拥有运营客车1090辆，运营货车2226辆10803吨位，机动运输船14艘3329客座3610吨位，运输驳船31艘7471吨位。同年，四川民族地区共完成社会旅客运输量8081.68万人次12.85亿人公里，完成社会货物运输量1402.39万吨24.4亿吨公里。按各种运输方式计算，每年每人平均乘船已达到4.31次，按社会总产值（现价）计算，货运产运系数已上达升至18.74吨/每万元产值。

“八五”（1991—1995年）期间，二郎山隧道开工建设。在“九五”（1996—2000年）期间，交通首先抓过境国道、阿坝旅游环线、二郎山隧道等骨干工程，同时，加紧做好鹧鸪山隧道的立项。改建了西昌青山机场，开通九寨沟旅游公路环线，二郎山隧道、雅攀高速公路、成昆铁路凉山段的电气化改造，九寨沟机场建设进入前期准备工作。至2000年，民族自治地方公路里程已有33391公里，其中，有等级路11929公里；有国有铁路营业里程407公里；有内河航道里程50公里；有民用机场1个；民用汽车36590辆。

进入21世纪以来，投入国债等各类资金28.5亿元，于2003年完成“三州通县油路工程”。建成通县油路4276公里，使三州州府所在地至所辖各县及4个相邻省区通过油路连接。投资近10亿元建成的九寨黄龙国际旅游机场于2003年正式通航，四川藏区空中交通实现零的突破。2004年启动民族地区“通乡公路工程”。“十五”期间，三州公路建设总投资达77.49亿元，占全省国内公路建设总投资的14%，新建、改建公路里程8106公里。截至2005年，民族自治地方公路总里程有36533公里；通公路乡（镇）达到1105个，占94.3%；其中等级路19779公里，高级、次高级路面由2000年的3645公里增加到8300公里，路面铺装率由24.8%提高至37.36%，提高了12.5个百分点；有国有铁路营业里程407公里，有内河航道里程443公里；有民用机场2个；民用汽车79200辆。

二、邮电通信

1986年底，四川民族地区有邮电局（所）661处，其中设在农村的有595处，邮路总长度达37605公里，其中汽车邮路9637公里，长途电话电路总数达395路，电报电路总数达257路，电话机总数为22524部，其中农村电话机为9900部，邮电业务总量达1449万元（按1980年不变价）。

1990年底，四川民族地区有邮电局（所）646处，其中设在农村的有580处，邮路总长度达22392公里，其中汽车邮路10053公里，长途电话电路总数达550路，电报电路总数达281路，电话机总数为32531部，其中农村电话机为10613都，邮电业务总量达2696万元（按1980年不变价）。同时，部分地区投产使用了一批电子电传、汉字译码、长途半自动、真迹传真等新设备。电报通信也进入了全国自动交换网络。民族地区的邮电通信布局已经初具规模。

1990—2000年，邮电、通信一直是四川民族地区国民经济建设发展的重点。通信建设发展迅速，主要标志是成都至阿坝州、凉山州各县的光缆通信开通。“八五”期间，开始了西昌至攀枝花光纤通信及甘孜州、阿坝州的几个卫星通信站建设。“九五”期间，卫星通信在完成第一期的同时，实施第二期工程，加快了电话程控化步伐。民族自治地方共有44个县接通了光缆，三州都开通了的光缆通信。邮政通信实现了运送机械化、管理智能化。基本上实现了计算机在汇总、稽核、报刊发行、邮政储蓄、电子邮政、邮政调度和业务管理方面的应用，逐步形成了全国统一的邮政业务综合数据网。与此同时，移动电话、“129”全省联网寻呼、数据通信和多媒体通信等也纷纷落户民族地区，现代化的电信通信网络正在形成。

2000年，四川民族自治地方的邮电业务总量达到42296万元，已有无线寻呼用户10万户，移动电话13万户，国际互联网用户6162户，本地电话用户169272户，其中，城市电话用户130387户。邮电局总计有409处，其中，农村局所314处。邮路总长度10706公里，农村投递线路总长度13770公里，长途光缆线路长度有5410公里，长途自动交换机容量16452路端，本地局用电话交换机容量364692门。

随着国家西部大开发战略和能源开发力度的不断加大，民族地区邮电通信业快速增长。2004年，民族自治地方有邮政局（所）380处，邮路总长度达1.47万公里，农村投递线路2.07万公里，实现邮电业务收入11亿元，增长16.8%；公网电话用户达70.9万户，增长16.9%，移动电话用户新增10.9万户，达到63.3万户，增长18.5%。

2005年，投入6.4亿元实施的“三州通移动通讯扶贫工程”完成，新建基站567个、光缆5300公里，移动通信网络覆盖到乡镇，覆盖总数达567个乡镇，实现了三州1162个乡镇全部通电话的目标。2005年，民族自治地方有邮政局（所）407处，邮路总长2.02万公里，农村投递线路2.3万公里。实现邮电业务收入13.1亿元，比上年增长18%；公网电话用户达65.7万户，增长9.6%，新增移动电话用户7.4万户，达到81.19万户，增长28.3%。国际互联网用户8.60万户，长途光缆线路长度15350公里，长途自动交换机容量13884路端。

三、广播电视

1978年中共十一届三中全会以来，四川民族地区广播电视事业取得了长足发展。

1982年，阿坝州在马尔康城内建立并开通了全州第一个录像电视台。至1985年底，全州电视差转台和录像电视台有84座，电视拥有量达10200台，覆盖人口42.35万人，覆盖率为58.52%。1987年，全州县级卫星电视地面接收站的普及率达100%。至1990年，全州有卫星电视地面接收站285座，共有电视差转台、发射台（含卫星站）393座，中央一、二套节目的覆盖率达70%。全州电视机拥有量达10500台。

1990—1995年，国家“两项资金”对甘孜州广播电视建设投入906万元，建乡级卫星地面站138座，县级、乡级调频广播网店25个，新建7个县级广播电视中心。为了发展扶持甘孜州广播电视事业，中央、省投资800万元，在康定、甘孜、炉霍、理塘、乡城5县筹建了5座中波转播台，1座州人民广播电台。

1995年以来，为了解决广大农民群众听广播、看电视难的问题，“千乡通广播电视工程”“村村通电视工程”等项目先后实施，民族地区广播电视事业迅猛发展。1996—1997年，甘孜州先后完成了“千乡通广播电视”工程184乡、镇电视卫星地面站和80座乡（镇）调频广播站建设任务，为47个无电乡（镇）站配发了发电机，基本解决了全州乡（镇）看电视的问题。

1999年，峨边县有地面卫星接收站76座，差转台16座，共有10个乡镇广播电视站建立起了有线电视系统，占总数的52.63%，发展终端用户2000户，全县广播电视混合覆盖率达到89.4%。

2004年，阿坝州有州电视台1座，县级广播电视台13座（筹），乡（镇）广播电视台224个，卫星电视地面接收设施1.81万座，有线电视用户5.5万户，有线电视系统114个。有20个乡与县城联网，州、县广播电视网络已全部联网，形成全州行政区域性的有线电视网络。

2005年，凉山州有卫星广播电视地面接收设施28800多座。全州共有5个州级台，17个县级台，511个乡（镇）站，通广播的村2981个，通电视的村3562个。全州有线电视网络5000多个，从州到县的节目微波已全部开通，传输线路740千米，全州新增有线电视用户12696户。

第六节 财政税收

一、概况

20世纪90年代初期，四川民族地区财政收不抵支，自给率低。1990年，全省民族自治地方财政支出大于财政收入7.34亿元，比1989年增加了2.11亿元，其相对值的增减情况是：财政收入比1989年增长11.14%，财政支出增长24.34%。民族自治地方财政收入中，企业收入所占比重仅为6.19%。民族自治地方财政支出的情况是：各项事业行政支出占66.94%，生产性支出占15.86%，在事业行政支出中，用于行政、教育等方面的人头经费超过了42%。民族地区发展极不平衡。主要表现为三州一地（一地为黔江地区，今属重庆市，下同）财政总体水平参差不齐，县际之间悬殊较大。三州一地均是补贴财政。1990年，累计赤字最多的甘孜州达到4700万元，最少的凉山州只有392万元；县级财政收入1990年最多的县超过1亿元，最少的县仅50余万元；州级财政相对县级财政较好。

面对民族自治地方财政的严重困难，国家通过多种渠道加大对民族地区资金的扶持力度，从体制和资金上给予了力所能及的照顾，确保有关政策落到了实处，资金及时到位。做到财政专项周转金立项、审批、发放等方面优先考虑；在支农、救灾、教育、卫生等方面设立各种专款给予重点照顾，省资金保证足额配套，支持民族地区的发展。省级财政拨出专款设立民族工作机动金、三州开发基金；在散杂居民族地区专门设立了散杂居民族发展资金；启动民族卫生扶贫工程，对人、草、畜三配套工程加大了扶持力度；并对民族地区财政补助争取得到中央支持，贫困地区义务教育工程专项费等实行较其他地区优惠的转移支付政策。特别是1998年四川率先实施“天然林保护工程”，对三州财政影响巨大。

二、财政扶持

（一）财政照顾政策

1989年4月省委办公厅转发《省委民工委扩大会议纪要》指出，省政府关于三州财政包干、补贴递增的办法，是经省人大批准的三州自治条例中已明文规定，应继续执行。1992年，《四川省人民政府关于进一步贯彻落实〈中华人民共和国民族区域自治法〉的通知》规定，对支大于收的民族自治州，由省财政实行定额补贴，从1992年起按5%的比例递增。1994年，全国实行分税制，中央取消了对省的递增补贴政策，但四川省财政仍然维持对三州的递增补助政策。《中共四川省委四川省人民政府关于促进民族地区发展的意见》规定，在维持现有财政体制的基础上，继续实行核实基数、定额递增、专项扶持的政策。对地区信贷规模和资金给予倾斜照顾，并逐年有所增加。在财政政策倾斜之下，“九五”（1996—2000 年）期间民族地区地方财政收入略有回升。1996—1998 年，全省民族地区 GDP 的平均增长率为 8.8%。2000 年，四川民族自治地方财政总收入 25.35 亿元。2005 年，四川民族自治地方财政总收入 42.82 亿元，比 2000 年增长 68.92%。

（二）“两项”资金

中央财政以 1980 年设置的“支持不发达地区发展资金”，对四川老（革命老区）、少（少数民族）、边（边远）、穷（穷困）地区每年拨出 2000 万元进行资助，用于民族地区为 1650 万元。1984 年，这项资金又增加到 3000 万元。1986 年，中央又决定每年拨给四川三州开发专项定期定额补助，即“三州开发资金”，帮助民族地区发展经济文化。“七五”期间，“两项资金”对促进西部民族地区的生产建设、经济开发、群众生活和社会事业的发展，取得了比较显著的经济效益和社会效益。

1. 改善生产条件

“七五”期间各受援地区根据各自农业发展计划，重点用于加强农业基础设施建设，修建小型农田水利；推广先进技术，发展种植业、养殖业；因地制宜，发挥优势，初步建成一批商品农业基地；有计划地分期分批修建人畜饮水工程，解决了相当一部分群众生产生活实际困难。甘孜州牧区网围栏建设成效突出，在抗灾保畜方面发挥了巨大作用，稻城县依靠科技兴农，全县粮食总产量突破了 20 世纪 80 年代后期徘徊的局面，1989 年达到 900 万公斤，1990 年达到 1000 多万公斤；一些地区群众的温饱问题基本上得到解决。

2. 兴建电站和原材料基础工业

各受授地区根据国家计划和市场需要，立足发挥资源优势，突出重点，集中资金，兴建了一批骨干电站和原材料基础工业，把资源优势转化为商品优势，增加了发展后劲。阿坝州充分发挥资源优势和紧靠中心大城市的特点，大力发展水电能源建设，配套投入近 3000 万元，新增装机容量 8 万千瓦，建成州内小电网和大电网联运，在发展以电力工业为龙头的基础上，根据“自发自用，余容上网”的原则，兴建了一批高耗能工业和其他工业，初步建成具有当地特色的工业基地。电力建设的发展，不仅满足了州内工农业生产用电和群众生活用电的需要，还缓解了内地供电紧张的矛盾。甘孜州和凉山州在发展电力工业的基础上，充分发挥了矿产资源优势，布点开发黄金生产，有计划地兴建一批有色金属采选和小冶炼。

3. 改善交通闭塞状况

有关地、市、州集中一部分两项资金，有计划地新修了一部分等级公路，接通断头公路，新修部分区、乡公路，使交通闭塞状况有了明显改善，沟通城乡交流，促进了经济发展。到 1990 年，阿坝州用于公路建设两项资金达 1600 多万元，改善和新修公里 492 公里，新建桥梁 15 座，长 730 米，修复水毁公路 33 公里，修建 8 条县与县之间的断头路，基本上达到县和区、乡都通公路。

4. 发展社会事业

“七五”期间两项资金配套投入，使各受援地区中小学危房改造基本完成，新修了教学用房和师生宿舍，稳定了教师队伍，改善了办学条件，教育质量有了进一步的提高。尤其是在少数民族聚居地区部分重点中、小学内，开办了寄宿制民族班，寄宿制学生的升学率普遍高于其他同类班级的升学比例，在成都市二十八中办的民族寄宿制高中班，1988 级高考升学率为 83.3%，1989 级全班 50 人中，高考上线的 45 人，升学率为 90%。各级医院、门诊部、住院部、防疫站的建设有了很大的改善，初步缓解了群众就医难的问题。广播电视发展很受群众欢迎，所有的县和部分区、乡建立了卫星地面接收站。到1989年底，阿坝州已建成卫星地面接收站206座，调频台5座，电视覆盖率由1985年的36%，上升至69.8%，丰富了基层文化生活，促进了精神文明建设。

“八五”期间两项资金有了新的增加。在1991年以前，国家每年下拨两项资金共计1.4亿元，1992年后每年拨款达2.88亿元。1998年以后，按照国务院的有关规定全部实行无偿使用。

1986—2005年，国家共计下拨两项资金48.95亿元。20年来，两项资金为民族地区发展注入了血液，加快了经济发展，改善了生产条件，开发了优势资源，改变了落后面貌，加强了基础教育，提高了民族文化素质，促进了精神文明建设。

为解决三州财政工资发放困难问题，国家财政和两项资金给予了大量扶持。1991年，省委、省政府指示，每年从新增的1.5亿元三州开发资金中，专项安排2000万元用于三州经常性财政支出；1994年起，国家财政每年专项补助三州财政1亿元解决财政困难问题；“八五”期间，为了解决森工困难问题，财政从新增的1.5亿元三州开发资金中，一次性划拨7500万元用于森工转产；1996年起三年内，在三州开发资金中安排1亿元专项解决森工社保基金后，每年仍保留2300万元用于省统筹三州财政补贴；2001年中央专项安排，每年补助三州对政5亿元。

（三）财政其他资金扶持

省直有关职能部门发挥了积极作用。1992年，设置的散杂区少数民族省级发展基金，从1997年起由250万元增加到400万元，并延至“九五”期末。1996年，省民委配合省财政厅，为民族地区争取到发展资金2800万元、抗灾救灾资金400万元、科技开发资金260万元、牧区育草基金2000万元，以及企业解困资金、流动资金、乡镇企业贴息贷款、民贸网点建设资金、森工转产资金等9780万元。

三、财政收支与税收

1986年，四川民族自治地方财政收入总额为32447万元，企业收入为6883万元，其中，工业收入为2506万元，商业收入为1225万元。各种税收为24596万元，其中，工商税为22710万元，农牧业税为1788万元。其他收入为968万元，财政支出总额为83125万元。1990年四川民族自治地方财政收入总额为69718万元，企业收入为2394万元，其中，工业收入为1608万元，商业收入为474万元。各种税收为63528万元，其中，工商税为57416万元，农牧业税为4885万元。其他收入为3796万元，财政支出总额为143101万元。

1994年，中国实施分税制，四川民族地区的的财政收入受到影响。1994年，四川民族自治地方财政收入为80040万元，是1993年财政收入的55.29%，财政支出为251291万元，是1993年财政支出的104.90%。

“九五”（1996—2000年）期间地方财政收入略有回升。1996—1998年，全省民族地区GDP的平均增长率为8.8%。1997年为了适应税制改革，《四川省人民政府关于民族地区到内地兴办企业有关税收返还问题的通知》文件规定：对民族地区在内地兴办企业应缴纳的营业税、所得税按实际入库数，增值税按地方分成总额“二八”分成的办法，即企业经营所在地留20%，其余80%由财政返还给民族地区。1997年，四川民族自治地方财政收入157092万元，其中各项税收收入为80010万元，农牧业税为9398万元，工商税为45572万元。1999年停止采伐天然林后，原来长期存在的“木头财政”不复存在，只增长4.6%，按可比价格计算，2000年达到1320627万元，比上年增长6%以上。其中，第一产业达到471612万元，比上年增长2.8%；第二产业为454284万元，比上年增长4.5%；第三产业为394731万元，比上年增长近13%。2000年，四川民族自治地方财政总收入为253525万元，其中，地方财政收入为113261万元。各项税收为89686万元，其中，农牧业税为3944万元，工商税为16092万元。财政总支出为448688万元，其中，地方财政支出为445270万元，基建支出为35307万元，支农7906万元，文教科卫事业费为11296万元，抚恤和社会福利救济金7784万元，社会保障补助支出8603万元。

2004年，省委办公厅、省政府办公厅联合转发《省财政厅省地税局关于我省民族地区免征农业税有关问题的意见》，规定从2004年1月1日起，对民族地区免征农业税及其附加。根据决算资料，民族地区2002年农牧业税及其附加收入8534万元，其中农业税7024万元、牧业税106万元、农业附加1404万元。民族地区免征农牧业税及其附加后，县、乡财政及村级集体组织由此减收部分由省财政全额予以转移支付补助。转移支付补助以2002年农牧业税及附加收入8534万元作为基数。民族地区免征农牧业税后，对从2004年起增加的退耕还林（草）面积不再给予退耕还林（草）农业税减收财政转移支付补助，即继续给民族地区的退耕还林（草）转移支付补助以2003年补助数作为基数。

2005年，民族自治地方财政总收入42.82亿元，实现地方财政收入24.6亿元，比上年增长32.3%；比2000年增加13.5亿元，增长122.2%；完成一般预算支出91.5亿元，同比增长9.6%。“十五”期间，年均增长17.1%，比“九五”期间年均增长量高8.8个百分点。其中各项税收为17.04亿元，其增值税为4.39亿元，营业税为6.04亿元，企业所得税为1.47亿元，个人所得税为1亿元。财政总支出132.01亿元，地方财政支出131.31亿元，其中基建支出23.71亿元，农业支出5.03亿元，文教科卫事业费支出29.44亿元，抚恤和社会福利救济金支出2.93亿元，社会保障补助支出3.8亿元。

第七节　环境保护

一、环境问题

四川民族地区是长江、黄河上游重要生态保护屏障，是四川省重要水源涵养地和饮用水源保护区。同时，还是岷江、大渡河、雅砻江等长江重要支流及黄河主要支流流经地区，特殊的地理位置决定了其生态保护的重要性。

改革开放以来，随着工业经济的发展和城市化进程加快，四川民族地区环境污染趋势不容乐观，环境保护任务艰巨。环境污染主要是工业污染和生活污染。特别是森林的过量砍伐，部分地区乱砍滥伐，采大于造，以及森林火灾，造成自然条件的恶化，生态环境的破坏，还导致众多的自然灾害，如干旱、大风、冰雹、滑坡、泥石流、集中降雨雪。阿坝州内泥石流、滑坡等大型灾害在20世纪50年代只有2次，20世纪60年代增加到4次，20世纪70年代为5次，20世纪80年代则达9次，发展迅速。到20世纪90年代后，一年会出现多次。

随着现代工业发展，工业污染在一定程度上增加。以攀枝花、凉山地区为例，自20世纪70年代以来，攀、凉地区资源开发与经济发展速度加快，城镇地区人口密度增加，工业“三废”和生活“三废”污染物排放量急剧升高。尤其是攀枝花在建设初期，由于对环境保护的认识不足，缺乏总体规划和宏观指导，在资源开发利用的同时，造成了生活环境质量大幅度下降。攀枝花地区每年由生产冶金、轻工、食品、纺织、化工等工业和黑色、有色金属采矿区排出的各类废水，导致江河、湖泊水质受到不同程度的污染。金沙江攀枝花河段水体中悬浮物、细菌、大肠杆菌等污染物严重超标；特别是在洗煤厂、焦化厂、选矿厂排污口附近，水质污染更为严重，底栖生物几乎全部灭绝。

城镇环境卫生成为难题。20 世纪 90 年代，阿坝州城市化加快，全州各县尚缺乏综合性战略规划，资金不足，市政基础设施欠账多，城镇卫生环境差。阿坝州工业相对集中的岷江沿岸的城镇环境已出现了轻度污染。甘孜州城镇人口逐年增多，人民消费水平提高，生活废弃物相应增多。特别是人为的生活环境污染突出，有的城镇附近的小溪河道内生活废物增多。仅康定折多河、雅拉河从城内抛入河中的废弃物就堵塞电站进水设备，造成电站被迫停电清理。1997 年，凉山州全州生活污水排放量为 2141 万吨，2000 年为 2195 万吨。1997 年，全州城市垃圾、粪便排放量为 31.58 万吨，2000 年为 60.77 万吨，净增 29.19 万吨，且无害化处理率不到 2%。

二、环境治理

1989 年 12 月 26 日，《中华人民共和国环境保护法》正式颁布实行，对民族地区的环境保护工作起到了积极的促进作用。

（一）保护森林资源

在法律保证前提下，民族地区环保部门采取多种措施，让这块“天然的生态屏障”发挥积极的作用。在森林资源问题上，继续加大对森林资源和林地保护的管理力度，杜绝掠夺式资源开发，严肃查处违法使用林地案件；加大对农村以电（太阳能）代柴、以气代柴等方面的资金投入和政策引导。1998 年，四川省率先实施天保和退耕还林（草）两大工程。民族地区以西部大开发为依托，把林业发展和生态建设作为经济社会发展的大事来抓，按照天然林资源保护工程“停、造、转、保”的总体工作思路和“退耕还林、封山绿化、以粮代赈、个体承包”的退耕还林还草工作方针，全面停止天然林经营性的采伐，依法加强了森林资源的林政管理，森林防火，森林病虫害防治，野生动物保护管理工作。

（二）保护草原资源

在立足草原保护的思想指导下，四川民族地区把牧区作为生态建设的主战场，2001 年，共建成人工草地 258 万亩，围栏改良草地 713 万亩，治理鼠虫害 750 多万亩次。农区种草 700 万亩，项目区草地植被覆盖率提高了 8 个百分点。实施退牧还草工程以来至 2005 年底已累计完成 3850 万亩。

在草原资源问题上，发展效益型畜牧业，有效遏制草原进一步沙化和鼠害不断蔓延的趋势，加快草原建设步伐。积极争取资金，建立对天然湿地开发以及用途变更生态影响的评价、审批管理程序，严格湿地开发环境影响评价制度，在涉及湿地开发利用的重大问题方面，严格依法论证、审批并监督实施。

（三）治理水土流失

在水土流失问题上，多渠道筹集资金，加大水土保持小流域综合治理力度，大力推广小水电（微水）代燃料生态工程的实施，走以林涵水、以水发电、以电代柴、以电促工、以工还林的科学生态系统良性发展道路；加强开发建设项目涉水事务的管理，严把项目审批关，并对项目进行全过程跟踪监督管理，确保建设过程中水资源论证、行洪论证和水土保持方案的落实。到2005年，森林覆盖率达20%左右，植被覆盖率达26.6%。民族地区51个县（市）和28个重点森林工业企业已全部纳入天然林保护工程范围，540万公顷天然林得到有效保护。

（四）治理环境污染

在环境污染的问题上，四川民族地区坚持走新型工业化道路，大力发展循环经济，实施污染物排放总量控制指标和排污许可证制度，加大城镇生活污水和固体废弃物处理力度。加强水功能区保护和管理，稳定和提高饮用水质量。加强水质监测，严格控制废水排放。加强农村环境治理，合理使用农药、化肥，防治农用薄膜对耕地的污染，加强农村污染治理，严防环境污染问题向农村转移。按照生态家园建设要求，加强农村社区和集中居住点的环境治理和建设，促进农牧区环境有较大改善。以“减量化、再利用、再循环”为经济活动的行为准则，强化政策导向，通过严业政策、财税政策、投资政策以及政绩考核等方式引导循环经济的发展，积极探索符合民族地区的循环经济模式。2004年，阿坝州整治了工业污染源和城镇污染源。重点企业完成粉尘治理，工业企业废水达标排放，岷江出境断面水质稳定在Ⅱ类水域标准，“十五小”企业全部取缔，城镇环境空气达到二级标准。

（五）环境管理

在环境管理方面，民族地区不断加强对环境的治理和监管。1981年1月，《凉山州三废排放收费暂行办法》出台，首先在西昌试行。1984年5月凉山州第二次环境保护会议制定了20世纪末环保近、远期战略目标。1986年《凉山州“七五”期间环境保护规划要点（草案)》，要求基本控制住环境污染的发展和生态的破坏，力争使污染较严重的水域、地区、城镇、单位的环境质量有明显的改善。1990年1月，凉山州第三次环保会议，又制定了近期具体的目标和任务，提出对老污染的治理要量力而行，逐步还清老账；对新污染源的控制从严掌握，力争不欠或少欠账。2002年，按照国务院《关于加强环境保护若干问题的决定》和《四川省人民政府关于加强环境保护工作决定》的精神，甘孜州首先对76家厂矿企业、水电开发企业、三产排污企业进行了环境监察及生态监察、监理工作。要求各排污企业必须按照污染物的种类、数量、浓度的真实情况按时向环保部门申报，随时掌握各排污企业的排污和污染治理设施的运转情况。先后关闭了15家不法排污企业，关闭率达17.5%，停产治理29家排污企业，限期治理35家企业。同时启动排污许可证制度。在全州排污申报的基础上，对康定、泸定的重点企业及大型宾馆开展了排污许可证发放工作。

2000年，民族自治地方县及县级以上工业企业“三废”排放及治理情况：工业废水排放达标量1605万吨，工业废水处理量1036万吨，工业固体废弃物综合利用量152万吨，“三废”综合利用产品价值达2890万元，“三废”综合利用产品利润569万元，当年安排污染治理项目53个，污染项目治理完成投资2718万元。

2005年，民族自治地方工业企业“三废”排放及治理情况：汇总303个工业企业，工业废水排放总量2959万吨，工业废水排放达标量1676万吨；汇总301个工业企业，工业废气排放总量269亿标立方米；汇总299个工业企业，工业固体废物产生量111万吨，工业固体废弃物综合利用量24万吨，“三废”综合利用产品价值达10576万元；汇总257个工业企业，当年安排污染治理项目104个，污染项目治理完成投资13928万元。

三、自然环境保护

湿地系统是地球三大生态系统之一，是联结森林生态系统和海洋生态系统的桥梁和纽带，被誉为“地球之肾”。四川民族地区湿地资源丰富，至2005年，已建立若尔盖、红原日干乔、盐源泸沽湖、炉霍卡沙湖、德格新路海、理塘海子山、长江合江—雷波段自然保护区等一批湿地保护区。“中国西部高原之肾”若尔盖湿地蓄水总量近100亿立方米，黄河流经湿地径流量能增加29%，枯水季节能增加45%。

20世纪90年代以来，四川民族地区通过环境治理，加大对自然环境的保护。截至2005年，全省民族自治地方建立各级自然保护区93个，其中国家级自然保护区有10个，省级自然保护区35个，市州级自然保护区15个，县级自然保护区33个。

四川省民族自治地方自然保护区名录（截至2005年底）

表1-10　　单位：公顷

保护区名称	行政区域	面积	主要保护对象	类型	级别	始建时间	主管部门
卧龙自然保护区	汶川县	200000	大熊猫及森林生态系统	野生动物	国家级	1975.1.1	林业
马边大风顶自然保护区	马边县	30164	大熊猫及森林生态系统	野生动物	国家级	1978.12.15	林业
九寨沟自然保护区	九寨沟县	64297	大熊猫及森林生态系统	野生动物	国家级	1978.12.15	林业
美姑大风顶自然保护区	美姑县	50655	大熊猫及森林生态系统	野生动物	国家级	1978.12.15	林业
长江合江—雷波段珍稀鱼类自然保护区	雷波—合江	18052	珍稀鱼类	野生动物	国家级	1987.12.4	农业
若尔盖湿地自然保护区	若尔盖县	166571	高寒沼泽湿地及黑颈鹤等野生动物	内陆湿地	国家级	1994.8.18	林业
察青松多白唇鹿自然保护区	白玉县	143683.6	白唇鹿、金钱豹等野生动物	野生动物	国家级	1995.1.1	林业
四姑娘山自然保护区	小金县	48500	野生动物及高山生态系统	野生动物	国家级	1995.1.1	环保
贡嘎山自然保护区	康定、泸定县	400000	珍稀动物及高山森林生态系统	森林生态	国家级	1996.1.1	林业
亚丁自然保护区	稻城县	134400	森林生态系统、野生动植物、冰川	森林生态	国家级	1996.1.1	环保
木里鸭嘴自然保护区	木里县	10000	马鹿等野生动物	野生动物	省级	1963.4.1	林业
铁布自然保护区	若尔盖县	20000	梅花鹿等珍稀动物	野生动物	省级	1965.1.1	林业
黄龙寺自然保护区	松潘县	55050	大熊猫及森林生态系统	野生动物	省级	1983.1.1	林业
螺髻山自然保护区	西昌市	22965	森林生态系统及白唇鹿等野生动物	森林生态	省级	1986.1.1	农业
卡莎湖保护区	炉霍县	19200	湿地鸟类及生境	野生动物	省级	1987.1.1	林业
宝顶沟自然保护区	茂县	19560	森林及野生动物	野生动物	省级	1993.1.1	林业
勿角大熊猫自然保护区	九寨沟县	37110	大熊猫、川金丝猴、扭角羚及其生境	野生动物	省级	1993.1.1	林业
冶勒自然保护区	冕宁县	24293	大熊猫、川金丝猴、扭角羚等珍稀动物	野生动物	省级	1993.1.1	林业

续表 1-10　　　　单位：公顷

保护区名称	行政区域	面积	主要保护对象	类型	级别	始建时间	主管部门
白河金丝猴自然保护区	九寨沟县	16204	金丝猴等野生动物	野生动物	省级	1993.3.1	林业
白羊自然保护区	松潘县	76710	大熊猫、川金丝猴、扭角羚及其生境	野生动物	省级	1993.8.1	林业
小寨子沟自然保护区	北川县	44391	大熊猫、扭角羚及森林生态系统	野生动物	省级	1994.5.1	林业
片口自然保护区	北川县	82930	大熊猫、金丝猴、森林生态系统	野生动物	省级	1994.5.1	林业
米亚罗自然保护区	理县	368800	高山森林资源、藏羌古建筑	森林生态	省级	1995.1.1	林业
金汤孔玉金丝猴、羚牛自然保护区	康定县	23574	珍稀动物及生境	野生动物	省级	1995.1.1	林业
洛须白唇鹿自然保护区	石渠县	155350	白唇鹿、藏野驴、野牦牛等野生动物	野生动物	省级	1995.1.1	林业
长莎贡马自然保护区	石渠县	669800	白唇鹿、野牦牛、雪豹等野生动物	野生动物	省级	1995.1.1	林业
竹巴笼矮岩羊自然保护区	巴塘县	14240	湿地野生动物及生态环境	野生动物	省级	1995.1.1	林业
海子山高原湖泊群自然保护区	稻城县	459161	湿地鸟类及湿地生态环境	野生动物	省级	1995.1.1	林业
格西沟自然保护区	雅江县	7975	水鹿、黑鹿、豹、金雕等野生动物	野生动物	省级	1995.1.1	林业
火龙沟自然保护区	白玉县	140600	森林及珍稀野生动植物	森林生态	省级	1995.3.1	环保
瓦灰山自然保护区	九龙县	84300	森林、珍稀动物及冰川	森林生态	省级	1995.6.1	林业
莫斯卡自然保护区	丹巴县	13700	白唇鹿、雪豹、玉带海雕等珍稀动物	野生动物	省级	1995.11.1	林业
新路海白唇鹿自然保护区	德格县	16875	白唇鹿、雪豹、黑颈鹤等珍稀野生动物	野生动物	省级	1996.1.1	林业
黑竹沟自然保护区	峨边县	18000	水源涵养林	森林生态	省级	1997.1.1	环保
湾坝自然保护区	九龙县	120100	森林生态系统	森林生态	省级	1997.4.1	环保
泰宁玉科自然保护区	道孚县	387300	森林植被、地形地貌	森林生态	省级	1998.3.1	环保
墨尔多山自然保护区	丹巴县	62103	亚高山针叶林	森林生态	省级	1998.5.4	环保
洪坝自然保护区	九龙县	36025	扭角羚、豹、绿尾虹雉等野生动物	野生动物	省级	1999.1.1	林业
草坡自然保护区	汶川县	52251	大熊猫及其生境	野生动物	省级	2000.12.2	林业
雷波麻咪泽自然保护区	雷波县	38800	野生动物、珍稀植物及其生境	森林生态	省级	2001.3.1	林业
三打古自然保护区	黑水县	62300	野生动物、珍稀植物	野生动物	省级	2001.6.8	林业
曼则塘湿地保护区	阿坝县	165874	湿地及珍稀野生动植物	内陆湿地	省级	2001.6.8	林业
申果庄大熊猫自然保护区	越西县	33700	大熊猫等野生动物	野生动物	省级	2002.1.1	林业
下拥自然保护区	得荣县	23693	森林及野生动植物	森林生态	省级	2003.1.1	林业

续表 1-10 单位：公顷

保护区名称	行政区域	面积	主要保护对象	类型	级别	始建时间	主管部门
马鞍山自然保护区	甘洛县	40826	森林及野生动植物	森林生态	省级	2003.1.1	林业
多普沟自然保护区	德格县	22102	高山生态系统	森林生态	市级	1998.1.2	环保
日干桥自然保护区	红原县	107536	高山草地	草原草甸	市级	2000.1.1	林业
彝海自然保护区	冕宁县	2000	高山草地	草原草甸	市级	2000.1.1	林业
嘎金雪山自然保护区	得荣县	30000	野生动物及高山生态系统	野生动物	市级	2000.1.2	林业
泸沽湖自然保护区	盐源县	60000	湿地生态系统	内陆湿地	市级	2000.1.2	环保
党岭自然保护区	丹巴县	47219	高山生态系统	森林生态	市级	2000.7.2	环保
百草坡自然保护区	金阳县	44128	森林及野生动植物	森林生态	市级	2001.1.1	林业
严波也则山自然保护区	阿坝县	442519	珍稀野生动植物	野生动物	市级	2001.1.8	林业
竹厂沟自然保护区	金川县	51089	森林及野生动植物	野生动物	市级	2001.6.8	林业
马尔康岷江柏自然保护区	马尔康县	50600	岷江柏、红豆杉等珍稀植物	野生植物	市级	2001.6.8	林业
杜苟拉自然保护区	壤塘县	127841	森林及野生动植物	野生动物	市级	2001.6.8	林业
措普沟自然保护区	巴塘县	57874	森林生态系统	森林生态	市级	2001.10.1	环保
曲河自然保护区	色达县	43000	湿地及大鲵、花鱼等水生动物	内陆湿地	市级	2002.9.1	农业
南莫且湿地自然保护区	壤塘县	82834	高原湿地	内陆湿地	市级	2003.1.1	林业
布拖乐安自然保护区	布拖县	22751	森林及野生动植物	森林生态	市级	2003.1.1	林业
雀儿山自然保护区	德格县	24500	野生动物及高山生态系统	野生动物	县级	1987.1.1	其他
龙肘山自然保护区	会理县	2500	杜鹃花、石栎	野生植物	县级	1992.1.1	林业
阿木拉自然保护区	德格县	12003	珍稀野生动物及其生境	野生动物	县级	1999.1.1	林业
台站沟自然保护区	道孚县	18136	岩羊、雪豹等珍稀动物及其生境	野生动物	县级	2000.1.1	林业
易日沟自然保护区	炉霍县	1203	野生动植物及生境	野生动物	县级	2000.1.1	林业
日巴雪山野生动物自然保护区	新龙县	21064	野生动植物	野生动物	县级	2000.1.1	林业
友谊自然保护区	新龙县	71452	白唇鹿等珍稀野生动植物及其生境	野生动物	县级	2000.1.1	林业
朗村自然保护区	新龙县	91489	白唇鹿、黑熊、藏马鸡等野生动物	野生动物	县级	2000.1.1	林业
色达年龙自然保护区	色达县	75175	雪豹等珍稀野生动植物及其生境	野生动物	县级	2000.1.1	林业
热打尼丁大峡谷自然保护区	乡城县	1960	白唇鹿、藏马鸡、马麝、林麝等	野生动物	县级	2000.1.1	林业
佛珠峡野生动物自然保护区	乡城县	9620	白唇鹿、藏马鸡、马麝、林麝等	野生动物	县级	2000.1.1	林业
雄龙西野生动物自然保护区	新龙县	113696	野生动植物	野生动物	县级	2000.1.2	林业

续表1-10

单位：公顷

保护区名称	行政区域	面积	主要保护对象	类型	级别	始建时间	主管部门
会理软籽石榴	会理县	12000	软籽石榴	野生植物	县级	2000.1.2	农业
格聂神山自然保护区	理塘县	175576	高原生态系统	草原草甸	县级	2000.8.1	林业
格木自然保护区	理塘县	82963	高原湖泊及珍稀野生动物	内陆湿地	县级	2000.8.1	林业
扎嘎神山自然保护区	理塘县	84581	高原湖泊及白唇鹿、金雕等动植物	内陆湿地	县级	2000.8.1	林业
柯洛洞自然保护区	德格县	9780	金雕、白唇鹿、猞猁等野生动物	野生动物	县级	2001.1.1	林业
卡松渡自然保护区	德格县	29764	白唇鹿、藏马鸡、林麝等野生动物	野生动物	县级	2001.1.1	林业
墨拉姜措黑颈鹤自然保护区	白玉县	5834	黑颈鹤等湿地鸟类及生境	野生动物	县级	2001.7.1	林业
交际河自然保护区	布拖县	65221	湿地生态系统及野生动植物	内陆湿地	县级	2001.8.1	林业
雍忠岭自然保护区	丹巴县	31300	野生动植物及其生境	森林生态	县级	2002.1.1	林业
孜龙河坝自然保护区	道孚县	300	湿地生态系统及鸟类	内陆湿地	县级	2002.1.1	林业
卡娘自然保护区	炉霍县	380000	雪豹等珍稀野生动植物及其生境	野生动物	县级	2002.1.1	林业
错然津渔业自然保护区	理塘县	225	野生鱼类	野生动物	县级	2002.1.1	水利
格聂渔业自然保护区	理塘县	420	野生鱼类	野生动物	县级	2002.1.1	水利
滚巴自然保护区	稻城县	20500	湿地及鸟类	内陆湿地	县级	2002.1.1	林业
所冲沟自然保护区	稻城县	16600	白唇鹿、藏马鸡、马麝、林麝等野生动物	野生动物	县级	2002.1.1	林业
马乌自然保护区	稻城县	27700	岩羊、盘羊、藏马鸡等野生动物	野生动物	县级	2002.1.1	林业
宅龙自然保护区	小金县	25071	森林及野生动植物	森林生态	县级	2003.1.1	林业
包座自然保护区	若尔盖县	143848	湿地及野生动植物	内陆湿地	县级	2003.1.1	林业
喀哈尔乔湿地自然保护区	若尔盖县	222000	高原湿地生态系统	内陆湿地	县级	2003.1.1	林业
冷达沟自然保护区	甘孜县	73490	白唇鹿等珍稀野生动物及其生境	野生动物	县级	2003.1.1	林业
龙滴水自然保护区	松潘县	27000	大熊猫及其生境	野生动物	县级	2004.3.1	林业

说明：表格数据来源于《全国自然保护区名录（2005）》《中国民族年鉴（2006）》

第八节　对外贸易及招商引资

一、对外贸易

中共十一届三中全会以后，四川民族地区贯彻落实“对外开放，对内搞活”的经济方针，坚持开放促改革，敞开大门，吸引外资，对外贸易的收购、调拨、利润和出口率四项指标稳步上升，加强了工贸、农贸、商贸合作，积极扶持出口商品基地建设。在适应国家外贸、外汇管理体制，积极探索适合民族地区实际发展对外经贸路子酌同时，根据不同时期的不同政策，制定了多种方式的承包经营责任制。初步建立起“自主经营、自负盈亏、自我发展、自我约束”的经营机制。对走“集团化、实业化、多元化、国际化”道路的认识不断深化。1979 年，阿坝州收购总值为 842 万元，调拨总值 720. 7 万元，全年创汇 572. 6 万美元，留成 17. 4 万美元；1988 年，创汇 219. 17 万美元，留成 59. 54 万美元；1990 年，全州外贸部门收购总值达 2181 万元，完成调供总值 1443 万元。与此同时，阿坝州先后建立了皮革、皮件、苹果、党参等基地，重点扶持了一批基础较好的农户成为养貂、养兔、家种中药材和种植苹果的专业户。出口商品近 40 种，其中粮果品类有杂豆、雪梨等，土特产类有松茸、贝母等，畜产品有 6 大类、46 个品种，有的产品已经远销东南亚及欧美市场，受到消费者欢迎。1991—1996 年，阿坝州开始了自营进出口工作，全州的农副产品直销国外市场，年出口创汇能力近 600 万元。

“十五”期间（2001—2005 年）是民族地区改革开放以来经济增长较快、运行质量较好、社会面貌变化较大的时期。民族地区加速促进了对外开放，充分利用国际国内两个市场、两种资源，不断拓宽了发展空间，继续实施“走出去，请进来”战略，制定发布鼓励投资优惠政策、招商引资引进项目奖励暂行办法，不断优化投资环境，参加各类大型招商引资活动。围绕民族地区优势资源和产业，着重抓了水电、旅游、特色农业及中药材种养殖与加工项目资金的引进，注重以境外、省外、民间、民营项目资金引进，带动外向型、出口型企业发展。积极争取国家外贸资金扶持，开展项目跟踪落实。

2003 年，阿坝州实现进出口总值 584 万美元，其中出口实现 495 万美元，全州主要出口的商品为有色金属、黑色金属矿产品，分别占出口总值的 27. 7% 和 37%。高新技术产品出口比重逐年增大，州岷江电子材料厂引进新工艺、新技术生产出的高压化成铝箔供不应求，当年实现进出口总值 209 万美元。

2005 年，四川民族自治地方进出口总额 3252 万美元，比 2000 年增加 1670 万美元，增长 1. 05 倍；其中进口总额 165 万美元，较 2000 年增加 161 万美元，增加 40. 25 倍；出口总额 3087 万美元，比 2000 年增加 1509 万美元，增长 95%。

二、招商引资

20 世纪 90 年代以来，民族地区积极开展对外开放，纷纷在内地设立办事处，办企业，与内地市县结对子等，采取了走出来、请进去，文化搭台、经贸唱戏等办法，利用传统节日招商引资，取得了较为显著的成效。引进项目投资重点为水电工业、旅游业、特色农牧产业、绿色产品及中药材种养殖产品加工等行业的推介引进，推出招商。

1994年，民族地区新增了部分对外国人开放的县，使总数达到28个县（市）；对国内、省内的横向联合与交流得到加强，三个自治县与天津市的三个全国农村综合实力“百强县”挂钩结对工作取得进展；凉山州、阿坝州、黔江地区招商引资的实效明显增强，协议引进外资7000万美元，实际使用内资5亿多元，累计达成协作项目402个；异地开发的路子继续得到坚持，仅甘孜、阿坝两州异地投资已达3.3亿元，组建异地企业200多个。

1995年，全省第二次藏区工作会议召开，会议确定沿海12市、县长期对口支援四川藏区，当年达成援建项目34个。阿坝州与广东省深圳市和山东省潍坊市、烟台市结成对口支援关系，甘孜州的甘孜、巴塘、德格、九龙、白玉5县分别与江苏省无锡、南通、苏州、常州、张家港5市结成友好县市，天津市所辖武清等3个“百强县”对口支援木里、马边、峨边3个少数民族自治县。一些国内外商家也纷纷落户四川民族地区，其中，有泰国正大、法国罗地亚和红古堡、澳中进出口，意大利真善美、韩国东洋，以及香港美星及重啤集团、华都集团、禾嘉集团、成都四达、泰山集团、华联制药、成都卷烟、吉象木业、大业国际、华能集团、成都生物等上百家。1996年，中国、加拿大、中国香港三方总投资1亿美元，联合开发白玉县呷村含银多金属矿工程正式签约。

省民委积极配合民族地区实行对外开放，组织专门机构和人员协助民族地区招商引资。1996年，先后进行了中德合作石渠县灭鼠治虫、阿坝州牧区综合建设、攀西农业资源开发、凉山州矿业风险勘察和开发等15个项目的考察、评估协议签署和起步实施工作，引进了德国马克400万元，美元555万元。在扶贫工作中，省民委配合联合国开发计划署官员赴甘孜州、阿坝州考察扶贫项目，落实了乡城、稻城、巴塘、茂县、黑水和松潘等6县为无偿援助200万美元的受援项目县。

1997年，甘孜州、阿坝州、凉山州三州利用康定跑马山文化节、阿坝高原艺术节、凉山国际火把节等多种形式招商引资，引进人民币34900万元，美元4200万元，签订合作项目108个，兴办三资企业38个，引进各类人才465名，引进科技项目64个。1998年，四川民族地区招商引资取得好成绩，签订项目117个，总投资19.5亿元，协议引进资金14.2亿元，实际到位资金4.6亿元。其中引进外资项目21个，涉及美、法、日、以色列等14个国家和地区。

民族自治地方积极参加“中国进出口商品交易会”（以下简称广交会）、“中国昆明进出口商品交易会”（以下简称昆交会）、“香港裕华百货采购会”、“中国西部国际博览会”（以下简称西博会）、“四川—澳门合作发展周”（以下简称川澳合作周）、“四川—北京经贸合作发展周”（以下简称川京合作周）和“中国——东盟博览会”等大型招商引资活动，进行推介产品，签订外销合同。2000年，民族自治地方新签利用外资协议（合同）项目4个，实际利用资金287万美元，年末实有外商投资企业5个。

2001年，中国正式加入世界贸易组织（以下简称WTO），为四川民族地区招商引资创造了良好的机会。民族自治地方制定了相关政策，进行招商引资。2004年阿坝州政府先后制定了《阿坝藏族羌族自治州奖励投资优惠政策》《阿坝藏族羌族自州招商引资引进项目奖励暂行办法》《阿坝青藏高原牦牛经济园区优惠、配套政策》。

2000—2004年，民族自治地方招商引资取得突破性进展，成效显著，共引进项目1594个，到位资金226.2亿元。全省民族地区每年引进资金由“九五”的年引资10亿元，发展到年均引资递增20亿元以上。其中2004年，民族自治地方共签订国内外项目395个，到位资金85亿元。其中，甘孜州引进项目 144 个，到位资金 19.2 亿元；阿坝州引进项目 103 个，到位资金 33.3 亿元；凉山州引进项目 101 个，到位资金 20.7 亿元；马边县引进项目 25 个，到位资金 6 亿元；峨边县引进项目 13 个，到位资金 2.6 亿元；北川县引进项目 9 个，到位资金 3.2 亿元。

2005 年，以“9 +2”泛珠江三角洲经济论坛和第四届西部国际博览会为载体，以特色优势产业和经营城市为重点的招商引资成效显著。同年，民族自治地方招商引资到位资金 104.59 亿元，增长 22.8%。

第三章　四川民族地区社会事业发展简述①

第一节　教　育

一、概况

1986—1990 年，四川民族地区的教育事业不断发展和调整，各级各类学校初具规模，初步形成了完善的教育体系（见表 1-11、1-12、1-13）。1990 年，全省民族地区②形成了州有高等学校和中等专业学校，县有高完中，大多数县有教师进修学校，大半数的区有初中，绝大多数乡有中心完小，63.8% 的村有村小或教学点的学校布局。7—11 周岁学龄儿童入学率达 77.6%，小学低、中、高段学生人数的比例为 42∶32∶26。其中，全省民族自治地方有高等学校 5 所，在校生 4225 人；中等专业技术学校 28 所，在校生 12418 人；普通中学 415 所，在校生 216658 人；小学 8368 所，在校生 76.65 万人；职业学校 40 所，在校生 9549 人。

1985 年、1990 年全省民族地区小学校、职业学校情况一览表

表 1-11

	指标＼年份	1985	1990
小学校	学校数（所）	10292	9370
	毕业生数（万人）	9.85	10.86
	其中：少数民族	3.75	4.64
	招生数（万人）	17.39	16.68
	其中：少数民族	8.51	9.31
	在校生数（万人）	99.15	84.84
	其中：少数民族	41.66	44.65
	专任教师（人）	43524	42267
	其中：少数民族	15967	18831

① 因民族地区的统计数据以民族自治地方为主，故该章采用的数据亦以民族自治地方为主。

② 1990 年，四川民族地区包括甘孜州、阿坝州、凉山州（含木里县）、黔江地区、马边县、峨边县等民族自治地方和北川县、石棉县、米易县、盐边县、仁和区、金口河区等民族地区待遇县，下同。

续表 1-11

	指标　　　年份	1985	1990
职业学校	学校数（所）	30	46
	毕业生数（人）	756	1894
	其中：少数民族	279	671
	招生数（人）	2893	3995
	其中：少数民族	916	1169
	在校生数（人）	6262	10920
	其中：少数民族	2439	3490
	专任教师（人）	374	879
	其中：少数民族	100	237

说明：数据来源于《四川省民族地区国民经济和社会发展统计历史资料（1985—1990）》，四川省民族事务委员会、四川省统计局编，1992 年

1985 年、1990 年全省民族地区普通中学校情况一览表

表 1-12

	指标　　　年份	1985	1990
高中	学校数（所）	150	132
	毕业生数（人）	8410	11733
	其中：少数民族	2166	4023
	招生数（人）	14331	13627
	其中：少数民族	4478	4497
	在校生数（人）	33665	38262
	其中：少数民族	9537	12847
	专任教师（人）	2547	3265
	其中：少数民族	355	674
初中	学校数（所）	344	355
	毕业生数（人）	55484	55422
	其中：少数民族	16860	22317
	招生数（人）	64861	78586
	其中：少数民族	22895	31561
	在校生数（人）	200042	213897
	其中：少数民族	68549	91326
	专任教师（人）	11652	13531
	其中：少数民族	2617	3905

说明：数据来源于《四川省民族地区国民经济和社会发展统计历史资料（1985—1990）》，四川省民族事务委员会、四川省统计局编，1992 年

1985 年、1990 年全省民族地区高等学校、中等专业学校情况一览表

表 1-13

指标		1985	1990
高等学校	学校数（所）	4	5
	毕业生数（人）	507	1372
	其中：少数民族	72	208
	招生数（人）	1164	1592
	其中：少数民族	164	304
	在校生数（人）	2826	4225
	其中：少数民族	485	733
	专任教师	391	608
	其中：少数民族	13	65
中等专业学校	学校数（所）	30	30
	毕业生数（人）	2577	3930
	其中：少数民族	1030	1628
	招生数（人）	3473	4236
	其中：少数民族	1123	1784
	在校生数（人）	9661	12650
	其中：少数民族	3753	5737
	专任教师（人）	1128	1331
	其中：少数民族	208	382

说明：数据来源于《四川省民族地区国民经济和社会发展统计历史资料（1985—1990）》，四川省民族事务委员会、四川省统计局编，1992 年

至 1995 年，全省民族自治地方①有普通高等院校在校生 6144 人，中等专业学校在校生 1.45 万人，普通中学在校生 12.12 万人，小学在校生 57.82 万人。1997 年，全省民族自治地方②有高等院校 5 所，在校生 7352 人，专任教师 644 人；普通中学 314 所，在校生 12.90 万人，专任教师 1.17 万人；有中等专业学校 25 所，在校生 1.70 万人，专任教师 1378 人；有小学 6742 所，在校生 63.3 万人，专任教师 3.4 万人。

至 2000 年，全省民族自治地方有高等院校 5 所，在校生 1.07 万人，专任教师 706 人；普通中学 308 所，在校生 14.55 万人，专任教师 1.26 万人；有中等专业学校 20 所，在校生 1.59 万人，专任教师 1123 人；有职业中学 21 所，在校生 5169 人，专任教师 415 人；有小学 6486 所，在校生 65 万人；职业中学 12 所，在校生 2627 人，专任教师 230 人。

2001—2005 年，全省民族自治地方的教育有新的发展，学生、教职工、校舍等的数量都有一定的增长（见表 1-14、1-15、1-16、1-17）。2005 年，全省民族自治地方有普通高等学校 3 所，在校学生 2.70 万人；中等职业学校 38 所，在校生 13571 人；普通中学 321 所，在校生 268632 人；小

① 1995 年，四川民族自治地方含甘孜州、阿坝州、凉山州（含木里县）、黔江地区、马边县、峨边县，下同。
② 1997 年，四川民族自治地方含甘孜州、阿坝州、凉山州（含木里县）、马边县、峨边县，下同。

学4696所，在校生781523人。

2001年、2005年全省民族自治地方幼儿教育发展变化对比表

表1-14

项目/年份	园数（所）	在园幼儿数（人）				教职工数（人）	专任教师数（人）	校舍面积（平方米）
		小计	城市	县镇	农村			
2001	215	75023	8168	29141	37714	2351	1659	163750
2005	302	79753	8576	29764	41413	2709	1869	213355

说明：资料来源于四川省民族事务委员会《四川省少数民族基本情况调查》

2001年、2005年全省民族自治地方小学教育发展变化对比表

表1-15

项目/年份	学校数（所）	在校生数（人）	教职工数（人）	专任教师数（人）	校舍面积（平方米）
2001	5196	675924	39482	35658	3239141
2005	4696	781523	39992	36549	3864623

说明：资料来源于四川省民族事务委员会《四川省少数民族基本情况调查》

2001年、2005年全省民族自治地方普通中学教育发展变化对比表

表1-16

项目/年份	学校数（所）			初中在校生数（人）	高中在校生数（人）	教职工数（人）		初中专任教师（人）	高中专任教师（人）	高中校舍面积（平方米）	初中校舍面积（平方米）
	总计	初中	高中			合计	专任教师				
2001	319	238	81	141729	29913	16210	13008	10881	2127	804010	733651
2005	321	239	82	208481	60151	18826	15804	12353	3451	1199465	1027978

说明：资料来源于四川省民族事务委员会《四川省少数民族基本情况调查》

2001年、2005年全省民族自治地方中等职业教育发展变化表

表1-17

项目/年份	学校数（所）	学生数（人）	专任教师数（人）	校舍面积（万平方米）
2001	22	14996	1622	54.6
2005	38	13571	1621	57.8

说明：资料来源于四川省民族事务委员会《四川省少数民族基本情况调查》

二、民族教育政策

1986年以来，四川积极落实中共中央、国务院和四川省委、省政府的各项民族教育政策，推进民族地区教育的发展和改革。其中，1992年，为贯彻中央民族工作会议和全国民族教育工作会议精神，四川省政府下发《关于发展改革民族教育的通知》，要求省内经济、教育比较发达的市属县（市）与民族地区47个教育薄弱县和经济贫困县组织教育结对支援协作；内地师范校对口支援民族地区3所师专、11所中专和涪陵师专；帮助办好民族师范教育；省教育学院和小学教师培训中心逐

年举办民族地区教育和管理干部培训班；重庆、德阳、绵阳、成都等市较好的中学办四年制初中甘孜班和阿坝班，成都市二十八中民族班增加到6个，川师大附中增办6个高中三州班，主要招收农牧民子女，举办三州班所需基建经费由省、市财政负担，开办费由省财政厅、省民委、省教委分担；省属中等专业学校定额、定向招收少数民族学生，纳入指令性计划；内地的高、中等师范院校每年分配一批优秀毕业生到三州定期服务；多渠道增加民族教育投入：省上设立民族教育专项经费，省财政对三州财政包干补贴的年递增比例由2%提高到5%，新增加的3%资金，除少量用于民族卫生事业外，其余全部用于民族教育；教育上有关专项经费的分配，继续对民族地区倾斜。

1993年，省教委又陆续下发了与《关于发展改革民族教育的通知》相配套的文件，主要关于加强民族地区职业技术教育、成人教育、电化教育、师范教育和教育行政管理干部培训工作等方面，全省民族地区教育保持了较快的发展势头。1993—1994年，四川省民族地区9个县纳入“世界银行贷教”教育项目受援县，受援资金达485万美元。

1994年，四川省制定的“7118扶贫攻坚计划”将教育扶贫列入其中，规定扶贫经费要因地制宜部分用于教育，检查验收扶贫成果，把普及小学教育和扫除青壮年文盲作为验收硬指标。同年，省教委对全省民族地区的教育进行了规划，将年度目标任务层层分解落实；召开了民族教育工作例会，研究民族教育改革发展的具体措施，印发了《1994年四川省民族地区教育工作目标管理要求及评奖办法》，并进行检查验收。从1995年起，四川每年设立民族教育专项补助100万元。1995年和1997年，国家贫困地区义务教育工程第二、第三批共纳入四川省28个县，中央和四川省共投入资金1.026亿元。1997—1998年，四川省第一、二批民族地区教育扶贫工程共投入资金2000万元。

1996年，四川省政府下发《关于加快发展民族地区教育的通知》，提出要实现教育资源合理配置和民族寄宿制的巩固发展，走办学经费以财政投入为主，学生生活费以家长负担为主的新路子。1998年，省教委制定下发《关于加强和完善少数民族聚居农牧区小学教育基础建设的意见》，进一步理顺小学教育基础建设的思路。同时，四川省政府每年从支援不发达地区经济发展资金和民族地区开发基金中列支经费，用于民族自治地方教育事业的发展，1980—1999年“两项资金”用于教育的达4亿元左右。四川省委、省政府还明确规定，省财政对三州财政包干补贴每年递增的5%必须用于教育，逐年增加，1999年达到1940万元，重点用于寄宿制教育和牧区教育。20世纪90年代，各州、县也从地方财政中拨出一定比例的经费支持教育事业。各地区教育费附加开征，社会集资、捐资增加，教育经费的增加使校舍设施等办学条件得到改善。到20世纪90年代末，全省民族地区50个县中已有37个县基本普及小学教育，30个县基本扫除了青壮年文盲。2000年，全省民族地区教育经费投入达9.44亿元，普及初等教育的县累积达到38个，已普及初等教育的人口覆盖率约占总人口的92%；已有5个县基本普及了九年义务教育，占总人口的20%左右；7－12周岁学龄儿童入学率达到92.33%以上，其中少数民族学龄儿童入学率达到84.8%左右；中小学教职员工学历达标率为小学96%、初中90.4%、高中54.8%；各类寄宿制中小学达1076所，学生约12万人。

2000年，四川省颁布实施了《四川民族地区教育发展十年行动计划》，计划在10年内共投入各类资金30亿元以上，每年实施300所中小学改扩建项目，发展寄宿制教育、现代远程教育、对口帮扶等，实现“两基”目标任务的完成。2001—2003年，民族地区教育发展十年行动计划共投入专项资金9亿元，民族地区新增中小学学生人数达6.8万人，寄宿制学生人数达到16.54万人，各县“普初”“普九”地区人口数占民族地区总人口数的比例分别达到了93.1%和22.1%。2004年，《国家西部地区“两基”攻坚计划》开始实施。2005年，四川省召开了民族地区“两基”攻坚现场汇报会，落实资金5亿元，改扩建学校364所，新增寄宿制学生2.6万人。同年，如期完成松潘、小金、甘孜、雅江、得荣、普格、冕宁、甘洛、盐源9个县“普九”的目标任务。至此，全省民族自治地方51个县（市、区）中，有29个县基本普及了九年义务教育，“普九”人口覆盖率达67.11%，51个县全部实现了基本普及小学教育和基本扫除青壮年文盲。同时，全省民族自治地方寄宿制教育体系基本形成，师资队伍建设、现代远程教育等取得一定成效。2005年，全省民族自治地方新建、改扩建各级各类寄宿制学校1274所，配备生活用地的寄宿制学校占80%以上，实行困难寄宿制学生免杂费、免书本费、逐步补助寄宿生生活费（以下简称“两免一补”）政策，寄宿制在校生达28万人，开通了20所中学互通式远程教育直播教学系统，装备现代远程教育项目学校3632所。

同时，从1992年起，四川省内经济教育较发达的市和沿海发达地区加强了与民族地区的教育结对支持协作，援助资金达千万元以上。1994年3月，省教委、省民委、省财政厅在成都联合召开了全省教育对口支援协作工作会，对口支援协作的市（地、州）教委负责人与受援地区签订了《教育对口支援协作协议书》，初步形成市对州、县（市）对县、校对校的结对模式。2000年，全省民族地区已有5所学校纳入浙江省对口支援对象。对口支援的重点是选派内地的教师和管理人员到民族地区任教任职，选派民族地区的教师和管理人员到内地跟班学习和挂职锻炼，帮助提高民族地区学校的教育质量和管理水平。2005年，全省选派了1000名内地教师到民族地区支教，培养培训民族地区校长、教师5600余人；2000年启动的《四川省民族地区教育发展十年行动计划》同步开展；成都、绵阳、德阳等10个内地市的63个县（市、区）1568所中小学、33所高校与民族地区的49个县、1512所中小学、33所大中专学校结为长期的帮扶对子并持续深入开展对口支援。

三、双语教育

（一）双语教学

20世纪80年代中后期，四川逐步恢复民族语文教学工作，主要在彝族聚居区和藏族聚居区实行彝汉、藏汉“双语教学”体制，并根据民族地区的实际情况将双语教学分为“两种教学模式”，一类模式以该民族语文教学为主同时开设汉语文课，二类模式以汉语文教学为主同时开设民族语文课。

1991—2000年，四川彝族、藏族聚居区中小学的双语教学体制初步形成，两类模式的双语教学得到了巩固和发展。民族语文师资队伍建设有了新的进展，全省有开设藏、彝文专业的大专院校4所，如西南民族学院（以下简称西南民院，今西南民族大学）开设了彝语文、藏语文专业。四川省藏文学校（以下简称省藏校）和四川省彝文学校（以下简称省彝校）是两所专门培养民族地区师资力量和藏、彝语文教师的中等专业学校。另外，凉山州举办了一期彝文初中理科师资培训班，选送了一批学员到西南民院参加彝文理科师资专升本培训班学习；甘孜州、阿坝州也分别选送了一些双语教学教师到青海教育学院藏文理科专业学习。1994年，省教委制定下发了《双语教学检查评估办法》，并由各州教委组织检查评估。至2000年，全省开展藏汉、彝汉双语教育“两种模式”的小学有1977所，在校生143052名；中学134所，在校生24479名。其中：实行以藏文为主，开设汉语文模式的小学208所，在校生11481名，中学5所，在校生1069名；实行以彝文为主，开设汉语文模式的小学119所，在校生7473各，中学8所，在校生810名；实行以汉语文为主，开设藏语文模式的小学997所，在校生66846名，中学48所，在校生7111名；实行以汉语文为主，开设彝语文模式的小学653所，在校生57252名，中学71所，在校生15489名。至2005年，全省民族自治地方有双语教学学校2278所，学生191688人，教师4207人（见表1-18）。

2001年、2005年全省民族自治地方双语教育发展变化对比表

表1-18　　单位：所、人

项目 年份	学校数	学生数	教师数
2001	1856	154915	3007
2005	2278	191688	4207

说明：资料来源于四川省民族事务委员会《四川省少数民族基本情况调查》

（二）双语教材

四川的双语教材建设分两个系列三个语种，即藏文系列两个语种和彝文序列一个语种。藏文系列双语教材由五省区统一编写（译），统一使用；彝文系列双语教材主要由四川省凉山彝文编译室编写（译），四川省使用。1994年7月，在西昌市召开了四川省中小学彝文教材审查委员会第二届一次教材审查会议，审查了九年义务教育彝文小学、初中教材9册、参考书3册、教学大纲2册。同年10月，省教委在康定召开了民族师范学校藏语文教材《藏语文基础知识》编写会，专题研究教材编写问题。同时，开展了检查评估，促进双语教学健康发展。至2000年，中小学藏文各科教材一学年编译（写）出版达216（小）种，配套汉语文教材达24种；中小学彝文各科教材一学年编译（写）出版达187（小）种，配套汉语文教材达12种，基本满足了省内中小学双语教学的需要。2005年，四川出版的少数民族文字课本达179种、168万册。

第二节　卫　生

一、概况

至20世纪90年代初，四川民族地区初步建立了防治结合、城乡结合的医疗网络，形成了医疗卫生防疫体系。卫生机构遍布城乡（见表1-19），老百姓缺医少药的状况有了改善。其中，1990年，全省民族自治地方共有卫生机构2840个，其中，医院1065个，门诊部（所）1506个，专科防治所、站22个，卫生防疫站60个，妇幼保健站59个，药品检验所6个，其他卫生事业机构119个，中等医药学校3所。在卫生机构、人员中，卫生部门居于主导地位，有卫生部门1270个，占总数的44.7%；工业及其他部门890个，占31.33%；集体医疗单位680个，占23.94%。卫生人员中，以全民所有制为主，有人员23277人，占卫生人员总数的83.57%；集体所右制人员3859人，占13.85%；私人开业人员715人，占2.56%。在农村基层，村设置的医疗点为5155个，比1985年增加了476个；无医疗点村的比重占52.9%，比1985年减少2个百分点；乡村医生和卫生员为8159人，比1985年增加347人；农村接生员5478人，比1985年增加2211人。卫生技术人员业务素质提高，少数民族卫生技术人员比重增加。在卫生技术人员中，获得医师以上技术职称的人数为12520人，占卫生技术人员总数的54.09%；其中，主任、副主任医师308人，占1.33%；主治医师2725

人，占11.77%；在卫生技术人员中，少数民族人数为6790人，占总数的29.33%，比1985年的26.71%提高了2.62个百分点。

1985年、1990年全省民族地区卫生机构、床位和人员统计表

表1-19 单位：个、张

指标 \ 年份	1985	1990
卫生机构总数（个）	3078	3082
其中：医院	1271	1195
其中：县及县以上医院	140	151
农村卫生院	1130	1043
其中：藏医院	6	12
门诊部（所）	1553	1588
专科防治所（站组）	20	29
卫生防疫站	66	66
妇幼保健站（所）	61	65
药品检验所	3	6
其他卫生机构	101	133
卫生机构床位数（张）	19883	21234
其中：医院	18151	19239
其中：县及县以上医院	10688	11968
农村卫生院	7433	7256
其中：藏医院	112	110
其他卫生机构	1732	1995
卫生机构人员数（人）	31148	30691
其中：少数民族	6965	7854
在总计中：卫生技术人员（人）	26084	25554
其中：中医师	513	1955
西医师	3265	7525
中西医结合医师	11	10
医士	9103	4367
护师	343	2835
护士	4415	2801
其他	8434	6061
其中：少数民族	5972	6618

说明：资料来源于《四川省民族地区国民经济和社会发展统计历史资料（1985—1990）》，四川省民族事务委员会、四川省统计局编，1992年

同时，各种传染病、地方病得到基本控制。天花、霍乱、回归热已经消灭，斑疹、伤寒、血吸虫、麻风、疟疾等传染病得到了控制，大骨节病、克山病、地甲病、地氟病、布鲁氏病等地方病发

病率下降，有的达标，有的基本控制。州、县两级的防疫和妇幼保健机构已建立。70%左右的产妇实行了新法接生，75%以上的婴幼儿实行“四苗”（麻疹疫苗、脊灰疫苗、百白破三联制剂、A卡介苗）定期免疫接种，降低了产妇和婴儿感染疾病的危害和死亡率。

1997年7月，“四川省民族卫生扶贫工程”正式启动，计划到2000年前，集中投入资金1.1亿元，在全省民族地区实施5期卫生扶贫工程。截至第四期已实施了40个县，省、州、县投资达4200多万元，培养卫技人员3785人，为1210个县、乡、村医疗卫生单位配置了医疗设备，项目受益人口376万人。同年，全省民族自治地方有卫生机构1702个，床位15327张，其中医院128个，床位9463张；卫生院1314个，床位4691张；有专业卫生人员21416人，其中卫生技术人员17856人；有少数民族专业卫生人员5900人，其中卫生技术人员5482人；有乡村医生、卫生人员5100人，其中少数民族乡村医生、卫生员2283人。

至2000年，全省民族自治地方有卫生机构1682个，床位15295张，其中，医院129个，床位9524张；卫生院1308个，床位4535张，其中乡村卫生院1070个，床位1589张；门诊部31个，床位296张；专科防治所、站20个，床位77张；卫生防疫站54个；妇幼保健所、站53个，床位458张；其他卫生机构87个，床位405张；有大型医疗设施X光机49台、CT机9台、B超115台、救护车120辆；有卫生人员21521人，其中，卫生技术人员18136人，其中医生10255人；有少数民族专业卫生人员6114人，其中，卫生技术人员5780人，其中医生3753人。农村村级卫生组织有了发展，实行合作医疗保险和医疗保险的村数有517个，无医疗点的村数3662个，村设置的医疗点有4093个。乡村医生、卫生员总计5048人，其中，乡村医生3926人，卫生员1122人，少数民族乡村医生、卫生员有2482人。农村接生员共有2294人。

“十五”期间，四川民族地区医疗卫生事业投入进一步加强。2000—2004年，中央和省对民族地区乡镇卫生机构进行了一系列的专项投入，资金共计1.33亿元，用于卫生扶贫、农村卫生基础设施建设、“十五”卫生专项建设、援藏建设、三项建设、国债项目等。2004年底，全省民族自治地方有少数民族专业卫生人员7369人，其中卫生技术人员6848人。2005年，四川省启动“万名医师支援农村卫生工程”，有效开展民族地区县级医院的定点支援活动。同年，将甘孜州的泸定县、凉山州的金阳县和阿坝州的汶川县定为新型农村合作医疗试点县。全省民族地区医疗卫生体制进一步完善，完成了乡镇卫生人员、业务、经费上划归县级卫生行政部门管理，72%的县成立了独立的卫生监督机构。大骨节病、碘缺乏病、氟中毒、克山病、血吸虫病纳入了全省重点地方病、传染病防治规划，使防治工作有了保证。至2005年，全省民族自治地方有卫生机构1679个，床位15439张，其中，医院143个，床位9685张；卫生院1298个，床位4940张，其中乡卫生院1048个，床位2141张；门诊部7个，床位48个；专科防治所、站5个，床位31张；卫生防疫站6个；妇幼保健所、站31个，床位331张；其他卫生机构189个，床位404张；有卫生人员19827人，其中，卫生技术人员17254人，其中执业（助理）医师9283人。

二、民族医药

（一）藏医药学

藏医学是中国医学宝库中的瑰宝。在中共中央、国务院的大力扶持下，四川藏医学重放异彩，藏医药事业走上了健康发展的道路，民间有名望的藏医陆续到州、县、乡的医疗机构工作，藏医院和藏医药研究所逐年增加。1978年以来，阿坝州人民医院和红原、阿坝、壤塘等县的人民医院先后设立了藏医科。1978年，甘孜州德格县藏医联合诊所改建为全民所有制的县藏医院，1987年增设藏医研究所。1979年，若尔盖县建成了藏医院。1984年12月，甘孜州藏医院在康定县成立，成为甘孜州藏医医疗、教学和科研中心。1991年，阿坝县藏医门诊部更名为阿坝县藏医院。1992年6月，阿坝州藏医院和阿坝州藏医药研究所成立。至1995年，全省民族自治地方有藏医院20所。

同时，四川采取措施，加速培养藏医人才的工作，多次派藏医到拉萨藏医院学习。1994年，成都中医药大学招收首届藏医大专生，招生30人。1995年，四川省中医药管理局（以下简称省中医药局）批准中藏医学会和若尔盖县藏医院为阿坝州藏医人员教学基地。人才培养政策的落实，使得藏医人数逐年增加，全省民族自治地方的藏医从1997年的278人增至2005年的304人。

四川藏医学典籍丰富，其中德格印经院收藏的医药书籍影响海内外。1983年，藏医专家旦科任《中国医学百科全书·藏医分卷》编委会会员，撰写了78万字13本藏医中专教材。四川还积极发掘、整理著名老藏医经验和研究成果。20世纪90年代末，以旦科牵头的藏医药文献整理工作，获准国家立项研究，并启动《四部医典》注解编撰工作。2004年，旦科、智美、韦科等藏医专家完成了21世纪全国藏医本科统编教材《藏医方剂学》《藏医儿科学》《藏医保健学》的编写工作。

四川省高度重视中藏药的研发。1985年，智美承担全国藏医冶炼“七十味珍珠丸”并取得成功，获得省中医药局科学技术进步三等奖。1993年，若尔盖县医院研制了8种治疗肺心痛、慢性病和妇产科疾病的新药，完成了《中国藏药标准》14个藏药材和13个藏成药的起草工作。1998年，阿坝州召开藏药标准研讨会，确定将120个处方列入《阿坝州藏医药标准》。同时，阿坝州藏医院与郑州中原区医疗单位合作，开设藏医药门诊，推出藏医特色医药；与若尔盖县藏医院在全省率先按照GPP实施藏药中心剂制药项目建设。2000年，甘孜州成立了中藏药业开发协调领导小组，编制完成《甘孜州中藏药业发展规划》，先后有十多家省内外药业企业到甘孜州考察、洽谈，并安家落户，注册资金达2.8亿元，引进各类专业人才192人。至2005年末，甘孜州规模以上中藏药工业实现产值0.6亿元，增加值0.41亿元，销售收入0.65亿元，利税0.15亿元。

（二）羌医药学

羌族在长期的生产生活实践中，摸索、总结出了很多利用当地药材资源治病防病的方法。羌族居住的高山或半高山地带是许多名贵药材的天然产地，据《羌族词典》统计，羌族山区仅药用植物就有180余科900余种，如羌活、虫草、贝母、大黄、天麻、黄芪、党参、杜仲等。羌族很早就懂得用羚羊、鹿胎、麝香、鹿角、鸡胆、水晶石、水母石、石膏、雄黄等做药物治病，提炼出独特多样的外疗内治方法与药剂配制、炮制方法。外疗有针砭、艾灸、拔火罐、热气疗、火针疗、抽打疗等；而骨科推拿手法，则多达几十种，内治以煎服草药和食法为主。羌族没有文字，许多传统医药没有详细记载，其用药习惯、医疗技术主要靠民间医生传承下来。

20世纪90年代，《羌族民间医药搜集整理》被国家中药管理局列入第三批民族医药科研课题计划，课题组收集民间羌医药理论、特殊诊疗手法、单验方资料，并对羌族地区的名老羌医进行走访座谈，相关研究成果获得省中医药局科技进步二等奖。随着民族医药产业的发展，党和政府更加重视羌医药的发展。为发挥羌医药独特疗效和实用价值，2004年9月25日阿坝州羌医药学会成立，有会员79人。学会开展了羌医药学术交流、课题研讨等活动，编辑出版羌医药学术期刊、科普读物，撰写论著和编辑参考资料、文献，举办培训班，推广羌医药研究成果及科普知识教育等活动，制定羌医药临床医疗及单方、验方收集整理工作计划，为发展羌医药事业起到了积极的促进作用。同年，国家中医药管理局民族医药文献丛书《羌族医药》由中国文史出版社出版。

（三）苗医药学

苗族医药起源很早，苗族民间有“千年苗医，万年苗药”之说。苗族居住地区气候湿润，药物资源种类十分丰富，常见药达1000多种，如蓝布正、果上叶、铁筷子、黑骨藤、飞龙掌血、白及、穿山甲、菌灵芝、百金条、白龙须、地星宿、透骨香、金樱子、仙鹤草、草乌、八爪金、海金沙、金铁锁等。苗族医药师的医术精湛，有的是医疗世家，如筠连县蒿坝民族医院韩文远一家三代行医90余年。苗医在长期的临床实践中，创造了简、便、廉、效的治疗方法20余种，如熏蒸疗法、火针疗法、酒火炙疗法、挑筋疗法、药热敷疗法、烧灯花麻火疗法、纸筒疗法、提毒疗法等。苗医的诊法十分独特，常用看望、号脉、问珍、摸触四诊，望诊除了望形态、面色外，还有指甲诊、耳壳诊、头发诊、指纹诊、毫毛诊、鬓角诊等。随着国内医药工业的发展，部分苗族民间有效方剂被收入《民族药地方标准》中，得到有效开发利用。

（四）彝医药学

彝族在长期的生活中，积累了具有特色的传统医药学。彝族地区药物资源丰富，主要包括植物源、动物源、矿物源、自然土和水源。彝医在治疗上有内治法和外治法，内治法主要靠口服汤剂、丸剂、散剂等，外治法包括外包、外敷、熏蒸、放血、针刺、拔罐、烧火等。彝族有本民族文字，有医药文献，在不断收集、整理的基础上，彝医药已得到逐步开发和利用。1984年5月，省卫生厅和凉山州科委在西昌召开彝医动物药鉴定会，充分肯定了彝医动物药的用药经验和价值。1990年，李耕冬、贺廷超编著的《彝医植物药》《彝族医药史》由四川民族出版社出版。1999年8月，凉山州彝族医药研究会成立。2005年9月，凉山州彝族医药研究所成立，并在州中西医结合医院开设彝医门诊。

（五）蒙古医药学

四川蒙古族传统医药的代表是特呼尔氏家族的后裔，该家族是四川和全国有名的骨科专家，如第五代传人何天祥、何天佐、何天祺在国家支持下，分别建立了四川省舞蹈损伤研究所、成都军区八一骨科医院、四川省中医药研究院附属骨科专科医院，从事医疗和科研工作。他们将蒙古族的传统医药与现代医学理论技术相结合，发展了蒙古族医学传统。

第三节　文艺、出版、广播电视

一、机构建设

1985—1990年，四川民族地区的文化事业的发展迅速（见表1-20）。其中，1990年，全省民族自治地方有2347个文化事业、企业单位，比1980年增长了90%；有职工5550人，比1980年增长了1.3倍。民族地区文化部门还因地制宜地建立了文工团和一批业余宣传队、藏戏团和具有牧区特色的“乌兰牧骑”演出队，仅藏戏团就有24个。民族语影片译制与发行工作逐步发展，仅1990年，即译制了藏语（包括康巴、安多方言）故事片36部，彝语故事片20部，发行、放映场次1.55万场，观众人次437.69万人次。民族地区图书杂志报纸出版发行发展较快，有《贡嘎山》《甘孜经济》《甘孜州科技》《文化与艺术》《草地》《阿坝农业经济》《凉山文艺》《凉山经济》《凉山人口》《情报与经济》《武陵民族》《民族》等刊物，总印数7.65万册；有《甘孜报》《阿坝报》《凉山日报》《峨边报》《川东南报》等12种报纸，发行总印数1733万份。民族地区的广播电影电视事业稳步发展。1990年，民族地区已建有无线广播发射台及转播台3座，无线电发射机3部，有电视中心台1座，电视发射台和转播站742座；县级广播站达55个，广播喇叭达36.7万个。文化部门还组织人员对各民族民间音乐、民间舞蹈、民间故事、民间谚语、民间歌谣等进行了普查、搜集、整理、翻译和编纂工作；开展《文化志》《藏戏志》《格萨尔》，及有关民间美术著作的编写和研究工作；举办了“少数民族戏剧调演”“四川省少数民族艺术节”等文艺活动，举办了首次节日文化理论研讨会和首届全省民族地区群众文化理论研讨会。

1985年、1990年全省民族地区文化艺术、出版、广播电视情况一览表

表1-20

指标＼年份	1985	1990
电影放映单位（个）	2125	1782
其中：电影放映队	1933	1575
艺术表演团体（个）	16	12
剧场（个）	5	9
文化馆、站（个）	760	714
公共图书馆（个）	16	23
博物馆（个）	3	5
杂志出版种数（种）	6	22
其中：少数民族文字	2	2
杂志总印数（册）	—	76500
其中：少数民族文字	22000	15000
报纸出版种数（种）	7	12
其中：少数民族文字	3	3
报纸总印数（万份）	1515	1733
其中：少数民族文字	316	218
广播电台（座）	—	3
电视台（座）	1	1
电视地面卫星接收站（座）	4	686
有线广播站（个）	1264	1215
有线广播喇叭数（个）	417937	445176

说明：资料来源于《四川省民族地区国民经济和社会发展统计历史资料（1985—1990）》，四川省民族事务委员会、四川省统计局编，1992年

至1995年，全省民族自治地方（不含黔江地区）有电影放映单位617个，艺术表演团体7个，剧场4个，文化馆、站230个，公共图书馆15个，博物馆6个，图书出版175种，杂志出版55种，报纸7种，广播电台9座，广播发射台及转播台24座，电视台2座，电视发射台及转播台1319座，

电视地面卫星接收站1422座，有限广播站711个。

20世纪90年代末，四川民族地区因地制宜，充分发掘民族民间文化资源，利用各种民间节日，进行文娱、体育、物资、经贸和科技交流，取得了显著的经济、社会效益。至2000年，全省民族自治地方有艺术事业机构12个，其中，艺术表演团体6个，包括少数民族歌舞团1个；艺术表演场所（剧场影剧院）2处，其他艺术场所4处，从事艺术事业的职工有319人；群众文化事业单位249个，其中群众艺术馆3个，文化馆50个，文化站196个，职工共计628人；图书馆事业机构15个，职工151人；文物事业机构17个，职工143人；博物馆4个，职工78人；有2个地级广播电视机构，7座广播电台，可播放7套节目，其中，6套民族语言节目，广播人口覆盖率为75.4%；使用民族语言广播机构8个，其中，藏语3个，彝语5个；电视台2座，电视节目2套，民族语言节目2套，电视人口覆盖率为83.15%；使用民族语言的电视机构共2个，藏语和彝语各1个；广播电视卫垦收转系统共10484座；杂志7种，印数为4万册；报纸7种，印数2633万册；出版少数民族文字图书总计199种；完成民族语翻译片25部，各类电影放映单位248个。同时，四川民族地区还实施了“广播电视村村通工程”，民族自治地方56.8%的村开通了广播电视。

“十五”期间，四川民族地区广播电视人口覆盖率提高到90%左右。全省藏区广播覆盖率显著提高，其中，甘孜州广播覆盖率由原来的77.26%提高到80.52%，电视覆盖率由原来的72.03%提高到81.63%。阿坝州广播覆盖率由原来的62.77%提高到70.47%，电视覆盖率由原来的88.60%提高到93.03%。凉山州木里县广播覆盖率由原来的36%提高到70.2%，电视覆盖率由原来的40%提高到73.8%。同时，四川省采取分期分批扶持50个县的“乌兰牧骑”，巩固和新建州、县文化艺术团，为各县配备文化流动车，帮助每县建一个图书馆和文化馆等措施，极大地丰富了人民群众的精神文化生活。全省民族自治地方实行了县县有图书馆、文化馆和业余文艺演出队，建成160个示范性乡镇宣传文化服务中心，发放文化流动车16辆、流动电影放映车32辆。至2005年，民族自治地方主要文化事业机构有497个，其中国有经济368个，集体经济129个，职工合计1587人，其中国有经济1362人，集体经济225人；艺术事业机构8个，其中艺术表演团体6个，艺术表演场所2个，职工合计343人；群众文化事业单位447个（座），其中群众艺术馆3个，文化馆50个，文化站394个，职工合计908人；图书馆18个，职工合计182人；文物事业机构24个，职工182人，其中文物保护管理机构20个，职工83人，博物馆4个，职工93人；广播电视机构23个；使用民族语言广播播出机构4个，其中藏语3个，彝语1个；广播综合覆盖人口达520万人，覆盖率为82.2%；电视台3座，电视节目4套；使用民族语言电视播出机构3个，均为藏语；电视综合覆盖人口571万人，覆盖率为90.2%；有杂志10种，印数37万册；报纸7种，印数1563万册。

二、少数民族文化艺术节

（一）少数民族艺术节

1990—2005年，四川共举办了4届少数民族艺术节，每4年一届。第一届少数民族艺术节于1990年11月20日至28日在凉山州西昌市举行，甘孜、凉山、阿坝、攀枝花、乐山、黔江、泸州、雅安、绵阳、宜宾等市（地、州）组队参加了此次艺术节。艺术节活动分为舞台演出和群众文化活动两部分。舞台演出共8台15场，来自全省15个民族的1000多名专业和业余文艺工作者，为艺术节编织出了特色鲜明的108个民族歌舞节目。艺术节期间还举办了四川省少数民族艺术节书法摄影展览，共有834件作品参展。此后，1994年、1998年、2002年分别举办了第二、第三、第四届少数民族艺术节。其中，第四届少数民族艺术节于2002年10月15日至19日在绵阳举行，共有甘孜、凉山、阿坝、攀枝花、乐山、泸州、雅安、绵阳、宜宾和西南民院等10余个州（市）和有关单位的藏、彝、羌、苗、回、满、汉等民族的1200名演职员参加，演出剧目11台、28场，同时举办了“美术、摄影、书法展览”，展出作品500余件。经评定，宜宾等5个代表团获得精神文明奖，绵阳等10个代表团获组织工作奖，文艺晚会《星辰儿女》获特别奖，《康定情歌的故乡》等6个节目获专业音乐创作一等奖，马薇等3名演员和阿坝代表团民乐队获专业音乐表演一等奖，《石磨的歌》等6个节目获专业舞蹈表演一等奖，《欢乐的骑手》等4个节目获业余音乐创作一等奖，格绒格西等7名演员获业余音乐表演一等奖，《盛世歌舞》等11件作品获美术一等奖，藏文书法等11件作品获书法一等奖，《夕照》等13件作品获摄影一等奖。

（二）康巴艺术节

1990—2005年，四川还跨省联合举办了4届康巴艺术节。20世纪90年代初，有着共同文化底蕴和民族特征的云南省迪庆州藏族自治州、四川省甘孜州、青海省玉树藏族自治州和西藏自治区昌都地区共同协商，达成了定期举办“康巴艺术节”的协议，确定“康巴艺术节”是4地（州）共同的节日，每4年举办一次，由各地（州）各自承办一次。第一届于1994年8月在青海玉树举行；第二届于1997年9月在云南迪庆举行：第三届于2000年10月在西藏昌都举行；第四届于2004年8月在四川康定举行。艺术节的举办加强了4地州的文化交流和经济交往，整合了文化资源，使康巴文化品牌成为国际性品牌。

（三）全国少数民族文艺会演

2001年9月15日至25日第二届全国少数民族文艺会演在北京举行，四川组织代表团参加。四川代表团参赛的歌舞《七彩天府》获创作金奖、演出金奖、舞美金奖；演员阿卓曲玛、泽仁央金获优秀演员奖，阿勒史干、尼哈、贺富生获新人奖；获节目奖的有《阿嫫惹妞》《尔玛姑娘》《阿惹妞》《康巴锅庄》（一等奖），《卓嫫》《凉山的儿子》《席勒的红裙》（二等奖），《百旺艺人的歌》《羌魂》《山之翼》（三等奖）。

第四节　少数民族古籍

一、概况

四川省积极扶持少数民族古籍的抢救、搜集、保管、整理、翻译、出版和研究工作，1984年成立了省古籍办，负责全省少数民族古籍抢救、整理工作。四川存有各类少数民族古籍共有49万余册（函），其中藏文29万册（函）、彝文17万册（函）、其他少数民族古籍3万余册（函），民间还有大量口传资料未能统计。至2000年，全省民族古籍搜集、整理工作取得了突出的成绩，共分为4类：藏文古籍，共搜集书籍105540余函（册）、印板12万块、藏画4900余幅，整理书籍8582余函（册），抢救补刻孤善本41函，出版书籍345册，其中21种图书获奖；彝文古籍，搜集4605卷（册），整理991卷（册），出版书籍200余种，其中76种图书获奖；苗族古籍，搜集了书籍类4件、铭刻类2件、文书类5件、讲唱类29件、录制磁带56盒、录制口头古籍113件、民间故事14则、民间歌谣216首共532页，近20万字，整理42件；回族、羌族古籍，共搜集、整理1300余万字。2000年，四川出版的主要民族古籍图书有《四川苗族古歌》《显密文库》《民族古籍——四川古籍专刊》。2001年，省古籍办按照国家民委有关文件的精神，将藏族《续部》全书3800万字（藏文）、彝族《彝文典籍》丛书1000万字（新老彝文合璧）、羌族《释比经典》全书（汉文）1000万字，列入了国家民委“十五”重点项目。

以甘孜州的德格印经院为例，该院是全国重点文物保护单位，为藏区三大印经院之首，雕造收藏有丰富的藏文古籍，包括《甘珠儿》《丹珠尔》《宁玛举布》《萨迦千布》《当波文集》《宗喀巴文集》《鲁布》，及在印度早已失传的《印度佛教源流》和藏文、梵文、乌尔都文三种文字版本的《般若八千颂》等珍本、孤本，内容涉及天文、地理、历史、哲学、医学、科技、传记、语言文法等，还藏有藏文化古老佛画、印版数达27万余块，享有“世界藏文化百科全书”之誉。2001年，印经院申报世界文化遗产，也列入四川省世界遗产申报名录。2004年，启动德格“印经院雕版印刷技艺”申报国家非物质文化遗产，2005年12月被文化部批准为第一批国家级非物质文化遗产保护项目。

自中共“十五大”以来，省古籍办组织出版的少数民族古籍图书有8部获得国家级图书奖和提名奖，其中，藏文古籍《藏族历算学大全》《显密文库》《德格印经院藏传木刻版画集》分别获得第四、第五、第六届国家图书奖；《中国彝族》获得第十二届中国图书奖；彝文古籍《彝文典籍目录》《彝语大词典》《彝族尔比词典》获得国家图书提名奖；藏文古籍《四部医典大详解》获得第五届中国民族图书一等奖。

二、少数民族古籍编目

少数民族古籍的编目是古籍整理工作的一项重要内容。1997年，省古籍办开始《中国少数民族古籍总目提要》四川各卷的编撰工作。1998年，省古籍办选派了一批专家、学者到广西参加国家民委举办的《中国少数民族古籍总目提要》编写工作培训班。1998年以来，省古籍办先后21次分别在西昌、康定、乐山、泸州、成都、西南民院、北川、平武、木里、茂县、理县、红原等地，专门召开和举办了《中国少数民族古籍总目提要》四川各卷的编撰培训会和工作会议，详细地部署、安排了各卷的编撰工作。同时，还在马尔康、康定、西昌、绵阳、乐山、成都等地召开了11次协调会和通气会，培训人员700人次，为编目工作的启动奠定了较为坚实的基础。2000年10月25日至27日，在成都召开了五省（区）藏文古籍第七次协作会议，确定了下一阶段协作工作的主要任务是编撰《中国少数民族古籍总目提要藏族卷》。同年，全省培训《中国少数民族古籍总目提要》骨干达320人次，筛选出《四川藏族卷》的简目2112卷，计532部；《四川彝族卷》300部。至2003年，全省共搜集彝文古籍近2万种，整理了5596卷（册）；搜集、整理《四川回族卷》800多条，出版了7种；搜集、整理了《四川苗族卷》113条，出版2种；搜集、整理《羌族卷》1000多条。

三、《格萨尔》史诗的收集整理

（一）概况

1984年，四川省《格萨尔》工作领导小组成立，办公室设在省民委省民族研究所（以下简称省格办），统一领导全省《格萨尔》工作。按照国家“七五”规划，四川的《格萨尔》工作者积极开展收集整理工作，仅1985—1986年的两年普查中，就搜集到各种版本、抄本46本，其中《打开阿里金窟》文本为国内首次发现。陆续整理出版了《重游天堂》《法宗》等分部本，以及《征服米努绸缎国》《烈赤马宗》《世界金宗》等10个分部本；翻译出版了《天岭》《打开阿里金窟》《松巴与岭国之战》《地狱救妻》《霍舍兵器宗》《丹玛青稞宗》《征服雪山水晶国》《赛马登位》《朱古兵器宗》《辛巴与典玛》等10余部文本。

1988年后，四川《格萨尔》工作的重点即转向了整理、翻译和研究，省内一些主要学术刊物都辟专栏刊登相关研究成果，至1989年底在成都召开的"首届《格萨尔》国际学术讨论会"之前，四川学者已公开发表论文17篇。其间，还先后出版了土登尼玛主编的藏汉双解《格萨尔词典》，以及《岭超人格萨尔王传》《格萨尔王传译文集》《格萨尔点滴谈》《格萨尔知识丛谈》《格萨尔探微》《格萨尔对比研究》等7部专著。此外，四川《格萨尔》工作者还编辑了《格萨尔论文集》（藏文，1994年），主要搜集了1950年以来国内报刊发表的40篇《格萨尔王传》藏文研究论文；编辑了《格萨尔研究丛书》（1997年），共收入了任乃强、王沂暖、佟锦华、邓珠拉姆等10位学者相关学术论文，其中一部分为1949年之前发表、现已难觅的珍品；编辑了《藏族英雄史诗与神歌——〈格萨尔〉研究》（2000年），内容是从四川学者1984—1999年发表的120余篇论文中精选出来的。

21世纪以来，四川在《格萨尔王传》的收集、抢救、整理、出版方面做了大量的工作。2002年，四川举办了由"学术""表演""资料抢救"三个部分组成的《格萨尔》千年纪念活动，包括"四川《格萨尔》千年纪念·任乃强学术讨论会"、省格办和西南民院博物馆联合举办"四川省格萨尔研究成果展"，并在成果展的基础上设立了《格萨尔》文化展览室，长期陈列、展出《格萨尔》抢救和研究的相关成果。2003年，西南民大和省格办整理出版了《琉璃刻卷：丹巴莫斯卡〈格萨尔王传〉岭国人物石刻谱系》。这一时期，甘孜州也成立了《格萨尔》办公室、协会，创办了《格萨尔故里》杂志。色达县利用藏戏大力推动格萨尔文化宣传，在国内外取得了强烈的反响，并在2005年以县庆为契机，建设了格萨尔博物馆和煨桑台，研制了与格萨尔有关的旅游产品。德格县出版了《格萨尔》画册，建立了"格萨尔生态林"，积极保护说唱传承人。省格办收集、整理了多部留存于民间的《格萨尔王传》文本，并于2005年出版了具有重要学术价值的《格萨尔王传》之《降伏如扎魔王》《征服阿彦国》《玉绒色宗》藏文版。

四川《格萨尔》的收集整理和研究成果得到了国家和省领导赞扬及学术界的肯定。1986年，在北京召开的第一届"全国《格萨尔》工作总结和表彰大会"上，四川有43个单位和个人受到大会表彰。1997年6月在北京召开的第二届"全国《格萨尔》工作总结和表彰大会"上，四川有28个单位和个人受到表彰。文化部、国家民委、中国文联、中国社科院联合授予了四川"英雄史诗《格萨尔》抢救工作先进集体"的称号。一批专家学者亦受到了肯定和奖励。更登整理的《仙界遣使》《英雄降生》《赛马登位》，先后获得四川省优秀文艺作品一等奖；《打开阿里金库》获得中国出版家协会农村读物二等奖。

（二）格萨尔故里——德格

德格县位于四川省甘孜藏族自治州西北部，东与甘孜县毗邻，南与白玉县相接，西与西藏江达县隔金沙江相望，北与石渠县接壤，地处金沙、雅砻江上游。德格是英雄格萨尔王故里，是《格萨尔王传》史诗的发祥地和文化宝库，有传奇神秘的格萨尔王神庙（阿须草原）。德格有关格萨尔及将领、仆人的传说遗迹80余处，珍藏有岭国时期的文物1800余件。在德格追本溯源《格萨尔史诗》

的雕版最早有7种，保存完好的有3种。作为格萨尔的故乡，德格县大力发掘和保护《格萨尔》文化遗产及说唱传承人，1998年甘孜州公布了阿须格萨尔文化遗产保护区；1999年重建格萨尔王庙，后更名为格萨尔纪念堂；2005年12月《格萨尔王传》史诗被文化部批准为第一批国家级非物质文化遗产保护项目。

（三）说唱艺人

四川《格萨尔》工作者们还发现了一批记忆力惊人、说唱艺术高超的民间艺人，其中不少是可以说唱一个分部本以上的“梦传”艺人。

仁孜多吉，出生在理塘县瓦须云汝部落一个普通的牧民的家中，后在色达县竹日神山下生活，为神授说唱艺人，其以独特、杰出的说唱艺术闻名遐迩。他说唱的《墨日器宗》国内尚未发现内容与之相同的分部本，因其故事生动、人物性格鲜明、内涵丰富，被列为国家“八五”规划的“《格萨尔》民间艺人说唱本（科学版）”。他先后2次受到文化部、国家民委、中国社会科学院（以下简称中国社科院）、中国民间文艺家协会（以下简称中国民协）的联合表彰，并授予其“《格萨尔》民间优秀说唱艺人”的称号。

阿尼，原名四郎多登，出生于四川省德格县柯洛洞乡色巴沟村一个普通的牧民家中，为神授说唱艺人。他能唱《格萨尔》史诗中的80个唱腔，自学了77部《格萨尔》史诗，熟悉《格萨尔王传》的100多个分部本，擅长说唱《赛马登位》《仙界遣使》等多个分部本，多次受到国家和省的表彰。

巴丹，汉族，原名梁文权，小时候随父亲到了川西的炉霍县，取了藏族名字“巴丹”。为了谋生，他拜当地艺人为师学习说唱《格萨尔》，同时还学习雕刻嘛呢石手艺。学成以后，他便在当地说唱《格萨尔》，还参加过大藏经《甘珠尔》和《丹珠尔》的刻录。1956年，58岁的巴丹在送公粮至丹巴县城途中，因突发疾病去世。

俄珍卓玛，出生在色达县牧区，为神授说唱艺人。她说唱《格萨尔》故事的方式十分奇特，随手拿一块石头，就能说唱出一段不同的《格萨尔》故事。在她居住的院子、房屋里堆满了各种奇形怪状的石头。这些石头都与《格萨尔》史诗中的某个人物有着密切联系，她指着每一个石头都能讲许多《格萨尔》故事中的一些情节和段落。如果没有石头在握，俄珍卓玛便和常人一样不会说唱。石头的寻找，来自她的一种感觉，如外出放羊或转经途中，她会突然对众多石头中的某一块有特殊感觉，当她俯身捡起，就会有一段新的格萨尔故事脱口而出。

切呷，新龙县洛古乡人，为神授说唱艺人。据说，切呷与其兄尼麦活佛去西藏，途中，在一次睡醒后，他便能通晓格萨尔王的故事。他的说唱技艺达到了惊人的地步。在西藏期间，他以说唱《格萨尔王传》的所得侍奉哥哥，后来被西藏贵族知晓，便召集数人，一面让切呷说唱，一面让其余人翻阅文本进行对照，以试其艺。切呷身手不凡，说唱之词与文本大致不差。因而，他被誉为是《格萨尔》说唱“奇人”。

拉牙学加罗布，出生于丹巴县革什扎乡瓦足村，从小跟随父亲和阿贡喇嘛学习藏文，并喜欢听他人说唱格萨尔王的故事。拉牙学加罗布具有超强记忆力，别人说唱过的故事他基本都能记住，这为他以后说唱《格萨尔王传》奠定了良好的基础。20世纪80年代初开始，他闲暇时就用尔龚语给大家说唱格萨尔王的故事。

第五节　语言文字

一、概况

四川省少数民族人口众多，聚居面积广，民族语言文字使用比较普遍。四川省世居少数民族的语言，除了回族历来使用汉语，其余分属2个语系，5个语族，分别是汉藏语系藏缅语族的藏语、羌语、彝语、纳西语、傈僳语、白语、土家语；壮侗语族的壮语、布依语、傣语；苗瑶语族的苗语；阿尔泰语系满—通古斯语族的满语；蒙古语族的蒙古语。四川的语言分布与民族分布大体一致，但语言内部有众多的方言和土语。四川世居的少数民族或使用汉文，或使用该民族的传统文字，或使用中华人民共和国成立后创制的文字。其中，以藏文、彝文（四川省使用的彝文是经国务院批准的在传统彝文基础上改进后形成的规范彝文）影响最大，这两种文字有广泛的群众基础，推广使用普遍。

四川的民族语言文字应用在国家政治生活中得到了切实保障，人民代表大会、政治协商会议等重要会议，基本提供了民族语文翻译服务。自治地方党政机关的公章、吊牌，城镇街道名牌、商号、商标、国道省道等主要道路路标，同时使用民族文字和汉文，方便了广大少数民族群众的日常生活。

2005年全省世居少数民族语言文字基本情况一览表

表1-21

世居民族	使用的语言	使用的文字
彝　族	彝语、汉语	传统彝文；规范彝文；汉文
藏　族	藏语、汉语	藏文；汉文
羌　族	羌语、汉语	羌文（中华人民共和国成立后创制文字） 汉文
苗　族	苗语、汉语	老苗文（基督教传教士创制的文字） 新苗文（中华人民共和国成立后创制文字） 汉文
回　族	汉语	汉文
土家族	土家语、汉语	汉文
蒙古族	蒙古语、汉语	回鹘式蒙古文、汉文、藏文（宗教）
傈僳族	傈僳语、汉语	老傈僳文（基督教传教士创制文字） 新傈僳文（中华人民共和国成立后创制文字） 汉文
满　族	满语、汉语	汉文
壮　族	壮语、汉语	方块壮字或土俗字 壮文（中华人民共和国成立后创制文字） 汉文
纳西族	纳西语、汉语	东巴文；汉文
白　族	白语、汉语	汉文
布依族	布依语、汉语	汉文
傣　族	傣语、汉语	汉文

二、彝语文的发展和变迁

（一）语言

彝语属汉藏语系藏缅语族彝语支，彝语有北部、东部、南部、东南部、西部、中部6种方言，四川的彝族主要操北部方言。北部方言有4个次方言，即圣乍话、所地话、义诺话和田坝话。在彝族聚居的凉山州，圣乍话的喜德语音被定为凉山彝语的标准音，并在广播电视等新闻媒体的彝语节目中使用。

（二）文字

彝族主要使用两种文字，传统彝文和规范彝文。传统彝文是彝族自创的古老文字，史书中称“爨文”“韪书”“罗罗文”“倮文”等。规范彝文是中华人民共和国成立后，在传统彝文基础上整理规范出的一种音节文字，即1980年经国务院批准在四川正式推行的《彝文规范方案》。该方案规定了彝文用圣乍方言为基础方言，以喜德语音为标准音，并确定使用国际通用的阿拉伯数字和彝文原有的数字。2000年，省民委和省民语委举行了纪念《彝文规范方案》颁布实施20周年大会，表彰了一批在《彝文规范方案》的实践中表现优秀、成绩突出的先进集体和个人，并授予了在彝语文发展建设过程中贡献卓著，其成果获得省部级奖的9位学者“优秀彝语文专家”荣誉称号。2005年，四川省开始对该方案进行修订。

（三）信息处理技术

彝文信息处理技术从1982年开始，1986年彝语言学者与计算机专家研制了彝文输入法即沙马拉毅输入法，此后彝文计算机应用不断取得了突破。2003年计算机彝文输入码及其键盘获国家专利。自此只需安装彝文输入法软件就可在电脑上实现输入、排版、打印等。彝文输入法有沙马拉毅输入法、阿才输入法、北大方正Unicode输入法，输入方式有全拼输入法、简拼输入法和笔画输入法，字体有白体、黑体、网头体、宋体、细黑体、综艺体、手写体等。

三、藏语文的发展和变迁

（一）语言

藏语属于汉藏语系藏缅语族藏语支，四川藏族主要使用藏语康方言、安多方言。此外，还使用嘉绒语、普米语、木雅语、白马语、贵琼语、道孚语、尔苏语、却域语、里汝语、旭米语、多续语、纳木依语、尔玛语等次方言。康方言使用区域主要集中在甘孜州，安多方言使用区域集中于阿坝州的阿坝、壤塘、红原、若尔盖、松潘等县和甘孜州的色达、炉霍等县及各县牧区。嘉绒语使用区域主要在大渡河流域嘉绒藏族聚居区。

（二）文字

藏文是公元7世纪初创制的，在9世纪前后经过3次修订后形成。藏文是一种拼音文字，有30个辅音字母和4个元音符号。尽管藏语方言各异，但藏文是统一的，通用于整个藏族地区。藏文文法专著《司徒文法》是八邦寺主持司徒·曲吉迥乃所著。出生于巴塘县的格桑居冕教授著有《藏文文法教程》，是大专院校藏文文法的教科书。

（三）信息处理技术

20世纪80年代初，国内藏文信息处理的研究工作起步，20世纪90年代，北大方正和潍坊华光藏文系统的研制成功和迅速普及，极大地推动了藏文信息处理技术的发展。1997 年，《信息技术交换用藏文编码字符集基本集》（GB16959—1997）《信息技术交换用藏文编码字符集（基本集）24＊48 点阵字形第一部分：白体》等国家标准的研制任务完成，并正式获得国际标准化组织通过，使藏文成为中国少数民族文字中第一个正式进入 ISO/IEC10646 标准编码体系结构的文字，标志着藏文开始步入信息时代。

四、羌语文的发展和变迁

（一）语言

羌语，属汉藏语系藏缅语族羌语支，分南北两大方言。北部方言分为镇平、曲谷、回龙、黑虎、渭门、维古、茨木林、麻窝、芦花等 9 种土语，方言内部差别较小，主要分布在茂县北部的赤不苏区、较场区、中部的沙坝区，松潘县南部的小姓乡、镇平乡、白羊乡以及黑水县的大部分地区。南部方言分为雁门、龙溪、绵虒、蒲溪、木卡、桃坪等 6 种土语，主要分布在理县、汶川县和茂县的南部地区。

（二）文字

1989 年 7 月，四川省政府批准成立了由省民委和阿坝州政府组成的四川省羌族拼音文字方案创制领导小组。领导小组下设办公室，负责具体创制工作。经过 3 年的努力，1991 年最终形成了以茂县曲谷话为标准音，兼顾羌语南、北两个方言区的羌族拉丁字母拼音文字。国家民委于 1993 年委托中国社科院组织专家对《羌族拼音文字方案》进行了审定，同意《羌族拼音文字方案》在羌区推广使用。1996 年，羌文试行推广正式纳入羌区中小学课程教学，开设羌语文课程的年级为小学三年级至初中二年级，一般每周设 2 个课时。从 1996 年至 2005 年，羌区先后有 50 余所中心小学、30 余所村小、5 所初中开设羌语文课程，约有 1 万多名羌族学生学习过羌语文。

五、其他民族语言文字情况

（一）语言

在苗族、纳西族、傈僳族、蒙古族、布依族的聚居区多数人使用本民族的语言，特别是在日常生活交流和特定的场域，如传统节庆活动中使用。傣族、壮族在聚居区部分人在使用该民族语言。白族、土家族、满族本民族语言已基本上不使用，即使在聚居区也以汉语为主。回族一直以汉语为主要语言，也保留部分阿拉伯语、波斯语词汇，形成了其独特的语言特点。

（二）文字

中华人民共和国成立后，创制或改进了纳西文、新傈僳文、新白文、壮文、新苗文、布依文等。但受各种条件限制，四川相关民族地区无法推广使用。四川的傣族、满族、白族、壮族、布依族、纳西族、苗族基本上使用汉字，只有新傈僳文的推广使用较好，凉山州德昌县从云南怒江引进傈僳文后，出版印刷了部分傈僳文书籍，开设了双语班和傈僳文课程。

第六节 科 技

一、概况

四川十分重视民族地区科学技术的发展，四川省委、省政府从政策、资金、人力、物力等各方面给予支持，民族地区科技机构逐渐增加，各行各业逐步形成了各自的科研队伍，已初步形成了科学技术研究的网络。20世纪80年代中期以后，四川民族地区的科学技术事业许多方面取得了较好的成绩，奠定了一定的基础。至20世纪90年代初，全省民族地区形成了由州（地区）、县科委、科协、州属科研所、中等专业学校、产业部门和各类各级推广服务机构等组成的科技体系，建立了科委，农、牧、林、水电、矿产、乡企、农机、气象、卫生、广播、邮电、地震、建筑、国土、计量等多行业的科技管理机构，农、牧、林、科情、农机等独立的科研所，以及从州到乡覆盖多行业的技术服务推广机构。1990年，省科协和省民委联合在西昌召开了全省第一次民族科普工作会议。1990年底，三州一地各类专业技术人员为99390人，其中，工程技术人员为10094人，农业技术人员6308人，科技人员284人，卫生技术人员16630人，教师47916人，其他专业人员18158人；有大中型工业企业技术开发机构4个，技术开发人员208人，其中，工程师以上职称者62人。三州获得了省、厅、州级科技进步成果奖2000多项。1997年，全省民族自治地方县以上政府部门所属研究与开发机构及情报文献机构有26所，从事科研活动的人员有876人，其中，科学家及工程师186人，科研活动经费使用总额为2308万元。

至2000年，全省民族自治地方有科技人员近4万人，其中，少数民族约占1/3。县以上政府部门所属研究与开发机构及情报文献机构有17所，从事科研活动的人员有570人，其中，科学家及工程师256人，研发人员98人，科研活动经费使用总额为1733万元；少数民族科普工作队1个；科普示范基地17个，科普经费投入15万元。2005年，全省民族自治地方有县以上政府部门所属研究与开发机构及情报文献机构13所，从业人员726人，其中从事科技活动人员542人，含科学家及工程师303人；科技活动经费总额为3870万元，其中政府资金3841万元；发表科技论文128篇。

同时，四川省还大力支持民族地区工业企业技术创新，帮助企业引进消化吸收先进、成熟实用的新技术、新工艺，充分利用当地的自然资源，大力修建水电以及太阳能、沼气池。如，凉山州开发的新产品中螺旋火管及远红外涂料在种烟区推广，以及烤烟新型立式燃烧炉等；甘孜州积极推广应用太阳能荧光灯、太阳能集团灯、太阳灶、太阳能热水器，建太阳能电视卫星地面接收站等。

二、科技兴农

1986年以来，四川民族地区实施“科技兴农”战略，着力农业技术推广。为推进农业生产经营由粗放型向集约型，由数量型向质量型转变，积极推广水稻、玉米新品种，脱毒马铃薯，水稻、甘蔗、玉米等地膜覆盖模式化栽培和水稻旱育秧、抛秧等省工节本技术，以及“坡改梯”等可持续发展技术和防雹、高效农药等抗灾技术。在半农半牧区，充分发挥农牧结合的优势，推广秸秆氨化养牛和种植优质牧草，利用冬闲地、轮歇地及冬春气候较好的特点，大力推广粮食轮作技术，实行农牧结合。此外，民族自治地方还实施科技增粮增收工程。1999—2001年，四川在三州地区先后选择了13个县实施增粮工程，仅2000年，该项目共涉及105个乡（镇）468个村的92655个农户，共完成面积31.5万亩，比3年前新增粮食产量3210.8万公斤。同时，在凉山州等地进行了电脑农业专家系统推广，推广面积达80万亩，示范作用明显，促进了增粮增收。

四川民族地区的农牧业科技发展迅速，凉山州的生物技术、烟草加工技术、立体生态农业，甘孜州的畜牧业“燎原计划”，阿坝州的“公司+农户+基地”经营模式等各有特点。

阿坝州积极探索建立以龙头企业、专业技术协会和科技示范户为动力的农村科技发展机制，加快农村信息化工作和先进农牧业实用技术成果的推广运用。1993年，建立了“公司+农户+基地”等经营模式，带动了农村商品经济的发展。1995年，全州启动实施了科技兴州“一亿工程”。1998年起，实施科技扶贫产业化种植示范项目。围绕工业、农业产业结构调整和区域经济发展，大力引进、扩大了一系列实用技术，对外科技合作有了新进展。2004年，整合科研力量和科技资源，合并组建成阿坝州科学技术研究院。同时，发展全州农业科技协会，先后成立马尔康县哈飘村养麝协会等10多个专业协会。截至2004年，全州20477名科技人员中，中级职称的有5484人，高级职称738人。全州有446项获州级以上的科技进步奖。其中，2项获全国科学大会奖，75项获省科技进步奖，352项获州科技进步奖。申请专利139件，获得授权93件。

1986年以后，甘孜州的科技研究和推广以促进生产发展和方便群众生活服务为中心。共引进推广先进实用技术194项。实施了甘南林果业“希望之光”工程、核桃天牛综合防治技术研究推广、玉米麦类种子处理技术推广、电脑农业专家系统开发示范、领导干部网络知识培训、农牧民群众科普培训以及反季节蔬菜种植技术的推广、农牧区户用新能源示范、高寒牧区暖棚养畜技术、智能化农业技术在青稞生产上的应用、以藏药材为重点的特色生物资源保护开发、高原鼠害防治技术（引进国外智力项目）等科普项目。1993年，系统实施“金桥工程”。1995年起，实施“千亿工程”。进入21世纪，甘孜州独创性的提出并在州内实施了畜牧业“燎原计划”①。截至2005年，共建设“燎原计划”示范户10094户、示范村105个（新建示范户3500户，新选择启动示范村18个），培训县级业务技术人员1100人（次）、区乡干部600人（次）、农牧民2630人（次），累计发放各种宣传培训资料31200份。全州1220名科技人员实行科技承包责任制，共结对帮扶农牧户1万多户。据统计，2003年全州有各类各级专业技术人员17345人，其中，副高以上职称481人，中级职称3745人，初级职称11498人：有独立科研机构6个，202人；有州级学会28个，会员6580人；厂矿科协1个，会员75人；县级学会（协会）、研究会84个，会员4820人；县科协18个，乡镇科协150个；农村专业技术协会23个，会员1359人，形成了比较完整的科普网络。

凉山州围绕增粮增收，重点抓好粮食、烤烟、水果、禽蛋、早市蔬菜等农业产业化支柱项目，在全州实施以水稻、杂交玉米、马铃薯、荞麦、小麦等优良品种为主的种子工程，推广聚施水稻旱育秧高产栽培技术以及配套增产技术为主的工程，使粮食生产大为增长。推广优质豆科牧草光叶紫花苕和粮草轮作技术，推广良种鸡、水禽及饲养技术、禽流感及监测综合防治技术，推广凉山半细毛羊改良技术，推广良种、丰产综合配套技术，使农业向高产、优质、高效的方向发展，调整产业结构，推广干热河谷造林技术、直干桉造林等。到2002年，仅自然科学研究方面全州有国有科研所

① 指在以“人草畜“三配套建设为重要标志的牧区基础设施建设取得阶段性成果的基础上，以培养科技明白人为连接点，以“傻瓜技术”的组装应用为着力点，以切实加大出栏出售为着眼点，把草地建设、疫病防治、家畜改良、经营管理四个环节的实用技术集合到一户中应用。

6个、民营科技企业71家，经省认定的高新技术企业1户；有各类专业技术人员56362人（不含中央、省属单位），其中高级职称1230人，中级职称15506人，有享受国务院特殊津贴专家32名，省级有突出贡献专家9名、省学术和技术带头人15名、后备人选206名、州级拔尖人才186名。

第七节 民族研究

20世纪初至50—60年代，四川的民族研究涵盖民族地区的政治、经济、文化、历史、宗教信仰、风俗习惯、语言文字等各方面。20世纪初至1952年，在成都华西大学设立的社会学系、华西边疆研究所、考古学与人类学博物馆和华西边疆研究学会等机构，开启了对四川民族地区的调查研究，1922—1946年间还出版了英文刊物《华西边疆研究学会杂志》。在20世纪30年代以前，代表人物以外籍学者为主，有美国学者葛维汉（Graham，D. C）、莫尔斯（Morse，W. R）和叶长青（Edgar，J. H），英国学者陶然士（Torrance. T）。20世纪30年代以后，尤其是抗战期间，代表人物以中国学者为主，有李安宅、冯汉骥、胡鉴民、闻宥、任乃强、林耀华、马长寿、徐益棠、柯象峰、李有义、陈永龄、郑德坤、梁钊韬、宋蜀华、杨振华、杨汉先等人，代表著作有林耀华的《凉山彝家》、马长寿的《凉山罗彝考察报告》、任乃强的《西康图经》等。20世纪50年代至60年代，全国的民族、历史、经济学界的力量集中在一起，对西南的少数民族进行了深入的社会历史大调查，后来形成《中国少数民族社会历史调查资料丛刊》的四川部分，以及有关少数民族的“简史”“简志”“社会历史调查”和四川民族地区的“民族自治地方概况”等多种成果。

20世纪80年代至2005年，四川的民族研究领域从以基础研究为主拓展为基础研究和应用研究并重，研究地区从以民族自治地方为主扩大为对全省散杂居民族地区和城市民族工作的研究。研究机构不断增加，从事民族研究的主要机构有四川大学、西南民族学院、四川省民族研究所（以下简称省民研所）、四川省社会科学院（以下简称省社科院）、西南师范大学、四川师范学院、西南财经学院、西南政法学院、四川藏学研究所、重庆市社会科学院、四川教育学院、四川行政财贸管理干部学院、四川旅游学校、成都教育学院、阿坝师范高等专科学校（以下简称陌坝师专）、西昌学院、康定民族师范高等专科学校（以下简称康定民族师专）、凉山州民族研究所（以下简称凉山州民研所）、省藏文学校、省彝文学校等科研院所及高校。此外，省、市（州）、县的相关部门也开展了大量的民族理论和政策研究。科研队伍不断壮大，代表人物有李绍明（土家族）、冉光荣、刘立千、林向、马明（彝族）、林向荣（藏族）、伍精忠（彝族）、周锡银、杨嘉铭（藏族）、任新建（藏族）、土登尼玛（藏族）、赵心愚、石硕、李星星、沙马拉毅（彝族）、徐铭（土家族）等。

20世纪80年代至2005年，四川的民族研究取得了丰硕的成果。基础性研究方面，主要开展了六江流域民族综合考察、西南丝绸之路、茶马古道、藏彝走廊等专题研究和单一民族的综合研究，代表著有《凉山彝族奴隶社会研究》《藏汉大辞典》《羌族史》《雅砻江上游考察报告》《雅砻江下游考察报告》《喇嘛教与藏族人口》《彝族古代史》《格萨尔词典》《汉彝词典》《嘉戎语研究》《川东西水土家》《历史时期西南经济开发与生态变迁》《当代凉山彝族的社会与家庭》《藏传佛教的噶举派》《李绍明民族学文选》《近代康区档案资料选编》《藏族族源和藏东古文明》《苗族服饰文化》《四川省志·民族志》《僰国与泸夷——民族迁徙、冲突与融合》《清季民国康区藏族文献辑要》等。

应用研究方面，主要关注民族地区的教育、经济、生态环境、贫困、旅游以及民族理论政策等方面，代表成果有《关于调整四川藏区政策的研究报告》《加快民族地区脱贫致富步伐探要》《加快攀西地区经济开发研究》《甘孜州稳定与发展研究》《攀西裂谷上的生长点——攀枝花经济辐射及民族关系》《四川藏区双语教育与教学研究》《民族地区要坚定不移地走资源开发之路——四川民族地区工业发展路子问题探讨》《完善民族区域自治法问题研究》《攀西地区经济开发模式与政策研究》《四川高耗能工业发展研究》《邓小平民族理论与实践研究》《长江上游民族地区生态经济研究》《长江上游经济带西部大开发战略与政策研究》《四川民族地区基础教育现状调查分析与对策研究》等。多项研究成果转化为国家和四川省委、省政府的决策。主要有：被国家民委《决策咨询要报》报送中央政治局常委、中央办公厅、国务院办公厅、中央政法委、中央维稳办的《"稳藏必先安康"的历史新启示》；被四川省委、省政府以文件方式直接采纳的《四川民族地区基础教育的现状及对策研究》《关于加快四川民族地区跨越式发展的对策建议》《四川省散杂居民族工作调研报告》《四川民族地区人才"十一五规划"的建议》等。

多项成果获得吴玉章奖、中国藏学研究珠峰奖、国家民委社会科学研究成果奖、四川省哲学社会科学优秀成果奖、四川省"五个一"工程优秀成果奖、四川省科技进步奖等省部级及以上奖励，以及被国家社科基金、省社科基金以成果要报或重要成果专报的形式刊发。据统计，1994—2004 年，获得四川省哲学社会科学优秀成果奖的成果就达 116 项（见表附—5），其中《藏传佛教的噶举派》《攀西地区经济开发模式与政策研究》获荣誉奖，《汉彝词典》《加快攀西地区经济开发研究》《李绍明民族学文选》《彝语大词典》《四川高耗能工业发展研究》《长江上游经济带西部大开发战略与政策研究》获省哲学社会科学一等奖。同时，四川的民族研究工作者们还积极申报国家社科基金、教育部、国家民委、省社科基金等各类课题。据统计，1994—2005 年，获国家社科基金立项课题就达 30 余项（见表附—6）。

第八节　体　育

一、体育机构和体育设施

经过多年的发展，四川民族地区的体育机构不断健全，人员、场地、经费不断增加。民族自治地方都设有体委，配有专职工作人员。1990 年，全省民族自治地方体委职工达到 526 人，比 1966 年增长了 22.9 倍；体育场地设施近 200 个，比 20 世纪 70 年代末增长 2.6 倍；体育事业经费近 500 万元，比 20 世纪 70 年代末增加 4 倍。1991 年，省民委、省体育局联合成立了少数民族体育协会，各州、市也建立了相应的体育机构和协会，专门负责民族体育工作。21 世纪初机构改革，民族地区各地体委更名为体育局。

1995 年，全省民族自治地方（不含黔江地区）有体育设施 2250 个，其中，体育场馆 9 个。至 2000 年，全省民族地区已经建立各类运动场地 3 万多个。至 2005 年，仅阿坝州就有体育场和全民健身中心场所 927 个，凉山州有各类体育场地 2228 个。

二、竞技体育

(一) 训练场所

20 世纪 90 年代初，全省民族地区各级各类业余体校的在校生达 3000 余人。至 21 世纪初，全省民族地区扶持发展的各级各类业余体育学校达 60 多个，在训学生 4000 余人。1991—2005 年，阿坝州建有 4 个国家级青少年体育俱乐部、传统体育项目学校 8 所、省级体育训练基地 3 处，州、县业余体校 5 所。1996—2005 年，甘孜州重点业余体校共招收培育学生 450 名，向省运动队输送优秀运动员 13 人，28 人考取体育学院等大中专院校。至 2005 年，凉山州成立了 3 个国家级青少年体育俱乐部，建立 9 个体育项目的体育协会组织，凉山州青少年重点业余体校被命名为“国家高水平体育后备人才训练基地”。

(二) 运动员和教练员

1995 年，全省民族自治地方有县及以上运动队 28 个，有等级运动员 195 人，专职教练员 153 人，等级裁判员 168 人。1997 年，全省有少数民族运动员 11 人，少数民族教练员 4 人。至 2000 年，全省民族地区为国家和省级体育专业队培养输送了 30 多名运动员。2005 年，全省有少数民族运动员 24 人，少数民族教练员 86 人。同时，民族地区运动员在重大比赛中亦取得了优异的成绩。阿坝州藏族女运动员邱巧萍获得 1990 年世界青少年田径锦标赛铅球冠军、铁饼亚军，1990 年亚洲青年田径锦标赛冠军，成为 1990 年中国十大体育新闻人物之一，1992 年入选第二十五届奥运会国家代表队；2004 年，凉山州运动员殷剑夺得第 28 届奥运会女子帆板银牌；2005 年，阿坝州运动员若尔玛获得全国女子成年摔跤锦标赛 59 公斤级第二名，全国青年摔跤锦标赛铜牌，全国女子青年摔跤锦标赛 59 公斤级铜牌。

三、民族传统体育

20 世纪 80 年代中期以来，全省民族地区共挖掘、整理出 60 多项少数民族传统体育项目，经过改革提高，有的被列为全国少数民族体育运动会正式竞赛项目。彝族式摔跤“格”在原有基础上加以改革、规范后推向了全国，1991 年被列为第四届全国少数民族传统体育运动会比赛项目。此外，藏族的格吞、俄多、驯牛，彝族的磨秋、蹲斗、三雄夺魁、跳火绳，羌族的推杆、抱杆仰卧起、扭棍子，土家族的板凳龙、三棒棍、舞狮等表演项目，先后在全国或全省民族运动会上取得好的成绩。同时，省民委、省体育局在民族地区建立了一些民族传统体育训练基地，在凉山州建立“射弩”“格”基地，甘孜州建立“押加”基地，阿坝州建立四川省“北嘎”训练基地、女子珍珠球训练基地、高水平摔跤后备训练基地，培养、输送一批又一批训练有素的体育人才。

(一) 全省少数民族运动会

四川是全国坚持开展民族传统体育活动最多的省之一，1985 年以来，先后举办了 6 届全省少数民族体育运动会。1985 年 8 月 1—6 日，四川省在阿坝州马尔康县举办“四川省第七届少数民族体育运动会”，有甘孜州、阿坝州、凉山州、乐山市及涪陵地区代表团参加，共 360 名各族男女运动员参赛，项目设置分为竞赛项目和民族传统体育表演项目。竞技项目有田径、射击、摔跤、篮球等。从这届开始，形成了每 4 年举办一届的制度。此后，第八、第九、第十、第十一、第十二届全省少数民族体育运动会分别于 1989 年 10 月在黔江土家族苗族自治县、1993 年 10 月在凉山州西昌市、1997

年9月在乐山市、2001年10月在绵阳市、2005年8月在阿坝州马尔康县举行。至第十二届全省少数民族体育运动会时，比赛项目、参赛单位和运动员都大幅增加，来自12个州、市和院校代表团的1100余名藏、彝、羌、回等民族运动员参加了射弩、民族式摔跤、蹴球、押加、珍珠球、高脚竞速、马上项目等8个竞赛项目和33个民族传统体育表演项目的比赛，决出竞技单项金牌74枚、团体金杯9座，比赛人数、比赛项目、比赛成绩都创了历史新高。

（二）全国少数民族运动会

四川还组团参加了第三届（1986年8月，乌鲁木齐市）、第四届（1991年，南宁市）、第五届（1995年11月，昆明市）、第六届（1999年9月，北京市和拉萨市）、第七届全国少数民族传统体育运动会，取得了良好的成绩。2003年9月，第七届全国少数民族传统体育运动会在宁夏回族自治区举行，四川省代表团由藏、彝、羌、回、满、苗、汉等民族共170人组成，参加了蹴球、射弩、押加、武术、摔跤、马术等7个竞技项目和《康迪丽扎》《红披毡韵律操》《打浪桥》《抢头巾》《热热莎》《扎西巴鲁》等6个表演项目的比赛，竞技项目共夺得9枚金牌、7枚银牌、3枚铜牌，表演项目取得3个一等奖、2个二等奖、1个三等奖。尤其是“押加”队包揽了五个级别的所有金牌。四川代表团荣获了6个集体体育道德风尚奖，23名运动员荣获个人体育道德风尚奖，获金牌总数在34个代表团中名列第二，获得奖牌总数名列第三。

四、群众体育

民族地区群众体育内容丰富，形式多样，涵盖了竞技、表演、健身娱乐等方面。常与劳动、祭祀、年节、婚丧、音乐、舞蹈、军事等连在一起。20世纪80年代中期以来，群众性的体育活动已经渗透到全省民族地区的各个领域，其特点是民族传统体育活动与现代体育活动并行发展，体育活动已经成为重大节假日的主要内容。自20世纪90年代始，全省民族地区积极实施《全民健身计划纲要》，培训社会体育指导员，开展街头宣传咨询服务、有奖知识问答和国民体质监测，宣传健身方法与知识、运动与营养、运动与疾病预防知识等活动。2001—2005年，阿坝州开展创全国、全省“亿万农民健身活动先进乡镇”活动，促进农村体育工作开展。甘孜州每年培训一批三级社会体育指导员，至2005年先后举办9期培训班，培训435人次。1995—2005年，凉山州举办多期社会体育指导员培训班，推行《社会体育指导员等级制度》，建立了“凉山州国家国民体质监测中心”，至2005年有各级社会体育指导员120余人。同时，各地还积极挖掘、整理了一批简便易行，贴近群众生活的民族、民间传统体育项目，并充分利用“健身活动周”“民族节庆”“假日体育”“体育三下乡”等时机，如羌历年、藏历年、火把节等，开展形式多样、内容丰富的群众性体育健身活动和竞赛，如跳锅庄、健身操、广播操、篮球、骑射、摔跤、健步走、赛马等，增进了群众的身心健康，丰富了群众业余体育文化生活，群众体育发展呈现出多元化趋势。

21世纪初，九寨沟、黄龙、海螺沟、四姑娘山等景区顺应发展需要，积极和体育部门合作，将传统体育项目与文化、旅游资源有机结合，积极拓展漂流、滑雪、登山、探险、骑马、热气球等体育旅游项目，民族地区体育产业呈现出广阔的发展前景。

第二篇　四川世居少数民族

第一章　彝　族

第一节　概　况

一、人口分布、称谓与语言文字

据2000年全国第五次人口普查统计，四川境内有彝族人口212万人。其中，凉山州作为全国最大的彝族聚居区，有彝族人口约181万人，马边县有彝族人口7.1万人，峨边县有彝族人口4.8万人。其余彝族人口约19.1万人分散在省内各地。

1986—2005年部分年份四川彝族人口变化表

表2-1　　单位：万人

年份 地区	1986	1990	1995	2000	2005
凉山	135	155.4	160.1	181	192.6
马边	5.3	6.1	6	7.1	7.4
峨边	3	3.2	3.3	4.8	4.9
省内各地	12.4	13.7	15.3	19.1	23.6
合计	155.7	178.4	184.7	212	228.5

1949年中华人民共和国成立前，由于彝族支系繁多，各地方言不同，形成不同的他称和自称。他称主要有“夷”“黑夷”“白夷”“红夷”等，自称主要有“诺苏”“纳苏”等。中华人民共和国成立后，经过民族识别，按照广大彝族人民的意愿，以“鼎彝”之“彝”作为统一的民族名称。

彝语属汉藏语系藏缅语族彝语支，四川彝族大都使用北部方言，有4种次方言，即圣乍话、所地话、义诺话和田坝话。凉山彝族使用最多的是圣乍话，约占凉山彝族总人口的40%，分布地域最广，主要分布在凉山州的西昌市、喜德县、冕宁县、越西县、盐源县、昭觉县、木里县。所地话主要分布在凉山州布拖县、普格县、金阳县、宁南县、会理县、会东县、德昌县和昭觉县的部分地区，使用人口约占凉山彝族总人口的33%。义诺话主要分布在凉山州美姑县、雷波县和甘洛县的部分地区，使用人口约占凉山彝族总人口的20%。田坝话主要分布在凉山州甘洛县境内，使用人口较少，约占凉山彝族总人口的7%。此外，攀枝花市的米易县彝族使用所地话、盐边县的彝族使用圣乍话，乐山市马边县和峨边县的彝族使用义诺话。雅安市的汉源县、石棉县和甘孜州的九龙县、泸定县的彝族使用圣乍话。泸州市古蔺县、叙永县的彝族使用东部方言扯勒话。四川省彝族人口中大都使用母语进行日常交流，其中一部分人使用彝汉双语。

彝族文字起源于象形符号，初创阶段是一种象形表意文字，逐渐发展为有表音性质的音节文字，史书称为“爨文”“韪书”，或“罗罗文”“倮文”等，通称老彝文。现存的老彝文约有一万多字，经常使用的有1000多字。每个字形代表一个意义，没有偏旁和部首，同一字形有多种不同的书写格式，主要为由左向右直书或横书。为了使彝文能更好地为人民群众服务，1975年，四川省凉山州以喜德语音为标准音，以“圣乍”话为基础方言，制订了四川《彝文规范试行方案》，确定了819个规范文字，并设计出“彝语拼音符号”，便于注音学习。1980年国务院批准《彝文规范方案》，在四川彝族地区推广使用。

二、族源及社会发展简况

在公元前2世纪至公元初期，四川彝族先民活动的中心大约在滇（今云南一带）、邛都（今四川省西昌市一带）两个区域。在这些地区居住着被称为“邛都”“昆明”“滇”等从事农业或游牧的部落。据彝族历史传说，其祖先在远古时代居住在“邛之卤”，后来才南下到“诺以”“曲以”两水沿岸（即金沙江和安宁河流域）。大约在2000多年前，彝族先民已经过渡到父系氏族社会。又据彝文典籍记载，彝族的祖先“仲牟由”有6个儿子，这6个儿子就是彝族尊称的“六祖”。“六祖”分支标志着彝族先民由氏族、部落走向部落联盟阶段。

西汉初年，彝族的先民大体已分布在现今彝族居住的地区。川西南今凉山州以西昌为中心，居住着一个被称为“邛”的族群。据考证，邛人以农耕为主，社会生产较为发达，已处在奴隶制的初级阶段。汉武帝时，司马相如奉使到邛都（今西昌）、僰道（今宜宾）地区。《史记·司马相如列传》中记载这里“文兄不幸，幼孤为奴，系累号泣，内向而怨”，生动地刻画出奴隶制下奴隶的悲惨命运。说明居住在这一带的人，虽然以游牧为主，但进入了阶级社会。西汉末年，邛都地区出现了奴隶主阶级的代表——豪帅或夷帅。东汉时期，邛都地区奴隶制进一步发展，掳掠和买卖人口的现象十分普遍。《华阳国志》中记载着一个叫禽信的人从成都到越嶲，被掠为奴，转卖了11次，先后达10年之久的事例。东晋末，这一地区掠卖奴隶的情况仍然很严重。

唐朝时在南诏统治区的边远地区，还分布着许多彝族先民部落。现今凉山境内有号称“东蛮”的勿邓、丰琶、两林三部，现今凉山东部小凉山①有“董蛮”部落。勿邓部落分布最广，又称邛部，史书称他们是“仲牟由之裔”，与今滇东北、黔西北的彝族先民部落的祖属一致。勿邓部与今滇东北、黔西北的6个彝族先民部落有密切联系，合称“乌蛮七部”。这些彝族先民部落多数还处在家长奴隶制向奴隶制过渡阶段，其社会仍建立在以血缘为纽带的家族村社的基础上。《新唐书》记载，唐初曾在这些部落地区设置过一些州、县或羁縻州，分别隶属于嶲州（治今西昌）或戎州（治今宜宾）的都督府。后南诏攻占了这一带，又从滇东迁徙来一部分“乌蛮”和“白蛮”以加强这一带的统治。

宋代，大凉山②的勿邓、两林、丰琶等“东蛮”部落都臣服于宋王朝，但实际上受大理政权的控制。大理自南唐升元元年（937年）建国，宋宝祐元年（1253年）被蒙古消灭，其辖境包括今云

① 小凉山指现今凉山州美姑县、雷波县，乐山市马边县、峨边县，泸州市屏山县。

② 大凉山指现今凉山州除美姑县、雷波县以外的西昌、昭觉、布拖、金阳等15个县（市）。

南省大部分地区，四川西南部和贵州西北部一些地方，疆域相当广阔，大理国境内彝族先民的势力强大。大理建国时得到滇东、黔西以彝族先民为主的“乌蛮三十七部”的支持。今川西南地区，除沿河谷、大道两旁的彝族先民已进入封建制社会外，广大山区和大凉山地区的奴隶制仍然是其主要的社会形态。小凉山一带有虚恨部和叙州三路蛮，亦臣属于宋王朝。叙州三路蛮除马湖部在小凉山的今雷波、屏山一带外，其余两部分布较广。

元朝时期管辖彝族地区更为直接。元朝在大理政权统治的原有基础上，先是设立万户、千户、百户这些官职，委任彝族首领进行统治。至元十一年（1274 年），在今大凉山一带，设有罗罗斯宣慰司，下辖 5 路及 23 州，属于当时的云南行省的范围。今小凉山地区，元朝时设有马湖路，隶属四川行省的叙南蛮宣抚司。马湖路下辖 6 个长官司。元朝开始在彝族地区驻军屯田称为“军屯”。这些军屯中除蒙古人、色目人的军士外，还有由彝族和白族先民组成的军队。除军屯外，还有以州邑“编民”组成的民屯。

明清两代是彝族社会发生急剧变化的时期。明初，在彝区分别设置流官或土官以加强统治，还设立了军屯、民屯和商屯以保证治安的稳定和官军物资的供应。许多汉族军户、民户从内地来到彝区，不仅增加了劳动力并开垦出大量土地，而且给彝区带来了先进的生产技术。这些地区由封建领主制向封建地主制的转变是伴随着政治上的“改土归流”实现的。“改土归流”即改变原有的世袭土司（土官）统治，而代之中央王朝委任的流官统治。明朝中叶后，彝区的社会经济发生了变化，社会矛盾逐渐激化，封建王朝为了进一步加强对少数民族地区的控制，也为了缓解这一类地区的矛盾，在部分彝族地区采取了改土归流的措施。如在四川小凉山的马湖府，于明弘治八年（1495 年）推行改土归流。大凉山腹心地区由于仍保持着奴隶制度，边缘地区保持着土司制度，故明清以来对这里的土司基本没有实行改土归流。

鸦片战争后，中国逐渐沦为半封建半殖民地社会，鸦片在彝区大量种植，广大的彝族群众也深受其苦，凉山彝族奴隶主利用鸦片换取大批枪支、白银并进一步向四周扩展势力，掳掠各族人民为奴隶。由于有了枪支，彝族内部的冤家械斗日益频繁，使彝族人民陷入水深火热之中，许多人被迫背井离乡，向安宁河以西至丽江地区迁移。

为反抗剥削压迫，彝族群众在历史上进行过多次抗争。特别是近代，1913—1916 年间，在凉山州的冕宁、越西一带爆发了彝族群众反抗奴隶制度的大起义。由于起义的高潮在 1914 年，这一年为彝历的虎年（彝语称虎为拉，称年为库），故称“拉库起义”。20 世纪 30 年代，彝族群众在中国共产党的领导下，积极投入革命斗争。1935—1936 年，红军经过凉山彝区，宣传民族政策，受到彝族群众的拥护，许多彝族儿女参加了红军。在冕宁，红军打开了监狱，放出了“坐质换班”的彝民。彝族果基家支头人小叶丹在中国共产党的民族政策感召下，与红军总参谋长刘伯承按照彝族的传统习俗在冕宁彝海结盟，红军顺利通过了彝区，取得了抢渡大渡河、飞夺泸定桥的胜利。刘伯承还将“中国夷民红军沽鸡支队”的红旗授予小叶丹，鼓励他们组织游击队反抗国民党统治，革命火种在彝区广泛传播，人们珍藏着红军留下的旗帜、用过的物品，许多彝族群众还将这一年出生的儿女用红军来命名，如“红军惹”“红军嫫”。在解放战争中，为配合中国人民解放军顺利进军，许多彝族儿女在革命斗争中献出了生命。

中华人民共和国成立前，由于彝族居住分散，社会发展不平衡，各地区存在不同的社会组织与政治制度。已进入封建地主制经济阶段的地区主要在今凉山州安宁河两岸以及雷波、马边、峨边、叙永、古蔺等县。其中，安宁河两岸、雷波、马边、峨边等边缘区，基本上是从奴隶制经济直接发展到封建地主制经济；屏山、叙永、古蔺等县则是改土归流后在封建领主制经济解体的基础上，向封建地主制经济过渡。在由奴隶制直接发展为封建地主制的地区，虽然社会的主要生产方式已是封建制经济，但还保留着奴隶制的残余与影响。在凉山彝族腹心地区，还处于等级森严的奴隶制社会。奴隶主和奴隶及一般劳动生产者之间的阶级关系，是通过森严的等级关系表现出来的。全体社会成员按生产资料占有和严格的等级和血缘关系划为“兹莫”“诺合”“曲诺”“阿加”“呷西”5个等级，这里没有统一的政权组织，除少数兹莫（土司）统治区外，诺合家支的统治起着政权组织的作用。

三、自然环境及资源

四川彝族分布在西南高原与丘陵之间的大小凉山，大凉山地区海拔高而山势舒缓，小凉山地区海拔低但山势陡峻，故有“大凉山不大，小凉山不小”的俗语，地貌主要为高山与深谷，地形和气候条件十分复杂。既有海拔3000米以上的高寒山区，如大凉山的昭觉、金阳、布拖部分地区，气候寒冷，宜于放牧和兼营高山农业；又有海拔1000—2500米左右的山区和半山区，如小凉山的马边、峨边；也有海拔1000米以下的丘陵和河谷地区，如金沙江沿岸的宁南、会理等地，气候炎热，干旱少雨。

彝族地区水电、矿产资源丰富，溪洛渡、锦屏一级等均为大型水电站，装机容量分别为1260万千瓦、360万千瓦。稀土、铅、锌、铜、铁等矿产资源储藏量大、品位高，集中分布在冕宁、甘洛、会理等地。由于各地自然条件的差异，农产品的种类十分丰富。粮食作物以土豆、玉米、水稻为主，荞麦、燕麦次之。经济作物有苹果、烤烟、桑树、石榴、脐橙、甘蔗、核桃、花椒等。彝族地区有许多天然牧场适于畜牧，牲畜以牛、羊、马、猪为主。优良品种“黑山羊”“建昌马”“德昌牛”“小耳猪”等享有盛名。

彝族地区有广阔的林业资源，主要树种有马尾松、云南松、飞松、冷杉、铁杉、油杉、桦木、桉树、樟树、油桐等，生物多样性明显。此外，盛产天麻、杜仲、三七、贝母、大黄等中药材。在深山密林中栖息着叶猴、金丝猴、熊猫、长臂猿等国家一类保护动物，还有熊、岩羊、孔雀等异兽珍禽。

第二节　经济状况

一、农业

四川彝族主要聚居在农村，以农业生产为主。中华人民共和国成立前，彝族从事的农业结构单一，生产简单粗放。中华人民共和国成立后，通过改变耕作方式，发展农田水利事业和农业机械，推广农业科学技术等，使彝族地区的农业得到较快发展。彝族聚居地凉山拥有独特的气候、光热、生物资源，发展特色农业潜力大。1986—2001年，凉山创建了7个国家级名优农产品基地，分别是凉山州优质储备出口烟草基地，宁南县优质蚕茧基地，宁南县、会东县优质糖料基地，盐源县优质苹果基地，雷波县优质甜橙基地，会理县优质石榴基地，西昌市优质花卉基地。通过农业产业结构调整，彝族人民发展烤烟、糖料、花生、特色水果等经济作物。农业经济突破了单一以种养业为主的产品经济的传统格局，逐渐形成了多元化的复合型结构，并开始进入商品经济的发展轨道。粮食作物比重逐年调减，经济作物比重逐年上升。农产品单产产量提高，品质改善。农业生产逐步走向规模化、特色化、产业化，增长速度加快。在彝区实施水利基本建设、小型农田水利建设，建成大桥水库等水利工程。积极推广科技，1994 年开始，每年投入资金实施“科技增粮增收工程”和“电脑农业专家系统”，粮食单位面积产量和收入大幅提高，农民的科技意识和致富能力明显增强。

凉山农业增长分为四个阶段：一是快速增长期（1978—1985 年），第一产业增加值从 1978 年的 87252 万元增长到 1985 年的 147674 万元，年均增速为 7.8%；二是增长回落期（1985—1992 年），第一产业增加值从 1985 年的 147674 万元增长到 1992 年的 193196 万元，增长了 0.31 倍，年均增速为 3.9%；三是增长恢复期（1992—1999 年），第一产业增加值从 1992 年 193196 万元增长到 1999 年 312444 万元，增长了 0.61 倍，年均增速为 7.1%；四是增长稳定期（1999—2005 年），第一产业增长保持着年均 5% 以上的增长速度，其中 2000 年为 5.3%，2001 年为 4.8%，2002 年为 4.9%，2003 年为 5.6%，2004 年为 5.9%，2005 年为 6.9%。

1980—2005 年凉山各时期农业经济增长统计表

表 2-2　　单位：%

时期	总产值	农业	林业	牧业	渔业
1980—1985	8.30	6.63	23.95	9.35	30.59
1985—1990	4.38	2.43	2.11	9.99	10.31
1990—1995	6.40	4.95	5.71	9.18	15.39
1995—2000	7.79	6.87	7.14	9.11	21.04
2000—2005	6.98	1.87	4.24	12.08	15.27

说明：资料来源于《凉山五十年》《凉山州统计年鉴》

2005 年，凉山州粮食总产达到 184.12 万吨，农民人均占有粮食 490 公斤；农业总产值 145.33 亿元，农业增加值达到 49.68 亿元，占大农业的 54%；农民人均纯收入 2366 元。石榴、苹果、脐橙等名优水果达 35 万吨，烤烟 180.5 万担，甘蔗 50 万吨，蚕茧 27.6 万担，商品菜 85 万吨（其中外销蔬菜 51 万吨），优质花卉基地 2.9 万亩。彝族农民除粮食生产外，还从事烤烟、蔗糖、蚕茧、苹果、石榴、鲜切花、早特反季节蔬菜的生产，并逐渐增大其商品率。烤烟、蚕茧、甘蔗商品率高达 100%；青花椒、板栗、核桃等干果商品率高达 95%，石榴、苹果、脐橙等水果商品率达 75%，早特蔬菜商品率达 70%。特色农业的大力推广，成为促进彝族农民增收的重要来源，彝族农民家庭收入中 80% 来自特色农业。

彝族的家庭经济一直是农畜并重，畜牧业是彝族不可替代的产业。20 世纪 80 年代以来，彝区不断引进和推广优良畜种，科学养畜，推动了畜牧业的发展。2005 年凉山州畜牧业产值已达 60 多亿元，占农业总产值的 41.28%；肉类总产量达到 50 多万吨，人均占有量高于全省人均水平，牛羊肉产量、羊毛产量、皮张产量位居全省第一；猪、牛、羊、家禽出栏快速增长，牛羊出栏率居全省第二位；奶牛产业发展良好，存栏量逐年增长，牛奶产量快速递增；四畜存栏超过 1000 万头（只），其中牛、羊存栏总量居全省第一；人工种草面积达到 200 多万亩，位居全省第一。全州畜牧业经济持续增长，畜产品质量稳步提升，畜牧业结构逐步优化，畜产品结构不断调整，重大疫病得到有效防控，农民的科学养畜水平不断提高，畜牧产业化经营稳步推进。畜牧业对农民的收入贡献率增大，畜牧业综合指标在全省的排名由2000年的第20位上升到2005年的第7位。在无公害畜产品基地建设方面已获农业部认定的无公害畜产品有9个，绿色畜产品2个，经省认定的无公害畜禽基地40个。畜牧业收入占农民收入的比重逐年增加。2005年全州农民畜牧业人均纯收入达到784.78元，占农民人均纯收入2366元的33%；农民畜牧业人均新增纯收入达到78.74元，占农民人均新增纯收入210元的37%。

实施特殊优惠政策，给彝区农业发展注入活力。20世纪80年代，峨边县发放“老、少、边、穷”地区专项扶持贷款375.8万元支持农业发展。1998年天然林禁伐后，峨边享受退耕还林优惠政策，省委、省政府每年下达退耕还林计划，退耕还林户享受钱、粮补助，还规定民族地区农民退耕还林粮食补助标准每公斤提高0.2元。天然林禁伐后，峨边财政收入减少，省政府通过转移支付，对峨边进行补助，缓减了财政压力。税收方面，提高民族地区增值税返还比例。2002年．峨边增值税上缴75%，地方享受25%。2003年，省委、省政府决定省财政不参与民族地区增值税分享，实际执行的是每年上缴15%，地方存留85%。鉴于峨边山大坡陡，水土流失严重，省上实行特殊政策，把峨边列为全省水土保持重点防治县之一。

二、工业

中华人民共和国成立前，彝族地区工业基础十分薄弱。凉山仅有极少数铁匠、银匠、石匠和木匠等手工艺人。20世纪50年代末凉山工业开始发展，兴建了一些发电厂、农机厂、榨油厂等，1958年工业企业达到779家。20世纪60年代后，凉山工业发展迅速，1978年，已有工业企业1174家。20世纪80年代后，彝族地区工业经济实现了20多年的持续增长，1991年凉山工业总产值突破10亿元，到2003年实现100亿元，2005年达到近200亿元，与1953年工业产值相比（1000万元），增长了约400倍。随着改革开放的不断深入，彝区工业结构逐步进入以支柱产业为主导的发展时期。根据国家西部大开发战略和跨越式发展的要求，确立了电力、矿冶、绿色食品三大支柱产业，提出了建设水电王国，特色矿冶基地，特色农副产品加工基地的发展目标。

1986—2005年，凉山、马边、峨边等彝族聚居地医都形成了各具特色的工业体系。凉山州走新型工业化道路，以资源经济带动产业经济的发展，建立优势产业工业园区，工业体系建设加快，工业经济运行质量进一步提高，增强了综合实力。马边县重工业以原煤、生铁、电力为主，轻工业则有食糖和丝绸等。峨边县工业以有色金属的开采、洗选、冶炼为主，带动了电力、燃料等工业的全面发展。

（一）电力工业

彝区水力资源丰富。凉山州水力资源的开发量是5816万千瓦，其中三江流域为5016万千瓦。20世纪80年代以来，凉山州坚持电力开发“谁建、谁有、谁管”的方针和“多渠道、多层次办电”“以电养电”“集资办电”等政策，建成了大桥、牛角湾一级、二级、三棵树等百余座水电站。2005年，凉山电力装机570处，81万千瓦，年发电量39.41亿千瓦时，形成完整的输供电网体系，17个县市城区全部通电，650个乡镇中已通电584个，3741个村中已通电3439个，有13个县市达到农村初级电气化标准。

峨边县探索出多渠道、多层次、多形式、全方位集资办电的新模式，1989年被省水电厅评为“电气化建设自学成才单位”，成为全国初级农村电气化县。1990年4月，五渡电站（装机5000千瓦）、大堡电站（装机17500千瓦）建成，全县装机容量猛增到36212千瓦，水电装机容量达到43877千瓦，年发电量17069.8万千瓦时。2005年，全县已建成大小电站72座，总装机容量达32万千瓦，年发电量13.57亿千瓦时，实现电力工业总产值27490.4万元。

伴随着电网建设的逐渐深入，电力工业的成果惠及到广大彝族聚居地区。1995年，马边县被列为全国第三批初级电气化建设县，农村初级电气化建设开始启动，1999年通过省市验收。马边县政府被水利部授予“农村初级电气化建设先进单位”称号。农村电网建设，使彝族群众摆脱了长期以来无电或用电难的困境。马边县采取国债资金占资本金50%等办法，筹集资金实施“农村电网改造工程”“县城电网改造工程”和“无电乡通电工程”，彝族群众生活能源和城镇工业能源不足的问题得到缓解。2004年底，马边县已建成电站13座，装机容量6.79方千瓦，总投资4.16亿元。发电量达到30424万千瓦时，售电量30000万千瓦时，销售收入12000万元，电力工业成为马边县支柱产业之一。

（二）矿冶行业

彝区的矿产资源丰富，凉山已探明的有色金属矿种有12种，矿点628个，其中大中型矿床有39个。已探明的黑色金属矿产中，铁矿占全省储量的24.15%，钛矿占全省储量的23.57%，钒矿占全省储量的17.4%。钒、钛磁铁矿闻名全国，有4种有色金属产品产量居全省首位。2004年，铅锌产量占全国总产量的12.5%，氟碳铈稀土矿产量占全国总产量的40%，其选矿工艺达到全国一流水平，回收率高于全国平均值10个百分点。有色采选和冶炼已成为凉山的优势产业，其利税总额占全州利税总额的70%以上。盐源平川铁矿、会东满银沟铁矿、冕宁泸沽铁矿、德昌铁合金集团、泸山铁合金有限责任公司、会理锌矿有限责任公司、西昌锌业有限责任公司、江铜四川康西铜业有限责任公司、会东铅锌矿、北大方正稀土材料有限公司、甘洛银都集团等一大批企业不仅是四川省冶金工业重要的原料供应基地，也是凉山工业的支柱。这些企业在生产过程中不断加强改革、加强管理，积极实施技术改造，提高产品的竞争力和市场占有率。

峨边县利用能源优势加快矿冶工业发展，采取引资联办、独资办厂、老厂技改扩建，国营、集体联合经营等方式，兴建电石厂、黄磷厂、铁合金厂等。1988年，年生产能力5000吨的电石厂建成投产，实现了电冶工业零的突破。到1996年电石产量达3979吨，创产值509万元，当年被明达公司收购，转制为明达电冶有限责任公司，1997年生产电石6622吨，实现产值854.7万元，实现利润15.9万元，上缴税金105.5万元。1998年投资5000万元，将电热炉改建成4×7500千伏安电热炉，将产量在原基础上提高1万吨；继后明达公司又收购县人造板厂，组建成明达冶金有限责任公司。至2002年明达公司拥有铁合金生产能力22000吨/年，年销售收入近亿元，上缴税金700万元，产品远销美国、新加坡等国，是全国三大铬铁合金企业之一。2003年，明达公司生产的900余吨高碳铬铁出口韩国，创汇50多万美元。2004年，林河集团工业硅产品出口创汇125.78万美元。

磷矿是马边得天独厚的自然资源。据勘探，马边磷矿储量为24.76亿吨，已探明富矿为1.42亿吨，矿石品位较高，含磷地层较宽，矿床分布在老河坝、大院子和分银沟等4处，尤以老河坝矿区储量最多。2002年产黄磷2140吨。2004年产黄磷4000吨，磷化工业初具雏形。

（三）轻工食品

农产品加工是彝区的重要工业，烤烟、甘蔗和蚕桑等特色农副产品是农民收入的重要来源，凉山拥有豪吉鸡精、宁南白砂糖、会理生丝等一大批名优特新产品，烤烟、制糖、生丝、食品加工已成为凉山的优势产业。1985年建成的西昌卷烟厂年产值超过5亿元。1987年成立的豪吉集团为国内最大的鸡精生产企业，产品有豪吉鸡精、豪吉天府三宝、豪吉调味汁、豪吉味精等。1990—2005年销量占全省份额的80%，全国份额的40%，成为全国消费者熟悉并信任的品牌。2005年9月，公司获得四川省“企业质量信誉等级AAA级企业”称号，同年11月，豪吉鸡精通过了“中国驰名商标”的认定，获得“中国名牌产品”称号。2005年底，兴建了会理三益烟叶有限责任公司等一批烟叶复烤企业，复烤烟叶能力已达130万担。会理正达有限责任公司、西昌三牧乳业有限责任公司、华宁集团等企业在引领和带动全州畜产品加工业的发展，开辟农副产品加工业上起了积极作用。

峨边竹笋是传统特产，仅春笋年产量就达15000吨以上。随着竹笋加工技术的提高和销路畅通，峨边春笋在国际国内市场的知名度进一步提高，到20世纪90年代初期，年出口铁皮听装水煮笋达500多吨，内销瓶装竹笋系列产品2000余吨，产品远销台湾地区和日本及东南亚等地。在竹笋加工业的带动下，其他农副产品加工业不断涌现，农副产品加工业注册资金达5000多万元。截至2004年，全县优质农产品加工龙头企业总产值达2700多万元，全部农产品加工销售收入实现4127万元。

马边县以10万亩优质绿茶基地为基础，建成优质名优茶加工基地、大渡河造林局万亩茶园及加工基地，并突出重点茶场和重点茶叶加工、销售企业，促进茶叶产业发展。1994—2000年间，全县茶叶产量达1000吨，比1990年增长10.8%。2001年，通过提升茶叶加工水平增收100万元。2000年，以10万亩酸梅基地为基础，建成酸梅粗加工基地。利用30万亩竹林为基础，兴建竹笋加工基地，以马边县野源罐头厂为重点，加强竹笋加工，带动种竹造林。2002—2003年，又将公司规模经营方式引入农副产品加工业中，围绕农业产业化建设，加大农产品加工企业的培育，优化茶叶、竹笋、酸梅、中药材等制作和营销，建立一批具有带动农业产业发展的企业，涉及牧业、森林资源开发、茶业、食品加工等行业，同时进行高标准的技术改造，引进先进生产线，推动整个农副产品加工业的全面发展，

三、交通与通信

（一）交通

彝族居住地区山高沟深，地形起伏大，中华人民共和国成立前，彝族地区交通非常落后。1952年凉山州公路通车里程为408公里，到1957年也只有822公里。随着国家“三线”建设的开展，凉山州公路建设步伐加快，1962年公路通车里程为2460公里，1978年达到7036公里。改革开放以来，为了帮助民族地区发展，国家加大了对民族地区的扶持力度，通过以工代赈的方式帮助贫困地区修建县乡公路，相继实施了“贫困县出口公路建设”“西部通县油路工程”“县际和农村公路建设”等交通基础设施建设项目，使彝族地区落后的交通条件得到了改善。1980—1985年，新增公路通车里程1024公里。1984—1991年，省、市安排以工代赈资金569.9万元，扶持峨边县改造县乡公路，在省“通乡公路工程”的带动下，从县到乡，从干部到群众，不少人出钱出力，积极支持公路建设，使峨边在1991年实现了乡乡通公路。“要想富、先修路、公路通、百业兴”的观念深入人心。1986—2000年，凉山州新增公路通车里程5066公里。2005年，凉山州境内有公路通车里程14999公里，是1952年的36.76倍，年均增长率7.04%，其中，国道312公里，省道1875公里。州到县的公路均分布在国、省干线公路上，主要有108国道、西巧路、乌金路、乾冕路、泸盐路等。

成昆铁路始建于1958年7月，1970年7月全线通车，通过凉山境内甘洛、越西、喜德、冕宁、西昌、德昌6个县市，过境里程375公里，并实现电气化改造。

航空方面，西昌于1932年建有军用机场。1946年8月，开办民航业务，后停止使用。1958年恢复使用，建立民航西昌站。1975年对机场进行改建，命名为青山机场。1989年再一次扩建改造，新建了仪表着陆系统，达到国家一级机场标准，为全国40个大型机场之一，能满足B747、AN124等大型飞机起降和集装箱装卸需求，至2005年已开通成都往返西昌、北京往返西昌等航线。

（二）邮电通信

1978年改革开放以来，彝区的邮电通信事业发展进入一个新阶段。特别是21世纪初，邮政和电信分设以来，彝区邮政稳步发展，代办保险和代收国税业务发展势头良好，已初步形成规模。速递、物流业务进行整合，推行专业化经营，成立了特快物流分局，有效加快了特快物流业务的发展。函件业务呈现多元化发展，恢复了帐单寄递业务、封片卡类业务等。至2005年凉山州共有汽车、步班和马班等各类邮路68条，单程5745公里。其中二级开线自办汽车邮路11条，单程1614公里；委办汽车邮路12条，单程952公里；步班邮路21条，单程450公里；马班邮路24条，单程2784公里。

在电信方面，彝区以四川省电信有限公司发展战略为指导，结合实际，抓住完成收入目标和增强基础能力两条主线，坚持效益发展。2000年，在帮助民族地区实现光纤通信后，投入6.4亿元实施的“三州移动通讯扶贫工程”于2005年完成，移动通信网络覆盖到乡镇。2005年底，凉山电话用户达到382989户；固定电话达到298577户；小灵通用户达到84432户；宽带达到29739户；固定电话用户、宽带用户发展超额完成全年计划。同时，网络支撑能力和运行维护保障进一步提高。2004—2005年，彝区网络建设调整了投资结构、投资方向，根据市场和竞争需要，力求做到通信建设以市场为导向、以效益为目标。规范项目管理流程，网络建设基础管理得到加强，通过骨干传输网及数据网络优化、IP城域网建设、增值业务平台完善，网络支撑能力增强，基本保证了市场发展的需要。

四、旅游业

彝族地区旅游资源独具特色，拥有丰富多彩的自然资源和人文资滠。自然资源包括山景、地景、水景等生态景观，分布广，种类多，四季都有可开发和利用的价值。邛海—泸山和泸沽湖为国家级风景名胜区，大风顶为国家级自然保护区，马湖、彝海、龙肘山—仙人湖为省级风景名胜区，冕宁冶勒为省自然保护区，还有木里寸冬海子、恰朗多吉雪山、峨边黑竹沟、马边黄连山森林公园等主要景区景点有近100处。人文资源包括民族文化、红军长征文化、宗教文化、三国文化和南方丝绸之路文化等，民族风情浓厚、特色鲜明。西昌和会理为省级历史文化名城，西昌市礼州镇为省级历史文化名镇。有省级县级重点文物保护单位105处。灵山寺、光福寺、昭觉博什瓦黑岩画、西昌地震碑林、西昌卫星发射基地、凉山奴隶社会博物馆等为重要的人文景观。

彝族地区的旅游业在改革开放中诞生并发展。凭借独特的资源优势，20世纪90年代初期彝族火把节体验游、泸沽湖摩梭风情游、西昌卫星基地观摩游、西昌冬季阳光之旅等已成为知名旅游线路，吸引了大量的中外游客。2000年后，旅游业不断完善，2004年，全州有星级宾馆12家，普通宾馆223家，共拥有床位4万多张，有22家旅行社，220人取得导游资格证，接待游客数量、旅游创汇和旅游总收入逐年增加，旅游经济有了较大的发展。2005年，全州接待游客238.26万人次，比2000

年增加 183.34 万人次，增长了 433.83%，年均增长 34.11%；旅游收入 11.73 亿元，比 2000 年增加了 8.1 亿元，增长 222.16%，年均增长 26.36%。旅游收入占国内生产总值的比重由 2000 年的 2.63% 上升到 2005 年 3.9%。

2000—2005 年凉山州旅游业发展情况统计表

表 2-3

指标 \ 年份	2000	2001	2002	2003	2004	2005
游客总数（万人次）	54.92	146.37	168.66	103.16	171.85	238.56
旅游总收入（万元）	36.38	120.37	128.62	52900	82326	117290
国内游客总数（万人次）	54.87	146.31	168.65	103.15	171.84	238.26
国内旅游总收入（万元）	36257.68	120253.60	128594.50	52833.35	82309.35	117200
境外游客总数（人次）	500	600	100	100	100	293
境外游客总收入（万美元）	15.29	14.44	3.72	2.03	2.03	8.25

说明：资料来源于《凉山州“十一五”发展规划研究》

第三节　社会事业

一、教育

中华人民共和国成立前，彝族地区学校极少，只有少数“毕摩”和“苏尼”① 能够认识和书写彝族文字，广大彝族群众没有接受学校教育的机会和权利。中华人民共和国成立后，特别是改革开放以来，随着政治经济的发展，彝族地区的各项社会事业取得了巨大进步，初步形成了基础教育、中等专业教育、职业技术教育、成人教育、高等教育相结合的民族教育体系。1985 年后，中共中央《关于教育体制改革的决定》，把发展基础教育的责任交给地方，在多数农村中小学分批实行分级办学、分级管理，有步骤地实行九年制义务教育，中学教育结构得到调整。1986 年，凉山州草拟了《凉山州义务教育实施办法》，1990 年颁布实施，推进了依法治教、依法治校进程，促进了义务教育的发展。2001 年启动《四川省民族地区教育发展十年行动计划》，2002 年起实施国家西部地区“两基”攻坚和农村义务教育经费保障机制改革。2005 年，凉山州共有 9 个县及 81 个乡镇实现普及九年制义务教育，“普九”地区人口达到 330.33 万人，人口覆盖率达到了 79.51%。义务教育阶段入学率小学达 97.5%、初中达 52.93%。在校生巩固率也逐渐提高。同时，寄宿制教育成为民族教育的重要办学形式，特别是实施“两免一补”后，彝族地区农村贫困学生入学积极性高涨，辍学率得到有效控制，彝族在校生得到了进一步巩固。形成了以州、县民族中学为龙头，各县市城区重点寄宿制学校为骨干，各乡镇普通寄宿制学校为依托的民族寄宿制教育格局。凉山州委、州政府下发《关于进一步加强双语教学工作的决定》，巩固一类模式双语教学成果，扩大二类模式双语教学，双语教学得

① 主持彝族民间宗教活动的人。

到稳步推进。成人扫盲教育工作进展顺利，全州17个县（市）全面完成扫除青壮年文盲验收任务，有9个县（市）实现“两基”，省、州扫除青壮年文盲复查验收合格，青壮年非文盲率达97.3%。

1985年马边有中学10所，学生3536人，教职工316人；有小学267所，学生21099人，教职工1309人。2001年实施《四川民族地区基础教育十年行动计划》后，到2004年投入基建资金2614万元，修建教学楼、学生宿舍楼共32栋。投资263.65万元，改扩建校舍面积10389平方米。2004年，全县有中小学232所，其中小学217所，初级中学10所，高级中学5所，在校学生32520人，教职工2136人。学校校舍面积152026平方米，藏书总量26万册，小学生人均8.5册，中学生人均10册。

1984年峨边县教育布局进行调整，做到村有初级小学，乡有完小，区有初级中学，县有完中。全县有小学164所，在校学生17381人；初中5所，在校学生3220人；高完中5所，在校学生480人；中小学教职工1193人。国家加大教育投入，1988年投入教育经费299万元，到2004年教育经费达3600多万元。峨边中学和民族中学的校舍和教学设施达到省级标准，办学条件得到改善，被省政府评为“消除危房先进县”。1988—2004年，峨边小学毕业生31638人，其中彝族学生6446人；中学毕业生16391人，其中彝族学生1917人；培养出大学和中专学生3787人，其中彝族学生722人。

二、卫生

（一）医疗卫生机构

20世纪80年代中期，彝族地区有设备完善的州级医院和县级医院，区乡有卫生院（所）。州、县各级政府通过加强疾病控制体系、医疗救治体系、乡镇卫生院等项目建设，使过去彝区流行的天花、伤寒、麻风、霍乱等疾病得到有效控制。1990—2000年，省委、省政府在彝族地区集中投入资金，实施了5期卫生扶贫工程，培养卫技人员，为医疗卫生单位配置了医疗设备。2005年启动“万名医师支援农村卫生工程”，开展对彝族地区县级医院的定点支援活动。

1985年凉山有医疗机构601个，其中州级医疗机构9个，县级医疗机构72个，区级医疗机构107个，公社级医疗机构413个。卫生技术人员6891人，其中高级和中级卫生技术人员1815人，占26.34%，有病床6264张。经过20年的发展，至2005年，凉山州有医疗卫生机构802个，其中医院55个，乡镇卫生院674个，门诊6个，采供血机构2个，妇幼保健院（站、所）19个，专科疾病防治站（所）5个，疾病预防控制中心（防疫站）19个，卫生执法监督所9个，急救中心1个，其他卫生机构12个。床位8738张。卫生技术人员9248人，具有高级职称的305人，中级职称2724人，初级职称5159人。其他为药剂人员、检验人员等。

1985年马边县有县、区、乡医疗卫生机构共34个，包括医院、防疫站、妇幼保健院、卫生院等，村有合作医疗站，有的工厂、学校设有医务室，全县有病床305张，卫生技术人员444人。至2004年，马边县有县、乡医疗卫生机构36个，有村医疗站78个，其中县级医疗卫生机构有县人民医院、县中医院、县妇幼保健院、县疾病预防控制中心、县卫生监督所、县麻风病防治所。乡镇卫生院29个，形成了较为成熟的医疗卫生网，为彝汉各族群众提供了就近医疗卫生服务。全县在职卫生技术人员347人，其中高级技术职称8人，中级职称83人，初级职称222人。有病床320张，每千人口有卫生技术人员2人和病床1.88张。县人民医院先后新建了门诊部和住院大楼，县妇幼保健院新建了业务大楼，县疾病预防控制中心进行了疾控项目建设，5个中心卫生院进行了业务用房建设，部分乡镇卫生院已新建或改造业务用房。县级医疗卫生单位配置了一系列先进医疗器械和设备，各乡镇（中心）卫生院已相继补充了一些设备，县医院能开展颅脑等大型手术，部分乡镇卫生院可进行中下腹部手术和计划生育手术。能有效处置霍乱等重点传染病和突发公共卫生事件，基本满足了全县人民医疗服务和预防保健需求。

1985年峨边县有县乡医疗机构23家，村卫生室23个，厂矿医院3家，全县共有医疗卫生人员484人，其中主治医师5人，医师和药剂师51人，中医师17人，医（技）士212人，有病床476张。至2004年，峨边县有县级医疗卫生单位5家，中心卫生院5所，乡卫生院13所，村卫生室23家，村级卫生员109人，个体诊所6家。共有病床261张，卫生技术人员305人，其中高级职称7人，中级职称99人，初级职称199人；民族医疗队伍从无到有，不断壮大，彝族医务人员已占到1/3。县人民医院建成二级乙等医院，县中医院建成二级乙等中医院。医疗卫生单位建筑总面积30762平方米，增添大型医疗设备20台（套），固定资产总额增加到1587.8万元。婴儿死亡率从47.4‰下降到25.35‰，儿童计划免疫"四苗"（麻疹疫苗、脊灰疫苗、卡介苗、百白破三联疫苗）接种率以乡镇为单位达到85%，农村初级卫生保健工作达标，消灭了天花、丝虫病、克山病，基本控制了地甲病、疟疾和麻风病。

（二）彝族医药

在长期的发展过程中，彝族群众积累了丰富的医药知识，并逐渐形成了以八方、八角以及阴阳观为核心内容的传统彝族医药理论体系。彝药分为三类，一是植物药类，此类药独具特色，品种多、产量大、质量高。可分为蔬菜类、果树类、寄生类、树皮类等，有天麻、厚朴、茯苓、党参、黄芩、玄参、苡仁、大黄、虫草、独活、当归、牛膝、吴萸、柴胡、玉竹、秦艽、猪苓、沙参、余甘子、火棘（救兵粮）等。凉山州雷波县的黄连、附子、贝母号称三宝，境内之山因盛产这三种药材而号称"三宝山"。二是动物药类，家畜类动物药55种，野生动物类有熊、老虎、松鼠、穿山甲等动物，以及从相关动物体中提取的麝香、牛黄、鹿茸、毫猪刺、蛇血、蛇皮等，昆虫类如牛屎克郎、臭虫等共89种。三是矿物类药有雄黄、石膏、黑盐巴、铜手镯、锈水等。

彝族认为世界一切事物都是由"清浊"二气组成。在彝文文献《宇宙人文论》中记载，不论天、地、日、月、五行，万事万物都是由"清气"与"浊气"不断变化产生的。提出"人体同于天体""人与天地同"。认为"天有日月，人有眼睛；天有风，人有气；天会雷鸣，人会说话；天有阴晴，人有哀乐"等。这种天人相应的观念也是彝医产生的指导思想。《西南彝志》记载了人体的生理学。认为"人生肾先生，肾与脾成对，肾属壬葵水，脾属戊巳土，心出形成威，心属丙丁火，后长肺和肝，脾属庚辛金，肝属甲乙木。"彝医认为："气血"是构成人体的基本物质，"人死气血断，气血流通了，运动不停息"。彝医对病因的认识广泛，据《彝医药经》记载：风是百病之长，所有疾病都由风引起。彝族人民居于高山者居多，以风为伴，在正常情况下，风为生活之动力，在疾病上则为诸病之首。彝文文献《公史传》中记载："吹风成了气，吹风成了力，吹风成了毒，成了千万毒，所有病源从此生。"

1956年后，彝族传统的民间医药受到国家重视，彝族医药事业得到一定发展。20世纪80年代后，国家安排专项经费，组织人员深入到凉山彝族聚居区及老彝医家中，进行实地调查、采访、收集彝族民间传统医药经验与常用动、植、矿物标本1000多份，秘方1000多个。在此基础上，1986

年凉山州食品药品检验所整理出《彝族动物药》一书，共收载动物药224种。1990年，李耕冬、贺廷超编著的《彝医植物药》《彝族医药史》由四川民族出版社出版。

彝族医务人员将收集的资料反复进行科学分析、整理、药物制剂工艺改进、动物实验、临床验证，从而探索与积累了一些对痛风、风湿、类风湿、面瘫、脱发、乳腺小叶增生、急慢性咽喉炎、淋病、皮肤病等疑难病症的治疗经验与特效处方，彝医药在不断收集、整理的基础上，逐步开发和利用。1999年8月，凉山州彝族医药研究会成立，2005年9月，成立了凉山州彝族医药研究所，并在州中西医结合医院开设彝医门诊，采取独特的诊病方法为患者治疗。主要诊治方法有望象诊断、取象诊断、方位诊断等，治疗方法也很多，如针刺、服药酒、草药外贴内服等。

三、体育

（一）管理机构及现代体育运动

中华人民共和国成立前，彝族地区没有专门的体育机构和专业管理人员，体育活动为群众自发性的娱乐项目。1956年随着国家体育事业的全面发展，凉山17个县（市）以及马边县和峨边县均设有体委，20世纪80年代后，彝区体育系统机构设置完善，内设竞训科、群体科、计财科和办公室。配备专职体育工作者，2001年，凉山州体育系统有职工213人，其中专职教练员95人，有重点业余体校1所，普通业余体校17所，全民健身活动形成了制度。彝族地区开展的运动项目日渐多样，主要有田径、排球、足球、乒乓球、羽毛球、体操、武术、拳击、举重、柔道等。同时，在彝区开辟了运动场地，增添了体育器材设备，体育工作在“发展体育运动，增强人民体质”的指导下开展，每年定期举行各种运动会或单项赛事。

（二）传统体育项目

彝族传统的体育项目有摔跤、赛马、射击、射箭、掷石子、舞刀、舞剑、打秋千、踩跷跷板等。每当过彝族年、火把节等民族传统节日和举行婚丧、集会、赶场之日，都要进行这些体育项目的表演和比赛，尤其在凉山腹心地区的昭觉、布拖、美姑、越西等彝族聚居地更加盛行。

1. 摔跤

彝语称摔跤为“格”，是彝族民间常见的一项传统体育。凡婚丧、放牧、赶场集会、劳动之余、节庆之时都要进行摔跤比赛。田边、地角、院坝及自然形成的平地都是摔跤的训练场和比赛场。中华人民共和国成立前，人们有时将摔跤视为赌博，家支之间进行摔跤定输赢，常因摔跤引发家支间的械斗。1956年民主改革后，摔跤被作为一项体育运动项目来开展。1990年经国家体委、国家民委审定，把彝族式摔跤正式列为全国少数民族运动会比赛项目。

2. 射箭

彝族使用弓弩箭的历史悠久。“弓”用小树干和牛皮筋制成，箭干有铁质、木质的，箭头有铁质、铜质和骨质的，其中又分有毒箭头和无毒箭头两种。

《雷波厅志》记载：“夷性牧猎，出入多以箭、弓、弩相随。”射术的比赛分为骑射和固定射两种，以及射远与射准之分。骑射是骑于马上、打马飞奔射中目标者为胜，固定射是站立射中目标为胜。其要求有固定的距离，如50步、100步、150步，目标大至山羊，小至树叶，每人按规定射几箭为限，中靶多者胜，并由主持人发给实物奖励或相互请吃酒肉等。1956年后，彝族地区依靠狩猎为生的人减少，射箭已不再是谋生技能，而是作为彝族人民体育活动中的一个古老项目保留下来。

1980 年后，只有雷波、甘洛等县边远山区的少数人会射箭，其他地方已失传。

3. 掷石块

掷石块，起源于放牧。人们在野外放牧时，为使牧群听从放牧者的意图，以掷石块指挥畜群，有的牲口不听使唤，放牧者即掷石打击，使其回到畜群中来。掷石有两种：一为手投掷，一为以皮条绳为工具，名曰“皮风子”，将石块包裹其中，甩出时发出呜呜的叫声，掷石块可远达 200 米以上。1980 年后发展为彝族传统体育比赛项目，以掷得最远者获胜，再后发展为不仅掷远还须击中目标者为胜。

4. 其他

荡秋千、踩跷跷板流行于甘洛、越西等县，在火把节和彝族年时举行，是农村青少年喜欢的娱乐项目，许多村寨仍在开展。秋千有平直荡和旋转荡两种。

四、文化

彝族谚语。称为“尔比尔吉”，起着道德规范和习惯法的作用，指导着人们的言行。其特点是词句精炼，音律铿锵，想象丰富，格式整齐，易于上口，便于诵记，群众基础深厚。“尔比尔吉”在 1956 年前的彝族社会中主要起习惯法的作用，它所汇集的习惯法具有社会适用性，并运用于彝族社会生活的各个方面。1956 年后“尔比尔吉”的内容不断扩大，成为无所不包的文体，在彝族社会中传播很广、影响很大，整个彝族社会形成了人人必说“尔比”的风尚。

神话故事。彝族神话故事大都和史诗有着密切联系。如支格阿鲁的故事就来源于史诗《勒俄特依》。彝族人民通过支格阿鲁这个神话英雄，创作了许多动人的神话故事，表达自己的理想和愿望。除了支格阿鲁的故事外，在凉山彝区具有代表性的还有《七个英雄》《美女布阿诗呷尾》《天神——思惹阿比》《大力士——阿体拉巴》《月亮的女儿》等。这些神话故事，表达了人们对于真善美的热情讴歌，对于假恶丑的无情揭露，对于暴力的憎恨，对于弱者的同情。有些神话更是反映了彝族人民要求改变现状的强烈愿望及对于光明和美好理想的热烈追求。

历史传说。这类传说中的主人公多数是实有其人，大都为人们所熟知。在漫长的岁月中，人们对他（她）们的认识和评价赋予了传奇的色彩，对于其中有些人物，甚至加以神化。如流传甚广的《毕阿史拉则的故事》，叙述了彝族著名毕摩阿史拉则，具有呼风唤雨、撒豆成兵的神力。他为了彝族人民的利益，与大自然搏斗，与压迫彝族的统治者搏斗，撰写了大量的经文，保存和传播了古老的彝族文化。又如《孟获与诸葛亮大战泸沽》的故事，与汉文史书和小说记载有很大的差异，情节和观点均不相同。此外还有《居木惹牛》《古火曲涅》等。

彝族童话和寓言题材广泛，简矩有力，想象奇特，寓意深远。比较流行的童话有《懒猴的故事》《乌鸦的衣服》《喜鹊颈上白圈的故事》《蛤蟆与水獭》。寓言有《猴子与老虎》《兔子与老熊》《山羊与狗》等。这些故事培养儿童从小树立机智勇敢、不畏强暴、扶助弱小的美德。

20 世纪 80 年代后，彝族地区文化事业机构健全，各县均设有文化局、文化站、文联等，彝族丰富多彩的传统文化得以挖掘、整理和出版，呈现出百花齐放的繁荣景象。如反映彝族历史、哲学、教育思想的《西南夷志》和《勒俄特依》《玛木特依》等；反映彝族生活、爱情的长篇叙事诗《我的幺表妹》《妈妈的女儿》《甘嫫阿妞》等。这些作品富有浓郁的生活气息，深受彝族群众喜爱。彝族民间文学具有鲜明的民族风格和艺术特色，其形式多样，内容丰富，有诗歌、神话、传说、童话、寓言、谚语、谜语，绝大部分是广泛流传于民间的口头文学。叙事长诗和抒情长诗的代表作有《我的幺表妹》《妈妈的女儿》等。民间故事与传说反映了一定历史时期的社会内容和不同的特点，如《洪水的故事》《天地万物的起源》反映了彝族对人类起源的认识。

1984年，《凉山彝族民间故事集成》《凉山彝族歌谣集成》《凉山彝族谚语集成》编辑出版。峨边、马边开展了民间故事、歌谣、谚语的普查和收集工作，仅峨边就收集到民间故事195篇、寓言4篇、笑话16篇、歌谣130首，计20余万字。1993年，在省委宣传部、省文化厅、省民委联合召开的民间文学表彰会上，《中国民间文学集成（峨边卷）》获一等奖。1985—2005年相继出版了《凉山彝族民俗文化》《凉山彝族机智人物故事选》《甘嫫阿妞》《克哲》《喜德彝族民间故事选》《民间故事选译》《四川少数民族民族服饰艺术》《汉彝词典》《凉山彝族外来词语概说》《中国衣经·彝族服饰》等。

1985—2005年，涌现出许多彝族作家、诗人，他们以文学创作的形式，通过小说和诗歌来反映家乡的新面貌，讴歌彝族人民的新生活。如中国作家协会党组成员、书记处书记兼机关党委书记、《民族文学》主编吉狄马加，代表作有1985年由四川民族出版社出版的《初恋的歌》，1990年由民族出版社出版的《一个彝人的梦想》，1998年由贵州人民出版社出版的《遗忘的词》，2004年由四川文艺出版社出版的《吉狄马加诗选》等；中国社会科学院民族文学研究所研究员、中国民俗学会副会长、中国少数民族文学学会副会长巴莫曲布嫫著有诗集《图案的原始》（1992年，四川民族出版社），《神图与鬼板：凉山彝族祝咒文学与宗教绘画考察》（2004年，广西人民出版社）；中国少数民族文学学会会员阿克鸠射，1990年创作的彝文散文《口弦倾诉衷情》入选小学六年级彝语文课本中，1992—2005年相继出版彝文长篇小说《雾中情缘》、散文集《翻阅生活的注脚》、诗歌集《高原彝人》等；彝汉双语诗人阿库乌雾1984年开始发表彝文作品，1986年以后从事彝汉双语创作，先后出版的著述主要有：诗集《冬天的河流》（1994年，彝族母语文学史上第一部现代诗集）、《走出巫界》（1995年）、《虎迹》（1998年，彝族母语文学史上第一部现代散文诗集）、《阿库乌雾诗歌选》（2004年），其文学创作成就入编《彝族文学史》《彝族文学概论》《当代彝族文学》，被誉为“彝文现代诗歌之鼻祖”，部分诗作入编中小学和大学的彝语文教材。彝族女作家阿蕾1985年创作的短篇小说《根与花》获全国第二届少数民族优秀短篇小说奖，并于1995年翻译成日文介绍到日本，短篇小说集《嫂子》获凉山州第一届文学艺术山鹰奖。

五、科技

20世纪80年代，彝族地区的科学技术组织体系已基本形成，随着科学技术工作的开展、科技队伍不断壮大。科学技术和科技队伍素质有了明显提高和改善，特别是1978年3月全国科学大会的召开，提出“科学技术是生产力”“科技人员是工人阶级的一部分”等论断，从理论上确立了科学技术和科技人员的重要地位。自然科学研究机构（畜牧兽医科学研究所、农牧机械研究所、林业科学研究所、畜牧兽医研究所、西昌农业科学研究所、亚热带作物研究所、科学技术情报研究所）、民营科技企业、高新技术企业纷纷落户彝区。2005年，凉山州有各类专业技术人员56362人（不含中央、省属单位），其中高级职称1230人，中级职称15506人，享受国务院特殊津贴专家32名，省级突出贡献专家9名、省学术和技术带头人15名、后备人选206名，州级拔尖人才186名。

第四节　文化变迁

一、服饰

彝族支系繁多，居住分散，自然环境复杂，社会经济发展不平衡，其服饰绚丽多姿，色彩鲜艳，纹饰丰富，具有独特的民族风格。依诺、圣乍、所地三大土语区的服饰在质地、款式、纹饰等方面形成了各具特色的特征。充分反映出彝族的审美观念、精神面貌、生活习俗和区域特征、年龄特征等。

（一）传统男子服饰

头饰。彝族男子发式特征明显，即无论老幼皆于头顶留一绺头发，彝语称“助尔”，汉语称“天菩萨”，为彝族男子的尊严之处，不能随意触摸。男子包头帕，在头帕一端裹一锥结，将它固定在前额的左边或右边，彝语称“助替”，汉语译为“英雄髻”，其样式根据年龄分为青年式和老年式两种。

耳饰。在婴儿时，即在左耳穿一孔（亦有穿二小孔者，一在耳腔，一在耳翼，同时戴两个耳环），孩子稍长，始戴耳环。环上串珠三粒，中间一粒为红或黄色，两边则为深红色，略小，耳下垂红线，称“蜜蜡珠”。成年后戴正式银丝镶嵌的耳环。富有者戴镶嵌有珊瑚、琥珀的耳环，值银数十两，但为数不多，有的戴有料珠的银环，有的只穿一黑线。

胸饰。男子胸前常佩辟邪之物，如象牙、麝香、野猪牙、虎牙、熊牙等。毕摩念过的符咒布包（红色或蓝色），人人皆有，反映了信仰对服装的影响。

手饰。手腕戴银镯或铜镯，手指饰有银质戒指。

衣饰。上衣穿右衽斜襟衣，窄袖，于胸前、背部、袖口、襟连处都有精美的刺绣或贴花做装饰，色彩上因年龄不同而有所区别。中老年人多选用青、蓝、黑等深色，年经人则喜红、黄、绿、橙等艳丽的色彩，有单衣、罩衣、背心等。依诺、圣乍地区的青年男子上衣艳丽，与女装相同。所地地区的男子上衣以绊扣为装饰，彩边绊扣长达数寸，排列右侧，有的甚至从前腹至后背，或等距离密排，或三、两根组合排列。纽扣为金属材质，硕大闪亮，绊扣点缀了素色服饰，独具风采。男子缠绑腿，着裤，裤子款式分为依诺地区的大裤脚，因裤脚特别宽大而得名，圣乍地区的中裤脚，所地地区的小裤脚，裤脚特别窄小，小到仅能将脚伸进去。腰束宽带皮鼓兜。左肩斜挎绣包以装饰，包带装饰有大小不一的网形玉片，包底有穗。佩带为男子的重要佩饰，采用皮绳编制而成，带面镶嵌状如纽扣的白色大小海螺骨片，红布衬里饰边，斜带于肩胸。毡笠或竹笠也为男子喜爱的佩饰之一。

（二）传统女子服饰

头饰。彝族女子未成年时梳单辫垂于脑后，约八九岁后，即将单辫盘于头顶四周，辫尾亦缀以红色棉线，辫上有时扣以弓形小木梳以装饰。举行成年礼后改为梳双辫，交叉盘压在头帕之上。头帕多为青、黑色布，折叠数层成长方形，表面一层挑花，十分精美。妇女头饰因生育与否而不同，已生育的妇女戴帽子，未生育的女子戴头盖，头盖款式因地域不同而有所差异。依诺地区的年轻女子戴用一截深色布料折卷而成的头盖，形状像一小匹布。圣乍地区的女子则戴一块方形布块，精心缝制而成，青面红里，帕面用彩线绣上美丽的花纹，帕里是若干层彩线锁边的衬布。所地地区头盖是一条彩线锁边的青布，帕内有一条硬布带弧形帕圈。此外，还有童帽、新娘盖头等。

耳饰。未成年前耳上常挂红绿料珠，大如豌豆，串四颗成一串，长约三四厘米，系红色棉线穿于耳际。或戴以红色石质小圈，用线穿入圈中，分挂耳际。成年时戴耳环，耳环有石质、铜质、银质的，其形大都为圆形、星形。银质或铜质样式较多，最普通者为三合式或四合式联合花苞，中嵌红豆。

领饰。主要以银牌为饰点，即在衣领中部纽扣处钉铜质涂银的领牌一排，中有长方形银条，左右有银条三对七根。另有银领，即用银质圆纽钉在领片上，前有银扣环。女子以颈长为美。妇女上衣的衣领最为讲究，领面装饰有银泡、银片或挑花、贴花。领扣多为银质，中青年妇女多戴长方形银牌领扣，老年妇女戴花形银质领扣。

衣饰。大襟有衽，领口四周缀以金器、银器、珠宝和玉器，于胸襟、背部、袖口做滚花，做工精致，色泽讲究。装饰有盘扣，用彩色丝线缠绕，盘成各种形状。甘洛彝族女子服饰中襟为多，独具风采。圣乍地区的兔毛背心又别具一格，即在青底彩花的坎肩袖笼边镶以一圈雪白的兔毛，华美富丽。

百褶裙分童裙和成人裙。童裙由两节缝接而成，成人裙由三节组成，上面部分呈筒状，下面部分做有层层皱褶，用料多达10米左右，色彩搭配协调，通常为白、红、黄或黑、蓝、灰色。

彝族男女老幼都喜用察尔瓦和披毡，二者都为披风款式，平时单披察尔瓦，天气寒冷时加上披毡。彝族服饰上的图案纹饰多以自然界中的各种自然物为对象，如日、月、星、波浪、山、植物、动物等，反映了人们对大自然的认识和热爱，纹饰古朴、流畅，既美观大方，又寓意深刻。

（三）服饰变迁

随着时代的发展，彝族服饰的变迁主要体现在以下几个方面：一是从面料的使用上，20世纪80年代前是以棉、麻、毛为主，20世纪80年代后市场上的面料品种十分丰富，如绸缎、丝、绒、棉绸、晴纶等，应有尽有。彝族群众根据经济条件和喜好选择中意的面料。二是从服饰的制作技艺上，20世纪80年代前大都是手工缝制，彝族姑娘十岁左右母亲就会教她缝衣、刺绣等针线活，13岁后母亲教她做百褶裙。手工缝制服饰需花费较多的时间，如百褶裙的缝制工序复杂，制作考究，一条百褶裙需缝制40天左右的时间才能完成。20世纪80年代后，彝族群众外出务工的人数逐年增多，加之机器加工的便捷，年轻人不愿传承耗时费力的服饰技艺，多选择在市场上购买成品服饰，使服饰技艺面临传承难的困境。三是服饰的应用上，20世纪80年代前在彝族聚居的乡村城镇，男女老少都着该民族服饰，人们凭服饰可知道她所生长的区域、是否结婚生子等。服饰除它自身应有的御寒保暖、美观实用外，还作为彝族最直观的文化符号展现给社会。20世纪80年代后，人们着装上的变化较大，无论在彝族聚居地的乡村还是在城镇，穿着本民族服饰的人越来越少，年轻人和小孩更是如此，着装上以社会流行时装为主，传统的彝族服饰只在节庆和重大聚会中（如婚礼、葬礼）穿着。

二、居住

彝族大都聚族而居，村寨多坐落于依山傍水、向阳避风、树木茂盛、土地肥沃、地形开阔、有利于耕牧和军事防御的山坡上。在高山多散居，半山和河谷地带多聚居。同一个血缘家支聚居在一起，形成自然村落，小则几户，多则几十户。血缘较近的各支分散相邻，以便保持密切联系。按彝族习俗，儿子结婚后需另外建房居住，父母随最小的儿子居住。

彝族群众在适应自然的过程中创造了极具特色的传统民居，大都为“瓦板房”。彝族盖房选址、破土动工、乔迁新居都要请毕摩占卜、观星宿和选吉日。立火塘时，须一次点燃柴火，再宰杀牲畜，意为火塘之火旺盛，以示丰衣足食，家道昌盛。“瓦板房”的建筑材料很简单，大部分是山草、竹、木、砂土、块石等，用砖瓦甚少。瓦板房防雨保温，外形分土墙和竹巴墙两种。每幢房长约13米，宽约4米，双坡屋顶，木构搭成，木构架为原木去皮打眼穿斗。屋内隔木板或竹巴，装饰简单的纹饰图案。盖木板椽条板，每块长约2米，宽约30～40厘米，交错铺两层，板上不用钉，复压石头即可稳固。独门，宽而矮，朝内开。门外设一外开的木棚门，以防家禽出入。小窗，光线不好。室内分为三部分。进门正中一门相对宽大，正中稍偏处设火塘，置三石撑锅，谓之“锅庄”。此处是家庭生活的中心，也是全家做饭、烤火、议事、待客之处。其左侧，用木板或竹巴隔一有中门的内室，内放床和柜箱之类。右侧用圆木隔为二三格，分别作储藏室，设水磨、水桶，可堆放零物，房屋靠墙一周用圆木搭有楼层，以储放粮食、生产生活用品及未婚女子住房。屋外设马厩、畜舍、柴房等。房前围以土墙，形成院坝。河谷与半山及高山地区略有区别。河谷地区多为土掌房，用泥土做墙、木材做板瓦，内部隔板也用木板，梁柱及椽子的连接全部用木榫。20世纪80年代以来，由于经济发展，生活水平提高，彝族人民的居住条件改善，高大宽敞的木架瓦板房成为多数彝族人民的住宅，砖木水泥构筑的新式住宅在彝区也逐渐增多。室内陈设变化较大，电视机、收音机、电饭煲等家用电器，沙发、床等现代家具都进入了普通彝族家庭。有的地方还建起了外观保持民族特色、内部装饰非常时尚的住房。

三、饮食

四川彝族的饮食原料及饮食方法反映了彝族的生产形态和文化习俗。

（一）主食

高山区彝族以土豆、荞子、燕麦为主食；河谷地区的彝族以玉米、大米为主食；二半山区的彝族以玉米、土豆、荞子为主食；部分低山、河谷平坝区的彝族则以大米为主食。20世纪50年代以前，彝族粮食加工制作较粗，荞子一般以小石磨碎细后蒸粑，荞粑分苦荞与甜荞两种，用荞子磨粉调水蒸即成。土豆整煮或烧食，燕麦制成炒面，大米煮成饭。20世纪80年代后，尤其是国家实施退耕还林以来，居住在高山及二半山区的彝族群众享受现金或粮食补助政策，主食已发生变化，多以大米为主。荞麦、燕麦等传统的粮食作物种植逐渐减少，作用也与过去不同，如荞麦因其易消化，营养价值高，有降血糖和降血压的功效，逐渐开发为荞麦茶、荞麦酒等，销往国内外。

（二）副食

高山彝区的蔬菜主要是圆根、萝卜；半山彝区的蔬菜是圆根、萝卜、青菜与豆类；低山和河谷平坝区的蔬菜则同内地一样。彝族喜吃汤菜，肉类喜切块食用。“坨坨肉”和“酸菜汤”是凉山彝族的传统佳肴和特色食品。“坨坨肉”系将猪、羊、牛、鸡等畜禽肉砍成拳头大小煮后滤水，不宜煮得太软，刚熟即起，再拌盐、蒜、海椒、木姜子等佐料。其肉肥而不腻，醇香可口。猪肉尤其讲究以10公斤左右的仔猪制作为佳，有香、酥、鲜等特点，逢年过节必食。酸菜汤系用圆根、青菜腌制晒干，切碎装坛保存，食用时加水煮沸稍加盐，并刮入木姜子即成。20世纪80年代后，为适应彝区旅游业发展的需要，彝族传统饮食得以挖掘和发展，西昌、马边、峨边城镇涌现出一批彝族特色饮食餐厅，如“马食子”“凉山风”“大凉山”等，专门经营具有彝族特色风味的食品，主要有坨坨肉、酸菜汤、血灌肠、辣子鸡、豆腐连渣菜、腌肉、土豆、荞馍馍等。

（三）饮料

酒在彝族的饮料中占有十分重要的位置，“彝人贵酒”是传统习俗。酒是彝族表示礼节、遵守信义、联络感情必不可少的饮料。无论婚丧大事、喜庆年节、探亲访友、排解纠纷、结盟起誓，均“无酒不成礼，无酒不成席”。彝族家家会酿酒，酒的种类有咂酒、泡酒、烧酒、醪糟酒、水花酒等。泡水酒富有民族风味，用玉米炒熟后磨碎，经蒸熟、晾冷、拌酒曲发酵，7～15天酿成，清凉香甜，浓度低，可当清凉饮料饮用，为彝族节日喜庆必备。20世纪80年代后期，彝区已出现专门从事生产商品泡水酒的专业户，泡水酒在城乡市场上出售。随着彝族人民生活水平的提高，平时多采购白酒和啤酒，年节和秋收时自家酿酒。凉山边缘杂居区的彝族除喜饮酒外，还喜饮茶。

（四）饮食待客方式与食具

凉山彝族在饮食上有特殊的待客方式与食法，如“见红”习俗，即客至必杀牲见血为尊。打牲前，须将待客的家禽通过各种方式经客人过目，宰杀时不用刀子，用棒击毙，再剖腹放血。以烧烤的牲畜心肝奉献客人为敬。木、竹、石质食具是高山彝族的传统食具。如木制的碗、杯、盘、盔、钵、碓、槌等；竹制的箩筐、竹箕和石制的磨、槽、缸等。边缘杂居区的彝族使用瓷器、铝盆、铁锅等。20世纪80年代后，彝族地区经济发展水平提高，彝族人民生活改善，居住在高山的彝族食具也增多，瓷器、铝盆、铁锅已在彝区普及。传统食具被开发为旅游产品在市场出售。如漆器系列产品便是在彝族传统餐具基础上发展起来的民间工艺品，其风格古朴，花色多样、工艺精美、构图奇特、高贵典雅、色泽柔人。其产品包括传统的餐具、酒具及新开发的茶具、旅游纪念品、室内装饰器具等。彝族漆器的图案纹饰多以日月星辰、山川河流、天文地理、动物植物、神话传说、单独纹样见多。十分讲究装饰的对称性和变形的抽象性。点、线、面的运用简洁得体；漆器的色彩浓烈而明快，感染力极强。对色彩的运用寓意民族审美意识和精神气质。常用黑、红、黄三色，黑色为天地之本色，寓意为庄重与威严；红色代表热情豪放而勇敢；黄色象征着光明与未来。

饮食习俗变迁不大，但在某些方面也有一定的变化。如居住山区的彝族群众种植莲花白、白菜、西红柿、萝卜、辣椒等，有了吃蔬菜的习惯，而且还学会了制作各种炒菜，并将它用在日常生活中的宴请上，许多彝族家庭已逐渐用炒菜办酒席待客。

四、人生礼俗

（一）诞生礼

婴儿诞生是件大喜事，按照彝族传统习俗要举行许多仪式。主要有降生礼、出户礼、祝福礼、拜望礼等，以示庆贺。一旦婴儿诞生，父母要视家庭经济情况或杀猪宰羊，或杀鸡买酒招待亲友，进行庆祝。婴儿出生后的第三天至一个月之内，要选择一个单日举行出户礼，彝语称“阿衣得波都”，意为第一次将婴儿抱出户外，行拜见天日之礼。这一天要为婴儿命名，彝族的名字分为尊名和本名，尊名多为排行名，有一定的使用范围，是同辈和哥姐弟妹用的呼名；本名是长辈对晚辈用的呼名，也是对外使用的正式名字。婴儿满月后，要举行一场消灾避邪祝福婴儿健康成长的仪式，即祝福礼。此后，父母要择吉日带婴儿到外公、外婆家去拜望，彝族称为“阿衣补”，即拜望礼。

（二）成年礼

在彝族的风俗中，少女举行成年仪式后方可开始社交和谈婚论嫁。换裙仪式，彝语称为“撒拉洛”，意为脱去童年的裙子，换上成年的裙子，俗称“换童裙”，在少女13岁或15、17岁时举行。换裙前的女子梳单辫、穿耳线，着红、白两色两截裙，裙边镶有一粗一细两条黑边。换裙的具体时间由母亲掌握，要选择吉日举行。这一天，家里像过节一样喜气洋洋，要杀猪宰羊，或至少杀鸡买酒，大宴宾客，招待邻居。换裙仪式只邀女性参加，不允许任何男性在场。仪式的主持人是村里无灾无祸、人财两旺的老年妇女，彝语称她为“衣者衣莫”。

成年礼与诞生礼都在彝族聚居的乡村世代传承，保留完整，在彝族分散居住的地区和城镇已逐渐淡化。

（三）婚礼

彝族的婚礼保留了许多古老的习俗，如泼水、抹黑脸、哭嫁、新娘婚前禁食等。彝族男女婚前要举行订婚仪式，订婚时要先取吉兆合婚，男女双方各杀一头猪，取胆、胰观看，以胆色澄黄、胰大直肥为吉，若胰脏卷曲则为凶，表示不能相配。婚期根据双方出生年月的属相选定，一般都在每年的农历十一月以后到次年二月间举行，最佳日子是在有六颗星与月亮成一平行线的时候，彝族称为“他波”。在中华人民共和国成立前，彝族传统的婚姻制度是等级内婚、同族内婚、家支外婚和姑舅表优先婚。中华人民共和国成立后，尤其是改革开放以来，许多与《中华人民共和国婚姻法》相背离的传统禁锢都已打破，彝族青年崇尚自由恋爱、平等交流，在彝族地区，还出现了跨民族、跨地区、跨国界的婚姻方式。

（四）葬礼

凉山彝族实行火葬。葬后，就地挖土、石盖严，或将骨灰装入袋，用马驮于深山藏于岩穴。此后，要为死者举行“安灵”仪式，即用1寸左右的竹子，外包白羊毛，缠红线，装进长5寸、挖有槽的木棒内，再用麻皮缠绕，削尖木棒两端，挂在一块竹篾笆上，灵牌即成，彝语称为“马都”。“马都”置于室内梁下上方神位上。神位是家中最神圣的地方，不许玷污。父母的“马都”一般供奉在幼子家中，逢年过节，家人都要祭献酒肉，以表示对死者的悼念与精神寄托。待父母双亡3年以后，要择日举行隆重的送灵仪式，将“马都”送至人迹罕至的山洞安放。农村居住的彝族，这一习俗一直沿袭未变，居住在城市的彝族，尤其是国家公职人员均按国家出台的相关丧葬规定执行。

五、节庆

节庆是各地彝族生活方式和习俗的集中表现。四川彝族的主要节庆有彝族年、火把节等。彝族年是彝族群众最隆重的传统节日，彝语称“库施”，其主要活动是祭祀祖先，亲友相互拜望，相互祝福。各地过年时间不一，一般在每年农历十月至十一月中、下旬选吉日过年。彝族新年第一天，天还未亮人们就起床，男的在家清扫祖宗灵位，洗涮敬奉祖灵的餐具，磨刀，宰杀过年猪，妇女们打扫卫生，做荞饼。荞饼和猪肉煮熟后，用木碗装好先敬祖先再分食。第二天和第三天每天早晚都要敬奉祖先，妇女在家里做冻肉、装香肠，男人外出串门拜年，唱过年欢歌。第三天的清晨公鸡叫头遍时，人们开始送祖先，彝语称为“阿普格只”，意为回来过年的祖宗灵魂，又要回祖灵地去了。因此重新准备新鲜的饭菜让祖先吃饱喝足后，快快乐乐地返回，祈求祖先保佑家人平安，人畜兴旺。从第四天起，已出嫁的姑娘们，穿上崭新的盛装，背着酒、肉、熟鸡蛋、香肠、炒面等礼品，同丈夫和子女回娘家看望父母，走亲访友。20世纪80年代后，彝区家家户户都有能力杀过年猪，过年也增添了一些新的内容，如组织文艺表演、请电影公司到村上放映电影、组织体育比赛等。

火把节，为彝族的传统节日，日期为每年农历的六月二十四日，历时三天。节日期间，人们身着盛装，集中在村寨附近的平坝或缓坡上，唱歌、跳舞、赛马、斗牛、斗羊、摔跤、选美等。早上人们杀牲祭祖，晚上大家举着火把在庄稼地中转游，意为烧死害虫，祈求庄稼丰收。自改革开放以来，火把节作为一个重要文化品牌得到合理开发。1994 年，凉山州政府举办第一届国际火把节，邀请 14 个国家的代表参加，活动内容丰富多彩，热闹非凡。集中展现彝族服饰文化、饮食文化、银饰手工技艺、口弦音乐、传统体育竞技与游艺、民间歌舞等，使彝族文化走出国门，走向世界。此后，凉山州政府每 4 年举办一届国际火把节活动，至 2005 年，共举办了 3 次。

六、宗教信仰

信仰上，万物有灵的观念普遍存在。祭司“毕摩”、巫师“苏尼”在彝族地区仍有一定的影响。

（一）自然崇拜

彝族认为，人出生时灵魂附于肉体，死后灵魂离开肉体而存在。由此推想到世界上万事万物都有灵魂，并把它们的活动或自然现象都视为灵魂支配的结果，形成了对大自然的崇拜。这一民间信仰普遍存在于彝族社会中。表现在天崇拜、地崇拜、水崇拜、石崇拜、火崇拜、山崇拜等方面。根据彝文典籍《勒俄特依》《雪族（子史篇）》记载，在原始时代彝族先民曾有过图腾崇拜，相信人类与动物、植物有着血缘关系。彝族社会还存在大量的图腾崇拜遗迹，彝族地区许多村寨都有自己的“神树”“神林”。

（二）祖先崇拜

彝族认为祖先去世后灵魂照样存在，可左右世人祸福，若崇拜祭祀则可降福家人。彝族相信人死后有三个灵魂，其中一灵魂守火葬场，一灵魂归祖界与先祖灵魂相聚，一灵魂居家中祖先的灵牌处。无论哪一个灵魂，其安宁与否关系到子孙后代的兴衰祸福，要祈求祖先得以佑护。安灵与送灵仪式是彝族盛行的两个重要祭祖活动。安灵仪式由毕摩主持，在丧葬数日或数月后择吉日举行。仪式包括选灵竹、招灵附竹、制作灵牌、献药除病、祭灵供奉几个程序，安灵仪式结束后，灵牌供奉在家中。送灵是将家中供奉的祖先灵牌集中送到野外同宗的祖灵山洞。送灵仪式最隆重。送灵时间确定即通知亲友，亲友闻讯后，着盛装，带牛、羊、猪、酒等礼品参加。送灵中的仪式繁多，均由毕摩主持，每场仪式都具有特定的程序和含义。

（三）毕摩和苏尼

毕摩是彝族传统宗教中的祭司。在彝语中“毕”为举行宗教活动时祝赞诵经之意，“摩”意为长老或老师。毕摩产生的年代久远，据传说，最早出现的毕摩家支是“施子史德”家，后来又有“两林”“射舌”等家支相继成为毕摩。著名的毕摩阿都尔普、毕阿史拉则，他们因法力高深而声名远扬。相传毕摩原由彝族最高统治等级的兹莫担任，后由诺合等级担任，然后又传给曲诺等级担任。至中华人民共和国成立前，兹莫等级中的毕摩已属凤毛麟角，诺合等级中也只有几个家支从事此业。大量的毕摩都由曲诺担任，著名的曲诺毕摩家支有“吉克”“沙马”“曲比”“阿育”等，这些家支都是传承久远的毕摩世家。

毕摩的宗教活动主要有：玛都迪（做灵牌）、撮毕（送灵牌）、孜莫毕（念平安经）、卓尼硕（念净宅经）、消布（念消咒经）、撮那固（念治病经）、里次日（念咒鬼经）、撮日（念咒仇敌经）等等。此外，还主持结盟仪式和在纠纷主持的神判仪式。

苏尼是彝族社会中的巫师，“苏”在彝语中意为“人”，“尼”意为作法术时的情景。苏尼并非世袭，男女均可担任，法器主要为羊皮鼓和木槌。苏尼不懂经文，也不诵经和主持重大祭祀活动，主要社会职能是施行巫术，驱鬼治病。苏尼在彝族社会中的地位不及毕摩，从事宗教活动的收入也较毕摩低。

（四）宗教信仰变迁

彝族宗教信仰的变迁分为两个阶段，一是1956—1978年，这一时期受当时政治环境的影响，彝族的宗教信仰和与之相关联的各种仪式作为迷信活动被禁止。许多毕摩世家的人员放弃学习毕摩文献，不做毕摩，毕摩人数锐减，许多毕摩文献被销毁，宗教文化凋零。二是1978—2005年间，通过拨乱反正，各级政府认真执行中国共产党的民族政策和宗教政策，彝族宗教信仰上的各种仪式逐渐恢复，毕摩人数也开始增多，彝族聚居的美姑县1995年有8000多名毕摩，1996年成立了中国美姑毕摩文化研究中心，开展毕摩文献的收集、整理和研究工作，对毕摩文献的挖掘和保护意义重大。2005年，中心举办了首届中国毕摩文化节。

第五节 扶贫与人民生活改善

1986年后，凉山州17个县（市）中的昭觉、美姑、金阳、布拖、雷波、喜德、普格、盐源、木里、冕宁、越西、甘洛12县，先后被列为国家和省定贫困县，贫困人口260万人。1991—1995年，全州11个贫困县的14.67万建卡户、73.05万建卡贫困人口越过“二六”温饱线，贫困人口下降到187万人。同时，形象扶贫工作全面展开，完成了扶贫越温第一阶段的任务。在此基础上，按照国家“八七”和省“7118”扶贫攻坚计划要求，确立了“7210”扶贫攻坚规划，明确了“5851”[①]的扶贫攻坚目标。1996年初“百乡工程”正式实施，全州约有40万人越过“五八”温饱线。1997年，州委、州政府结合凉山州实际，将“百乡工程”改为“百乡千村”工程，增派29个帮扶单位，使州直以上单位达到158个，派出工作队员300余人，在全州106个乡开展扶贫工作。全州有30多万人越过“五八”温饱线，8万多贫困户进行了形象扶贫。2000年底，凉山扶贫工作通过省州验收，全部达标，使全州绝对贫困人口实现了巩固温饱目标。2001年，中共凉山州委、州政府抓住实施《四川省民族地区教育发展十年行动计划》和“两基”攻坚的历史机遇，把“百乡千村扶贫攻坚工程”的重点转到援助当地民族教育事业的发展上，开展百乡教育扶贫工程。2003年又将“三房”改造作为重点扶贫工程之一，由州本级财政筹措资金500万元和其他资金配套，按每户3000元的标准补助建材，改造5000户。2005年，全州贫困人口从2001年的169万人下降到106万人，解决了34万人、67万头的人畜饮水困难，新增基本农田12.58万亩。新增改建公路里程4724千米，新增经济林木22.99万亩。完成新村扶贫工程813个村，完成移民18103户、7.10万人。

1988—2004年，马边县共有各类扶贫资金54835.43万元，开展了基地建设，建成了1000亩玉米良种基地、1000亩洋芋良种繁殖基地、3万亩蚕桑基地、3万亩三木（黄柏、厚朴、杜仲）基地。

① “5851”指五百斤粮，八百元钱，五个一（人均建成一亩稳产高产田地，户均建成一亩找钱地，户均建成一项养殖业、加工业经济产业项目，户均转移一个劳动力，户均有一名小学毕业生）。

完成制茶机具配套更新和技术改造项目、畜牧业生产项目、名优茶生产加工、10 万张山羊板皮商品基地等项目。同时，开展扶贫新村、扶贫移民等项目。1994 年马边县有贫困户 11390 户，56055 人。1999 年贫困户下降到 10392 户、47361 人。1994—2000 年“八七扶贫”期间，国家投入马边县各类扶贫资金 12041.03 万元。其中，信贷扶贫资金 6960 万元，以工代赈资金 4266.13 万元，财政扶贫资金 814.9 万元。此后，扶贫工作有了更大的发展。2001 年，马边县共申报扶贫项目 26 个，资金 4734 万元，其中以工代赈项目 10 个，申报资金 668 万元，财政扶贫资金项目 8 个，资金 536 万元，扶贫信贷资金项目 10 个，资金 3530 万元。在新村扶贫工程方面，建成先家普、邓家坝、龙沱沟、西安子、金星、龙桥、二坝、袁家溪、新桥、茶场、黄毛埂、稀泥沟等 12 个扶贫新村；在教育扶贫工程方面，建成荣丁小学、靛兰小学、烟峰小学、沙腔小学和张坝中学等 5 所学校，新建砖混结构教学楼 2468 平方米，到校村道 12 公里，人行道 24 公里，人畜饮水工程 4 处，解决了 1590 人的饮水困难。完成荣丁、民建镇中学 6200 平方米校舍改造；在卫生扶贫工程方面，建成高卓营、建设、涉水坝三所卫生院，新建砖混结构业务用房 27 间，1810 平方米。

2004 年，马边县全年扶贫资金 27463.4 万元，其中以工代赈资金 1300 万元，财政扶贫资金 1163.4 万元，信贷扶贫资金 25000 万元。在新村扶贫工程方面，建成龙船村、丰产村、自杨湾村等 15 个新村，新建村道 86.5 公里，改建 36 公里，安装引水管 180 公里，建引水渠 16 公里，解决 2529 户、10929 人、34742 头（只）牲畜饮水困难，新改土建园 3400 亩；在移民扶贫方面，在朝阳坪村、光华村、光明村等 11 个点，完成移民搬迁 337 户 1867 人，建蓄水池 1290 立方米，安装引水管 56 公里，新建乡村公路 8 公里，改建 20 公里，建连户路 5.6 公里，新建住房 23700 平方米，建附属设施 9480 平方米，架设输电线路 15 公里；劳务培训方面，培训 63 人，其中 247 人就业于餐馆、宾馆、电子厂等；科技扶贫方面，建设财政科技扶贫优质商品羊基地项目，在民建镇（原水碾坝乡）、镇江庙乡、荣丁镇等乡镇种植优质牧草 1500 亩，新建标准化圈舍 75 户。

峨边县在改善人民生活、帮助老百姓脱贫致富上采取了诸多措施。1989 年在沙坪镇六丰村五组开始引种“苍溪雪梨”和日本“三水梨”，1995 年后陆续挂果见效。2004 年全组水果收入 378000 余元，户平均收入 6000 多元，其中三分之一农户收入达 13000 多元。1990 年宜坪乡利用传统蜡虫种植优势，种植蜡虫树 4600 多亩，年产蜡虫 7500 公斤，年收入 90 余万元。其中，泉水村农户童品雄、张天树蜡虫年收入均达到 15000 多元。草坪村农户郑文林 1999 年引种大五星枇杷，建小果园 1.2 亩，2003 年见成效，年收入 10000 余元。在他的带动下，全村 40 多户发展枇杷 50 余亩，平均每亩收入 7000 余元。桐花村两个村民组 42 户烤酒，年产白酒 100 余吨，产值 50 多万元，还利用酒糟带动养猪业，全村年出栏肥猪 3000 多头，收入 300 多万元。

为改善彝族困难群众住房条件和降低城乡居民用电电价，峨边县委、县政府积极立项争取住房和农网改造项目，把改善彝族困难群众住房列入惠民行动计划。从 1998 年开始，采取民族“两项资金”与扶贫和民政救灾资金捆绑使用，先在黑竹沟、金岩、勒乌、哈曲、红花等公路沿线的乡镇实施，然后逐步扩展到其他乡镇，共投入资金 1310 万元，其中民族“两项资金”725.2 万元，扶贫和救灾资金 584.8 万元，对 3200 多户彝族住房困难群众的住房进行了改造，其中将 388 户从海拔 2000 多米的高山搬迁到了海拔 600 米左右的公路边上。住房改造实行统一规划，做到“一建五改”，即：建一套宽敞洁净的住房（新建住房 100 平方米以上），同时改造厨房、院坝、畜圈、厕所，以及户与户之间的通道。农网改造方面，在“十五”农村电气化建设中，争取国家扶持资金 5600 万元，实施农网“两改一同价”工程，通过改造，农村电价由改造前的平均每度0.72元下降到0.42元。电气化建设方便了城乡人民生活，城镇居民照明、煮饭、取暖全用电，告别了蜂窝煤煮饭的历史。农村不仅照明用上了电，而且办起了打米、磨面、饲料粉碎等小型机械加工厂，告别了竹篙、油灯照明的历史，节省了大量劳动力。民间流传一首民谣：“电气化，电气化，电站修到家门下，加工照明全用它，城乡用电同网又同价。”

第六节　生态环境建设

一、地方环境保护政策

20世纪80年代前，彝族地区的大多数人环境保护意识淡薄，生态环境建设没有纳入当地政府发展规划和目标。1984年凉山州召开第二次环境保护会议，制定凉山环境保护远期战略目标，生态环境建设拉开了序幕。1990年凉山州召开第三次环境保护会议，对环境保护目标进行了调整。1997年凉山州政府发布《关于进一步加强环境保护工作的决定》，要求严格控制新污染，治理老污染源。1999年出台《凉山州2000年环境保护“双达标”方案》。2000年制定《凉山州环境保护“十五”规则》和《凉山州环境保护条例》。马边县1998年出台《马边县城区饮用水水源区保护规划》。

凉山州环保部门严格执行企业“准入关”，限制高污染、资源浪费的企业进入。1986—2005年，在环保审批环节否决151个不符合规定的新建项目，其中属不符合产业政策的有31个项目，属污染安宁河、平川河、树瓦河、尼日河、邛海等流域的项目有62个，属污染瀑布沟、锦屏、溪洛渡等电站项目有58个，共受理建设项目环保申报121个，完成审批117个，项目总投资18.5亿元，其中环保治理资金1.1亿元，占总投资的6.1%。

二、林业重点工程建设

彝族地区通过实施天然林保护工程（以下简称天保工程）、退耕还林工程推进了林业的各项建设，为生态增效、农民增收和行业发展作出了贡献。

（一）天然林保护工程

1998年9月，凉山州实施天保工程。17个县（市）、4个国有重点森工企业全面停止了天然林采伐，减少天然林消耗。同时，加大造林力度，彝族地区林业由伐木为主全部转入生态建设，林业职工由砍树人变为栽树人和护林人。1998—2005年，国家在凉山州投资天保工程11亿元，完成造林280.4万亩，封山育林452.7万亩。4272.4万亩森林得到常年有效管护，累计减少森林蓄积消耗量960万立方米。分流9951人从事森林管护和公益林建设，实行一次性安置1035人，10295名离退休人员全部纳入基本养老保险和基本医疗保险社会统筹，维护了林业队伍和林区社会的稳定。在维护森林面积持续增长的同时，积极防治森林火灾以及各种病虫害。森林火灾损失率低于1%，森林病虫害成灾率连年控制在5%以下，破坏森林资源案件得到及时查处；工程建设质量经国家、省多次检查验收，均达到国家合格以上标准。全州森林植被得到恢复，水土流失得到有效治理，流入江河的泥沙量明显减少。自然保护区由4个增加到12个，生态环境改善，洪水、泥石流等自然灾害减少，生物多样性得到有效保护。

1998年，马边县抓住实施天然林保护工程的机遇，提出了建设生态产业大县的奋斗目标。2005年，全县农民户均拥有2亩经济林，生态效益和经济效益充分显现出来。全县完成造林59.42万亩，占中华人民共和国成立以来马边县造林总面积的55.1%，完成封山育林26万多亩，管护森林面积168万亩。全县林业用地面积达156058.7公顷，占幅员面积的65.5%，其中有林地105228公顷，森林覆盖率达到44.2%，蓄积活立木达1371.23万立方米，林业年产值8000多万元。随着林业的发展，不仅增强了县域经济的活力，促进了农民增收，而且使生态环境发生了明显变化。动植物生长环境得到有效改善，生物物种丰富。大风顶自然保护区大熊猫数量增多，牛羚、山鹧鸪、黑熊、猴子等失踪多年的动物和鸟类又回到了马边，到处山清水秀、鸟语花香、景色宜人。2005年马边县成为全国5个野生动植物及自然保护建设工程县之一。

1998年，峨边县天然林禁伐后，令行禁止，一方面加大人造公益林建设，推行“四荒”拍卖，提高绿化率。另一方面，采取封山育林措施，确保天然林保护和森林抚育。加强对野生动物的保护，将黑竹沟片区报经四川省人民政府批准，列为省级自然保护区。

（二）退耕还林工程

1999—2001年，国家在凉山州实施退耕还林工程试点，2002年正式实施，至2005年国家共投资工程建设资金12.9亿元，完成退耕造林161.4万亩，配套荒山造林147.5万亩，封山育林21万亩。总面积达468.3万亩，占幅员面积的5.2%。退耕还林工程建设按树种分生态林157.8万亩，占计划的98%，经济林3.6万亩，占计划的2%。在完成的退耕还林建设工程中，25度以上坡地占58%，此项工程惠及到凉山州187万群众。

2000年，峨边实施退耕还林工程，按照“退耕还林、封山绿化，以粮代赈，个体承包”的要求和“先易后难，集中成片，重点治理，逐步推进”的原则进行规划。国家投资115万元扩建峨边骨干苗圃6.07公顷，解决了退耕还林中所需的种苗。2002年，国家又投资18万元建成38亩元宝枫苗圃基地。2003年再投资118万元建成冷支杉采种基地。到2004年，峨边县完成退耕还林还工程6866.66金顷，完成配套荒山造林5400公顷，此项工程惠及到当地18547户农户。

2002年，马边县根据“林权是核心，给粮是关键，种苗要先行，干部是保证”的原则，开始了退耕还林林权证的发放工作，到2003年，共发放林权证13046份，发证面积9.5万亩。

三、林业产业建设

自1998年以来，凉山州各地以天保工程和退耕还林建设为契机，积极探索创新林区发展体制机制，在坚持生态优先的前提下，依托天保工程的巨大投入，大力调整林业产业结构，推动了后续产业的发展。按照“生态建设产业化、产业发展生态化”的思路，新建速生丰产林基地、特色经济林基地、林药林化原料林基地。林产品松香、桉叶油、竹笋、核桃、花椒、油桐等经济林果、林药、林化、森林食品稳步发展。2005年建成了50万亩以桉树、杨树、桤木、云南松等速生树种为主的工业原料林基地；培育了120万亩以青花椒、核桃、板栗等经济林木树种为主的优质特色经济林基地；建造了30多万亩以红豆杉、印楝、小桐子等为主的林药林化原料林基地。松香、桉叶油、竹笋、核桃、花椒、油桐、森林食品等林产品产量稳步增加，成为农民增收的支柱产业。

凉山州是四川省三大林区之一，森林资源富集，有生物资源6000余种，其中：植物类有4000余种，动物类1200余种。列入国家和省重点保护的珍稀和濒危植物57种、野生动物97种。2005年凉山州有林业用地5832万亩，占幅员面积的64.7%。其中：有林地2904万亩，疏林地70.5万亩，灌木林地1254万亩，无林地1522.5万亩，森林覆盖率32.06%，活立木总蓄积2.35亿立方米。

1986—2005年，彝区森林生态旅游依托泸沽湖、螺髻山、黑竹沟、大风顶等自然保护区和泸山、灵山等森林公园有所起步。同时林业产业实现由行业向社会化转化，投资主体由单一向多元化转变。凉山州已完成非公有制造林256万亩，其中企业造林5万亩，个体造林251万亩，500亩以上规模造林户达195户。非公有制林产品加工企业达256个，重点培育了鑫通林化、环太山珍、天元红豆杉等一批骨干林产品和加工企业，推动和壮大了林业产业经济。此外，还积极开展科技研究和科技攻关，干热河谷造林、速丰林营造、经济林丰产栽培、野生红豆杉扦插育苗，紫杉醇提炼、等高植物篱、松毛虫生物特性研究及防治、重点工程综合信息管理系统等一大批研究课题已通过鉴定（或验收），其中获得国家、省、州科技进步三等奖以上项目9项。通过组装配套和大力推广应用林业先进实用新技术，把林业科技贯穿在营林生产的全过程中。

四、治理环境污染

20世纪80年代，凉山州对当地污染严重的企业进行治理。1985—1989年投入治理经费1092万元，治理项目179个。1995—1998年对全州乡镇企业污染源进行调查，共调查3900家，为环境保护部门制定防治污染措施和达标排放提供科学依据。1998年开展排污申报登记工作，发放排污许可证1500多家，为治理环境污染打下了基础。2002年，完成了全州334个污染源调查和登记工作，制定了《车用燃油推广使用方案》，对大气污染进行防治，禁止使用一次性发泡快餐塑料饭盒。对西昌邛海、冕宁稀土矿区等地的环境整治和管理工作进行了前期调查。2003年西昌附近地区医疗废物集中处置中心建成并试运行。安宁河水质基本保持稳定，邛海水质富营养化趋势得到遏制。2004年西昌市制定了彻底解决生活污水污染邛海的方案，甘洛县和冕宁县洗选企业的正规尾矿库和渣库全面施工。

峨边县环境污染主要是工业污染、噪声污染、矿山污染及生活垃圾和生活污水污染，特别是高耗能工业、建筑建材和磷化工工业对环境污染较为严重，大气环境中来自这些企业在生产过程中排放的烟尘、粉尘等大气污染物都超过国家规定标准。其次，城市噪声污染也是一大危害，城市噪声污染主要为机动车、音乐茶座和机动三轮车。再次是矿山污染，随着矿产资源的开发，煤矿、铅锌矿、石灰石的大量开采和洗选加工，不仅植被遭到破坏，而且大量废弃的矿渣堆放不规范，泥沙、污水泛滥，对矿山周边环境造成影响。

峨边县治理污染源的措施，一是重点解决老企业在建厂时污染治理设施不配套或不够完善问题。1999年共投入资金118万元，对磷化工厂、活性炭厂、水泥厂、铁合金厂、电石厂等10个重点企业污染源进行治理。通过治理，使黄磷生产过程中排放的一氧化碳得到充分利用，变废为宝，即解决了一氧化碳污染，又为企业创造了价值。活性炭厂跑、冒、滴、漏的氯化氢气体得到集中处理回收后，再通过烟囱排放，收到明显效果。对水泥粉尘污染采用电收尘或布袋收尘处理，并保持定时检修和更换。为防止污染“反弹”，根据国家统一要求，企业必须实现“达标排放”（污染物单因子），结合国家产业政策，政府又投入资金86万元，对全县所有企业进行治理。通过环境监测，全部验收合格，企业所有污染物全面达标排放，未发生重大污染事故。二是控制新污染源。为防止新污染源产生，走先污染后治理的老路，对新建、改建、扩建项目的审批严格把关，对不符合国家产业政策，凡引进具有重污染的项目，实行“一票否决”制。在新上项目的审批程序上，从可行性报告、工艺流程、污染治理、设计方案、环保投入资金、选址、建设过程中环保设施、试产都严格坚持治理“三废”的设施与主体工程同时设计、同时施工、同时投产使用的“三同时”制度，这些措施有效地遏制了新污染源的产生。三是对企业污染源限期治理。2001 年以来，县政府对全县重点污染企业采取登记挂牌、限期治理办法，督促企业共投入治理资金 1800 万元进行环保设施建设。2005 年，大部分企业的环保设施已建成投入试运行，有的通过上级验收，做到达标排放，能耗高、治理无望的生产线被关停。四是加强生活污水治理，随着城市人口密度增大，建筑扩展，生活污水排放设施不配套，污水四溢，造成居民生活饮用水源和大渡河水污染。为根治生活饮用水和大渡河污染问题，峨边县政府制定了《峨边县关于大渡河、官料河、白沙河污染防治工作方案》，积极开展清理整顿违法排污行为，加强城镇饮用水源保护，投资 800 多万元建成生活垃圾场并投入使用，要求城区生活污水全部进入沼气化粪池过滤处理，达到国家标准排放，有效防止了生活污水对环境和大渡河水的污染。五是强化矿山企业环境保护。县委、县政府根据乐山市环保局《关于开展矿业生态环境保护执法检查规范矿业环保秩序工作的通知》精神，成立矿山整治领导小组，深入矿山企业，重点对大堡煤矿及沙坪的各类采石场进行检查，对矿山企业进行清理整顿，强化“三废”排放监管，对环保设施达不到要求的限期整改。通过对矿山的检查和清理整顿，促进了矿山企业开采矿产品的综合利用，减少了废物排放生态影响和环境破坏。此外，依据《噪声监测规范》的要求，1988 年起在城区范围内选取较具代表性的监测点，实行不间断的 24 小时监测。

马边县对环境进行综合治理，严禁在自然保护区、风景名胜区建污染型工业企业。加强对农业生态环境的保护，防止污染、沙化和水土流失。1994 年对城市噪声进行治理，将两个噪声污染源（县印刷机械厂和木材制品厂）迁出城区并进行污染治理。1998 年，发展城乡沼气，采用净化沼气池处理城市污水。城区建成沼气净化池 240 个，缓解了城市污染。2001 年重点治理磷化工企业环境污染，对黄磷企业污水池、冲渣池等环境安全敏感地带严格进行清污分流，禁止一切与黄磷生产相关的污水外排，禁止磷泥乱堆乱倒，防止泄入马边河。2002 年完成 1.3 平方公里的张坝小区、光明小区无黑烟区建设，对城区饮食油烟污染进行整治，对 24 户业主进行“煤改气”。2003 年责成马边县轻舟水泥责任有限公司对生产线中的主要尘点进行治理，并按国家法规标准确定执行的噪声粉尘限值。水泥厂投资 8 万元安装静电除尘器，采用袋式除尘器强行回收粉尘，对主要尘点完成密封处理，消除了大量外泄粉尘。同时，对县内各竹笋生产加工企业发出《关于竹笋生产加工企事业加强环境保护工作的通知》，县野源公司竹笋加工厂采取喷药、填埋等措施防止因笋壳和废弃笋头腐烂滋生蚊蝇，产生致病源。对生产废水采取净化沼气池等有效治污措施进行处理。

第二章　藏　族

第一节　概　况

藏族是青藏高原世居民族，四川藏族主要分布在青藏高原东部边缘、四川省西北部，地处北纬27°57′—34°21′、东经97°26′—104°27′，东接四川盆地与川西南山地，北接青海、甘肃，西连西藏，南邻云南，幅员面积24.97万平方公里，约占全省总面积的51.49%。

作为中国第二大藏族聚居区，四川藏区位于藏彝走廊核心区域，文化积淀厚重、民族成分多元，是藏族康巴文化的腹心地带、我国五大藏区的结合部位、汉藏文明水乳交融的"桥梁与纽带"。该区域战略地位十分重要，是保障长江黄河上游生态安全、促进民族团结进步、维系藏区安定的核心区域，被称为"治藏之依托"，历史形成了"稳藏安康"的治藏经验启示。四川藏区自然环境恶劣、人口密度低、交通区位差、社会发展欠账大、基础设施建设滞后，大多属于集中连片贫困区，脱贫攻坚、民生改善、经济发展和社会进步等任务十分艰巨。

一、人口与分布

据2000年第五次全国人口普查统计，四川省藏族总人口1269120人，其中男631389人，女637731人，女性人口略高于男性（详见表2-4）。至2005年底，甘孜州共有藏族人口72.23万人，占全州总人口的78.9%；阿坝州共有藏族46.35万人，占全州总人口数的54.47%；木里县共有藏族人口41098人，占全县总人口数的32.66%。四川藏区有藏、汉、羌、彝、回、纳西等6个世居民族，总人口为1872374人，藏族占四川藏区总人口的64.22%。

2000年第五次全国人口普查四川藏族人口分市（州）统计表

表2-4　　　　单位：人

市（州）名	藏族		
	小计	男	女
成都市	12690	5618	7072
自贡市	361	99	262
攀枝花市	251	109	142
泸州市	229	94	135

续表 2-4

市（州）名	藏族		
	小计	男	女
德阳市	740	284	456
绵阳市	10057	5178	4879
广元市	208	92	116
遂宁市	771	140	631
内江市	374	105	269
乐山市	387	206	181
南充市	574	160	414
眉山市	693	238	455
宜宾市	190	90	100
广安市	289	37	252
达州市	102	40	62
雅安市	21125	10361	10764
巴中市	137	60	77
资阳市	857	189	668
阿坝州	455238	228259	226979
甘孜州	703168	349693	353475
凉山州	60679	30337	30342

说明：资料来源于2000年第五次全国人口普查资料

四川藏族人口分布主要呈两种格局：一是以聚居方式分布于甘孜州、阿坝州以及凉山州木里县；一种以散居方式分布于凉山州的西昌市、盐源县、冕宁县、甘洛县、越西县，雅安市的宝兴县、石棉县、汉源县，以及绵阳市的平武县、北川县，这些市（县）有不少藏族分布相对集中的村寨。自20世纪80年代以来，在成都武侯区、双流县形成了一些以藏族人口居多数的城市社区。

大体而言，藏族聚居区人口密度低于藏族与其他民族杂居区，人口分布随海拔高度的递增而递减、随气温的降低而减少，大多集中于河谷平原或峡谷平坝，人口地域分布极不平衡，地广人稀的特点非常显著。藏族人口数量在万人以上的有成都市、绵阳市、雅安市、阿坝州、甘孜州以及凉山州，其他地区藏族人口数量基本在1000人以下。其中，三州与雅安市、绵阳市的藏族人口约占全省藏族人口的98.51%，成都市的藏族人口约占全省藏族总人口的1%左右，其余0.49%的藏族人口主要以散居形式分布。这表明藏族仍以聚居为主，但“插花式”散居亦较为普遍。

二、藏族族源、支系及其分布

（一）称谓

汉文史籍对四川藏区古代人群记载较为简略，其中《史记·五帝本纪》《山海经·海内经》《世本·姓氏篇》等称黄帝后裔“青阳降居江水”、昌意“降居若水”，江水即岷江，若水即雅砻江，表明古代华夏与川西藏区存在着密切联系。《尚书·牧誓》云：“王曰：嗟！我友邦冢君，……及庸、蜀、羌、髳、微、卢、彭、濮人。”此处羌、髳生活于青藏高原。“髳”在古籍中又写作“旄”或“牦”，与《后汉书》中的“旄牛夷”或“牦牛羌”关联紧密。藏文典籍对四川藏区的古人群也有记载，如敦煌古藏文写卷中记载的穆人等。

据《史记》《汉书》《后汉书》等史籍记载，秦汉魏晋时期，在今阿坝州岷江上游主要活动着被称作“冉駹”的人群。不过这里是一个多民族分布区域，“有六夷七羌九氐”。在今甘孜州活动的人群被称作“旄牛徼外夷”，有白狼、楼薄、槃木等“百余国”。在今川西南一带活动的人群被称作“邛”“筰”“徙”等。魏晋以降，属于东胡系统的吐谷浑进入到川西北一带，史籍中四川藏区活动的部落人群有党项羌、邓至羌、宕昌羌等。隋唐时期，今阿坝州及甘、青两省南部仍为羌人部落居住，史籍概称之为“西山诸羌”。《隋书·附国传》载，这些羌人部落有大小左封、昔卫、葛延、白狗、向人、望族、林台、春桑、利豆、迷桑、婢药、大硖、白兰、北利摸徒、那鄂、当迷、渠步、桑悟、千碉等。其中又有较大的一部落“哥邻”，又称“嘉良夷”。对现甘孜州一带的部落，则称为“附国”“东女国”“薄缘夷”“罗女蛮”等。

宋代，称今阿坝州境内的部族为蛮。《宋史》载：“威州保霸蛮者，唐保、霸二州也。”又载：“茂州诸部落，盖涂静、当、直、时、飞、宕、恭等九州蛮也。”对现甘孜州及青、甘等省的藏族则总称为“吐番”或“番”。元代，统称现四川藏族为“土（吐）番”“蕃”或“番”。《元史·地理志》载：“黎、雅属吐番招讨司。”明代，泛称四川藏族为“西番”或“番”。《明史》载：“西番，即西羌，族种最多，自陕西历四川、云南西徼外皆是。”而对现西藏的藏族则称“乌斯藏”。清代，称今四川藏族为“番”或“夷”。

民国时期，沿历代王朝对藏族的称谓，在今阿坝州者称“番”，有所谓“生番”和“熟番”的侮称，前者指草地牧区的藏族，后者指从事农业生产的藏族。对今甘孜州等地的藏族称“西番”，或称“康番”。《西康概况》载：康区“住民以西番为主……原与西藏同族……世人皆以藏族目之，其数约占全额三分之二”。

中华人民共和国成立后，各地统一了藏族族称，其中以自称“博巴”的居多。

（二）来源

藏彝走廊自古就是众多民族南来北往、频繁迁徙和活动的场所，同时也是西北与西南古代各民族进行经济文化交流的通道。据已有考古发掘材料，早在旧石器时代青藏高原上就有先民活动的足迹。1983 年，中国科学院青藏高原综合科学孝察队古脊椎动物组，在炉霍县虾拉沱宜木、亚巴两地分别发现了属于旧石器时代晚期的人类遗存。进入新石器时代，川西高原的遗址遗迹骤然增多。在岷江上游及杂谷脑河沿岸的汶川、理县、茂县等地先后发现多处新石器时代文化遗存，马尔康河谷等地亦有发现。溯岷江上行达松潘到草地——四川与甘肃、青海接壤的大草原，沿途皆有“雷公石”的发现与传说。在大渡河流域丹巴县中路罕额依村，也发现大量新石器时代遗存。

据汉文史籍记载，秦汉时期在汉嘉郡（今天全一带）有“徙”部落，在沈黎郡（今汉源一带）有“稚都”部落，在汶川郡（今汶川、理县、茂县一带）有“冉駹”部落，在“冉駹以东北”（今九寨沟、平武及甘肃武都地区一带）有“白马”部落，在“旄牛徼外”（今甘孜州南部与凉山州西部一带）有“白狼”“槃木”“楼薄”等部落。而在草地一带有“三河、槃于虏，北有黄石、北地、卢水胡，其表乃为徼外。”魏晋时，邻近今阿坝州、甘孜州一带尚聚居着众多的羌人部落，主要有宕昌羌（今武都一带）、邓至羌（文县一带）、白兰羌（果洛州一带）等，后来都曾发展到今阿坝州、甘孜州。

唐贞观八年（634年），吐蕃赞普松赞干布听闻突厥、高昌、吐谷浑等均向唐朝求婚，也遣使求婚。但唐朝并未应允，吐蕃便率兵攻唐之属国吐谷浑，败吐谷浑后，又破松州（今阿坝州松潘县）西面的党项及白兰诸羌。唐太宗遣侯君集等攻破吐蕃，才允以文成公主嫁与松赞干布。此后，川西藏区时而属唐，时而受吐蕃统治。上述地区的诸羌部落，在吐蕃统治下即逐渐与之融合，经过长期的发展，遂形成今天的四川藏族。关于诸羌和吐蕃融合的情况，近人还作了以下考证，阿坝州黑水县的藏族，说羌语的北部方言，习俗多与藏族相同。道孚县一带的藏族，说尔龚语，习俗与其他地区藏人习俗无异。据《理番厅志·土制》记载，嘉绒藏族的杂谷土司，即说其先祖来自吐蕃，而嘉绒百姓则来自唐代的哥邻羌部。

四川藏族中尚有其他民族融入，可考的有纳西族、蒙古族和汉族。此外，历史上进入四川藏区的满、回等民族亦有少部分融入藏族之中。

纳西族，历史上被称作“么些”，主要聚居于今云南北部的丽江纳西族自治县（今丽江市玉龙纳西族自治县）及四川的盐源、盐边等县。明代丽江纳西族在木氏土司统治下逐渐强盛，曾以武力迁徙其属民于今甘孜州南部巴塘、理塘一带。木氏土司对巴塘、理塘的统治一直延续到清初。清雍正五年（1727年），巴塘、理塘正式划归四川管辖，从此彻底消解了木氏土司对此地区的统治。纳西族先民移居甘孜州南境后，与当地藏族关系日益密切，且受藏族影响并与之融合。据调查，今得荣县白松乡以及木里县等地还有不少纳西族，生活习惯已和藏族相似。巴塘东南区的藏族有一部分是纳西族的后代，他们结婚时要背家谱，可追溯到纳西族的祖先。藏族与纳西族关系融洽，经济合作密切、文化交流频繁。如纳西族教藏族种水稻，藏族教纳西族养牲口，纳西族种的红米，所造木器、铜器、土布等，除自用外也供给藏族。

在康北甘孜、炉霍、道孚等县，20世纪50年代以前尚存在被称为“霍尔”的诸土司。“霍尔”一词是藏语对北方民族的泛称，系汉语“胡儿”一音的藏译。胡的含义很广，一般泛指长城以北的游牧民族，包括历史上出现过的匈奴、东胡等，但藏语中的霍尔（胡儿），则指蒙古部落。因为元代蒙古贵族统治者的势力曾遍及青藏高原，蒙古兵丁和蒙古牧民在青藏高原迁徙十分频繁。以上霍尔诸土司都有一个共同的传说：元帝师八思巴前往大都，途经甘孜，认为可塑像建寺，后与元帝谈及此事，元帝便派一蒙古大臣前往甘孜，并以一个叫然巴执古的喇嘛陪同前去。此大臣到甘孜后与一藏女同居，临行时藏女已有孕，乃托付此喇嘛代为照应。后生一子取名“麻书布”，即“想不到”之义。麻书布后在然巴执古支持下掌握地方权柄，成为后世麻书土司祖先，此后人口繁衍分立为“霍尔”诸土司。据调查，霍尔诸部中确以麻书土司为最早。

（三）藏族支系及其分布

四川藏族内部支系众多，从语言系属看，除分布着康、安多两个方言区外，还有嘉绒、扎巴、白马、尔玛、普米、纳木依、尔苏、史兴、木雅、尔龚、却域、多续、里汝、贵琼等10多个藏族支系，他们有自己独立的语言（俗称“地脚话”），部分兼操藏语。其具体分布如下：

康巴 操藏语康方言，自称“康巴”“博巴”，传统上主要分布在甘孜州的德格、石渠、白玉、巴塘、理塘、得荣、乡城、稻城、新龙、雅江、甘孜、炉霍、道孚、丹巴、康定，以及凉山州木里县部分地区。

安多 操藏语安多方言，自称“渥特”“安多哇”，传统上主要分布在甘孜州北部海拔较高的牧区，如色达、石渠、理塘等，以及阿坝州的阿坝、若尔盖、红原、壤塘、松潘、九寨沟和黑水部分地区。

嘉绒　操嘉绒语，自称“格如”，主要分布在阿坝州的马尔康、金川、小金、理县和黑水县，以及甘孜州的丹巴县、雅安地区的宝兴县。对于嘉绒语，有学者认为是古藏语或藏语方言，也有学者认为属其他语支语言。

白马　操白马语，自称“贝”，主要分布在阿坝州的九寨沟县、绵阳市的平武县以及甘肃省的文县。

尔玛　自称“尔玛”或“尔麦”，与羌族自称相同，主要分布于阿坝州黑水县。

普米　操普米语，自称“普米”“拍木依”，与云南普米族自称相同，主要分布在凉山州的木里、盐源等县以及甘孜州的九龙县。

尔苏　操尔苏语，自称“尔苏”“鲁苏”“布尔日”，主要分布在雅安市的石棉、汉源以及凉山州的甘洛、越西等县。

多续　操多续语，自称“多续”，主要分布在凉山州冕宁县安宁河流域沿岸。据史籍记载和民族学界研究，多续与唐之“东钦”、宋之“左须”关系密切。明《四川土夷考》中出现了“脱苏”一称，即指多续先民而言。

里汝　操里汝语，自称“鲁汝”，主要分布在凉山州的冕宁、木里县及甘孜州的九龙县。

纳木依　操纳木依语，自称“纳木依”，主要分布在凉山州的冕宁、西昌、盐源、木里等市（县）及甘孜州九龙县。有学者认为，纳木依语属于纳西语的东部方言。

史兴　操史兴语，自称“史兴”“舒恒”，主要分布在凉山州木里县水洛乡。

木雅　操木雅语，自称“木尼洛”“木雅”或“弥药”。其中，自称“木尼洛”的藏族主要分布在雅安市的石棉县、甘孜州的九龙县，自称“木雅”（“弥药”）的藏族主要分布在甘孜州的康定、九龙、道孚、雅江等县。

尔龚　操尔龚语，自称“布”，主要分布在甘孜州的道孚、丹巴、炉霍、新龙等县及阿坝州的马尔康、金川、壤塘等县。有学者认为，尔龚语是嘉绒语的方言。

扎巴　操扎巴语，自称“扎”或“扎贝”，主要分布在甘孜州的雅江、道孚、康定等县。

却域　操却域语，自称“贝子”，主要分布在甘孜州的雅江、道孚、康定等县。

贵琼　操贵琼语，自称“贵琼”或“顾羌”，主要分布在甘孜州康定县大渡河两岸鱼通、金汤、孔玉等地和泸定县岚安乡，雅安市的天全等县也有少量分布。

三、自然与人文资源

四川藏区自然资源丰富、文化遗产深厚、民族风情多彩多姿，旅游资源得天独厚。森林茂密、雪山皑皑、冰川晶莹、峡谷深邃、草场广袤，有“童话世界”——九寨沟、“人间瑶池”——黄龙、海拔最低的冰川公园——泸定海螺沟、“蜀山之王”——贡嘎山、“东方阿尔卑斯”——四姑娘山、“最后的香格里拉”——稻城亚丁，以及卧龙自然保护区、泸定桥、康定跑马山、木格措等景观，有古老庄严的藏传佛教寺庙、美轮美奂的民居建筑、回味无穷的地方美食、多姿多彩的民族服饰，以及德格印经院、阿须草原——格萨尔诞生地、石渠松格嘛呢石经城等文化遗产地。

藏族聚居区的水能、草场、森林、矿产、生物等资源十分丰富。该区地处长江、黄河重要水源涵养区，沟壑纵横、支流众多、水资源富足，高山峡谷区典型的海拔垂直差异导致水流落差大，较大的支流有570多条。其中，属长江水系的有金沙江、雅砻江、大渡河、岷江、嘉陵江等，流域面积23.10万平方公里，占四川藏区总面积的93%；属黄河流域的有白河、黑河、贾曲河等，流域面积1.74万平方公里，占四川藏区总面积的7%；水资源总量约1900亿立方米，占四川水资源总量的1/3以上；水能蕴藏量约6158万千瓦，占四川全省总量的41.05%。阿坝州的若尔盖县、红原县分布着全国最大的高原沼泽与湿地，有大小湖泊约540多个，总面积约70.50平方公里，总蓄水量约7.45亿立方米，有“地球之肾”的美誉。

四川藏区是中国五大牧区之一，是四川重要的牧业基地，草原面积1333万公顷，其中可利用草场面积1200万公顷，占草原面积的90%。草原上主要饲用植物有200多种，其中以禾本科、沙草科为主的上等草40多种。牦牛、藏系绵羊、山羊、马等牲畜和畜产品在全省乃至全国均占有重要地位，是四川省绿色生态牛羊肉产品的主要供应基地。

川西北林区是中国第二大天然林区，有森林面积333.67方公顷，占全省森林总面积的28.9%：木材蓄积量达85973万平方米，占四川木材蓄积量的58%；有经济林地4000多公顷，盛产苹果、梨、核桃、花椒等。木里县森林面积约占全省林区总面积的10%。

四川藏区矿产资源丰富，种类多、储量大，金、银、锡、锂、铅、锌、铜、褐煤、泥炭、云母、铂、镍、铀等矿种在四川及全国都占有重要地位，有色金属矿藏仅次于攀西地区，已探明的矿藏品种有40多种。其中，锂、云母的储量分别占全省总储量的100%、95%，居全国第二位；水晶储量居全国第一位。

四川藏区位于地球褶皱区域，独特的自然生态造就了生物多样性王国的美誉，本地野生动植物资源十分丰富，保存了许多珍稀濒危的动植物种类。野生生物资源约3000多种，其中药用植物170科、751属、约1800多种，主要有贝母、大黄、羌活、秦艽、川赤芍、独一味、雪山一支蒿、黄芪、红景天等。野生动物资源约620多种，其中珍稀动物约80多种，主要有大熊猫、白唇鹿、牛羚、金丝猴、藏羚、黑颈鹤、藏马鸡等。药用、食用真菌约60余种，主要有虫草、菌灵芝、松茸、猴头、鸡油菌、牛肝菌、木耳、金耳、羊肚菌等。

第二节 经济状况

一、农业

（一）种植业

四川藏区在生产生活上具有显著的高寒农业、立体农业、旱作农业与高原牧业相结合、互补充的特征。其中，农业作业区一般分布在海拔1300—3800米，以大渡河、雅砻江、金沙江及其支流两岸的河谷地带为主要分布区，呈间断性块状分布，具有垂直差异大、比重低、地块小等特征。

据2005年统计，甘孜州耕地总面积为132.32万亩，占全州土地总面积的0.6%，人均耕地约1.85亩；阿坝州耕地面积为108.75万亩，占全州土地总面积的0.86%，人均耕地约1.28亩；木里县耕地面积17.07万亩，占全县土地总面积的8.58%，人均耕地约1.33亩。主要种植青稞、小麦、玉米、土豆、大麦、水稻、豌豆、胡豆、荞麦、燕麦等粮食作物，油菜、花生、烟叶、向日葵以及各类蔬菜等经济作物，以及苹果、梨、桃、杏、橙、石榴、樱桃、花椒、茶、桑、核桃、板栗等经济林木。

中华人民共和国成立前，四川藏区农业耕作粗放，生产水平低，所产粮食不能自给，农牧民要用大量土特产、畜产品从邻近地区换回粮食和其他生活用品。中华人民共和国成立后，中共中央和人民政府以民族团结、民主建政、清匪肃特、禁烟生产为中心，开展各项工作。政府在不少地方采取无偿补助耕牛、农具、口粮、种子并发放无息和低息贷款等方式，促进农业经济发展。随着民主改革的完成和社会主义改造的胜利，极大激励了广大农牧民的生产积极性。在国家帮助下，各地发挥集体经济的力量，兴修水利，改良土壤，推广先进耕作技术，农业生产发展迅速。

1949 年，阿坝州共有耕地约 96 万亩。1958 年，全州粮食总产量达 11800 万公斤，比 1949 年增长 1 倍多；油料作物总产量达 81 万公斤，比 1949 年增长 2. 60 倍。受三年自然灾害及高原地域影响，藏族群众农业生产的积极性在“文化大革命”期间受挫。中共十一届三中全会后，阿坝州贯彻落实中央和省的民族政策，提高粮油收购价格，减免农牧业税和粮食征购任务，调动了农牧民的生产积极性。1978 年，阿坝州粮食总产量首次突破 2 亿公斤。1980 年，省政府决定在阿坝州实行“林牧为主，农林牧副全面发展”的生产方针，全州开始着手调整农业内部结构、积极发展多种经营。1982 年，普遍落实了家庭联产承包责任制，粮食生产有了较快发展。至 1985 年，阿坝州粮食总产量达到 22852 公斤。1990 年，全州粮食产量达到 23375 万公斤。1998 年，粮食总产量达到 24. 11 万吨。2005 年，阿坝州粮食总播种面积为 81. 15 万亩，较上年增加 30328 亩，递增 3. 9%；平均单产 208 公斤；总产量为 16. 87 万吨，比上年增加 9257 吨，递增 5. 8%。

1950 年，甘孜州粮食总产量仅 5000 万公斤左右，平均亩产不到 50 公斤。1959 年，全州粮食产量达 11. 53 万吨。到 1978 年，全州粮食总产量达 18. 40 万吨，比 1959 年增加 6. 90 万吨，增长 60%。自实行农村家庭联产承包责任制后，甘孜州粮食实现恢复性增产，经济作物全面增收。1996 年，甘孜州粮食总产量达 21. 08 万吨，农业产值达 25801 万元，占全州国民经济的 13. 57%，创历史新高。至 1998 年，粮食总产量力 20. 90 万吨，全州农业总产值达 11. 67 亿元。1998 年，“天然林保护工程”“退耕还林工程”等实施后，粮食播种面积减少，总产量随之降低。从 1999 年到 2004 年，全州退耕还林 78. 6 万亩，粮食播种面积连续 5 年下降，2003 年粮食总产量为 16. 72 万吨。到 2005 年，甘孜州农作物总播种面积为 109. 82 万亩，农业总产值达 58660 万元，比“九五”期末的 34283 万元增加 24377 万元，年递增 11. 3%，其他农业增加值、油料产量、蔬菜产量、蚕茧产量、农牧民人均纯收入较之“九五”期末均有不同程度递增，粮食总产量有所减少，详见下表：

“九五”末与 2005 年甘孜州农业增长对比表

表 2-5

项目 年份	农业增加值（万元）	粮食总产量（万吨）	油料产量（吨）	蔬菜（万吨）	蚕茧（吨）	农牧民人均纯收入（元）
“九五”末	22893	17. 38	782	3. 6	49	733
2005 年	45500	18. 15	1311	5. 3	152	1310

2002 年，木里县农业总产值达 12836 万元，按 1990 年不变价计算，比 1952 年增长 6. 13 倍，年平均增长 4. 01%；粮食总产量 44308 吨，比 1952 年的 8705 吨增长了 4. 10 倍，年均增长 3. 31%。

1952年，人均粮食为163公斤；1978年为365会斤；2002年为398公斤。2002年，油菜籽产量为106吨，是1952年的7.07倍；花椒产量为321吨，是1978年的16.89倍；核桃产量达1499吨，为1952年的27.25倍。2005年，木里县全年粮食作物播种面积22.37万亩，全年粮食产量达46928吨，比2004年增长1.13%。农业产值完成12654万元，增加值完成8662万元，比2004年增长6%。

（二）牧业

四川藏族牧区是中国五大牧区之一，主要分布于四川西北部，平均海拔在3200—4500米，多由沼泽、灌木丛以及高山草甸组成，其中平均海拔在3800米以上的丘原地区为纯牧业区。牧草品种主要有垂穗披碱草、鹅冠草、早熟禾、藏异燕麦、三毛草、落草等高型禾草，以及蒿草、苔草等矮型莎草和蓼类等。畜类品种主要有牦牛、犏牛、藏系绵羊、山羊、马、藏香猪、藏鸡等，此外还引进外来品种尝试进行畜种改良。

阿坝州草场总面积约500万公顷，占全州幅员总面积的53.83%. 可利用草场面积385.60万公顷，占草地总面积的85.28%。其中，牧区草原面积286.67万公顷，水草丰茂，是全国优良的天然草场之一；半农半牧区的山坡草场和高山草场面积有213.33万公顷。1958年，经过民主改革和社会主义改造后，阿坝州畜牧业生产水平有了较大提高。广大牧区相继实行合作化，成立牧业合作社和人民公社，以集体生产方式发展牧业生产。到1982年，全州牲畜达到319万多头，牧业产值在农业产值中所占比重增加到41.11%。1983年开始，牧区普遍推行家庭联产承包责任制。1985年，实行“牲畜折价归户，私有私养，长期不变”和取消农畜产品统购派购制度，调动了广大牧民群众的生产积极性，促进了畜牧业的进一步发展。进入1990年后，牧区各县开始实施草场分户承包责任制。1995年，在5县8点开展了历时6个多月的草地承包到户试点工作。1996年，在牧区5县16乡41村全面铺开。至1998年12月，各地完成草地承包到户的工作任务。在实施草地承包到户的同时，阿坝州牧区和半农半牧区实行“人草畜”三配套建设，推进牧区畜产品的商品生产基地建设，加强畜种改良工作。21世纪初，牧区积极推进牧业产业化进程，围绕区域布局，对经营结构、草畜结构、畜群结构和产品质量等方面进行了科学调整，使西部高原牦牛、藏系绵羊产业带、大渡河流域优质肉牛肉羊产业带、岷江流域九寨沟生猪、圈养山羊及特种养殖产业带初具雏形。2004年阿坝州各类牲畜存栏366.63万头，牲畜出栏率和商品率分别为28%和18.7%，肉、奶产量分别为7.18万吨和8.52万吨，畜牧业产值和增加值分别为10.39亿元和7.36亿元。阿坝州畜牧系统机构健全，不仅有州畜牧兽医研究所、州县动物防疫监督站、草原（饲料）工作站、畜禽繁育改良站、乡镇畜牧兽医站，还在绝大多数农村配备了专业的防疫员或联户防疫员。

甘孜州18个县中纯牧业县5个、半农半牧县13个、90个纯牧业乡镇、221个半农半牧业乡镇，牧民人数在24万人以上；草地面积为944.38万公顷，占土地总面积的61.7%；其中可利用草地面积为831.87公顷，占草地总面积的88.2%，理论载畜量近2000万个羊单位。1990年，甘孜州牲畜存栏总数达473.04万头（只、匹），比1976年增长13.6%，牧业产值增加到17770万元。2005年，全州拥有各类牲畜500万头（只、匹），牲畜总增率、出栏率、商品率分别达到23.65%、24.68%、14.93%，与“九五”末相比分别提高了3.65、6.81、4.09个百分点；肉类总产量达到8.40万吨．较2000年增加了40%；奶类总产量达11.40万吨，比“九五”末增加14%；毛绒总产量达到0.28万吨，比“九五”末增加了4%；牧业产值以1990年不变价计达6.99亿元，较“九五”末期增加了28.73%。“十五”期间畜牧业对农牧民增收的贡献率持续跃升，2005年甘孜州农牧民人平纯收入的1261元中，来自畜牧业的达606元，贡献率为48%。

木里县有天然草地37.58万公顷，占全县幅员面积的28.36%。1985年，木里县牧业总产值为812万元；1990年增长到1465万元，递增180%；1995年增长到3238万元；2000年增长到6627万元，为1985年的8.12倍。1985年底，各类牲畜存栏总头数为42.47万头，其中牛8.94万头、马1.24万头、羊22.18万头；1990年底，增长到46.73万头，其中牛9.81万头、马1.98万头、羊23.25万头；2000年底，增长到61.22万头，其中牛12.11万头、马2.86万头、羊29.56万头。2002年底，木里县各类牲畜总头数达到59.78万头，比1957年增长3.20倍，年平均增长3.24%；大牲畜存栏15.90万头，是1978年的1.95倍。2005年，畜牧业产值完成13190万元，增加值达7255万元，比上年增长9.26%。为推动木里畜牧业产品走向市场，1998年由畜牧科技人员组建木里县六合食品责任有限公司，主要从事木里牦牛干巴、木里牦牛肉礼品等产品的开发，该公司生产的产品于2003年取得四川省无公害食品称号。

二、工业

（一）工业总产值与地方国有企业

四川藏区历史上以传统手工业、商贸业为主，近代以来有不少内地商人到该地区从事采矿、伐木等产业，现代化工业起步晚。自改革开放特别是受20世纪80年代中期“两项资金”支持以来，四川藏区的工业发展进入到新的时期。

1985年底，甘孜州有国营工业企业107个，涵盖印刷、林业、矿产、建材、水电、食品等行业。1987—1990年，甘孜州农机企业向林业、水电、纺织、矿产、建筑、运输等行业转产。1990年，受市场影响，甘孜州内工业生产，特别是纺织工业出现滑坡。因未及时跟上市场经济转型，一些老牌企业如丹巴云母矿、康定毛纺厂等在市场竞争中被淘汰。1999年，甘孜州拥有乡及乡以上独立核算工业企业120个，资产总额达20亿元；实现工业总产值5.10亿元、工业增加值3.20亿元，占全州地区生产总值13%；从业人员1.70万人；主要产品有电能、黄金、铜精矿、粗铜、铁合金、水泥等。2002年，甘孜州委、州政府下发《关于进一步深化国有企业改革的意见》，全州56个州属国有企业基本完成了改革工作，160余个县属国有企业中的部分企业也相继完成了改革任务。2005年，甘孜州完成州、县属国有企业改革65个、安置职工5170人，国有粮食企业职工全部转换了身份。

“十五”（2001—2005年）期间，甘孜州对工业投资达75.39亿元，占同期社会固定资产投资总额的41.93%，年均增速达22%，比全省年均增速高6.60个百分点。到“十五”（2001—2005年）末，工业总产值达18.42亿元，是“九五”末的3.40倍；实现工业增加值9.29亿元，是“九五”末的3.10倍；工业产值在GDP中所占比重为18.54%，比“九五”末提高了6.50个百分点。至2005年，在69个规模以上工业企业中，国有工业企业40个，规模以上工业企业产品销售收入上1000万元的企业个数达到23个，其中上亿元的企业有4个；规模以上工业实现增加值7.95亿元，是“九五”末的4.56倍，年均增长30.46%，增速在全省21个市（州）的排位由2000年的末位上升到2005年的第二位。

阿坝州在中华人民共和国成立后以森林工业为主导产业，1985年前后，进入了森工企业的产业结构调整期。通过调整产业结构，轻工业产值比重由1985年的25.77%，上升到1990年的27.78%；森林工业的产值比重由1985年的52.38%，下降到1990年的32.05%，到1990年，全州已拥有州、县工业企业557个。1991—1996年，实现工业总产值（按1990年不变价格）157828.89万元。主要工业产品有电解金属铝、电解金属锰、生铁、铁精矿、水泥、水晶、硫酸、磷肥、普钙、磁材、硅锰合金、工业硅、皮革、机制纸、商品纸浆、电石、锂盐等。阿坝州国企改革工作于1998年全面启动，成立了国企改革领导小组及企业兼并破产和职工再就业工作协调小组，从组织上、政策上保障企业改革工作的顺利实施。2000年，全州完成改制企业148个，占总数的66%，其中州属企业16个，县属企业完成132个。2004年，阿坝州地区生产总值51.72亿元，其中工业产值18.90亿元，占地区生产总值的36.5%；规模以上工业实现增加值12.20亿元，产销率达99.68%。立足水电优势，依托工业园区，强化电力调度，整治工业"三废"，提高产品科技含量和核心竞争力。规模以上工业盈亏相抵后实现利润4.50亿元，实现利税总额7.30亿元，工业经济效益综合指数达206.8%。

与1978年相比，木里县新增固定资产14084万元，其中木材由15.40万立方米增至30.60万立方米，锯材由1540立方米增至4703立方米。1997年，全县完成乡以上工业产值11648万元，其中县属国企5506万元，占工业总产值的50%，有85%以上的财政收入来自工业企业。1978—1998年20年间，木里县工业总产值增长约18倍，年平均递增9%左右。至2000年，木里县国有工业企业由1995年的20个减少为5个，工业总产值由1998年的15396万元锐减为296万元，三次产业结构比重也由1995年的25:43:32转变为51:7:42。木里县主要通过对国有企业的改革来扭转工业经济发展的逆势。自2003年以来，由政府主导加大招商引资力度，先后引进西电、关家、华润、华电等企业进驻木里，于2004年拉开木里境内水电资源开发的序幕。至2004年底，全县国有控股企业有3个，其中重工业2个、轻工业1个，工业产值由2003年的300万元增加到677万元，固定资产总额为3013万元。

（二）乡镇企业和民营企业

1977年，阿坝州乡镇企业产值仅819万元。1980年，阿坝州乡镇企业总产值达到2201万元（1970年不变价），比1977年增长1.68倍，年平均递增39.03%。到1988年，全州乡镇金业总产值达到10042万元，比1984年增长1.38倍，年平均递增24.16%。1990年，全州乡镇企业总产值为10740万元，比1988年增长6.95%。1994年底，全州乡镇企业达13924个，总产值（1990年不变价）23110万元。主要工业产品有电能、原煤、水泥、砖、瓦、木材、酒等。1996年，阿坝州乡镇企业总产值上千万元的已发展为11家。2000年，阿坝全州乡镇企业达16340个，比1995年增加2178个，增长19.95%，年均增长3.71%。"九五"期间乡镇集体共计完成建设项目45个，固定资产投资8830万元，平均每年完成投资1766万元。全州13个县除壤塘县外，乡镇企业总产值均超过千万元。

甘孜州个体手工业有较深厚的民间基础，至1985年，个体手工业已发展至700户，从业人员1132人。到1990年，受政策调整和统计口径变化影响，个体手工业降至392户，从业人员507人，总产值304万元。其中农村个体工业228户，从业人员326人，总产值达158万元。2005年底，甘孜州有民营企业411个，注册资金14亿元；个体工商户1.2万户，注册资金2亿元；私营企业共33个，注册资本112899万元。规模以上企业已达到28个。主要有：农、林、渔业11个，制造业47个，电力、燃气及水的生产和供应业23个，建筑业8个，交通运输、仓储和邮政业5个，信息传输、计算机服务和软件业18个，批发零售业57个，食宿和餐饮业44个，房地产业7个，租赁和商务服务业14个，居民服务和其他服务业11个，体育和娱乐业8个，其他行业16个。

三、商品贸易

自唐宋以来，四川藏区与外界形成了稳定的以“茶马互市”为核心，以皮革、药材、盐、铁、布匹、丝绸、瓷器、畜产品等物资为补充的贸易，大批藏商、僧商和回、汉族商人沿着茶马古道往来贸易，一些集镇亦因传统的民间贸易而兴盛，有康定（旧称打箭炉）、理县、松潘、小金、金川、马尔康等。中华人民共和国成立前，四川藏区形成了一些资本较雄厚的商业帮会，有草地帮、西客帮、陕西帮、成渝帮等。中华人民共和国成立后，四川藏区的商贸业得到较快发展。至1980年，阿坝州有个体商业173户、207人，营业额7万元。

（一）国内贸易

土、特、畜产品贸易，是甘孜州民族贸易的主要内容之一。为满足少数民族群众需要，贸易部门还积极开展民族特需商品的生产和供应。1979年底，甘孜州共有贸易机构588个。1991年，甘孜州服务业机构网点总数为813个。1992年，随着计划经济向市场经济过渡，国有民贸网点急剧收缩。1994年，餐饮业网点数为1615个。1998年，甘孜州城镇与农牧区共有民贸网点441个，独立核算企业203个，职工5724人（其中离退休职工2086人）。经营品种从传统的茶叶、食盐等单纯的大宗商品，发展到品种繁多、门类齐全的日用工业品、土杂副食品、五交、针纺、百货、化工、医药、燃料、饮食服务及民族特需商品等。截至2004年底，州内各县区、乡一级的民贸网点全部改制、出让。2005年，全年实现社会消费品零售总额16.60亿元，增长16.8%。

甘孜州商业流通发展最快的时期为“八五”（1990—1995年）时期，全州社会消费品零售总额为265812万元（含商业、物资）。1991年，甘孜州共有商业机构总数5061个，其中国有经济1121个，集体经济254个，个体经济3686个。“九五”（1996—2000年）时期，由于政策调整、体制改革、配套措施滞后等原因，全州商业累计亏损7937万元。1998年，州委、州政府下发《关于推进国有企业改革的决定》，全州18个县相继对220多个网点推行“国有民营”，对70多个边远、亏损网点实施“拍卖”。“十五”期间，商业流通基本上继续执行“九五”时期发展思路，积极调整经营结构，逐步退出一般商品领域，集中力量抓好专营专卖商品的经营。至2004年底，全州共有批发和零售企业法人单位159个，从业人员2853人；国有和国有独资公司共占69.2%，集体和股份合作企业共占3.1%，私营企业占17.6%，其余类型企业占10.1%；批发个体经营户275户，从业人员495人，零售业个体经营户8643户，从业人员13144人。

1985年，阿坝州有个体商业7619户，注册资金1140万元。1989年，经过治理整顿，个体工商户数有所减少。至1990年，逐步回升，有8475户、10703人。1996年底，全州共有已注册的个体工商户14807户，从业人员17310人，注册资本金7520万元。2004年，全州有私营企业470户，注册资金148451万元；个体工商户11169户，注册资金32336万元；全州实现社会消费品零售总额143412万元。至2005年，阿坝州全年实现社会消费品零售总额165095万元，比2004年增长15.1%。

（二）国际贸易

甘孜州外贸工作起步晚，计划经济时代主要出口虫草、贝母等药材资源。20世纪80年代，松茸受到日本消费市场青睐，从此甘孜州以松茸为主的野生菌类商品开始进入国际市场，特别是韩国、日本。2001年，中日合资企业康定玖路幸公司成立，当年实现出口额97万美元，实现了甘孜州外贸自营出口零的突破。从2000年至2004年底，累计出口额1044万美元。至2004年12月，全州外贸出口企业已达25家，其中外资企业8家。此外，甘孜州的出口产品还有部分名贵中药材（虫草、贝母等）、野生菌类（羊肚菌、白菌、美味牛肝菌等）、土特产品、农产品（蚕茧）等。到2005年，全州累计出口总额1228万美元。

1951—1961年，阿坝州在州内开展了小规模外贸收购业务，全州外贸业务由商业、供销部门代理。从20世纪60年代起，有计划、有步骤地开展出口业务。1962年，阿坝州外贸办事处成立，负责畜产、茶叶和其他出口商品。1973年，阿坝州外贸局与四川省外贸局的各专业公司对口开展业务。1978年，对外贸易的收购、调拨、利润和出口率四项指标稳步上升。1979年达到历史最高水平，收购总值为842万元，调拨总值为720.70万元。1982年，州外贸企业实行厂长（经理）负责制，创汇196.42万美元，留成8.05万美元。1984年，全州外贸企业全面进行整顿，切实改变了重收购、轻管理，重任务、轻核算的状况，加强经济核算、讲求经济效益，当年创汇175.53万美元，留成7.16万美元。

1985年，阿坝州外贸创汇219.17万美元，留成59.54万美元。1988年，全州贸易系统实行了经营承包责任制。1990年，全州外贸部门收购总值达2181万元，完成调供总值1443万元。1990年11月15日，第一家外资企业四川岗坚民族工艺制品公司批准成立。1991—1996年，开始自营进出口工作，全州农副产品直接销往国外市场，实现自营出口零的突破，年出口创汇能力近600万元。1997—2002年，阿坝州签订国内合作协议项目222个，协议资金188.20亿元，实际履约项目81个，实际到位资金39.91亿元；批准外商投资项目13个，协议外资2.42亿美元，实际到位外资1579.10万美元，累计实现进出口总值2368万美元。2003年，阿坝州实现进出口总值594万美元。2004年，实现进出口总值676万美元。2005年，阿坝州全年完成外贸进出口总额765万元，比上年增长8%。其中，出口总额165万元，比上年下降21%；进口总额600万美元，比上年增长20%。

木里县对外贸易从1984年开始，以经营干货为主。自1985年起，开始经营盐渍松茸和清水、盐渍松茸罐头。1988年起，增加鲜松茸和冻松茸品种，销往日本。1987—1988年，盐渍松茸价每吨高达7万—10万元。1988年，松茸生产仅商业部门收购量即达300余吨。由于争抢货源、相互抬价、质量把关不严、忽视市场信息加之行政干预，产品积压变质，使1988年松茸经营亏损达1772.20万元。1989年起，各国营和集体单位实行联合经营，组成“联合经营部”，在“木里县松茸经营领导小组”领导下开展工作。2000年以后，由于连年采集，松茸资源逐年减少，每吨价格由1988年的7万—10万元降为6万—8万元，松茸量由20世纪80年代的年产400余吨下降为约200余吨。为保护和合理采集松茸等森林资源，在生产季节中做到安全生产和维护产区秩序，木里县委、县政府将全县划为三个生产片区，每个乡有1名乡级领导负责所属地区的松茸生产和环境资源保护工作，并禁止采集5厘米以下松茸。

四、旅游业

四川藏区地处青藏高原和四川盆地过渡地带，气候带谱完整，地形地貌复杂多样，特定的地理位置和气候条件形成了得天独厚、独具特色的旅游资源，构成了集登山、探险、游览、娱乐、狩猎、温泉疗养以及科学研究等高价值、门类齐全、综合性、互补性强的旅游资源，“童话世界”九寨沟、“人间瑶池”黄龙和“东方的阿尔卑斯山”四姑娘山等堪称世界自然奇观，稻城亚丁、康定跑马山、德格印经院、丹巴群碉、道孚民居等享誉中外，是自然生态旅游和藏族文化旅游的重要目的地。

1984年，九寨沟和黄龙划为第一批国家重点风景名胜区。同时，松潘县成立了黄龙风景名胜区管理局，履行保护和开发的职责，九寨沟也成立了九寨沟风景名胜区管理局。九寨黄龙风景名胜区对外开放，阿坝州旅游领导小组及州旅游公司相继成立，当年全州接待中外游客2.80万余人，门票收入40余万元。1986年2月5日，阿坝州旅游局组建。1988年，阿坝州旅游公司撤消，与阿坝宾馆组建成阿坝国际旅行社。1992年12月14日，九寨沟和黄龙双双被联合国列入“世界自然遗产名录”。至2005年，境内有“世界人和生物圈”保护网络成员单位1处，自然保护区53个（国家级3个、省级16个），占全省的38.93%；风景名胜区5个（国家级1个、省级4个），占全省的5.56%；重点文物保护单位21处（国家级6处、省级15处）。全州主要自然生态旅游区20处，国家森林公园1处，国家地质公园1处，国家AAAA级旅游景区1处；已开放宗教寺庙可作旅游观光的名寺近40座。此外，四川藏区也是红色旅游的重点区域。阿坝全州13个县224个乡镇中有9个县114个乡镇被命名为革命棍据地。国家确定的12个重点红色旅游区中，“雪山草地红色旅游区”主要分布在阿坝州。四川确定的24个红色旅游经典景区项目中，小金两河口遗址、马尔康卓克基会议旧址、红原瓦切红军长征纪念遗址、若尔盖巴西会议旧址和松潘红军长征纪念碑碑园5个景区名列其中。

作为康巴文化发祥地，甘孜州拥有得天独厚的生态环境、博大精深的藏族文化、美轮美奂的民居建筑、多姿多彩的民族风情，是文化生态旅游的核心竞争力。甘孜州旅游业发展起步比较晚。1998年，全州共接待游客7万余人次，旅游收入仅30.37万元。1998年3月，开始建设海螺沟旅游景区，于2000年1月正式对外开放。2001年，二郎山隧道全面贯通、成雅高速公路建成通车，康巴藏区旅游通行条件得到改善。据统计，2001年全州共接待游客66.75万人次，实现旅游收入3.67亿元。2002年，尽管受全州公路建设影响，全州旅游接待仍达31.60万人次，实现旅游收入2.21亿元。2003年，旅游市场虽受“非典”重创和交通“瓶颈”制约，仍实现全年接待游客72.30万人次，旅游创收4.92亿元。2004年，甘孜州围绕建设“中国甘孜香格里拉旅游核心区”品牌，打造贡嘎山·海螺沟、康定情歌故乡、嘉绒风情、亚丁自然保护区、太阳谷及德格康巴文化中心等旅游品牌，当年全州接待国内外游客184.76万人次。2005年底，全州接待国内外游客231万人次，实现国内旅游旅游收入15.70亿元；接待入境游客5.90万人次。

1984—2005年，阿坝州旅游历经了接待型向产业型过渡、一般产业型向支柱产业型过渡、支柱产业型向主导产业型过渡三个发展阶段。2004年底，阿坝全州接待海内外游客550.50万人次，实现旅游收入39.39亿元。2005年，在红原举行了第四届中国红原川西北大草原牦牛文化节暨首届中国红原国际牦牛节，在若尔盖举行了第二届黄河大草原旅游文化节暨首届高原藏绵羊美食节和唐克赛马活动。全年共接待海内外游客664.50万人次，实现旅游总收入47.80亿元，分别比上年增长20.7%、21.4%。其中，接待入境游客32.7万人次，旅游外汇收入达8775万美元。

木里是川滇藏联合创建的“中国大香格里拉生态旅游区”核心区域，地理位置十分优越，旅游资源尤为富集。2000年以来，木里县委、县政府把旅游业作为后续产业培育，成立旅游产业发展领导小组，出台促进木里旅游发展的系列政策，编制《木里县旅游发展总体规划》，木里旅游迎来前所未有的发展机遇，旅游业成为木里新的经济增长点。2000年，进入木里县旅游总人数仅几十人，旅游总收入为7.25万元。2006年，进入木里县旅游的总人数增加5.14万人次，是2000年的1772.40倍，旅游总收入增加到2580万元，是2000年的355.90倍。一日游人数由零增加到4.87万人次，旅游收入也由零增加到1948万元。

第三节　社会事业

一、科技

自改革开放以来，四川藏区的科技事业发生了日新月异的变化。2005年底，甘孜州有各类专业技术人才1.61万人，副高以上职称943人，中级专业技术职称4196人，初级专业技术职称1.03万人。有独立科研机构6个，州级学会28个，厂矿科协1个；县级学会（协会）、研究会84个，县科协18个，乡镇科协150个，农村专业技术协会23个。2004年底，全州有农村实用型人才3.60万人。其中，种植业1.56万人，占43.33%；畜牧业1.01万人，占28.06%；林业占1.03万人，占28.61%。

2005年，阿坝州企事业单位有专业技术人员20017人。其中，有高级专业技术职称738人（正高15人，副高723人），占3.69%；中级专业技术职称5427人，占27.11%；初级及以下13852人，占69.2%。有农村实用技术人才2.45万人，工业企业管理人才2788人，技能型人才4867人。农村实用技术人才中，从事种植业1.05万人，占42.86%；养殖业3000人，占12.24%；农畜产品加工、经营簪理、信息服务等人才1.10万人，占44.9%。全州有446项获州级以上的科技进步奖，其中全国科学大会奖2项，获省科技进步奖75项，州科技进步奖352项。

1986—2005年，四川藏区的广大科技工作者集中开展三个方面的工作：

普及现代科技知识　坚持开展送科技下乡、科普宣传月、科技活动周等活动，组织科普宣传队，办科技报纸、科普专栏，编印科技资料，利用广播、电视、电影等广泛开展科普宣传活动。同时，坚持开展以消除碘缺乏病、卫生保健、生命知识、环境保护、保护妇女儿童权利公约等为主要内容的科普宣传，深入基层开展碘缺乏病知识宣传，发放科普资料、张贴标语与图片、放映科普录像。

引进与推广先进实用技术　1986—2005年间，四川藏区陆续实施了“岷江上游无公害高品质蔬菜基地建设”“梨新品种矮化密植试验”“山野菜人工良繁及保鲜加工关键技术研究与开发”“农牧民群众科普培训以及反季节蔬菜种植技术的推广”“农牧区户用新能源示范”“高寒牧区暖棚养畜技术”“智能化农业技术在青稞生产上的应用”“以中藏药材为重点的特色生物资源保护开发”“甘孜州高原鼠害防治技术”等科普项目。

促进科技成果转化　1993年，甘孜州科协系统实旋“金桥工程”，为科学技术成果的转化牵线搭桥。2000年以来，甘孜州畜牧局提出并在州内实施了畜牧业“燎原计划”，培养农牧民科技“明白人”，编印藏汉文科技丛书2万册。此外，藏区实施的重点工程还有科技兴川“千亿工程”、建立科技果园工程等。1988年，阿坝州实施《阿坝藏族羌族自治州科学技术成果进步奖励条例（试行）》，将科技成果表彰固定化；1988—1990年，三年累计完成93项科技成果；1991—1996年，组织科技项目192项，投入科技三项费235.15万元；1998—2002年，共投入“科技三项费”437万元，开展科研项目128项，实施“农业综合技术示范工程”24项；2003—2004年共确定和实施州级科技项目77项，投入经费561万元。

经过科技普及和推广，广大干部群众和农牧民群众的科技意识明显增强。截至2003年，甘孜州已建立省级科普示范基地1个，州级科普示范基地7个，县级科普示范乡12个，科普示范村34个；

培养科技示范户2155户，为科普工作的开展提供了必要的阵地。2004年底，阿坝州各级学会、协会、研究会发展到48个，会员24437人，其中专业技术人才19570人，技能性人才4867人。

二、教育

四川藏族传统教育以寺院教育为主，民国时期近代教育虽有一定发展，但限于师资薄弱、设备简陋、经费短缺等因素，其发展长期处于滞后状态。至中华人民共和国成立前夕，四川藏区只有小学143所、在校学生5157人，初中1所、在校学生65人，高中1个班、在校学生8人，中师1所、在校学生110人。此外，英、美、法等国以传教方式进入到四川藏族地区，开办了一些教会学校。

1950年后，根据藏区地处高原、居住分散、经济落后、条件艰苦的办学背景，采取先城镇后农村、先公路沿线后边远农牧区、先典型示范后逐步推广的办学原则，以“调整、改革、整顿、提高”为办学方针，实施多元化办学方式，建立了多层次的教育体系。在办学模式上，从“耕读学校”“马背学校”“帐篷学校”到定点办学，从走读制到寄宿制；在教育层次上，从中心校教育到初等教育、高等教育，从基础教育到职业教育、综合教育、素质教育；在教学方法上，从单一语言教学到双语教学，从常规教育到电化教学、远程教学。为加快民族地区教育发展进度，四川省委、省政府先后于2000年和2004年制订并开始实施了《四川省民族地区教育发展十年行动计划》《国家西部地区“两基”攻坚计划》，以科学教育来推动民族地区的社会经济发展。

办学规模与人才培养　据统计，1989年底至1990年初，甘孜州共有幼儿园29所，小学733所、186个教学点、在校学生61521人，学龄儿童入学率由1950年的2%提高到51.5%。单设初中学校22所，高中19所，在校学生14706人。职业中学3所，在校学生149人。中等师范学校3所，在校学生888人。农牧、财贸、卫生、工业中等专业学校4所，在校生1808人。林业技工学校1所，在校学生600人。民族师专1所，在校生680人。有州民干校、党校各1所。初步形成从幼儿教育、小学教育到中等教育、高等教育以及成人教育和职业教育的教育体系。至1990年，全川各类学校共培养出小学毕业生169474人，初中毕业生66000多人，高中毕业生18663人，职高毕业生365人，中专毕业生14915人，技工校毕业生1100人，大专毕业近500人。至2005年底，甘孜州全州有中小学966所，其中小学927所、普通中学36所、职业初中1所、职业高中2所。中小学在校学生总数达到126532人，其中少数民族学生103062人，占81.5%；女学生60662人，占47.9%，小学在校学生96596人；初中在校生5454人。幼儿园29所，3—6周岁在园幼儿5781人，入园率为13.67%。2005年9月，石渠、色达两县先后完成普及初等义务教育任务。全州适龄儿童入学率达到97.50%。得荣、雅江、甘孜三个县于2005年10月实现普及九年义务教育和“普及实验”教育，至此全州已有9个县普及九年义务教育。

1999年底，阿坝州有10个县（汶川、理县、茂县、松潘、九寨沟、黑水、金川、小金、马尔康、若尔盖）另31个乡镇普及初等教育，“普初”人口覆盖率达94.22%，学龄儿童入学率达91.84%；有10个县按照国家高标准完成“扫盲”，农村青壮年非文盲率达93%。至2005年底，阿坝州共有小学1195所，在校学生98934人，适龄儿童入学率达96.13%；初中48所，在校学生33137人，初中阶段入学率达74.24%；高中18所，在校学生10331人；幼儿园27所，在园幼儿8961人；中等职业学校4所，在校学生1829人；大专院校1所，在校学生5096人。全州三类残疾儿童入学率50%，较2004年提高8.80个百分点。

1985年底，木里全县共有小学277所，在校学生6961人，毕业学生473人；有普通中学4所，在校学生1784人。1990年底，木里全县共有小学250所，在校学生8212人，毕业学生692人；有普通中学5所，在校学生1982人。1995年底，木里全县共有小学298所，在校学生6961人，毕业学生742人；有普通中学5所，在校学生1683人，教职工260人。2000年底，木里全县共有小学234所，在校学生8828人，毕业学生717人；有普通中学5所，在校学生1266人。2002年，全县有各类学校36所，全县中小学在校学生12566人，基本普及了初等教育。学龄儿童入学率为70.2%，比1985年上升25个百分点。至2005年底，木里全县中小学在校生达17235人（不含在县外就读的学生），其中小学生14814人、初中生1909人、高中生512人，小学入学率达到87.4%。

经费保障与硬件设施 据统计，1978年甘孜州教育事业费为755万元，1989年达2955.40万元，增长了2.90倍。1984—1989年，各级财政对普教战线基本建设的投入达5700多万元，新增中、小学校舍面积27万多平方米，消除危房面积11.70万多平方米；建成图书阅览室面积2255平方米；配备了23所中学、206所小学的教学仪器和电教设备。2004—2005年，国家在甘孜州投入《国家西部地区“两基”攻坚计划》资金12002.10万元。至2005年底，已有31个建设项目顺利完成。2001—2005年，四川省相继在甘孜州投入“民族地区教育发展十年行动计划”资金45429.80万元，投入寄宿制学校小农场小牧场建设670万元，投入理化生教学仪器及远程教育2945万元，州政府配套寄宿制学生生活补助1050万元；全州兴建土建项目442个，总面积37.70万平方米，共消除D级危房15万平方米，中小学的校园基础设施建设超过实施“两个计划”前40年的总和。

1989年，阿坝州13县基本消除中、小学危房。1991年，全州教育实现了“22111”工程（即2个县基本扫除文盲，2个县普及中小学实验教学，1个县实现普及初等教育，培训100名以上中小学校长和小学一级教师，输送大中专新生1000名）。1994年，全州9个农区县全部普及初等教育，提前完成“八五”规划。1995年1月，州委、州人民政府先后制订并下发了《阿坝州实施九年义务教育的规划》《阿坝州普及九年义务教育检查验收细则》。2001年开始实施《四川省民族地区教育发展十年行动计划》。为牧区投入资金10278万元，学校校舍条件明显得到改善，教学设备、生活设施、图书资料等逐步得到配套完善，为学龄儿童进得来、留得住、学得好提供了物质条件。至2004年底，全州安排“十年行动计划”和“两基”攻坚配套资金1350万元；改扩建中小学148所；落实“两免一补”政策，有寄宿制学生5.55万人，4.40万学生享受寄宿制生活补助，3.87万名贫困学生享受免费教科书补助；建立了阿坝州贫困家庭子女入学救助基金：适龄儿童入学率达96.14%，辍学率控制在2.51%。全州“普九”人口覆盖率达79.6%。

木里县的校舍面积由1953年的900平方米增加到2005的112067平方末，增长124.50倍。

寄宿制教育 四川藏区地域辽阔、人口稀少，藏族群众居住分散，有的是游牧生活，子女入学困难，开办寄宿制民族学校能较好解决少数民族子女就学问题。实施“两个计划”以来，甘孜州共得到寄宿制经费补助7875.80万元。截至2005年底，两项资金的投入占到了全州寄宿制学生生活补助总经费投入的66%。全州共有各级各类寄宿制学校437所，其中寄宿制中学32所，寄宿制小学405所，共有寄宿制学生58052人。其中，有57541名学生享受寄宿制生活补助，占99.1%，自费寄宿学生仅为511人。

2000年，阿坝州有初中寄宿制学校46所，在校寄宿学生10652人；小学寄宿制学校217所，在校寄宿学生22766人。其中，享受寄宿制经费补助的寄宿制22所，学生3457人，小学178所、学生

20042人。寄宿制学生占少数民族学生总数的1/3以上。全州每年用于寄宿制学生的生活补助、装备、困难及卫生补助共300万元，其中，农区寄宿制学生经费为100万元，牧区寄宿制学生经费200万元。

至2005年底，木里中小学寄宿制学校有寄宿制学生30130人，合计资金1116.36万元，总投入资金1136.36万元；基建项目总投入资金1965万元，新修总面积25070平方米；配备17所学校的教学仪器，总投入资金28.93万元。

双语教学　甘孜州开设藏语文课的小学437所，在校学生28965人，初中13所，学生2632人；高中11所，学生423人。全州有1955个教学班开设了藏文课，双语教学占68.3%。四川省民族事务委员会所属的四川省藏文学校就设在康定，各师范学校（含大、中专）都开设有藏文专业，在非藏文专业班中也普遍开设有基础藏语课。

阿坝州“双语”小学有173所、中学14所，藏族聚居牧区有90%以上的学校实行了双语教学。木里县双语教学自1978年9月开设以来，发展迅速，至2005年底，有双语教师60多人，开设藏文的中学有3所，小学有22所。

至2003年，四川藏区实行藏文双语教学模式的小学116所、在校学生8789人，中学8所、在校生964人，占民族中小学在校生人数的4.9%；实行二类模式的小学908所、在校生80518人，中学38所、在校生7895人，占本民族中小学在校生数的41.6%；中小学两类模式双语教学专任教师2028名。

教师队伍建设　清末和民国时期基本上没有少数民族教师。1950年甘孜州解放时，全州各小学的少数民族教师11人、中学少数民族教师1人。中华人民共和国成立后，人民政府把培养少数民族教师视为发展民族教育的重点，少数民族教师的数量和比例不断上升。四川藏区通过抓好教师学历达标培训、继续教育工作，深化教育人事制度改革，加强中小学教师的编制管理，面向全省公开考聘中小学教师，教师队伍建设不断得到加强。在此基础上，培养了一大批少数民族教师，在民族教育中起到了主力军的作用。

至2005年，甘孜州中小学中有少数民族教师2594人，占教师总数的42%，比1950年增长216倍。阿坝州全州中小学教职工总数达9742人，其中专任教师8056人，小学、初中教师的学历合格率为86.3%、76.8%，民办教师问题全部得以解决。木里县教职工共1106人，其中高中教师28人、初中教师163人、小学教师875人、幼儿教师40人。

成人教育　1988年2月，国务院颁布《扫除文盲工作条例》，四川藏区坚持因地制宜，充分尊重藏族群众意愿，根据群众语言环境分别实施藏汉双语扫盲。1990年，甘孜州成立扫盲工作领导小组，全州各县扫盲机构纷纷建立，藏文扫盲教材出版发行。1990年全州有农民成人小学274个班点，在校学生6704人，当年招生5840人，毕业2225人。达到脱盲标准的有6972人。1991年，全州有文盲351980人，占全州总人口的42.48%，比例高于全省平均水平，比阿坝、凉山分别高出14.8%和6.1%。州教委结合甘孜州实际，制定了扫除文盲教育规划，组织人员编写了《藏文扫盲课本》等扫盲教材。同时，抓好科普知识教育，取得良好效果。经过扫盲与科普知识的教育农牧民经济收入有了较大提高。到2005年，石渠、色达、德格、理塘4个县完成扫除青壮年文盲任务，至此全州18个县全面实现基本扫除青壮年文盲的目标。青壮年文盲由2004年的42.48%下降到4.32%。在完成扫除青壮年文盲任务的同时，开展了全州在职人员的培训，全州有成人中等专业学校7所；3所职业中学，为高中和初、高中合设，常年招生80人左右。康定县在康定民族师范高等专科学校、州财贸学校办职高班，常年招生在50人左右。

木里县在1986年实施《中华人民共和国义务教育法》后，以普及初等教育和扫除青壮年文盲工作作为教育工作的重点，形成幼儿教育、基础教育、职业与成人教育协调发展的立体教育网络，至2000年基本实现扫除青壮年文盲的目标。

对口支援 四川藏族地区教育事业的发展，与四川省其他市县机构及单位的支援分不开。自2001年甘孜州与成都市结成支援对子以来，甘孜州18个县445所中小学、幼儿园跟成都市19个区、县471所中小学、幼儿园结成支援对子。全州共接受865名成都市支教教师，向时又派出270名教师（校长）到成都市有关学校锻炼，126名学生与成都市学生开展“手拉手，结对子”活动。成都市先后实施“光明工程”和援建希望学校工程，为甘孜州捐赠了118套太阳能发电设备和118台彩色电视机，支援的资金和物资折算达1231万元。阿坝州与内地学校结对296所，接收支教教师222人，派出教师204人到内地挂职培训。

三、文化

（一）电影

1990年底，甘孜州所辖18个县都建有电影院，在八美、姑咱、冷碛、洛须、亰坝、聂呷等9个条件较好的乡镇也建了影剧院。随着社会的不断进步，歌舞厅、录相厅不断出现，电视、卡拉OK等娱乐设施渐在藏族家庭普及，冲击了电影事业在甘孜州的发展。2001年，甘孜州电影公司人员合理配置到州广播电台、州电视台、州电影公司和民族语译制中心。2004年，筹资修建了康定情歌电影院。至2005年10月，全州放映总场次为950余场，观众人数达142500余人次。

2005年，阿坝州放映农村电影5384场次，发布16毫米故事片1846部次，科教片696部次，35毫米故事片72部次。高原影城放映电影812场次，观众1.80万人，票房收入10.50万元。

（二）文艺宣传与创作

遍布藏区各地的文化馆（站），是开展藏族群众文化活动的主要阵地。文化馆（站）除经常以书报、黑板报、幻灯、电视、图片展览、美术摄影和文艺演出等形式向各族人民进行宣传教育外，还经常组织各县业余文艺演出队、乌兰牧骑演出队、业余藏戏团等到农村、牧区为群众演出。各级文化部门把工作的重心移到了基层，放到广大的农牧区，开展“送文化下乡”“送电影下乡”“送图书下乡活动”。

甘孜州所辖18个县都组织了业余文艺演出队，每年每个县都充分利用节假日和农闲时间组织送歌舞、电影、科普图书、藏戏等文化活动到农牧区巡回展演。至2005年底，全州共送歌舞、藏戏下乡演出7809场，放映电影46589场，各类科普图书236858册（套）。甘孜、炉霍、丹巴、康定、泸定等县被评为四川省文化先进县，丹巴县巴底乡、巴塘县夏邛镇、色达县色曲镇等被评为四川省“艺术之乡”，巴塘县被文化部命名为“弦子之乡”，石渠、色达、巴塘县的业余文艺队被评为“四川省先进乌兰牧骑文艺队”。甘孜州文化局连续3年被四川省委宣传部、省文化厅、省民委评为“百千万送文化下乡先进集体”。

2000年以来，甘孜州在继承和弘扬民族优秀传统文化的基础上，不断推陈出新，创作成果硕果累累。据不完全统计，广大文艺工作者创作出版的小说、诗歌、散文、旅游书籍、文艺理论等书籍

20多本，创作音乐、舞蹈、藏戏、小品、美术、书法、摄影等文艺作品1375件。2001年，甘孜州成功举办了中国西部康定情歌节、格萨尔故里行活动。2004年和2005年初，又在中央电视台西部频道《魅力12》栏目录制播放了《康定情歌》《巴塘弦子》专题片，向全国全世界再次展现了甘孜州康巴文化的无穷魅力。

甘孜州对内、对外文化交流也取得了显著成绩。甘孜州歌舞团多次赴全国各地巡回演出，成为唯一走遍五大藏区的藏族专业演出队伍。两次赴日参加国际艺术演出，2000年3月又赴台湾成功地开展了两岸文化交流活动。为继承弘扬藏族传统美术，推动甘孜州藏画创新，1991年，甘孜州在全国藏区率先成立了“甘孜州藏画研究院”。近十几年来，甘孜藏画在全省及全国多次获奖，许多美术新作在北京、成都与港澳台地区，以及英国、美国、法国、奥地利、瑞士，印度等国家举办联展和个人展，在国内外引起广泛关注。

从20世纪80年代开始，阿坝州、县开办了乡村文化站（室），并逐步向全州城镇乡村普及“藏羌锅庄”。1981年至1990年创作美术作品1000余件，其中《团结颂》《阿坝风格》等现实主义作品受到社会好评。1991年至2004年间，先后举办或组织参加了全国、全省及全州各类大型美术、摄影和书法展览活动，成绩斐然。2004年，阿坝州有文化管理单位14个、文化馆14个、公共图书馆6个、文物管理所8个、博物馆1个、红军长征纪念碑园1座、乡镇文化站37个、专业艺术表演团体2个、营业性艺术表演团体10个、业余文艺演出队13支、州直文化单位6个。

中共十一届三中全会后，阿坝文学重新掀起新的创作热潮，创作出了大批优秀的文学作品，获得空前的丰收，涌现出了一批优秀的作家。如阿来、范远泰、谷运龙、泽旺、苍林、索朗仁称、贾志刚、龚学敏、梦非、曾晓红、叶星光、阿郎、达尔基、周枝辉、羊子等，不少人在国内外都有一定影响。1985年，在全国五省区藏族文学评奖活动中，阿来的诗歌《飞翔，你心灵的翅膀》、牟启林的散文《古朴的婚礼》获一等奖。1988年，阿来的小说《猎鹿人的故事》获《民族文学》山丹奖。1989年，阿来的小说《旧年的血迹》获四川省第四届少数民族文学创作一等奖。2000年，阿来的长篇小说《尘埃落定》获第五届茅盾文学奖。2003年，《民族文学》第12期特别推出阿坝州文学作品专辑，有13位少数民族作家的作品被集中推出；牛放的诗歌《白龙江源头秋色》入选《中国新诗白皮书》。藏族母语创作的作家队伍不断壮大，母语创作欣欣向荣。至2004年，有50位当地各民族作家（作者）出版了用藏汉文学创作的文学作品集100余部，其中具有代表性的有《阿坝圣迹志》《阿古顿巴的故事》《藏族动物故事》等。

20世纪80年代，木里县文化馆已建有图书室、阅览室。截至2000年，藏书已达3000多册。2005年，木里开展民族古籍等民间文化搜集整理工作，从语言文字、传统民间艺术、传统工艺与技艺、口述文学、民俗等方面收集境内民族民间文化资源，共计32种。经过保护与发展，木里各民族文化更加璀璨夺目，最具代表性藏族文化有“藏传佛教文化”“本教文化”，水洛等乡旭咪藏人的“旭咪婚俗文化”，东朗、麦日等乡的“康巴文化”等。修建的“文广综合大楼”① 二楼设有保管、阅览一体的图书阅览室和电子图书阅览室，两个阅览室共计200平方米，藏书达到10000余册，极大丰富了群众文化生活。

（三）报刊杂志

20世纪80年代中期开始，四川藏区一些部门和单位办起了报纸、期刊，如甘孜州文联于1984

---

① 2006年竣工。

年主办《甘孜文艺报》、甘孜州养路总段于1986年主办《甘孜公路报》、康定运输公司于1987年主办《康运报》、甘孜州教委于1990年主办《甘孜教育报》，以及康定民族师范高等专科学校于1986年主办《康定民族师范高等专科学校学报》、甘孜州科协于1984年主办《情报与经济》与《甘孜州科技》、甘孜州林业学会于1984年主办《甘孜州林业科技》、甘孜州委讲师团于1986年主办《教与学》、甘孜州卫校于1987年主办《甘孜卫校校刊》、甘孜州财贸校于1987年主办《校刊》、甘孜州文化局于1988年主办《康巴文苑》等。

《甘孜报》社贯彻“全党办报，群众办报”的方针，依靠各级中共组织和各族群众，在农村、牧区、厂矿、企事业单位、学校、部队和国家机关中发展通讯员，形成了通讯网，到20世纪80年代末，该报通讯员达600多人，1988年全年来稿9960件。通讯员用汉、藏文为报纸撰写稿件，发表作品，反映群众的意见和要求，对办好报纸作出了较大贡献。报社藏、汉文编辑部和州对外、对台宣传办公室和州委宣传部新闻科多次共同举办新闻学习班，帮助通讯员提高业务水平。2005年《甘孜报》改版为《甘孜日报》后，增大信息量，内容涉及国际、国内新闻，涵盖经济、法制、婚姻家庭、历史、体育、影视等，极大地满足了读者日益增大的信息需求。

《阿坝日报》汉文版创刊于1953年1月，藏文版创刊于1953年6月。1968年10月19日改名为《岷山报》，主要刊登新华社电稿。1981年1月1日，《岷山报》更名为《阿坝报》，藏汉文版均为四开四版，周二刊。1993年，《阿坝报》藏文版改为周三刊，四开四版。2002年8月，藏文编辑实现编采程序微机化，这对藏文报的发展起到了积极推动作用。2005年，《阿坝日报》藏文版正式由四开黑白小报扩版成对开彩色大报，结束全国藏区无藏文彩色大报的历史。《阿坝日报》汉文版发行量较2004年增长40%，藏文版较2004年增长50%。同时，创办《阿坝通采》《阿坝日报宣传动态》《新闻策划》等刊物，指导特约记者和特约通讯员的新闻采访和写作。

1980年6月，阿坝州成立《新草地》编辑部，为文学季刊（内刊）；1982年，改为文学双月刊；1983年，阿坝州文联成立后，《新草地》成为州文联机关刊物；1986年，更名为《草地》编辑部，正式对外发行；1987年，《草地》试办藏文版。从创刊到1989年底，共出版54期。汶川县文化馆创办《羊角花》（油印本），1989年改成铅印本，并更名为《岷江文学》。此外，成立有阿坝州作协、阿坝州藏语文学创作协会、茂县羌族文学社、理县文学协会等文学团体。除公开刊物《新草地》外，内刊有《草地》藏文版、《羌族文学》《金川文艺》《红柳》《黄河文艺》《清泉》等。

1990年，木里县创办《云杉》内部杂志，至2005年共有58期，其内容丰富、地方特色浓厚、可读性强，受到了社会各界好评。

（四）广播电视事业

从20世纪50年代开始，用藏汉两种语言播音的广播电台在四川藏区陆续设立。20世纪80年代以后，各县陆续建成了电视差转台。1990—1995年，国家两项资金对甘孜州的广播电视建设投入906万元，建乡级卫星地面站138座，县级、乡级调频广播网点25个，新建7个县级广播电视中心。1990年，木里县共有广播站12个，广播事业的发展初具规模。1996—1997年，千乡广播电视工程在甘孜州全面实施，两年内先后完成了千乡广播电视工程184个乡、镇电视卫星地面站和80座乡（镇）调频广播站建设任务，还为47个无电乡（镇）站配发了发电机。1998年，国家计委、国家广播电影电视局率先在甘孜州实施村村通广播电视工程，解决老、少、边、穷边远山区广播电视盲点行政村群众听广播、看电视节目难的问题。省委宣传部、省民委、省计委、省广播电影电视局先后连续4期在甘孜州实施了“广播电视村村通工程”。

至2000年，四川藏区已建成电视发射台、差转台2766座，拥有电视卫星收转系统7000多座。2001年，实施了“四川藏区广播覆盖工程”，新建9座中波电台，35座调频台。截至2005年，甘孜州已建州人民广播电台1座，州电视台1座，州有线电视台（筹）1座，县级有线电视台18座，有线电视小系统97个，中波转播台14座，短波台3座，州、县级调频台19座，乡（镇）调频台104座，县、乡村及个体卫星地面接收站2144座（含个体1536座），有线电视用户达到42870户，全州广播人口综合覆盖率达82.82%，电视覆盖率达83.13%。2005年，阿坝州全年新增有线电视用户2569户，新增卫星电视地面接收设施3732座，全州广播、电视人口有效覆盖率分别达75%、93.3%。

2002年，木里县广播电视与文化机构合并为文化广播电视局。2003年，木里成为凉山州能独立开设“现场直播”的第一个县。至2005年底，木里全县广播覆盖率达70%，电视覆盖率达72%，有线电视用户（包括一、三区）3000多户，29个乡（镇）都实行“千乡工程”安装了电视，112个行政村、154个村民小组实现了电视“村村通”。

（五）古籍整理与保护

四川藏文古籍搜集整理工作开始于1981年。1997年，国家民委在全国范围内开展《中国少数民族古籍总目提要》四川各卷搜集、整理和编目登录工作。据2003年统计，当时存于四川地区的藏文古籍有近30万册（函），还有大量散存于民间的口碑历史文化古籍。

20多年来，四川省民族古籍工作得到了全面开展，相继在藏区各州、县建立健全组织机构，拨付专门经费，配备专业人员，投入大量人力物力，初步形成了民族古籍搜集整理保护网络，切实开展了对藏文古籍的挖掘、搜集、整理、编目和出版工作，取得了丰硕的成果。四川省少数民族古籍整理办公室，已抢救搜集藏文古籍105540余（册）、印板12万块、藏画4900余幅、整理8581余（册），抢救补刻善本41函，出版346种，获奖23种。特别是全省出版界自中共十五大以来获得国家级图书奖和提名奖的29部书中，该办组织出版的少数民族古籍类就有7部，其中藏文古籍《藏族历算大全》《显密文库》《德格印经院藏传木刻版画集》分别获得第四、五、六届国家图书奖，藏文古籍《四部医典大详解》获得第五届中国民族图书一等奖。

藏文《显密文库》是藏族百科全书，其内容涵盖了历史、语言、文学、工艺美术、哲学、历算、医药等，全书共5卷，950多万字，600多幅图，经省民族古籍办组织力量，耗时16年搜集、整理，于2000年出版问世，2001年经专家推荐和评审，获国家民族图书一等奖，并由民族图书专家评审委员会鉴定和推荐，荣获第五届国家图书最高奖。

藏族古籍整理与出版的各类图书不仅有古籍原版，部分古籍名著，还有了注解版本，汉文译本也不断问世，一些研究成果还直接服务于现实社会，产生了一定的社会效益。

（六）国家级、省级文物保护单位

四川藏族地区的全国重点文物保护单位有：1961年3月，泸定桥被国务院公布为第一批全国重点文物保护单位；1988年1月，卓克基土司官寨被国务院公布为第三批全国重点文物保护单位；1996年11月，德格印经院被国务院公布为第四批全国重点文物保护单位；2001年6月，直波碉楼、松潘古城墙和棒托寺喇嘛塔及石经被国务院公布为第五批全国重点文物保护单位。

四川藏族地区的第一批省级文物保护单位（四川省人民政府1980年7月7日重新公布）主要有

强渡大渡河遗址、泸定桥等9处。

四川藏区第一批省级文物保护单位名录

表2-6

名称	年份或时代	地址
强渡大渡河遗址	1935	石棉县安顺场
泸定桥	1935	泸定县
长征时红军一、四方面军会师遗址	1935	小金县达维桥及天主教堂
两河口会议会址	1935	小金县两河口乡
红军烈士墓	1935	红原县亚克夏雪山上
毛尔盖会议会址	1935	松潘县幸福乡
巴西会议会址	1935	若尔盖县巴西乡
印经院及经版	清	德格县
白利寺	清	甘孜县

四川藏族地区的第三批省级文物保护单位（四川省人民政府1991年4月16日公布）主要有松潘古城墙等8处。

四川藏区第三批省级文物保护单位名录

表2-7

名称	年份或时代	地址
红军长征纪念碑碑园	1990	松潘县元坝乡
点将台摩崖造像	唐	茂县较场乡
松潘古城墙	明	松潘县进安乡
措尔机寺院	明	壤塘县中壤塘乡
日斯满巴碉房	明	壤塘县宗科乡
黄龙寺	清	松潘县黄龙乡
直波碉群	清	马尔康县松岗乡
棒托寺喇嘛塔及石经	明	壤塘县茸木达乡

四川藏族地区的第四批省级文物保护单位（四川省人民政府1996年6月19日公布）有丹巴中路遗址及石棺葬墓群。

四川藏族地区的第六批省级文物保护单位（四川省人民政府2002年12月27日公布）有丹巴县古碉群、小河古城墙等9处；2004年11月30日又增补木里大寺、波日桥等18处。

四川藏区第六批省级文物保护单位名录

表 2-8

名称	年份或时代	地址	公布时间
姜维城古文化遗址	新石器时代、汉、三国、晋、元、明、清	汶川县威州城	四川省第六批省级文物保护单位（四川省人民政府 2002 年 12 月 27 日公布）
营盘山遗址	商、周、新石器	茂县凤仪镇	
丹巴县古碉群	元—清	丹巴县	
御制平定金川勒铭葛喇依之碑及曾达关碉	清	金川县	
小河古城墙	明	阿坝州松播县小河乡	
卓克基土司官寨	清	马尔康县卓克基乡	
芦花会议会址（含芦花官寨）	1935—1938 年	黑水县芦花镇	
包座战役遗址	1935 年	若尔盖县包座乡	
沙窝会议会址	1935 年	松潘县	
木里大寺		木里县	四川省第六批省级文物保护单位（四川省人民政府 2004 年 11 月 30 日增补）
苟象寺		若尔盖县	
若尔盖达扎寺		若尔盖县	
西索民居		马尔康县	
草登寺		马尔康县	
靖夷堡遗址	明	松潘县	
朴头山石刻	隋唐	理县	
磨西天主教堂毛泽东同志住地旧址		泸定县	
东谷寺		甘孜县	
红军飞夺泸定桥战前动员会旧址		泸定县	
郭岗顶遗址		雅江县	
波日桥		新龙县	
长青春科尔寺		白玉县（应为理塘县）	
呷拖寺		白玉县	
惠远寺		道孚县	
灵雀寺		道孚县	
曲批寺		乡城县	
金川商周遗址	商周	金川县	

（七）音乐舞蹈

四川藏区舞蹈主要有锅庄舞，最具代表性的有嘉绒锅庄“达尔嘎底”、草地锅庄“俄卓”以及巴塘弦子。“达尔嘎底”是固定内容与新创内容结合，以跳“德让斯嘎尔玛让波”开始和“扎西学”结束。“俄卓”为安多藏语的音译，流行于牧区。歌词富有草原特色，以吉祥欢乐为内容。步伐以点踏、擦地、跺脚为主。音乐节奏紧密，清新悠扬，旋律抒展奔放。此外，还有宗教舞蹈和藏戏。宗教舞蹈主要是祀神舞蹈，内容全是佛教经典故事，表演者都是喇嘛或扎巴，戴面具，手执宝剑等武器，动作刚健，也有模仿野兽动作的。跳时用大钹、鼓、大小号筒、海螺等伴奏。藏戏分安多藏戏和嘉绒藏戏。流传于阿坝、红原、若尔盖、壤塘和马尔康、金川、小金、理县等地，其剧目富于民族特色，多以宗教故事或民间传说为蓝本。

四、医疗卫生

（一）发展概况

中华人民共和国成立前，四川藏区缺医少药，医务人员少，药品和医疗器械短缺，经费微薄，医疗事业极其落后。在阿坝州，仅松潘、理番（今理县）、懋功（今小金）、靖化（今金川）等6县相继成立了卫生院。中华基督教会“边疆服务部”在理番与县政府合办“协立医院”。到1949年，边疆服务部的医疗点共有卫生人员9人、病床20张。6县卫生院共计13人，边区医疗队仅七八个人，没有1张病床。此外，有少数私人开设的西医诊所、中药铺和专业中医及少量的藏医散布民间。

至20世纪50年代末，阿坝州建立县人民医院13所，区卫生所49所。20世纪60年代，全州乡一级卫生院，州、县卫生防疫站相继建立。20世纪70年代，农村合作医疗站、赤脚医生大量发展，建立健全了妇幼保健机构。20世纪80年代，新建了中医院、藏医院，以振兴中、藏医事业。从此，阿坝州的医疗卫生事业发展速度加快，医药卫生服务范围向农牧区基层扩展。

1990年以来，四川藏族地区恢复和重建了乡镇卫生院，实现了“乡乡有医有药”。同时，积极通过中央和省州卫生项目加大医疗基础设施建设，建立起了以综合医院、中藏区院、疾病预防控制中心、妇幼保健院为中心的城镇医疗卫生服务体系，及以县级医疗卫生服务机构为中心、乡镇卫生院为枢纽、村卫生站（室）为网底的农村三级卫生服务体系建设，同时健全由疾病预防控制、应急医疗救治、卫生执法监督、应急指挥和公共卫生信息等组成的公共卫生体系，有效解决了广大藏族农牧民缺医少药、看病难等矛盾。

“八五”“九五”时期，甘孜州恢复和重建乡镇卫生院118个。2001—2005年，通过国家及省、州地方各类项目建设，甘孜州实施各种卫生建设项目341个，完成乡、镇卫生机构建设192所，疾病控制中心建设19个，传染病医院和病区、急救中心建设20个，13个中、藏医机构和19个综合性医院的基础设施得到改善，全州卫技人员增加至3638人。到2005年底，甘孜州卫生部门有各级各类医疗卫生机构437个，其中综合性医院28个，乡镇卫生院324个（中心卫生院75个、乡卫生院249个），疾病控制中心和妇幼保健院各19个，中藏医、计划生育服务及其他机构47个。

1992年，木里县建成县医院门诊和住院楼各一幢；1993年，建成保健站业务综合楼、瓦厂中心卫生院医技楼、茶布朗中心卫生院住院楼各一幢；1995年，建成中藏医院业务综合楼一幢；2002年建成乔瓦镇卫生院业务用房一幢；1998—2002年，利用藏区建设项目等，搬迁新建了水洛、唐央、博窝、克尔、李子坪、乔瓦镇等乡镇卫生院；2003年建成茶布朗中心卫生院综合业务用房和瓦厂中心卫生院职工住房各一幢；2005年，建成瓦厂中心卫生院门诊楼、县医院传染病区、县疾控中心检验楼、茶布朗住院病房、芽租乡卫生院业务用房、固增乡卫生院业务用房各一幢。

经过长期建设，四川藏区医疗卫生事业得到了长足发展。截至2003年，藏区有各级各类医疗卫生机构1182个（不含村卫生室）。其中，甘孜州有607个，阿坝州523个，凉山州木里县52个；床位5694张，其中，甘孜州2616张，阿坝州2807张，木里县351张；有卫生技术人员8658人，其中甘孜州4280人，阿坝州4051人，木里县413人。采用新法接生的妇女达80%，婴儿死亡率降低到2%以下，90%的儿童接种了规定的疫苗。肆虐多年的地方病、传染病得以有效的防治，人口平均寿命从中华人民共和国建国初的35岁提高到70岁。

至2004年，阿坝州有各级各类医疗卫生机构（单位）1643所。其中，政府卫生部门成立的医疗卫生机构303所，包括综合性医院13所，民族医疗机构13所，中等卫生学校1所，疾病预防控制中心14所，卫生执法监督所14所，妇幼保健站（所）14所，采供血机构1所（州中心血站），乡镇卫生院233个。个体医疗机构及学校、林场、工矿、部队医疗单位219个，卫生人员247人。村卫生室1121个，医疗卫生人员5175人。政府卫生部门所属医疗卫生机构3476人，其中卫生技术人员3037人，占87.4%。全州每千人有医疗卫生人员3.60人。另有乡村医生1452名。各级各类医疗机构有病床2798张，每千人约3.30张。各级各类医疗卫生机构有万元以上设备532台（件）。

到2005年，甘孜州村卫生站（室）总数达到832个，乡村医生总数916人（含村卫生员156人），村级卫生机构覆盖率达到44.23%，农村卫生技术人员在稳定中逐步增长。木里县有各级各类医疗卫生机构173所；有大、中专毕业的中、西、藏医医护人员305人，乡村医生70余名。

（二）传统藏医药发展

在发展现代医疗卫生事业的同时，为弘扬并保留藏族优秀传统文化、维护藏区稳定，传统的藏医药事业得到了发展。

从1956年起，在若尔盖、红原、阿坝、壤塘、松潘等县以及部分乡镇组建以藏医药为主的卫生院（所）。1978年以来，阿坝州州人民医院和红原、阿坝、壤塘县人民医院先后设立了藏医科。1979年，若尔盖县建成了拥有60张病床的藏医院。1979—1985年间，阿坝州组织力量进行藏医药方剂、药物的调查和发掘，为《藏药标准》《民族药志》《藏医手、耳、望诊经验》《藏医处方》《针灸》《中国医学百科全书·藏医分卷》的撰写提供了资料，州藏医人员还撰写了《藏医验方荟萃》《藏医发展史》《藏医名人故事》等著述。

1984年，四川省委做出振兴中医事业的决定，使中藏药业发展进入了新的历史时期。1991年，阿坝县藏医门诊部更名为阿坝县藏医院。1992年6月，阿坝州藏医院和阿坝州藏医药研究所成立；同年，在若尔盖县召开全州首次藏医药工作会。1994年，成都中医药大学招收首届藏医大专生，招生30人；同年，州藏医院归类整理藏药标本2000余种，整理出版《藏医研方汇草》《安多地区藏医发展史》。1995年，省中医局批准中藏医学会和若尔盖县藏医院为州藏医人员教学基地。1998年，召开藏药标准研讨会，确定将120个处方列入《阿坝州藏医药标准》；发掘、整理著名老藏医经验和研究成果，以旦科为首的藏医药文献整理工作，获准国家立项研究；启动开展《四部医典》注解编撰项目。2004年，旦科、智美、韦科等藏医专家完成《藏医方剂学》《藏医儿科学》《藏医保健学》的编写工作。自20世纪90年代起，先后举办藏医理论提高班、藏医中青年技术骨干班、理论学习班、临床进修班、“212”藏医技术骨干班、藏医学习西医班等培训，全州藏医人员培训、进修累计约1300人。至2005年，全州藏医人员208人，其中主任医师2人，副主任医师10人，主治医师（药技）33人，初级人员及以下163人。阿坝州藏医院和阿坝州藏医药研究所有职工52人，有病床30张，是全州藏医学院临床教学基地，开发研制了“亚玛众清”等新药，生产“珍珠七十味”“二十五味珊瑚丸”“仁青芒觉”“夏萨德西丸”等200多种藏药。

“八五”时期，甘孜州确定了折多山以东发展中医，折多山以西发展藏医的工作思路，中藏医事业逐步完善。在中共甘孜州第八次党员代表大会和甘孜州第九届人民代表大会第一次会议上，甘孜州委、州政府把中藏药业作为全州六大支柱产业之一进行培育和发展。至2005年，全州拥有全民所有制的州级藏医院1所，县级中藏医院12所；中藏医药研究所3所。集体所有制的县级中藏医院联合诊所3所；具有藏药制剂生产条件的藏医院9家。在甘孜州13所州县中藏医院中，有正高级职称3人、副高级职称21人；州级名中藏医10人，省级名中藏医8人；引进和集聚药业人才192人，其中研究生学历14人。

1991年，木里决定成立木里县中藏医院，1995年建成并营业。2005年，中国电信集团又为木里县中藏医院援建了一幢藏药制剂室。木里县中藏医院有卫生技术人员32名，有门诊观察床位30张，拥有创伤治疗仪、藏药制药机器等先进仪器设备。

五、体育事业

四川藏族民间传统体育源远流长，藏族人民历来喜爱骑马、射箭、摔跤、登山、“朵加”“俄多”“押加”奔牛等民族体育活动，以赛马、马术、弓技、射击、锅庄、弦子最具特色。甘孜的“俄多”“押加”曾代表四川省参加全国民运会，被评为全国少数民族传统体育优秀项目。

1995年，国家实施全民健身计划，甘孜州平均每年举办州、县、乡各级运动会132次。在开展群众性体育活动中，规模较大、影响较广，并形成传统的体育活动有职工篮球赛、赛马会等。2004年，在马尔康县举办的“万人嘉绒锅庄节”创造了世界“吉尼斯”纪录。至2004年，阿坝州拥有3个国家级和2个省级青少年体育俱乐部、传统体育项目学校8所、各类体协20余个，州、县业余体校5所，社会体育指导员657名，常年参加体育锻炼的人数已占总人口的30%。至2005年，甘孜州共获得省级体育比赛金牌306枚、银牌394枚、铜牌285枚，向省级运动队输送优秀运动员38人，向体育大专院校、系、科、省运动技术学校输送177人。

在四川省第12届少数民族体育运动会及全省民族体育先进集体和先进个人表彰大会上，木里县旅游体育局被表彰为2002—2005年度四川省民族体育先进集体。

第四节　扶贫与人民生活改善

一、财政扶贫

1980年，中央财政在国家预算内专项设置支援经济不发达地区发展资金（以下简称发展资金）；1984年，开展以工代赈工作后，四川藏区开始享受以工代赈资金。1985年，又增设四川省三州开发资金（以下简称开发资金），并与发展资金合称“两项资金”。

1988年，白玉县被列为国家扶持的牧区贫困县，甘孜州开始享受扶贫资金。1989年，稻城县、九龙县、德格县、得荣县被列为省定贫困县。1984—1990年间，甘孜州累计投入扶贫资金1124.70万元。1991年，得荣县被列为国扶省定贫困县，石渠县被列为省定贫困县。1994年，巴塘县、乡城县被列为国定贫困县，甘孜县被列为省定贫困县。1996年出台的《国家扶贫资金管理办法》将发展资金和以工代赈资金纳入扶贫资金。至此，甘孜州9个非国定、省定贫困县只能享受开发资金。2001年，新时期扶贫工作启动，甘孜州18个县纳入扶贫片区范围。2002年，甘孜州的理塘、新龙、石渠、色达、雅江等县被列为国家扶贫开发工作重点县。截至2005年，甘孜州共享受各类资金330029.55万元。其中，信贷资金64283万元；财政资金34867万元；“两项资金”156251.50万元；

以工代赈资金74628.05万元（含实物折资）。

1984年，阿坝州人民政府召集农牧、卫生、财政、科技、教育、民政等多个部门联合组成“阿坝州扶贫领导小组”，建立扶贫周转基金并开展包产扶贫试点工作。1985年，阿坝州在全州推广“部门包乡，乡村干部、党员和民兵、妇联、共青团组织包户”的扶贫方案，茂县获得四川省民政厅扶贫专款40万元，壤塘获得四川省民委扶贫专款10万元。1994年，壤塘县、黑水县被列为国定贫困县，金川、小金、茂县、松潘、南坪（今九寨沟县）被列为省定贫困县。1991—2000年间，中央及省投入阿坝州的扶贫资金累计约6.50亿元。至2000年底，阿坝州7个贫困县农牧民的温饱问题得到整体解决，贫困发生率由1993年的30.75%下降到2000年的2.92%。2001年5月，壤塘县、黑水县、小金县被确定为国家贫困开发工作重点县，432个贫困村被确定为四川省重点贫困村。2005年，阿坝州获得中央和省扶贫、“两项资金”、以工代赈资金共计15766.70万元。其中，财政扶贫资金2499.70万元；“两项资金”7147万元；以工代赈资金6120万元。落实扶贫贴息贷款5000万元。投入农村基础设施建设9874.80万元，建设新村扶贫工程64个衬，移民扶贫工程229户，牧区扶贫工程“人草畜”三配套提升工程175户。2001—2005年间，中央和省支持阿坝州扶贫开发累计投入各类扶贫资金总计14.02亿元，其中扶贫贴息贷款10.12亿元。

1977年，木里县在桃巴、下麦地两公社试点扶贫工作。1984—1985年间，扶持困难户658户、4348人，投放资金13万元。1991年4月，木里被列为四川省定贫困县，成立了木里藏族自治县扶贫开发两项资金以工代赈办公室，全县建卡贫困户8831户、48483人。1999年更名为木里县扶贫开发两项资金办公室。自1991年开展扶贫工作以来，国务院、四川省、凉山州共投入各类扶贫资金总计1.75亿元。其中，“两项资金”1791.88万元，扶贫专项贷款10113.42万元，新增财政扶贫资金2182.90万元，以工代赈资金3368万元。各类扶贫资金的投入，有力促进了木里扶贫开发工作的推进。

二、安居扶贫

自1985年以来，四川藏区民居建筑不断发生变化，许多农民将瓦板房、茅草房换成大瓦房，不少原来的房宅逐步改建成新式楼层瓦房或钢筋混凝土结构楼房。新村建设极大改善了广大贫困群众的生产生活条件。为改变牧区畜牧业“夏饱、秋肥、冬瘦、春死亡”的恶性循环生产格局，保障畜牧业健康发展，自20世纪90年代以来四川藏区各地开展了“人草畜”配套工程，修建定居房和牲畜棚圈，实现“人有住房，畜有棚圈、草有围栏、户有饲草基地”的生产、生活格局。

2001—2005年，阿坝州统筹使用财政性扶贫资金、信贷扶贫资金、社会援助资金、涉农支农资金，投入新村扶贫工程项目资金共计3.68亿元。其中，农区新村建设要求农户达到“四个一”：人均年收入在1000元以上的“找钱地”或“池园经济”项目一个；户均有一个年收入在500元以上的养殖项目，有一个从事非农产业的劳动力；每个劳动力掌握一门农业生产技术。半农半牧区达到“三个一”：人均有半亩以上的稳定高产农田；户均有一个年收入在1000元以上的养殖业项目；每个劳动力掌握一门农牧业生产技术。牧区全面推行人草畜“三配套”建设。新村扶贫实施公路、电、广播电视和电话“四通”，农户人均居住面积在15~20平方米。在壤塘、阿坝、若尔盖、红原、松潘等牧区县和部分高山牧场实施，对8800户贫困牧民开展“人有住房，草有围栏、畜有棚圈”配套建设，在阿坝县、若尔盖县、红原县、壤塘县每县建立一个牧民新村试点，逐步解决贫困牧民温饱和定居问题。5年间共投入资金6560万元，其中财政性扶贫资金占50%，信贷扶贫资金、涉农配套资金占50%。“人草畜”三配套建设每户以奖代补2000元，投入资金1760万元。户均住房80—100平方米，牲畜棚圈100—120平方米，围栏草地3.33—6.67公顷，人工草地0.33—0.67公顷。按照扶贫新村建设标准完成交通、水利、电力、通信等基础设施建设，发展教育、文化、卫生事业。

自1990年以来，甘孜州开展了牧区“人草畜”配套工程，实现“人有住房，畜有棚圈、草有围栏、户有饲草基地”的“四有”生产、生活格局。截至2002年底，全州有47961户牧民全面完成了三配套建设，告别了游牧生产生活方式，在牧区发生了一场深刻的变革，共建牧民定居住房415.50万平方米，牲畜棚圈549.30万平方米，围栏改良草地162.60万亩，饲草饲料基地22.60万亩。2004年，甘孜州实施新村扶贫工程71个，移民扶贫工程816户，以及6个县的“人草畜”三配套提升等牧区扶贫工程。2005年，甘孜州共实施18个县99个新村扶贫工程，涉及人口近10万人。2001—2005年间，甘孜州累计投入各类扶贫资金8.21亿元，两项资金4.66亿元，实施新村扶贫工程434个，移民扶贫、异地搬迁工程5558户，教育扶贫工程144个，卫生扶贫工程90个。共解决14.57万贫困人口的温饱问题，改善8.29万低收入群体的生产生活条件，贫困发生率由2000年末的62.97%下降至41.98%。

民主改革时期，国家拨专款为木里县的农奴、奴隶和贫苦群众修建住房。20世纪80年代以来，随着经济社会发展，农村人口增加，农民积极自建新房。自1991年木里启动扶贫开发至2005年底，全县共组织实施扶贫新村46个，实施移民扶贫1136户，形象扶贫20711户，改造破旧“三房”2179户，重点扶持核桃、花椒和养殖牛、羊为主的农牧业产业化项目。农村面貌发生显著变化，贫困群众的衣、食、住、行等生活条件明显改善，生活质量、综合素质明显提高，贫困人口逐年减少。

三、生活改善

经过扶贫开发，甘孜州社会保障体系逐步完善，农村扶贫工作成效显著。2005年底，全州有2.1万名城镇低收入人口纳入城市“低保”范围，6.60万名贫困农牧民纳入农村“低保”范围，3793名失地农民得到妥善安置，2.79万名绝对贫困人口基本解决了温饱，1.89万名相对贫困人口实现了越温脱贫。全年为4221名失业人员提供了失业保障。城镇居民收入稳步增加，生活水平进一步提高。2005年，全州在岗职工平均工资17216元，增长6.5%。城镇居民人均可支配收入7000元，增长3.8%；人均消费性支出6045元，增长3.5%。全州农牧民人均纯收入1310元，比上年增收149元，增长12.8%。农牧民人均生活消费支出1174元，增长16.7%。2005年末，城乡居民储蓄存款余额29.60亿元，同比增长13.1%。其中，活期储蓄存款余额15.80亿元，同比增长17.3%；定期储蓄存款余额13.80亿元，同比增长8.6%。按照省委、省政府将“三州农村移动通信扶贫工程纳入村通工程建设统一安排”的要求，建成基站168个，开通98个G网基站和78个卫星基站，同时将一期工程中55个VSAT更换为55个全球基站，基本实现全州乡乡通电话的目标。

综合定点帮扶、驻村帮扶、社会扶贫、移民扶贫以及教育扶贫、卫生扶贫等社会事业项目建设，阿坝州贫困农牧民生产生活得到极大改善。2001—2005年间，阿坝州共启动和基本建成扶贫新村302个，实施移民扶贫7837户、39185人；共解决142092人温饱问题，绝对贫困人口由2001年的173282人减少到2005年底的96141人，低收入贫困人口由2001年的194401人减少到2005年底的129450人，贫困发生率由2001年的26.46%下降到2005年的16.32%。全州986个村的扶贫开发项目共扶持农户85268户、398165人。新建及改扩建公路3743公里，新增基本农田1235公顷，新增经济林面积2714公顷，新增及改良人工草场面积6万公顷。贫困乡村社会事业发展加快，上学难、看病就医难等问题得到缓解，资助儿童入学及扫盲项目3308万元，贫困乡村卫生设施建设项目1347万元，组织开展农村实用技术培训35.90万人次。至2005年底，阿坝州在岗工人平均工资较2004年增长11.3%，当年完成了1.04万低收入人口生产生活条件的改善，解决了3.90万人的饮水困难。

木里县扶贫开发共经历了“二六”指标①、“八七”扶贫攻坚②和新一轮扶贫开发三个阶段。全县上下以重点贫困村为主战场，以贫困户为对象，以改善贫困群众的基本生产、生活条件为重点，认真组织实施了移民、新村、教育、卫生、劳务、产业化、“三房”改造等扶贫工程，新阶段扶贫开发整体推进，贫困人口逐年下降，贫困群众的生产、生活条件得到改善，生活质量明显提高，贫困乡村社会事业发展加快，县域经济持续增长，新阶段扶贫开发进展顺利，成效显著。农村面貌发生巨变，贫困群众的经济实力普遍增强，贫困人口生活水平不断提高。基础设施明显改善，提高了贫困群众抵抗自然灾害的能力，促进了农业生产稳步发展。共完成改造中低产田土40172亩，新修、维修塘、桊、堰共5060条（口），新增灌面5340亩，增设、维修人畜饮水工程256处，安装人畜饮水管道623公里，解决了26824人、67651头（只）牲畜的饮水困难，恢复新修农村小水电11座，架设输电线路220公里，新修通村公路25条267公里，架设索桥10座，架通了桃巴、新藏两座大桥，新修民俗活动场所400平方米，完成牧区改造围栏草场142个8万亩。社会事业快速发展，共改造维修中小学校18所，解决了5100多名重点寄宿制学生的寄宿问题。新修、维修卫生院36所，建卫星电视地面接收站16个，扶持开通了县城程控电话，新修、改造了20个乡机关、3个区工委、8处基层政法机关的办公、生活用房。全县初等教育条件明显改善，农村缺医少药现象有所缓解，群众文化生活得到提高，教育、文化、卫生、通讯等社会事业快速发展。

2005年，木里县农民人均纯收入达到1748元，比1978年的68元净增1680元，增长24.70倍，年平均增长13.3%。全部在岗职工年平均工资达到14460元，比1978年的682元增长21.20倍，年平均增长12.5%。随着城乡居民收入的增加，生活水平显著提高，群众的吃、穿、住、用、行得到明显改善。据农村住户抽样调查，2005年农民人均生活消费支出达到1004元，比1982年133元增长7.54倍，年平均增长9.6%。2005年城乡居民储蓄存款余额达到22795万元，比1978年的90万元增长253.27倍，年平均增长23.7%。人民购买消费品的数量不但增加，而且讲究质量、品牌、花色、式样，许多耐用消费品如冰箱、彩电、洗衣机、组合音响、影碟机、电脑等越来越多地进入了城乡居民家庭。

第五节 落实宗教政策

红军长征经过藏区时，尊重广大藏族群众的宗教信仰自由，严格执行党的民族与宗教政策。1950年11月，西康省藏族自治区第一届各族各界人民代表会议在康定召开，通过《关于加强团结的决议》，第一条指出：“各民族间与民族内部，应互相尊重风俗习惯与宗教信仰自由”。1951年10月，西康省藏族自治区第一届各族各界人民代表会议一届二次会议通过的《西康省藏族自治区各族各界人民团结爱国公约》第七条规定：“尊重民族宗教信仰的自由，尊重民族风俗习惯，保护喇嘛寺

① 时间是1991—1993年，以“年人均纯收入200元，人均粮食600斤，基本解决贫困群众的温饱问题”为目标。
② 时间为1994—2000年。

庙，发展民族经济文化事业。"民主改革及"文化大革命"时期，四川藏区的藏传佛教寺庙受到了严重冲击，正确的宗教政策未得到贯彻落实。

一、开放寺庙

改革开放以来，四川藏区各级政府开始着手解决"文化大革命"中受到迫害的宗教爱国人士的遗留问题，相关宗教政策与措施主要有：平反民族宗教和其他统战人士的冤假错案，纠正错误结论或不当处分；将健在的宗教界爱国人士安排到人大、政协就职，对亡故的补发抚恤金、安葬费；合理安排宗教活动场所，恢复部分被毁寺庙并逐步恢复开放。1986 年，国家拨款修复木里大寺的曲拉殿和"年降空"殿，逐步恢复了住寺僧人，恢复主要的寺庙宗教节日。至 1990 年底，甘孜州批准开放的藏传佛教寺庙有 474 座；阿坝州共开放宗教活动场所 238 个，有宗教人士 12725 人。截至 2004 年，木里全县先后修复并开放了木里、瓦尔寨、康坞、苦巴店、都鲁、呷鲁、库绒、四撒、洼多、丁央、芽根、仁江、柯拉、呷古等 14 座寺庙，同时将其纳入属地管理。截至 2005 年底，阿坝州共登记藏传佛教寺院 252 座（包括 44 座本教寺院），汉传佛教寺院 3 座，伊斯兰教寺院 25 座，道观 7 座；为 13296 名藏传佛教僧尼、68 名伊斯兰教阿訇、2 名汉传佛教僧尼以及 4 名道士、道姑发放宗教教职人员证书。

二、成立宗教事务管理机构

1957 年 5 月，经甘孜州人民委员会批准，成立甘孜州人民委员会宗教事务科；从 1961 年起，逐步在甘孜州各县建立宗教事务工作机构；"文化大革命"期间，甘孜州人民委员会宗教事务科陷于瘫痪；1981 年 5 月，经甘孜州委批准恢复，并于是年 11 月更改为宗教事务处；1983 年 9 月，宗教事务处更改为宗教事务局。其中，康定、巴塘、石渠、甘孜、理塘、新龙、道孚、得荣 8 县先成立宗教事务科，后改为宗教事务局；丹巴、雅江、稻城、色达、德格、炉霍、白玉、乡城 8 县直接成立宗教事务局。

1982 年，阿坝州"文化大革命"期间造成的宗教界人士冤假错案得到平反和落实，各县恢复或建立了宗教科，政协、统战等部门相应成立了管理宗教工作的科室。1986 年，阿坝州宗教事务局（简称州宗教局）成立，主要职责有"贯彻执行党和国家有关宗教工作的法律法规和方针政策，研究全州宗教现状，负责宗教动态和信息的汇总、分析、提出处理宗教领域问题的政策建议""起草宗教事务方面的地方性法规和规章草案并负责其执行情况的督促检查工作""依法履行宗教事务管理职责，依法保护公民宗教信仰自由和正常的宗教活动，维护宗教界合法权益，促进宗教关系和谐"，以及"指导宗教团体依法依章开展活动，支持宗教团体加强自身建设""指导各县政府宗教事务部门依法履行管理职能、处理宗教事务的重大事件，防范利用宗教进行的非法、违法活动，抵御境外利用宗教进行的渗透活动"等，下设办公室、政策法规科（行政审批科）、业务一科、业务二科等科室。

1984 年 3 月，成立木里县争取国外藏胞回归祖国领导小组；1990 年 4 月，更名为木里县对国外藏胞工作领导小组；1990 年 12 月，成立木里县宗教事务管理局；2002 年，更名为木里县民族宗教事务局。

三、宣传与教育

20 世纪 90 年代初，四川藏区贯彻并学习中共中央、国务院《关于进一步做好宗教工作若干问题的通知》和四川省藏传佛教工作座谈会议精神，把依法管理宗教事务纳入各级党委、政府的重要工作日程。

1988年，阿坝州政协会同州委统战部、州宗教局对藏传佛教寺院进行考察，多次向中共阿坝州委、州人民政府汇报寺院情况。1989年，阿坝州活佛转世试点工作组成立，并根据活佛转世原则首批认定了9位转世活佛。1991年，阿坝州以寺庙为单位，对宗教教职人员进行爱国主义、社会主义、遵纪守法、依法办事和维护祖国统一、民族团结、反渗透反分裂教育。所属各县按照州委、州政府的要求，在农牧区开展爱国主义思想教育。1992年，在全州宗教教职人员中开展“二五”普法教育，推进宗教事务管理的法制化进程。1993年，阿坝州政府印发《阿坝州宗教事务管理试行办法》。1994年，召开各级宗教人士参加的大型座谈会，宣传《中华人民共和国民族区域自治法》和党的民族宗教政策。1995年，在马尔康举办藏传佛教寺管会主任和新转世活佛培训班。1996年，举办两期11个县的新活佛转世、经师、寺管会负责人、县委统战部长、县宗教局长共180余人参加的培训班。1998年，印发《关于当前全州宗教工作若干问题的意见》，并启动藏传佛教寺庙爱国主义教育活动，共召开干部会600次、信教群众485次、寺管会成员和高僧会1800多次、僧人大会1250多次，调整寺管会成员804人。同年，阿坝州政府印发《关于当前全州宗教工作若干问题的意见》，对宗教活动、教职人员、宗教场所等予以详细规定。2000年，以《四川省宗教事务条例》《阿坝州宗教活动场所管理试行办法》《阿坝州宗教教职人员管理试行办法》为专题，对宗教及管理人员进行培训，组成“阿坝州高僧大德宣讲团”深入各大寺庙宣讲政策法规、教规戒律。2001年，培训寺管会主任、新转世活佛及部分经师80余人。

2005年，国家《宗教事务条例》正式颁布施行。阿坝州印制《宗教事务条例》藏汉文宣传手册1500册、宣传广告画5000张。各县相继举办培训，全州培训干部1800余人，培训宗教教职人员8000余人。甘孜州选择19座寺庙重点学习宣传《宗教事务条例》，并举办40余期培训班，共有宗教、统战人士2000余人次参加培训，定制《宗教事务条例》汉文版4万册、翻译《宗教事务条例》藏文单行本4万册。此外，甘孜州还召开宗教工作联系会议10多次，制定并颁友了《关于进一步深化藏传佛教寺庙爱国主义教育的实施意见》《关于在全州宗教界集中开展向第五世格达活佛学习活动的通知》等。

四、依法管理

1993年，省政府颁布《四川省宗教教职人员管理规定》，阿坝州建立活佛月报制度和宗教教职人员请销假制度，把教职人员活动纳入制度化、规范化管理，纠正宗教教职人员擅自外出讲经、化缘，不请假到内地和沿海地区活动的现象。各寺院相继建立完善《爱国公约》《僧尼守则》《僧尼学习制度》《文物管理制度》《财务管理制度》等。各寺院与所在乡村签订《寺庙宗教事务管理责任书》，使宗教活动走入依法管理的轨道。2002年，阿坝州政府转发《阿坝州宗教事务局关于依法加强对擅自外出讲经、传法等活动的管理意见》，明确要求外出讲经传法必须履行报批手续。2005年，甘孜州宗教局与州委反分办、州委统战部、州公安局联合下发《关于加强和改进僧尼出入境管理工作的意见》，规范僧尼出入境报批手续。

1995年1月，阿坝州启动对符合《宗教活动场所管理条例》《宗教活动场所登记办法》规定的宗教活动场所、宗教教职人员实行登记发证工作。至1996年，阿坝州登记宗教活动场所215座，占应登记发证数的90.3%；登记教职人员10813人，占应登记发证人数的77%。1997年，共登记宗教活动场所287座、登记宗教教职人员12000余人，分别占应登记发证数的92%和81.7%。至2005年底，全州共登记藏传佛教寺院208座，为藏传佛教13296名僧尼颁发了宗教教职人员证书。

第六节　环境保护

一、管理机构

自20世纪80年代初起，随着城镇化发展以及工业企业规模的扩大与数量增加，生活污染、工业污染逐年增多。1989年12月26日，《中华人民共和国环境保护法》正式颁布施行。四川藏区开始成立环保机构，着手开展保护生态平衡、控制污染源等环保工作。

1990年，甘孜州和阿坝州均成立了环境监测站，逐步开展工作。1994年，新增设康定城区区域环境噪声监测和对中小型工业企业的排污监测工作，重点开展了对康定、泸定两县地表水、生活饮用水源环境例行检测，环境噪声、交通噪声环境质量例行监测等。2002年10月29日，正式成立甘孜州环境监察支队，并开通“12369”环保热线，解决群众关注的污染纠纷和环境污染事件。

从1991年到1996年，阿坝州环境监测站全面开展地面水和大气质量监测，获取数据近万个。每年对州属厂矿污染源进行监督性监测，建立了污染源动态档案数据库。开展建设项目环境影响评价监测，竣工验收和污染治理竣工验收等服务性监测工作。2003年，阿坝州环境保护局正式成立。

木里县于1984年成立了城乡建设环境保护局。1999年，木里县城乡建设环境保护局改名为木里县建设环境保护局，由内设机构环境保护办公室（以下简称县环保办）具体负责全县的环境保护工作。2004年批准成立了环境监察大队，与县环保办挂两块牌子，一套人马，由专人负责具体工作。

二、主体工作

（一）城镇环境综合整治

阿坝州以改善城镇环境质量为目标，以加强城镇环保基础设施建设监管为重点，加大环境监管力度，强力推进城镇环境综合整治。加强对九寨沟、黄龙等6个生活污水处理厂和汶川、小金等9个垃圾处理厂（填埋厂）的环境监管工作。对漳扎镇和川主寺镇等重点旅游集镇进行环境综合整治。九寨沟、黄龙、四姑娘山等景区加大环境整治资金投入，致力于改善景区环境质量，各景区的环境保护效能全面提升，实现景区零污染。完成全州城镇及农村集中式饮用水源的划定工作，全州县城及农村建制乡镇饮用水水源保护区划定方案经州政府分别批准实施。完成《阿坝州地面水水域环境功能区划》编制并经州政府批复。同时加强了对饮用水源保护区的环境监管，坚决取缔和搬迁影响饮用水源的污染源，防止水体污染，确保人民群众饮用水安全。

1994年开始，甘孜州重点开展了对康定城区大气环境质量例行监测。1999年甘孜州委州政府将“一控双达标”① 纳入工业工作议事日程，并划定20家重点污染企业。2001年，全州治理企业污染达标率为100%。2004年起，对甘孜州南北两路重点城市甘孜县、理塘县进行空气质量监测。2005年，监测环境空气质量均达到国家一级标准。处理的重特大环境污染事故有1995年11月12日发生

① 污染排放总量控制；工业污染源达标，重点城市的环境空气质量达标。

于丹巴县境的大渡河特大水体污染事故、2005 年 7 月 11 日的理塘县阿加隆洼金矿污染事故。1991—2005 年，甘孜州环境监察支队对 124 家工矿企业共处理环境污染事件 140 起；全州共出动千余人次对 250 家排污、建筑工地、三产企业进行执法检查，现场处理排污企业 90 家，工业污染企业达标率由 2001 年以前的 25% 提高到 2005 年的 70%。1999—2005 年，康定县道路交通噪声多年平均值为 67. 20dB（A）。

木里县运用经济杠杆管理环境的手段，从 1999 年开始对建筑、餐饮等行业开征排污费，并逐步扩展到矿山、有污染的工业企业，排污费从最初开征的每年 2000 多元逐步增加到每年 30000 多元。为确保群众饮水安全，1999 年划定县城鲁株沟作为饮用水源保护区。2001—2005 年间，开展了“整治违法排污企业，保障群众健康”的环保专项行动，督促世达工业硅厂投入资金 100 万元，安装布袋除尘器对电炉烟尘进行治理，2005 年该厂通过上级环保部门验收。

（二）工业污染治理

2002 年，甘孜州对 76 家厂矿企业、水电开发企业、三产排污企业进行环境监察及生态监察、监理工作，先后关闭 15 家不法排污企业，停产治理 29 家排污企业，限期治理 35 家企业。对康定、泸定两县的重点企业及大型宾馆开展排污许可证的发放工作，共计发放排污许可证 35 家。在 2004 年监测的空气质量和主要流域出境断面水质评价指标中，甘孜州二氧化硫日平均值为 0. 10 毫克/立方米，二氧化氮日平均值为 0. 04 毫克/立方米，可吸入颗粒物为 0. 01 毫克/立方米，甘孜州年平均空气质量日均值达标率为 99%，空气质量达一级标准。全年对大渡河流域省控断面的水质量监测显示，所测项目的水质达到国家《地表水环境质量标准》（GB3838—2002）Ⅱ类标准，雅砻江、金沙江水温、pH 值、悬浮物、溶解氧、化学需氧量等 23 个项目通过实验室数据分析表明，所测项目的水质达到国家《地表水环境质量标准》（GB3838—2002）Ⅰ类标准。

阿坝州确保岷江阿坝州出境断面水质稳定在Ⅱ类水域标准；大力推进大气污染治理，全州 30 余家主要高载能企业均按要求安装了坏保设施，基本完成了工业污染源整治任务，治理率达 100%。全州空气环境质量明显改善。13 县城镇空气环境质量达到二级标准，九寨、黄龙、四姑娘山、卧龙等景区空气环境质量达到一级标准。

（三）新污染源控制

阿坝州在加大对工业企业污染整治力度的同时，狠抓新污染源的控制工作。尤其对新上项目严格执行环境影响评价制度和环境保护“三同时”制度，严格落实第一审批权，州管建设项目环境影响评价和“三同时”执行率达到 100%。全州没有新建不符合国家生产政策规定的大气污染、水污染和噪声污染项目。2005 年，阿坝州全年审批 20 个新建项目，环评执行力达 100%；出动 200 余人次，查处 16 家环保违法企业；对重点旅游沿线和工业园区内的 19 家高载能企业安装并开通电子监控。

木里县把县内一切新、改、扩建的项目纳入环保工作范围，严格落实环保“三关一制度”——环评关、选址定点关、审批关、“三同时”制度。至 2005 年，鸭咀河干流水电规划、木里河干流水电规划、沙湾——盐源 220 千伏送电线路工程、锦屏水电站大坨 1#营地垃圾填埋场、雅砻江锦屏二级水电站“三通一平”前期工程、达娃电站、鲁株沟电站、梭椤沟岩金矿开采、世达工业硅厂、洪福铅锌选厂、唐央燎原铅锌矿开采等项目的环评均通过专家评审及省发展改革委等部门审批。

三、植被恢复和水土保持

1998 年以来，甘孜州在全省率先启动天然林资源保护和退耕还林工程，10790 名“砍树人”转变为“种树人”“护林人”。甘孜州按照天然林资源保护工程“停、造、转、保”的总体工作思路和“退耕还林、封山绿化、以粮代赈、个体承包”的退耕还林还草工作方针，全面停止天然林经营性的采伐，依法加强森林资源林政管理，森林防火，森林病虫害防治，野生动物保护管理工作，使全州548万公顷森林全面得到了有效管理。全州大力开展生态公益林建设，累计完成人工造林105478公顷，封山育林328368公顷，近万名森工企业职工纳入了省、州基本养老保险统筹，较好地解决了林业企业历史遗留问题，全州林业建设的重点由生产经营木材为主转向了以生态保护和建设为主，实现了林业建设的战略性调整和转移。完成坡耕地退耕还林78.6万亩，配套荒山造林30万亩。退耕还林工程涉及全州18个县、275个乡镇、2004个行政村、3568个自然村；125814户农户、58万余农牧民因此受益。退耕还林中还生态林76.73万亩，占97.62%；还草1.87万亩，占2.38%。中央、省在退耕还林工程各类建设中累计投入资金11.03亿元。其中，兑现给退耕还林户补助粮食总量32850万公斤，兑现补助现金和粮改现资金44930.90万元，发放价值5430万元的苗木。

阿坝州自1998年实施天然林保护工程和退耕还林工程以来，全州完成人工造林16.19万公顷、封山育林43.78万公顷、飞播造林4.40万公顷、退耕还林（草）4.62万公顷，配套荒山造林、封山育林3.15万公顷，森林面积由181.27万公顷上升到203万公顷，森林蓄积量由3.89亿立方米上升到4.17亿立方米。截至2005年底，全州已建立包括森林类型、湿地类型、野生动植物类型自然保护区21处，总面积共计365.40万公顷。2003年以来，阿坝州先后出台了《阿坝州环境保护“十五”计划》《阿坝州人民政府关于加强环境保护的决定》《关于建立全州环境保护部门联席会议制度的意见》《阿坝州各县（局）党政“一把手”环境保护工作实绩考核办法》《阿坝州人民政府关于进一步加强工业企业污染治理工作的意见》《关于贯彻国务院〈排污费征收使用管理条例〉有关工作的通知》《关于加强饮用水水源保护工作的通知》等文件；制订了《阿坝州生态环境监察试点实施方案（试行）》和《阿坝州环境保护突发性环境污染与破坏事故应急预案》，为环保工作开展提供了强有力的政策保障。

四、草原生态建设

（一）草原生态问题

改革开放以来，由于过牧、过载以及不合理开发等因素，四川藏族牧区草地退化现象严重。据统计，甘孜州草原“三化”（板结化、鼠虫害化、荒漠化）草地总面积达9850万亩，占全州可利用草地面积的78.9%。其中，板结化草地面积4330万亩；鼠虫害草地面积2880万亩；荒漠化草地2640万亩。草地植被覆盖率下降，牧草产量从20世纪80年代初的每亩280公斤下降至每亩198公斤。20世纪70年代后期、20世纪80年代末至90年代，雪冻灾害发生频繁，草畜矛盾加剧。2000年全州实际载畜量达1167万个羊单位，与1985年理论载畜量比，超载403个羊单位，超载率高达52.7%。截至2005年，阿坝州“两化三害”草地274.33万公顷，占全州可利用草地的71.1%。其中，严重退化、沙化和鼠虫害面积达192.93万公顷，占可利用草地的49.8%；严重沙化草地有8.07万公顷，占可利用草地的2.1%；鼠虫害草地面积达73.33万公顷，占可利用草地的19%。草地退化导致水土流失严重。

（二）草原生态治理

2000年以来，四川藏区开展草原生态建设并取得了成效。第一，草地鼠虫害综合治理成效明显。

2000—2005年间，甘孜州累计完成灭鼠治虫2135.26万亩次，完成计划目标的100.25%；完成鼠荒地和沙化草地治理2.69万亩；草地无鼠害示范区建设项目全面启动，共建示范区13个，示范区防控面达1100万亩。阿坝州灭鼠550公顷。第二，天然草原恢复与建设成效明显。2000年以来，甘孜州先后在石渠、色达、理塘、白玉、康定5县启动实施天然草原恢复与建设项目，累计投入建设资金7030万元，建成改良草地37.74万亩、人工草地20.19万亩，全面完成了项目下达的计划任务。2004年，阿坝州阿坝、壤塘、松潘等县实施国家天然草原恢复与建设项目，总投资3500万元，建成人工草地4667万公顷，围栏草地2.12万公顷，补播改良草地1.65万公顷。2005年，在若尔盖、红原治理沙区941.80公顷，其中人工造林194.60公顷，填沟还湿50公里，人工种草391.80公顷，减畜1.34万头。第三，全面启动并实施退牧还草工程。自2003年起，国家在四川省草原地区全面启动了退牧还草工程，甘孜州有石渠、德格、白玉、色达、理塘、甘孜、康定、巴塘8县被列为退牧还草工程试点县和首批项目实施县。在2003年、2004年两年试点和2005年全面实施过程中，农业部和省政府批准下达给8县草地围栏建设任务2150万亩（2003年810万亩，2004年570万亩，2005年770万亩），其中禁牧740万亩、休牧1410万亩；总投资4.99亿元（中央投资3.54亿元，地方和群众配套1.45亿元）。2003年810万亩和2004年570万亩的建设任务全面完成，调运并发放2003年度饲料补助粮1444.7万公斤、兑现发放两年的饲料补助金2373.03万元；2005年完成围栏招投标、物资调运、围栏水泥柱制作等工作，正进入全面安装实施阶段。

2003年，阿坝州阿坝等8县完成国家天然草原退牧还草工程围栏建设，围栏草地42.15万公顷。其中，禁牧23.43万公顷，休牧18.72万公顷。2004年，国家天然草原退牧还草工程，完成投资1.26亿元，禁牧草原18.67万公顷，休牧20.33万公顷；捐资3500万元的“国家天然草原恢复与建设”项目全面完成；完成人工种草2.71万公顷、改良草地29.64万公顷，建牧草种子基地1800公顷，治理沙化草原33.34公顷，完成鼠虫害防治16.83万公顷。

五、长江上游生态屏障建设与生态多样性保护

四川藏区是长江上游生态屏障建设的重点与核心区域，其生态环境受到国家和各级党委、政府的高度重视。除1998年以来实施的“天然林资源保护”“退耕还林还草”等重大生态工程外，还规划了一些重要生态功能区及国家级自然保护区，对保护长江上游的生态环境与生物多样性发挥了重要作用。

（一）若尔盖水源涵养重要区

该区为四川省境内黄河流域区，位于川西北高原的阿坝州境内，包括若尔盖县中西部、红原县、阿坝县东部，是黄河与长江水系的分水岭地带，面积为16950平方公里。区内地貌类型以高原丘陵为主，地势较平坦，沼泽、湿地星罗棋布。植被类型主要以高寒草甸和沼泽草甸为主；其次有少量亚高山森林及灌草丛分布。这些生态系统类型在水源涵养和水文调节方面发挥着重要作用；此外，还有维系生物多样性、保持水土和防治土地沙化等功能。但湿地疏干垦殖和过度放牧带来地下水位下降和沼泽萎缩及草甸退化和沙化问题突出。

（二）岷山——邛崃山生物多样性保护重要区

该区位于四川省西北部的岷山和邛崃山脉分布区，是白龙江、涪江、嘉陵江、大渡河、岷江等多条河流的水源地，行政区划涉及甘肃省4县（含陇南市）、四川省31县（市、区），面积为89485

平方公里，其绝大部分涉及四川藏区。该区内有卧龙、王朗、九寨沟等10多个国家级自然保护区。区内原始森林以及野生珍稀动植物资源十分丰富，是大熊猫、羚牛、金丝猴等重要珍稀生物的栖息地，是中国乃至世界生物多样性保护重要区域。该区山高坡陡，雨水丰富，土壤侵蚀敏感性程度高，具有水源涵养和土壤保持的重要功能。但长期以来山地资源的不合理开发利用带来的生态问题较为突出，表现为土壤侵蚀严重、山地灾害频发和生物多样性受到威胁。

（三）横断山生物多样性保护重要区

四川藏区地处横断山脉分布区，海拔垂直差异大，珍稀野生动植物种类丰富，拥有大熊猫、牛羚，金雕、滇金丝猴、珙桐、桫椤等国家一级保护野生动植物，三江并流区为世界级的物种基因库，是中国乃至世界生物多样性重点保护区域，且具有重要的水源涵养和土壤保持生态功能。该区土壤侵蚀、冻融侵蚀和地质灾害敏感性程度极高，土壤侵蚀和地质灾害严重。但森林资源过度利用，原始森林面积锐减，次生低效林面积大，生物多样性受到不同程度的威胁。

第七节　文化变迁

民主改革以前，除康定、松潘、巴塘等重要民族交往、物资交流的重镇外，广大藏区，由于区位偏远、山高天寒、路陡地险，长期处于交通不便、信息闭塞状态，藏族传统建筑、饮食、服饰、节庆等保留得较为完整，文化发展与变迁速度较缓。民主改革后，藏区生产力和生产关系发生了巨大变革，广大农牧民拥有生产资料，藏族传统社会结构发生了巨变。自改革开放特别是西部大开发战略实施以来，传统封闭聚居的分布格局被打破，藏族的经济、社会与文化处于急剧发展变迁之中。

一、服饰

藏族服饰美观大方，由于生活方式（农区、牧区）和历史传统的不同，造成各地服饰文化略有差异。传统上喜穿右襟齐脐短装，外罩藏袍。平时露出右臂，劳动时把两袖脱掉，扎于腰间。藏袍多用绵羊皮缝制，因产皮季节不同有夏版、秋版、冬版之分。藏袍保暖耐磨，白天束带为衣，夜晚可解带当被。夏天穿布衣、毪衫或氆氇，样式与皮袍相同，女衣镶红边，男衣不镶边。有的妇女穿长袖衬衫，外罩坎肩衫，腰束彩绸带，下系绚丽的围裙。中华人民共和国成立前因布价昂贵，没有被盖，女着裙，男穿皮裤。

藏族无论男女，喜戴毡帽和礼帽，冬季戴狐皮帽。戴金银戒指手镯。身佩银“嘎乌”，用来辟邪护身。男子腰佩七八寸长的吊刀（有的佩二尺多长的腰刀），刀把嵌绿松石、珊瑚，刀鞘刻有龙凤图案。妇女挂五寸长的小刀。吊刀传统上是藏族生活的必需品，又是防身的武器。牧区妇女常在左腹腰带上挂精致的银（或铜、铁制）奶钩，右侧挂日月形的银质装饰品“洛甲”。男女皆穿长筒皮靴，高至膝盖，冬天靴内垫干草保暖。

藏族妇女头饰较为讲究，因地域差异而有不同。通常十五六岁开始蓄发，少女将头发梳成数十条小辫，已婚妇女梳双辫。有的将细黑线加于发中，分别编成若干细发辫，从额头披于脑后，直垂臀部。辫梢佩有氆氇或布条制的辫套。辫套装饰十分丰富，有图案精致的银盾、银饰，缀上玛瑙、琥珀、珊瑚和银珠等。牧区姑娘喜在细辫上穿珠吊玉，在额前发间顶戴珠宝，颈挂珊瑚、珍珠或绿玉项链。胸前挂一长方形银牌，镶嵌各色谷粒形的小珠。耳戴银环，环中吊着玛瑙珠。妇女年满 45 岁或丈夫去世后即削发。

嘉绒藏族常穿毪衫，戴白毡帽。女着长衫，多为黑色，下身系围腰，束丝织花带，多至十几条，以示富有。喜把头发从前额梳成许多细辫，分饰双鬓，后面加红、蓝色发线，作长辫，头顶一长方形花巾，用辫缠起，发辫前方或侧面饰以银盘。嘉绒妇女服饰因地方性差异而呈现不同的风格和特点，体现了文化的交流与影响。其中，丹巴妇女服饰可视为嘉绒传统服饰的典型代表，女性头顶青色绣花吊穗头帕，外着深褐长衫；冬着方形披风，内穿锦缎上衣，下着百褶长裙，腰前后系黑色围腰，马尔康地区受安多牧区服饰影响较大，表现为编细辫、腰系革带，以及华丽的佩饰等。岷江上游河谷，特别是杂谷脑流域的嘉绒藏族与羌族服饰十分接近，着长衫，系围腰，冬穿羊皮褂等。

木里藏族妇女，多在长发内加青、红发线，编成两条长辫盘于头顶。未婚姑娘要编小辫，多达百余根，用线将其连成若网状的两片，覆于头顶左右两侧并披于脑后。前额两侧各吊一颗大绿珠，两耳前吊黄色大蜜蜡珠，两鬓拖两根小发辫，辫梢挂一银圈。颈戴大小不同、色彩各异的三串珠子。胸前挂“嘎乌”。腰束红丝带，带上镶三个银制“巴嘎”（在三角形银板上嵌三个蜜蜡珠），佩小藏刀。身着连衣裙，前束彩色围裙，后腰皱褶。脚缠毛布裹腿，穿藏靴。

随着时代发展和生活改善，藏族服饰文化发生了一系列变化，集中表现在五个方面；一是服饰用料日渐多元化，布料、毛料着装越来越普遍；二是传统服饰制作日趋简化，由过去的手工织作转变为机器制作；三是交通越便利、民族交往越频繁，大众服饰就越流行，藏族传统服饰文化元素呈现由牧区、农区到城镇的递减，以及由女性至男性、年老至年少的递减；四是每逢年节或重大场合，如藏历年、康巴艺术节或人代会上，传统服饰作为民族身份标志被凸显出来；五是佩饰呈简化、弱化趋势，许多传统服饰元素被运用于现代服装制作上。

二、居住

藏族居住方式依据自然地理差异而呈现迥异的风格，其中以“垒石为室”的石砌建筑、“崩康”，以及草原农区的泥房与牧区的帐篷最为典型。

在康东南以及嘉绒地区，由于地处高山峡谷区域，藏族群众普遍住石砌房屋。一般为三层，下层关牲畜；中层住人、设火塘，中置铁三脚，为烧饭、烤火和歇息之处；上层多留一半做平台，一半做小房为经堂、客房或储藏室。每层均置独木梯或木板梯。屋顶用泥覆盖，可脱粒和翻晒粮食。门通常较矮，门坎较高，进屋要低头。基于保暖考虑，窗户少而小，室内光线较暗。屋顶插一根木杆，顶端装有三角铁叉，木杆上悬挂印有藏经文的红、黄、白三角布幡，用以驱鬼辟邪，每逢年节要更换杆。嘉绒藏族屋顶砌有小塔，用于烧柏枝敬神。本区常看到高六七丈的石碉，最高的达十余丈；外形多为六角、八角，还有四角、五角、十二角、十三角的；造型雄伟，历数百年而不倒。在川西高原的嘉绒地区，特别是丹巴县一带，广泛流传着每户人家若生有儿子就必须修建碉楼的说法。倘若谁家男孩成人时，家中还未建起碉楼，就娶不到女人，成不了家，立不了业。历史上，丹巴地区男孩 18 岁、女孩 17 岁，要在古碉下举行成年礼。此外，碉还具有权力、财富、性别以及家业或祖先记忆等象征。

康北一带喜修“崩康”，是一种极具民族和地域特色的木结构建筑，具有极佳的防震、保暖等功能。“崩康”主要分布于道孚、炉霍、甘孜、德格等县，特别是道孚、德格的“崩康”民居最具代表性。具体建筑方法是以泥石筑较高的基脚，基脚上四方以大圆木垒砌穿斗为壁，小圆木铺顶；在以夯土为主的土木结构，或以砌石为主的石木结构上，点缀地架设一间或两间“崩康”。“崩康”内部雕梁画栋，装饰的十分富丽堂皇。

草原农区房屋，先用泥土筑墙，然后用木板间隔房间。一般有三层，底层是畜圈，中层住人、炊饮，上层多为经堂或客房。屋顶用泥封平，可打晒青稞。九寨沟和松潘北部藏族住房以串木结构的木板房为主，有两三层。用杉板盖顶，不用钉，将石板压在上面。这种房屋通风、透光、防震。

牧民以住帐篷为主。一般由黑牦牛毛毪子制成，大小不一，有24幅、32幅或48幅的（每幅宽一尺余），呈长方形，帐脊中央高五尺许，两边及地，用牛毛绳系于木桩。帐篷前面篷布上有牵引绳，用木杆支起来就是门。门向南，入口处贴有经文，或将印有经文的“嘛呢旗”插于门前。门外拴着藏獒。帐篷中间砌着炉灶，后面紧连燃料仓（储干牛粪）。帐顶有可以开合的天窗，打开能通风排烟，合拢能防雨保暖。灶右为男席，也是客席；左为女席，既是坐位，也是铺位，男女不能混坐。牛毛帐篷耐磨、防风，便于拆运，利于游牧。此外，有一种人字形的白布帐篷，比牛毛帐篷轻巧，供老人、青年和客人居住或春季游牧用。牧民还有冬季定居的冬房，系土木结构。一般为一层，内分四五间，用细木柱、柳条糊牛粪或泥土间隔。用草皮或细木条筑成院墙。

藏族建筑变化的表现主要有：建材在传统木、石、泥基础上，增加了砖瓦、水泥、钢筋等；在建筑样式上，不少藏族群众住进了宽敞明亮、框架结构的砖瓦房和水泥、三合土楼房，极大改变了过去人畜混居的居处格局；内部功能得到了改善和提升，20世纪50年代以前，藏族居室内多无床铺椅凳，现今一般已有床铺桌凳，不少家庭还使用了太阳能、热水器以及冲水马桶等，各种现代化居家设备应有尽有。在一些旅游开发较好的地方，藏族传统火塘日渐成为一种装饰，或文化心理寄托，一些现代化民居接待设施甚至刻意凸显藏族文化元素和建筑风格。

三、饮食

藏族食品以糌粑、面粉、牛羊肉和奶制品为主，农区和牧区在饮食文化上略有不同。由于过去没有高压锅、电饭锅等现代餐饮设备，所以藏族群众把青稞炒熟后磨成面，到任何地方只要有茶、酥油就可就餐，既方便出行、又很好地解决了熟食问题。糌粑由青稞炒磨而成，也有用豌豆、燕麦、玉米制成的。食用时在糌粑中掺茶和少许酥油，用手揉成团而食，称“挼糌粑”。也有把糌粑和酥油、奶酪拌匀后紧按碗中，斟少量茶，喝完茶后，用舌舔食，舔一层，斟茶细饮，再舔，称为“舔卡迪”。牛羊肉切成大坨，用水煮，熟而不烂，鲜嫩可口，吃时一手持刀，一手抓肉，称“手抓肉”。宰杀牛羊，第一顿要吃脑叉肉和血肠、肉肠、肝肠和面肠。烙荞麦饼蘸酸奶，荞面“搅团”蘸辣椒，也是藏族群众喜欢吃的。酸奶是夏秋两季日常饮料，奶香中略带酸味，藏族群众认为它有镇静、催眠、开胃、补气的作用。待客用煮熟的人生果，浇上酥油，或伴糖而食，俗称“藏巧克力”。农区以玉米、小麦、青稞为主食，常吃面蒸蒸、烤馍、油饼、面条、玉米搅团以及土豆等。各地藏族群众都喜爱青稞酿造的咂酒，喜食用白菜、圆根叶子做成的酸菜，有解乏、抗疲之效。

茶是藏族不可缺少的饮料，也是连接汉藏传统友谊的纽带。藏族谚语有“宁可三日无粮，不可一日无茶”之说。四川藏族群众饮用的茶主要产自雅安一带，称“砖茶”“边茶”等，品种有“康砖”“金尖”“康尖”等，属“黑茶”系列。2002年，国家公布全国边销茶定点生产企业共25家，其中雅安6家，对其实行民族特需用品定点生产企业扶持政策。2005年雅安有藏茶生产企业15家，如“义兴”“吉祥”“兄弟友谊”等。藏族常饮的茶有清茶、奶茶、酥油茶三种。水中放适量茶叶熬煮，加少量盐为清茶；清茶中加牛（羊）奶煮沸，为奶茶；茶桶内放清茶、酥油和盐，搅拌至茶油交融，为酥油茶。在酥油茶内放白糖代替盐，为甜茶。此外，还有炒茶、香茶、核桃茶等。炒茶是款待贵宾和滋补产妇的佳品，其制法是将酥油熬化，放少量糌粑、核桃仁炒匀，再加清茶煮沸，倒进茶桶，加少许奶粉、鸡蛋搅匀而成。秋冬季节，牛羊膘肥皮亮，宰杀后可将肉悬挂壁间风干。木里藏族和嘉绒藏族杀猪制成猪膘，可存放数年。

藏族常将碗，尤其是木制的碗随身携带，置于胸前宽大的衣袍之内，将心上人比喻为放于胸前的“碗”，随时呵护。碗每人一个，有瓷碗、木碗、银碗和嵌金木碗等。出门拜访亲友或旅行，都随身带一个搓糌粑的小皮口袋，内装炒面、酥油盒和碗。不管到哪里，只要有茶水，就可吃上香喷喷的糌粑。

中华人民共和国成立以前，普通藏族群众难得温饱，甚至连盐都吃不上。以前每遇大雪、冰雹、泥石流等自然灾害，藏族群众只能忍饥挨饿，自助自救，常年与自然灾害作斗争，生命安全得不到保障。民主改革以来，在中共中央、国务院和各级政府关心和帮助下，肉食、奶品和糌粑增多，食盐不缺，能吃到大米、挂面、面粉和多种蔬菜，在自然灾害面前温饱和生命安全都得到保障，藏族群众的生活发生了翻天覆地的变化。

藏族传统饮食发生变化的具体表现有：饮食结构多元化。之前藏族饮食结构单一，传统食物结构为酥油、糌粑、青稞酒、茶，以及土豆、圆根、人生果等，基本没有新鲜蔬菜和水果。由于现代化、城镇化的推进以及交通的改善，藏区人口不断集中、外来流动人口增多，导致购买力增强，通过日益增多的集市贸易和越来越发达的交通运输，大米、面粉、挂面、大豆、腊肉、鸡蛋、蔬菜、水果等各类食品不断涌入，藏族老百姓基本上一年四季都能买到新鲜蔬菜和各种水果。饮食方式多样化。传统上藏族多习惯用手抓食糌粑，20 世纪 80 年代后，受内地饮食习惯影响，藏族群众越来越喜欢吃炒菜、米饭以及水饺、面条等，使用筷子进食，相比而言糌粑作为藏族主食的地位在下降，越来越多的年轻人包括学生，吃糌粑只是偶尔为之。藏餐通常用于招待藏族朋友特别是老年朋友，或者慕名而来的外地游客。在一些藏族与其他民族杂居区，汉族等其他民族饮酥油茶，藏族吃中餐等现象十分普遍。在九龙县等地，当地群众早上吃酥油茶、糌粑，中午吃炒菜、米饭，晚上吃坨坨肉，体现了藏、汉、彝三种饮食文化的结合。

四、出行

在高原藏区，牦牛是主要运输工具，有“高原之舟”的美称，牧民季节性转场所有物资都靠牦牛驮运。一头牦牛驮重 60—70 公斤，日行 20 余公里，可连续走半个多月，不用带草料，而且极其温顺，善走险路。藏商运货，多用牦牛。除牦牛外，马、犏牛也是藏区的主要交通工具。藏地历史上有不少马帮，牧区旅行或拜访亲友，无论男女老幼都骑马。爱马、善骑是藏族的传统之一。男孩在六七岁时便能骑在光背的马驹上跟随父兄放牧；10 岁以后就能骑骏马在草原上驰骋。途遇亲友，立马寒暄，无须下鞍。

四川藏族生活区有岷江、大渡河、雅砻江、金沙江及其众多支流，水系密布、奔流湍急，过去水上交通主要通过牛皮筏、桥梁或溜索等。皮筏用硬木作骨架，蒙以牛革，形圆，可坐四五人，顺流而下，疾如奔马。还有用羊皮制成的“浑脱”，充气浮于水面，可渡一人，主要用在水流相对平缓的水域。藏式桥，主要分布于雅砻江流域的主河道及支流上，金沙江流域的支流上也有一些。藏式桥与内地桥梁有显著区别，最有特色的是伸臂桥，由桥墩、伸臂、过桥木、扶手4部分组成，桥墩用若干井字形木框架叠垒，用石块镇压。溜索主要见于河流湍急的金沙江等地。每逢雨季塌方、泥石流都会阻碍河流、破坏桥梁，出行十分危险。

在20世纪80年代至90年代，受“木头经济”影响，藏区各地凡林业资源丰富的地方都通有简易公路。随着经济发展、生活改善，普通藏族百姓也拥有汽车、摩托车、拖拉机等现代化交通工具。在牧区，虽然马和牦牛仍是牧民重要的交通工具，但几乎每家都有摩托车，甚至骑摩托车放牧。牧民们像装扮自己的爱马一样装饰摩托车，并在车把上系上红丝带，成为高寒草原上一道亮丽的风景线。另外，家用小轿车、越野车在藏族老百姓中也普遍流行。藏区在各河流要道及藏族百姓出行之地均建有钢筋水泥桥、斜拉桥和钢索桥。此外，为保护藏区古老的伸臂桥等桥梁文化遗产，当地政府在老桥附近又新建现代桥梁方便群众出行。

五、其他

婚姻方面，父母之命、媒妁之言和区域内通婚多已成为过去。随着交往机会的增多，年轻人认识、相恋的机会大幅度增加，通过经商、入学、务工、旅游、集会等途径，自由恋爱已成为藏族青年男女步入婚姻殿堂的主流，通婚范围不断扩大。在婚姻对象选择上，男性不排斥与其他民族通婚，多民族团结家庭不断出现；女性则倾向于在藏族内部选择婚恋对象。

宗教信仰方面，过去单纯的宗教活动越来越与娱乐活动和经济行为相结合。民主改革以前，藏区大小事务都通过举行宗教仪式来达到目的，特别是患病、祈福、消灾等。随着科学技术的推广和普及，单一的笃信变成选择性信仰，与家中长辈相比，年轻人的宗教信仰因社会发展而发生变化。

外出务工对藏族传统社区影响较大。由于经济落后、生活环境艰苦，政革开放以来藏区有不少中青年选择季节性外出打工，20世纪末实施的“退耕还林”“退牧还草”，以及“天保”工程，更加解放了藏区的劳动力，促使更多剩余劳动力成为民工走出高原，中青年外出甚至常年不回家造成村落“空巢化”现象，许多传统节日节庆得不到维系。外出务工的另一个影响，是务工者对新事物的学习和新技术的吸收，促进了思想观念的转变。

水电开发也影响了藏族社会文化变迁。水电开发最直接的影响是移民，受搬迁和重建影响，原先的社会结构被打破，社区文化在发展中重塑。此外，电站建设导致大量外来人口涌入，带来了新的观念和生活方式。

此外，藏区城镇化对文化变迁的影响较大。中华人民共和国成立后，藏区过去的传统城镇有些也成为行政治所，各级政府所在地逐渐发展为城镇。随着藏区国道、省道的修建与改造，在交通要地也形成了一些集镇。改革开放以来，受经济社会发展和旅游产业影响，还兴起了一些新型城镇，如以工矿企业为代表的泸定县的冷碛镇，以旅游开发为代表的松潘县川主寺镇、理县米亚罗镇、九寨沟县漳扎镇等。在以旅游产业为主导的城镇和交通沿线，当地产业结构已由原来的第一产业为主导，调整为以旅游服务业为主导的第三产业，农牧民的生计方式完全转型，或在当地从事旅游接待、出售纪念品，或出租土地、房屋后外出务工，其家庭生活也发生了变化。20世纪80年代以前，九寨沟景区内的寨子还处于半农半牧、自给自足的传统社会，农民放养牛羊马，种植玉米、土豆，很少与外界联系。1984年后，随着游客的增加，条件好的农户才试着接待游客，随后村民们逐渐融入旅游业。为了自然保护区的可持续发展，1995 年，沟内荷叶、树正、扎如三村村民均已农转非，成为社区居民。沟内居民积极配合国家政策，在 2001 年退耕还林 6000 亩后又实行禁牧制度，完全放弃了传统的农牧生计方式，全心投入旅游服务业。在城镇化和旅游产业发展的同时，大量外来思想观念涌入藏区，冲击并影响着城镇和乡村。与藏区城镇发展变化较快相比，广大农牧区特别是远离交通沿线的地区，藏族一些基本的价值观和生活方式仍然得以延续和保留，但城乡二元结构呈拉大趋势。

第三章 羌族

第一节 概况

一、人口分布与语言文字

（一）人口分布

羌族自称“尔玛”“玛”“日麦”“麦”。据2000年第五次全国人口普查统计，羌族总人口为30.61万人，其中：男性15.60万人，女性15.01万人；性别比为103:92。与1990年第四次全国人口普查相比，羌族人口增加了10.78万人，增长率为54.35%，年平均增长率4.2%。城镇人口有4.03万人，占总人口的13.17%，乡村人口26.58万人，占总人口的86.83%，羌族城镇人口比率提高了6.20个百分点。羌族在全国的31个省、自治区、直辖市均有分布，主要聚居在四川省，共有30.08万人，占羌族总人口的98.26%。包括阿坝州的茂县、汶川、理县、松潘、黑水等县，绵阳市的北川县、平武县，甘孜州的丹巴县。另外，贵州省羌族有1431人，分布于铜仁地区的江口县和石阡县等地。

（二）语言

羌族有自己的语言，即羌语，又称“尔玛语”。尔玛语属于汉藏语系藏缅语族羌语支，语言较为复杂，辅音丰富，分北部和南部方言。据20世纪50年代末统计，有近10万余人能讲尔玛语。至20世纪80年代，羌族使用尔玛语的范围日渐缩小，使用者4万余人。至2005年，使用者5万人左右，主要分布在茂县、汶川、理县、松潘等地。

羌族对语言使用大致呈四种情况：一是在高山和半高山边远地区的部分中老年人只讲羌语；二是城镇附近及交通沿线村寨的部分羌族能熟练使用羌语和汉语，他们在家或村寨中讲羌语，外出讲汉语；三是在岷江河谷城镇和交通便利的地方及北川、平武一带，部分羌族完全使用汉语；四是松潘小姓乡一带的羌族兼用羌语和藏语；丹巴羌族除了中老年人能讲羌语，大部分人使用嘉绒藏语。

（三）文字

1989年5月，根据羌族干部群众的愿望和请求，由省民委牵头开展羌族拼音文字创制工作，成立四川省羌族拼音文字方案创制领导小组，聘请中国社科院、中央民族大学、中国人民大学、四川省民族研究所4名语言文字专家担任顾问，并从羌族聚居区抽调8名羌族工作人员共同组成羌族拼音文字方案创制组。经过多年的调查研究，创制组设计完成了以26个拉丁字母为形式的拼音文字方案，方案具有拼写简洁、音素区分度高、兼顾方言差别、使用方便等特点。

为检验方案的科学性、适应性，创制组编写了《羌文》（第一册）、《羌文教材》（全一册）、

《汉、羌文对照词汇手册》等，于1990—1993年间多次在茂县曲谷乡等地进行实验教学，并征求羌族各阶层的意见，不断完善方案，取得良好效果。方案经省政府转报国家民委后，国家民委请中国社科院专家组鉴定。1993年3月，专家组复函国家民委，认为《羌族拼音文字方案（草案）》“是一个好方案。在试点中得到羌族各界的肯定，证明是可行的”。“请批转四川省人民政府颁布试验推行”。

随后，茂县、汶川县、理县和松潘县开始在羌语保存较好的地区推行该方案。茂县人民政府成立了茂县羌族拼音文字推广领导小组，在县文教局专设办公室。1994年，在曲谷、雅都、洼底、白溪、三龙和松坪沟的6个乡、12个村开展羌文扫盲“双语”教学。有1128人参加扫盲，120人参加教学班学习。在县级机关举办首届羌文培训班，有55个单位60余名干部与工作人员参加。

1993—1995年，在省民委、省民语委领导下，《羌文师资培训教材》《羌文扫盲课本》《汉羌词典》《羌文中、小学教材》相继正式出版。威州民族师范学校（以下简称威师校）开办了3个师资培训班，先后短期培训了120余名中小学教师。至1997年，茂县有21所中小学的80个班开设羌文教学课程。阿坝师专和威师校开设了羌族语文专业，分别在1992年、1993年招收1个大专班和2个中专班，截至1998年，两校培养出大中专毕业生135名。

1996—2000年，国家民委派工作组到四川验收羌文推广情况，确认推广成功，并与全国其他新创文字一同上报国务院备案。但是由于诸多原因，羌文教学活动逐渐减缓。至2005年，羌文教学在部分学校停止。

二、自然环境

（一）位置及地貌

羌族聚居的大致范围，西起汶川卧龙自然保护区，东至北川县东边，南抵汶川县漩口区，北达松潘县南部，包括四川的茂县、汶川县、北川县、理县东部、松潘县南部、平武县西南部等地区，处在青藏高原东缘地带，是四川盆地外围山地向西部高原过渡地带，地质构造复杂，断裂密布，区域内均为地震频发地。

大部分羌族地区地形西北高，东南低，多为高山峡谷区，具有高山立体多层次分布的特点。相对海拔在1500—2500米，其间层峦叠嶂，河谷深邃，山高坡陡，少平缓之地。北部有岷山山脉，主峰雪宝顶海拔5588米；龙门山脉斜贯于东南，主峰九顶山海拔4969米；西部横亘着邛崃山脉，主峰四姑娘山海拔6250米；四姑娘山以北，有许多海拔在5000米以上，终年积雪覆盖的高山。只有茂县的土门区、北川县和平武县的锁江、徐塘、平南、豆叩、大印、平通6个羌族聚居乡镇属于中低山和深丘低山区，大部分海拔在1000米左右。

（二）水文

羌族聚居区境内河流主要分属岷江和涪江水系。岷江源于阿坝州松潘县与九寨沟县交界的弓杠岭南，流经松潘县、茂县、汶川县进入都江堰市，再穿过成都平原，在宜宾市与金沙江汇合注入长江。在都江堰市以上为岷江上游，从北向南纵贯羌区。支流有黑水河、杂谷脑河、鱼子溪河和寿溪河等。涪江源出松潘县境岷山主峰雪宝顶北坡的三岔子，其上游支流有湔江、白草河、青片河、都坝河、苏宝河、平通河等。其中，湔江又称石泉河、北川水，亦发源于岷山山脉，因“水势如湔沸之状”而得名，经北川、江油注入涪江。平通河又名小河、青漪江、让水、八家河，为涪江右岸支流，东南流经平武县大印镇、豆叩镇等地进入北川县境。

羌族地区的湖泊为高山湖泊，俗称龙池或海子，多为小河及支流补给水量。有的是古代冰川消融后形成的冰蚀湖，有的是堰塞湖，系地震构造带活动的结果。在汶川，主要有雁门乡羊角龙池、猪腰子龙池、绵虒大溪沟海子等；在茂县，境内有大小堰塞湖10多个，总蓄水量约1.4亿立方米。其中，叠溪海子因1933年叠溪大地震形成，蓄水量近1.2亿立方米，湖面面积350多万平方米。

（三）气候

羌族地区处在高山峡谷之间，除了具有高原型季风气候的共同特征外，因受西风环流和印度洋西南季风的影响，气候温和，冬干春旱，夏秋降雨充足，日照时间较长，昼夜温差大，气温垂直差异显著。在岷江河谷地带，年平均气温在11℃—14℃，无霜期210—235天，年平均降水量500毫米左右。由于降水量较小，蒸发量大，这一地区干燥多风，四季明显，又被称为岷江上游半干旱河谷。而涪江水系上游地区属于亚热带湿润季风气候区的西部边缘与高原干热河谷气候交汇区地带，气候温和，四季分明，复无酷暑，冬无严寒，雨量充沛，年平均气温13.9℃—15.7℃，无霜期235—270天，降水量700—1200毫米。灾害性天气有冬干、春旱、夏旱、伏旱、冰雹、霜冻等。

（四）自然资源

1. 土壤资源

羌族地区土壤及植被呈垂直带状分布。海拔780—2800米的山谷地带是黄壤、黄棕壤或棕壤，个别地区还有水稻土，土层较厚，质地较粘重。高山峡谷台地及山沟冲积扇为潮土，土呈灰褐色，土质较肥，土层较薄，质地偏沙；海拔1200—2300米为山地褐色土，土层浅薄，石块较多，呈沙壤和粘壤成分；而在海拔3500—4200米的山坡和山脊地带是草甸土，石砾较多；4200米以上的山岭则是冰冻土，土壤很少，多为流石滩。因而，人们在土地的利用上，可分为农耕地、林地、草地等。

2. 水能资源

羌族地区河流纵横，水流湍急，落差大，丰枯季节明显，调节性能差，但水资源丰富。截至2005年底，茂县、汶川县、理县3县的水能蕴藏量达588.36万千瓦，可开发量324.81万千瓦，已开发198.62万千瓦。仅茂县水能蕴含量127.5万千瓦，可开发量39.81万千瓦，已开发1.6万千瓦。北川县的水能蕴藏量49万千瓦，可开发量34.86万千瓦，已开发8.63万千瓦。各县均建有大中型水电站和梯级电站。

3. 动植物资源

羌族地区分布着较为丰富的森林、草地和中草药资源。近代以来，岷江两岸的干旱河谷地带，由于不断的砍伐树木，植被破坏严重，植被稀疏，呈半荒漠状态。海拔2200米以下，植被为多刺、叶小、匍匐的旱生群落；海拔2200—2800米自下而上的常见树种有槭、桦、杨、岷江柏、华山松、油松、冷杉、云杉等；海拔2800—3800米，以冷杉为主，而3800米以上为高山灌丛草甸。许多地方动植物资源十分丰富。汶川县境内的卧龙自然保护区，1963年被设立为综合性国家级保护区，1980年加入联合国教科文组织“人与生物圈”保护区网，并与世界野生生物基金会合作成立中国保护大熊猫研究中心。卧龙自然保护区总面积约70万公顷，分布着不同的植物群落，有树种4000多种，鸟类300多种，有大熊猫、金丝猴等珍稀哺乳动物60多种，还有红杉、金钱槭等珍稀树木。北川县的小寨子沟自然保护区，也是植物种类繁多的地方，仅维管束植物就有87科380属1600多种，其中属于国家重点保护的珍稀树种有20多种，它和卧龙自然保护区被专家誉为“世界上罕有的生物基因宝库”。

野生药材资源蕴含丰富，种类达200种以上。其中，名贵药材有虫草、贝母、鹿茸、天麻、麝香等，大宗药材有羌活、党参、当归、大黄、秦艽、青蒿、黄芪等。有部分新药资源尚未开发，如桃儿七、大花红景天；在高山深处，有蕨苔、木耳等山珍，还有丰富的菌类资源，名贵的有松茸、猴头菇、羊肚菌等。

4. 矿产资源

羌族地区矿产资源丰富，分布较广，品种较多。金属矿主要有金、银、铜、铅、锌、锰、铁等。非金属矿产主要有石榴子石、硅石、石膏、磷、水晶石、大理石、金刚砂、煤、石灰石、白云岩等。储量较大，具有工业开采价值。仅在北川县，探明黄金（含砂金和岩金）储量11.82吨，赤铁矿C级储量283万吨，D级储量339万吨，锰矿11.3万吨，重晶石37万吨，石灰石10亿吨，白云岩1亿吨，板岩1亿立方米，机砖页岩255万吨，硅石数千万吨，煤C级储量81.7万吨、D级储量83.3万吨。

5. 旅游资源

羌族地区山川雄伟壮丽，旅游资源丰富。自然景观有叠溪——松坪沟、三江、九顶山——文镇沟大峡谷省级风景名胜区、大禹文化遗迹、猿王洞自然风景区、小寨子沟自然保护区、片口自然保护区、千佛山生态旅游区等。人文景观有西羌第一村、萝卜寨、桃坪羌寨、黑虎羌寨等特色民族村寨，以及姜维城、筹边楼、唐代摩崖造像石刻、“点将台”、三元桥、残存的古茂州城城门、古城堡永平堡遗址、红军遗迹等大批历史文化遗迹。

三江生态旅游区 位于汶川县南部三江乡境内，景区面积188平方公里，谷深峡幽，风景绮丽。

雁门沟西羌大峡谷 位于汶川县城北5公里处，全长30余公里，融雪山、奇峰、怪石、幽谷、森林、秀水为一体，峡谷陡峭处高达400米，挺拔俊美。

七盘沟风景区 位于汶川县城西南7公里高山峡谷地带，主沟全长15公里，有大小支沟8条，因海拔高度相差大而呈现出一沟四季景色共存的景观。

叠溪古城遗址 位于茂县城北55公里处。在历史上一直是交通要道，驻兵重镇。汉代在此设蚕陵县，唐时为州县治所。1933年8月25日发生8.5级地震，叠溪城及附近的21个羌寨全部覆没，四周山峰崩溃，形成了7个堰塞湖。此后只能看到叠溪城东门残存的半截城门和当年叠溪城隍庙门前的一个石狮、一口雕刻精细的长方形石缸及一块古碑。

叠溪海子 距叠溪古城遗址约2公里，系1933年地震时形成，长约10公里，最宽处为692米，最深处为81米，湖面碧蓝清透，宛如明镜，倒映着山峰和蓝天白云，景色怡人。

猿王洞自然风景区 位于北川县境内，由高山溶洞群、绝壁黄金栈道、险山茶亭、原始森林、古羌文化遗迹等几部分组成，属省级风景名胜区与重点文物保护单位。

大禹文化遗迹 大禹治水的故事在羌族地区广为流传。史载“禹兴于西羌”，岷江上游及涪江上游一带均有大禹遗迹，当地民众祭祀大禹之风历代不衰。一说在今汶川县绵虒镇南5公里处为石纽山，至今留存“石纽山”三个大字，还有郛儿坪、禹穴、洗儿池、禹王官、禹迹石纹、禹王碑等迹。一说在北川县禹里乡境内，距北川县县城22公里，被划为大禹故里风景名胜区，景区总面积30平方公里，禹穴沟内植被茂密，怪石嶙峋，曲径通幽，有“石纽”和“禹穴”石刻，沟口有大禹庙，每年农历六月初六为大禹生日，周边百姓会到此地祭祀。

西羌第一村 即汶川县绵虒镇羌锋村，是一个传统习俗保存较完整的河坝羌寨。1996 年 10 月被文化部命名为“中国民间羌绣之乡”，1997 年费孝通为之题名。

萝卜寨 位于汶川县雁门乡境内，坐落在岷江东岸的高山台地上，是 2005 年保存较完整、规模最大的羌寨。

桃坪羌寨 位于理县桃坪乡，是世界上保存最完整的羌族建筑群，被中外专家称为“建筑文化艺术活化石”。

黑虎鹰嘴河寨碉群 位于茂县黑虎乡鹰嘴河寨一南北走向的山脊上，是岷江上游羌寨中高碉最集中、种类最多、保存最好的碉群，体现了羌族高超的建筑技艺。

三、族源及建制沿革

（一）族源

20 世纪 50 年代以来，考古部门陆续在岷江上游和杂谷脑河沿岸的汶川县威州姜维城、理县箭山寨、茂县营盘山等地发现了新石器时代文化遗址，还发现了较多春秋战国至西汉时期的石棺葬墓群，如茂县撮箕山石棺葬墓群、牟托石棺葬及陪葬坑、理县佳山石棺葬墓群。墓群出土的器物有陶器、石器、青铜器等。这些考古发现，说明了现羌族分布的地区很早就有人类栖息繁衍，为探讨岷江上游古文化的渊源提供了新的资料和线索。

“羌”，原是古代人们对居住在中原西部诸游牧部落的一个泛称或统称。今甘肃、青海的黄河、湟水、洮河、大通河和四川岷江上游一带是古羌人的活动中心。史书记载，殷商时期，羌为其“方国”之一，有首领担任朝中官职。他们有的过着居无定处的游牧生活，有的从事农业生产。甲骨文中有关于“羌”的诸多记载，《诗经·商颂》记载：“昔有成汤，自彼氐羌，莫敢不来享，莫敢不来王……”反映出古羌与殷商关系密切。

周时，羌之别种“姜”与周的关系密切，大量的羌人融入华夏。春秋战国时期，羌人所建的义渠国，地域包括今甘肃东部、陕西北部、宁夏及河套以南地区，是中原诸国合纵连横的重要力量，曾与秦国进行了 170 多年的战争。以羌人为主要成分的诸戎逐渐为秦国所融合。而居住在甘肃、青海黄河上游和湟水流域的羌人仍处于“少五谷，多禽畜，以射猎为事”的状态。

此后，羌人进一步发展和分化。《后汉书·西羌传》载：“至爰剑曾孙忍时，秦献公初立，……将其种人附落而南，出赐支河曲西数千里，与众绝远，不复交通。其后子孙分别各自为种，任随所之，或为旄牛种，越嶲羌是也；或日白马种，广汉羌是也；或为参狼种，武都羌是也。”这一时期，西北的羌人迫于秦国的压力，进行了大规模、近距离的迁徙。

汉代羌人分布很广，部落繁多。为隔绝匈奴与羌人的联系，汉王朝在河西走廊设有敦煌、酒泉、张掖和武威四郡，建立了地方政权，设护羌校尉等重要官职以管理羌人事务。同时，归附的羌人大量内迁，从地域上分为东羌和西羌。进入中原的东羌附居于塞内而与中原民族杂居、通婚、融合，从事农业生产，私有经济得到一定程度的发展，逐步进入封建社会。未进入中原的西羌大部分散布在西北、西南地区，有新疆塔里木盆地南沿的婼羌，雅鲁藏布江流域的发羌、唐牦，西南地区的牦牛羌、白马羌、青羌、参狼羌和冉駹羌诸多羌人部落。其中，牦牛羌初分布在沈黎郡（郡治在今四川汉源县九襄镇），后继续南下至越嶲郡（今四川安宁河流域及雅砻江下游）。白马羌主要分布在今四川绵阳市西北部和甘肃武都市南部。青羌居住在今四川西部的雅安市一带。参狼羌主要在今甘肃武都市，特别是白龙江一带。冉駹羌则分布在岷江上游和四川西北部的广大地区，《后汉书·南蛮西南夷列传》载："冉駹夷者，武帝所开，元鼎六年以为汶山郡……其山有六夷、七羌、九氐，各有部落"，说明羌人在其中占有较大比例。此阶段的羌人，因分布地域广，与中原地区交往程度不一，因而各部的发展水平很不平衡，大部分尚处在氏族部落阶段。

魏晋南北朝时期，氐人符坚建立前秦政权，南安羌人姚氏建后秦政权。后秦政权势力处在北魏之南，东晋之北，统治羌人及中原各族达33年。之后，还有几个羌人部落相继兴起。即陇南的宕昌羌，川、甘边境和岷江上游的邓至羌，二者存在了140多年。从东汉到西晋末年，北方的大部分羌人已基本融入中原民族之中。

隋唐时期，活动在甘青川一带的羌人部落有党项、东女、白兰、西山八国、附国等。其中，西山系成都平原以西、岷江上游诸山的统称，西山八国含哥邻、白狗、逋祖、南水、弱水、悉董、清远、咄坝八个羌部。这些羌人于唐贞元元年（785年）在东女的率领下内附。

宋代以后，南迁的羌人和西山诸羌，一部分发展为藏缅语族的各民族，一部分发展为现在的羌族。明末清初时，一部分羌族由四川迁往贵州铜仁地区，至此，羌族的分布格局基本形成。

在羌族民间广为流传的叙事诗《羌戈大战》中记述：远古时候，羌人曾生活在西北大草原，因战争和自然灾害被迫西迁和南迁，南迁的一支羌人遇到身强力壮的"戈基人"，双方作战，羌人屡战屡败，正准备弃地远迁，却在梦中得到神的启示，他们在脖子上系羊毛线作为标志，用坚硬的白云石和木棍作武器，打败了"戈基人"，终于得以安居乐业，并分成九支散居各地。这段传说，反映了羌人迁徙的一段历史，与史书文献及考古资料结合，印证了羌族的来源。

（二）建置沿革

据文献资料记载，早在秦武王元年（公元前310年），秦国在岷江上游和涪江上游地区设有湔氐道。汉时，置汶山郡以管辖这一带的"六夷、七羌、九氐"部落。隋唐时期，朝廷对之实行"羁縻州"制度，在茂县及周围地区设有茂州都督府及多个羁縻州。五代时期，前蜀设有茂州，辖汶山、汶川、石泉和通化四县；设维州，辖保宁、小封二县；范围主要在茂县和汶川县以南，理县以东地区。宋时，基本上沿袭唐代的"羁縻州"制度，设茂州、威州，各辖两县、数十个羁縻州。北宋熙宁九年（1076年）石泉县改隶绵州。

元时开始推行土司制度，设茂州，辖汶山、汶州两县。委任土官治理地方，设有安抚司、千户所、万户府。今平武县境内设置了龙州三寨长官司，管理"白马、木瓜和白草"三寨。其中，白草寨即今北川羌族聚居的核心区。明代土司制度进一步完善，在茂县等地设有董姓静州长官司、坤姓岳希长官司、何姓陇木长官司、温姓牟托土巡检、水草坪巡检、苏姓长宁安抚司、叠溪郁姓长官司、实大关长官司，以及杂谷安抚使司、瓦寺宣慰司等。北川县境中西部的开坪、坝底增设两个小土司，俗称艾林土司和坝底土司，负责对周边羌寨的管理。同时，在土司之下，各寨设有牌头和寨首。朝廷在这些地区均建立了一套较为严密的军事治安体系，设置了大量的关、堡、墩台，驻兵防守。

清初，今北川马槽、白什一带的"下五簇"羌寨被分别划归艾林土司、坝底土司以及茂州的陇木土司和叠溪大姓土司、小姓土司管理。乾隆时期（1736—1795年），羌族地区逐步实行"改土归流"，以流官代替了土司政权，羌族地区进入流官统治时代。清政府对北川羌族采取了特殊的管理措施，即设置若干既懂羌语又会汉话的人作"通司"，负责向羌民传达县地方官员的指示，反映羌民的意见，羌寨的刑狱诉讼案件由知县办理，日常事务由羌寨自行管理。实行地区包括今开坪、小坝、桃龙、片口、墩上、坝底、青片、禹里等乡的全部或部分地区，这一地区在当时被统称为“番寨”。到辛亥革命前夕，这一区域由县地方政府直接管辖。

民国初年，残存的土司制度被取消，四川军阀的防区制逐渐形成，二十八军将松、理、茂、汶一带作为防区，在羌族地区设置了屯殖督办公署。1935年底，国民党政府将羌族地区划入四川省第十六行政督察区专员公署管辖，专署设在茂县，实行保甲制。而北川全境因“改土归流即为汉”，许多深居大山的羌民由此被视为“汉人”。至中华人民共和国成立之初，松潘所属的小黑水四部落等地，因民族关系复杂，尚存羌族土官，实行土官头人制度。

第二节 区域发展政策措施

中华人民共和国成立以来，经过安定社会秩序，发展生产，民主建政，土地改革，社会主义改造，特别是中共十一届三中全会以后，随着改革开放和社会主义市场经济体制的建立和完善，国家对羌族地区采取了诸多发展措施，羌族地区发生了翻天覆地的变化，人民生活水平不断得到提高。

一、贯彻民族区域自治制度

1950年2月，茂县设立茂县专区专员公署，并陆续建立区、乡级民族自治政权。如建立茂县的沙坝、赤不苏和水沟子（即较场）3个区级的羌族自治区，在羌族聚居的三龙、黑虎、小北、曲谷、雅都、维城等6个乡建立了乡一级的自治政权。在民族杂居的区、乡也建立了民族民主联合政府。1951年12月召开的茂县第四届各族各界人民代表会议上，成立了茂县民族民主联合政府。1953年，在茂县专区的基础上成立四川省藏族自治区。1955年更名为四川省阿坝藏族自治州。1957年冬，羌族聚居的茂县、汶川、理县，分别召开各族各界人民代表会议，提出三县合并成立羌族自治县的要求。1958年7月5日，经过积极的筹备工作，茂汶羌族自治县第一届人民代表大会在威州镇召开，以羌族为主体，包括汉、回、藏等各民族在内的150名代表共同商议管理自治县内部的事务。同年7月7日，汶川县、理县、茂县3县合并，羌族的第一个县级自治地方——茂汶羌族自治县成立。自治县辖13个区、45个乡（公社）、3个镇，县府设在威州镇。1963年恢复原建置，茂县仍称茂汶羌族自治县，县府设在凤仪镇。茂汶羌族自治县的建立，保障了羌族群众当家做主管理自治县地方事务的自治权利。在历届人民代表大会和政府组成人员中，都有羌族和其他民族代表的名额，民族平等和当家做主的权利都得到了充分保障，为各民族团结合作提供了有利条件。1987年7月，经国务院批准，阿坝藏族自治州更名为阿坝藏族羌族自治州，茂汶羌族自治县撤销，置茂县。其他县所设的羌族乡恢复建制乡。

北川县1950年1月后隶属剑阁专区。1953年3月隶属绵阳专区。1980年成立县内第一个民族乡——青片羌族藏族乡。1985年，北川隶属绵阳市。1987年11月，经四川省政府批准，北川县享受“少数民族县待遇”。经过恢复、改建民族乡工作，至1989年3月，全县共建民族乡21个，占31个乡镇的67.7%。1992年，北川进行乡镇建制调整，民族乡合并为11个，占乡镇总数的68.8%，其中羌族乡6个，羌族藏族乡5个。2000年第五次全国人口普查，全县辖3个镇、2个乡、11个民族乡。2003年7月，国务院批准设立北川羌族自治县。2004年5月，经省政府批准同意原有的禹里、漩坪、白坭、片口、敦上、马槽、陈家坝、贯岭、都坝9个羌族乡分别更名为禹里乡、漩坪乡、白坭乡、片口乡、敦上乡、马槽乡、陈家坝乡、贯岭乡、都坝乡；原小坝、开坪、坝底、白什、青片5个羌族藏族乡分别更名为小坝乡、开坪乡、坝底乡、白什乡、青片乡；原桃龙羌族藏族乡更名为桃龙藏族乡。同年，邻近的平武县建立了平南、徐塘和锁江3个羌族乡。

羌族地区贯彻落实民族区域自治法，加强法制建设，保障羌族及其他民族管理本民族内部事务的权利。1985年5月阿坝州出台《阿坝藏族自治州自治条例》，1988年修改为《阿坝藏族羌族自治州自治条例》。按照相关规定和要求，在州、县权力机构中，羌族代表、委员数量均达到与其人口相适应的比例；各级机构均配备了羌族领导和干部。

二、培养羌族干部

羌族干部队伍不断壮大。羌族干部的总数从1978年的1300余人增加到数千人。在北川，1988年包括行政机关、事业、企业单位的干部有3231人，其中少数民族干部73人，占干部总数的4.2%。至1997年干部人数增至3821人，人数增加了18%。其中少数民族干部1855人，占48.02%。专业技术人员中，全县有高级职称37人，中级职称703人，初级职称2416人，少数民族科技人员占总数的50.8%。在茂县，1988年有干部1040人，专业技术人员中有高级职称13人，中级职称20人，初级职称473人，至2003年干部人数增至2761人，增加了1.66倍。至2005年，累计高级职称116人，中级职称785人，初级职称3315人，乡镇科技人员876人。

国家采取形式多样的途径和方法，选送羌族干部到各级党校和各类院校培训学习，帮助他们不断提高思想政治素质和科学文化水平。1986年6月，包括羌族地区在内的117名民族乡乡长参加了四川省首届民族乡乡长培训班。1988—1997年，北川县干部参加省、市调训371人次、县委党校培训4545人次、乡镇党校培训55567人次，接受学历培训749人次。1995年，阿坝州出台《阿坝州选拔培养少数民族年轻干部五年规划》，规划要求采取集中培训，到基层、到上级机关、到发达地区挂职锻炼等方法，促进优秀羌族干部的成长。1991—2005年，茂县的干部参加了《中华人民共和国行政诉讼法》、计算机应用能力、《国家公务员暂行条例》、国家公务员学法用法、公共管理知识、普通话、国家公务员公共政策知识等培训。大中专学生毕业后参加上岗培训。有的博士、硕士研究生毕业后回到家乡，在各自领域中发挥着重要作用，为加快羌族和羌族地区发展提供了智力支撑。

三、制定经济发展政策

省委、省政府为帮助少数民族和民族地区加快发展，保持民族地区社会政治长期根本稳定，制定了一系列优惠政策和特殊措施。羌族地区因地制宜，将政策措施进行了宣传、推广与落实。

从1985年开始，流通体制实施改革，农牧民可将活畜和剩畜产品直接上市，自主经营，多渠道流通，实行有计划的商品经济与市场调节相结合，农畜产品市场体系逐步建立。各地纷纷建立市场，进行集市贸易，市场贸易不仅使城乡群众得到实惠，满足了生产生活需要，还加强了地区之间、城乡之间的联系。

1987年，阿坝州委、州政府根据国务院《关于深化改革，增强企业活力的若干规定》，按照经营权与所有权分开的原则，对全州企业进行改革。选择处于羌族地区的州岷山机械厂、州造纸厂、州化工厂、州水泥厂4个州属企业，实行了以“两保一挂”（一保上缴财政、二保企业发展后劲，工资总额同经济效益挂钩）为主要形式的承包经营责任制。此外，在财政、税收、金融、商业、劳动工资等方面也进行了不同程度的改革。

为贯彻中央关于“对外开放、对内搞活”方针，阿坝州委、州政府采取了一系列措施积极发展对外贸易。根据各地情况，阿坝州建立了中草药外贸基地，扶持种、养殖专业户，为农牧民打开致富路；同时敞开州门，吸引外资，将汶川、理县、茂县、松潘划入6个对外开放县之列。1992年，阿坝州作出了“全线开放，择优开发，抓住关键，重点突破”的重大部署。在羌族地区进行了部分国有企业转换经营机制试点工作；建成一批综合市场和专业市场，个体、私营商业得到发展；提出“双向出击，借‘桥’开放，立足一江两河，开辟两沿窗口”的全方位开放战略，制定了招商引资九条优惠政策，颁布《阿坝州开展横向经济联合与经济技术协作的优惠办法》，加快了阿坝州招商引资、开发资源，变资源优势为经济优势的步伐。

1993年，阿坝州根据自身优势，进一步明确提出“一体两翼”（即以农牧业为主体，发展以水电为龙头的工业开发和以九寨黄龙为龙头的旅游业开发）发展战略。在农村重视产业结构调整。放开全州粮价，销售价格按照购价、合理费用、微利的原则确立，国有粮食企业发挥主渠道作用，羌族地区粮食得到保障。随着经济体制改革的不断深化，各地经济出现了前所未有的活跃局面。

1995年，《中共四川省委　四川省人民政府关于促进民族地区发展的意见》出台后，有关扩大对外开放、投资和信贷优惠、财政和税收照顾、扶持民贸企业发展等方面的政策措施在羌族地区推行。1995年，阿坝州制定了《阿坝藏族羌族自治州国民经济和社会发展“九五”计划和2010年远景目标纲要》，成为全州未来15年加快经济社会协调发展的指导性文件。1998年2月，四川省政府批准在汶川水磨工业园区成立四川省能源高耗能工业经济开发区，作为电冶结合，发展高耗能工业的试点地区。

2000年是实施西部大开发的第一年。阿坝州委、州政府抓住机遇，重新审视州情，制定了“绿色立州、科教兴州、旅游富州、水电强州、依法治州、稳定安州”的“二十四字”工作思路。调整农业产业结构，增加蔬菜种植面积，开始中药材人工种植工程，使作物品种结构、经济林木更新换代日趋合理；全面启动退耕还林（草）试点工程，完全取消木材加工业，形成以现有资源开发与保护为主体的多产业格局；制定《阿坝州工业结构调整规划》，重点发展水电业，以此消化“天保工程”负面影响，并带动其他工业全面发展；旅游上加大投入，加快基础设施建设，实行“以州为主，州县共管”的管理体制。

2003年，阿坝州坚持以生态经济建设为核心，出台了一系列发展生态农牧业的政策和措施，发展农畜产品加工业，提高产品附加值。进行了农村税费改革，减轻了农民负担。建设和完善旅游基础设施，完成了《大九寨国际旅游区总体规划》，为地区旅游业的发展树立了高起点、高水平、高标准的规划意识。放宽了市场准入领域、条件和经营范围，促进羌族地区民营经济发展。同年6月，阿坝州政府正式设立阿坝州工业经济园区和阿坝州牦牛经济园区，在汶川县水磨镇、银杏乡桃关一带招商引资。

北川县自1988—1997年编制有《北川县国民经济和社会发展“八五”计划及2000年目标规划》《北川县工业发展战略》《北川县国民经济和社会发展“九五”计划及2010年远景目标纲要》等发展纲要。1988年开始落实享受少数民族县待遇的7条照顾政策。其中，享受国家对少数民族地区的扶持资金项目有9项，即民族教育专项补助费、民族地区发展资金、民族地区经济社会发展“两金”专项经费、不发达地区发展资金、中央民族教育补助费、改善民族乡卫生院医疗条件专项补助费、民族周转金、散杂居民族发展基金、民族特需补助费。省财政厅每年拨付专项经费75万元，绵阳市政府配套补助40万元，实际配套补助额77.5万元，并逐年增加。全县机关、企事业单位干部、工人的工资浮动一级。学生高考享受分数照顾等。2003年，北川羌族自治县正式成立。此后，通过起草《北川羌族自治县自治条例》，逐步落实国家对自治地方的相关政策，为北川的长远发展打下坚实的基础。

第三节　经济状况

羌族地区经济获得快速发展。1978年，茂县、汶川、理县（以下简称三县）的社会总产值从1950年初的500万元左右上升到7780万元。到2005年，三县国内生产总值合计为334904万元，是1978年的43倍。三次产业结构由1978年的38.9∶41.0∶20.1调整为2005年的10.2∶68.6∶21.2。北川县社会生产总值1949年仅1805万元，1980年为4428万元，是1949年的2.5倍；2005年达到94417万元，是1949年的52倍。三次产业结构在1949年比重是91.1∶7.6∶1.3，1980年调整为68.5∶24.9∶6.6，到2005年为37.1∶36.4∶26.5，结构日趋合理。

一、农业

农业在羌族地区有着重要地位，占国内生产总值比重80%以上。由于处在高山峡谷地带，山高坡陡，耕地资源少而分散，人们仅能在河坝及高山台地零星耕种。一般山地多，河坝地少。山地分阳山地和阴山地，阳山地好于并多于阴山地；又分高山地和中山地，高山地只种一季，种植青稞、燕麦、土豆、荞麦，中山地多，集中在山腰，主要种玉米、荞麦和土豆；河坝地可种两季，分为旱地和水田。

具体而言，以茂县县城为分界线，以南地区包括汶川、理县，多在河坝及半山以种植玉米为主，兼种部分小麦、青稞；以北地区高山或深沟内，气候严寒，以青稞为多，土豆次之，但在茂县沙坝、赤不苏、水沟子3个地区以玉米为主。最南部的汶川三江口一带，主要为玉米，兼种小麦、豌豆、蚕豆、荞麦和青稞。农业副产品有瓜类、蔬菜。茂县及以南地区种植少量蔬菜，以北主要为萝卜、青菜叶做的酸菜，新鲜蔬菜极少。1950年后，国家提供菜籽，蔬菜种类增多。经济作物以种植大麻为普遍。大麻用途较广，可用于织布、做口袋、搓绳、打草鞋。汶川、理县、茂县赤不苏地区以南花椒种植面广、产量高、品质好。还种植核桃、苹果、李、梨、花红、杏等（干果）果树类。在汶川南部的映秀镇和北川、平武一带，因地势较为低矮，气候湿润，种植有茶树、漆树、桑树等。

农作物的播种时间，随纬度及地势高度有较大时差。南部和北部相差半月至一月，山上与河坝差20天。施肥上，普遍采用草粪，即沤粪。传统方法是把树叶蒿草放在畜舍或庭院、路口，任人畜踩踏，或把玉米秸秆堆积任其腐烂，日久造成草粪。

农业生产方式较为粗放。土地有的靠人工挖土、播种，有的靠牛耕，除茂县县城以南用黄牛外，大多使用犏牛耕地。耕地采用双牛犁地，让两牛并行，肩上抬一横杆，拉犁前进，一人扶犁，犁把短，犁者弯腰用力以手与脚压住铧头，以免铧头跳出。犁地深约四寸，翻土成槽沟。

1953年前后，羌族地区鸦片种植基本禁绝，烟地变成了良田。通过实行“保障佃权”“减租保佃”、无偿发放粮种、生产农具及贷款政策，农民提高了生产积极性。1954年，土地改革率先在岷江以东和羌汉杂居区开展，以汶川县的威州和雁门作为试验区。土地改革采取依靠农民、团结爱国的民族中上层、和平协商改革的方针，慎重、稳步及缓和地开展。至1955年，岷江以东地区基本上完成了土地改革。随后，土地改革在羌族地区全面推开，至1956年5月前结束。国家对羌族地区的农业给予大量投资，通过科学种地，加强农田水利基本建设，增加了农作物产量，实现了粮食自给自足。除北川以外，羌族地区1977年粮食产量比1949年增长近2.5倍。牲畜养殖比1949年增长近4倍。以花椒、苹果、核桃为主的种植业有了很大发展。

1978年后，羌族地区蔬菜种植得到较快发展。1987年，推广地膜覆盖栽培技术，扩大了玉米种植范围。1989年开始，各地的农业产业结构进行调整，形成了玉米套种土豆或豆类，收获玉米后再种荞麦、饲草或蔬菜，果树行间种蔬菜的模式。随着农业产业化不断发展，羌族地区引进了大量名、特、新、优农产品。重点调整了农业产业结构。按照“农林牧并举，全面发展，因地制宜，适当集中”的原则，羌族地区发挥自然资源优势，由过去单一的“以粮为纲”的生产经营模式，逐步转向稳定发展粮食生产前提下，大力发展林果业、畜牧业、乡镇企业的经营模式，促进了农村生产力的发展。重点搞好苹果、花椒生产基地建设。抓好果树的管理和改造，提高果品的产量和质量，实现优质、高产。茂县被列为全国苹果商品生产基地县，所产的金冠、红冠、红星苹果获国家农牧渔业部优质产品奖。

20世纪90年代，玉米品种不断得到更新；以秋淡季菜种植为龙头，高半山为重点开发区的商品蔬菜生产基地开始建立，有大白菜、莲花白、辣椒、蕃茄、土豆、芹菜、洋葱、莴笋、花菜、菜豆、萝卜等品种，基本实现了蔬菜产品的优质化、营养化、无害化。2000年，汶川县666.67公顷无公害蔬菜基地建成投产，与理县蔬菜总产量分别达到7.04万吨和5.28万吨，商品率均在90%以上，农民收入有了显著增长。同时，这些地方也是苹果、花椒、甜樱桃、枇杷、李子、桃子、核桃、杏子的生产基地，农业产业化经营初具规模。

2005年，国家出台停征农业税及其附加，兑现粮食直补等系列惠农政策，调动了羌族群众的生产积极性，羌族地区的经济向更高的台阶迈进。仅茂县农村经济总收入达到2.42亿元，农业总产值2.1亿元，粮食总产量2.41万吨。完成玉米增产增收示范田1720公顷，建立中心示范田133.33公顷；引进玉米新品种17个，实施优质蛋白质玉米高产栽培1333.33公顷；商品蔬菜面积达2789.7公顷，产量9.37万吨；制定《全县无公害蔬菜生产技术规程》，十多种品种得到绿色认证；发展农业产业化企业16个，培植县级龙头企业8个，州级2个，“公司+基地+农户”经营模式发展葡萄基地130公顷，枇杷70.8公顷，李子33.33公顷，甜油桃4.13公顷，建成了万亩特色水果基地；还根据生态环境的不同，通过引进蔬菜、水果、中药材新品种建成7个科技示范村和60户科技示范户。

2005年，北川实现农林牧渔业总产值5.57亿元，其中，农业产值2.44亿元，林业产值0.67亿元，牧业产值2.41亿元，渔业0.018亿元，相关服务业产值0.026亿元。农作物播种面积2.56万公顷，油料产量1958吨，蔬菜产量3.51万吨，水果产量1285吨，兴建农业产业化商品基地386.67公顷。茶叶是北川农业产业化的项目之一，是农村经济的优势资源和农民增收的重要来源。该年建成茶叶生产基地4000公顷，其中无性系良种茶园133.33公顷。生产茶叶808吨，有以自然天堂茶业有限公司为骨干的茶叶初、精加工企业60余家，其中精制茶加工企业5家。

二、工业

1958年前，羌族地区只有一些个体小手工业。大型一点的铁制农具都要靠外地供应。之后经过兴办社队企业，集体乡镇企业开始在各地建立。20世纪70年代，乡镇工业企业进一步发展。羌族地区的工业从无到有，初步建成能源、建筑、机械、制造、化工、食品加工等门类齐全的工业体系，涌现出威州、凤仪等新兴工业城镇。

20世纪80年代初，阿坝州委、州政府提出了以水电能源为先导，发展高能耗电冶工业，对重点森工企业进行调整的工业发展思路。以水电业为龙头，带动工业经济的发展成为羌族地区发展的亮点。

厂矿企业主要集中在茂县凤仪镇、汶川县漩口镇、映秀镇、七盘沟镇一带。1986年，汶川县民政局与映秀镇联办映秀扶贫茶厂；四川省阿坝州制药厂在映秀镇建分厂（2001年组建为九寨沟天然药业集团）；在七盘沟镇建阿坝州铁厂；1988年，茂县成立南新铸钢厂；1991年，成立汶川县岷江磷酸厂、阿坝州化工厂；1996年，建立阿坝州锂盐厂。1997年各地企业改制，茂县制定《关于商业企业产权改革的实施意见》，下放权力，各企业实行股份制、股份合作制、个体经营等多种经营模式。

1998年后，天然林禁伐停采，羌族地区从事木材的乡镇企业全部停业。在此期间，个体私营经济有一定发展。同年，茂县登记注册个体工商户1365户，从业人员1444人，注册资金761万元，总产值285.6万元，营业额2716万元。一些企业由于管理不善、污染严重、生产效益低下等诸多因素，被迫解散。成立于1955年的阿坝州制革厂，于2003年宣布破产；阿坝州造纸厂在2004年前后关闭；理县薛城铁木加工厂于2005年解体。2001—2005年，企业改制，调整产业结构。各地以水电工业建设为龙头，建大小电站，高载能工业在羌族地区初具规模。

至2005年，茂县工业企业数有61个，其中规模以上工业企业5个，发电量81982万千瓦时，工业硅1110吨。作为全国“以小水电代燃料”试点县，建立了大小水电企业30余个。实现工业总产值2.35亿元，工业增加值1.58亿元。登记注册的民营企业67户，注册资金1.2亿元，股东121人，从业人员1006人，注册个体户1174户，从业人员1517人，注册资金841万元。非公有制经济产值占全县GDP的40%，占全县工业总产值80%以上。

汶川县在1986年入选全国首批电气化县。1998年后，阿坝工业园区先后在汶川县筹建了水磨工业集中区、桃关工业集中区。水磨镇、银杏乡桃关一带发展为阿坝州的工业基地、全省和阿坝州高耗能工业区开发重点区域，有电解铝、铁合金、电解锰、黄磷、水泥、电石、磁场材等企业百余个。2005年，汶川县实现工业总产值26.76亿元，工业增加值10.45亿元。建成中小型电站56座，总装机容量147万千瓦。

理县通过实施杂谷脑河流域梯级滚动开发。2005年，实现工业总产值3.45亿元，工业增加值2.21亿元。已建成27座中小水电站，总装机容量19.4万千瓦。

北川县坚持工业强县战略，加快发展水电载能、绿色食品、竹品加工、矿产建材等工业。至2005年，实现工业总产值7.1亿元，工业增加值2.4亿元。新建通口电站、武安电站、羊圈坪电站，全县有电站25座，总装机容量11.5万千瓦。并将进一步在湔江、白草河、青片河进行水电梯级开发，不断壮大工业支柱。

水电业在各县国民经济中的比重不断增加，已成为县域经济的支柱产业之一，为羌族地区经济发展提供了强大的内动力。

三、交通建设

索桥、栈道是羌族地区重要的传统交通设施。索桥在古代称“笮”，多建于水流湍急、峡谷深邃的地段，是用竹篾编制成拳头粗的竹绳系在河谷两岸坚固的物体上，分为独索、双索和多索3种。独索桥又称“溜索”，是用一根或两根碗口粗的竹缆，按一定斜度横跨于两岸，系在石柱或树桩上，把长约一尺左右的木筒一劈两半挖空，合在绳上作为滑轮，再在筒外系绳索缠身，为溜壳。渡者以皮带或麻绳紧束腰间，身体悬挂在绳上，手拉足推，随溜筒飘过。可渡人，还可载物和载畜。栈道有木栈和石栈两种，木栈以木铺路于森林茂密的地方，而石栈是凿岩成道，有的陡壁凿孔、架木、铺板而成悬空通道，有的在道路中断之处用片石砌成保坎，将木梁置于保坎上，以便通行，至2005年在羌族地区仍然可以看到部份遗存。

中华人民共和国成立后，羌族地区交通网络日益完善。道路、桥梁等基础设施替代了昔日的索桥、栈道。在国家大力支持下，羌族地区增加了交通基础设施建设投入，形成了安全畅通的公路交通运输网络。公路实现了数量型向质量型的转变，实施了通乡公路、县际公路、旅游公路等专项工程。

国道317线发端于成都，经郫县、都江堰市入汶川县境，再经理县、马尔康出境，终点为西藏那曲。在阿坝州路段又称成阿公路，为阿坝州重要通道之一。1995年被四川省交通厅调整为国家干线公路，2000年该线改造后达到三级公路标准。国道213线在1996年完成改造工程，作为九寨沟旅游环线的重要组成部分。省道303线起于汶川县映秀镇，经过小金县到达甘孜州丹巴县、炉霍县。1998年该路段建成水泥混凝土高级路面。省道302线为茂县到北川县的道路，在1987年、2000年多次改造。2005年路面达到三级标准。自2003年开工建设的都江堰至汶川高速公路（都汶路），是羌族地区的第一条高速公路，将在羌族地区的经济发展中发挥重要作用。

乡村公路中，农村基础设施增加投入，新修、改造和硬化了大批乡村公路。茂县黑虎乡、雅都乡、曲谷乡、三龙乡、维城乡、松坪沟乡、永和乡，汶川县东龙，理县通化乡、桃坪乡等公路先后在2004年左右完成改造，为山岭重丘4级公路，部分村寨完成村道测量与设计，有的建成机耕道。

汽车运输代替了过去的人力运输和畜力运输。1988年，由阿坝州第一汽车运输公司和茂县汽车队经营客运业务。茂县年客运量6.45万人次。客运线近10条。1996年，茂县还发展出租汽车、人力三轮车、机动三轮车，作为客运的补充。2000年，有客车37辆910座，日发班车46班次。私营小型面包车26辆156座。2001年，茂县西羌出租汽车有限公司成立，有出租车41台。2002年，机动三轮车取消。2005年汶川县成立了四川九寨运业汶川乡间客运公司、汶川禹王文化运业有限责任公司。汶川和茂县两地，省道好路率分别为85.5%、84.5%；实现客运量63.84万人次；货运量1019.3万吨。

北川县交通条件不断改善。1987年，全县无沥青（次高级）、水泥混凝土（高级）路面。1988—1997年，新修道路243公里，公路通车里程达到670公里。高级、次高级路面比重增加到14.8%。同时，架设桥梁135座，有名如禹里大桥、龙王滩大桥、苦竹坝大桥、黄江大桥、韭菜梁沟大桥。1990年底，全县实现乡乡通公路。至2005年，陆路交通通车里程876.4公里，其中，一级、二级、三级公路131.5公里，四级公路202.4公里。有86个村通汽车。客运客货汽车544辆，客运线路8条。年货运周转量3173万吨公里，客运周转量4651万人公里。

四、邮政通信

随着道路交通的不断改善，山高谷深的羌族地区，汽车邮路、自行车邮路代替了步班邮路。各县、乡均建有邮政局、所，发展了邮路和电路两条网路，开展了邮政和电信业务。20世纪90年代以来，羌族地区以西部大开发为契机，积极争取国家、省、州（市）的支持，加大对邮政、通信基础设施建设投入，邮政综合通信能力增强，信息化水平提高。通过农村移动通信扶贫工程，实现了乡乡通电话。全面开通光纤程控电话、移动电话，进行了通信传输光纤数字化、电子政务、农村综合信息网建设，促进了地方经济发展。2005 年，茂县县城住宅楼通邮率超过 90%，邮件妥投率 98%，农村邮运准班率在 98% 以上，乡下邮件妥投率超过 85%，邮政通信质量综合指标达到考核标准。汶川县每百人中有电话 18.58 部；固定电话用户 23285 户，其中农话 5986 户，占 25.7%。北川县 20 个乡镇全部开通程控电话，邮电业务总量近 1500 万元；年末固定电话用户达 15000 余户，其中农村占 1/3 以上；全县电话普及率近 30%，互联网用户近千户。

五、旅游业

随着改革开放，挖掘优势自然资源，羌族地区旅游业开始发展。1986 年，九寨沟、黄龙景区正式对外开放，吸引大量游客，影响并带动了旅游环线，羌族地区依托大九寨风景区和羌文化资源优势发展旅游业。

1988 年，茂县土地岭森林公园被四川省林业厅评定为省级森林公园。1993 年，宝顶沟自然保护区经四川省政府批准建立。1994 年，七盘沟景区被阿坝州政府列为州级风景名胜区。1995 年，叠溪—松坪沟风景名胜区被省政府批准为省级风景名胜区。2003 年，四川省政府批准文镇沟—九顶山风景名胜区为省级风景区。这些景区通过规范经营，相继得到开发。

2002 年，茂县黑虎羌寨被列为省级文物保护单位。2003 年，茂县营盘山文化遗址因遗存岷江上游面积最大、最丰富的大型中心聚落遗址而被列为省级文物保护单位。汶川县发掘有汉代与宋代时期的姜维城遗址。

理县的藏羌民族风情游在 1995 年被四川省旅游局推选为成都周末旅游精选路线。桃坪羌寨 1996 年开始发展旅游，由村民自主经营。2000 年成立桃坪羌寨旅游开发管委会，专门负责旅游接待及日常管理，游客逐年增加。2002 年桃坪羌寨被列入国家 AAA 级旅游景区申报名单。2005 年，前去观光人数约有 7 万人。为保护传统老寨子，借助外来资本，村民开始在规划的土地上新修房屋。当地人均收入 2002 元，旅游收入达一半以上，成为当地农户家庭的重要经济来源。

在汶川雁门乡萝卜寨村，2005 年开始发展旅游，村上修通了 10.48 公里的旅游公路。发展旅游后，旅游收入成为部分家庭重要经济来源。有的村民向旅游开发公司出售玉米、腊肉、香肠、豆花、萝卜、鸡蛋等农副产品；有的向游客推销羌绣、花椒、野菜等特色产品。当地交通运输业也随之兴起，私家车辆方便了村民出行，为游客带来了方便。

随着基础设施改善，各地旅游接待能力不断提高，旅游业作为第三支柱产业在产业结构中的比重逐年增大。各地政府借助举办节日文化活动发展旅游，1997 年汶川县举办“中国汶川熊猫艺术节”、2004 年理县承办“首届阿坝大九寨冰瀑旅游节暨米亚罗桃坪羌寨文化冰雪之旅”，广泛进行旅游宣传，促进了当地经济发展。汶川县在 2004 年接待游客 46.5 万人次，实现旅游收入 1.06 亿元。2005 年，茂县有旅游饭店、宾馆 26 家，接待游客 77 万人次，实现旅游收入 2.08 亿元。

北川县按照“合理规划，突出特色，分类指导，超前发展”的文化旅游产业开发思路，2005 年编制了《千佛山—小寨子沟红色旅游项目可行性研究报告》，完成药王谷景区、大禹故里景区总体规划，完善西羌九皇山猿王洞景区部分基础设施，规范与引导小寨子沟旅游区，为县域旅游发展创造条件。当年完成旅游基础设施投入 7500 万元，接待游客 38.97 万人次，实现旅游收入 1.41 亿元。其中，小寨子沟旅游开发区从业人员500余人，接待游客10.2万人次，实现旅游综合收入1200万元。

第四节 社会事业

一、教育

20世纪80年代初，羌族地区实施了民族寄宿制教育和双语教学，民族教育在羌族地区得到发展。1986年，羌族各地贯彻执行《中华人民共和国义务教育法》，开展普及九年义务教育和扫除青壮年文盲的工作。至1991年，各个学校开展了实验室建设和普及实验教学工作。茂县有民族寄宿制班（校）10个，寄宿制学生1065人，其中小学570人。所有学生均发放生活补助和困难补助，对家庭经济困难的学生还为之购买学习和防寒用品等。1993年前后，各地全面开始“两基”工作。茂县开始试行羌文推广工作，阿坝师专开设的羌文专科班培训的羌文学员，有20名到茂县各地进行双语教学工作。至2000年，茂县有普通中学9所，在校学生3997人，专任教师286人。全县羌文教学试点推广到15个，实施羌汉双语教学的中小学校21所，304个教学班。

阿坝师范高等专科学校是阿坝州唯一一所高等院校。初期仅开设中文、数学两个专业，学生人数60名。至2005年已发展为拥有图书馆藏书39.7万册，教职工380人，在校学生达6000多人的学校。学校开设了13个系、1个预科部、1个研究所，建有10个实验室，9个校外实习基地，为羌族地区培养输送了一大批人才。

2001—2005年，省委、省政府先后在羌族地区实施《四川省民族地区教育发展十年行动计划》《国家西部地区“两基”攻坚计划》，各地贯彻执行《中华人民共和国义务教育法》《未成年人保护法》《国务院关于进一步加强农村教育工作的决定》。茂县“普九”（1996—2004年）的8年中，投入教育硬件建设经费3913万元；《四川省民族地区教育发展十年行动计划》协调领导小组下达的项目资金（2001—2005年）达3255.24万元。通过扩大办学规模，改善学校基础设施，巩固与发展寄宿制教育和双语教学，提高羌族学生入学率，建设师资队伍等措施，促进羌族地区教育发展，各地先后完成了“排危”“普实”“普初”“扫盲”“普九”工作，羌族地区形成了较为完整的现代教育体系。此外，还广泛运用现代化教育手段，开展远程教育、电化教育、实验教学，使学生整体素质有所提高。

2005年，三县境内设有大专、中等专科学校3所，中、小学394所，在校生42838人，教职工3350人，专任教师3078人，占教职工总数的91.9%。茂县有学校176所（含寄宿制学校28所）。其中，高完中1所，初级中学3所，县直属小学1所，乡镇中心小学23所，村小148所；有教职工1425人，其中，小学教师834人，中学教师68人；在校中小学生20263人，其中，高中1348人，初中5488人，小学13427人；寄宿制学生8415人；学生有10337人享受免费教科书，3448人享受免学杂费，6713人享受寄宿制学生生活补助。汶川县，享受“两免一补”的贫困生分别达到6825名、2275名、4592名。

北川县有各类学校109所，其中，小学96所，在校学生14588人；初级中学10所，在校高中学生1816人；职高1所，在校生374人，合计各类在校学生23361人。教职工1451人，其中，小学教职工780人，中学教职工603人，职业中学教职工33人、学前教育教职工35人。适龄儿童、初中入学率分别达到100%和95.13%。学生有6925人享受免费教科书，3594人享受免学杂费，1667人享受寄宿制学生生活补助。

二、医药卫生

中华人民共和国成立以前，羌族地区没有现代医学，广大农村缺医少药，仅仅依靠民间医生及有限的草药治疗疾病。羌族民众面对重大疾病束手无策，新生儿死亡率很高。历经50多年的建设和发展，卫生事业从无到有、从小到大，已建成疾病控制、医疗急救、妇幼保健、民族医药、卫生监督、采供血等医疗卫生机构，三级医疗防保网络初具规模，农村人人享有卫生保健的目标基本实现。

（一）卫生机构

羌区各地设有县医院、妇幼保健站、防疫站、中医院、乡镇卫生院等医疗机构，配置了大量先进设备，医疗服务功能日臻完善。

茂汶羌族自治县人民医院在1987年更名为茂县人民医院，并在1991—1995年创建为爱婴医院。2000年医院被评为二级乙等医院。1990年，茂县有乡卫生院19所。1993年撤区并镇，茂县各区的卫生院更名为中心卫生院。2000年，茂县有乡村医生、卫生员76名。2001年后，着重进行农村卫生体系建设，通过实施卫生扶贫项目、贫困县医院建设、"十五"卫生专项建设、农村卫生基础设施建设等，乡镇一级的医疗机构基础设施得到改善，设备得以更新，诊治水平有了提高，农村缺医少药状况得到缓解。

2005年，三县及北川县一共建立卫生机构462个，拥有床位1224张，卫生技术人员1370人。同年，汶川县新型农村合作医疗被列为全省试点，筹集新型农村合作医疗基金117.32万元，参加新型农村合作医疗4.91万人，占全县农业人口的70%。

（二）卫生防疫

卫生防疫步入规范化轨道。各级防疫部门认真贯彻"预防为主、防治结合"的方针，以降低传染病发病率。高山村寨一度是结核病的高发区。20世纪80年代初，各县卫生局组成结核病防治队展开了普治工作，通过建立患者病例，进行免费治疗，并积极开展儿童结核病疫苗的预防接种等，结核病防治工作得到进一步强化。1990年，各地出台《结核病防治细则》。2002年，茂县中日合作结核病项目领导小组成立，设立县、乡、村三级防治机构。

克山病、黑热病、大骨节病和地方性甲状腺肿是困扰羌族群众的地方病。1988年，汶川县在自石乡开展克山病普查，查出疑似患者102人，进行了及时治疗。1988—1997年，茂县通过灭犬等措施，使黑热病控制达到省级标准。1989年，州两资办下拨资金用于大骨节病防治，对病例进行动态监测、临床检查，并让部分儿童口服硒片。至1998年，大骨节病得到一定程度控制。针对地方性甲状腺肿，通过普服碘丸和食盐加碘等预防措施，有效控制了病情。1998—2003年，病例发生符合国家控制指标，群众不再普服碘丸。至2004年，包括汶川、理县、茂县、黑水、小金在内的5县共39.42万人消除碘缺乏病。

计划免疫方面，各县及其0—7岁儿童建卡管理，开展计划免疫冷链建设，"四苗"接种率提升。2005年，茂县发放卡介苗3424份、脊灰疫苗8810人份、麻疹疫苗5663人份、百白破苗7535人份、百白破二联苗4000人份、乙肝疫苗2687人次，接种率96.7%。北川基础免疫建卡率95.71%，卡介苗接种率97.62%，脊灰糖丸接种率92.86%，百白破疫苗接种率94.29%，麻疹疫苗接种率

93.33%，乙肝疫苗全程接种率90.48%。

（三）传统医药

羌族传统医药知识在民间主要由释比和被称为“草医”的人所掌握。释比利用自然界的珍贵动植物治病疗伤，有其独特的用药习惯，用药剂量无统一标准，采取一把、一握、一撮等经验量法，一般鲜用或晾干用，具有新鲜、味浓、效快的特点。同时，结合牛角罐、挑刺、针刺、放血、火灸、推拿、按摩、刮痧、拔火罐等方法进行医治。

自20世纪80年代以来，羌族医药得到挖掘和整理。医药部门对羌药资源进行了调查摸底，查明茂县有动植物类药材561种；汶川有药材674种、植物类药物850种。有名的药材包括羌活、贝母、大黄、虫草、天麻、黄芪、杜仲、当归、厚朴紫苏、木香、土茯苓、泽泻、远志、乌头、沙棘、麦冬、独活、曼陀罗、车前、百合、山药等。1992年，茂县成立羌医药研究中心，加强了对羌医药的发掘整理和临床研究。医务人员开展结核、风湿、肝炎、胆囊炎、肾炎等慢性病诊治业务，当年门诊量达4.5万人次。1994年，国家中医药管理局项目《羌族民间医药收集整理》在茂县展开，茂县卫生部门在4年中组织300余人到全县进行调查，收集到羌医药单验方34张，诊治手法3种，民间资料及单验方200多张，采集和制作羌药标本120套。1996年，汶川县威州镇卫生院改建为“汶川县羌医骨伤科医院”，以治疗骨伤为特色，将羌医技艺同现代医学相结合。1999年，茂县羌医药研究中心更名为茂县羌医羌药研究所，合并于县中医院内，主要从事羌医药资料搜集、整理与研究工作。2004年，国家中医药管理局民族医药文献整理丛书《羌族医药》由中国文史出版社出版，此书较为系统地梳理相关理论，并客观真实地反映了羌医学与中医学互相学习借鉴的关系。阿坝州相继成立羌医药研究所、阿坝州羌医药学会，会员为茂县、汶川、理县、松潘、马尔康及相邻的北川县具有高、中、初级专业技术职称的医务人员及热爱羌医药事业的各界人士。他们对羌医羌药的研究日益深入，开展的诊治活动深受群众欢迎。

（四）妇幼保健

羌族地区的县、区、乡、村四级妇幼卫生网络逐步建立。茂县在1987年有专职妇幼保健人员30名，农村接生员254名。汶川在1991年实施中国基层妇幼卫生/计划生育服务项目，对近万人开展了妇科病检查。各地积极开展经期、孕期、产期、哺乳期卫生保健知识的宣传，宣传《中华人民共和国母婴保健法》和“新两纲”知识，有效降低了孕产妇与新生儿的死亡率，妇女儿童健康得到保障。2005年，茂县孕产妇总数1108人，产前检查945人，住院分娩率42.83%，新法接生率95.43%。各地实施儿童疫病防治，进行疫苗接种，仅茂县乡镇一级1—2岁儿童建卡率达98.55%。

三、民间体育

羌族民间体育种类繁多，主要在节日、喜庆之时举行。传统项目有推杆、拳下翻身、抱蛋、仰卧抱杆起、扭棍子、摔跤等。其中，推杆是一项广泛流行的竞技活动，深受羌族青年男女喜爱，在四川省民族运动会上多次表演。活动时用一根长约3米，直径约8厘米的木杆，中间系布带或绳子作为标记，并在平地上划3条等距约60厘米的线即可。比赛前两人各为攻方和守方相对而立于两边界限，标记与中线相应。比赛时，守方紧握木杆一端，并用双腿夹住木杆；攻方双手抓住木杆的另一端用力向前推。以裁判员击掌5次为准，若在5秒钟内将木杆推过底线外一步远就算攻方获胜，否则守方取胜。其比赛规则要求双方将木杆保持平衡，不得抬高，也不准左右摆动。由于守方比较省力，因此有时攻方人数可以增加到两三人，比赛时间和距离要相应延长。有时守方是1个小伙子，攻方是3位姑娘。

此外，现代体育项目如田径、棋牌、球类比赛成为人们新的爱好。各地成立的老年人体育协会引领老年人开展各种体育活动。1986年，汶川县来自机关、厂矿、农村的31支队伍举办了篮球运动会。每逢节假日，各地要举行篮球、接力、跳绳、棋类、自行车、拔河、登山等比赛。比赛精彩激烈，围观群众上万人。1996年，汶川被列为四川省首批全民健身试点县。2000年，茂县举办广播体操比赛，受到当地群众的欢迎。2005年，茂县组织群众开展跳萨朗和国标舞等文体活动。大量群众性体育活动的开展，使羌族人民的生活更加丰富多彩。

四、文化

（一）民间文学整理与创作

羌族地区均设有文联、文化局等机构，通过广泛搜集、挖掘、整理，羌族丰富多彩的民间文化得到保护。其中，民间文学主要靠人们世代口授和长期歌唱而传承，题材广泛，有传说、寓言、故事、神话等，反映了羌族的历史、生活、习俗和思想感情，具有鲜明的民族风格和艺术特色，是羌族珍贵的文化瑰宝。

1980—1987年，阿坝州文化局与各县文化部门联合开展了民间文学（民间故事、民间歌谣、民间谚语）三套集成及民族民间歌曲、民族民间舞蹈集成的搜集整理工作。1986年和1987年，茂县编印《茂汶县民间谚语集成资料卷》和《茂汶县民族民间歌谣集成资料卷》。1988年阿坝州文化局出版了《中国民族民间舞蹈集成阿坝州卷》《羌族民间故事集》。

2000—2003年，茂县组建临时机构羌族古籍整理办公室，开展资料搜集工作，为《中国少数民族古籍总目提要·羌族卷》作准备。

随着文学创作热潮，阿坝文坛涌现出一批优秀的作家、诗人，创作出一批反映羌族人民生活、羌族地区变化的作品。2001年阿坝州羌学学会文学社成立，会员几十名，创作编写有民间故事、小说、诗歌、报告文学等；组织出版了羌族文化史上第一套文学作品集《羌山文丛》，含小说集《那方的事情》、散文集《云朵上的歌谣》、诗歌集《颤动的笛音》等；参与拍摄《古羌热土》《长征路上羌乡情》《神秘古羌转山会》等专题片以弘扬羌族文化。

余耀明的诗歌《羊皮鼓》获1989年中国杯全国青年诗歌大奖赛佳作奖。1994年林忠亮、王康编著的《羌族文学史》由四川民族出版社出版，该书对羌族文学的发展进行了总结与分期，对不同时代的文学作品进行了特点分析。2003年，雷子诗歌《洞啸》获阿坝州“电信杯”一等奖。文学社有省作家协会会员4人，州作家协会会员8人，发表作品50余篇。2004年，文学社更名为茂县羌族文学社，组织开展系列笔会活动，在县政府支持下，收集印刷《西羌古唱经》一书。

《羌族文学》在羌族地区影响较广，曾更名《羊角花》，1989年更名为《岷江文学》，每年两期，1995年恢复《羌族文学》，每年出刊3期。1998年由汶川县文体局主管，文化馆主办。2000年改为季刊，成为地方文化展示交流的平台。

（二）民间音乐舞蹈

羌族民歌形式多样，内容丰富，大多是见景生情，即兴发挥，抒发出唱者不同的心境。大致有酒歌、山歌、情歌、劳动歌、喜庆歌、丧祭歌等。其中，酒歌是专门在饮酒时唱，由老人引领，众人相和，内容多为颂扬英雄、先辈功绩和欢迎客人，礼仪性强。山歌数量最多，普及面最广，歌者以独唱为主，音域较宽，调子高亢而独特，内容随意性强，主要以劳动和抒情为主，一般在劳动或休息时即兴演唱。情歌，是反映男女爱情生活的民间歌谣，有羌、汉两种语言的演唱形式。内容有试探歌、赞美歌、求爱歌、定情歌、熟恋歌、思念歌、盟誓歌、失恋歌等。劳动歌反映了劳动生活的方方面面。喜庆歌，主要在节日庆典时演唱，抒发人们愉悦的心情和感受。丧祭歌在葬礼时或盛大宗教祭典时演唱，曲调悠长而低沉。在松潘县小姓乡、镇坪乡、茂县赤不苏、较场等地还流行多声部民歌，演唱技巧独特。不仅有二声部、三声部、五声部、多声部，还有合声民歌的不同组合形式。

民间乐器主要有羌笛、口弦、唢呐、锣、钹、响盘（铜铃）、羊皮鼓、指铃、肩铃等。其中，羌笛、口弦最具特色。羌族舞蹈主要有自娱性舞蹈、祭祀性舞蹈等。自娱性舞蹈最具代表性的舞种有“萨朗”和“席步蹴”。萨朗舞，即“唱起来、跳起来”之意，又分为忧事萨朗和喜事萨朗。前者在办丧事时跳，后者在节庆期间跳，其音乐和舞蹈的风格迥异。“席步蹴”即“办酒席时跳舞”之意。流行在汶川和理县一带。参加人数不限，没有固定的表演程序。主要在举办祭祀、丧葬的酒席后跳。以歌配合简单舞蹈动作反复进行的表演。歌词内容变化很多，但舞蹈的动作大体相似，舞风古朴、沉稳。祭祀性舞蹈主要指羊皮鼓舞和铠甲舞。羊皮鼓舞是一种带有古老历史沉淀的舞蹈，跳者以释比为主，在庄严的宗教祭祀活动中进行，以达到敬神、消灾、避难、祈福的目的。已经发展成男子表演群舞。铠甲舞流行于茂县、黑水县一带，是为战死者、民族英雄和有威望的老人举行隆重葬礼时表演的祭祀舞蹈。舞者身披生牛皮铠甲，头戴插有野鸡翎和麦秆的头盔，肩挂铜铃，手执兵器，唱、跳和吆喝融为一体，表现出古代将士奋战的英勇。此外，在北川县还流行花灯戏、马马灯、打围鼓等，具有浓厚的乡土气息。

中华人民共和国成立以来，羌族民间舞蹈得到了挖掘和抢救，经过艺术家们提炼改编的《铠甲舞》《羊皮鼓舞》《羌族锅庄》等舞蹈，在国内外产生了广泛影响。

1980年成立的茂汶县歌舞团，在文艺创作、专业艺术表演、弘扬羌族文化艺术方面发挥了积极作用。1991年，舞蹈《格补》获全国少数民族舞蹈比赛创作、表演、设计优秀奖。1992年，在“中国旅游艺术节暨广州欢乐节”文艺演出中，舞蹈《腰带舞》《石奎余奎》《武士舞》《推杆》《萨朗妹妹》《羌寨金秋》《欢乐的山寨》获演出奖；声乐《羌家转山会》《下山歌》等获表演奖；1998年，在四川省第三届少数民族艺术节中，音乐舞蹈节目获得三等奖；1999年，在全国第六届少数民族传统体育运动会文艺表演中，羌族舞蹈分获一等奖1个，二等奖2个，三等奖4个。2000年，茂县歌舞团组建为中国羌族艺术团。

汶川县文化馆组织创作的羌族舞蹈作品《花儿纳吉》在1986年获全省民间舞蹈比赛二等奖和全国民族民间舞蹈比赛三等奖。1990年，羌族舞蹈《喊太阳》获四川省首届少数民族艺术节一等奖。1991年，羌族舞蹈《铃鼓催春》获得文化部铜奖。1997年，汶川县成立羊角花艺术团。他们在1998年四川省第三届少数民族艺术节中，音乐作品《多彩的情歌》《羌山情》获得一等奖和三等奖，舞蹈《奋起的羌鼓》获二等奖；在2003年的阿坝州建州50周年文艺演出中，获创作特别奖、创作二、三等奖和表演一、二等奖。

2005年北川县在山西临汾市举办的“中国民间鼓舞鼓乐大赛”中，荣获“山花奖”入围奖。

此外，1986年开始，各地文化机构对民间音乐舞蹈进行了收集整理。茂县完成了《中国民族民间音乐集成》及《中国民族民间舞蹈集成》相关资料的收集与整理工作。1989年，电视片《羌族》的主题音乐获全国民族题材音乐骏马奖。1991年，阿坝州艺术馆推出《羌族萨朗舞》，受到了各族群众的欢迎。1993年，茂县文化馆编辑发行《羌族民歌》录音磁带2000盘。2001年出版羌族民歌专辑《羌韵》。2002年，茂县文化馆进一步规范性整理《羌族萨朗舞》，在羌族地区普及，让众多的中外游人感受到羌族舞蹈特有的艺术魅力。

（三）广播电影电视

1. 广播

20世纪60年代末，羌族地区普及乡村广播。1988年，茂县农村1.57万户村民有喇叭7000余个，喇叭入户率约45%，个别乡镇达到了90%以上。1990年前后，在茂县黑虎、雅都、曲谷、三龙等地开办羌语广播。至2005年，茂县有乡至村广播专线158公里，23个乡镇中有11个乡133个行政村通有线广播。汶川县在1986年整顿乡镇广播网站，喇叭入户率近90%。1995年，汶川县广播电视局将接收空中信号更新为接收卫星广播信号。2001年，汶川县城实现有线与无线混合覆盖。理县在1986—1997年间改造了薛城、桃坪、通化、蒲溪等乡镇的机房及设备。2005年前开通了电力相间载波广播。

2. 电影放映

1982年，羌族地区农村均有电影放映队和放映点。1995年前后，受电视、录像的影响，电影放映停止。2000—2005年，各地开始实施电影放映“2131”工程，要求每月每村放映1部电影，全年放映300场。成立的流动放映队，积极开展农村公益电影放映，为羌村山寨带来了欢乐。

3. 电视事业

各县从20世纪70午代建立了电视差转台，部分羌寨能收视省级电视节目。1987年，茂县凤仪镇95%的村寨能收看电视节目。1995年，汶川县境内卫星电视地面收转站达102座，至1998年，共获得“千乡电视工程”卫星电视设备10套。1999年，茂县完成“千乡电视工程”21座，安装“村村通”广播电视设备21套，村民小组有效覆盖率达80%。随着国家投入增多，县城和农村大力发展了有线电视网络和卫星电视接收站，能收看频道几十个，极大地丰富了群众的文化生活。

2005年，阿坝州有州级电视台1个，州级人民广播电台1个，300瓦以上调频广播转播台15个。羌区各县均有广播电视台、县城城域网、乡（镇）及以下小网，县城有线电视网络均完成了光纤传输网络改造，基本实现了省至州、州至县广播电视节目的双向传输。三县广播有效覆盖率为83.24%、电视有效覆盖率为95.42%。北川县的广播、电视覆盖率均达100%。

（四）群众文化

文化站　从1988年开始，乡镇纷纷建立文化站。部分农村建立了村级文化活动室及“青年之家”或“农友之家”。由于编制、经费等因素，文化站工作开展困难，茂县在1994年仅有凤仪镇中心文化站、三龙乡文化站和富顺乡文化站坚守。2002年以后，各地进行文明新村建设，文化站工作逐步恢复。至2005年，大部分乡镇文化站和村级文化室恢复和建立，羌族地区的群众文化事业日益发展。

图书馆　茂县于1987年成立县图书馆。至2000年，有馆藏图书3万余册。汶川县图书馆藏书1.19万册、报刊3.05万份（册）；并于2005年成立了全国唯一以羌族命名的图书馆——中国羌族图书馆。2005年四川新华文轩股份连锁有限公司北川分公司挂牌成立，全年实现销售收入480万元。

北川县图书馆被定为三级图书馆。

博物馆 茂县羌族博物馆竣工于1986年，建筑面积有4329平方米，馆藏较为丰富。北川县大禹文化源远流长，于1991年在禹里乡修筑大禹纪念馆，成为人们缅怀大禹功绩与精神的重要场所。1992—1993年，茂县羌族博物馆抢救性清理发掘南新镇牟托石棺葬及陪葬坑。1995—1997年，各地陆续成立了文物管理所，开展了文物普查工作，完善了文物保护单位"四有"工作。1998年，经国家文物局批准，茂县羌族博物馆与四川省考古研究所对牟托石棺葬进行了考古发掘，出土大量精美玉器及青铜器、陶器。2000年，汶川县发现文物点32处，馆藏文物达1.27万件。2002年和2003年，茂县黑虎乡鹰嘴河碉群和营盘山遗址分别被省政府列入省级重点文物保护单位和省级文物保护单位。北川县作为革命老根据地，建成"红军碑林"馆，被省委、省政府和绵阳市委、市政府命名为爱国主义教育基地。

2005年，茂县羌族博物馆与广汉三星堆博物馆进行了文化建档试点，对藏品实行数据采集、文物拍照、文字说明、登录，完成了7000余件文物上网。汶川县文管所进行了布瓦黄泥群碉申报省级文物保护单位工作，完成萝卜寨新石器时代遗址考古发掘。北川县配合省文物管理委员会对漩坪电站淹没区文物进行了摸底排查，并会同省文物考古研究院及绵阳市文物局对北川猿王洞附近的烟云洞进行考古发掘，发现了旧石器时代用火遗迹，出土了一批化石。

五、科学技术

机构 1950年以来，羌族地区先后建立健全县、乡镇科技机构。2001年，各地科学技术委员会更名为县科学技术局。至2005年，各县乡镇均建立科学技术委员会，负责乡镇科技工作，开展对农村科技知识的宣传、推广和培训。

协会 羌区各地成立协会（学会）。至2005年，仅汶川县就有16个县级专业技术协会、34个农村专业技术协会、12个乡镇科协，105个村科普小组，为广大农村提供了技术资源，并培养了大量实用科技人才。北川县有专业协会15个，会员5000余人。茂县在乡镇开设农民技术学校，开展农村专业技能培训和实用技术培训达到100余期，培训农村技能人员1.8万人次，农村青壮年扫盲率近100%。1988年，《关于加快和深化科技体制改革，促进科技进步和经济发展的暂行规定》等一系列条例和办法出台，鼓励和组织科技人员到乡村、企业进行技术承包和技术服务，促进了科技与经济的结合。1995年，阿坝州颁布了《阿坝州科学技术奖励办法》，并召开全州科协代表大会，表彰了一批科技工作者和拔尖人才。

科技基地与项目 1994年开始，在羌族地区开展"岷江上游无公害高品质蔬菜基地建设"，茂县、汶川、理县等地被列为"成都菜篮子工程"三线蔬菜基地县。仅茂县在2004年蔬菜品种13类，生产基地达2573.3公顷，千家万户家庭增收明显。1998年起，实施科技扶贫产业化种植示范项目。农业上实施"星火计划""丰收计划""农业科技年""农业科技下乡"活动。1999年，茂县启动"岷江上游干旱河谷高档特色葡萄产业工程"，在部分乡镇种植葡萄130公顷，并建有年生产规模800万公斤的葡萄酒生产企业。2000年起，各地进一步进行农业产业调整，利用实施退耕还林（草）生态工程，发展林、果、中药材、蔬菜等优势资源。2001年，茂县建成中药现代化科技产业基地，重点发展红豆杉、川贝母的种植。2004年，三县通过积极进行岷江上游生态植被的恢复与重建，大力种植特色水果，建成甜樱桃、枇杷、甜杏、葡萄等精品水果产业基地。2005年，北川进行了"环保节能示范基地""四木药材示范基地""北川白山羊品种改良基地""魔芋栽培示范基地""蚕桑科技示范基地”建设，各类基地培植示范大户100户，引领群众增收。

科技成果　不少研究项目获得国家、省、州、县级成果奖。如茂县林业局主持的国家“七五”攻关类项目“岷江上游半干旱地区水源涵养，水土保持营造技术与小流域治理的研究”在1994年获得国家科委一等奖。“四川西部高海拔地区飞机播种造林试验研究”“苹果霉心病的发生规律及防治技术”获1998年省科技进步二等奖和三等奖。“四川高海拔地区造林试验研究”“猪囊虫病早期诊断及综合防治技术”获1999年省科技进步三等奖。北川林业局项目“辛夷矮化造林技术规程”获绵阳市科学技术进步三等奖。系列科技成果取得了良好的社会、生态和经济效益，为羌族地区的经济建设发挥出重要的作用。

第五节　文化变迁

一、服饰

羌族服饰朴实大方，一般头部包白色或黑色头帕，穿麻布、棉布长衫，外套羊皮褂子，缠绑腿，束腰带，着绣花鞋和云云鞋。配饰有耳环、手镯、簪子、银牌、火镰等。理县蒲溪乡一带，男子包黑色或白色头帕，人字格形，前高后矮。穿白色麻布长衫、麻布大裤脚，套羊毛织成的毪子褂褂。系黑色或白色腰带，绑腿有3层，最外系黑白带子相间；戴裹肚子，配腰刀、火镰。女子包青色或白色头帕，为椭圆形，左右比前后宽，前高后矮。头顶有银制品装饰，麻布长衫，外套对门襟褂子或毪子褂褂。系麻布带子和花围腰，绑腿以红色棉布从下而上至膝盖，再加黑或白色棉带。特点在于颜色古朴而醒目，绑腿和头饰样式独特。汶川县绵虒镇羌锋村的刺绣讲究针法排列和色彩搭配，做工精细，图案工整对称而远近闻名。茂县黑虎乡妇女所戴“万年孝帕”及“虎头帕”极有特点，传说是为纪念民族英雄黑虎将军而戴孝万年；三龙乡一带的妇女冬季包四方头巾，上面绣有各色图案，春秋季节包绣花头帕。刺绣精美而明艳；永和乡的妇女喜欢包环状遮颜的白圈头帕，以穿绣花鞋，缠红绑腿为主要标志；曲谷乡一带的妇女头顶瓦状绣花头帕，发辫接深蓝色丝线做成假发盘于头顶。长衫长于其他地区，无围腰。除了带各种银饰，喜带珊瑚珠、玛瑙。

释比服装独特。逢年过节和重大的活动，须穿特制服装，佩带宝刀、神杖、火钳、鹰爪、黑熊牙齿、野猪牙齿、羚羊角、铃铛、卦等法器做法事。通常做上坛神事和人事的法事时穿一套衣服，做驱鬼法事时穿另外一套衣服。猴皮制的三脚帽，呈山形，寓意不同。

老人去世时所着的服饰讲究。逝者头部要缠3尺到5尺的绸缎或布制黑色头帕（男性还可戴瓜皮帽）。衣服由内亲缝制，必须是单数层。系棉腰带1条，不绑腿，穿白色或蓝色的布袜子。男用云云鞋，女穿绣花鞋，鞋底用白、黑、红三色棉布或绸缎制成，最外层为白色，上面的针脚不能缝制得太密，在后跟和脚掌部位，有素雅的花纹图案。

羌族民间工艺别具一格，以挑花、刺绣最为出色。心灵手巧的羌族妇女，不需图稿，信手绘成各种优美的图案，绣成绚丽多彩的成品。题材取自世间万物，大多反映现实生活中的自然景物，如花卉、瓜果、飞禽走兽等。图案内容寓意吉祥，表达出对幸福生活的憧憬，如“凤穿牡丹”“瓜瓞绵绵”“团花似锦”等，通过挑、扎、绣、勾、纳、提、拼、扣、纤等多种针法，单用或混用，绣于头帕、衣服、腰带、裹肚、围腰、鞋袜、香包等局部地方，不仅结构完整，物象突出，而且美观漂亮，结实耐用。

20世纪80年代以来，羌族传统服饰有所变迁。服饰用料在棉、麻、毛基础上多元化，增加了绸缎、绒、毛呢等面料，麻织品减少。为了方便生产生活，许多人喜欢购买流行服装，在逢年过节时才穿传统的民族服饰。从绣饰上，年轻一代选用的面料色彩鲜艳，图案夸张，花朵图案代替了过去简单的几何纹样，具有很强装饰性。民间企业开始制作羌族服饰及工艺品，机械工艺代替了传统手工技艺，使羌族服饰从家庭走向社会，向商品化方向发展。

二、饮食

羌族传统饮食多样。主要有搅团、玉米蒸蒸、“金裹银”或“银裹金”、土豆糍粑、煮土豆、猪膘肉和馍。搅团用玉米粉和荞面粉做成。做法是在沸水中均匀地撒下面粉，同时要不停地搅拌，直到呈糊状，煮熟后同酸菜为主的配料一起吃。酸菜的原料用上好的圆根秧秧，洗净后放在锅中煮，捞起后放上酸母子，再放入坛中闷一两天即可，再用油与肉末、姜、葱、蒜、花椒、盐、味精、酱油等炒制成搅团的配料。土豆糍粑，当地称洋芋糍粑，是将土豆煮熟或蒸熟，剥皮后捣成泥状，切成块状备用，或放入酸汤中煮食，或蘸酸辣佐料、蜜蜂食用。煮土豆是把土豆整个地煮熟，蘸用盐、辣椒面、花椒面和味精制成的佐料而食。每年农历的十一月、十二月是制作猪膘肉的最好季节。猪膘肉是将猪肉连皮带毛切成条状块腌制，然后挂在梁上烟熏而成。猪膘肉存放越久远，颜色越黄，越是珍品，是赠送客人的上等礼品。

羌族喜欢饮咂酒、“玉米蒸蒸酒”和蜂蜜酒。其中，咂酒是一种低度的醪糟酒，用青稞、大麦、玉米煮熟晾凉，加入酒曲后封于坛中，储存半月酿造而成，因饮酒时用麦管或竹管咂吸酒水而得名。饮用时，开坛注少量开水，用细竹管吸饮，众人轮流吸吮，边饮边加清水，直至味淡，再将酒渣食尽。俗称“连渣带酒水，一醉二饱”。饮时先由在场的年长者说“祝酒词”，举行开坛仪式，然后按年龄长幼依次轮咂。平辈们在一起饮咂酒，每人插一长竹管于坛中，同时饮用。饮酒之时人们还要唱歌跳舞。

传统饮食一直保存于民间。20世纪80年代以后，随着农业产业化调整，经济林木种植面积扩大，蔬菜品种增加，羌族家庭生活水平提高，人们的主食多样化，许多农户以大米、麦面为主食，他们从乡镇购买内地产的食材，学习烹饪各种食品。羌族老年人吸兰花烟，年轻人购买成品香烟。琳琅满目的商品为羌族群众提供了更多的选择。

三、民居

羌族通常在向阳、背风，有耕地和水源的高半山或河谷地带筑屋造房，由几户或几十户形成自然村寨。建筑大致分为两类：碉楼与碉房。碉楼属古代建筑遗存。多矗立于关口要隘或村寨附近及中心，以石砌筑，外观雄伟，坚固实用，楼体呈四角、六角或八角形，上细下粗，棱角突出，结构严密，内有六七层，最高的达十三四层。碉房也叫“庄房”，为居住用房。呈方形，分三层（也有两层和四层）。上层堆放粮食，中层住人，下层圈养牲畜。楼层之间用独木做的锯齿状楼梯连接。房顶可脱粒、晒粮、晾衣，四周砌有二尺多高的矮墙，既免危险，又可坐憩，四角设有塔形石龛，上置白石，为天神居所。中层楼内两端为卧室，中间为堂屋，是平时全家聚会、接待客人、欢庆歌舞以及举行祭祀的重要地方。内设神龛，供奉祖先、家神等诸多神灵，中央有火塘，火塘里的火种终年不熄，有“万年火”之称，人们取暖做饭，以木或石作外框，内置三足架，既可放锅、壶等，又可拦挡小孩跌入火塘。房间四周放有炊具、橱柜、饭桌等。壁上挂有锄头、镰刀等。屋顶留有小窗，以通风透光，窗口小，既防寒又防盗。最下层作牲畜圈厩。大门左右挂牛角或羊角，有的地方，门口还侧立"泰山石敢当"以避邪。

碉房的建筑，就地取材，以山石、泥、麻筋、木料为料，山石经过粗略筛选，平整光滑，大小不均，呈方条状；泥用粘性很好的黄泥或红泥；麻筋是用当地产的红麻杆、青稞杆或麦秸，切成小段后捣碎再混入泥中，可以增加泥土的粘结性；木料是白杨、青冈和红松，起着分层隔立和架设的作用。请释比算好动土日子或请风水先生看过地基即可开工。建筑时，村寨的劳力纷纷参与，他们不绘图、不吊线，也不用柱架支撑，巧妙地结合地形，信手垒石砌成，分台筑室。先挖深三四尺，宽约二尺，略成正方形的沟，以石砌成屋基，再将石片层层堆砌，用黄泥浆接缝，使泥石胶合。建筑体下宽上窄，石墙外部自下而上逐步减薄内收，内墙仍与地面垂直。石墙每砌丈余，便架设直径约15厘米的圆木横梁，上铺木板，层层皆然，至最上层则修筑平台。为了保暖防风寒，住房的门窗矮小，开口也大都向南或东南方，室内采光、通风因此而受到一定影响。因此，整个碉房墙壁光滑，不留裂缝，冬暖夏凉，牢固耐用。新房一旦落成要举行庆贺仪式，并要关门闭窗烟熏几日才能使用，烟熏之后房梁可以更加坚固，有防腐的效果。

20世纪80年代后，羌族地区城镇高楼林立。而在农村，随着生活水平提高，人们重新翻修房屋，有的将石板顶换成了瓦顶；有的将传统的梯形窗户改成田字型，安装玻璃窗，增大采光；还有的直接在老房周围用钢筋水泥修筑新房。通过联姻，高山羌寨的农户开始搬迁到城镇附近，建成水泥砖瓦房，有的房屋外观保持民族特色，室内分布格局及功能有所变化。建筑物要进行装饰装修，取消了火塘位置，简化神龛装置，修起外贴瓷砖的灶台；各种家用电器、现代家具走进了千家万户。

四、礼俗

（一）婚姻家庭

羌族家庭是一夫一妻制的父系家长制家庭，由祖孙三代或父母、子女两代组成。每个家庭就是一个生产和生活的单位。儿子成婚后，要另立门户，独子或幼子随父母生活。父亲主要安排和支配家中的经济生活，决定子女的婚姻大事和财产继承问题，组织或参与宗教祭祀与对外社交等活动；母亲主要是参加劳动生产和操持家务，在女儿的婚姻上有发言权。舅权在婚姻及家庭中占有较重要的地位。比如，男女婚事必须要事先得到母舅的应允才行，母死必须经母舅的同意方可入葬；分家由母舅主持；母舅有对侄子小辈进行管教和抚养的责任和义务等。

中华人民共和国成立后，曾经存在的"指腹婚""怀抱婚""童子婚""买卖婚"等婚姻形式逐步减少。随着《中华人民共和国婚姻法》的实施，羌族青年男女崇尚自由恋爱，以自主婚姻为主，跨民族联姻现象增多，但传统的礼仪程序一直保留至今。

婚嫁礼俗主要有订婚和结婚。其间有"许口酒""小订酒""大订酒"和"花夜""正宴""谢客""回门"几个仪式。如果男子对女子有意，男方家就会备礼，请红爷（媒人）到女方家提亲。女方家征得母舅同意才可允婚。之后，红爷会带上猪膘、酒等礼物，去女方家吃"许口酒"。数月或数年后，男方家又请红爷携猪肉、挂面、酒、饼子、点心等礼到女方家，以"小订酒"招待近亲，并请释比测算双方生辰八字，定下结婚吉日。随即，男方家要备咂酒、彩礼布、白酒、猪头肉、米和女方穿戴之物（如头饰、耳坠、手镯、金箍子、银坠子、衣服、裤子、鞋袜等双份之物）等重礼前往女家报期，并在女家办酒席，即“大订酒”，作为正式订婚礼，宴请女方家族。此后，两家开始婚礼筹备。“花夜”意即为新人举办的娱乐晚会，是结婚最为隆重的一道程序。于娶嫁的前一天晚上在女方家举行。当晚，女方家高朋满座，桌上放着咂酒和12盘“干盘子”（即花生、核桃、红枣、柿子、苹果、橘子、糖果等，饱含圆满、吉祥、喜庆之意）和一些丰盛菜肴。男方家派出的能说会道的迎亲队伍会受到热情的款待。双方要按照习俗进行盘歌比赛。盘歌即以歌盘问之意，方式为一问一答，所唱内容广泛，形式随意而风趣。次日清晨，新娘穿上红嫁衣、绣花鞋，梳妆完毕，由舅舅给她披上红绸。哭嫁、拜别父母、兄长和族人，便转身向大门走去，不能回头。一路鞭炮和唢呐齐鸣，迎亲和送亲的队伍浩浩荡荡、热热闹闹地涌向新郎家。到男方家门口时，释比要做祭祀神灵的仪式，驱赶附在新娘身上的“煞气”后，再向新人祝福。众人为新人举行“挂红”仪式。新人在神龛前行礼。拜堂后新娘就正式成为男家的人了。随后，婚宴开始。司仪边唱着接客词，边给送亲的客人一一敬酒，送亲客答词，讨“封钱”。依次入席的是女方近亲、男方母舅、家门长辈、远客、邻居、新郎家中近亲。流水酒席以传统的“九大碗”为主，席间新人由司仪带着给每桌客人敬酒敬烟，接受人们的祝福。宴毕，要按照客人的座次给送亲者安排好晚餐和住宿。当晚，来宾在院坝围着熊熊篝火跳起欢快的萨朗舞。结婚第二天是谢客日，主人再备两桌宴席“谢客”。新人要带一个猪头、一根猪尾巴感谢红爷，表示有头有尾，圆圆满满。婚后第三天，新婚夫妇要“回门”。由新郎及弟兄背着酒肉送新娘回家。新郎仅在女方家小住几日，而新娘可以住数日、数月，甚至更长的时间，才由丈夫接回，开始家庭生活。

20世纪80年代以来，随着羌族地区经济的发展，人们生活得到改善。城镇和部分农村的羌族通常选择在县城的宾馆饭店举行婚礼。昔日的婚姻仪式增添了新的内容。比如，萨琪玛、各式糕点水果成为待客之物，各类白酒与啤酒代替咂酒走上婚宴席桌，司仪用汉语和羌语主持婚礼，新婚夫妇穿着流行时装，并到内地旅游等等，传统和现代相结合，将羌族的传统文化发挥得淋漓尽致，增添了喜庆气氛。

（二）丧葬习俗

羌族的葬式有火葬、土葬、岩葬。火葬的历史最为悠久，《吕氏春秋·义赏》载：“氐羌之虏也，不忧其系累，而忧其死不焚也。”《太平御览》引《庄子》佚文：“羌人死，焚而扬其灰。”直至清朝中期，火葬仍在茂县沙坝、赤不苏、较场等地保留下来。每个家族有自己的火坟场。人去世后一般三天火化。在未焚之前，要开棺验身，请释比诵经，然后抬棺至本姓的火坟场。火坟场设有一座可以移动的小木屋，屋内供奉本姓历代祖先的神位。葬时将小木屋移开，而将棺木放于此，四周堆放干柴连棺木一起燃烧，众亲友围坐四周恸哭，并唱丧歌、跳丧舞、饮丧酒以示诀别。火熄灭后，取出骨灰埋于地下或封于崖穴之中。

据文献记载，火葬习俗自清代改土归流后有所变化。由于受汉族习俗影响，加上封建王朝的提倡，大部分地区将土葬作为主要葬式。直至2005年，土葬与火葬在羌族地区并行。火葬在部分地区有保留，而在一些地区成为凶死、传染病死和其他非正常死亡者的葬法。各村寨有遇丧不请自到、协助料理丧事的习俗。丧家需及时通报亲属，向母舅家禀告逝者去世前后的情况，请释比杀羊祭祀、测算下葬时日。由长者在逝者遗体前杀一只羊，为之引路，然后解剖羊，视其内脏何处有病，即认为系逝者之病因。第三天，众人在风水宝地下葬逝者。其家人要用石头或泥块垒成坟墓，并在新坟前点篝火，烧柏枝，敬香蜡、烟酒、肉类，以示祭奠。3天后再备祭品，并修整墓地。到此时，丧葬礼仪才告结束。

居住在城市的羌族，按照城市殡葬制度，去世后实行火葬，有的将骨灰带回家乡，再实行土葬。

（三）礼仪

祝米酒 小孩出生后，无论性别，孩子的父母要协商在一个月内选出一个好日子（过去由释比测算）作为收祝米的日子。3天后，由小孩的父亲携礼去娘家报喜，并告知众亲友收祝米的时间。亲戚、朋友、邻居及夫妻结婚时请过的人都会送“祝米”。届时，要举办3天，以庆祝小孩的诞生。娘家人送礼较厚重。一般由已婚妇女代表家人提着竹编的兜兜送礼看望产妇，兜兜内装鸡蛋、玉米或米、面、肉、小孩穿的衣裳、包单、披衫等。孩子脖子上会戴长命锁，意为避邪祛病，平安健康。

成人礼 年满十五周岁的羌族男子有举行成年礼（冠礼）的习俗。在农历十月至十二月举行。届时，请来众多的亲朋好友，大家围着火塘而坐，受冠礼者身着新衣，朝家中神龛下跪叩拜，同时接受释比代表天神馈赠的礼品——用白色公羊毛线栓系的五色布条，作为护身符围在脖子上。再由族中长辈叙述祖先历史，或由释比诵经祷告（俗称打“太平保护”），祭祀家神及诸多神灵。

求雨 羌族居住地普遍有求雨习俗。在理县九子屯，若遇天干，羌族老人要到最高山顶向天神求雨。地上烧一堆火，众人吼三声，并鸣火药枪。若天色不变，妇女们便哭求天神。在汶川龙溪乡，求雨以已婚妇女为主，她们经释比念经，烧柏枝净身后被几个男子带至山顶的龙池，先焚香通白，杀鸡撒血于龙池四周，再开始哭诉，诉词有韵律，在释比诵经后离开。

挂红 作为待客的礼仪，一般用于重大节日或各种庆典上。多以6尺以上的红布或红绸条斜挂于身。表示对客人的尊敬、对新人的祝福、对英雄的敬仰和赞美，增加喜庆的气氛。

敬老 羌族有敬老的传统，见老人必须让座、让路、敬食、敬酒。老人在60岁、70岁、80岁、90岁的时候要祝寿。主人家要提前告知亲朋好友，四大门亲要准备寿衣、寿面、寿包等。届时，主人家要摆酒席，人们携带红纸封好的礼物，按年龄辈份贺寿，热闹一番。

民间禁忌 如：任何人不得跨越火塘，不能在火塘边吵架或说不吉利的话；火塘边座位男女有别，坐错了会得罪火神；家中有人生病，忌见生人，要在家门外立一条板凳，以谢绝外人进入；正月初一忌大声叫骂，不能动用火钳、绳子和菜刀；禁止妇女参加重要的宗教活动；孕妇不能进新婚夫妇的新房，怕压喜；新娘出嫁时不能回头看，以避免招霉运失财；孩子未满月前，妇女不得入灶房，否则会得罪灶神和家神。

20世纪80年代以来，羌族礼仪及禁忌一直留存于民间，有的发生了变化。因学生上学或释比人数减少，一些地方的成人礼被淡化，不再举行；随着人畜饮水工程及农田水利建设，求雨习俗活动明显减少，仅有个别高山村寨保留，在天干时节举行活动；挂红习俗作为现代羌族礼仪在羌族地区普遍得到推广和应用。

（四）节庆娱乐

春节 春节是羌族家家户户团年的重要日子。从农历腊月二十三起，家家户户就要扫尘、敬灶，备好丰盛的年货。除夕之夜，要烧猪头肉敬献祖先和神灵。全家人坐在一起热热闹闹地吃团年饭，再围坐在火塘四周守岁。初一不劳动，不走人户。初二以后开始亲戚朋友之间的拜年请客。正月十五闹元宵，正月三十要送年。家家户户张灯结彩，举办各种活动。

羌年 又称羌历年，羌语称“日美吉”，即“吉祥欢乐的日子”。每年农历十月初一举行，各地欢庆时间不一，一般为3—5天，有的村寨要过到初十。羌年是秋天收获粮食后，人们祭祀神灵和祖先，向神还愿的重大节日。还愿敬神旨在兑现在春天为祈求丰收对神许下的诺言。届时，全寨人由释比带到“神树林”前还愿。在他的主持下，焚柏枝敬奉祖先和神灵，用荞麦粉做成一种馅为肉丁豆腐的荞面饺，有的还要用面粉做成牛、羊、马、鸡等动物馍馍作为祭品。在神林前要杀牛羊祭天，将牛头或羊头供奉在林中的石塔上。之后，由4名男子抬着白石游走于全寨，全寨人各自领一份牛羊肉回家煮食，并邀请亲朋好友共度佳节。次日即为宴席日。又称吃“收成酒”。每家都要设宴，吃团圆饭，出嫁的女儿也要回娘家。大家喝咂酒、跳萨朗，尽欢而散。在茂县维城、雅都一带，如果寨子里当年无人过世，还要在墙上画白色的“卍”字，以示平安顺利，寨中的小伙子穿着新衣，在彩色腰带上插3支野鸡翎，载歌载舞地到各家贺年。节日期间，人们不劳动、不打猎，夜晚篝火通明，歌声嘹亮，舞姿优美。20世纪60年代至80年代，以村寨为单位的祭祀、庆典活动一度中断，人们只能在家中庆贺。1987年农历十月初一，省民委在成都举行了庆祝羌历年大会。1988年，北京的部分羌族同胞在国家民委的关怀下恢复羌历年活动。同年，阿坝州政府将羌历年确定为羌族同胞的法定节日，放假两天。1988—1991年间，茂县、汶川、理县、北川4县轮流主办羌历年庆祝会暨民族经济文化交流大会。从此，各地恢复羌历年的庆祝和祭祀活动。庆祝活动规模有大有小，有的在县城举行，有的由乡镇组织，还有的以村寨为单位，人们着新装，团圆欢聚并互道祝贺。

祭山会 羌族最隆重的传统节日之一。又称转山会、塔子会、祭天会、山王会、山神会或者碉碉会。是羌族对代表着天神、山神等诸多神灵的白石神进行祭祀的活动，也是人们祈求保佑来年人畜兴旺、五谷丰登、地方太平、森林茂盛的大典。各地举行的时间、次数不统一。以村寨为单位，每户男丁参加。祭祀前，由村民推选一名会首（各户轮流担任），具体操办有关事宜。负责主持的释比，要提前斋戒沐浴一月，预备纸旗、柏香和杉枝。祭祀当天，村寨内外要插白纸旗，寨门设接神台，插松树枝作迎神柱。各户在房顶上立柏枝以示吉祥，家中神龛上挂剪纸花，供奉面制的神牛、神羊，点香敬神。人们跟随着释比来到祭塔。12岁以上的男孩，第一次参加时还要带“刀头肉”、咂酒和白面馍馍等祭品。在释比主持下，开坛取酒，宰杀牺牲，敬献神灵，向诸神许下大愿，诚心祈祷。之后，将牺牲煮熟，连同其他食品分给各户。大家席地而坐，共同品尝，跳起欢快的萨朗，进行传统的“推杆”“抱蛋”“筛糠”等体育活动。一些地方在祭山之后还要祭路三天，禁止狩猎、挖药、砍柴、割草、搂树叶等。

瓦尔俄足 又称领歌节。主要流行于茂县曲谷乡一带。每年农历五月初五举行（如当年有13—50岁妇女死亡就不举行），活动持续3天，是为了纪念天上的歌舞女神萨朗姐。节日当天一早，妇女们穿金戴银，身着漂亮的民族服饰，带上干粮、粽子、腊肉和咂酒，到西湖寨女神梁子举行祭祀活动。她们踩露水、扯艾蒿，到“神泉”沐浴，意求消除百病。之后，来到白石塔前祭祀女神，还要逐户唱歌跳舞表示庆祝，并预祝家家兴旺发达。期间农事和家务事皆由男人操持。

此外，羌族还要过清明、端午、重阳等节日。

五、宗教信仰

羌族的信仰有自然崇拜和祖先崇拜。道教、佛教等其他宗教对其也有不同程度的影响。人们认为日、月、山、川、水、火、木、石等宇宙万物皆神灵，要对该家族祖先、人类祖先等加以崇拜。除火神外，所有神灵以白色石英石为象征被敬奉于山中、林地、屋顶和室内。一般在碉房屋顶四角供有5块白石，分别象征天神、地神、山神、山神娘娘和树神。其中，天神地位最高，能主宰万物，祸福人畜。堂屋的神龛供有家神，包括祖先神、女神（保佑妇女之神）、男神（保佑男子之神）、牲畜神（保佑六畜兴旺）、财神（招财进宝）、仓神（守管家庭粮食和财物）、门神（挡住三灾六难）。神龛下火塘上的三足架，其中一足上系一小铁环，即代表火神。此外，从事特殊行业的家庭，还供奉各自的祖师神。如猴头神、药王神、石匠神、鲁班、太上老君。一些地方的羌族受汉族影响，还供有灶神、土地神、观音菩萨、送子娘娘、川主、关圣人、玉皇大帝等。

羌族的祭师，羌语称“释比”或“许”，既是从事宗教活动的神职人员，又是农业生产者，可以娶妻生子，在羌族社会中占有崇高的地位。所诵经文全靠师徒、父子之间的口传心授而代代相传。人们相信他能通达神灵，产生神秘、不可思议的力量。他要主持：祭山、供奉、还愿、看病、驱魔逐邪、消灾避难、招魂、占卜、修房造屋、男女合婚、新生儿命名、超度亡灵等仪式。作预卜占卦（分羊髀卜、鸡蛋卜、白狗卜等）、驱鬼除邪（送茅人）、踩红锅、踩犁铧、开红山、划水碗等巫术。使用的法器有羊皮鼓、猴头帽、神杖、铜锣、令牌等。作法前，释比要净身，燃柏枝熏身或杀白鸡祭祖，以示对神的虔诚和敬意。

释比念诵的经文所含内容丰富，包罗万象。主要分三类：神事经，主要在请神、敬神或还愿时用；人事经，在婚丧作法时诵唱；鬼事经，用于驱鬼避邪。法事完毕后，人们会以钱、食物和其他有用的物品予以回报。在茂县，有的释比还持有无文字的图经画卷《刷勒日》，其年代不祥，以麻织品做底，色彩鲜艳，为折叠式的两面绘图，图中融人、兽、鸟、庙宇为一体，涉及人文地理、社会历史、民风民俗等内容。通卷长176厘米，宽16厘米，大小共108幅图，无一文字说明。被当地群众视为圣书，唯有释比掌握，不能外传或用手触摸。

自清中叶改土归流以来，佛教和道教相继传入羌族地区。至清末民国初，汉式庙宇广布于羌村山寨。在临近藏区的茂县赤不苏、汶川三江口、理县九子屯及黑水部分地区，受藏传佛教的影响，兴建了寺庙，出现释比、道士与僧人并存的局面。而后，西方天主教和基督教亦曾传入，但影响甚微，信仰者很少。

随着时代的进步，羌族的民间信仰也发生了一些变化。20世纪90年代以来，释比的称谓由他称“端公”逐步统一正名为“释比”；释比人数日趋减少，后继乏人现象严重；释比所用法器被仿制，羊皮鼓被作为舞蹈表演的道具；释比开展的活动减少，有的被公开化，供人观赏；供奉于房顶的白石在一些地方被逐步简化、符号化；村寨附近尚存的民间庙宇，香火仍然不断，但信奉者多是中老年人；释比文化被视为羌族传统文化的重要内容，也是民族文化的象征，省文化厅等部门、科研院所及民间爱好者对其进行挖掘、整理与研究，唱经大多被文字或影像记录下来永久保存，促使羌学研究往纵深发展。

第六节　扶贫及群众生活改善

一、扶贫工作

1989年，羌族地区开始有计划、有组织地开展扶贫开发工作。1994年开始实施“八七扶贫攻坚计划”，确立了解决贫困人口温饱问题为主的目标任务。在扶持范围中，北川县、平武县、茂县、松潘县被列为省扶持的贫困县。各地认真贯彻全国及全省扶贫开发工作会议精神，以增加贫困农户收入，减少贫困人口为中心，以整村推进、产业化扶贫、移民扶贫、定点扶贫为重点，积极开展扶贫工作，取得了一定实效，羌族地区农村的产业结构得到调整，农民生产、生活条件进一步得到改善。

积极向省、州（市）争取两项资金项目。茂县1991—2002年两项资金援助项目资金达763.66万元，其中：无偿资金599.66万元，有偿资金164万元。2003年，争取到两项资金160万元。2005年，针财县内基础设施建设滞后状况，上报了56份项目材料，申请资金达3012.12万元，实际争取到568万元。这些项目均涉及农村基础设施建设，农村产业结构调整，符合当地的实际需求，贫困人口受益，促进了当地经济发展。

国家每年给贫困地区划拨援助性扶贫资金。茂县1994—1996年共争取了扶贫专项资金1303万元，其中扶贫贷款518万元，支援不发达地区发展资金71.3万元，以工代赈资金713.71万元，主要用于农业基础设施和乡村公路建设。1997年，争取以工代赈资金293万元，新增财政扶贫资金198万元，扶贫贷款500万元，用于种植业、养殖业、林果业开发、人畜饮水工程及低产田改造等方面。扶贫工作达到四川省、阿坝州的越温标准，基本完成《茂县七一四扶贫攻坚计划》制定的目标任务。在“九五”期末，茂县累计改造中低产田土面积达2280公顷，新增和改善有效灌溉面积200公顷，新建人畜饮水工程56处，基本解决农村人畜饮水困难。新建农村机耕道46条，共354公里，解决了全县80%以上农村的交通困难。农民年人均纯收入1039.2元，比“八五”期末增加513.2元。

2001年，茂县开始实施新一轮五大扶贫工程，启动新村扶贫工程24个村、1934户；移民扶贫工程217户、1043人；卫生扶贫工程6处；增加了教育扶贫项目，启动教育扶贫工程22处。2004年，编制《茂县“十一五”易地扶贫搬迁建设规划》，涉及20个乡镇、51个村，迁出人口9600人。2005年，制定《茂县农村扶贫开发规划（2001—2010年）》。争取到异地扶贫搬迁试点工程项目资金400万元，以改变高半山农民生产生活条件。农村基础设施建设完成了改造中低产田土720.26公顷，坡改梯152.8公顷，加厚土层528.6公顷，恢复水毁地39公顷。完成测设、新建村道88公里，改扩建村道280公里。投入教育扶贫资金1195万元，修建学校22所，补助少数民族学生11990人。投入卫生扶贫资金68万元，对6个乡镇卫生院进行了建设。

在北川，1991年和1994年，县委、县政府分别出台《北川县1991—2000年扶贫开发规划》《北川县1994—2000年扶贫攻坚规划》，对全县的发展提出了具体的奋斗目标。1996年底，先后出台了《关于1997年解决农村贫困人口温饱问题的意见》等8个扶贫工作的文件、纪要，开始了扶贫攻坚决战。对128个贫困村632个贫困社4532户建卡贫困户开展全面普查，通过扶贫扶智、加大扶贫资金投入、开展小额信贷扶贫等11项具体措施，使得北川县扶贫越过“五八”温饱线①。2005年，在12个村投入新村扶贫项目资金600万元，建成村道31公里、人畜饮水工程3处、水池14口、引水渠1500米，解决了600户3349人7274头牲畜的人畜饮水问题；改田改土11.5公顷；并进行了改房、改厕、改圈、改厨、改院落、建沼气池等，使其生产生活条件得到明显改善。全年争取各类扶贫资金3050万元，其中财政扶贫资金650万元，信贷扶贫项目资金2400万元，改善了基础设施及群众的生产生活条件；对1000元以下的2464户8625名贫困人口进行了分户建卡、登记造册、张榜公布，纳入计算机管理；采取“领导包村、干部包户”的办法落实责任，形成了家家有干部联系，户户有帮扶措施的整体联动格局；按照“因户制宜、分类指导”的原则，在资金、物质、信息和种养技术方面对贫困户进行了帮扶。

① 五八温饱线：即指年人均收入到500元，年人均占有粮食不低于800斤。

二、群众生活

(一) 城乡居民生活

20世纪80年代以来的经济发展，为羌族人民提高生活质量创造了物质条件，丰富了精神生活。人们的衣、食、住、行等方面都得到较大改善，自行车、摩托车、电视机、DVD、电话、洗衣机、冰箱、电扇、电饭煲、照相机等各种耐用消费品走进了千家万户。人们依靠科技，通过农业产业化调整，积极拓展收入渠道，增加了收入。

1987—1989年，茂县城乡居民存款余额3年平均增长20.2%，其中：城镇居民存款余额为800万元，3年平均增长27%。农村居民存款余额为684万元，3年平均增长13.8%。1991—1995年，随着农业经济增长，产业结构初步得到调整，农产品商品率达到45%，农村人均纯收入增到659元，5年累计达2630元/人，年均526元/人，比“七五”计划增加104元。1996—2000年，产业结构进一步合理，农村经济稳定增长，基本形成了“九五”期内的“河坝果、半山椒、高山药、秋季菜、圈中畜”的格局，成为农民增收的主要来源。

2005年，茂县农村居民人均纯收入1929元，城乡居民储蓄存款余额37500万元。汶川县农村居民人均纯收入2272元，城乡居民储蓄存款余额72800万元，均高于当年阿坝州农牧民人均纯收入1881元的水平。北川县城镇居民人均可支配收入6450元，农村居民人均纯收入2275元，年末人均储蓄余额354元，较过去有了大幅度增长。

(二) 社会保障

各地逐步构筑起社会保障体系。在社会福利方面，城镇建有社会福利院或敬老院，将部分五保老人、残疾人纳入服务救助范围，建立起医疗救助、教育救助和“五保”供养为重点的社会救助制度。从1999年开始，实施城乡最低生活保障，将符合条件的人员纳入低保，并在动态管理中做到应保尽保。仅茂县、汶川、理县3县享受低保计19278人，发放保障金近444万元。积极开展灾害救济与社会救济，向群众发放救济粮、救灾款和生产生活用品。2005年，茂县建立农村特困户数据库；汶川设立了社会救助站。北川18个乡镇679户1835名失地农民办理了农转非，让符合低保条件的失地农民享受低保。北川有五保供养人员409户413人，集中供养与分散供养人员每月的生活费分别为110元和63元。在社会保险方面，1986年各地开始成立养老保险管理机构，开展养老保险工作。至2005年，仅茂县和汶川县，养老保险参保职工分别为1722人和7313人，征收养老保险分别为1500万元和1751万元。北川县参保人数4379人，缴费人数4225人，占参保人数的96.5%。全年征缴养老保险基金1490.2万元。工伤保险与生育保险分别从1991年和1993年开始推行，汶川县被四川省、阿坝州列为工伤保险试点县。1999年，全面实施城镇职工基本医疗保险制度。仅北川县2005年参保单位127个，参保人数6373人，征缴基本医疗保险基金580万元。

此外，逢元旦节、春节、建军节等节日，政府组织开展双拥慰问活动，积极做好优抚安置工作。2000年，北川县被授予省级“双拥先进县”称号。

第七节　环境保护

阿坝州是中国西南森林资源分布最集中的重要林区之一。1950年后，为支援国家建设，大量原始森林被砍伐。由于长期"重采轻造"，造成全州森林覆盖率由20世纪50年代初期的30%下降到1998年的21.6%，加上全州高耗能的电冶、制革、造纸、制药等工业大多集中在岷江流域的汶川、茂县和理县一带，使得生态环境出现区域性的恶化，涵养水源能力下降，水土流失面积逐年扩大，自然灾害频繁发生，严重制约了当地社会的经济发展，并给下游地区造成了不可估量的损失和隐患。

20世纪80年代末，国家在羌族地区进行了生态环境综合治理与生态建设，以改善日趋恶劣的生态环境。

在污染治理方面，茂县与汶川县先后在1984年和1990年成立环境监测站，开展境内大气、水质、噪声等污染检测，并为省监测站提供数据。1991—1995年，茂县在凤仪镇治理"十五小企业"①污染，对县域水质分级划区保护，严禁生活垃圾沿江排放。针对汶川县境内企业众多的特点，汶川县在1999年制订了《汶川县工业污染源达标工作方案》，开展工业企业污染源治理工作。完成岷江3个水汽的江水监测，指标均达国家规定标准。2000年，为35家企业办理排污许可证。2003年以后，阿坝州先后出台了《阿坝州环境保护"十五"计划》《阿坝州人民政府关于加强环境保护的决定》《阿坝州人民政府关于进一步加强工业企业污染治理工作的意见》《关于贯彻国务院〈排污费征收使用管理条例〉有关工作的通知》和《关于加强饮用水水源保护工作的通知》等文件；制定了《阿坝州生态环境监察试点实施方案（试行）》和《阿坝州环境保护突发性环境污染与破坏事故应急预案》，为环保工作开展提供了强有力的政策保障。省环保局等部门对各地的旅游和水电、公路、矿山资源开发和基础设施建设等工程项目实行了生态建设监察，强化了非污染工程项目在建设过程中生态环境保护的管理力度，规范了各工程建设项目环境保护"三同时"制度（即建设项目中防治污染的措施必须与主体工程同时设计、同时施工、同时投产使用），有效促进了生态环境的保护。

在生态建设方面，重点抓好生态林、经济林建设，并配套进行荒山造林、封山育林工程。通过优化造林模式，大力调整树种结构，兼顾了农民增收与地方经济社会发展。1989年，四川省长江中上游防护林体系建设总体规划中，将茂县列入第一期工程启动县，该项目于1991年启动，经过6年建设，完成水源涵养林建设1128.73公顷、水土保持林9050.93公顷、用材林3643公顷、薪炭林46.33公顷，达到预期目标。

水土流失治理工程中，茂县的试点工程取得了佳绩。茂县大沟是一个小支流流域，海拔从1550米到4200米，属于典型的干旱河谷山地，四周荒山秃岭，水土流失严重。1986—1990年，中科院资源环境局、林业部技术司、中科院成都生物所和州县林业部门协作，对大沟流域进行了综合治理。先后营造了苹果园、花椒园、水源涵养林、水土保持林等近1000公顷，使小流域的植被覆盖率达到96.8%，水土流失得到全面遏制，呈现出郁郁葱葱、生机勃勃的景象，为干旱河谷造林绿化和生态

① 十五小企业：指1996年国务院颁发的《关于加强环境保护若干问题的决定》中明令取缔关停的15种重污染小企业，包括小造纸、小制革、小染料、土炼焦、土炼硫、土炼汞、土炼铅锌、土炼油、土选金、小农药、小电镀、土法生产石棉制品、土法生产放射性制品、小漂染企业等。

建设创造了成功模式。1993 年，茂县飞虹乡火烧坡被确定为“四川——广岛茂县岷江上游干旱河谷造林实验”项目的实验区。1994 年 9 月，完成造林 100 公顷、坡改梯 100 公顷，治理侵蚀沟 5000 米、滑坡段 2750 立方米，定植主林木近 19 万株、肥料木 17 万余株。次年，又完成 33 公顷试验林与 11.5 万株经济林木定植，间作辣椒 8 公顷。当地干旱河谷改观明显，岷江两岸生态环境得到一定程度的修复。

北川县从 1988 年开始，所有新、改、扩建工程项目要提交环境影响及治理措施报告书，经过审查同意方可立项。同时，在环卫工作方面健全了分片包干、定时、定职、清扫、清运、洒水等管理制度。1990 年实施排污收费制度，清理污染源 23 处。1994 年开始对企业进行污染监测，并采取措施治理废气、废水。1997 年，对 100 个企业污染源进行调查，重点监测 6 个企业。

1998 年 9 月，羌族地区各地成立了天然林保护工程领导小组，负责实施天然林资源保护工程，通过关闭木材市场，停止天然林经营采伐，木材加工企业转产，加大农村以电（太阳能）代柴、以气代柴等资金投入等方式，加强对森林资源和林地保护和管理，杜绝掠夺式资源开发。2005 年，茂县完成人工造林 333.33 公顷，封山育林 1333.33 公顷，人工造林补植 1333.33 公顷，落实森林管护面积 28.9 万公顷；汶川县完成人工造林 584 公顷，封山育林 1133.33 公顷；理县完成人工造林 67 公顷，补植 1485 公顷，封山育林新封面积 667 公顷，续封面积 5500 公顷，实施森林管护面积 10 万公顷。松潘县完成人工造林 333.33 公顷，封山育林 466.67 公顷。

2000 年，按照中共中央、国务院“退耕还林、封山绿化、以粮代赈、个体承包”的精神，各地实施了退耕还林工程，及时、足额将粮食（粮改现）补助、医疗教育补助、种苗补助（每亩补助粮食 50 公斤、现金 20 元）兑现到了验收合格的农户手中。茂县在 2003 年退耕还林生态林 7198.53 公顷，经济林 134.8 公顷。2005 年，汶川县基本完成绵虒、威州、雁门、克枯、龙溪等乡镇半山及高半山村寨退耕还林工程；理县完成退耕还林 1500 公顷；松潘县退耕还林 3666.67 公顷，配套荒山造林 4266.67 公顷。北川县作为全国 12 个退耕还林科技支撑示范县之一，完成退耕还林（草）8733.34 公顷，林地面积占幅员面积的 80%。

环境治理与生态建设，得到了羌族地区干部群众的拥护和积极参与，给当地带来了巨大的生态效益、经济效益和社会效益。

第四章 苗 族

第一节 概 况

苗族是中华人民共和国大家庭中的一员，也是四川省14个世居少数民族之一。中华人民共和国成立前，中央王朝和民国政府以及地方统治者视苗族为“蛮夷”“边民”，由于遭受民族歧视政策的迫害，退入深山野岭结草为房，甚至以洞穴为居，衣不蔽体，食不果腹。

1949年底，人民政府为了在四川苗区打开工作局面，消除民族隔阂，深入苗乡宣传民族平等政策，帮助苗族群众排忧解难；组织苗族代表外出学习参观，召开各级政府民族代表会议，听取苗族群众的想法和意见；取缔带有侮辱性的称谓、地名、碑褐和匾额，吸收苗族优秀分子参加政府工作，培养民族干部。在各族各界人民代表会议上，苗族代表积极献策建言，行使当家做主的权利。这些举措深得苗族群众的拥护，增强了民族团结，迅速建立起和睦的新型民族关系。

1951年，苗族地区实行的土改运动，彻底改变了历史上“老鸦无树桩，苗家无地方”的状况，实现了耕者有其田的愿望。土改完成后，苗区农村建立了互助组，逐步过渡到初级农业合作社、高级农业生产合作社，走上了社会主义集体化道路。1980年，农村实行包产到户和包干到户的生产责任制，到1997午开始第二次土地承包责任制调整，贯彻大稳定、小调整，保证30年不变的土地政策，极大地调动了苗族农民的生产积极性。进入21世纪后，四川苗区发展加速，全省21个苗族乡170个村寨进行了基础设施建设，95%以上的村寨实现了通村公路，72%的已通电话。农业生产、乡镇企业得到发展，至2005年，21个苗族乡的经济总收入达到78714万元。

第二节 历史沿革

一、族称和源流

苗族自称以方言区为明显界限。湘西方言区的苗族自称为“他雄”或“果雄”，川东南苗族属于该自称范围。川黔滇方言区的苗族自称为“蒙”“莫”“毛”“目”，四川南部和西南部的苗族以此为自称。这些自称的语音有对应关系。据汉文献记载，苗族自古以来的他称有“苗”或“苗民”“苗蛮”“苗人”。苗族自称大多与“苗”相近，均带有出音。许多研究苗族的学者认为，“苗”大致就是苗族自称的汉字记音。

关于苗族称呼，有以服饰为特点称为“白苗”“黑苗”“红苗”“花苗”“青苗”等，这些称谓不仅反映服饰不同，也反映出习俗、语言的差异，但均是苗族内部各地区不同支系的别称。自称或他称的差别，并不影响苗族世代相沿，普遍认为自己是“苗”，则是统一的。中华人民共和国成立后，苗族作为中华民族大家庭的成员之一确定下来，成为单一的一个民族。

四川苗族与其他地区苗族一样，其源流变迁很大。据资料记载，苗族先民原栖息于黄河中下游地区。“三苗”时代，徙居左洞庭、右彭蠡的江湖平原。以后由于战争等原因，又不断向南向西迁徙，继而进入西南山区。继后，苗族又不断从武陵、五溪地区，经黔东到川南。九黎、三苗、南蛮一脉相承，为今苗族先民的起源。在川南、黔西北一带的苗民至今仍保持供奉和祭祀蚩尤的习俗，今珙县、兴文、叙永各县苗族崇奉的“天神”（苗语称“杨娄古伦”），即是苗族的人文始祖——蚩尤。

川南苗民在明初从邻近贵州、云南迁入者多，另有自湖广迁入四川的一部分。如川南的陶姓、黄姓在族谱中均有湖广入川的记载。川南苗族妇女百褶裙上的三条平行花纹记载了苗族祖先自黄河经长江辗转迁徙入西南山区的历程。其中，上一条绘纹代表黄河，中间一条代表长江．最下面一条代表西南山区。苗族迁入川南另一例证是明天启年间，永宁宣抚使奢崇明起兵抗明，曾占领重庆、遵义，并北上进攻成都，奢氏部队中便有苗兵数万。

川南苗族关于入川定居有七说：一为土著说，指祖先自古就已迁居于此；二为讨诏落业说，指明至清初随其他民族入迁，经官府指定居住地界，定居至今；三为刀把落业说，指异地苗族因生活所迫，凭借一把刀进入四川，哪里山深林密，野兽众多，便一砍、二烧、三撒、四安（指狩猎）定居至今；四为随军落业说，指明天启年间（1621—1627年），明朝廷派大军镇压川南奢安叛乱，征苗兵随军入川，平乱后落户定居至今；五为讨口落业说，指部分苗族因灾荒或兵燹，逃荒讨口进入川境落户定居至今；六为强迁落户说，指明末张献忠剿四川后，四川人口大减，明廷强令“湖广填四川”，苗族随汉族从江西、湖广迁入四川定居至今；七为假苗真僰说，指明万历初年，明廷剿灭川南兴文、珙县僰人后，部分僰人后裔隐姓埋族，融于苗族定居至今。此七说中，土著说的张姓苗族祭祀祖先已达101代。

现居住在凉山州木里县的苗族，自清道光二十九年（1849年）起，从贵州毕节、云南昭通逐年迁入。至清同治年间（1862—1874年），木里地方土官为增加庄户和租金收入，私自放宽了对外来人口迁入木里的限制，此间从云南昭通、四川盐边等地迁入的苗族开始增多。此外，随滇军进入木里参战的云贵部分苗族士兵，战后定居木里。清同治初，因“长毛作乱”（太平天国运动），部分苗族从贵州遵义迁入盐边县定居至今。

二、苗区建置

春秋战国时期，川南、川东南属巴国疆域。秦惠文王后元九年（公元前316年），秦灭巴，置巴郡。秦昭襄王三十年（公元前277年），秦置黔中郡，今川南、渝东南在黔中郡的范围内。到西汉，益州刺史部辖的巴郡、犍为郡和荆州刺史部辖的武陵郡即包括今之川南、渝东南。犍为郡领有僰道县（今宜宾）和江阳县（今泸州）。东汉在川南仍置犍为郡，继领僰道县和江阳县。三国蜀汉承秦汉制，川南一带仍置犍为郡、江阳郡。此后晋、隋在川南仍保留犍为、江阳二郡。

唐代改郡为州，实行州县二级制。唐朝前后，川南为僰、羿、苗、彝“诸蛮”群居，朝廷设羁縻州予以统治。宜宾境内有连州（今筠连县廉溪，领6个县）、筠州（今筠连县城关镇，领8个县）、悦州（今兴文县晏阳镇，领6个县）、扶德州（今珙县洛亥，领3个县）、播朗州（今珙县西北，领3个县）、萨州（今珙县下罗，领3个县）、晏州（今兴文县新民，领7个县）、巩州（今珙县罗渡，领3个县）、宋州（今兴文中城镇，领4个县）、长宁州（今长宁县双河镇，领4个县）、定州（今珙县西南，领2个县）。泸州境内设蔺州（治所古蔺），治地纳溪以南及赤水河上游北岸。唐开元二年（714年）设道，川东南为黔中道，治所在彭水汉葭镇。此前曾置有黔州，领彭水县（今汉葭镇）、黔江县（今黔江联合镇）、石城县（今黔江县坝乡）、洪杜县（今酉阳龚滩）、洋水县（今彭水龙洋乡）、信宁县（今武隆东江口乡）。唐朝后期设道，对后世宋朝设路、元朝设省均有影响。

北宋乾德三年（965年）在四川置路、州、县三级制。并于路下设府、州、军、监，管理地方政区。川南属梓州路，重和元年（1118年）改梓州路为川府路，领有叙州（今宜宾地区）、泸州（今泸州市）等10州2军51县，以及若干羁縻州。渝东南地区属夔州路，下辖黔州、武太节度，领彭水、黔江二县，领羁縻州多达49个。南宋绍定元年（1228年），升黔州为绍庆府，仍领彭水、黔江二县，同时领羁縻州56个。

元朝开创行省，下有路府州县四级。至元二十年（1283年）仍置绍庆府，领彭水、黔江两县，设羁縻土所若干。至元二十九年（1292年）在川南设永宁路，领筠连州和九姓罗氏党蛮夷长官千户所（今兴文县古宋）。元末改永宁路为“永宁镇边都元帅府”。民族种类复杂的珙县一带，元朝在此设上罗计长官司和下罗计长官司。羁縻州大致发端于唐，降至元奠定了土司制度。苗族即主要分布在川南、渝东南的羁縻州内。

明朝承袭省制，改路为府，实行省、府、州、县四级制。四川苗区为土司统治，仍置羁縻州。明设重庆府，其中领有黔江守御千户所，洪武十四年（1381年）改为黔江县（治今黔江联合镇）。重庆府还领有涪州，辖武隆县和彭水县（治今汉葭镇），明初置酉阳州，设酉阳宣慰司，洪武八年（1375年）改为酉阳宣抚司（治今酉阳县钟多镇），属重庆府，领有平茶（又名麻兔，今秀山清溪）、石耶（今秀山石耶）、邑梅（今秀山梅江）三洞长官司。洪武十四年（1381年），石耶长官司随征五溪蛮有功，进而分授地坝副长官司，从此有四洞长官司，相当于今酉阳、秀山两县全部及黔江县部分地区。据清乾隆年间修《秀山县志》载：“四洞长官司地，界连黔楚，苗蛮所居。自汉晋迄隋唐，志传中多不载，地坝更无名”。清朝初年，仍准四洞承袭，雍正十三年（1735年），酉阳改土归流，四洞自请缴印献土，始设秀山县。

在川南设叙州府，领长宁、兴文，即元代时期的戎州和长宁州。叙州府还领高州（今高县），辖筠连和珙县。明代改元代永宁路为永宁宣抚司，属叙州府，领长官司二，即九姓长官司（治所今兴文县古宋）和太平长官司（治所今兴文县大坝）。明洪武十五年（1382年），彝族禄照任永宁宣抚使，以后奢氏继承宣抚使职位，苗、彝、僰、羿等民族被纳入奢氏土司管辖之内。万历年间（1573—1620年），僰人被明朝军队镇压或逃往他乡，或隐姓埋族，万历后史书上不复见于记载。天启元年（1621年），永宁宣抚使奢崇明起兵抗明，叙永、古蔺等地的苗族数万人加入奢氏部队。明平定“奢乱”后，设叙永同知及永宁卫（今叙永县），派重兵驻防。

清代在苗族地区设道、府、厅、州、县。川南永宁道，辖叙州府（今宜宾市），领兴文、高县、筠连、长宁、珙县等。清康熙元年（1662年）改为叙永厅，改永宁卫为永宁县。雍正四年（1726年）置黔江厅（今黔江县），雍正十二年升为黔、彭直隶厅，领黔江、彭水县，次年因秀山、酉阳改土归流结束，废黔彭直隶厅，设酉阳直隶州，领酉阳、黔江、秀山、彭水4县。嘉庆七年（1802

年）置川东道，以后酉阳直隶州属川东道。光绪二十八年（1902年），兴文县文印乡苗族首领陶洪兴因办苗团治匪患有功，由兴文县推荐，经四川总督部堂核准，授予右牌六品军衔团总，即千户长之职，统领叙州府南6县（庆符、高县、筠连、珙县、长宁、兴文）的苗族。千户长可以在6县中任10个百户长，再由百户长在各自管辖区内设10个甲长，其任务是稽查户籍、调解纠纷、协助催收赋税和维持治安。

民国时期，改酉阳直隶州为酉阳县，与秀山、黔江、彭水3县统属东川道（原川东道）。1935年，四川省政府划酉阳、黔江、彭水、秀山、南川、涪陵、石柱、丰都等8县为第八行政督察区，行政督察专员公署设在酉阳县城。民国初几经变化，川南仍置永宁道，领12县，苗族分布较集中的古宋、古蔺、叙永、长宁、兴文、珙县、高县、筠连县均在其中。1935年，珙县、高县、筠连、长宁等县划属四川省第六行政督察区，治所在宜宾（今宜宾市）。古宋、叙永、古蔺诸县划属四川省第七行政督察区（治所今泸州市）。民国时期在上述各县逐步推行了保甲制度，苗族居住地也不例外。

中华人民共和国成立后，四川苗族集中居住的地区彭水、黔江、酉阳、秀山仍设县，彭水县属涪陵专区，其余3县属酉阳专区，两个专区同属当时的川东行署管辖。在泸州市设川南人民行政公署，下辖泸县、宜宾两个专区。泸县专区治所先后设泸州和隆昌二地，1952年3月改称隆昌专员公署，辖叙永、古蔺、古宋、合江、隆昌、泸县、纳溪、富顺8县；宜宾专区治所在宜宾，辖兴文、珙县、高县、长宁、筠连、江安、屏山、庆符、南溪和宜宾县。1952年撤销行署区建置。1959年废泸州专区，原所属各县划归宜宾专区管辖。1960年废古宋县，并入叙永县。1983年，泸州市从宜宾专区划出，实行省辖市的行政建制，苗族居住比较集中的叙永、古蔺归泸州市管辖。1952年撤酉阳专区，原所属县划入涪陵地区。1983年11月7日和1983年11月11日，相继成立秀山土家族苗族自治县和酉阳土家族苗族自治县。1984年11月10日和11月13日先后成立了彭水苗族土家族自治县和黔江土家族苗族自治县。1988年．上述4个自治县和相邻的石柱县统一归属新成立的黔江地区管辖。1984年起，四川省先后在川南、川西南的泸州市、宜宾市、凉山州和攀枝花市苗族相对聚居的乡建立了22个苗族乡。至此，四川苗族聚居区域达到5县22乡，苗族人口535923人（1990年第四次全国人口普查），人口数量在四川少数民族中位居第三。

1997年，重庆市从四川省划出，成立中央直辖市，苗族较多的黔江地区及涪陵地区归属重庆市管辖。川渝分治后，四川苗族族情发生变化，随着酉阳、秀山、黔江、彭水、石柱5县归重庆市管辖，四川省境内已无苗族自治区域，仅存散杂居的21个苗族乡。苗族人口的数量也相应减少到147526人（2000年第五次全国人口普查），在四川少数民族中退居第四。

三、苗族人口和分布

1949年以前，四川苗族人口无正式统计，只有少数从事边疆民族研究的学者对四川苗族的人口有所估计。如王文萱1939年在《边声月刊》上著文说“川苗分布于川江南岸，为叙州府所属的横江流域一带，山间多于城镇，约四、五万人，属白苗，又称川苗。川东南角的酉阳、黔江等处亦散居有少数苗人，系湖南红苗之分支”。此前的1936年，林名均在《川苗概况》中也说苗族在四川（主要指川南地区）约有5万人。

中华人民共和国成立初期，四川苗区开展了大规模的社会调查，初步得知川南苗族人口65561人。1982年第三次全国人口普查，四川的苗族人口共535923人，其中74%分布在黔江地区、重庆市和涪陵地区。1997年川渝分置后，全省苗族人口大幅下降，人口数量减少到136914人。按照重庆直辖后的区域进行统计，苗族人口持续增长（见表2—9），1953年到2000年，增长了63744人；占全省人口的比重也不断攀升，由0.13%上升到0.18%。2000年第五次全国人口普查统计，全省苗族人口有147526人，占全省总人口的0.18%，占全省少数民族人口总数的3.58%，占全国苗族总人口（894.01万人）的1.65%。

历次全国人口普查四川苗族人口统计表

表2-9

	苗族人数（人）	占全省人口百分比（%）	增长百分比（%）
一普（1953年）	83782	0.13	—
二普（1964年）	85736	0.13	2.33
三普（1982年）	117239	0.16	36.74
四普（1990年）	136914	0.17	16.78
五普（2000年）	147526	0.18	7.75

说明：根据全国五次人口普查资料计算。其中，因1997年重庆市被设为中央直辖市，四川行政区划变动，为统一统计口径，该表已将重庆市及所辖万州、涪陵、黔江等苗族人口数减去

四川苗族分布特点是与其他民族交错杂居，且又聚族而居。换言之，苗族与各民族杂居，杂居中又相对保持小块地区的聚居。随着改革开放的不断深入，苗族分布不断扩展。到2000年全国第五次人口普查，全省的21个市（地、州）均有苗族分布。具体如下：

人口在万人以上的有宜宾市、泸州市和凉山州，其中：宜宾市67032人；泸州市55155人。这两市几乎县县有苗族，尤以筠连、珙县、兴文、叙永、古蔺等县最集中。两市的苗族占四川省苗族的83%以上。凉山州有苗族人口11912人，主要集中居住在木里县的固增、白碉两个苗族乡。

人口在千人以上的有攀枝花市、成都市和乐山市。其中：攀枝花市有3411人，主要居住在盐边县；成都市有2880人，乐山市有1526人。

其余市（地、州）苗族人口均在千人以下，其中，不到200人的有巴中市、眉山市和广元市。

20世纪50年代初以前，四川苗族人口的自然增长特点是高出生、高死亡、低增长。据杨汉先在1937年对川南80户苗族的调查显示，1935年、1936年，其出生率分别高达50.5‰和37.9‰，死亡率分别是42.7‰和34.9‰，自然增长率分别仅7.8‰和3‰，人口发展十分缓慢。中华人民共和国成立后，四川苗族人口低增长的局面迅速得到扭转，进入高出生、低死亡、高增长阶段。直到20世纪80年代，四川苗族地区开始实行计划生育，四川苗族人口开始有计划的增长。1982年第三次全国人口普查时，苗族人口出生率是19.7‰，低于同期的四川彝、藏、羌等民族，接近汉族的水平。到2000年，苗族人口发展已经进入低出生、低死亡、低自然增长的发展轨迹。

四川苗族地区与全省同步开始计划生育工作。在大力倡导计划生育和优生优育的同时，四川苗族在生育政策上享受了适当的照顾。凡独生子女家庭都享受到政策优惠，直到独生子女年满14周岁。农村独生子女的父母在年满60周岁后，每年可分别领取600元的生活费。“控制人口数量、提高人口素质”“晚婚、晚育、少生、优生、优育”得到普遍认同，多子多福、传宗接代、姑舅表婚等观念和习俗得以改变，早婚、近亲结婚比重大幅下降。如20世纪50年代的调查，四川苗族15—19岁的男性人口中一半以上已经结婚。

1986年四川省民族研究所在古蔺县观文乡纳元、共和两个苗寨的调查也表明苗族早婚不断下降，

平均初婚年龄女性由16.6岁上升到19.6岁，男性由17.5岁上升到19.8岁。近亲结婚也显著下降，20世纪80年代初对川南苗族的调查，已婚妇女中姑舅表婚约占27.2%，其中，50岁以上的比例更高达70.96%，而50岁以下的已婚妇女近亲结婚的比例已下降到29.04%。这些调查说明苗族群众认识到近亲结婚的危害，计划生育、优生优育等婚育新风为人们所接受。进入21世纪后，优生优育服务、帮扶农村计划生育贫困家庭的系统工程启动，计划生育“三结合”① 对农村计划生育户的贫困户在致富政策上给予倾斜，开展“送资金、送技术、送信息”活动，巩固和扩大了计划生育工作的成效。

至1986年四川苗族婚姻状况统计表

表2-10

	平均初婚年龄（岁）		16岁前结婚者占已婚者比重（%）	
	男	女	男	女
1930年以前	17.50	16.60	36.36	50.00
1931—1950年	16.40	17.20	44.44	46.67
1951—1969年	20.00	19.10	10.26	23.40
1970—1986年	19.80	19.60	9.10	8.97

四、自然环境与资源

（一）地理位置及地貌水系

川南苗族分布区与黔西北、滇东北毗邻。地处四川盆地南缘，云贵高原过渡带，地势南高北低，向盆地倾斜。此外，云贵高原的大娄山脉西段横卧在川南与滇黔两省交界处，其海拔在1500—2000米之间，山势北陡南缓，叙永、古蔺境内的雪山关，海拔1708米，由此往北到古蔺县城降为500米，再到叙永县城降为347米，百里之地，陡降1100米。同样在珙县与云南省威信县交界的四里坡山梁，海拔1501米，往北行百余里地，迄于珙县麻岭乡余家坝，降至330米。在筠连县南与威信县西北交界的大雪山峰海拔1772米，向北行70余里到筠连县腾达乡则降为369米，不足百里之地，相对高差达1400米。概言之，川南苗区地貌高差鲜明，溪流纵横下切，溶岩错杂其间。

川南苗区河流属于长江水系，以赤水河最著名。赤水又名灺河，《水经注》称“古之大涉水也”。每因雨水涨，急深且赤，故名赤水河。赤水河发源于云南省镇雄县，东流至叙永县岔河乡进入四川省境，继续东流环绕古蔺县南东北三面，汇古蔺之马蹄、白沙、盐井诸河，在太平渡出境，在合江县注入长江。全长500公里，四川境内占338公里，在古蔺边界276公里，为川黔两省之界河。另有古蔺河、永宁河、古宋河、长宁河、南广河等。

（二）农业资源

四川苗族地区耕地主要有旱地和少量水田。苗族乡的耕地总面积169429亩，人均占有耕地1.5亩左右，稍好于全国人均占有耕地1.4亩的状况。苗区出产玉米、稻谷、红薯、土豆、小麦、荞子、高粱、黄豆等。经济作物以花生、油菜、烤烟（含晒烟）、红粮、大豆、芝麻、茶叶、麻类（含红麻、青麻、芒麻）为主，有少量甘蔗和棉花。

① 计划生育“三结合”指计划生育与农村经济发展相结合，与“小康工程”建设相结合，与扶贫开发相结合。

苗族所种蔬菜大抵与汉族同，蔬菜主要有莲花白、萝卜、瓜类、豆类、青菜、窝笋、菠菜、茄子、辣椒、薯类、白菜、藤藤菜等数十种。

苗族家庭饲养畜禽种类有猪、牛、羊、马、骡、狗、猫、鸡、鸭、鹅、兔等。

（三）森林资源和野生动物资源

苗族山区的宜林面积广，森林资源较丰富。森林以亚热带常绿阔叶落叶混交林、亚热带常绿针阔叶混交林、亚热带竹林、亚热带低山常绿针叶林组成，品种达数百个。灌木种类达百余种，草本、藤本等药用植物近1600种。苗区森林覆盖率曾一度下降，1982年联合国世界粮援计划署在川南实施人工速生丰产林计划，苗区实行退耕还林，森林覆盖率下降的情况得到缓解。到2000年，苗族每人平均拥有林木达到6亩。

（四）旅游资源

苗区民风朴素，历史悠久，山河秀丽，拥有丰富的旅游资源。主要的景区有：宜宾市的蜀南竹海，兴文县的石海洞乡，珙县的僰人悬棺，古蔺县和叙永县交界处的宝瓦山，以及古蔺县箭竹苗族乡的大黑洞和石屏乡的野猫洞等。这些景区中，有的是国家重点文物保护单位，有的是苗族重要节日踩山节的传统场所，有的是新发现有待开发的景区，涵盖苗区自然风光、历史遗存、人文景观等。

四川苗族风俗多彩，苗家好客，喜歌舞和传统体育，民间多蜡染刺绣等工艺美术。

第三节　语言文字和宗教信仰

一、语言文字

苗语属汉藏语系苗瑶语族苗语支，有湘西方言（又称东部方言）、黔东方言（又称中部方言）、川黔滇方言（又称西部方言）之分。四川苗族操川黔滇方言。近现代以来，苗族也普遍讲汉语。

（一）支系与方言

苗族处于不断的迁徙之中，《明实录》先后出现了“白苗”（车苗）“黑苗”“红苗”。清康熙初年陈鼎著《黔游记》中提及“花苗”和“青苗”等。汉文献中有名目繁多的苗族称呼，历经宋、元、明、清初，按时间先后已形成苗族五大支系即“白苗”“黑苗”“红苗”“花苗”“青苗”。其他别称基本属于这五大支系的局部或派生。通过近现代对苗族支系和方言的研究发现，各支系的分布状况与三大方言区有紧密的联系。“红苗”主要分布在川湘黔三省交界的武陵、五溪湘西方言区。“花苗”“白苗”“青苗”分布于黔中、黔西北、滇东南、滇东北和川南，呈交错混杂状，属于川滇黔方言区。“黑苗”聚居在黔东南及相邻地区，操黔东方言。据此可知，苗族分散迁居各地后，因相互隔绝，环境各异，演变出不同支系。与此同时，语言的地区性差异产生了，久而久之形成三大方言和众多土语。

湘西方言主要通行于湘西土家族苗族自治州，黔东北的松桃苗族自治县，湖北省的恩施、宣恩、来凤、咸丰和重庆市的酉阳、秀山、彭水、黔江等地。黔东方言主要通行于黔东南苗族侗族自治州、广西融水苗族自治县、三江侗族自治县、贵州安顺地区和黔南布依族苗族自治州的部分苗族中。川黔滇方言主要通行于贵州中部、西部、南部、北部和川南、桂北以及云南全省。另外，居住在美国、法国、加拿大以及东南亚国家和地区的苗族也都操该方言。此外，还有 50 余万人操汉语、侗语、瑶语、布依语、壮语和其他兄弟民族语言。总体上来讲，苗族在该民族内部使用苗语，同其他民族交往则灵活使用其他民族语言或者汉语。

四川苗族主要使用川黔滇方言。居住在凉山、攀枝花、乐山等地的苗族有的还能通苗、彝、藏、汉语 4 种语言。全省各地的苗族大多数都能通苗、汉双语，极少数散居于汉族聚居区的苗族则只通汉语。

（二）苗语

四川苗族自称“蒙”。川南以“白苗”支系为主，川西南有“白苗”和“青苗”，主要使用川黔滇方言。

川滇黔方言的特点是，语言中带有鼻冠音的复辅音声母（mp）、（nt）、（ms）和 J 舌音声母（oK）；语法的基本语序为主语在前、谓语居中、宾语在后，名词作限制性定语，形容词、指示词作定语，皆在中心语后；名词、人称代词作领属性定语和数量词作名词的定语，皆在中心语前。语根多为单音节，构词的附加成分多为前加成分。

语音合并和 bend 语是四川苗语特有的两类现象。珙县、筠连、兴文以及叙永的部分地区的苗族在表示是与否的疑问句中，将三个音节的短语合并为两个音节进行表述，以省略否定词和把第一个音节进行变调处理而达到目的，第一个音节变调时统一变调为苗语第五声的调值。如“要不要”，整体的说法应该是“yuad zhit yuad”，但在口语中通常会合并为“yuat yuad”；“吃不吃”，整体的表达是“naox zhit naox”，在口语中通常合并为“naot naox”；“走不走”，整体的表达是“mol zhit mol”，在口语中通常会合并为“mot mol”等。此类语音合并现象能起到使语句更简洁的作用。bend 语现象则主要存在于筠连县以及珙县的部分地区。bend 语现象是表示对某种事物表示赞赏或肯定的语言现象，bend，通常有“很”、“非常”的意思，如 dol mit ncaik nad bend rongt ngoux hend（这个姑娘非常漂亮）、zox gid nad bend zhit rongt mol hend（这条路很不好走）、jil gab nad bend soud hend（这条街很热闹）等。

（三）苗文

历史上苗族没有文字，虽然在苗族的史诗和传说中有关于文字的叙述，但史籍中没有关于古苗文的记载，有“苗族无文字，刻木为契”之说。一些苗族学者根据对苗语、苗族传说等的研究后，认为苗族古代应有文字。如苗语“读书”一词有两种说法，一说 geuf ndoub（够斗），直译为“读布”，二说 geuf ndeub（够抖），直译为“读纸”，二者意译皆为“读书”之意。“ndeud（抖）”一词，苗语有两种含义，一是文字或文化，二即是纸。他们认为只是由于长期不断的迁徙、战争和灾害，苗文才逐渐失传。据此，他们还认为这些文字的失传时间应在布和纸的出现和使用之后。

坡拉字母苗文（又称老苗文）　19 世纪初，英国基督教圣道公会牧师柏格理在川滇黔三省边区传教中，邀集苗族知识分子杨雅各等着手创制苗文。并采用苗族服饰的一些图案、物象和外文拼音形体字，制出大字母 26 个、小字母 42 个的苗族拼音文字，用之翻译基督教圣经，编写课本，记录苗族民间故事、诗歌以及记事、写信等，以传教和办学的方式，在川黔滇苗族地区传播。20 世纪 20 年代中期，四川苗区相继创办了教校合一制的学校，坡拉字母苗文随之传入。到 1936 年，川苗中已有二三百人能够认识苗文。所学课本主要是译成苗文的《马可福音》和《赞美诗》等宗教读物。1947 年以后，坡拉字母苗文在四川的传播逐渐停止。至 21 世纪初，在川南珙县、筠连、古蔺、叙永等地，尚有少数苗族老年知识分子能熟练地使用这套文字。

拉丁字母苗文（又称新苗文）　中华人民共和国成立后，中共和人民政府十分重视少数民族语言文字工作，培养了一批包括苗族学者在内的苗语文专家。20世纪50年代，中国科学院多次组织专家深入苗区开展苗语调查，1956年设计了拉丁字母形式的三套苗文方案，经国家民委批准试行。四川苗区推广使用川黔滇方言（即西部方言，1957年改为川黔滇方言）拉丁字母苗文。这套苗文有56个声母、27个韵母和8个声调符号。一些地方设立了苗文试行机构，苗族聚居区用苗文脱盲，四川苗族一些乡村的小学除实行苗汉双语教学外，个别小学还教授苗文。为了推广新苗文，1957—1958年期间，四川省语言研究委员会先后在泸州师范学校举办了两期苗文培训班；1959年后，因“左”倾思潮影响，苗文的推广工作暂停。中共十一届三中全会以后，苗语文的推广工作得以重新开始，四川苗区先后举办多期苗文培训班，使一批苗族知识分子初步掌握了苗文基础知识，并取得了一些成果，用苗文记录、整理和翻译了一批苗族古籍。其中公开出版发行的影响较大的有《四川苗族古歌》《古蔺苗族的故事和歌谣》《叙永苗族古歌》等。

四川苗族与汉族交错杂居，普遍能通汉语，一般也使用汉文。

二、宗教信仰和崇拜

（一）宗教信仰

1. 原始宗教

苗族多信仰原始宗教。生活中遇到困难，皆求助于神灵。比如，向祖先“祭灵”时打牛“翻尸”，即认为灾难所致因“祖灵不安，当翻尸，则启棺而改易之”。还举行“还泰山”仪式，杀猪祭祖，请祖先莅临享祭，以祈去灾灭病。

对农作物和土地，每年也要举行祭祀活动，立春时节吹芦笙跳舞以祭土牛。庄稼成熟过“吃新节”，求诸神保佑来年庄稼丰捻。有人生病，则请苗巫作法祛病，男巫以下阴曹驱鬼之术为患者除病；女巫则以算米卦或看蛋之术为患者禳解。苗族流传“巫蛊”之术，人们谈蛊色变。苗族巫术主要有占卜、追魂、穿铧顶锅、上刀山下火海等。

2. 天主教和基督教的传入

近现代天主教和基督教相继传入川南苗区，以教校合一的形式办学和传教，先后开办了一批“边民联立复兴小学”和“光华小学”，免费接收苗族教徒子女入学，产生了一定的影响。中华人民共和国成立后，在川南苗区的外国传教士相继离开中国，天主教、基督教在四川苗区的活动也相继停止。尽管天主教和基督教传入时间早，在四川苗区的活动长达几十年，并且采用教校合一的传教方式满足了苗族渴求得到教育的愿望，对苗族产生了一定的影响，但原始宗教的影响更为根深蒂固，在苗族的宗教生活中仍占据主导地位。

20世纪80年代以后，随着宗教政策的落实，在古蔺县石堡镇和叙永县摩尼镇等地的部分苗族信徒恢复了教事活动，但信仰的人数不多。

（二）崇拜

1. 祖先崇拜

四川苗族的祖先崇拜最为普遍、虔诚和庞杂。苗族几乎每户都要设神龛供奉祖先，以保佑和造福家人。苗族认为，祖先是自身的本源，没有祖先就没有自身的存在，因而对祖先极为敬奉。认为祖先的灵魂无时无刻都在关照着后人，因而婚丧诸事都要禀告祖先；节日佳期要敬献祖先，请祖先灵魂与子孙共度佳节；家道不顺要求祖先保佑。同时，他们还认为祖先生活的世界同人类的生存世界一样，也有喜怒哀乐，也分贫富贵贱。祖先的灵魂能与子孙的灵魂相通，每逢年节常以“请神”形式，派“使者”去探望和了解祖先的生活状况，以期沟通祖先和子孙的联系。

四川苗族重大祭祖典礼有：

“还泰山”，也称祭天神，是川南苗族祖先崇拜的一种仪式。夜间在室内举行，仅限男性参加。主人邀家族弟兄参加，杀母猪一头以祭，洗猪水禁外倾洒。祭祀过程使用苗语，充满虔诚的气氛。“还泰山”是对祖先的祭献，也是对祖先的诉求。

“解簸箕”，苗语称“阿汪”。川南古蔺、叙永、川西南盐边的苗族有此祭祖活动。苗家传说，过去人死后以席裹尸，入葬时簸箕盖顶覆土。后祖先托梦，述其9年不解席，8年不解簸箕，过不了19座寒官和88座城，被野牛吃了头发，子孙也不管不问。于是一名叫抖志的后代带领苗家，捉野牛打牛祭祖，翻坟解簸箕和席子，重新装殓尸骨。解簸箕实行“翻尸”，实为一种“二次葬”俗，打牛翻尸是一种隆重的祭祖仪式。攀枝花市的苗族老人死后，事隔3—5年，举行烧灵仪式。烧灵是变异的“二次葬”。

绷鼓是盐边苗族的祭祖仪式。由德高望重的老人发起并主持，择农历单日打牛敬祖。选樟树为鼓身，在松木搭成的绷鼓台上，置牛皮于鼓身，用灶灰涂于牛皮，持藤条鞭打，至牛毛全部脱落即可。是夜背鼓至公房，击鼓喝酒，分食牛肉，吹芦笙，跳锅庄。次日藏鼓于山洞，家中有老人去世时取用。

2. 自然崇拜

苗族认为世间万物皆有生命，所以自然崇拜对象很广泛。认为有生命的人、动物及无生命的山峰、石头均有灵魂，视这些灵魂为神，崇拜甚为普遍。

农业祭拜是自然崇拜的一个方面，川南苗族立春时节要吹笙跳舞以祭土牛，秋天庄稼成熟要过“吃新节”，求自然诸神保庄稼丰收。

万物有灵的观念还表现在人死后变成某种动植物的说法。认为有的姓氏家庭，每隔三代家中即有一人变为老虎（苗语称“瓦竹”）、熊（称“瓦宗”）或豹（称“瓦色”），以及牛、鱼、蛇、鼠、蛙、螃蟹等。有的变植物如花、葡萄树、香蕉树等。人死不论变何物，最终归结为鬼，鬼就是人的灵魂。

3. 人造物崇拜

苗族认为一些人造的东西也有精灵附着。如门神或门主，踩山节中人们的花杆和土地菩萨等。1936年，华西大学教授林名均考察川南苗族后记下：“川南有拜门的习俗，因为在从前游猎时代，门有保护人类的功劳。间亦有祖拜山川诸物者，这是感于自然的伟大和神秘而起，或古代图腾之遗制”。苗族认为家庭中作用最大的神灵是门神，若门神不司职，家道就会不顺畅。通常每逢盖房、换门、新任家长、发生灾害或兄弟分家，均须祭拜门神。今天苗区的许多地方仍然保持祭门神的习俗。

（三）祭司、巫师和巫术

祭司在苗族的生活习俗中占重要的地位，原始宗教中的各种崇拜、大的仪式都需要祭司主持，家庭或氏族成员死后的指路和烧灵等祭祀活动也需要祭司。担任祭司的是村寨中或家族中年高享有威望的男性老人，多系世袭，不脱离劳动。他们对保存苗族传统文化有一定作用。

20世纪50年代前，四川苗区巫师普遍存在，巫术盛行。根据1949年对珙县王武寨的调查，3个自然村寨就有苗族巫师6名。苗区苗巫与汉巫除语言区分较明显外，其手法混杂难辨。受道教影响，苗族巫师也采用符咒和占卜等法事。苗巫不拜师，不世袭，男女皆有。他们未完全脱离劳动，但也收取实物或现金作报酬，有一定程度的职业收入。苗族“崇鬼尚巫”，认为巫师能招魂、驱鬼和治病。

苗族有施放“蛊”毒的说法。蛊是取自毒虫毒草，研成细末，合而成蛊。若将蛊放到烟或用手指轻弹于茶、酒中，吸者饮者都要中蛊。不论中蛊轻重，若无解蛊之药，必死无疑。施蛊者因双方有仇而致，苗民谈蛊色变，视蛊为最毒之物。蛊与巫有联系，称之为“巫蛊”。苗巫与苗医有联系，苗医取自然界之草、虫为药，而那些在长期的生产、生活实践中积累起来的药物和治疗某些病症的知识，主要靠苗巫传承，所以有些治疗方法与巫术混为一体。此外，苗族民间还流行占卜和符咒。

苗族原始宗教的各种表现形式不是独立的，它们互相渗透，融为一体。中华人民共和国成立后，随着苗族社会政治、经济、文化的不断进步，原始宗教的内容逐渐消失，有些已融入节日文化或纪念活动中，宗教意义已十分淡漠。

第四节 风俗习惯及变迁

一、生活习俗

（一）服饰

四川苗族支系繁多，服饰各异。服饰是民族的物质和精神的综合反映，多姿的服饰和古老的蜡染艺术构成了苗族的服饰文化。四川苗族的服饰因环境、支系、习俗之别而同中有异，色彩斑斓，绚丽多姿，古朴典雅。

古代苗族服饰，旧志载四川叙永一带“有花苗、青苗、鸦雀苗之别……”，男皆辫发和缠头，上包花布尺许，身着麻布衣，两臂及领贴以五彩绣花，短裤，脚穿木履。妇挽发作盘舍，红黑毛线缠之，缀以小宝，富者大耳环如钩，大贯两耳，以插两髻角如碗以为美观。著花衣不著中衣，腰系百褶裙，注以蜡点绘布，染后去蜡则空白处皆花纹，极为细致。亦有以五色丝线挑花纹者，有五彩纹缎镶成者，谓之苗锦。清末苗区改土归流后，男子裹白色或青色头帕，穿对襟或大襟衣，以青蓝、花色为主，衣裤宽大，佩项圈。贫寒者穿自织的麻皮衣裤和草鞋。妇女服饰传统气息较浓，老年妇女缠黑帕，青年妇女戴细蔑丝编制帽，帽顶饰以马尾细辫，外裹一层黑帕，黑帕外再覆一层挑花白巾，后面插铜管。衣长齐膝，袖长及腕，大镶大滚，衣领绣细致花纹。百褶裙以蜡染土布织成，扎以青线或彩线。裙外罩以绣花黑色围腰，束以挑花或织花腰带，垂以飘带。膝下缠青色或白色裹腿，足穿草履或白袜花鞋。喜佩银质耳环、项圈、手镯、戒指等饰品。

至清代，四川苗族服饰逐渐有所变化，部分地区男装趋于汉化，亦有蓄留长辫的，但不普遍。珙县、筠连、兴文等少数地区，妇女也有剃头、蓄短发于头顶、额蓄流海、包长帕等装束。

蜡染、挑花刺绣都是苗族服饰文化的重要组成部分，也是苗族民间广为流传的手工艺术。蜡染是将溶化之蜂蜡，用蜡刀在布上画出图案，经浸染形成的龟裂花纹。其状变化万千，奇幻莫测，呈现特殊的艺术效果。蜡染布用于衣裙、围腰、背带、挎包、手巾、枕巾、被面等。蜡染后再挑花刺绣，几种工艺交相辉映，堪称服饰佳品。苗族挑花刺绣图案式样繁多，以几何图的布局巧妙、规整、对称、均匀、精巧而著称；手法分单挑（单线）、双挑、交叉运用，显出独特效果，多用于胸襟、袖套、围腰、飘带、手帕、胸兜、钱包等部位。

苗族传统服饰以女性和边远山区保留较多，男子装束则基本趋于大众化，一般只在节庆活动中才穿着。概括起来，目前全省苗族服饰大概有10种类型：

珙县王武寨式　妇女头包花巾，呈M角状，外缠白帕压额，穿左襟花衣，下着蜡染彩花百褶裙。系花围腰，腰间系花飘带，缠黑色裹腿。近年头饰已逐渐向珠帘式改变，缠裹腿亦为黑色紧身裤代替。

兴文县毓秀式　妇女包4层黑、白头帕，外挑花勒子，前额垂彩穗吊珠，帕尾一截绣花，打结后垂于后背，头顶用花巾覆盖遮搭。上装胸襟盘肩饰压条及挑花宽饰，袖筒另属，穿时套上袖饰。拴绣花短围腰，垂绣花飘带。现下装普遍穿裤不穿裙。

筠连县高坪式　妇女头包黑帕，穿右襟青色长衫，后摆下沿镶红、黄、绿、蓝色花边。蜡染百褶裙尾拼竖条形花边，与上衣后摆花边相接。系黑色绣花围腰，拴绿色丝质腰带，带尾打结垂于后，裹青色绑腿，近改为穿紧身裤。头戴挑花方块形帽式，现逐渐改为珠帘式。男子包青帕，着麻布长衫，拴绿色腰带。

叙永后山式　妇女头缠青丝帕，前额垂彩穗或吊珠。身着刺绣五彩花鸟饰或各色花纹衣襟，盘肩和双袖配套。下着蜡染绣花绉裙或百褶裙，裙边镶嵌红布条，膝下缠白布绑腿。男子头包白底花布帕，衣衫与腰带素色无花。

叙永金尼式　妇女挽发为圈，以朱红线盘于头。身着右大襟，袖部刺绣花鸟图案，外套无扣，双肩饰花。背后合拢处系绣花围腰和腰带。后背垂吊红色丝穗和4条绣花飘带。下着蜡染百褶裙，缠白布绑腿。男子着麻布长衫。

古蔺箭竹式　妇女头包黑色羊毛织帕，缠绕如盘，外缠黄色饰花条帕于正前，并佩带银簪、项链等。上衣多蓝色，胸襟饰大块挑花几何图案。穿镶边蜡染麻布裙，外系花边围腰，缠白布绑腿。男子头包饰花头帕，头发四散露于帕外，着深蓝色长衫，外套天蓝色右衽衣。腰系黑色腰带，两端镶黄色饰花片垂于后腰。

古蔺观文式　妇女挽发髻于额前，外缠绣黑色几何花纹的白色头帕，帕端五彩镶边。身着青色或蓝色对襟衣，领绣五彩花纹。系挑花胸围和腰带，前后垂花穗环绕似珠帘。下着蜡染百褶裙，上下镶嵌红、黄菱形花布，中部镶红布条，肩披拼花图案彩色吊穗披肩。男着青蓝色大襟衫，内衬白布，衣衩高耸，长方形挑花披领。头帕和腰带与妇女相同，系法一致，缠帕时头发要散露于帕沿之外。

古蔺石宝式　女子盘髻于顶，头包白帕，帕端绣花，上缀金属圆形太阳花；身着麻布对襟短上衣，外翻方领；下着中短百褶裙，裙边以彩布镶拼；系花边吊尾腰带，缠白布绑腿；脚穿草鞋或布鞋；富有者胸挂项圈，圈悬银牌；戴戒指、手镯，吊耳环。男子蓄发挽于头顶，外包白帕，帕长丈余；身着麻布长衫，年轻男子喜在衣领上镶绣花纹，也有着短衫者，系绣花或镶花腰带；下着长裤，脚穿草鞋或布鞋。

盐边红宝式　妇女挽发髻于顶，旧时包青色长帕，帕长数丈，层叠交叉均匀缠绕；近年改为头冠式帕型，青帕交叉缠绕，层叠分明；头饰外环缠海贝饰彩带，带沿镶接彩色吊珠，海贝以梅花形拼接排列；着V字形对襟短上衣，后摆镶接花边或彩布，衣料用彩花绸布或素色布料。着白色或青色绣花、镶花百褶裙。系镶花围腰和绣花彩布腰带。旧时打白色或青色布绑腿，现多着紧身裤。脚穿短花袜，着布鞋、胶鞋或皮鞋。男子头包青色或白色绣花长帕，交叉缠扎成圆形；穿白色或青色背襟式素布长衫；缠宽幅绣花腰带，带端有垂须；下着长裤，大裤脚尺余；脚穿胶鞋、布鞋或皮鞋。

木里乔瓦式 妇女蓄长发，挽发髻或辫发，旧时包青色长布帕，外沿饰海贝；着背襟式短上衣，衣领绣花，多以黑色布料为主，胸襟绣花纹或缀花边；系白布绣花腰带和短围腰，白底绣花或素白百褶裙；打白色裹腿，穿草鞋或布鞋。男子装束，头缠青色长布帕，外沿直径尺余，身着蓝色长衫，外套青色绣花缎褂；系绣花腰带，侧垂长尺余绣花飘带；大脚口长裤，穿草鞋或布鞋。

随着时代变迁，苗族男女服饰有了变化，服饰用料不再局限于传统的布料和饰品。市场销售的各类布料、花边和不同材质的串珠等都成为服装制作的材料。服装样式在继承传统的基础上，也有了发展和改进。男子装束的布料选用、裤式和短褂花纹有所改变，其余则保持原有式样。女子装束的改变较多，囊括了头饰、上装、腰饰、下装。在女子服饰的制作中，大量采用绸缎等高档布料，以及色彩艳丽的现代材质的串珠、机制花边、机绣图案等。筠连、珙县、兴文、木里等的个体行业制作的新型苗族服饰得到部分苗族的认同和喜爱。

（二）饮食

苗族粮食作物以玉米、红薯、土豆、麦、大米、高粱等为主。玉米磨成面，单独蒸食称“包谷饭”，拌以大米蒸食，称“两造饭”。苗族喜食糍粑，认为糍粑是节日和待客必备的食品，坝区多种糯稻。苗族喜欢麻、辣、酸三味，花椒、辣椒、酸味菜是麻、辣、酸三味的主料。苗族家家户户都腌制酸菜，青菜、莲白、萝卜、黄瓜、辣椒等都是腌制酸菜的原料。腌菜酸中带辣，口感清脆，别具风味，是苗族家庭中常年必备的食品。家种蔬菜品种较多，此外，还有竹笋、蕨菜、折耳根（鱼腥草）、野葱、山磨菇、木香菜等野生蔬菜。苗家擅长豆腐制作，有豆腐、豆花、血豆腐、豆干等。

过去苗族的肉食多靠养殖和狩猎，现在主要靠养殖。最具苗家风味的肉食制品有火熏腊肉和干巴牛肉。火熏腊肉是将鲜肉拌以盐、花椒、豆瓣、香料等腌3—5天后，烧柏树等熏烤而成。火熏腊肉易于储存，2—3年不变质。食时或蒸或煮，亦可用干豆豉、干辣椒、蒜苗等炒食，是苗族人常备的待客佳肴。干巴牛肉是将鲜牛肉加入盐、花椒、豆瓣、姜、蒜汁等腌制后，用旺火烘熏，待牛肉水分烤尽即可。食时用热水浸泡后煮熟切片，或直接食用，或撒上辣椒粉、味精、香菜叶、酸醋等食用。干巴牛肉是苗族肉食品中的佳品。

苗族礼仪活动离不开酒，有“无酒不成礼仪”之说。苗家喜爱饮酒，平时驱寒解乏饮酒，节日、红白喜事时酒更是必不可少的。苗家也擅长酿酒。过去酿酒多为家庭式的小作坊，用玉米、红薯自酿，酒精度数在30—40度之间。现在苗族自己酿制白酒者越来越少，仅在盐边、木里等地苗族中还能找到个别酿制土酒（白酒）的家庭作坊。此外，苗族还喜欢在家中自酿米酒。

苗族地区盛产茶叶，喝熬茶是苗族的传统习惯。居住在凉山州木里县的苗族，因长期和藏族同胞相处，有喝酥油茶的习惯。每逢客至，也必以酥油茶敬之。

（三）居住

四川苗族大多居住于高山区和二半山区，他们聚族而居，依山建房，形成十余户到几十户大小不等的村寨，也有的村寨有上百户人。

川南苗族一般选择背山面岭向阳地段建房。修建时为防雨雾侵袭，多把屋檐前伸，檐廓拓宽。房屋建筑的外观不论变化多大，堂屋仍有火坑，祖先的神位设在火塘边。受汉族民间文化影响，苗族有些民居堂屋正壁设有神龛，供“天地君亲师”牌位。

川西南凉山、攀枝花的苗族选择面沟河、靠山、避风的缓坡地建造房屋。过去是草房竹墙，现已被土木结构的瓦房所替代。中堂房中立神柱，神柱旁设火塘。凡敬祖、婚丧、各种礼仪都在中堂举行。堂屋是会客场所，内设火塘作煮菜和烤火之用。厕所、畜圈与居室分开。

此外，苗族传统还有土墙围合式民居，整个房体用泥土筑成。木窗和木门，过去覆以草或树皮为顶，后多盖青瓦。现在，土墙围合式的民居在川西南盐边县和木里县的苗族乡还较多，川南古蔺、叙永县的部分地区也有不同程度存在。

在交通便利、经济条件好的地区，苗族传统民居逐步被更美观、结实的砖石结构楼房所替代。过去，川南苗族多居住土木结构的“叉叉房”“穿架房”，后瓦房逐渐增多。在靠近城镇交通方便的地方，也有富裕人家修建钢筋砖混的楼房。但直到20世纪80年代以前，大多数苗族的居住条件仍然较差。改革开放以后，随着苗族地区各项建设事业的发展，苗族居住条件有了较大的改善，砖石结构的楼房逐步增多。进入21世纪，改善困难群众家居环境纳入政府的工作日程。如2000年，古蔺县拨专款80万元，改善和新修了450户困难苗族家庭的住房。泸州市政府从2001年起，每年划拨专款60万元，解决古蔺、叙永两县少数民族住房难问题。到2005年，5年间，一共划拨专款904万元，为3223户家庭新建了房屋，建筑面积达到258640平方米。

二、婚姻和家庭

（一）婚姻习俗

苗族实行一夫一妻制，20世纪50年代前有一夫多妻制存在。中华人民共和国建立后，苗族中已杜绝了一夫多妻的现象。

苗族缔结婚姻前有自由恋爱，也有包办婚姻形式。

自由恋爱的方式。在川南苗族，青年男女往往通过“踩山“ “赶苗场”等节日寻觅伴侣。地方志书中关于自由婚姻的记载，如《叙永永宁厅县合志》“未婚嫁者，男吹芦笙，女弹弦，彼此对歌，相悦则带为婚”和《珙县志》“男女吹笙、和歌，情投意合即为夫妇”。但男女青年自由相恋后，还须禀告父母，待父母同意后，经过媒人说合、亲友议婚等俗定程序才能迎娶成婚，组建自己的家庭。

近现代苗族中包办婚渐盛，特点为婚姻由父母请媒人说合，实为包办买卖性质。那时，苗区一般实行早婚，十四五岁成婚较普遍，也出现有童养媳现象。包办婚俗称“大亲”，由男方请媒说亲，同意后到女方相亲。若双方满意就答应这门亲事，称吃“允口酒”。然后，男方另择日送两头大肥猪到女方，招待女家所有客人，叫作“吃女儿的耳朵肉”。结婚时，男方还要向女方送大牯牛、酒、米、豆腐和钱等，这叫作男方的结婚酒肉。女方也办席，称“办男酒”。包办婚的消费开支都比较大。包办婚姻多发生在姑舅表婚和自幼许婚两种情况下。封建制包办婚姻造成许多婚姻悲剧，苗族苦歌中有许多反映包办婚姻悲剧的内容。

四川苗族尽管居住分散，但各地的婚姻礼俗大体一致。通常情况下从提亲到迎娶成婚要经过请媒说亲、双方议婚、订婚、结婚等过程。

议婚（也说求亲）有说亲和候亲两种形式。说亲，即男方请媒前往女家提亲。女方长辈等同意后，择日到男家看人户，苗语称“那丘”。如女方接受男方赠礼表示同意，男方另择期请双方叔伯商议。双方同意则婚事基本确定。候亲，即男方先经媒人向女家传话，再由叔伯陪伴，随媒人携礼前往女家等候。7 天后，女家方出面相迎，双方以歌代言，互致问候，直至禀明原委，对方允可为止。候亲之俗因过于繁琐，现已逐渐匿迹。

订婚仪式在珙县、筠连、兴文等地称“插伞”，叙永枧槽、黄泥、水潦、白腊、百坝等地称“吃大肉”或“吃小肉”。古蔺及叙永县摩尼、震东等地称“戴花”。在古蔺和叙永的部分地区女家要在屋外设障拦路，男女双方礼郎以问答方式唱“礼词”，内容有《问客礼词》《喊客礼词》《摆桌礼词》《摆礼礼词》《搬桌礼词》等。

新娘出嫁着盛装，由兄弟撑伞，姨妹牵腰带而行，众亲友相陪，后随抬陪奁队伍。到男家将竹插于门外，预示生活美满。这时男家一妇接伞，一女抱一公鸡接魂，女家随行管事用男家酒肉祭祖。如此，新娘方可入门。男家请送亲的男子至堂屋，女子到新房。期间，一边答唱礼词，一边按交女、交陪妆、交钥匙、交吉祥竹（聪）顺序举行交接亲仪式。入夜以酒宴款待，通宵达旦。婚礼一般持续 3 天。新娘与女伴在一起，待送亲人离去后才可与新郎同房。

川西南苗族婚姻保存亲舅舅不亲姨妈的观念，所以姑娘到七八岁，舅舅来看姑娘，相中便送酒、布、米。父母收下此礼，即示允婚。待姑娘成年后再正式订婚。其余婚俗过程与川南苗族类同，唯盐边的白苗迎亲时新郎不去新娘家，而青苗迎亲时新郎则必须到新娘家。

此外，各地苗族的婚姻有一些习规。如同宗互不开亲；禁止姨表兄妹通婚；传统观念注重族内婚，甚至民族内部因服饰不同而彼此很少开亲。有些苗胞迷信“变虎”或有“蛊”的说法，一般惧惶与这种人家通婚。婚后丧夫，寡妇可以再嫁；婚后不和，任何一方均可提出离婚，但谁先提出，谁就要向对方赔财礼。另外，无子家庭也可招赘。

随着四川苗族地区社会的发展，婚姻习俗中的陋俗已革除，健康的婚俗为苗族广大人民所接受，包办婚逐渐被自主婚所代替，不同支系、不同民族间的通婚现象越来越多，婚姻过程中敬祖和夫妇尊重等优良传统得到继承和发扬。改革开放以来，苗族地区外出打工的青年男女增多，现代城市的婚礼也被他们接受。他们既遵守传统按规矩办理婚礼，也到影楼拍摄时尚的婚纱照。一些家境富裕者，更是用汽车迎亲，给古老的苗家婚礼增添了现代气息。

（二）家庭

苗族家庭以三代为主，四五代同堂的大家庭有少量存在。人们的家庭观念较强，家中老人主持家务，如果父母去世，年长者即成为家庭主持人；如果有长兄嫂理应成为主人，正如苗族俗话讲；“长兄当父，长嫂当母。”独生子女家庭，子女成人后，就可以当家主持家务。

家庭开支集中管理，有专人负责对外买卖东西。民间有“树大分丫，儿大分家”的谚语，儿子结婚后通常与父母分居，父母则与未婚的幺儿同住。家庭成员的地位平等，家庭的重大问题，诸如财产继承、买卖牲畜、婚丧节日开支等，均要经过家庭成年成员的协商。财产继承由儿子平均分配，除留给父母的“养老田”外，土地、山林、房屋、牲畜、现金、债权、债务等都是平均分配。绝嗣户财产的处理，首先由绝嗣本人的兄弟平均继承或按兄弟人数分给他们的儿子。没有兄弟的，以他们父亲的兄弟来均分，由他们的后代继承。无子女家庭，可以领养或抱养子女，养子女具有继承养父母财产的权利。招婿入赘的家庭，赘婿也享有继承财产的权利。亲属中，一般以同宗的兄弟及姑舅表为最亲，家庭中兄弟感情最为密切，父母丧亡，兄弟无论相距多远，都必须齐集后才能下葬。男子地位高，家长坐的位子，媳妇不敢安坐。家中来客，妇女一般不同桌共食。过去妇女地位相对较低，没有财产继承权。

苗族以男性长辈为家庭主持人，父系血缘家族观念较浓。家庭内部团结相助，故有“有房归房，无房归族”的习规。苗族好客，即便陌生人到苗寨，他们也以礼相待。

（三）姓氏和称谓

苗族历史上有自己的姓氏，现用汉姓。四川的苗族与汉族交错杂居，交往频繁，但由于分布在不同的小聚居范围内，通常集中使用几个汉姓。在川南叙永、古蔺的苗族中多用古、罗两姓，其族谱修到20世纪50年代初已记载16代人，使用汉姓已近400年。在川西南的盐边县，苗族多用侯、耳、陶3个汉姓。

据《四川苗族志》载，四川苗族仍然保留着内部使用的苗姓，64个汉姓与之相对应的情况如下：

苗族姓氏与汉姓对照表

表2-11

汉姓	苗姓	汉语译音	汉姓	苗姓	汉语译音
孙	Khuat nyol	夸略	罗	Khuat nzhual	夸查
田	Khuat lax	夸兰	古	Khuat nguk	夸故
车	Khuat chuab	夸插	范	Khuat juas	夹夸
唐	Khuat hob	夸合	龙	Khuat rangx	夸壤
曾	Khuat zab	夸暂	艾	Khuat nyif	夸湿
郭	Khuat shongd	夸耸	杜	Khuat druat	夸抓
王	Khuat vos	夸鄂	康	Khuat suat	夸耍
肖	Khuat drangx	夸张	熊	Khuat hmaob	夸卯
何	Khuat dlex	夸勒	侯	Khuat dluas	夸那
杨	Khuat yeus	夸佑	柳	Khuat lus	夸路
马	Khuat rangs	夸让	李	Khuat jait	夸阶
宋	Khuat sangt	夸桑	徐	Khuat luaf	夸那
陶	Khuat dlob	夸洛	邱	Khuat ceub	夸愁
姜	Khuat khad	夸凯	项	Khuat dangs	夸挡
邹	Khuat bluat	夸巴	韩	Khuat dleut	夸搂
喻	Khuat ghaok	夸告	邓	Khuat drongx	夸仲
赵	Khuat kub	夸库	刘	Khuat ndul	夸滤
石	Khuat reb	夸热	张	Khuat nyangb	夸酿
余	Khuat nzhel	夸这	程	Khuat bongb	夸崩
苏	Khuat ruas	夸绕	灰	Khuat choud	夸抽
蔡	Khuat roub	夸柔	黄	Khuat dlangs	夸浪

续表 2-11

汉姓	苗姓	汉语译音	汉姓	苗姓	汉语译音
关	Khuat geut	夸勾	朱	Khuat nbuat	夸巴
滕	Khuat hmangb	夸莽	潘	Khuat njit	夸捏
万	Khuat vangf	夸旺	吴	Khuat dangl	夸宕
周	Khuat ndris	夸志	苟	Khuat jit	夸基
冷	Khuat naot	夸捞	方	Khuat pangb	夸庞
莫	Khuat zhit	夸支	兰	Khuat nzhuab	夸爪
文	Khuat ndeud	夸都	母	Khuat ngoux	夸够
陈	Khuat ngaox	夸告	代	Khuat nzhangk	夸章
韦	Khuat drongl	夸仲	汤	Khuat guat	夸瓜
聂	Khuat nzhot	夸卓	龚	Khuat nkouk	夸扣
林	Khuat rongt	夸茸	江	Khuat yangs	夸仰

苗族对晚辈喜称乳名，直到老死也如此，如腊狗大伯、春狗大公等。每个家庭的小孩均以顺序呼之，男孩长大才取名。女孩一般不取名，小时叫大女、二女，大了叫大姑娘、二姑娘，老了呼大娘、二娘，死后于碑上刻上某氏。

苗族最重辈分，称呼老辈要冠以辈分，称呼同辈按年龄大小，联名冠以哥、弟、姐、妹称呼。

三、节日、禁忌

（一）节日

踩山节　又称“扎山”或“花山节”，是苗族一年中隆重而盛大的节日。据传，踩山节是纪念苗族历史上一个著名英雄的节日。每年的正月初一至十五期间进行，各地踩山时日不统一。节日期间，男女老幼身着盛装，背着芦笙，带着美酒，相聚踩山场。节日中重要的仪式是立花杆，由德高望重的长辈主持。花杆长10余米，饰五色彩绘，杆顶系一红布，竖于山场中心，然后举行爬花杆比赛。人们围着花杆跳芦笙舞，男青年身手敏捷，手捧芦笙脚攀杆，完成一个个高难度动作。此外还有斗牛、踩鼓、吹芦等活动。踩山活动一般要进行2—3天，人数多达数千人，少者数百人。改革开放以来，苗家的踩山节增添了许多新的内容，如体育竞赛、文艺表演、商品交易等。四川苗族踩山活动以古蔺和叙永两县最盛，固定的传统踩山场地多达33处。

春节　苗语称“劳盏”，意即“过年”。苗族过年分三个阶段，腊月三十辞旧岁称过小年，正月初一至初三称为过新年，正月十五元宵节称为过大年。年前，宰杀年猪，熏腊肉，备酒，购年货。腊月三十，清扫房舍院落，做糍粑，敬祖先。除夕夜各户要团年。川南苗族传说吃糍粑是因祖先原居平坝，产糯米，现居山区，做糍粑过年以追思先人。

端阳节　农历五月初五为小端阳，农历五月十五日为大端阳。据传，五月初五纪念屈原投江报国。苗俗，人死3天后下葬，7日回阳，回阳日行仪轨，送死者魂升天，故延至五月十五日大端阳。端阳节时妇女回娘家，青年人上街赶场，因而川南苗族称“赶端场”或“娃娃场”。端午日，苗族也吃粽子粑，一些地区还要置办酒肉，设席祭献祖宗。

赶苗场　苗语称“岗场稍”。苗场有春、秋季和端午苗场之分。春、秋季苗场主要流行于叙永、古蔺两县，每年农历二月上旬开始，下旬结束，苗语称“冈让吏”，意“赶龙月”；秋季苗场从农历六月下旬开始，七月下旬结束，苗语称“冈香吏”，意“赶七月”。端午苗场只农历五月初五那天，称“赶端午场”。叙永县的麻线铺、摩尼、灯盏坪、赤水街，古蔺县的古蔺镇、桂花场、白沙街、养马嘶、箭竹坪等场镇以及筠连县的洛木祥是苗场的主要场镇。苗族以赶场会亲友，青年人谈情说爱，算得上社交节日。赶场的人数以千计，有的场镇达到万人。赶苗场已经成为当地各族群众的重要活动。

绷鼓节　绷鼓节是传统的祭祀活动，流行于盐边县红宝苗族乡以及木里县白碉、固增两个苗族乡。传说很久以前，苗人死后由族人分而食之，谓之腹葬。有一后生母死后不忍让族人分食，便昼夜相守。神仙感其孝心，托梦让他伐木镂心，杀牛取皮绷鼓，砍竹作笙，击鼓吹笙葬其母。从此，苗族弃腹葬而行土葬，有了“绷鼓节”。

绷鼓节由族内德高望重的前辈主持，选单日上山伐树，截取1.3米长的树段镂空，杀牛取皮绷制鼓面。各户派1至2人参与制作，由一强壮小伙背新鼓，众人簇拥送至公房外。与房内人互相问答，共祝村寨丰收、人畜平安兴旺。然后开门接进新鼓。随后众人喝酒、吃肉、吹笙、击鼓，牵手共舞，通宵达旦。翌日，新鼓或放置公房，或送入岩洞，不遇丧祭之事不得取用，至此节毕。

三月三　盐边县、木里县以及川南宜宾、泸州两市的部分苗族，有过三月三的习惯。认为这一天是土蚕聚会之期，各家各户要蒸玉米粑、煮肉，把玉米粑和肉切成条，炒而食之，认为所食之物并非肉食，而是危害庄稼的土蚕，这样就可以保障庄稼获得丰收。

吃新节　每年收割时节，要择期吃新收获的粮食、瓜果等，谓之吃新节。四川苗族吃新多数只选新米和新玉米，也有的苗族每一样粮食作物都要吃新。吃新的过程是：煮新米饭一甑，用凳放于院坝内，插双竹筷禀明上天。苗族认为新粮乃上天所赐，应先献上天，以谢天恩。然后用新米饭祭献祖宗，谓酬养育之恩。食用之前先喂狗，相传稻种是狗横渡江河带来的，以示纪念。

此外，有些苗族要过农历三月三日的歌舞节，四月八日的踏青节，农历十月一日的牛王节等。除传统民族节日外，苗族也与全国人民一起欢度国家法定节日。随着社会的进步和经济的发展，苗区各地相继举办了苗族风情节、民族文化艺术节、芦笙节、西瓜节、梨花节，对宣传苗族文化，开发苗区旅游，发展苗区经济起到了一定的促进作用。

（二）丧葬

苗族行土葬，唯患麻风病的死者行火葬。丧事需按甲子选择时辰，丧礼隆重，一般要椎牛杀猪，亲戚聚会，吹笙唱丧歌表示哀悼。但仪式因地而异。

川南苗族丧葬时，要为死者烧断气钱、洗身、梳妆、穿寿衣等。家境富有者要“动响器”祭典。所谓动响器是请掌坛师挂上皮鼓，击鼓吹笙祭奠。人死后3天出殡安葬，请鬼师为死者的魂魄指明去路，丧家麻布孝服一路哭拜尽哀。葬后3天内，每日清晨孝子提水、饭至墓前祭奠，谓“送水饭”。农历正月初一、七月十五日、九月九日为祭祀活动日，清明节要扫墓。苗族土葬时采取东向横埋，川南俗称“恒恒坟”，据传苗族祖先原住东方，人死后只有东向横埋，灵魂才能回到东方故土与祖先相聚。至民国时期已逐渐改为顺埋，但棺材在堂内时仍保持横放，遗留横葬的痕迹。

川西南苗族遇丧事放火枪3响向亲友报丧。盐边的白苗家中病人死后要吹号驱鬼。参加悼念的亲朋一般带白酒0.5—2.5斤，玉米2升，狗1只。丧家杀狗设酒以飨，由死者生前好友主持行祭。如果死者是老人则在家中入棺，是年轻人则在下葬前入棺。入葬时鸣枪3响，意为死者告别阳间。

下葬次日做道场，9以内的单数为道场日期，丧家按日敬献饭菜。路程从墓地逐渐减至自家屋外，道场终结。

第五节 苗族乡建设和发展

一、基本情况

1953年7月至1954年1月，川南地区在古蔺、叙永、兴文、珙县、筠连5县相继建立了55个乡级民族民主联合政府。1955年根据国务院的指示，上述民族民主联合政府统一改为乡人民政府。

1983年，国务院发布了《关于建立民族乡问题的通知》，随后省政府也出台相关文件。根据文件精神，从1984年3月起至1993年11月，经省政府批准，全省先后在兴文县建立了毓秀、沙坝、麒麟、大河、丁心、仙峰6个苗族乡，在筠连县建立了高坪、联合、团林3个苗族乡，在珙县先后建立了玉和、观斗、罗渡3个苗族乡，在叙永县建立了合乐、白腊、枧槽3个苗族乡，在古蔺县建立了大寨、乌龙、箭竹、马嘶4个苗族乡，在攀枝花市盐边县建立了红宝苗族乡，在凉山州木里县建立了白碉、固增2个苗族乡。其中，丁心苗族乡于1992年并入仙峰苗族乡。期间，个别苗族乡区划进行调整、拆并。截至2005年，全省苗族乡仍为21个。苗族乡的区划面积为2164平方公里，村民委员会170个，总人口达18.54万人，耕地面积12732公顷。

苗族乡建立以来，经济增长加快，乡镇企业发展迅速，农民收入不断增加，乡村面貌发生了显著的变化。特别是进入21世纪以来，国家出台多项优惠政策，加大对民族乡的扶持力度，苗乡的发展速度明显加快。到2005年，全省21个苗族乡经济总收入已达到78714万元，乡镇企业898个，从业人员11593人，乡镇企业总产值达到54609万元，其中工业企业产值39519万元。农林牧渔业总产值达到36804万元，粮食产量81533吨，肉类总产量15959吨。乡级财政收入4972万元，农民人均纯收入增加到41599元。苗乡的基础设施建设得到改善，已通公路的村子162个，占村子总数94%；使用自来水的村子53个，已通电的村子184个，通电话的村子165个。

（一）苗区公路建设

苗族大多居住在边远山区，交通落后，特别是地处高寒地区的村寨，只有羊肠小道，运输多靠肩挑、背负。经过多年的努力，苗区交通事业发生了巨大的变化，基本实现了村村通。如泸州市通过20多年不懈努力，到2005年全市所有苗族聚居地区实现了村村通公路。宜宾市从1984年开始逐年投入资金在兴文、珙县、筠连等县苗族地区实施交通建设工程，到2005年，全市12个苗族乡以及千人以上的重点乡镇均已实现了村村通公路。攀枝花市盐边县红宝苗族乡也在2005年基本实现了公路村村通。凉山州木里县的白碉、固增两个苗族乡海拔高，地理位置偏僻，20世纪80年代完成了通乡土路公路的修筑，基本保障普通农用物资和农产品的运进运出。到2005年，两乡也有75%的的村寨实现了通村公路，其余村寨的通村公路正在建设中。

（二）农田水利工程建设

改革开放前，四川苗族地区农田水利建设十分落后，特别是边远山区，山高路陡，土多田少，十年九旱，农业生产完全靠天吃饭。经过发展，苗区农田水利工程完善，从传统的水库、沟渠、蓄水池到现代设备的电机提灌、柴油机等，极大提高了抗击灾害的能力，保障了农业生产灌溉之需。仅珙县罗渡苗族乡，到2000年底，修小型水库4座，水渠57条，家家户户有蓄水池。此外，建有电机提灌45处，拥有柴油机55台，电灌机2台。截至2005年，全省21个苗族乡的有效灌溉面积达到了4097公顷，占总耕地面积的32%。

（三）人畜饮水工程建设

苗族地区普遍人畜饮水困难。苗家民谣唱道："下雨洪水遍山流，雨过吃水贵如油。谁家若有忧喜事，吃水更比吃粮愁。"如古蔺县苗族聚居区马蹄乡大河村二组（地名羊嘶岩），每逢旱季，要到5公里以外的地方背水喝。从20世纪80年代开始，通过政府拨款、补助、争取各种社会基金等形式，解决山村人畜饮水困难。自来水到村的通水工程进展迅速，2005年，21个苗族乡已经有53个村子实现了通自来水。其中筠连县高坪苗族乡5个村全部通自来水，极大改善了人们的饮水质量。珙县观斗苗族乡白仁村从前饮水全靠人挑背驮，2000年争取到香港嘉道理基金会投入142万余元的援助项目，使该村全部用上自来水。

（四）烤烟种植

苗族有种植烟草的传统，高寒地区适宜种植烤烟，也是苗族的主要副业收入。1968年，古蔺县摩尼区首先试种烤烟成功。1975年后，叙永、兴文、珙县、筠连等苗区逐渐大面积种植烤烟，且烟草的品质好。其中筠连县联合苗族乡就被誉为"名烟之乡"。1984年，该乡光明村成为全县烤烟种植基地，当年种植800亩，收入人均750元，成为烟农重要的收入来源。1987年在兴文县仙峰苗族乡地膜种植烤烟成功，随后，烤烟种植不断引入科技手段，推广优良品种，使用营养袋育苗、配方施肥、规范培植、平式烤房等。到1992年，先锋苗族乡烤烟种植面积已达1.15万亩，产量2.8万担，产值470万元，完成国家利税266万元，仅此一项，全乡人均收入达到336元。

（五）栽桑养蚕

20世纪80年代以后，栽桑养蚕作为副业生产开始在苗区推广和发展。珙县玉和苗族乡，在1988—1989年两年间栽桑达150万株，包括原有的，全乡共有桑树160多万株，人均达到300多株。20世纪90年代中期，该乡仅蚕业收入平均稳定在50万元左右。栽桑养蚕在川南苗区、川西南的红宝苗族乡等地都得到了较快的发展，蚕桑产业已成为四川苗族地区的主要经济支柱产业之一，如珙县的玉和、罗渡、曹营、筠连县的联合、团林等乡，都建立了蚕桑基地。

（六）养殖业

苗区养殖业主要有牛、猪、羊、鸡等家禽家畜。改革开放后，苗乡的养殖业快速发展。通过引进优良品种，培养和扶持养殖专业大户，建立示范基地等，带动了畜牧业的发展。兴文县成立了大元优质牛羊发展有限责任公司，在仙峰苗族乡实施林下种草4000亩，畜牧业总产值突破2000万元。养猪业也迅速发展，到2000年，罗渡苗族乡生猪出栏达12958头，其中肥猪9651头，分别比1978年增加1.46倍和3.38倍。2000年，兴文县大河苗族乡出栏肥猪12000头；麒麟苗族乡15000头；沙坝苗族乡5000头；仙峰苗族乡11600头；毓秀苗族乡5612头。至2004年，叙永县枧槽苗族乡生猪存栏数达10100头，出栏8860头；筠连县高坪苗族乡2004年出栏肥猪7218头，仔猪41100头。到2005年，全省21个苗族乡的肉类总产量超过81533吨，增加了农民的收入。

2001 年、2005 年四川苗族乡经济发展统计表

表 2-12

年份 指标	2001	2005	与 2001 年比较增长率（%）
经济总收入（万元）	26187	78714	200.58
乡镇企业数（个）	777	898	15.57
乡镇企业从业人员（人）	18230	11593	—36.41
乡镇企业总产值（万元）	41800	54609	30.64
其中：工业企业（万元）	5082	39519	677.63
农业总产值（万元）	30910	36805	19.07
粮食总产量（吨）	70056	81533	16.38
肉类总产量（吨）	12379	15959	28.92
乡级财政收入（万元）	1275	4971	289.88
农民人均纯收入（元）	1371	1980.90	44.49

2001 年、2005 年四川苗族乡基础设施建设发展统计表

表 2-13

年份 指标 地区	2001		2005	
	数量（个）	占当年村的比重（%）	数量（个）	占当年村的比重（%）
村民委员会	188	—	170	—
已通公路的村	177	94.15	162	95.29
已通自来水的村	40	21.28	53	31.18
已通电的村	184	98.87	165	95.88
已通电话的村	94	50.00	122	71.76
已通邮的村	185	98.40	135	79.41

二、苗族乡简介

（一）麒麟苗族乡

麒麟乡以境内麒麟洞命名。位于宜宾市兴文县城以南，距县城 12 公里，地处世界地质公园、国家级风景名胜区石海洞乡和县城之间，距石海中心景区 11 公里。1984 年经省政府批准建立麒麟苗族乡。1992 年，原麒麟苗族乡和原义合乡合并，建立麒麟苗族乡，乡政府驻地设在原义合乡政府驻地。全乡幅员面积 64.96 平方公里，辖 17 个行政村和 1 个街道居委会、101 个村民小组、4838 户、18216 人。到 2005 年底，全乡实现工业总产值 350 万元，农业总收入 1648 万元，人均纯收入 2159 元，信用社存款 800 余万元，群众生产生活条件得到较大改善。基础设施建设成效明显。全乡有中小学 12 所，村级小学 9 所，乡中心文化站 1 个，乡卫生院 1 所，村组卫生站 17 个。

（二）毓秀苗族乡

位于宜宾市兴文县城西南，距县城 72 公里，幅员面积 86.88 平方公里。毓秀苗族乡历史悠久，

明万历元年（1573年）刘挺攻占九丝城后取名平蛮乡。清末，杨泗将军于龙井沟岩上题书“山高水长”4个大字，其意为“毓山秀水”，辖9个保。中华人民共和国成立后，源于杨泗将军题书，更名为毓秀乡。1984年，经省政府批准成立毓秀苗族乡。2004年末，辖10个行政村、57个村民小组，有1752户、6669人。2005年，全乡农业总产值为2088万元，乡镇企业总产值为600万元，生猪出栏7500头，发展烤烟1404余亩，收购烟叶2490担，产值90多万元。农民人均纯收入1955元；全乡有中心校1所、村级小学6所，村广播站10个，闭路电视站10介，电视覆盖率达98%以上；有乡卫生院1所、村卫生站10个，农村初级卫生保健初步形成网络。

（三）大河苗族乡

位于宜宾市兴文县城东南，距县城23公里，幅员面积86.7平方公里。1984年4月，经省政府批准成立大河苗族乡，乡政府建址金鹅池。2005年，全乡辖19个行政村、1个社区、142个村（居）民小组，7720户，总人口28523人。农业总产值5374万元，乡镇企业总产值2362万元，粮食总产量13330吨，农民人均纯收入达2336元。有中学1所、村级小学14所，乡卫生院1所，村卫生站19个。已创建成全县首期“信用”乡镇，农村信用社年存贷款余额达800余万元。

（四）仙峰苗族乡

位于宜宾市兴文县以南，距县城52公里，幅员面积111.4平方公里，耕地面积1900余亩（其中水田1200亩），人造林60000亩（其中退耕还林20000亩），天然林50000亩，天然草场20000余亩。1984年经省政府批准建立仙峰苗族乡。2004年，全乡辖15个行政村、1个街村、85个村民小组，2990户、11290人。实现种植土豆15000亩，年产量6500吨以上，推广脱毒土豆5000亩。实施林下种草4000亩，畜牧业产值实现2000余万元。2005年实现移栽烤烟5176亩，交售干烟9000担，实现产值480万元，有效地促进了农民增收和农村经济发展。到2005年，全乡经济总收入达到31200万元，乡镇企业总产值24000万元，其中工业企业总产值18920万元；农业总产值3200万元，粮食产量6500吨，人均纯收入达到2801元。2005年，全乡有完小3所、村级小学6所，乡卫生院1所、村卫生站15个，广播电视实现有线电视光纤传输，沿公路5个村均通闭路电视。

（五）沙坝苗族乡

位于宜宾市兴文县城以南，距县城34公里，幅员面积42平方公里，有耕地面积6442亩，其中田3467亩、土2975亩，人均占有耕地0.89亩。1984年经省政府批准成立沙坝苗族乡。到2004年底，全乡辖8个村、41个社，有农户1890户、7280人。工农业总产值398万元，人均纯收入1436元，实现了村村社社通公路，广播电视全覆盖。全乡有中小学6所，乡卫生院1所，村级卫生站8个。

（六）丁心苗族乡

位于宜宾市兴文县，幅员面积41.33平方公里。乡政府驻地锦冠山。“丁心”，取意于地理环境恶劣之意。1940年属居杭乡，1940年后分乡，为仙峰乡的一部分。1951年为工作之便，由仙峰乡划出4个保分为5个村，建锦冠乡，因锦冠山得名，旋又改为丁心乡。1956年周家、丁心、天星3乡合并为周家乡，建立丁心乡。1962年划3个管辖区恢复丁心公社。1984年成立丁心苗族乡，辖5个行政村、33个村民小组，900户、3876人。1992年并入仙峰苗族乡。

（七）高坪苗族乡

位于宜宾市筠连县最南端，距县城71公里，全乡幅员面积33.6平方公里。乡域南、西与云南省彝良县接壤。1984年经省政府批准建立高坪苗族乡。到2004年，全乡辖5个行政村、34个村民小组，1641户、6718人。工农业总产值实现3796万元，粮食产量达297万公斤，人均占有粮食420公斤；工业增加值156万元，出栏肥猪7218头、仔猪41100头、牛450头、羊352只，人均纯收入2199元。全乡34个村民组有32个组通公路，通车里程52公里；农村电网全面改造结束；全乡实现了户户通自来水；开通了两个移动基站，实现了移动电视无盲区。全乡有小学5所，卫生院1所，5个行政村均有卫生室和计生宣传服务室，卫生防保网络健全。

（八）联合苗族乡

位于宜宾市筠连县东南边缘，距县城58公里。南与云南省彝良县接壤。全乡平均海拔1020米，幅员面积39.2平方公里。1984年经省政府批准成立联合苗族乡。2004年，辖8个行政村、35个农业社，1911户、7963人。种植烤烟5500多亩，素有烤烟生产“万担乡”“宜宾市烤烟生产第一乡”之美誉。畜牧业达7000多万元。全乡有中小学5所，民族学校1所。实现了村村社社通公路，有50%的农户用上了自来水。

（九）团林苗族乡

位于宜宾市筠连县南部山区，距县城48公里，幅员面积49.5平方公里。1984年经省政府批准成立团林苗族乡。2004年，该乡辖8个行政村45个村民小组，总人口为6518人，其中少数民族人口占31%。被省政府评为“省级生态园区”、国务院评为“全国农业标准化示范区”。2005年，烤烟种植面积达1500亩，收购烟叶3500担。扶贫开发得到全面实施，通过危草房改造、移民搬迁、项目带动、求助救济、对口帮扶等，困难群众的温饱问题已得到解决，农村生产生活条件明显改善。全乡粮食总产量31.7万公斤，人均占有粮食483公斤，国民生产总值为2217万元，人均纯收入达2742元，财政收入达75万元。有学校8所，有教师70人，在校学生1200人；乡丑生院1所，医生3名，村卫生室8个，防保医生8名。

（十）玉和苗族乡

位于宜宾市珙县中部，距县城45公里，幅员面积25平方公里。1984年经省政府批准成立玉和苗族乡。2004年底，全乡辖7个行政村、27个农业社，共有1514户、5431人。全乡以农业发展为主，有耕地面积4500亩，其中田1177亩、土3288亩。粮食总产量2800吨，农业总产值827.56万元。农民人均纯收入2462元，人均增收142元，财政收入86万余元。全乡有中心校1所、村级小学3所，在校学生共28个班1099人。有卫生院1所。该乡境内有清道光二十八年（1848年）始建的隘口石坊，属四川省级重点保护文物。石坊为四柱三层，青石构造，工艺精湛，雄伟壮观。

（十一）罗渡苗族乡

位于宜宾市珙县南部，距县城70公里，幅员面积41.03平方公里。1993年经省政府批准成立罗渡苗族乡，乡人民政府驻老桥头横石梁大地头。罗渡苗族乡被誉为“川南苗乡”，享誉中外。2004年末，辖11个行政村、67个村民组，3311户、13091人。全乡有耕地16774亩，水田4282.1亩。农村经济总收入4422.6万元，乡镇企业产值7370万元，财政收入87万元，粮食总产5614.3吨，肥猪出栏10068头，存栏15224头，年产水果430.8吨，实现人均纯收入2590元。乡内有学校8所（其中民族学校1所，即王武寨民族学校），在校学生总人数2292人，教师100人。有卫生院1所，医生5人。

（十二）观斗苗族乡

位于宜宾市珙县南部，属四川盆地南缘盆周的低中山区，系乌蒙山脉尾部。幅员面积20.43平方公里，与云南省威信县罗布乡山水相连，一场（中兴场）跨两省。1991年，经省政府批准成立观斗苗族乡。2004年，辖4个村民委员会、30个村民小组，总人口4917人。全乡农村经济总收入2342.7万元，乡镇企业产值5347万元，财政收入66万元，粮食总产1921吨，人均纯收入2199元。全乡有40%以上的农户安装了固定电话或用上了移动电话。全乡有中心校1所，村级小学3所，平均常年在校生800人左右（九年制，中心校设有初中部）。有乡卫生院1所，村医疗室1个。

（十三）白腊苗族乡

位于泸州市叙永县城南面，距县城35公里，南与云南省威信县相邻，幅员面积22.2平方公里。1950年建立白腊乡，由于乡攻府所在地有一棵当地少有的树种——白腊树，该地小地名为白腊村，白腊乡因此而得名。1984年，经省政府批准成立白腊苗族乡。2005年，全乡辖4个行政村、21个农业生产合作社，有721户、2780人，少数民族占全乡人口的28%。粮食总产量1728吨，肉类总产量177吨，人均纯收入1462元，财政收入58万元。有九年制学校1所、村级小学1所、私立小学2所，教师31人，学生630人。有乡村卫生院、室4间，医生4人。

（十四）合乐苗族乡

位于泸州市叙永县城南端，距县城22公里，幅员面积90.91平方公里。1984年，经省政府批准成立合乐苗族乡。原属叙永县城郊区，1992年撤区并乡，将原合乐苗族乡、三岔河乡合并，乡政府所在地为原三岔河乡所在地。2004年种植烤烟2623亩，产量37.5万公斤，产值295万元。2005年，全乡辖11个行政村、65个农业合作社，有1.1万人，其中苗族2841人，占全乡总人口的25.8%。全乡经济总收入2130万元，乡镇企业总产值800万元，农业总产值2487万元，粮食产量4229吨，人均纯收入1704元。生猪存栏9500头，出栏7000头，牛存栏3600多头。外出打工劳动力3000多人，年乡邮汇款150万元以上。已实现退耕还林4000亩，粮食产量4053吨，肉类总产量835吨，人均纯收入1087元。有乡、村小学9所，乡卫生院1所。

（十五）枧槽苗族乡

地处泸州市叙永县南面高寒山区，位于赤水河流域源头地带，距县城54公里，幅员面积81.4平方公里。1984年，经省政府批准成立枧槽苗族乡。2005年，全乡辖有13个行政村、82个农业合作社，总人口1.1万人，其中苗族3068人，占全乡总人口的28%。总经济收入3145.14万元，农业总产值2495万元，粮食产量4092吨；全年种植烤烟5200亩，产量43万公斤，产值337万元，实现税收68万元。牛存栏4600多头，生猪存栏10100头，出栏8860头。外出打工劳务收入400万元。实现退耕还林5000亩，粮食总产量3992吨，肉类总产量890吨，人均纯收入1607元。财政收入433万元。全乡有中学1所、村级小学3所，教师67人，在校生1761人（其中中学生297人）。有中心医院1所，医生7人。

（十六）大寨苗族乡

位于泸州市古蔺县西北部，距县城45公里，幅员面积43平方公里。因该乡中心是一个2000亩的大田坝，农户多集中在田坝四周，形成村寨，故取名“大寨”。1986年，经省政府批准建立大寨苗族乡。从1984年以来营造“联合国粮援工程林”、林业部“速生丰生林”“世界银行贷款造林”“退耕还林”等2.1万亩。2003年，全乡辖7个行政村、41个社、6295人，其中苗族1120人。2004

年11月古蔺县强村扩组，将大寨苗族乡7个村撤并为3个村、18个社。2005年全乡经济总收入1490万元，粮食产量2499吨，肉类总产量101吨，人均纯收入1504元，财政收入156万元。该乡实现了村村通公路，80%以上的社通了公路。村村通电话，建立了电视差转台、地面卫星接收站，全乡可看到10套以上节目。村村通电。有中学1所，小学4所；乡卫生院1所，医生4人。

（十七）马嘶苗族乡

位于泸州市古蔺县南部，距县城39公里，幅员面积41平方公里。1986年11月，经省政府批准建立马嘶苗族乡。2003年全乡辖9个村、54个社，人口6628人。2004年古蔺县强村扩组，马嘶乡撤并为3个村、19令社，1个居民小组。乡政府所在地养马嘶。民间相传，有商人贩马驻扎此地，一从不嘶叫的马突然引颈长嘶，人们即呼此地为“哑马嘶”，后演化为“养马嘶”。民国设乡时，借唐诗“金勒马嘶芳草地”意，取名马嘶乡。烤烟是该乡的主要经济支柱和农民的主要经济来源，2004年，全乡种植种植烤烟3130亩，产值274.5万元。养殖业得到发展，全年生猪存栏5830头，耕牛存栏1372头，山羊存栏572只。外出务工人员达到1000余人，劳务输出创收240万元。2005年，全乡经济总收入811万元，粮食产量2796吨，肉类总产量509吨，人均纯收入1360元，财政收入48万元。全乡90%的村通了公路，建有移动通信网站。有中小学6所，入学率和巩固率均在99.6%以上。有乡卫生院1所，医生5人。

（十八）箭竹苗族乡

位于泸州市古蔺县西部，距县城23公里，幅员面积96平方公里。1986年经省政府批准建立箭竹苗族乡。2003年，全乡辖15个村、81个社，总人口10246人。2004年古蔺县强村扩组，箭竹苗族乡撤并为6个村、41个社。箭竹苗族乡政府所在地名箭竹坪。相传明末有袁姓人迁入落户，伐竹垦荒，其后人逐渐移居山顶的土坪上，逐渐形成村落，即取名为“箭竹坪”。1984年营造“联合国粮援工程林”8000多亩，造林2000多亩。烤烟是其经济支柱和农民收入的主要来源，2004年全乡种植烤烟2800亩，产值248万元。2005年全乡经济总收入3200万元，乡镇企业73个，从业人员1369人，乡镇企业总产值达到6330万元，其中工业企业产值5864万元；农业总产值1602万元，粮食总产量3718吨，乡财政收入1138万元，农民人均纯收入1637元，当年牛、生猪等存栏9100多头。全乡有中小学3所，民族中学1所，卫生院2所；90%的村通了公路，80%的村通自来水，建有移动通信网站。

（十九）乌龙苗族乡

位于泸州市古蔺县西北面，距县城25公里，幅员面积约31平方公里。民国时属桂花乡，1951年属黄泥乡管辖，1956年黄泥乡并入大寨乡。1962年调整行政区划，分别从大寨、箭竹公社划出部分大队组建乌龙公社。据传明洪武二年（1369年）有龙姓人家落户雾龙沟和龙打沟。翌年山洪暴涨，一大蟒顺洪出没雾龙沟因而更名“乌龙沟”。组建公社时沿用“乌龙”为社名。1986年，经省政府批准成立乌龙苗族乡。1984年以来营造“联合国粮援工程林”3500多亩，造林1000多亩，截至2003年退耕还林3700亩。2003年，辖6个村、31个社，4334人。2004年古蔺县强村扩组，乌龙乡撤并为2个村，16个社。有耕地面积约7302亩，其中田1755亩。经济植物主要有烤烟，2004年种植达2000亩，产值150万元。全乡牛存栏1200头，猪存栏4800头。外出务工人员800人，劳务输出创收320万元。粮食总产量1320吨，肉类总产量50吨，财政收入37万元，人均纯收入1060元。建有中学1所、村级小学5所，乡、村二级医疗卫生网络以及移动通信网站，80%以上的农户饮用上了自来水。

（二十）固增苗族乡

位于凉山州木里县中部，距离县城121公里，幅员面积388平方公里。1984年，经省政府批准建立固增苗族乡，乡政府驻地布亚。乡境崇山峻岭、沟壑纵横，平均海拔2800米。全年无霜期达270天，年平均气温15℃左右。改革开放以来，固增苗族乡的经济和社会事业得到了长足的发展。2004年，辖4个行政村、19个村民小组，全乡人口3076人，有苗族、藏族、汉族、彝族、壮族等5个世居民族。其中苗族人口占36%。实现国民生产总值240万元，农业总产值198万元，农民人均纯收入1038元，人均住房面积27平方米。有中心校1所、村级校点3个，学龄儿童入学率达到了96%。乡卫生院1所，卫生站4所，有医务人员6人，病床7张。

（二十一）白碉苗族乡

位于凉山州木里县东北，距县城81公里，幅员面积为382.6平方公里。1984年，经省政府批准建立白碉苗族乡，乡政府驻地白碉村白碉组，因木天王曾在此修筑白色碉堡而得名。境内山峦叠嶂，沟壑纵横，最高海拔4192米。全乡辖4个行政村，26个村民小组。2004年，全乡农业人口5920人，有汉、苗、彝、藏、布依、蒙古、回等民族。农业总产值达290多万元，粮食产量230.73万公斤。从1980年到2004年，24年间农民人均纯收入由77元增加到1034元，增长13倍；四大牲畜存栏由2162头上升到4336头。肉产量达26万多公斤，产值为166万元。2005年有中心校1所，内设小学部和初中部，村级小学3所，组小4所，在校生785人，入学率达87.6%。乡、村卫生院共5所，有医务人员4名，建有地面卫星接收站和卫星接收发射站多座。

（二十二）红宝苗族彝族乡

位于攀枝花市盐边县最北端，距县城149公里，幅员面积304平方公里，耕地面积361公顷，林地171362公顷。乡政府所在地干坪子村友谊组张家坪子。1984年经省政府批准成立红宝苗族乡。2004年，全乡国民生产总值达到1137万元，粮食总产量达1897.7吨，人均占有粮食380公斤。养殖业为乡支柱产业，乡财政收入313.37万元，农民人均纯收入1843元。有中心小学2所，村级小学7所，入学率达到100%。医院2所，村卫生站2个。2005年，攀枝花市盐边县行政区划调整，将原择木龙彝族乡、新坪乡核桃箐村、太田乡红旗村的核桃坪组并入红宝苗族乡，成立盐边县红宝苗族彝族乡。辖7个村、32个村民小组，1155户、5077人。少数民族人口占全乡人口的83.39%。其中，苗族占41.24%。

第六节　社会事业

一、苗区教育事业

明清时期四川苗族地区已有私塾学堂，教学内容与汉区同，均为《四字杂言》《千字文》《百家姓》《三字经》《集韵增广》《声律启蒙》《千家诗》和四书、五经、《幼学琼林》等读物，入学子弟多为富裕人家，贫苦农家子弟，特别是苗族子弟入私塾者寥寥无几。

20世纪初在川南开办的光华小学与边民小学对苗区教育产生了较大的影响。据统计，截至中华人民共和国成立前夕，由教会设立的光华小学共13所，主要分布在筠连县和珙县，其中筠连县7所，珙县6所。边民小学13所，主要分布在叙永县和古蔺县。其中，由教会开办的福音堂教会小学，又称边民联谊小学1所。由古蔺县县长肖端重与德耀乡乡长成养民在德耀乡创办边民学校1所，公费招收苗族子弟40名入学，由政府补助伙食，两年后停办。叙永苗族人士罗文才在叙永枧槽成立边民文化促进会，经当时的四川省国民政府批准，自筹资金先后在古蔺、叙永两县创办了13所边民联谊小学，使当地很多苗族子弟有了上学的机会。这些学校均在中华人民共和国成立前夕停办。

26所学校中尤以王武寨光华小学著名，学校规模大，学生多，影响面广。王武寨光华小学设立于1928年，由云南昭通基督教传教士张小皆与当地苗族王仿钦、陶兴发等人商议设办，由王、陶二人分别担任校董事会正副董事长。学校全称定名为中华基督教西南教区循道公会川南循道区王武寨光华初级小学。初仅有耳房1间，后陆续扩建，到1935年，学校又新增6列5间校舍，并修建了篮球场，添置了单、双杠等体育设施。1936年，华西大学博物馆馆长、人类学和考古学家葛维汉教授受邀考察王武寨光华小学，赠送图书300册，书柜1个，英国奶牛1头，优良鸡种10只以及苹果树苗、篮球等。王武寨光华小学自建立起一直是基督教循道公会川南循道区的中心，云南威信、四川筠连、兴文等地很多苗族子弟都慕名到该校就读，鼎盛时期，每期曾扩招到300余人。1949年底停办。

川南苗族地区1916—1949年光华小学与边民小学一览表

表2-14

县别	数量（所）	学校名称
珙县	6	王武寨光华小学、油扎坪光华小学、麻圆光华小学、五同岩光华小学、大岩口光华小学、石牛栏光华小学
筠连	7	邱家山光华小学、红椿坝光华小学、鲁班山光华小学、银厂湾光华小学、雁家坪光华小学、李家湾光华小学、圪兜坝光华小学
叙永	4	枧槽沟边边民小学、木格岛边民小学、王老沟边民小学、夜珠塘边民小学
古蔺	9	德跃关边民小学、福音湾边民小学、尖山子边民小学、柑子坡边民小学、鸡婆头边民小学、跌马岩边民小学、苗寨沟边民小学、水潦边民小学、老鹰岩边民小学

1949年中华人民共和国成立，中共和人民政府就开始着手苗区教育事业建设。1951年川南首届民族代表大会作出办民族小学的决议。到1952年，川南各县苗区先后办起了22所民族小学。1951年叙永、古蔺、古宋3县11所民族小学的苗族学生人数在1500人以上，占苗族学龄儿童的1/3左右。到1958年苗族学生人数已达3066人。政府对民族学校中的少数民族学生，拨专款解决他们的伙食、寒衣、医疗、书籍及文具费用。如枧槽南坳民族小学校，1953—1954年两年，政府拨给各种经费829.2万元，学生人均71.4万元。其中，用于伙食补助684.92万元，服装费52.2万元，书籍、文具费48.2万元，医药费36.6万元①。1958年以后，除个别苗族集居地区民族小学仍保持原名称外，各地民族小学大部分更名，改为村级小学。

① 以上均属中华人民共和国成立初期的旧人民币。

1951 年以后川南苗族地区开办的民族小学一览表

表 2-15

县别	数量（所）	学校名称
珙县	5	罗渡王武寨民族小学校、洛亥高腊民族小学校、玉和凤凰民族小学校、王家麻圆民族小学校、周村董家民族小学校
筠连	3	蒿坝合力民族小学校、联合民族小学校、腾达新民民族小学校
兴文	4	峰岩民族小学校、上龙门民族小学校、曹家沟民族小学校、落雁民族小学校
叙永	3	文化民族小学校、枧槽南坳民族小学校、平寨民族小学校
古蔺	6	马嘶花秋民族小学校、箭竹民族小学校、水潦民族小学校、胜光民族小学校、赤水、跌马岩民族小学校、利民民族小学校

中学教育也逐步开展。1957 年叙永县率先在县一中开设民族初中班，面向叙永、古蔺、兴文 3 县招收苗族学生 50 多名，80% 的学生享受助学金，并发给学生棉衣被盖。加上其他中学的苗族学生，到 1958 年初仅泸州地区各县在校苗族中学生就有 198 人。

20 世纪 80 年代，随着全国普九教育的深入，中学教育在川南得到加强，各县中学开设民族班，招收少数民族学生，培养少数民族跨世纪人才。1981 年，叙永县城郊中学开设民族初中班，到 2000 年，共招收 17 个班，培养学生 548 人，其中苗族学生 466 人。政府每月给予每位学生 8—15 元的生活补助费。1985 年，兴文县原古宋中学改为“兴文县民族中学”，当年招收少数民族学生 50 名，加上接纳县二中转入的民族班学生，民族中学的少数民族学生达到 6 个班 337 人。政府给予住校的少数民族学生每人每月 12 元生活补助费，累计到 2000 年，总共补助 30 多万元。珙县洛表初级中学自 1985 年起每年招收一个少数民族初中班，苗族学生占 90% 以上。至 2000 年底，全校共毕业初、高中学生 4905 人，其中考入大专院校的有 55 人，考入中专的有 678 人。古蔺县民族初中班从 1984 年秋季开始招生，到 1990 年已培养少数民族学生 299 人，政府共给予住校少数民族学生补助 21.9 万元。筠连县民族中学寄宿制少数民族初中班 1985 年 9 月开始招生，到 2005 年共培养少数民族初中生逾 700 人，其中 40 余人被输送到宜宾师范民族班、宜宾农校民族班、珙县和长宁卫校中医班等中专学校或县内外高中班继续学习。

改革开放以后，为培养适合市场经济需要的各类建设人才，在民族中学中开始尝试职业教育。珙县洛表初级中学 1992 年增设少数民族职业高中班。1996 年，经省教委批准改为珙县民族职业中学，设有家电、机电、种植、文秘、旅游、保安、财会、工艺书法和计算机等专业。苗族学生初中阶段国家每人每月补助 15 元，高中阶段每人每月补助 25 元。职业高中的贫困优生，补助可增至 40 元。该校毕业生中有 39 人升入大专，400 多名被县内外企事业单位录用，就业率达 95%。兴文县民族中学 1999 年开始增设了中西医、文秘、旅游等专业班。

在大中专学校中开设民族班，为川南少数民族地区培养了一批急需的建设人才。从 1952 年起，就曾在宜宾师范学校（今宜宾学院）开办少数民族普师班。1993 年秋季开始正式设立少数民族师范班，至 2000 年秋季，共招收民族班 10 届，培养少数民族学生 385 人。其中，83 级和 92 级民族班荣获省政府授予的“民族团结进步先进集体”称号。2000 年以后因毕业生不再包分配，民族班停办。1987 年，叙永师范学校也开设了少数民族师范班，到 2000 年，共招生 5 届，培养少数民族学生 215 人。师范院校开设少数民族班，为民族地区输送了一批少数民族师资人才。2000 年以后停办。

宜宾农业学校于1994年起设立少数民族中专班。截至1998年，共招收5届188人。为全市各县培养了一批具有中等专业技术的农业人才。1999年后停办。

珙县教育事业的发展历程，从另一个侧面反映了中华人民共和国成立以来苗族地区教育事业所取得成就。1951—1992年，珙县在苗族地区陆续办起了24所学校。其中，20世纪50年代初期的民族学校有王武寨、高腊、凤凰、麻园、董家、洛雁（当时属兴文县辖）等6所。1966年以后，除王武寨外，其余5所学校均停办。1992年，根据教育事业发展的要求，珙县人民政府行文规定“除保留王武寨民族小学校外，增设凤凰等11所民族小学”。同时规定在这些小学内附设幼儿班、初中班。至1992年底，全县培养了苗族小学生4000多人，初中生800多人，高中生180多人。同时，向中等专业学校和高等院校输送学生77人。王武寨民族小学作为办学时间早、在苗区影响大的小学，于1952年就被宜宾地区列为3所重点民族学校之一，办学经费直接由宜宾专署划拨。该校苗族学生的比例一直保持在50%以上。学校前后17任校长均为苗族。到2000年底，王武寨民族小学毕业的学生中，先后有60人进入大专院校深造，其中苗族学生39人。该校苗族学生王水章毕业后从事教育工作，于1988年荣获全国优秀教师称号。

二、卫生事业

20世纪50年代以前苗族地区的疟疾、痢疾、回归热、麻疹等属常见病，婴幼儿死亡率很高，宜宾地区苗族婴幼儿死亡率达70%以上。为了根除苗族地区缺医少药的问题，1951年，省政府组织一支少数民族巡回卫生医疗队，深入到各苗族聚居区为广大苗族人民防病治病。各地政府也及时建成医疗队深入苗岭山寨，巡回医疗，宣传卫生知识。1952年，率先在珙县苗族聚居的洛表镇建立了少数民族卫生所，配备医务人员5人。紧接着由县到区乡逐级创建卫生所、防疫站、妇幼保健站、接生站等。这些是苗族地区历史上第一次出现的公共卫生机构，同时也培养了第一代苗族医疗卫生防疫人员。

随着国家对苗族地区各级医疗机构投入的增加，苗族地区的医疗卫生状况发生了巨大的变化，曾经威胁苗族群众身体健康的烈性传染病得到有效控制。经过多年的投入，县、乡两级医院的硬件和软件不断改善，扩建医院，增添医疗设备，培训医务人员，不断提高医疗水平。到2005年，21个苗族乡有医院卫生院25所，医疗从业人员114名，病床134张。乡级卫生医疗机构的医疗水平也有显著的提高，不仅能够治疗常见病，还能独立进行腹部手术，方便了苗族群众看病治病的需要。

第五章　回　族

第一节　概　况

一、人口及分布

2000年第五次全国人口普查，四川省有回族109960人，其中，男55504人，女54456人。全省181个县（市、区）都有分布，人口主要分布在阿坝州的松潘县、金川县、小金县、茂县，凉山州的西昌市、会理县，成都市的新都县、崇州市，绵阳市的盐亭县、平武县，广元市的青川县、苍溪县，南充市的阆中市，广安市的武胜县，宜宾市以及内江市、泸州市、自贡市等地区。

与全国回族相同，四川回族与汉族或其他民族杂居相处。四川省共有8个回族乡：青川县蒿溪回族乡，大院回族乡；西昌市裕隆回族乡，高草回族乡；松潘县进安回族乡，十里回族乡；阆中市博树回族乡；盐亭县大兴回族乡。

二、族源

四川回族的先民，最早可追溯至唐朝。

《唐会要》载，唐肃宗至德二年至上元二年（757—761年），回纥平息安史之乱有功，许其入贡，以马易茶。当时的松州（今松潘县）是唐朝边陲重镇，也是川边茶马道上最大的商贸集散地。波斯、阿拉伯、回纥商人自肃宗时期进入松州，参与茶马互市商贸活动。这是文献记载中回族先民进入松州乃至西北高原的最早年代。

五代时波斯人李珣、李玹、李舜弦兄妹定居梓州（今三台县）。李坷的祖辈以经营海外载运而来的香药（也称海药）为主业。李珣对海药的性能非常了解，著有一部医学重要典籍——《海药本草》。《全唐诗外编（下）》收尹鹗《嘲李珣》诗一首，其序称“宾贡李珣，字德润，本蜀中土生波斯也。少小苦心，屡称宾贡，所吟诗句，往往动人”。李玹，宋黄休复《茅亭客话》卷二载“李四郎名玹，字廷仪，其先波斯国人，随僖宗入蜀，授率府率。兄珣，有诗名，预宾贡焉。玹举止文雅，颇多节行，以鬻香药为业，暮年以炉鼎之费，家无余财，惟道书药囊而已”。李舜弦为前蜀后主王衍昭仪，与兄李珣皆以诗词闻名，《全唐诗》集录李珣诗词54首，李舜弦诗3首。

元代入川的回族先民中，最著名的是赛典赤·瞻思丁。据《元史·赛典赤·瞻思丁传》记载：至元元年（1264年），赛典赤·瞻思丁出任陕西五路西蜀四川行中书省平章政事。至元七年（1270年）赛典赤·瞻思丁“分镇四川”，回族官兵、工匠在四川修桥梁、建栈道、立驿站，保证军运畅通，使四川成为连接陕、滇两省的“长廊”。大德八年（1304 年）赛典赤·瞻思丁第三子忽辛出任四川行省左丞，所率官兵、工匠及其眷属部分留居成都及附近各地屯田。至元十二年（1275 年），在今凉山彝族自治州境内设罗罗宣慰司，赛典赤·瞻思丁出任云南行中书省平章政事后，派其第四子苫速丁·兀默里任建昌路（今西昌市）总管，随之而来的信奉伊斯兰教的回族官兵，按元政府诏令“在本路屯田”，由军户转为民户，落籍西昌。西昌的沙姓回族，相传系赛典赤的后裔。同时，一些回族商人亦陆续到西昌经商，回族先民不断增加。

明清两代有大量的回族入川，分驻川西北、川东、川南、川北各地，为求得生存与发展并适应新环境，回族人开始普遍讲汉语、用汉姓、起汉名、穿汉服、习汉字，亦商亦农，从城镇流向乡村，形成了今天四川回族“大分散、小集中”的分布格局。

洪武四年（1371 年），朱元璋派大将傅友德平蜀，又遣平羌将军丁钰定松潘。平武县是进军松潘的要道，明代常驻重兵，明军中陕甘籍回族官兵有部分定居平武。再后来，又有部分回族从松潘等地迁入平武县。

盐亭县回族亦始自明代，成化元年（1465 年），山东登州府蓬莱县七里村回族江灏，入蜀任乐山知县，卸任后即率家人定居盐亭县。成化七年（1471 年）回民在新都县修建罗家寺。

南充市的回族是明中期成化年间（1465—1487 年），从陕西、甘肃、云南、湖南、湖北等省迁入的，主要居住在顺庆区（顺天府）和阆中市（保宁府）。

《明史·四川土司传》载：洪武二十四年（1391 年），明朝平定建昌卫指挥使月鲁帖木儿叛乱，“置建昌、苏州二军民指挥使司及会川军民千户，调京卫及陕西兵万五千余人往戍之”。苏州即今冕宁县。清真寺碑文序言：“我始祖马都贵，自洪武年由陕至建（西昌）居泸山脚下，至曾祖马之莹因人烟繁衍，移居四百户，创修寺字（疑为“宇”）一座”。碑文清楚记载了洪武年间（1368—1398 年）入居西昌的陕西马姓回民家族繁衍的史实。《会理州乡土志》载“回族，元、明时自云南迁入”。明代陕甘、江南回民进入凉山渐多，西昌海南乡核桃村清真寺碑文序言：“我扶风宗族，肪于明朝，原籍江南苏州人氏，由洪武年间起，祖宗指挥奉命来建，镇守青龙隘口，因创基于核桃村序列四大房，始建清真寺，由明及清，代产能人。”民国《西昌县志·宗教志》载回民“其来也率由陕西、甘肃或云南，至有明时，自江南来者渐多。……泸山侧之清真寺，建于明洪武二年，是为最古，城内吉羊巷清真寺及城外东街东寺，皆明万历初年建”。据查实，今海南核桃村，西溪沙锅营，以及泸山脚下的马姓、杨姓、郑姓回民就是奉命留守屯田而落籍西昌的。西昌核桃村寺、回辉村寺、查察寺、星宿寺，皆为江南籍回民所建。

清代，在“湖广填四川”移民迁徙中，有不少回族迁居四川。康熙年间（1662—1722 年），朝廷迁湖广宝庆府回民入川，安置在宜宾市南溪县的李庄镇、内江市的观音滩、隆昌县殷家坝、仁寿县青杠椏等地。仁寿县青杠椏的部分回民首先迁入成都皇城坝（今人民南路一段），后散居川南各地的部分回民又陆续迁入皇城坝，以宰牛羊，搭棚摆摊开饭馆、面馆谋生。康熙五年（1666 年）修建皇城清真寺，皇城坝逐渐成为回民聚居区。犍为县罗城铺的回民也是康熙三十三年（1694 年）从湖南宝庆府迁来。《什邡县志·社会风土志》载康熙末年，“回族摆得安全家及伍姓一家，由湖北麻城孝感乡回子营迁来什邡永兴场，迄今已历十一辈”。同治十二年（1873 年），陕西回民起义失败后，清廷将俘虏的 1000 多户押送成都管制屯田。四个安置营在新都弥牟镇、两个安置营在崇宁地区、一个在成都。清同治《成都府志》记载：“成都境内回民繁衍，武功素称极盛。”成都附近的彭县回民始于清乾隆（1736—1795年）初年，大部分来自陕西泾阳、渭南、三原等地，其次来自湖北麻城孝感乡，有少数从江苏经湖南辗转迁入。

清代入成都经商的陕甘回民亦不少，成都的义学寺、秦福寺、九寺，就是陕甘的皮货、药料、骡马商人兴建的。回族已分布于成都市区、新都、郫县、灌县（今都江堰市）、彭县（今彭州）等地。宣统元年（1909年）《成都通览》载："成都有回教二千五百九十四人。"

清同治年间（1862—1874年）云南回族杜文秀反清起义，云南回民面临灭顶之灾，有许多举家逃来西昌避难。四川会理回民配合云南回民马荣先部义军攻陷会理县城。成都回族武术家马镇江奔赴云南，任杜文秀义军武术教官，训练义军将士。

三、近现代时期的回族

辛亥革命前夕，成都回民中有志之士追随孙中山先生，投身民主革命运动。蔡大愚为穆斯林早期刊物《醒回篇》撰写"留东清真教育会序"，周子宾编篡《中阿字汇》，宣传革命，进行启迪民智的工作。在四川保路运动中，成都苏元泰等22名回族人士于清宣统三年（1911年）夏闰六月初一发起成立"省垣清真保路同志协会"，六月初三在东鹅市巷清真小学召开全体大会，有400多回民到会，会上"言者激烈，闻者感愤"，一致反对清政府丧权辱国，誓死挽回路权，决心筹款修路。成都各县回民也纷纷成立清真保路同志协会，参加清真保路同志协会活动的回民来自社会各阶层，士农工商兵均有，哥老会中的回民会众也有许多人参加。后参加四川保路同志会请愿游行，遭四川总督赵尔丰镇压，其中10余名回民英勇献身。成都凤凰山官井学堂和驻军中的回族军官马德斋、苏聘、马德三、马继元、穆溶、马道荣等10多人，支持保路运动，响应独立，参加辛亥革命，带领军队维持治安，保护群众。在护国运动中，蔡锷率护国军进入川南永宁，永宁清真寺阿訇马光宗组织30多人的回民护送队，冒着枪林弹雨，抢救运送护国军"回族营"伤亡将士。辛亥革命后，到成都经商定居的回民没有间断。

1935年，红军长征经过茂县，建立了茂县回民苏维埃政府，茂县回民余登科任主席。该政府设立于茂县清真寺，为隶属于茂县苏维埃政府的乡镇一级政权。红军长征经过青川时，受到青川回民的支持，在青川建立青溪乡回民苏维埃，由回民闵成发任主席，马映忠任秘书，马玉堂任文化委员，马映和任土地委员，马再瑛任游击队长。同时还建立了河西回民村苏维埃政府，设于河西村清真寺，由阿訇黄二任主席。红四方面军在阆中，红三十军八十二师二六六、二六七团得到博树乡回族人民支持，消灭了驻守该乡的国民党军队，建立了博树乡回民苏维埃政府。红军撤离该乡时，回民苏维埃政府组织百余名回族青年参加了红军。

1935年5月，红军长征过境西昌，驻马坪坝休整的红军某部派陆营长（回族）带10多人到四百户清真寺，召开回民群众大会，宣传党的民族政策和宗教政策，号召回民团结起来，共同打倒军阀和国民党政府。

成都回民肖桦（1880—1936年）（江油清真寺阿訇）1935年4月在北川县陈家坝探亲时，带动该地20余名回汉青年参加红军。他任红四方面军政治部回文翻译，负责少数民族宣传工作。1935年10月红军进驻绥靖（今金川县）后，肖桦又相继担任中共大金省委回民委员会主席、绥靖回民苏维埃政府主席。绥靖回民苏维埃政府，设粮食、宣传、土地、妇女、裁判等委员，该回民政府积极宣传红军主张，实行土地革命，并动员150多回民参加红军。其中120名组成红三十三军回民独立连，由马善全任连长，马文常任指导员，连部驻绥靖城清真寺。回民独立连负责打击反动民团的骚扰破坏活动，保卫绥靖苏区，为红军北上筹粮。1936 年 3 月，连长马善全率队前往河东屯照壁山筹集粮食，部分战士运粮回县城，马善全率 40 余名战士留驻河东继续筹粮。当晚反动千总率民团偷袭驻地，红军战士全部遇害，回民独立连余部后随红军北上。1936 年 7 月中旬，肖桦随红军右纵队北上，行至梭磨河边，与土司反动武装遭遇，敌众我寡，战斗失利，肖桦纵马扑河，壮烈牺牲。

抗日战争时期，成都回族青年学生响应中国回教俱进会四川省支部号召，纷纷投笔从戎，有 48 名回族青年被中央陆军军官学校广西第六分校录取。毕业后，直接参加抗战。彭县有 30 余名回族青年组成战时服务队，每有空袭警报，即上街指挥疏散人群，防火防盗，维护社会治安。

抗日战争期间，西北、两湖、广西及江南各省回民纷纷迁入成都。抗战胜利后，部分回民仍然定居成都。在解放战争中，成都回族地下党员苏绍章团结回族青年，积极筹组四川省回民青年联谊会，发动群众迎接解放。并搜集情报，使解放军及时缴获了国民党一个汽车队及武器弹药；1950 年 3 月，由中共西昌县地下党组织安排打入“反共救国军”赵明安团（驻河西）任独立连（又称彝务连）连长的马思礼（地下党员，回族）和任副连长的马思昌（地下党员，回族），按照党的部署，利用国民党地方部队与中央部队的矛盾，策动赵明安消灭了住在高草乡招兵的“正字部队”师部，为四川解放作出了贡献。

中华人民共和国成立后，回族群众和其他各族一样，进入了一个平等、团结和繁荣发展的新时期。回族群众在政治、经济、文化等各方面都发生了很大变化。党和政府积极培养民族干部，在省、市、县各级人民代表大会和政府机构中，都有回族群众的代表和干部。

为了贯彻执行党的民族宗教政策，保障回族的合法权益，办好该民族的事务和管好教务，四川省和有关市（地）成立了回族社会团体。影响比较大的回族社会团体有：成都市回民青年联谊会，成立于 1950 年 1 月。成都市回民文化协进会，成立于 1954 年 5 月。四川省伊斯兰教协会，成立于 1982 年 12 月，到 2005 年，已经召开了 5 次协会会员代表大会，办有会刊。成都市伊斯兰教协会，成立于 1982 年 12 月，到 2005 年，已经召开了 3 次协会会员代表大会。

此外，还有广元市伊斯兰教协会、绵阳市伊斯兰教协会、德阳市伊斯兰教协会、泸州市伊斯兰教协会、南充市伊斯兰教协会、达州市伊斯兰教协会、攀枝花市伊斯兰教协会、凉山州伊斯兰教协会、西昌市伊斯兰教协会、宜宾翠屏区伊斯兰教协会、南充顺庆区伊斯兰教协会、阆中市伊斯兰教协会、盐亭县伊斯兰教协会、武胜县伊斯兰教协会、米易县伊斯兰教协会、青川县伊斯兰教协会、德昌县伊斯兰教协会、若尔盖县伊斯兰教协会、茂县伊斯兰教协会、阿坝县伊斯兰教协会、松潘县伊斯兰教协会等 21 个回族社会团体。

第二节　经济发展

一、回族乡经济的发展概况

（一）青川县蒿溪回族乡

1984 年青川县薅溪回族乡成立，1994 年更名为蒿溪回族乡，2004 年全乡有回族 410 户、1565 人，占该乡人口总数的 39%。

蒿溪回族乡自成立以来，坚持以开放促开发，以开发促发展。农业紧紧围绕“三农”抓“四业”，制订了以茶叶、林果、中药材、畜牧为主导产业，以茶叶为重点的发展思路。2001年全乡种植益母草、乌药等中药材800余亩，实现收入80多万元；积极与县制药厂合作，走“公司+基地”的路子，巩固和发展了光辉村500亩药材基地。畜牧生产在品种改良、缩短饲养周期、扩大生产规模上下功夫，2001年出栏牛1420头，养土鸡4万多只，引进南充养殖大户建立了炭河、金星、光辉等4个羊场、年产羊达4400只。2004年，蒿溪回族乡已发展茶叶8000多亩，所创品牌“树仙雀舌”获“中茶杯”一等奖和四川省“甘露杯”金奖；光辉、炭河、青光3个茶叶专业村初具规模，由私营业主投资经营的拥有350亩茶园的炭河茶厂已成为全县茶叶产、供、销一条龙的龙头企业；2000余亩8万余株核桃树常年产量稳定在20万公斤以上。1987年，该乡人均粮食340公斤，人均纯收入170元；1991年人均粮食440公斤，人均纯收入334元；2004年，人均粮食450公斤，人均纯收入1516元；2005年，人均纯收入2184元，人均粮食370公斤。

（二）青川县大院回族乡

1988年，青川大院回族乡成立。2005年，有回族人口1383人，占该乡人口总数的23%。1987年人均粮食产量305公斤，人均纯收入152元；1989年人均粮食产量320公斤，人均纯收入180元；1991年人均粮食产量426公斤，人均纯收入274元；1992年人均纯收入320元；2000年扶贫检查验收，全乡农民基本摆脱了绝对贫困，越过了温饱线；2002年农民人均纯收入1212元；2005年人均粮食产量450公斤，人均纯收入1862元。大院回族乡发展民族优势产业，茶树种植达到了1万亩，人均达到一亩优质茶园；长毛兔、土鸡养殖和核桃、木耳、菌类等土特产品的开发逐步形成规模；一批具有回族特色的休闲度假农家乐逐步形成。

（三）西昌市裕隆回族乡

1985年西昌市星宿回族乡成立，1990年2月星宿回族乡和裕隆乡两乡合并更名为西昌市裕隆回族乡，全乡有回族4074人，占该乡人口总数的24%。

裕隆回族乡以农业种植为主、养殖为辅。中共十一届三中全会后，由国家投资、群众投劳，先后修建了平塘、排水涝工程，回民普遍受益，粮食产量有了大幅度的增长，家禽养殖业也得到大力发展，副业收入占到总收入的40%左右，回族加工生产的板鹅、板鸭颇具特色。1985年前后裕隆乡开始发展奶牛养殖业。1990年，境内农村回民共养耕牛797头，为1949年的三倍多。到1997年，奶牛养殖业迅速发展并壮大，1998年、1999年、2000年达到了奶牛养殖的高峰，奶牛存栏数达3000头左右，平均日产奶量45吨。2004年，西昌市华宁公司引进德国先进技术的真空无菌挤奶机，在裕隆回族乡星宿村建立了挤奶站，形成以星宿村、长村村、兴富村为主的奶牛养殖发展基地，成为西昌市“三牧”乳业的主要供奶基地。奶牛交易市场建立，为农民增收528万元。奶牛养殖已成为裕隆回族乡经济发展的一个亮点。全乡劳务输出迈出新步伐，外出打工、经商的回民很多。至2005年，全乡国内生产总值比1990年翻番，其中GDP增长了65个百分点，第一、二、三产业增长了5倍。

1990—2005年西昌裕隆回族乡主要经济指标一览表

表2-16

指标 \ 年份	1990	1995	2000	2005
总户数（户）	3760	3820	3958	4356
总人数（人）	13797	14747	15697	16279
全部从业人数（人）	7899	8011	8439	8798
第一产业（人）	7432	7498	7749	7848
第二、三产业（人）	467	513	470	950
年末耕地面积（亩）	22211	22173	22239	25713
年末有效灌溉面积（亩）	22011	22072	20777	24497
粮食总产量（吨）	13573	13687	15038	18068
蔬菜总产量（吨）	4123	4047	4230	7493
肉类总产量（吨）	865	912	1505	2417
水果总产量（吨）	35	36	45	297
农林牧渔业总产值（按1990年价格）（万元）	560	1880	2379	3360
乡镇企业（个）	302	344	268	624
乡镇企业总产值（按1990年价格）（万元）	75	132	226	223
农民人均纯入收（元）	842	1100	2832	3465
集贸市场（个）	2	2	2	3

说明：数据由裕隆回族乡政府提供

（四）西昌市高草回族乡

羊角坝回族乡成立于1984年，1999年2月更名为高草回族乡，总人口13289人，有回族1664人，占该乡人口总数的14%。高草回族乡是以粮食生产为主的传统农业乡，农户具有丰富的种植经验，其生产的优质大米远近闻名；烤烟、蔬菜、桑蚕种植已具规模。自“凉山州‘十五’”规划以来，高草乡政府在发展经济同时，对乡镇企业进行引导，促其发展，充分利用村组剩余劳动力和当地资源优势，大力发展以农副产品为原料加工业，商贸饮食服务业为主的第二、第三产业。

2004年全乡实现工农业总产值9522万元，较2000年（7148万元）增长33.2%，平均每年递增8.3%。农业产值达6522万元，较2000年（4407万元）增长48%，平均每年递增12%。乡镇企业产值3000万元，较2000年（2741万元）增长9.4，平均每年递增2.4%。粮食总产量9769吨，农民人均纯收入2759元，较2000年（2315元）增加590元，平均每年递增147.50元。

（五）松潘县进安回族乡

进安回族乡成立于1984年，2005年有回族2704人，占该乡人口总数的51%。乡内平均海拔2851米，气候干燥、日照充分，无明显四季之分，年平均温度5.7℃，无霜期68天左右，年降雨量730毫米。乡内粮食仅一年一熟，主产小麦、葫豆、洋芋以及反季蔬菜。2005年全乡经济收入1421.7万元，人均纯收入1208元。

（六）松潘县十里回族乡

十里回族乡成立于1984年，辖6个行政村、12个村民小组。境内居住着回、汉、藏、羌等民族共646户，3086人，其中，回族1335人，占43.3%；藏族528人，占17.1%；汉族1213人，占39.31%。回族主要聚居在十里乡佑所屯村和火烧屯村。

农作物主要以小麦、蚕豆、青稞、土豆为主。农牧民副业收入主要以采集野生药材及旅游服务业为主。2005年，该乡大力调整农村产业结构，建立反季节地膜莴笋种植基地并取得成功。2005年全乡农村经济总收入为793.68万元，农民人均收入2024元，与2004年同期相比增长210元；全乡总播种面积为4172.79亩，粮食总产970.5吨，与2004年同期相比增53.5吨；人均有粮314公斤，比2004年增6公斤。全乡退耕还林（还草）3279亩。

2005年，十里回族乡建成了具有回族特色的佑所屯水泥拱桥，为该村新农村建设打下了基础；对乡政府职工住房和院坝进行了维修，改善了职工的住宿和办公条件；完成了火烧屯村村道硬化建设工作；通过基础设施的建设，较大地改善了农牧民的生产生活条件，促进了农村经济的发展。

（七）阆中市博树回族乡

博树回族乡成立于1985年。2005年，全乡总人口7856人，其中回族3720人，占该乡人口总数的47%。博树回族乡属典型的高山丘陵地形，土地贫瘠、严重缺水。粮食主产小麦、玉米、水稻；农副产品主要为水果、花生、桑蚕。1990年全乡实现社会生产总值951万元，较1986年增长34%，农民人均708元，较1986年增长37%；2000年全乡实现社会生产总值1970万元，较1998年增长25%，农民人均收入1650元，较1998年增长49%；2001年劳务输出2700人，劳务收入600万元；2005年劳务输出3000人，劳务收入650万元。2005年全乡实现社会生产总值3243万元，较2001年增长113%，农民人均收入2365元，较2001年增长48%。

（八）盐亭县大兴回族乡

大兴回族乡成立于1984年，2004年有回族2880人，占该乡人口总数的35%。农民的主要收入依靠传统种植业和外出务工。回民外出务工较少，主要靠从事畜产品贩运和清真餐饮业。2004年农民人均收入2150元。全乡有中小学各1所，卫生院1所，农村信用社1个。全乡有7座清真寺。

二、清真食品与清真企业发展

改革开放以来，四川省认真贯彻党的民族政策，尊重少数民族的风俗习惯，基本满足了有清真饮食习惯民族的需要，维护了民族团结和社会稳定。在回族人口较多的成都、德阳、眉山、南充、自贡、遂宁、广元等市，按照《城市民族工作条例》和有关政策制定了《清真食品管理规定》，将清真食品的生产、经营纳入规范管理、依法管理的渠道，使清真食品饮食行业不断发展壮大。经民族工作部门审批同意进行清真食品生产、经营的企业和个体工商户200余家（仅成都市就有117家），涉及餐饮、食品加工、养殖等行业，从业人员数千人。清真食品的健康发展，既解决了部分回族群众的就业，推动了民族经济的发展，又满足了当地穆斯林群众的生活需要。在省、市民族工作部门的扶持和依法管理下，四川省出现了一批知名企业和品牌。

青白江区弥牟镇是成都市回族较为集中居住地，常住回族多达2000多人，具有生产清真食品和回族用品的传统。2000年，四川省民委、成都市民委批准认定的“青白江回族食品用品生产基地”，在当地政府的支持下建立。经过多年的发展，逐步成为了成都市清真牛、羊肉和清真腌卤食品的主要供给地之一。2004年，基地有清真牛、羊屠宰专业户30户，年宰杀牲畜20余万头；清真腌卤专业户37户；奶牛养殖专业户35户，年产奶量80多万公斤；年牛市交易量7万多头，成交金额1.52

亿元人民币；拜毯、孝帽、巴兰香等回族用品年产值200万元。该区农民人均纯收入达3000元，回族同胞人均收入4000余元。2004年区政府出台了关于促进民族经济发展的系列文件，引入资金数十万元用于少数民族群众发展菜篮子工程。在区委和区政府的关心扶持下，青白江区在奶牛饲养、畜禽屠宰、食品加工和手工制品方面取得了长足发展，弥牟街道成为青白江地区的奶品基地和成都市穆斯林食品用品的一个重要供应基地。2005年，弥牟街道有奶牛养殖专业户30余户、肉牛屠宰专业户45户，年宰杀牛羊量20余万头；回民腌卤户50户，年销售收入达200万元；创出莆芳斋糕点、国国腌卤、马记火锅、永龙屠宰、国光瓷器、兰记家具、弥牟牛市等品牌。城市中心区成规模的民族餐饮店有11家。市场中设有少数民族食品专供点。成都市的清真牛羊肉原材料供应，有一半以上来自唐家寺（弥牟街道）。

为规范清真食品企业的生产经营活动，成都市人大常委会于2004年12月31日审议通过了《成都市清真食品管理规定》（以下简称《规定》），2005年5月1日正式实施。《规定》要求生产经营清真食品的企业必须具备一定数量的食用清真食品的少数民族职工；清真食品资格认定在要求和流程上也有特殊性，不仅需要企业事前具备基本条件，还需要对企业生产经营环境、食用清真食品职工人数进行考察核实、对其产品包装设计等方面符合条件后才能审批。

《规定》完善了清真食品生产营销条件，对清真食品生产经营实施规范管理，维护了食用清真食品少数民族的合法权益，推动了成都市清真食品行业的快速发展，确保了成都市清真食品生产供应秩序的规范有序，也解决了困扰穆斯林群众多年问题。使成都市清真食品行业的规范管理有法可依，有章可循。自《规定》颁布实施后，成都市清真食品企业生产经营活动规范有序，清真食品生产企业得到了较快发展，特别是川味清真调味品，受到了广大食用清真食品民族的喜爱。据初步统计，2005年，全市清真食品年销售数亿元，发展势头良好。

2005年，成都市有3家清真食品企业被国家民委列为民族特需食用品定点企业，分别是成都新成食品有限公司，主要生产清真康元饼干；成都友联兴达味业有限公司，主要生产清真火锅底料和调味品；成都宝利食品公司，现已迁往南充市，由市伊协监制。

第三节　社会事业

一、文化

1985—2005年，各回族乡都积极发展农村广播事业，开设闭路电视、宽带网，促进通信事业的发展，丰富了群众的文化生活。

2005年，西昌裕隆回族乡有广播站1所，闭路电视覆盖率达到90%，农网改造工作已全面通过验收。电信事业快速发展，全乡共安装2300部固定电话，973部移动电话，基本实现了村村通电话。

西昌高草回族乡开通各村组邮电通信网络，全乡安装固定电话2000余部。

青川蒿溪回族乡已开通直拨国内外电话和移动通信，实现了村村通电话，全乡电视覆盖率达95%。

青川大院回族乡修建电视卫星地面接收站6个，场镇安装闭路电视50户，2002年全乡电视覆盖率达到80%，80%的农户购买了电视机。

阆中市博树回族乡的固定电话由2001年的150部增加到2005年的600余部，有线电视用户由2001年的600户增加到2005年的1200户。中国联通、中国移动电信公司在乡内建立发射基站，改变了该乡信息闭塞的局面。

改革开放对四川回族文化事业的发展产生了广泛而积极的影响，为文化的繁荣发展创造了良好的环境和氛围，涌现出一批回族作家、诗人、表演艺术家。如回族作家木斧（杨甫），系《指向》诗刊主编，四川文艺出版社副总编辑，编审。著有中短篇小说集《汪瞎子改行》，长篇小说《十个女人的命运》，诗集《醉心的微笑》《美的旋律》《木斧诗选》等。《木斧诗选》获全国第三届少数民族文学创作优秀奖、四川省第二届文学奖和四川首届少数民族文艺基金奖最佳奖，短篇小说《孤独》获四川省首届少数民族优秀作品奖，诗集《我用那潸潸的笔》获《海东杯》九十年代优秀诗集二等奖，诗集《书信集》获首届龙文化金奖。戏曲表演艺术家刘时燕，师承四川扬琴大师李德才学习女腔旦角，又吸收姊妹艺术之长有所发展丰富，形成自己委婉细腻、含蓄深沉的特色，1990年参加“长治杯”全国曲艺（书典、鼓曲）大赛，演唱《船会》获表演一等奖。被认为是四川扬琴德派继承人。2005年获“第五届中国金唱片奖”。在回族文化方面研究也取得了成就，西南民族大学研究员马尚林著《四川回族历史与文化》，该著作较为全面系统地介绍了回族的历史与文化。女作家、摄影家穆群森潜心寻访四川回族的生活情态，有十多个纪实摄影专题被《中国穆斯林》《中国西部》《中国旅游》《游遍天下》《民族》等杂志刊用，著有《四川回族习俗文化》。

二、教育

（一）教育优惠政策

随着社会经济的发展，各级政府十分重视民族教育，注重提高少数民族文化素质。从1987年起，四川省范围内散居少数民族子弟报考省内高等院校、中等专业技术学校、普通高中等，享受加分照顾政策。国家对回族学生在升学和入学上给予的优惠政策，提高了回族学生的入学率。至2005年城镇回族学生入学率为100%，农村回族学生入学率为98%以上。各回族乡政府也不断改善学校环境和办学条件，创造舒适、和谐的教学环境，以巩固提高“普九”成果为重点，提高教学质量。

1978年西昌地区与凉山州合并后，政府在教育方面制定了对少数民族考生适当放宽录取标准和条件的政策，使许多回族子弟得到了进入大专院校深造的机会。据统计，截至1990年，回族受过中学以上教育的人数，为中华人民共和国成立前的25.56倍。

西昌裕隆回族乡努力改善学校环境和办学条件，自1991年以来，通过普九，累计改造学校危房6300平方米；2005年“两免一补”政策实施后，2005年有初级中学1所，小学8所，学生3075人，以巩固、提高“普九”成果为重点，适龄儿童入学率和毕业率都达到了100%。

西昌高草回族乡先后将各小学校舍改建砖混结构的教学楼，配备了远程教学设备。到2005年，乡内有初级中学1所，小学6所，幼儿园、托儿所6个，全乡中、小学适龄儿童入学率100%。

松潘县十里回族乡新建了高屯子村小、佑所屯村小。2002年11月通过县级“普九”验收，2005年10月，通过省、州“两基”验收。全乡有4所小学，30名老师，在校生376人。乡中心校实行了半寄宿制，为学生上学提供了方便。

1993年2月青川县蒿溪回族乡中心学校被批准改建为蒿溪民族学校。

青川县大院回族乡民族学校设初中部和小学部，村级小学校6所，全乡教职工52人。2002年，新建了竹园、大茅、花果、建兴四个村级小学和乡中心学校教学楼，改善了办学条件。全乡98%的小学教师达到中师水平；85%的初中教师达到大专水平，小学升学率达到98%，巩固率达到100%，四率达标，经省、市检查验收合格。

阆中市博树回族乡学校1986年更名为阆中市博树回族乡中心校，到2003年，学校已经通过普及九年义务教育，实现了小学五年级以上学生在校住读，保证了学生在校正常学习和生活。

（二）回民办学

四川境内回族教育，在清代及民国时期，是以清真寺为中心，专习伊斯兰经文的“经堂”教育。各清真寺以厢房为“经堂”（教室），由驻寺阿訇任“任梭”（教师）。回民子弟，按教法规定，出生四岁零四个月后，便要入寺当“哈里发”（宗教继承人，学生）。教学大体分初、中、高三个阶段。课程设置，先学阿拉伯文字母（28个）及拼音，念《古兰经》选本（《亥听》），学习有关沐浴、礼拜、宰牲等基础知识的《杂学》，然后熟读30本《古兰经》中若干本。在此基础上，讲授教义、教法、文法等若干巨著，经考试合格，举行“穿衣”大典，授予阿訇学位。

清末民国初，西昌回族聚居区，都建立了“义学会”，通过筹集经费，购置田地，出佃收租，聘请塾师，先后办起私塾15所。1921年，“宁属回教俱进会”成立后，会长叶增辉在城内吉羊巷清真寺创办了“经书拼授”小学一所，自任校长。1940年，“回协康分会”建立后，由丁珍亭等倡导，叶增辉之子叶养廉首捐常年租米20箩（合1500公斤），回商马纯卿、马焕文亦捐巨资，在吉羊巷清真寺创办“私立伊斯兰小学（完小）”。各地回民原办之学校，亦全部更名为“伊斯兰初级小学”。1944年秋，吉羊巷小学增设初中部，定名为“健生初级中学”。1949年，境内回族共办小学16所（完小1所、初小15所）、初级中学1所。中华人民共和国成立前，境内农村回族子弟入清真寺学习较普遍，很多女孩子亦入寺学经。

1940—1949年西昌回族兴办小学、中学一览表

表2-17

学校名称	办学单位	班级	备注
私立健生中学	健生中学董事会	1—3年级，各级一个班	
吉羊巷伊斯兰小学	该校懂事会	1—6年级	
马石桥伊斯兰小学	清真东寺	1—4年级	
核桃村伊斯兰小学	核桃村清真寺	1—4年级，各级一个班	
回回村伊斯兰小学	回回村清真寺	1—4年级，各级一个班	
果园桥伊斯兰小学	果园桥清真寺	1—4年级，各级一个班	
沙家堡伊斯兰小学	沙家堡清真寺	1—4年级，各级一个班	
黄水塘伊斯兰小学	马家堡清真寺	1—4年级，各级一个班	
合营伊斯兰小学	合营清真寺	1—4年级，各级一个班	
城子堡伊斯兰小学	羊角坝清真寺	1—4年级，各级一个班	当时属盐源县，1950年划归西昌县
长村伊斯兰小学	长村清真寺	1—4年级，各级一个班	
星宿屯伊斯兰小学	星宿屯清真寺	1—4年级，各级一个班	
玉石塘伊斯兰小学	玉石塘清真寺	1—4年级，各级一个班	当时属盐源县，1950年划归西昌县

续表 2-17

学校名称	办学单位	班级	备注
沙锅营伊斯兰小学	沙锅营清真寺	1—4 年级，各级一个班	
四百户伊斯兰小学	四百户清真寺	1—4 年级，各级一个班	
邹家屯伊斯兰小学	邹家屯清真寺	1—4 年级，各级一个班	
大庄伊斯兰小学	大庄清真寺	1—4 年级，各级一个班	当时属盐源县，1950 年划归西昌县

中华人民共和国成立后，1950 年，健生中学更名为伊斯兰中学，城乡伊斯兰小学名称照旧。中小学经费、人事，仍由办学单位负责。1951 年，各伊斯兰小学由县人民政府接管，改为公办。1952 年秋，伊斯兰中学并入西昌中学（今西昌二中）。之后，境内回族子弟普遍获得入学机会，已普及初等教育。

由回民创办的成都西北中学，1986 年获得“全国数学联赛优胜集体”称号；1987 年被成都市人民政府命名为“文明单位”。1989 年西北中学设立回族学生奖学金，评选优秀回族学生，给予奖励。

三、卫生

随着农村经济发展，民族乡内社会保障体系日益完善。2005 年，西昌市裕隆回族乡有乡卫生院 1 所，村医疗站 31 个。参加农村意外创伤保险人数占人口的 20% 左右，母婴双全保险、儿童教育保险的人数占应参加人数的 50% 以上。改造卫生院房屋 300 平方米，新增了医疗设施，加强重大疾病防治，初级卫生保健工作初见成效。儿童计划免疫接种率达到 100%。

2002 年，阆中市博树回族乡，建成了 1500 平方米的乡卫生院，基本解决了全乡群众就医、住院问题。到 2005 年，全乡参加新合作医疗的比例达 90%。

松潘县十里回族乡有卫生院 1 所，医生 3 人。为方便群众看病就医，乡卫生院实行 24 小时值班制度。2006 年，全乡农牧民参加农村新型医疗保险人数达 51%。

青川县大院回族乡各村成立了卫生防疫防保站，全面实施了“母亲安全项目”工程，极大的方便了广大群众就近就医。2002 年儿童计划免疫面达到 95% 以上。

第四节　文化变迁

20 世纪 80 年代以来，通过与汉族及其他民族频繁接触，回族的习俗有一些变化，但在饮食、服饰、诞生命名、成年仪式、婚姻丧葬习俗及宗教信仰上，仍然保留有浓厚的回族传统文化色彩。

一、饮食

回族的饮食习惯是严格按照伊斯兰教的规定沿袭和传承下来的，饮食注重合理、清洁。回族进入四川后，除了继承先民制作“清真”菜肴的技艺，保持自身饮食禁忌外，还借鉴其他民族的一些饮食制作方式，形成了四川回族独特的饮食文化体系。

四川回族的清真菜肴原料丰富，肉类有牛、羊、鸡、鸭、鹅、兔、鱼、虾，其他还有蛋类、蔬菜、瓜果等。主食是大米和面粉，食清油（菜籽油），兼食牛、羊动物油。日常生活中喜饮茶和以茶待客。不饮酒、不吸烟。在回民的餐厅、饭店都备有糖茶、盖碗茶。糖茶分红糖砖茶、白糖青茶、冰糖沱茶。居住在城镇及较发达地区的回族，遇上佳节或喜庆的日子，为尊重其他民族的客人，也要摆上葡萄酒、啤酒及其他果汁酒等。

回族的烹饪技法有煮、炖、闷、爆、烤、烧、炸、炒、蒸、溜、涮、酱、扒、烩、煨、卤，根据原料、加工方法不同，再配以四川的辣椒、花椒、姜、胡椒等调料，能制作出上百种菜肴；在口味上，以川菜的麻辣为主，是独具川菜风味的清真菜品。改革开放后，四川回族餐饮业更注重饮食的安全性、科学性和营养性，还将海鲜材料做成清真菜品，并开发了药膳、滋补等养生品类，使清真菜肴更加丰富。

回族喜吃的佳肴有：粉蒸牛肉、羊肉；清炖牛肉、羊肉以及红烧牛肉、烤羊肉串、牛肉干巴、凉拌肺片、板鸭、板鹅、羊肉臊子面、烩面、小笼包子以及回族的传统食品，如油香、麻花、馓子、炸糕、八宝饭、干粮馍等。

在喜庆宴会上，一般进餐顺序为先上干果，再上以牛、羊、鸡、鱼做成的佳肴。回族赴宴有包菜的习俗，回族称“包残包”，即开席进餐过程中，由主人或有声望的老人将一些干菜，如板鸭、板鹅、干牛肉、油香分给每个到场的人，人们不喜吃或吃不了的菜肴，用主人事先准备的纸包好，拿回家后再吃，避免倒掉浪费。

四川的回族食品老字号的有阆中“保宁白糖蒸馍”“保宁白糖烧饼”“保宁干牛肉”“华珍牛肉”等，受各族群众喜爱；盐亭县的“烤腊牛肉”“烧馍”“安家挂面”；德阳“马昌恒果汁牛肉”；广元“核桃饼”；犍为县罗城的“干巴牛肉”；成都“王胖鸭”、“牛肉煎饼”、唐家寺“清水白鹅”等。

二、服饰

四川回族服饰中最具特色的装饰是男子戴的小白帽和女子戴的盖头。

回族男子的头饰是无沿圆顶的小白帽，其规范名称叫“号帽”“回回帽”，或“孝帽”。这种无沿帽，带有浓厚的伊斯兰教色彩。伊斯兰教“五功”中的拜功要求礼拜者的头部不能暴露，在礼拜叩头时，前额和鼻尖又必须着地，戴无沿小白帽礼拜既符合教规且方便，被俗称为“礼拜帽”。现在，回族男子带的小白帽已经成为回族身份的标志。

白色无沿帽一般用棉布或涤卡面料做成，主要是春夏季使用。在秋冬季，一些老年人喜欢戴黑色或墨色无沿帽，这种无沿帽乡用平绒或呢绒做成。有些号帽制作精美，在帽沿镶绣金边或图案；有的在帽子前正中绣“星月”或阿拉伯经文“真主至大”或“清真言”。

在阿坝州，回族男子喜欢缠头，且缠戴非常讲究。相传默罕默德在早期做礼拜时，缠“戴斯塔尔”（波斯语音译，意为“缠头巾”），穆斯林把这种行为看成是圣行并予模仿。缠头有一定的讲究，前额只缠到发际处，以便礼拜时前额着地。缠巾的一端缠完后压到脑后缠巾层里面，另一端留出约一肘长垂在脑后。缠巾用白色或黄色的布料或毛巾做成。现在戴“戴斯塔尔”的主要是阿訇、海里凡和笃信宗教的老人。

回族男子喜欢穿白色对襟上衣或白衬衫、白色长裤、白色袜子，黑色外套，青色或棕色领挂（背心）。“背心”是男子服饰的重要组成部分，在白衬衫外套一件对襟黑色背心，再配上白布大裆宽松裤，黑白对比鲜明，表现出回族简朴、大方的衣饰特点。

四川回族的服饰，较之过去有较大变化，男子衣服已由单一的白衬衫、领挂等转向穿西装、夹克衫、体恤等现代流行服饰，绝大多数回族衣着的款式与当地汉族相同，单从服饰上已难辨别其族属。青年妇女穿色调鲜艳的时装，还喜欢剪发、烫发、染发。现在只有在节庆、祭典、礼拜时，回民才穿民族服装，包白帕或戴白帽、戴盖头。回族男子，尤其是老人和阿訇还喜欢蓄连鬓胡或山羊胡。阿訇上殿主持礼拜时仍旧着长衫、包白帕（缠头）。男女鞋子与汉族鞋式相同。

回族女性整体着装大方、端庄，传统服装一般是能遮住臀部的右衽大襟上衣，下装长裤；中老年妇女多穿深色长及膝盖的衣袍。不穿太薄太透的服装。

最能显示回族女性特色的头饰是"盖头"和白色圆形高顶帽。"盖头"是阿拉伯语长头巾的意译，指妇女专用的长头巾。伊斯兰教认为，妇女的头发、耳朵、脖子等部位都是羞体，必须全部遮住，以防诱惑异性而使自身受到侵害。在阿拉伯地区，为防风沙，妇女们还要戴面纱和面罩。后来逐渐成为穆斯林妇女的普遍面饰。伊斯兰教在中国本土化后，回族妇女已弃用面罩，但仍用头巾护面，把面纱改成了蔽发露面的"盖头"，以符合教义。"盖头"大多选用丝绸、乔其纱、丝绒、麻等面料制作，颜色为白、青、绿三种，代表着不同的年龄。通常，少女戴清新秀丽的绿色盖头，已婚妇女戴黑色盖头，老年妇女戴洁净的白色盖头。少女和已婚妇女的盖头只披到肩膀，老年妇女的盖头垂至腰部。生活在城市里的中青年女性日常不戴盖头，只有在民族节日期间，才用艳丽时尚的头巾包裹缠绕头面。

三、居住

四川回族居住特点与全国回族相同，大分散而小聚居。全省181个县（市、区）都有回族。他们在各地相对集中居住，大都围寺而居，在城镇自成街道，乡村自成村落，与周围的环境融合，又保持民族本色。

回族有依水而居的习惯。伊斯兰教规中明确规定：凡礼拜、祭典、念经和逢年过节，成年人都必须做"大小净"，换上干净的衣服。因此回族村落在选址时，大多选在用水方便之地，城镇回族集中的街道均有水井。凡回族家中都备有做"大小净"的用具，有条件的家庭修建住房时还专门设计了水房。

回族的房屋结构与当地汉族相同，大多为四合院式，没有严格的坐向之分。正房和两边的厢房呈中轴线分布，中间为院坝，一般都有围墙，正房由中堂（堂屋，回族称为"堵耳"）和两边的耳房组成，左边厢房大多为厨房、厕所和畜圈，右边厢房为住房和贮藏室。上方为半截土垫楼，用于存放粮食或杂物。

回族堂屋里的摆设有别于汉族家庭，在中堂正方设置有香案，香案上摆有香炉、《古兰经》，香案上方贴有用阿拉伯文书写的对联、条幅。左右两面墙贴印有圣地麦加的画、天房图、伊斯兰教历等。在回族家中忌贴人物画像，如果堂屋中挂有家人的照片，诵经时要用布将其遮盖或把镜框翻一面。

中华人民共和国成立前，四川回族的居住条件相当简陋，农村大多是茅屋，通常两三代人挤在一屋；城市回族住房窄小，人均不足4平方米。中华人民共和国成立后，随着社会经济的发展，尤其是中共十一届三中全会以后，改革开放以来提高了人民的生活水平，回族群众的居住环境也发生了翻天覆地的变化。农村约75%的家庭改造或新建了房屋，在回族聚居区涌现了一座座回民新村，多数人家的儿子婚后，都另修一院新房，几世同堂的现象得以改变。城镇回民居住条件也大为改善，居住面积人均已经超过15平方米，修建"小洋楼"者也逐年增多。

四、婚姻

四川回族的婚俗受伊斯兰教教规的影响较大。伊斯兰教教义认为，穆斯林结婚为履行天命和圣行。因此，无论男女只要到了合法年龄都要结婚，并要求夫妇双方要互敬互爱，互相谅解，患难与共，白头到老。

回族的婚姻基本上是本族内婚。回族青年无论是自由恋爱还是经人介绍，双方在确定关系后都要请人（媒人）通知对方的父母，争取父母的同意，回族称“取同意”。父母一般不干涉儿女的婚事，父母同意后，男女双方在结婚前要举行订婚仪式，由男方赠给女方一定的信物，如衣服、装饰品等，信物的多少视男方的经济情况而定。结婚时由男方支付女方办喜事、宴请宾客的费用。

回族青年男女履行结婚登记手续后，还要举行具有民族特色的婚礼——“伊扎布”（即证婚）。婚期由双方父母共同协商，按伊斯兰教历选择吉日，一般选在主麻日（即星期五）或阴历的双日。选定吉日后在男方家或在清真寺举行婚礼，婚礼由阿訇主持。婚礼仪式包括三个部分：

迎亲 男方家派出自家的弟弟、表姐、表妹迎亲。迎亲要赶早，通常是天亮之前（早晨五六点钟）就将新娘接走。新娘家的送亲队伍由其兄弟、姐妹等组成，将新娘送到男方家后，男方要给女方送亲的兄弟、姐妹“门帘钱”。

念喜经 结婚当日要请阿訇来念喜经（证婚词），意为真主承认他们成为夫妇。喜经主要内容是宣讲结婚的重要性和意义。念喜经时堂屋里放一张大方桌，阿訇坐在上方，新郎、新娘聆听阿訇念经和赞圣，赞美安拉促成了他们幸福美满的婚姻。方桌上放有染红的花生、核桃、大枣、糖，回族称“喜果”。念完经后将“喜果”撒给大家，人们欢哄抢食。接下来就是宴请宾客、闹房。

回门 回门时间在举行婚礼的第二天，回门时新郎要向新娘家送三色礼（茶、糖、鸭或鹅）。有些地方的习俗是，女子出嫁后不可随意回娘家，只有娘家人去接，方可回娘家。

五、丧葬

四川回族的丧葬习俗随同伊斯兰教规，主张土葬、速葬、薄葬。回族认为世界上的万事万物由真主造化，真主掌握，人来源于真主，“无常”（死亡）后也归于真主。人死是真主前定的，死对每个人来说都是不可避免的，所以，他们视死为“归真”。回族临终前，家属要请阿訇为其忏悔，宽恕其一生的罪过，并且告诉他，真主在呼唤你，让你去，你就放心地去。人去世后，家属马上分头行动，一些人去向朋友、亲属报丧，一些人到墓地修好的墓前开窑门（即将封好的墓门打开），一些人到清真寺去抬“水床”。将亡人放上“水床”，头朝北、脚朝南，面向西方。放上“水床”后要挂“孝幔”，“孝幔”用布做成，中间为白色，两边为绿色，上面写有经文。老人如果在医院去世，就将其送到清真寺；如在家里去世，就停放在家里。亡人停放期间要派人守护，不许猫、狗之类的动物接近。回族提倡速葬，如果早上去世，下午便埋葬；如下午或晚上去世，第二天一早埋葬；最长不超过3天，回族认为如果时间拖长了，就会有伤亡人，使亡人入土时不得安宁。回族还认为如果亡人死在“潘山日”（星期四），抬在“主麻日”（星期五）是最吉利的，同时认为亡人死在斋月是一件幸事，因为此时天堂的大门是敞开的，人死后可直接进入天堂。

回族的丧葬程序分为4个部分：给亡人冲洗，为亡人穿“克凡”，行站礼，下葬。

给亡人冲洗 即为亡人沐浴净身。洗浴时男女有别，男性亡人请男告姆（女性亡人请女告姆）3人为亡人洗浴。方法是，先将亡人放在水床上，用白布将羞体遮盖好，一人灌水，一人淋水，一人洗浴。

穿“克凡”　据说伊斯兰教的创始人穆罕默德逝世时，只用3块白布裹身。因此，回族死后都不穿殓衣，也不用陪葬品，只用白布裹身。回民去世后，亲属要买3丈白布做成大卧单、小卧单、皮那哈（亡人穿的衣服，即殓衣）、手套。男3件，女5件，按统一规定缝制。在布上撒些冰片、樟脑、红花等。裹的方法是，将大卧单铺开，小卧单放在大卧单上面，撒上香水、药物，将亡人平放布上，把皮那哈紧贴遗体，抽去遮羞布，把遗体包好即可。

行站礼　即生者向亡人举行祈祷礼仪。这是回族丧葬的重要仪程。众亲友将冲洗干净的遗体放入塔布匣子里①，匣子上铺一张罩幔，四周围着绿色的布，叫“围子”。送殡的回族男子排队站立，回族叫“站者拉”（“者那子”，即“殡礼”）。参加站礼的人都要淋浴。由阿訇主持，率众念“宰那惹”，经文的大意是，求主饶恕活着的人和去世了的人以及外出的人和老年人、儿童、妇女、男人。念完“宰那惹”后，向左右说“色俩目”，站礼即结束。

下葬　回民去世后，邻居、朋友、同事都要沐浴后前来帮忙和送葬。出殡前阿訇带着《古兰经》先到墓地，出殡队伍是男站前、女站后。回族男子都要争着抬匣子，将亡人送到墓地。下葬前，先由一人钻进墓里去，在墓内四周撒上红花、籽土、雄黄等一些防虫药，用罩幔将墓口遮住。外面的人将亡人从匣子里抬出，放在墓门口，由先钻进墓地的人和外面的人慢慢地将亡人移送进去，放平后将捆好的大卧单、小卧单打开，把脸露出来，头向着西方，然后用一块石板将墓门封好。亡人亲属开始掺土，凡亲属都要掺三把土。这时阿訇在一旁开始敬诵《古兰经》，诵经完毕，亡人亲属将备好的下土油香谢发阿訇和帮忙者。

回族聚居地都有回民公共墓地。中华人民共和国成立后，政府为尊重回民风俗习惯，对各地回民公墓给予保护。清真寺都设有丧葬组，墓地有挖好的窑子（墓穴），如遇回民归真，亲属只需缴纳经费便可启用，为回族提供了诸多方便。

六、宗教

（一）伊斯兰教的传入

四川回族笃信伊斯兰教。伊斯兰教是公元7世纪初期由阿拉伯麦加城人穆罕默德创立。“伊斯兰”是阿拉伯语的音译，原意为“服从、和平”，在宗教意义上，指归顺真主的意志和戒律的宗教（即通过顺从真主的旨意，恪守真主的戒律，从而获得内心的安宁和社会的和平）。信仰这一宗教者被称为“穆斯林”，意为“顺从安拉（真主）的人”。穆斯林现已成为公众对伊斯兰教信众的称呼和教民的自称。

穆斯林相信世界除真主外，再无神灵，穆罕默德是真主的使者。伊斯兰教的基本教义为五大信仰，即信安拉、信天使、信经典、信先知、信后世。基本宗教职责为“五功”，即念清真言、礼拜、斋戒、纳天课、朝觐。

7世纪中叶，信仰伊斯兰教的中亚细亚人、阿拉伯人、波斯人等来中国经商时把伊斯兰教传到中国，其后随着回族先民入居四川而传入四川各地。元朝时信仰伊斯兰教的人逐渐增多。他们在松州（今阿坝州松潘）县城东山麓（今进安乡东裕村石场沟右侧）建清真寺，开展宗教活动。《隆昌回族与伊斯兰教》载：“伊斯兰教到隆昌，是在康熙辛卯年间。回族人苏正选由湖南邵阳迁来，宗教随

① 匣子形同汉族的棺材，用木头做成，长方形，两头整齐，写有经文，匣子为回族公用，一座清真寺一个。

之，起初只有他一家人信奉。以后，回族中的马、杨、蔡、海四姓自各地迁来同居，他们都信奉伊斯兰教，于是隆昌信伊斯兰教者逐渐增多。”伊斯兰教随着回族的定居，逐渐在四川各地传播开来，而且教徒众多，教门兴旺。

伊斯兰教在世界上主要分为两大派别：逊尼派和什叶派。逊尼派的势力较大，分布广，中国伊斯兰教也属此派。四川回族多属伊斯兰教逊尼派，但由于四川邻近西北地区，阆中、广元、青川等县受伊斯兰教苏菲派的影响较大。四川主要是苏菲派之一的噶德忍耶门宦。

清康熙二十五年（1686年）穆罕默德29世后裔哲尔不董喇希前往阆中传教，于康熙二十八年在阆中归真。其高足祁静一闻讯前往阆中，在蟠龙山为其修建墓庐，竣工于康熙三十年（1691年），命名为“久照亭”（即巴巴寺），以表清光之照，常风不已耳。此后祁静一曾多次来阆中宣传噶德忍耶门宦的教理，发展教徒。

伊斯兰教是回族人民信奉的宗教，回族小孩降生后，要请阿訇取经名，孩子从小就随父母进清真寺做礼拜，参加各种宗教活动。中华人民共和国成立后，实行宗教信仰自由的政策，四川回族的宗教活动得以正常开展。主要宗教活动有念清真言、做礼拜、封斋、完纳天课。伊斯兰教的信仰者，都希望前往伊斯兰教的圣地——沙特阿拉伯麦加城朝觐。凡朝觐回来的人被尊称为“哈吉”，备受人们的尊敬和推崇。

（二）宗教政策

中共十一届三中全会后，国家落实宗教信仰自由政策，各地清真寺恢复宗教活动，穆斯林得以恢复宗教生活。四川各地伊斯兰教协会继续弘扬中国伊斯兰教优良传统，充分发挥伊斯兰教协会组织的桥梁和纽带作用，积极协助党和政府贯彻执行宗教信仰自由政策，团结和带领全省穆斯林群众积极投身社会主义现代化建设，为经济发展、民族团结、社会稳定、国家统一发挥了重要作用。

四川省伊斯兰教协会还努力挖掘伊斯兰教教义与社会和时代发展相适应的积极内容，积极开展“解经”、讲新“卧尔兹”工作。“解经”、讲新“卧尔兹”是中国伊斯兰教协会教务指导委员会倡导开展的针对当代中国穆斯林在宗教生活和社会生活中遇到的问题，给予既符合教义精神、又符合时代发展的阐述。与社会主义社会相适应的“解经”、讲新“卧尔兹”在伊斯兰教界人士和广大穆斯林群众中产生了广泛影响。四川省伊协就做好“解经”和讲新“卧尔兹”工作进行了有益的探讨。2004年6月举行了“解经”理论研讨会；2005年4月，四川省成功地举办了首届全省“卧尔兹”演讲比赛。

四川省有新老清真寺120余座。中共十一届三中全会后，传统的“经堂教育”也在一些清真寺恢复。为继承和弘扬伊斯兰教传统文化，培养清真寺教职人员，成都、阿坝、西昌、盐亭等四地还分别开办了学制四年的经学班。

西昌市部分清真寺恢复了“经堂教育”。入学者，一般为18岁以上的青年男女，少数回族青年到云南各地清真寺学习；1986年，经四川省宗教局批准，并拨款补助，在沙锅营清真寺办“经学班”一期，学制四年，招收省内各地哈里发38名，由杨华、刘光济、杨思聪等阿訇执教。截至1990年，全市共有阿訇66人（其中女2人）。

伊斯兰教协会在落实民族宗教政策、维护穆斯林群众的合法权益、服务穆斯林群众方面做了大量卓有成效的工作，南充市伊协于1998年制定了《回民公墓管理办法》，阆中市落实8亩土地作为回民墓地；西昌市政府1990年2月落实19.64亩荒坡地作为“伊斯兰公墓”。

第六章 蒙古族

第一节 概 况

据2000年第五次全国人口普查统计，四川省蒙古族人口共计42316人，其中男19719人、女22597人。四川蒙古族主要分布在成都市、凉山州和攀枝花市，其余散居于省内其他市（州）、县（市、区），呈大杂居、小聚居的分布特点。

一、四川蒙古族的来源

历史上，蒙古人有两次大规模进入四川的军事活动。第一次是南宋时期，蒙古军队征战后驻防。第二次是清初，蒙古人随八旗驻军大举入川。另外，在明末清初，固始汗、林丹汗等蒙古诸部移牧青藏高原，固始汗及其子孙们对西藏、青海、四川、甘肃等藏区进行了长达七十多年的直接统治，四川藏区也有不少的蒙古部落，也曾保留下不少的蒙古族土司，但大多均融合于今藏族之中了。

（一）南宋末期进入四川凉山州的蒙古族

约公元13世纪初，成吉思汗统一蒙古草原后，相继征服欧亚大陆，建立了空前强大的大蒙古帝国。当时中国南方还有南宋王朝和大理国与之对峙，于是蒙哥汗亲率大军分三路进兵四川，兵败合川钓鱼城。忽必烈时期，灭大理国后，蒙古军挥师东向，最后于1279年灭南宋统一全国。在这些征战中，有一部分蒙古军户留在了川、滇地区。据《元史》记载，1253年忽必烈汗统帅三军进攻云南途经建昌（今西昌）时，为管理川滇结合地区，将手下将领喇塔阿塔为首的一支蒙古骑兵留守建昌并建立了雪城都督府，管辖建昌以南广大地区。1368年，朱元璋灭元建立明朝时，这支驻守建昌的蒙古驻防兵无法返回北方草原，元平章月鲁帖木儿先降明后反叛，战败后逐渐向今盐源、木里方向迁移。后逐渐与当地的纳西族、藏族等民族通婚，成为今川、滇交界之地生活的蒙古族人。

（二）“驻防八旗”后代——居住成都等地的蒙古族

清顺治元年（1644年）清朝入关后，为了更好地监督和控制全国各地的军事、行政，先后在全国各战略要地派驻八旗兵，称为驻防兵。成都是八旗兵的一个重要驻防地。

康熙六十年（1721年），八旗官兵开始驻防成都。其中骑兵1000名、步兵400名、军官74名、匠眼役96名，由副都统一员统辖。而后，陆续迁来驻兵眷属。留驻成都的八旗兵，以三甲为一旗，共24甲，其中每旗有一甲蒙古兵。因此，蒙古人约占驻防兵的三分之一。当时八旗兵丁及眷属共约5000人。至此，成都有了定居的蒙古族，他们成为四川蒙古族城市人口的主体。

二、四川蒙古族与各民族的关系

四川蒙古族主要聚居在成都平原和凉山州盐源、木里两县的高山河谷地带和丘陵坝区，长期与汉、彝、藏、纳西、满、回等民族交错杂居、友好相处，经济上相互依存，文化上交流互动，形成了唇齿相依的睦邻关系。

蒙古族与汉族长期比邻而居，汉文化对蒙古族影响很大。蒙古族土司出租土地给汉族耕种，保护汉族从事生产劳动，汉族则将先进的生产方式和农业技能传授给蒙古族，使居住在河谷和坝区的蒙古族学会了水稻栽培等农业技能，逐步改变了蒙古族单一以牧为生的生活方式，推动了当地生产力的发展。

蒙古族和彝族长期相处，形成了相互学习、相互尊敬、互通有无的关系。

蒙古族与藏族由于在生产生活、风俗习惯和宗教信仰等方面大同小异，故有“蒙藏一家”之说。两族长期以来相互通婚、共同发展，推动藏传佛教在凉山地区兴起、发展和壮大，蒙藏活佛喇嘛共同创建了木里有名的三大寺。

蒙古族与纳西族是两个密不可分的民族。700 多年来，两个民族互相支持，相互依存，相互通婚，始终保持着世代姻亲的娘舅关系。

蒙古族与满族在历史上长期保持友好关系。如驻守成都的蒙古族和满族，几百年来与当地各族人民一道，共同建设成都、发展成都，为成都的文化、教育、医疗、体育等事业做出贡献。

蒙古族与回族的关系十分友好。早在忽必烈汗时期，就先后派遣了许多蒙古人和色目人官兵，驻守并管理今川西南一带。

第二节　文化变迁

一、物质文化及其变迁

（一）服饰

居住在城镇的蒙古族，在辛亥革命以后，较多地接受了汉族的风俗习惯，着装与汉族相似。仅生活在四川与云南交界的盐源、木里两县的蒙古族仍保留有民族特色服饰。这部分蒙古族男子装束受相邻的藏族、纳西族影响，喜戴毛毡宽沿帽，上穿长袍，系腰带，下穿长裤、马靴，显得十分豪放。妇女挽发盘大髻于顶，用青黑色头帕或牛毛线缠于头围成盘状，其中一端或线须垂在脑后。上穿右衽长袖衣，过去衣多为青黑色土布，现为青黑色、红色、绿色绸缎或绒布。衽边以花边贴饰，穿着时两袖口挽成宽约 10 厘米的褶，露出里衬白布或其他色布作为装饰。腰系色彩鲜艳的毛织腰带。下穿白色多褶长裙，系以麻布或棉布做成，长拖地。喜佩耳环、项链、手镯等饰品。

随着时代变迁，四川蒙古族男女青年平时已不穿民族服装。由于旅游业的兴起和需要，泸沽湖镇蒙古族青年男女通常在歌舞晚会或接待旅客时着本民族传统服装。只有 40 岁以上的妇女，还保持传统着装，穿右衽襟花边大襟衣和百褶裙。

（二）饮食

四川蒙古族以农业为主，兼营畜牧业，其饮食习俗与北方的蒙古族存在较大差异。他们主要以玉米、荞麦、大麦等为主食。木里、盐源一带蒙古族的饮食习惯与当地藏族、纳西族相似。

川滇交界区域的蒙古族饮食习惯既带有浓厚的游牧民族生活特色，又具有农耕民族的一般特征。一日三餐，早上喝酥油奶茶、吃炒面，中午、晚上喝酥油奶茶，吃粑粑或饭。食材主要以玉米、小麦、稻谷、青稞、燕麦、荞子、土豆等为原料，习惯上将其加工成米、面粉、面片后煮食，或做成粑粑煎、煮、蒸食。夏、秋两季多吃青菜、白菜、圆根菜、蔓青、南瓜、四季豆等鲜食菜，而到春、冬季节，由于气候原因，以土豆、干菜、圆根菜和酸菜等为主。四季均掺食黄豆或豆制品。此外，无论男女都喜欢饮酒、喝茶，多以自己泡制的“苏里玛”（黄酒）为主，茶有罐罐茶和酥油茶。还非常喜食奶类制品，主要有牛奶和羊奶。肉类以牛、羊、猪、鸡、鸭为主，不吃马、水牛、猫和狗的肉。一般有烧烤、煮两种食用方法，喜欢将猪肉制成猪膘肉。

20 世纪 80 年代后，四川蒙古族的饮食习惯发生了一些改变。如泸沽湖镇的蒙古族，1988 年以前，由于经济收入少，耕地有限，主要粮食作物是玉米、土豆，大多数家庭一日三餐吃的是玉米饭，夏秋季节以青菜、萝卜等新鲜蔬菜佐食，冬春两季以酸腌菜、干萝卜丝、干鱼、酸腌鱼、腊肉等佐食，猪膘肉主要用于婚丧或年节时待客，并严格采用分菜共饭的进餐方式。旅游业兴起后，村民开始购买大米，一日三餐都吃米饭，种植的玉米、土豆用于饲养牲畜。每户都养猪，基本用于自家消费。饮料有乳、果汁和酒，其中以咣当酒、苏里玛酒最为著名。就餐的方式也发生了明显的变化，不再是分菜共饭，而是围桌而坐，同餐共饮，饭食肉类均放于用竹篾编制的小方筐中。

辅食的制作方法也变得更加精细。如土豆多切成薄片用油煎后蘸佐料食用。有的家庭还增加了方桌、长凳，之前围火塘席地而食已演变为围方桌坐椅凳而食，菜肴共享。由家中年龄较大的人或做饭者为大家舀饭，不再由“达布”分食。

（三）居住

居住在城镇中的蒙古族，其住所与当地其他民族相同，无特别之处。居住在乡村，特别是居住在川滇交界泸沽湖一带的蒙古族，住房建在山脚下，为土木结构四合院式院落，包括正房、经堂、草房和花楼。院落中间为天井，院落周围有园地和围墙。墙壁用圆木扣榫而成，俗称“木楞子”。住房分三层，下层关牲畜，中间为正房，最上一层设有经堂和卧室。正房的主屋，用木板间隔、铺地板，上方设火塘和象征祖先位的“锅庄石”，火塘周围铺地板。这里既是全家做饭、吃饭、议事、举行宗教仪式和接待来宾之地，又是老年妇女和未成年儿童寝息之所。家庭成员在火塘周围均有固定的座位。以右方为大，左方为小，来客坐在右侧，主人坐在左侧，以示对客人的尊敬，未成年的儿童坐在下方。火塘地铺前左右各有两根支撑房子的木柱，木柱用红、黄、蓝颜色画上图案，十分美观。右边一根称“女柱”，左边一根称“男柱”。

随着经济社会发展特别是受旅游业开发影响，新修的木楞子房无论材料、构造，还是室内装饰等都发生了很大的变化，融入了许多现代元素和风格。如院子变得特别宽大，以方便歌舞晚会的举行；院内放置有落地音响，晚会时播放欢快的民族歌曲；在祖母屋的上火塘，有一根放松明的母柱。过去是放火烛照明的，现在改为在其上安放一个电灯照明；有的家庭在上火塘四周铺上瓷砖。母屋中女柱前的祖母床位，有的已改为装粮食的大柜子，祖母睡在对面的木榻铺上；在火塘旁边，也安置了方桌和长条凳。此外，部分民居还使用砖、水泥、钢筋等建筑材料修建。

（四）交通

居住在川滇交界地区的蒙古族，过去出远门需乘独木舟、骑马。现在村民普遍使用自行车、摩托车、汽车。过去的水上通行工具——猪槽船，传统上主要用于湖中打草，现今已衍生出另外一项重要功能——载游人于湖中观光旅游。猪槽船原由一棵树挖成，只容纳1—2人站在船内。现在，猪槽船逐渐变大，是用5—6棵树的材料做成可以容纳6—8人的舢板船，还涂上颜色进行装饰。

二、风俗习惯及宗教信仰

（一）婚娶

清中期以前，成都蒙古族的通婚对象为本民族或满族，基本上不与汉族通婚。男女青年没有恋爱自由，婚姻由父母做主。婚娶有一定程序，一般不实行童婚。清代后期，蒙古族与汉族逐渐通婚，婚俗也受到汉族的影响。辛亥革命以后，蒙古族逐渐开始与其他民族自由通婚。

蒙古族的婚娶，一般有初聘、订婚、结婚三个程序。

男孩成人后，由父母为其选择配偶。如有合意女子，便托人探听女方父母意见，叫“透信”。若女方没反对意见，便请媒人前往代为求婚，并择定下聘日期。

下聘日期确定后，媒人和亲友前往女方家送聘礼，称“丢首饰”。礼物为水粉、胭脂、衣料、戒指、手镯等。女方家收下聘礼，订婚便告完成。

结婚前男方要请媒人到女方家索要新娘的出生时间，找算八字的先生推算男女生庚，选定婚期，写成合婚书，然后送到女方家。接近婚期时，男方家要请媒人送银锭（或银圆）到女方家，女方家打开祖宗匣取出女子的哈达送到男方家，此称“行开锁礼”。

婚礼头一天，女方家将嫁奁送到男方家后，媒人要领新郎和伴娘“磕头盘子”到女方家行礼。迎亲时间为子时前后。新娘由她的哥哥或弟弟抱着上轿，同时女方家以两个精致的饭碗交伴郎带回交给新郎父母，称“衣饭碗”。新娘颈上挂链锁，胸悬铜镜，挂腰刀，手握子孙包。新娘到男方家后要坐到马鞍上，叫作“骑马鞍轿”。新娘在打扮之后与新郎同拜天地、祖宗、父母，饮合欢酒，吃长寿面，挽“子孙疙瘩”。次日，宴请宾朋亲友。黄昏时，女方家用四人轿和两对红灯笼到男方家接新娘回家住一夜，叫作“接回门”。第三天，女方家备酒、菜专请新郎，叫作吃“回门饭”。饭后新郎回家。黄昏时，女方家仍用四人轿并红灯笼送新娘到男方家。晚上，男方家请全福，由多子女的妇女给新人铺床，说四言八句。至此，新婚夫妇才完成婚礼仪式。

木里蒙古族人结婚一般由男方请媒人去女方提亲，媒人必须由男人担任。媒人去女方家时必须带上一罐酒和其他礼物。如女方家长将媒人带来的酒倒一点在锅庄上，其余的由大家分享，这就表示同意了，就算订了婚。订婚后，双方协商彩礼，彩礼要在结婚前送去女方家。迎亲的前一天，新郎要送去新娘全身的穿戴以及招待亲朋所用的酒、肉等饮食。迎亲的早晨，女方家的人要按辈分，大家围坐在火塘边，将男方家送来的酒、肉、饭食取出，先祭锅庄，后分享，再请喇嘛或“东巴”念一些贺词。男方家接亲的人进门后，由一小伙子喊新娘的名字：“XX，X家请你喝茶啰！走得啰！”这时，聚集在新娘家的同村女子，齐奔呼喊着，抓住就象征性地乱打，扯衣服。这时媒人也须躲避，否则连媒人一起打。走之前，新娘要向家里比自己大的人逐一叩头，叩完头就哭。这时，新娘由两个接亲的人背出门，扶上马，并由接亲的人在前面开路。到达男方家后，要进门时，门的两边，由若干男青年排着队，向新娘房上撒糌粑。进门后，由“东巴”主持敬锅庄、念祝词，并在新娘的额上搽酥油，意思是长命百岁、白头偕老。接着，请夫妻共饮一杯酒，意思是今后夫妻一条心。饮酒完毕后，由新娘给锅庄、“东巴”和长辈叩头。新娘进入新房后，开始宴客，年老者坐席，年青人每人分一个馍、一块肉。晚上跳“锅庄舞”。3天后，有“回门”的习惯。

（二）丧葬

中华人民共和国成立前，成都市蒙古族实行土葬，墓地在西门外。人死后，要为死者剪去指甲，抹拭全身（忌水洗），穿戴衣服鞋帽（衣服为单数，3—9件）。衣服不用纽扣，用布条或棉带拴系。穿戴好后，尸体放堂屋中间，头西脚东，死者口含银块，胸放铜镜，脸上盖一布巾，并将死者的药罐、药碗丢在门外打烂，将死者的枕内的谷草烧于街中，使烟气上升。人死后，随即焚烧纸钱，叫作“头倒纸”。当天晚上到本地土地庙点蜡烧纸，连续3晚，叫“烧班”。

人死后，要向亲友报丧。亲友闻知棺殓日期后，送纸钱、香蜡，朋友送食物（旗花面）表示慰问。还有的递烟、递茶劝慰。男女穿白色孝衣，男的前后开岔，女的不开岔。男的披发，媳妇戴孝包头。出殡大约在去世三四日后。长辈死后不久就下葬会遭人指责。出殡和葬礼以及圆坟等大多与周边的满族、汉族习俗相同。

居住木里县的蒙古族以火葬为主，亦有少数土葬。葬前要祭奠，祭奠时在院中摆一小方桌，上放死者一些生前用物，桌下放骨灰袋。由巫师念词，念毕就将死者的骨灰埋在山洞里，有的埋在烧尸场周围的青松下；有的在烧尸的地方用石头砌成一个小圆圈，将骨灰放入，再堆上石块。行土葬的，基本与汉族相同。

（三）祭祀

在清代，成都蒙古族祭祀祖先，都选在每年的农历二月、八月上旬或中旬吉日举行。祭祀前先在祖先神位前设置供桌，安放香炉蜡台，燃高香大蜡，桌上加桌围，椅上架椅披。祭祀时，燃放鞭炮。男家长率男性成员分长幼行礼，家长奠酒，共三奠，行三跪九叩礼。接着女家长领女性成员行礼。也有男女家长率领男女成员同时行礼的。

蒙古族祭祀的祖先是塑像，其数是5位，平时放在匣内。祭品只用牛羊肉。祭品只能家里人领食（外姓和出嫁的女儿均不能吃）。若举行大祭，祭品为全牛或全羊。祭祀前先将牛羊捆着放在祖先神位前，由屠宰人在祭祀时将牛羊杀死。祭毕，男子盘腿围坐，毡上放矮桌，盘中装大块熟牛羊肉，大家用小刀割食，称“学规矩”。妇女不参加。

（四）宗教信仰

中华人民共和国成立前，泸沽湖周边的蒙古族保留着鬼神崇拜的原始宗教习俗，生老病痛都要请“东巴”或喇嘛问卜打卦，敬神驱鬼。每户都在家中建一经堂，供喇嘛念经与住宿，庭院中有一个露天香炉，以松针当香，每日焚香敬神。中华人民共和国成立后，根据党的民族宗教政策，群众的宗教信仰自由得到保障。

木里蒙古族信仰藏传佛教和东巴教，其宗教活动与藏族、纳西族相同。在屋脚乡屋脚村利加咀组建有格鲁派小寺庙仁江经堂。他们还信仰民间的祭司“达巴”，“达巴”无文字，传承全凭师徒口传心授，为群众做法事、驱邪送鬼并主持婚庆、节日等仪式。

（五）礼俗

凉山州的蒙古族是一个注重礼节的民族。在日常生活中，有赠哈达、敬烟、敬酒、敬酥油奶茶、吃猪膘肉和宰羊宰牛等生活习俗；有成丁礼、说亲迎亲等独特礼节；还有祭天、地、灶神等传统宗教色彩礼节。人与人之间有宾客礼、下跪礼（双手合十礼、抱胸鞠躬礼、单脚下跪）、贵宾礼、双手触膝礼、送客礼、成丁礼等。各种礼节都是庄重而热烈的，具有丰富而深厚的历史、社会、宗教与文化内涵。

成丁礼，又称穿裙子和穿裤子礼。凉山州的蒙古族对成丁礼十分重视。无论男女，13岁前皆穿长衫，不穿裤裙，到满13岁这年的大年初一，举行穿裤裙礼，即成丁礼。届时，全家人围坐火塘周围，火塘内火烧得很旺，照得满屋通亮，锅庄菩萨前摆上糖果、点心之类的祭品，祈求保佑孩子健康成长。然后，行礼的男孩或女孩，站在屋内的男柱或女柱下面，脚踏一块猪膘肉和一袋粮食，由舅舅或母亲（男孩由舅舅，女孩由母亲）给他（她）们脱去旧衣，更换新衣并穿上裤裙。有的是请子女多、大家认为有福气的人帮穿。参加仪式的人，在周围说些吉祥和祝贺的话。穿衣完毕，孩子向舅舅、母亲及长辈叩头。长辈及前来祝贺的人，向孩子赠送一些礼品。仪式举行后，表示受礼者已进入成年，可以参加生产劳动和社交活动，死后可在各自家族墓地火葬。

（六）节庆

凉山州蒙古族一年之中要举行很多节庆活动，有的是该民族独有的传统节日，有的是长期以来受周边民族影响而逐步形成的，主要有春节、农历二月十九的“观音会”，农历三月的“布谷拉喀节”和“嘛尼鄂包节”，农历五月的“俄里木节”，农历六月二十四的“火把节”，农历七八月的“祭祖节”和“转山转海节”，冬月的“热打节”等。

第三节　经济发展状况

一、蒙古族经济发展简况

四川蒙古族在中华人民共和国成立后，尤其是改革开发以来，投身到到社会生活的各行各业中，和各兄弟民族一道为社会主义现代化建设做出了突出的贡献。

凉山州盐源县和木里县境内的蒙古族，由于地处高寒边远山区，因低山河谷、半山、高山等自然条件不同而经济结构有所不同。其中，低山以农业为主，兼赶马经商、渔业、家庭手工业；半山和高山则以畜牧业为主，兼采集、狩猎等。

农作物品种主要有燕麦、小麦、荞子、青稞、稗子等，普遍套种黄豆、四季豆、向日葵。历史上，凉山蒙古族农业耕作技术落后，农作物品种产量很低。

畜牧业是凉山蒙古族仅次于农业的第二大产业。饲养牲畜品种有牦牛、黄牛、水牛、骡马、山羊，用于耕地、运输和肉食。蒙古族群众尤其重视牦牛、绵羊，蒙古族传说中牦牛、绵羊是山神所养。

狩猎一直占有重要的地位，随着农耕业的发展，山地不断开发使森林遭到破坏，野生动物资源也逐渐减少。中华人民共和国成立后，国家对森林和野生资源的保护、管理政策日趋完善，狩猎活动基本停止。

凉山蒙古族几百年来主要世居住在山区。民主改革前，交通十分闭塞，无公路。只有用骡马组成马帮运输，行走于羊肠小道。凡人口多，较富裕的人家，常派2人赶马从事长途运输行业，马帮因此成为当地重要的家庭副业。有的运至雅安、昆明、保山、瑞丽，甚至远到缅甸、泰国、印度等，主要运输盐、粮、肉、土特产、茶、布等生产生活用品，是西南丝绸之路上一支重要的运输队伍。

1956年民主改革后，中共和人民政府，重点扶持边远民族地区经济发展，盐源、木里等地的基础设施得到了极大改善，除极少数聚居地和杂居乡还未通车外，蒙古族居住地区几乎都有了高等级公路和现代化桥梁，许多家庭有了自己的汽车、拖拉机、小四轮车和摩托、自行车等作为交通工具。在许多河流之上，都不同程度的架起了吊桥、铁索桥、水泥桥。

手工业还未从农业中分离出来，处于家庭手工业阶段。没有专门作坊和工人。农忙务农，农闲做工。主要有纺织、制革、酿酒、榨油、编织、木工、烧炭、打铁等。

蒙古族土司过去也学习经商，但广大的蒙古族平民几乎不存在商业性的贸易，主要是以物易物。一般多用牛、马、羊、鸡、猪换回一些盐、布匹、茶、针线等外来之生活必需品。改革开放以来，商品经济高速发展，商品意识逐步深入人心，有的蒙古族群众开始经商做生意、经营小商品零售业，也有种植经济作物向国家和商人出售的专业户。

1984年后，国家投资帮助4个蒙古族乡建电站、公路、地面卫星接收站、自来水厂、乡民族重点小学。农业部门帮助推广先进技术，发展庭院经济，饲养大小牲畜，农村经济由自然经济向商品经济发展。盐源县左所地区的金边白瓜子成为外贸农副产品。农工商业的发展，提高了人民生活水平，改变了蒙古族地区贫穷落后的面貌。大部分群众盖起新房，衣食住行都有很大改观。处于十分边远和高寒地带的农户，地方政府将其作为扶贫工作的重点。

1985年以来，居住农村的蒙古族仍以农业为主，实行改田、改土、兴修水利，改善农业生产条件，积极推广良种、改良土壤、地膜覆盖、发展林果业、蔬菜等。农业生产力显著提高，农民生活普遍改善。

二、四川蒙古族乡

（一）项脚蒙古族乡

项脚蒙古族乡位于凉山州木里藏族自治县东南边缘，乡政府距县城35公里。地势北高南低，依次为高山、二半山至项脚河谷平坝。全乡幅员面积141.6平方公里，平均海拔2400米左右，年均气温约14℃，降雨量约900毫米，无霜期约250天。森林面积10861公顷，草地面积29320亩，耕地面积4165亩。2005年辖3个行政村，19个村民组，24个自然村，居住着蒙古、彝、汉、藏、苗、回、白等民族，共674户，3229人。以农业为主，主产水稻、土豆、玉米和麦类。稻田有513亩，是木里县主产大米之地。畜牧业以饲养牛、羊马和猪为主。经济作物有海椒、土烟、油菜等。经济林木有核桃、花椒、苹果、梨、桃等。

1990年全乡农业总产值249万元，农民人均纯收入270元。粮食总产量895吨，人均产量330公斤，平均亩产140公斤；各类牲畜年末存栏8456头。1991年粮食人均产量339公斤，农业年收入96.76万元。2002年农业总产值226.95万元，粮食总产量931.7吨，人均产量300公斤，人均纯收入720元。全乡只有一条通县城的公路，大部分靠马帮驮运。该乡重视发展农业生产，以稳定土地承包为核心，积极倡导科技兴农。2005年，全乡农业总产值728万元。粮食总产量1274吨，较上年增长3.81%。水果产量195.9吨，与上年持平。各类牲畜年末存栏12517头（只），较上年增长6.96%。其中，生猪存栏4104头，较上年增长0.74%，肥猪出栏2400头，较上年增长18.46%。农民人均纯收入1301元，较上年增长8.42%。

农田水利建设不断得到加强。1998年，建成“三面光”工程的项脚大堰，全长3公里，有效灌溉面积568亩。2003年修复友友坪组水塘，灌溉面积300亩。

（二）屋脚蒙古族乡

屋脚蒙古族乡位于凉山州木里藏族自治县南部边缘，乡政府驻地距县城174公里，已通车。全乡幅员面积306.8平方公里，2005年辖2个行政村，12个村民组，15个自然村，有蒙古、彝、藏、汉等民族，共402户、2194人。乡境内有18小寺之一的仁江小寺，旧址为屋脚溶洞（菩萨洞）景点。乡境内森林面积12621.6公顷，草地面积69606亩，耕地面积3938亩。全乡平均海拔约3000米，年降雨量900毫米，年均气温7℃，无霜期150天。

全乡以畜牧业为主，农业为辅。畜牧业以牛、羊、马、猪为主，主产青稞、麦类和土豆，主要经济作物有花椒、大蒜。1990年全乡农业总产值96万元；粮食总产量331吨，人均产量198公斤，平均亩产78公斤；各类牲畜年末存栏7941头；人均纯收入191元。2002年全乡有耕地面积4257亩，农牧业总产值120.39万元，粮食总产量445吨，人均产量215公斤，人均纯收入578元。2005年，全乡农业总产值为374万元；粮食总产量363.4吨，较上年增长7%。水果产量1.3吨，较上年增长8.33%；各类牲畜年末有栏11002头（只），较上年增长1.70%；农民人均纯收入1231元，较上年增长8.94%。

（三）大坡蒙古族乡

大坡蒙古族乡位于凉山州盐源县境内，地处该县最北端，东临雅砻江，西北与木里交界，南与沃底乡隔小金河相望。乡政府距县城120公里。中华人民共和国成立前系瓜别安抚司领地。1956年建西林乡，属金矿县管辖。1959年划归盐源县，属瓜别区管辖。1972年改西林人民公社。1981年改为大坡乡。1984年建立大坡蒙古族乡。2005年全乡辖5个村、18个村民小组；总人口为3824人，居住有蒙古、汉、彝、藏、布依等民族，其中蒙古族人口1185人，占全乡总人口的30.98%。

全乡地形复杂，山高坡陡、河谷深澈，幅员面积148.96平方公里，其中林地面积20.22万亩，耕地7437亩。森林资源以松木为主，牧草资源较为丰富。主要粮食作物为玉米、土豆、麦类、大豆等。2002年农业总产值444.32万元，粮食总产量1301吨，人均产量348.5公斤，人均纯收入650元。

大坡蒙古族乡交通运输困难，全靠马帮搞运输，2005年是盐源县唯一不通公路的乡。乡建有电信营业厅，村村通电。

（四）泸沽湖镇

1984年，凉山州盐源县成立沿海蒙古族乡。1992年，沿海蒙古族乡改名为泸沽湖镇。乡境内沿泸沽湖东南岸地势平坦，土地肥沃，其余为高山。以农、牧、渔业为主，产玉米、土豆、青稞和少量水稻，是世界上少有的海拔在2600米以上还可以产水稻的地方。2002年农业总产值1296.42万元，总产量4394.5吨。人均产量400.6公斤。主要饲养牛、羊、马、猪，主要特产是猪膘肉、烟熏鱼和金边白瓜子。

1986—2005年间，泸沽湖镇农业科技进步非常快。20世纪80年代广泛使用农用地膜，不仅可以增加玉米产量，而且可以把玉米种植在2700米以上，解决了较高海拔地区农村生计问题。化肥良种的使用大大提高了农作物产量。2000年玉米亩产达到500公斤左右。

历史上，泸沽湖位于著名的茶马古道上，马帮运输是其主要的运输方式。1995年，四川省开始改建盐源县到泸沽湖镇的公路。2003年，盐源县到泸沽湖镇的柏油路建成。2004年，完成了泸沽湖四川境内42公里的环湖公路建设。

20世纪90年代前，泸沽湖镇的主要通信方式是邮政。此后，电话、电视、网络等现代化通信方式开始落户当地，帮助当地居民进一步了解外面世界。同时，交通、电力等基础设施得以改善，拉动了泸沽湖镇经济增长和经济结构的转变。到2000年，第二产业从无到有，第三产业发展迅速。到2004年，第一产业比重均低于30%，二、三产业则增加到70%以上。

第四节　社会事业

一、文化教育

（一）成都蒙古族文化教育

居成都平原的蒙古族，是清代与满族一道驻守成都的蒙古族后裔。除非常重视骑射外，成都蒙古族也很注意汉文化的学习。成都蒙古族均能以家族谱系、家庭训教的方式接受文化教育，贵族子弟更可接受各类学校教育。清乾隆十六年（1751年）满蒙官兵，在成都共同创办大官学2所，小官学24所，义学8所，八旗高等小学堂1所。八旗高等小学堂是少城私立小学，是满蒙共有最完善的一所新型学堂。1956年与成都市长发街小学合并，改为西城区第五中心小学。清光绪三十年（1904年）由蒙古正红旗额岳特氏花奎荣进士翻译、八旗绅士共同创办公立第三小学，即三英小学。蒙古八旗每甲1所学校，共8所。主要学习满文和汉文。这些学校在中华人民共和国成立前不仅为四川满族培养了人才，还为蒙古族培养许多有文化、有知识的学者和医学界名医。

中华人民共和国成立后，政府十分重视蒙古族人民的教育，开办夜校、业余学校，帮助蒙古族人民学习文化，扫除文盲。同时，政府还帮助一些失学的蒙古族子女入学。1982年，成都市满蒙人民学习委员会为鼓励满族和蒙古族学生学习科学文化知识，对升学困难的学生和学习成绩优良的学生发放助学金和奖学金。成都市蒙古族的教育逐步得到普及。到1990年7月，具有小学文化程度以上的有1209人，其中大学本科177人、大学专科87人、高中250人、初中356人，小学233人。为积极弘扬蒙古族传统骨伤科医学，1995年9月，四川省少数民族地区卫生发展促进会举办为期1个半月的“民族地区中医骨伤科医生培训班”，受训医生30人。在支持蒙古族学习深造方面，成都市满蒙学习委员会也做了大量工作。如1999年增加发放助学金的范围，凡经国家统招录取的大学生和研究生均发放助学金，对特别困难的学生，经核算研究后，给予特殊补助。1999—2005年，学会发放奖（助）学金累计2989人次，金额达314150元。

此外，成都市蒙古族还特别重视对自己民族语言的学习和培养。2001年11月，学会邀请内蒙古大学蒙古语文研究所所长巴塔马傲德斯尔到成都讲学，学员共30人，培训时间半个月。2002年，学委会又组织部分蒙古族学生、部分族胞到内蒙古大学学习交流。

（二）凉山州蒙古族文化教育

1953年，四川省凉山工委在县级民族地区分别建立了民族小学，让少数民族子女能入学学习知识。随着社会的发展，各级政府分别在各民族聚居区建立学校。在蒙古族聚居之地，国家也先后办起了小学。因此，凉山州蒙古族的文化水平、文化程度有所提高。凉山州西昌市1990年有蒙古族608人，其中大专以上学历的有42人，占人口比例的6.9%，其余为中专（含高中）和初中以下人口，几乎无文盲、半文盲。据1990年统计，聚居于木里的蒙古族中，大专学历的有15人，高中（含中专）88人，初中367人，小学1438人，占6岁及以上人口的30.06%。2000年，全县8167人，小学文化2864人，约占全县蒙古族人口的33%；初中文化658人，约占8.05%；高中和中专226人，约占2.76%；大专以上37人，约占0.45%。

1984年，凉山州教委和州民委、州两资办在沿海、大坡、项脚、屋脚4个蒙古族乡开办了中学1所，乡中心校4所，村级小学15所，使广大的蒙古族儿童都能就近入学学习。

木里县项脚蒙古族乡1990年有完全小学1所，村级小学4所，在校学生183人；全乡人口中有高中（含中专）文化的15人，初中文化92人，小学文化429人；有乡中心校1所，村级小学4所；学龄儿童332人，在校学生293人，入学率94%。1998年，全乡有村级小学和完全小学8所，16个班，在校学生312人，其中蒙古族和其他少数民族学生259人；教师23人，其中少数民族18人；有适龄儿童332人，入学率94%。2005年，全乡有中心小学1所，村级小学6所，教师22人，在校学主345人，入学率为93%。

木里县屋脚蒙古族乡1990年有完全小学1所，村级小学4所，在校学生57人。全乡人口中，有大专文化的2人，高中（含中专）文化的12人，初中文化的45人，小学文化的130人。2005年全乡有中心小学1所，村小6所，教师27人，在校学生490人，入学率68.9%。

盐源县大坡蒙古族乡2005年有小学6所、在校小学生440人，教师16人，适龄儿童入学率92%，巩固率96%。大坡乡蒙古族精通当地蒙古语和周边其他相邻民族的语言。

盐源县泸沽湖镇（原沿海蒙古族乡），1990年有学校4所，其中乡中心校1所，村级完全小学2所，中学1所。有文化广播站1个。泸沽湖镇蒙古族能精通当地蒙古语和周边其他相邻民族的语言。

二、医药卫生事业

（一）成都蒙古族医药卫生事业

四川蒙古族除继承了蒙古族传统的中草药医治疾病外，由于几百年来长期与南方各民族杂处，也学习吸收了其他民族的医药学知识，如学习藏医、藏药。到清朝后期，为适应蒙古族生存发展的需要，改变民族人口逐渐下降的趋势，成都蒙古族不但向满族人民学习医学医药，还向汉族人民学习汉医汉药。蒙古族是一个马背民族，历来在骨科诊治上有独到之处。特呼尔氏蒙古族何仁甫世家和释尔德尼加陵（石加陵），都是蒙汉医药并传的蒙古族骨科名医世家。而特呼尔氏家族的后裔，仍是四川和全国驰名的骨科专家，并开办有自己的医院。

何氏特呼儿家族的骨科医疗是蒙古族医药的典型代表之一。

何氏特呼儿是正红三甲蒙古人，代代以武功、医术著称。第五代传人何天祥、何天佐、何天祺在国家支持下，分别建立了四川省舞蹈损伤研究所、成都军区八一骨科医院、四川省中医药研究院附属骨科专科医院。

何氏骨科第六代传人中，有四川天祥骨科医院院长何浚志主任医师（享受政府特殊津贴的有突出贡献专家），成都军区八一骨科医院门诊部主任马云副主任医师（国际排联注册医师）、住院部副主任何俊薇主治医师，上海体育运动技术学院医院何俊丽主治医师，四川何氏骨科医院欧阳浩主治医师、何俊英主治医师、欧阳涛医师等7人。

另外，在医药、卫生领域，党和国家也培养了一批蒙古族专家、学者。如药理学方面，有华西医科大学教授王文惠等。

（二）凉山州蒙古族医药卫生事业

中华人民共和国成立后，在凉山州蒙古族聚居区各区乡都设立了卫生院、卫生所、卫生防疫站和县爱国卫生运动委员会，改变了蒙古族群众缺医少药，有病求神驱鬼，妇女分娩只能在牛圈里或草棚中的状况。20 世纪 80 年代，凉山州委、州政府还分别为 4 个蒙古族乡新建卫生院，基本能医治和预防天花、霍乱、麻疹、伤寒、结核等疾病，消除了大脖子病和克山病等地方病。

木里县项脚蒙古族乡 2005 年有乡卫生院 1 所、医生 3 名，村合作医疗站 2 个、村医 2 名。乡卫生院在全乡重点开展公共卫生、防疫保健、健康教育，开展五病预防，重点预防艾滋病、结核病、麻风病、霍乱、非典型肺炎。木里县屋脚蒙古族乡 2005 年有卫生院 1 所，医生 3 名，床位 6 张。盐源县大坡蒙古族乡有乡医院 1 所，医务人员 3 名。盐源县泸沽湖镇有卫生院 2 所。

三、文艺体育

生活在凉山州的蒙古族能歌善舞。“加措七十二调”是蒙古族锅庄舞，流行的主要有情歌调、思乡调、生产调、赶马调、丧葬调、婚礼调、叙事调、凯旋调等。无论婚丧喜事、大型集会、节庆之日都要跳。一般围着火堆或大树，边吹边跳，吹笛或笙领舞，大家手拉手围成圈。舞蹈变化主要在脚、手上，队型无大变化。

摔跤、赛马、射箭作为蒙古族传统的“男儿三艺”，自古即是蒙古族男子必备的本领。这些活动不需要专门的场地、特殊的器材和固定的人数，随时随地都可进行。因此，摔跤、赛马、射箭不仅是“那达慕”大会的主要内容，也是劳动之余或婚礼、节日等喜庆时刻，经常开展的娱乐健身活动。此外，还有套马、马术表演以及赛骆驼、布鲁、蒙古象棋等传统体育项目。

蒙古族摔跤的规则、方法、服装、场地等方面都有自己的特点。所有选手由德高望重的裁判员负责编排配对或抽签配对后上场。比赛实行单淘汰制，一跤定胜负，失败者不允许再上场。每轮淘汰半数。裁判员发令后，双方握手致意，然后开始交锋，一般不限时间，可以采取勾、拉、踢、绊、推、抱、举等各种方法和技巧，但不能抱腿摔，也不准乱踢，更不能扯裤子，膝盖以上任何部位着地即为失败。摔跤手有专用服装，上身着牛皮或帆布制成的紧身半袖坎肩“昭德格”，下穿肥大的摔跤裤，脚蹬蒙古靴，颈上套五颜六色的布条项圈。比赛场地简单，只需一片草坪或松软空地，观众席地围坐，摔跤手就可以在中间进行比赛。比赛前，双方都有人高唱挑战歌，以助声势。摔跤手入场、退场时都要模仿虎步或鹰步动作，跳跃行进，威武雄壮。冠军获重奖．并在民间享有极好声誉。

蒙古人酷爱马，也很善训马。好马、好骑手一直享有极高的荣誉，赛马成为牧民最喜爱的运动。按蒙古族的习俗，赛马结束后还要赞马。取得名次的马依次排列在主席台前，由德高望重的老年人诵唱赞马词，然后还要朝获得第一名的骑马身上撒奶酒或鲜牛奶，以示祝福。除这种传统的赛马方式外，近些年还出现了障碍赛、花样赛等新的赛马形式，使这一马上运动项目愈发丰富、精彩。

弓箭是蒙古族传统娱乐竞技项目，源于早期蒙古族以弓箭为射猎工具和征战的武器。蒙古族自古以精骑善射闻名于世。蒙古族射箭分骑射和静射，而尤善骑射。比赛时男女老幼均可参加。弓箭之式样、重量、长度、拉力都没有多少限制，各取其便。一般规定每人射 9 箭，分三轮射击，以中靶的箭数多少评定名次。1959 年，射箭列入中国体育竞赛项目，要求按照国际比赛规则进行比赛，运动员以射中箭靶环数多少决定名次。

第七章　土家族

第一节　概　况

1997年重庆直辖前，四川土家族主要聚居在黔江地区的酉阳、秀山、黔江、彭水、石柱5县，面积约1.6万余平方公里，属中亚热带湿润季风气候区，四季分明，气候温和，雨量充沛，无霜期长。多样化的地形地貌是该地区比较突出的地理特征。酉阳、秀山、黔江、彭水、石柱等县地处川东南褶皱地区盆周山地的内外两侧，属云贵高原东北角武陵山脉二级隆起地带。其地形特点是：西南高，东北低；山脉多由西南向东北依次平行排列，并向东南倾斜。境内既有山势巍峨、危岩突起的奇峰和顶部平缓而四面悬崖如同高原的“山盖”，又有周围群山环抱，山上梯田层层，中间地势开阔，一马平川的山间坝子；既有山峦起伏，状如奔马的低山丘陵，又有两山对峙，溪流突行其间的峡谷和槽地。境内河流分为东南与西北两大水系，大体以酉阳毛坝盖山脉为分水岭。东北部和东南部属酉水沅江水系，西部和北部各河属乌江、长江水系。河流流向与山脉走向一致，多分布在深切峡谷里，落差大，险滩多，水流急，水能资源丰富。境内裸露的地层，绝大部分为沉积岩。岩溶地区矿藏和地下水资源丰富，整个区域金属矿、非金属矿和煤、电的蕴藏量相当可观。岩溶地区还有几千种适钙和喜钙的植物资源，包括多种适生的林、草和农作物。

宣汉土家族居住区域地处陕西、湖北、重庆与四川交界地带，属于亚热带湿润季风气候区，除高山区外，气候垂直差异不大，年均温度16℃—17℃，无酷热和严寒连续期，春早、秋短、夏长，无霜期长达240—300天。年降雨量1000毫米左右，但季节分配不均，具有春雨、伏旱、秋淋、冬干的特点。长江流域嘉陵江水系渠江支流的州河，由前、后两条河在宣汉县城东江口汇合而成。后河上行至普光镇，中河水由此流入。宣汉土家族大多聚居在500—1500米的区域。前、中、后三河均流经这些地区，无论山顶和山坡，均有适合农耕生产的条件。前、中、后三河特别是前河流域南坝、黄石到后河清溪、双河以南是弧形排列的低山区，山坡海拔较低，地势低平，土地面积大，且距河面不高，利于耕作、灌溉，为粮食作物及经济作物生产的良好地段。三条河流域之间的山地多为黄沙泥及紫砂泥，土层薄，砂性重，土家人多开为旱地。在缓坡上以砂泥（水田）为主，土层一般较厚。逆倾坡的坡度较大，侵蚀较强，土层较薄，多为林木。林木以亚热带常绿针叶林分布最广，数量最多。海拔1200米以下区域，亚热带竹林生长茂盛。山重水复、植被茂密的自然环境，为野生动物、各种鱼类的生长活动提供了良好的条件。

土家族自称“毕兹卡”“密基卡”“贝锦卡”，意为“土生土长的人”。秦汉时期，土家族先民和当地其他少数民族，被称为“武陵蛮”“巴郡南郡蛮”；两晋和隋唐之际，被称为“武陵西溪蛮”

“酉阳蛮”；元代被称为“九溪十八峒蛮”；明、清被称为“土蛮”；民国时期始称“土家”。四川土家族主要由川东一带的巴人融合了当地一些少数民族发展而来，有一部分是从湘西、鄂西、黔东北陆续迁来的。土家族中人数众多的冉氏、田氏、向氏是南北朝与隋唐时土家先民中冉、田、向等大姓的后裔。土家族的语言属汉藏语系藏缅语族，分为南部方言和北部方言。除湖南省湘西土家族苗族自治县、泸溪县潭溪乡的土家族操南部方言外，其余土家族均操北部方言。绝大多数土家族都通用汉语，部分兼通苗语。土家族没有本民族文字，长期以来使用汉字。

1949年后，四川土家族人口数量有了大幅度增长。1953年全国第一次人口普查时，四川土家族人口仅为621人，仅占全省总人口的0.001%。1990年，四川土家族人口达1075881人，占土家族人口总数的18.8%。其中，104.86万人分布在川东南黔江地区的酉阳、秀山、黔江、石柱、彭水等5个土家族、苗族自治县，1.23万人分布在万县地区，1.6万余人分布在省内其他地区。黔江地区的土家族人口比重占当地总人口的39.47%。其中酉阳县酉酬区、大溪区和秀山县石堤区，土家族人口高达60%以上，构成了这一区域内以土家族为主，汉、苗等民族相互交错聚居、穿插杂处的地缘分布特点。1990年，四川土家族聚居的黔江地区人口密度为155人/平方公里，在全省21个市（地、州）中居第16位，低于涪陵、万县、达县而高于雅安、攀枝花和甘孜、阿坝、凉山，为全省人口密度（191人/平方公里）的81.15%。土家族人口的自然增长率高达17.46‰，较之该区各民族人口自然增长率10.35‰，高出7.14个千分点。1996年，黔江地区辖5个自治县，44个区，304个乡（镇），2903个村，20954个村民小组。年末总人口280.56万人。人口出生率18.95‰，人口自然增长率10.96‰。

1987年，宣汉县人民政府《关于请求认定宣汉县属鸡唱、龙泉、自由等十二个乡为少数民族居住区的报告》中谈到“多方面的情况证明该地区村民的生活习性近似彝族和土家族”，并提出“请求认定这十二个乡为少数民族地区（具体为彝族地区）”的要求。这里的12个乡即现今龙泉等5个乡镇的区域。报告所要求认定的少数民族成份当时拟认定为彝族。1990年6月，《关于鸡唱等乡恢复少数民族的调查报告》对鸡唱等四乡要求恢复少数民族成份的人口进行了初步统计，为479户、2186人。为此，宣汉县政府向宣汉县人大常委会提出了相关的议案。宣汉县宗教民族事务科和公安部门“通过反复宣传、讲明政策、逐户走访、本人申请、登记造册，县上审批的办法，恢复了鸡唱、自由、龙泉、漆树四乡613户、2857人的土家族成份”。1990年10月，宣汉县人大常委会第五号公报发布《关于明确鸡唱、自由、龙泉、漆树乡部分村民为土家族民族成份的决定》，该决定认为“四乡部分村民历史上形成的民族语言和生活习俗，实为土家族，他们又有要求恢复土家族民族成份的意愿。为了落实民族政策，会议同意明确上述四乡部分村民为土家族民族成份”。由此，通过正常的程序，宣汉县有2857人被认定为土家族。1992年4月，宣汉县宗教民族事务科《关于建立自由鸡唱民族自治乡的请示》，首次提出了建立土家族民族乡的要求。同年5月，宣汉县人民政府向达县地区行署提交了《关于建立鸡唱、自由、龙泉三个土家族乡的报告》。同年10月，达县地区行政公署向省人民政府转呈该报告，并强调“据第四次人口普查统计，三个乡的土家族居民人数均超过各乡总人口数的1/3”。同年12月，宣汉县政府又向省民委提交《关于建立鸡唱、自由、龙泉三个土家族乡的补充报告》。报告对全县的少数民族情况进行了补充说明。指出第四次人口普查中，全县3646名少数民族中有土家族3566人，三乡土家族有2908人。同年12月12日，省民委派出3人工作组到宣汉县进行了调研工作。1993年3月，宣汉县政府向达州地区行署提交了《关于建立鸡唱、自由、龙泉三个土家族乡的再报告》，将土家族的人数确定为3566人。同年4月，宣汉县人口普查办公室向达州地区人口普查办公室请示更正该县少数民族人口数。同时，宣汉县统计局向达州地区统计局提交《关于补报我县少数民族人口数的报告》。该报告说明在第四次人口普查中，“县人口普查办公室在全县汇总时对这部分人的土家族民族成份未作统计”“特补报我县土家族村民数为3566人”。2002年，宣汉县宗教民族事务科向县政府提交《关于建立鸡唱、自由、龙泉、渡口、三敦等五个土家族乡的请示》。不久，宣汉县政府向达州市政府提交了《关于建立鸡唱等五个土家族乡的报告》。报告说“据2000年11月全国第五次人口普查统计，居住在该五乡的土家族分别为2180人、2250人、2920人、3707人、7360人；分别占各乡总人数的76%、81%、83%、66%、60%”。2002年5月，省民委散杂居民族工作调研组赴达州市调研，并撰写调研报告指出：“以土家族最多，人口为30891人（第五次普查数据），占全市少数民族总人口的92.8%，集中聚居于宣汉县樊哙区8个乡镇”。2004年，宣汉县政府再次就此问题向省政府提交了《关于恳请建立龙泉等五个土家族乡的请示》，陈述了五乡土家族人口已达30565人，占五乡总人数的52%，并表达了他们要求建立土家族乡的强烈愿望。

2005年4月下旬，省民委再派调查小组前往宣汉，经过调查走访、文献资料查阅等，认为居住于此的少数民族就是土家族。调查小组给省民委党组提交了一份调查认定报告。9月28日，经省政府批准，同意宣汉县龙泉乡等4个乡成立土家族乡：将原龙泉乡改建为龙泉土家族乡，辖原龙泉乡所属行政区域，乡人民政府驻河口；将原渡口乡改建为渡口土家族乡，辖原渡口乡所属行政区域，乡人民政府驻青龙场；将原三墩乡改建为三墩土家族乡，辖原三墩乡所属行政区域，乡人民政府驻三墩坡；将原漆树乡改建为漆树土家族乡，辖原漆树乡所属行政区域，乡人民政府驻老厂。至此，宣汉4个土家族乡建制工作全面完成，成为重庆被设为直辖市后四川仅有的4个土家族乡。

第二节　经济发展

一、黔江地区

“七五”时期，黔江地区认真贯彻执行党的各项方针政策，国民经济全面发展。1990年国民生产总值达14.37亿元，“七五”平均年递增8.4%；国民收入12.56亿元，年增长8.9%，均高于全国“七五”年增7.6%和7.2%的水平。1990年，全区实现工业总产值5.6亿元，五年平均递增19.2%，比前35年平均递增6.8%的水平高11.4个百分点，同时高于全国12.4%的水平。“七五”期间，在积极发展地方民族工业的同时全区新建和发展了20多个工业部门，其中卷烟业成为地区国民经济的支柱产业，总产量为川东地区的20%左右，仅次于重庆市的生产水平。“七五”期间主要工业产品指标大多数已经完成，获得了较高的发展速度。1990年原煤产量达87.16万吨，比1985年增长71.6%，五年平均增长11.4%；发电总量达2.32亿千瓦时，年均增长14.3%，超过前6个五年计划发展水平；水泥产量5年翻了一番多。其他如硫铁矿、混配合饲料、烧碱、机制纸及纸板、中小农具等产业都获得了巨大发展。群众消费品生产增长势头迅猛，满足了群众物质文化生活的需要。肥皂产量为1989年的7倍，中成药、铸铁锅产量增长1倍多，卷烟增长16.4%，食用植物油增长26.6%，白酒、火柴、棉布、丝的增幅也在8%以上。工业企业技术装备水平日益提高。到1990年末，全区独立核算工业企业拥有固定资产达3.73亿元，比1985年增长171.1%，年均增长22.1%。工业部门技术改造投资4400多万元，为1985年的3.75倍，年均增长30.3%。“七五”期间，全民所有制固定资产投资累计完成47282万元，比“六五”时期增加31289万元。1990年，全区农业总产值达7.55亿元，“七五”期间年均增长6.3%，比全国同期增幅高2.1个百分点，实现“七五”目标。粮食产量再创历史最高水平，达101.63万吨，年平均增长突破5%的水平；油料产量4.06万吨，年均增长9.9%；烤烟产量2.96万吨，年均递增13.1%。“七五”期间，粮、油等重要农副产品全面稳定增长，促进了全区国民经济的稳定发展。

整个“七五”期间，全区充分利用党的各项优扶政策，在持续抓好粮食生产的同时，大力发展多种经营。种植业的全面增长，推动了牧业生产继续朝好的方面发展。1990年牧业产值17856万元，为1985年的1.38倍，成为农村经济全面增长的一个重要标志。出栏肥猪104.49万头，首次突破100万头，肉类总产量7.3万吨，比1985年增长38.8%。农村经济结构调整成绩突出。五年来，种植业比重下降为59%，林牧副渔各业比重上升到41%。农村工业、运输业、商业、饮食服务业及建筑业也相继获得发展，1990年占农村社会总产值的比重上升10个百分点，农民近20%的纯收入来自乡镇工业等二、三产业。

随着农业生产技术水平的提高，广大农民科学种田的意识进一步增强。其一，农民对农业生产的投入扩大，生产需求急剧增长。1990年，全区农业生产资料零售额达14246万元，比1989年增长17.3%。农民投入农业生产支出总额的比重进一步提高；其二，农业科学技术的推广应用，获得了显著的社会经济效益。“四法种田”，地膜覆盖，科学配肥，良种使用及综合防治等科学方法已被农民所接受。“七五”期间，全区普遍推行科学种田，1990年全区水稻温室育秧及地膜育秧近100万亩，半旱式栽培技术广泛推广应用，地膜玉米和肥球玉米育苗近70万亩，杂交水稻种植面积90.14万亩。据测算，五年来，由于科学种田的普及，使粮食产量增产近20万吨，平均每年增产4万吨。“七五”期间，全区累计完成固定资产投资达7.7亿元，相当于前35年的70%左右。1990年全区全民单位固定资产投资1.45亿元，为1985年的2.7倍，平均每年递增21.7%。五年生产性建设投资3.5亿元，相当于“六五”固定资产投资总额的2倍多，占投资总额的比重达74%，重点建设农业、运输邮电、能源及原材料等基础产业。

“七五”期间，各级党政紧抓培育国民经济发展后劲，缓解财力紧张状况，开源节流，培植财源，使地方经济实力明显增强。1990年全区财政收入18441万元，是1985年的3.94倍，年平均增长31.6%，比“六五”期间高16.3个百分点。在财政收入中，工商税完成17788万元，占总收入的96.6%。由于增收节支、增产节约方针的贯彻执行，财政支出增幅放慢，结构得到调整。1990年，全区财政支出比1989年增长19.8%。在财政支出中，用于经济建设的基建投资1641万元，占支出总额的6.1%；各项行政事业费支出3196万元，占12%；用于农业投资3584万元，占13.4%；用于文化教育投资6809万元，占25.5%。

黔江地区建立以来，各级党政认真贯彻执行党的各项扶贫政策。秀山、黔江、石柱三县于1989年初步实现解决温饱的目标，全区160多万人越过温饱线。1990年，全区人均占有粮食达到383公斤，比1985年增长24%。农民人均纯收入330无，是1985年的117.4%，年平均增长3.3%，困扰全区群众的温饱问题基本得到解决。全区职工工资总额达到1.63亿元，职工年平均工资达1600元，比1985年增长84.8%。随着国民经济的迅速发展，城乡居民收入大幅度增加，购买力逐年提高，市场经济繁荣活跃，商业零售逐年增长。1990年，全区社会商品零售总额达到74753万元，是1985年的1.9倍，平均每年增长13.7%。在社会商品零售总额中，消费品购买力大幅度增长。1990年城乡居民消费品购买力实现53420万元，占社会商品零售总额的71.5%，与1985年比较，食品成倍增长，衣着质量不断提高，高档耐用消费品从无到有，普及率逐年上升。由于经济建设规模的不断扩大，形成了一大批新的生产能力，为20世纪90年代国民经济的进一步发展增加了后劲。“七五”时期，全区新增发电装机容量近10万千瓦，是中华人民共和国成立以来35年的两倍多。1990年全区发电量达到2.32亿千瓦时，相当于两个1985年发电量的总和；新增煤炭开采能力50万吨；水泥生产能力10多万吨，超过“六五”新增水平；新增卷烟生产能力超过前6个五年计划的总和；新建公路536公里，全区97%的乡通了公路，增加货物吞吐量100万吨；邮电事业的发展超过“六五”水平。1990年全区技术改造投资4438万元，比1985年增长274.8%，“七五”时期用于技术改造、更新设备的投资累计达1.56亿元，相当于1980年前30年用于工业固定资产投资总额的2.85倍，增幅高于同期全部固定资产投资水平。

1996年，黔江地区国内生产总值54.52亿元，按可比价计算比1995年（下同）增长14.2%，其中：第一产业增加值25.71亿元，增长7.5%；第二产业增加值15.31亿元，增长25.3%；第三产业增加值13.5亿元，增长11%。粮食总产量149.42万吨，增长5.8%；蔬菜产量35.5万吨，增长0.6%；油料产量55336吨，减少11.6%；烤烟收购150.5万吨，收购金额73343万元；肥猪出栏181.5万头，增加3.9%。乡镇企业营业收入23.52亿元，上交税金6571万元，实现利润1.65亿元。货运量576.6万吨，减少5.4%；客运量2338.5万人次，增加11%。邮电业务总量3224万元，增加82.5%。社会消费品零售总额19.11亿元，增加16.8%。全社会固定资产投资9.71亿元，增加15.2%，其中：国有单位基本建设投资6.01亿元，增加24.8%；国有单位更新改造投资0.96亿元，增加4.9%。基本建设新增固定资产4.31亿元，增加71.7%。财政收入6.02亿元，增加17.4%；财政支出7.47亿元，增加31.2%。年末城乡居民储蓄余额14.49亿元，增加29.8%。

二、宣汉县

宣汉4个土家族乡的产业结构以农业为主，种植业为四乡的支柱产业，畜牧业作为辅助。各乡林业、渔业，以及特色经济发展不均衡，尚未形成成熟的发展模式和市场运作机制。这四个土家族乡的经济形式比较单一，自20世纪90年代开始，发展以药材为主的特色经济。1991年，宣汉县政府制定优惠政策，对少数民族农户中的贫困户减免农业税、减免粮食定购任务，不购或少购国库券，优先安排土家族村民的扶贫项目资金。1991—2000年，发放扶贫贷款200多万元，救济粮1万余公斤。在龙泉等乡建成山羊村、肉牛村、药材村8个，建成“三木”（黄柏、杜仲、厚朴）药材基地12个，人工栽培天麻1.3万平方米，仅1999年产天麻3.39万公斤，产值132.8万元，种植天麻的农户，人均增收200元。2005年，龙泉乡用于销售的药材，大宗有云母香、大粒子、党参、柴胡、黄连、木瓜、杜仲、厚朴、黄柏，合计345公顷、1894吨。药材种植推广“一村一品”，由罗盘村牵头，在乡政府领导下组建土特产品运销协会，资金自筹，市场自销，乡政府主要提供信息、技术支持。罗盘村有5000亩云母香基地；大坪、鸡坪村有3000亩木瓜基地。三墩乡对于特色经济的发展规划有一定的创新，三墩乡共有中药材5000多亩，全乡已成立1个中药材种植协会和2个中药材种植基地，即昌林生态中药材种植基地和三角池宣汉木瓜种植基地各1个。在大窝村规模种植金银花400亩。大窝村大岩坝种植木香、天麻、厚朴、大黄、党参等12个品种的名贵中药材，种植面积达2000

亩以上。大窝村三角池种植宣汉木瓜500多亩，带动七、八、九组128户种植大户，种植中药材2000亩以上。全乡种植中药材的农户达178户，人均收入增加300元以上。2005年1月统计，土家族聚居的樊哙、龙泉、渡口、三墩、漆树等5个乡镇人均粮食产量均超过400公斤，人均纯收入超过800元。

第三节　社会事业

一、教育

中华人民共和国成立后，土家族地区的教育事业随着政治、经济的发展，呈现出明显的进步。据1986年统计，黔江地区有高中19所，在校学生8605人，少数民族学生5365人，专任教师488人，少数民族教师232人；初中81所，在校学生70373人，少数民族学生46448人，专任教师3008人，少数民族教师1813人；小学2484所，在校学生34.01万人，少数民族学生19.9万人，小学专任教师11178人，少数民族教师6851人。

20世纪50年代以后，四川土家族地区较为正规的职业学校，有1958年建立的酉阳县农技学校和酉阳县林业中学。至1989年，5个自治县有职业中学14所，在校学生3038人，专任教怖254人。到1990年，5县各类职业中学在校学生占高中在校学生的比例，由1989年的24.9%，上升到31.8%。成人教育也受到政府重视。黔江县1982年在52个乡（镇）配齐了专职业余教育干部；1985年，兴办了农民文化技术学校14所，其中有7所以扫盲为主；1988年，经省、地检查团验收，基本达到“扫除文盲”的标准，全县脱盲率为91.7%。1990年，5个自治县文盲和半文盲占总人口的比重，由1982年的28.7%下降到19.4%。石柱县的农技教育进展较快，1983年被评为四川省“农民教育先进集体”。民族教育的发展，提高了土家族地区各民族的文化素质。据1990年全国第四次人口普查统计，同1982年相比，每10万人中，5县中具有大专以上学历的，由195人上升到282人；具有中专、高中文化的，由2654人上升到3706人；具有初中文化的，由12723人上升到18174人；具有小学文化的，由39103人上升到45971人。文盲率降至23.99%；有教授、副教授、高级工程师等95人，在四川少数民族中，居第三位。

1996年，黔江地区有中学在校生8.4万人，小学在校生27.06万元，学龄儿童入学率98.3%，黔江县有中学在校生16710人，比上年增加17.7%；小学在校生45773人，比上年增加1.1%；学龄儿童入学率99.43%。石柱县有中学在校生15796人，比上年增加1242人；小学在校生37881人，比上年增加274人；学龄儿童入学率99%。彭水县有中学在校生18049人，比上年增加10.32%；小学在校生55263人，比上年增加2.17%；学龄儿童入学率97%。酉阳县有中学在校生19556人，比上年增加17.5%；小学在校生72703人，比上年增加0.7%；学龄儿童入学率99.5%。秀山县有中学在校生15305人，比上年增加9.5%；小学在校生59010人；学龄儿童入学率96.42%。

1991年，宣汉县对少数民族子女升学从优照顾、降分录取，报考大专的降5分录取，中专的降10分录取，高中的降10分录取。大专、中专降分分别由省和地区执行。1993年起，县招生委员会办公室每年在龙泉、鸡唱、自由乡各招收1名定向中师生、中专卫校生。至1995年，全县少数民族入学降分录取66人，其中大专生3人，中专生（含中师）33人，高中生30人。20名土家族初中毕业生被定向录取为中师、卫校学生。改善办学条件方面，1993 年 9 月，樊哙中学增设职业高中班，当年招收新生 78 名。1994 年 12 月，达川地区行署集资 25 万元培修的龙泉乡小学教学楼竣工，建筑面积达 864 平方米。1995 年，土家族聚居乡有教学班 76 个，学龄儿童入学率 92%，巩固率 88%。1990—2005 年，投入土家族聚居乡改善教育条件的资金（含自筹部分）人民币 520 余万元，港币 60 万元。5 乡（镇）中心校教学楼全部改造，开办民族学校 1 所，扩建小学 10 所。2005 年，宣汉县 4 个民族乡建立了建制完备的乡中心小学，共有学生 3677 人，其中漆树乡 632 人，三墩乡 1481 人，龙泉乡 796 人，渡口乡 768 人，学生入学年龄都在 5 岁至 6 岁半之间。有村小学 26 所。4 个乡小学教师共 152 人，其中有 20 人为代课老师，教师学历以大专和中师为主。国家对农村九年义务教育施行免费和补助政策，提高了义务教育阶段的入学率。生源主要来自当地，流失情况较少，升学率为 100%，一般升入三墩初级中学或南坝中学。教师的办公环境有了较大改善，开通了教育网络，配备了电脑、打印机和复印机等设备。4 个乡中心小学的课程严格按照教育部的规定开设。4 个乡中心小学均有教学楼、实验室、图书室（图书馆）和运动场（篮球场）。三墩乡中心校还有微机室。三墩乡拥有 4 个乡中唯一的初级中学，初一到初三共 8 个班，520 人，生源来自漆树乡和三墩乡。共有教师 23 人，2 人为代课老师。学生入学年龄集中在 13—14 岁。入学只需缴纳 20 元的作业本代收费，其他费用一律免除。国家每年补贴走读生约 500 元，住读生约 700—800 元。毕业生升入普通高中的约占 40% 左右，升入职业高中的约占 50%。学校的教学楼、实验室、图书室、微机室和运动场都较为完备。2005 年底，宣汉 5 个土家族聚居乡（镇）有初级中学 3 所、小学 54 所，其中乡中心校 8 所，村小 46 所。初中教学班 35 个，小学教学班 157 个，初中、小学入学巩固率达 95% 以上。

二、医疗卫生

中华人民共和国成立以来，特别是改革开放以来，土家族地区的医疗卫生事业快速发展，医疗卫生条件得到改善，逐步建立起完善的医疗卫生体系，土家族群众的健康得到有力保障。

经过长期的建设，黔江地区医疗卫生事业的落后面貌得到了明显的改观，农村卫生工作也有了很大进步。1996 年，黔江地区有医院病床 3299 张，增加 1.4%；有卫生技术人员 4965 人。黔江县有卫生机构 92 个，病床 867 张，比上年增加 5.2%。卫生技术人员 1244 人，比上年增加 25%。石柱县有病床 730 张，卫生技术人员 1137 人。开展送医送药下乡进行巡回业务指导和诊治，医治病人上万人次。彭水县有病床 707 张，比上年增加 2.76%，卫生技术人员达 811 人。酉阳县有病床 791 张，比上年增加 7.6%，卫生技术人员 1248 人，比上年增加 98 人。秀山县有病床 757 张，卫生技术人员 943 人。

宣汉县的 4 个土家族乡运用国债资金各自建立了 4 个乡卫生院，其中三墩乡卫生院的条件最好，每个村都建立了 1—2 个村卫生站，配有医务人员 1—2 名。乡卫生院的医生和护士主要是大专或中专学历。办公条件有了较大改善，网络办公开始逐步普及。4 个民族乡也有少量私人个体诊所和个体药店。2005 年，三墩土家族乡有 1 所卫生院，11 个村卫生站。三墩卫生院，设备较为齐全，检查手段较全面，效益较好，有医生 8 人，护士 2 人，其中 7 人有大专文凭，3 人有中专文凭，3 人持国家职业医师资格证，2 人持国家职业助理医师资格证。龙泉土家族乡卫生院 1 所，医院 9 人，护士 2 人，住院病床 8 张。下设医疗点 2 个，村合作医疗站 2 个。渡口土家族乡卫生院 1 所，医护人员 6 人，住院病床 5 张，村合作医疗站 7 个，计生服务站 1 个。漆树土家族乡卫生院 1 所，村合作医疗站 1 个，医护人员 26 人，住院病床 5 张。

三、基础设施

中华人民共和国成立前，土家族地区基础设施条件极度落后，极大地阻碍了该地区的发展进步与土家族群众生活水平的提高。

中华人民共和国成立后，党和政府增加了基础设施建设投入，土家族地区交通实现较快发展，电力基本自给自足。新闻广播等文化事业发展迅速，广播入户率、电视覆盖率达较高水平，新闻广播多次受到四川省表彰。1996 年，黔江地区完成 34 个区镇电话改制，县到区中继传输部分实现光缆化，黔—西—秀二级光缆开通，全区 5 县寻呼联网基本完成，建成开通黔江 GSM 基站和 4 县 A 网基站，建成黔江 C3 长途交换局，省—地可视会议电话投产运行。同年 12 月 30 日，黔江地区唯一的中型水电站——大河口电站首台机组并网发电。石柱县丰石 110 千伏输变电工程正式投入使用，东向坡隧道工程建设全面竣工并投入使用。基本完成石西公路路基工程的新建和改造任务，公路路面累计硬化 51 公里。石柱至西沱二级光缆和县城至各区的光缆全面开通并投入使用，已开通县城移动电话，无线寻呼全县联网的基础工程完成，县城程控电话新增 5000 门，容量达到 11000 门。彭水县完工各类水利工程 2248 处，新修、整治村级公路 45 条，446 公里，新增卫星地面接收站 194 座。酉阳县改造硬化国道 319 线酉阳段 89. 4 公里。投资 1500 万元，全面实现区乡电话程控化，开通县城移动电话，实现与全国联网。投资 2840 万元，城南变电站和酉沿线 35 千伏、酉大线 110 千伏输电线路架设竣工。秀山县完成秀山—酉阳、秀山—铜仁 110 千伏输变电线路工程；区乡程控电话和移动电话工程；县城 2 万吨/日自来水技改工程；秀山一中教学楼、民族中学科技楼、县医院门诊大楼、东风路小学逸夫教学楼、西门桥改造工程；洪雅 11. 7 公里的改道工程。基本完成国道 319 线秀山境内 84 公里的标美路建设工程。总投资 1. 15 亿元，装机容量 1. 2 万千瓦的宋农电站基本完成土建工程，进入设备安装调试阶段。

截至 2005 年底，宣汉县 4 个土家族乡在基础建设上有较大发展，尤其是在公路建设方面取得较大成就，基本实现了村村通公路。龙泉乡公路里程达到 940 公里，乡道三级标美公路 32 公里，村道公路 11 条 60 公里。渡口土家族乡公路里程 61. 2 公里，5 个村通公路，6 个村通电。漆树土家族乡村村通电，部分村组通公路，公路通车里程 58. 2 公里。4 个民族乡在通信事业也有了巨大进步。乡与乡之间，村与村之间都已开通固定电话，移动和联通的网络信号覆盖 4 个民族乡的所有村，固定电话和移动电话的数量有所增加。

第四节　文化变迁

一、文艺

清雍正十三年（1735 年）黔江地区“改土归流”后，土家族在传统文化的基础上吸收了大量汉文化，逐渐形成独具特色的土家文化。土家舞蹈独具特色，秀山县上、下宋农等地，1960 年前有群众性的摆手舞活动，后来发展为“秀山土家花灯”。秀山土家花灯是在传统摆手舞的基础上，吸收了苗、汉民族文艺精华，创新出来的一种具有民族特色而为土家族群众所喜闻乐见的新娱乐形式。

土家山歌富有民族特色和地方特色，产生于生产劳动，取材于社会生活，既保留了历史的精华，又随着社会的发展、时代的前进而不断创新。一般即兴而作，题材广泛，内容丰富，用词精炼，寓意深刻，形式多样，活泼生动，几乎人人会编，人人会唱。土家族地区被誉为“歌的海洋”。在生产劳动中，一旦气氛沉闷，便有人触景生情唱起歌来，激发人们的劳动热情。山歌分劳动歌、情歌、嫁娶歌、丧歌、孝歌、酒歌等10余种，仅川东南一带流行的传统山歌就有1000多首。

宣汉县土家族山歌中薅草锣鼓最有名。薅草锣鼓也叫薅草歌、薅草号子，是土家族民歌的一种俗称，是一种伴随劳动生产，民歌与响器相结合的艺术形式。过去薅草锣鼓是一鼓一锣两个人唱，现在是两鼓、两锣、两小锣总共6个人。一般歌师傅几样乐器都会使用。演唱以鼓手为主，形式灵活，既有一人独唱也有两人对歌，还有一人领唱，众人应和等形式。薅草锣鼓尤以龙泉乡为代表，流行的曲牌有：引腔、扬歌、叫歌、姐罗也、排歌、冲天炮、尾声。均用汉语演唱，内容通常为汉族民间的传说与故事。韵脚共十二个半，儿化音算半个韵。具体表演流程也有严格规定。

二、宗教信仰

土家族的宗教信仰，呈现出复杂多样的格局，原始宗教信仰以残存、变异的形态保留了下来。

“敬奉土王”，信奉“土老师”（宗教职业者、巫觋），是土家族民间现存宗教信仰的两大突出特点。历史上，敬土王之风在川鄂湘黔土家族地区长期流行，各种各样的土王庙遗址仍遍布酉水地区，但川鄂湘黔各地所敬土王的具体偶像则因地而异。秀山县的土王庙（或称土主庙），其偶像人物不同于湘鄂。邑梅、石耶、平茶一带供的是“唐诚州刺史杨再思”。上、下宋农祭“宋思州刺史田祐恭”，即田氏之先人。据《酉阳州志》载：“田氏之先，为九江、大江、小江酋首，故曰土王。王最灵，春秋二祀，虽田氏子孙主之，土人无不毕集。”酉阳县中部和西部，又与秀山县有别。当地无土王庙，建有“三抚庙”，供奉“冉宣慰”“田宣慰”“杨宣慰”三人。四川各地土家族人民过去都崇尚巫觋。几乎每个寨子都设有“土王庙”“土地堂”，或祠堂，每逢节日或遇天灾人祸及婚丧嫁娶都要请土老师祭祀土王和祖先，或驱鬼、许愿、祈祷。土老师是不脱产的宗教职业者，他们师承而来，被认为能通神灵，有一定社会地位。

土家族尚存的原始宗教信仰遗俗还有“自然崇拜”。相信天地万物皆有神灵，万事皆有鬼神支配。由于很早就受到汉文化影响，土家族的自然崇拜在某些方面与汉族有共同之处。酉水地区土家族普遍信奉四官神（主管六畜）、土地神、五谷神、灶神、龙神、水神、火神等。

宣汉县的土家族一般称民间走村串户施法术替人消灾祛病的宗教职业者为“端公”或“道士”。端公与道士据说有文武之分，端公属于武坛，道士属于文坛。民间保留的傩戏也有文戏和武戏之分。文戏主要是打锣鼓，立法坛，做法事，服饰似僧袍。武戏有“阳花度关”和“搬赦”，主要有免灾和除病痛的作用。武戏中的武坛多为道教装束。端公在宣汉县的4个土家族乡普遍存在。端公重师承，其描述师承的口诀代代相传。龙泉乡学过端公的梅某某在做法时要先念：“口传渡师亲母舅刘仁郎，生于甲子年十月初十未时见申，传与弟子梅可云，千叫千灵，万叫万灵，一法有准，万法有灵，太上老君急急如律（敕）令。”端公的法器主要包括：傩戏面具、小船、剑、印，令牌、褂、案子、鼓、钹、铃、木鱼、幢、符纸等。

除端公信仰外，土家族各乡还有一些小庙。一座庙宇可以作为多种神灵的供奉场所，龙泉乡有一座川主庙，平时供着川主菩萨，而如果到了其他某个神的赛会日如猪王太子、牛王、药王、观音、地母等，川主庙即成为该神的祭享处。

三、习俗

（一）居住

土家族喜欢聚族而居，多一姓一寨，且以姓氏为寨名。后来也有亲友旁亲加入杂居的；偏僻山坡，也有少数单居独户。房屋一般为木结构，形式多为纵列“三柱四瓜”（即3根长柱，中间套4根不落地的短柱）、“五柱四瓜”和“五柱六瓜”。横排有三间、五间一排的“一风梳”，也有一正一厢、一正两厢的“撮箕口”。人口众多的家庭，则在屋后配以“拖檐”或在正屋一头配“专廒”加以补充。坡地上建筑“一风梳”的房屋在厢房位置上建有称为“吊脚楼”的干栏建筑。楼上装木板墙作住房，楼下堆放柴草或养畜、置厕所。“改土归流”以后，有的家庭修有“四合天井”及“八字龙门”，甚至有雕梁画柱、“翻廒加脊”。过去也有居住岩洞的。

20世纪50年代后，农村居住条件得到改善。无论贫富，正房的中间一间都作堂屋。但也有作厨房的，将灶砌在进门或出门附近地方，称为“烧进”“烧出”。堂屋供祭祀祖先、红白喜事举行仪式或待客之用。正屋左侧一般为父母的卧室，右侧为子女的卧室；右侧有专廒的，以此间为灶房。在山上居住的，习惯在灶房的一角挖一正方形的火坑或以木板砌一“火铺”，中间置“火塘”。塘内安放“铁三脚”，供冬天烤火、煮饭之用。平坝地区的住户，多在卧室里做一方柜式的火桶，上面盖一“火祷子”，一家人围坐其上，取暖谈心，别有一番乐趣。

土家族大都喜欢美化环境，习惯在住宅的四周培植果树，栽花种草，用竹、木、花草或蒺藜栽培成“园干”作围墙，以花木配房屋，构成庭院。

宣汉县土家族的住宅以砖木结构的小楼为主。许多民居采取传统的吊脚楼形式，外面是木头里面是砖。木板上雕刻花饰。龙泉乡的高架村还保留有穿斗式木结构的老式建筑。无论新旧民居建筑，屋内都不同程度保持土家族传统特色。许多家庭仍然在堂屋内保留火塘，火塘一般都用石头镶边，火塘上方吊一个水壶烧水。堂屋内一般保留神龛。20世纪90年代后，多采用红砖和水泥建造房屋。

（二）服饰

土家族青壮年男子多穿对襟短衣，袖长口小，对襟上钉5—7对布纽扣。冬春之际，也有穿右开襟长衫的。裤子大都是青或蓝色，加白布裤腰。老人常穿长袍大襟衣。男子头上包青布或白布长帕，一般长7—9尺，包成人字形。鞋子是青面白底，劳动者大多不穿袜子，冬天才穿白布袜，或缠一副青、蓝布裹脚以御寒。土家人的布料，过去多为白纺、白织、白染的土布。

土家妇女头包青丝帕或青、白布帕，不包人字形，包成厚厚一叠。未婚女子，头上留一条长辫子，用红、蓝、青色绒线作为头绳。已婚妇女在后脑绾发成泡粑形，名曰“粑粑”。妇女的上衣衣宽袖大，右斜襟，镶有色彩鲜明的3条花边，用布纽扣，也有用铃形银扣的。女裤长而宽大，多用青、蓝二色，加白裤腰，裤脚口也镶上花边。妇女的首饰很多，有银质、玉质和金质的簪子、耳环、戒指、手圈以及颈上胸前挂的银链、银牌、银铃、银牙签、银珠子等。

小孩的服饰，最有特点的是帽子，按年龄、季节有不同的帽形。帽子正面缀上银铸的“福禄寿喜”“长命富贵”等字及十八罗汉或大小“八仙”的形象。帽顶及帽后还要用银链吊上许多银牌、银铃，手腕上戴有银圈、银铃等饰物。

1949年后，除少数边远山区外，土家族男女老幼大都习惯汉式装束。

宣汉县的土家族将服饰分为传统和日常两类。传统上，喜用苎麻织布，经浸染色后缝衣，俗称

“麻布口袋”，男穿对襟衣，亦有穿长袍的，女穿满襟衣，未成年女子内衣用丝线绣成各色花、鸟、虫、草等图案。男女均穿扎腰裤，无裤扣，用白布做腰边，腰上系一根布绳扎裤子，不拴皮带。男女习惯缠头巾，男缠白色头巾，女缠蓝、青色头巾，女性头巾长，缠的圈数多。日常生活穿戴汉族服饰，同时也保留了传统服饰的元素。

（三）饮食

土家族以玉米、红薯、土豆为主食，稻米次之，杂以高粱、小米、荞、麦等。一般把玉米面和大米掺和煮成饭，俗称“两造饭”，当作主要的饭食。

土家族大都喜欢吃酸菜、辣椒、豆腐。豆腐的品种很多，常见的是用黄豆磨碾后掺菜做成的合渣，又叫“渣豆腐”。酉阳、秀山一带的土家族还喜欢吃“酿豆腐”，即在一片豆腐楞边上划一口，以作料齐全的肉馅塞入口中，再油炸后煮成，酒席饮宴，多以此为上菜。冬天多在火坑上熏烤腊肉，这种腊肉滋味鲜美，又易保存。

土家人特别喜欢喝“油茶汤”。用茶叶、阴米、玉米花、炒黄豆、豆腐干、花生米、芝麻等，再加上腊肉、姜、蒜、葱、花椒、辣椒等作料，用茶油炸焦，用水煮沸而成，清香可口，提神解渴。

20世纪50年代实行土地改革后，土家族群众的生活逐渐改善，特别是中共十一届三中全会后，落实农村联产承包责任制，农业生产迅速发展，群众生活好转，稻米已成为主食，粮油肉菜日益丰富，饮食品种日益多样化。

宣汉县的土家族有日常、待客和节日三种不同形式的饮食。日常饮食方面，比较有特色的食品有炖豆腐渣、腊肉及干鲜笋类。待客方面，“八大碗”是招待客人的最高礼仪，是用当地土特产作原料，做出的8种不同美味佳肴。节日饮食以过年最有特色，当地风俗过年一定要吃“坨坨肉”，而且还需留一些到初一吃，以示年年有肉吃。

（四）节日

“赶年”。在酉阳酉酬、大溪和秀山石堤一带，土家族群众有过“赶年”的习俗，过年时间为腊月二十九（月大）或腊月二十八（月小）。比春节提前一天过年的原因，传说明嘉靖年间（1522—1566年），正值年关，朝廷调土家兵赴苏松协剿倭寇，按路程算时间，不等过年就得出发，才能按时到达指定地点。为使出师官兵过了年再走，就决定已集中的官兵提前一天过年。土家兵果然按期到达，并荣立“东南战功第一功”。后人为了纪念这个日子，都提前一天过年。

“四月八”。俗称牛菩萨节，在酉阳，这一天土家人民要杀猪宰羊，做米粑，来祭祀牛王。所有耕牛要休息，吃好饲料。

“四月十七”。在秀山，土家人叫作“过小年”。宋农、石堤一带土家族人民认为这是自己的年节。据土家大姓彭氏《家谱》载：明代打妖总管彭万镇率打妖、石堤、宋农诸洞彭、白、李、马、蔡、田六姓土兵增援辽东，在奉集一仗得胜，于四月十七日凯旋归来，土家人以为是祖宗神灵护佑，即杀猪宰羊进行祭祖活动，以示庆贺。每年如此，习久成俗，成为土家族最隆重的祭祖日。

“六月六”。在秀山，传说是土家族杨氏祖先飞山王杨再思忌日。平茶、邑梅等地土家族人民把这天作为祭祖日。也有说是祭杨的第四子镇江王杨正约的。传说他是九溪十八洞的洞主，曾下水斩妖擒龙，故有“六月六晒龙袍”的说法。还有说“六月六”是太阳的生日，是祭天的日子。

宣汉县的土家族一年中除冬月（农历十一月）外每个月都有节庆日。其中，春节有耍钱棍、吹唢呐、“烧火龙”的习俗，其他与当地汉族习俗基本相同。土家族也过清明节、端午节、中元节、中秋节、重阳节等传统节日。节庆中比较特别的是四月初八的牛王会和六月初六的晒龙袍节。农历四月初八传说是牛王菩萨的生日，土家人要过牛王节。这天要给耕牛放假，还要杀鸡备酒做米粑，为牛王祝寿，要用最好的饲料喂耕牛。有的还给耕牛喂鸡蛋、灌白酒，吃米粑，以此感谢耕牛的辛勤劳作和无私奉献。晒龙袍节又称晒衣节，主要是纪念为抵抗元军壮烈牺牲的土家族英雄覃重王，这天要设酒宴祭祀土王，晾晒衣被字画等物。

（五）婚姻

土家族的婚姻，在清雍正十三年（1735 年）“改土归流”之前比较自由。青年男女往往在唱歌跳舞时彼此相爱，得到“土老师”的许可后，即可订婚成亲。而在酉阳的大江里、小江里一带，交通闭塞，发展缓慢。“改土归流”以前，不仅居于特权地位的土司享有“初夜权”，就是封建（氏）族长，也在该（氏）家族内享有“初夜权”。直至清朝末年，居住在这一地区的个别家族，还有“族内婚”遗俗，民国初年才被族人禁止。“改土归流”以后，随着封建经济的发展和汉文化的传入，封建礼教兴起，婚姻受到家庭财产多寡的制约，讲究“门当户对”和“父母之命，媒妁之言”。订婚必须以大量的钱财、牲畜和粮食为聘礼，早婚、童养媳盛行，妇女在社会和家庭中的地位低下。

20 世纪 50 年代前，姑娘出嫁，“哭嫁”之风盛行。姑娘出嫁的前两晚，先由一位有儿有女的年长妇女给姑娘梳妆打扮，后由姑娘的母亲代之。母亲一“开声”引哭，姑娘就开始有节奏地放声大哭起来，边哭边唱，以唱为主，以哭为节拍，叫作“哭嫁”。无论亲戚、朋友，哭到谁，谁就得陪姑娘一同哭。《哭嫁歌》是土家姑娘“以歌代哭”“寓哭于歌”，抒发感情的一种民间艺术表现形式。

20 世纪 50 年代后，土家“哭嫁”习俗有了显著变化。《中华人民共和国婚姻法》贯彻执行后，婚姻自主，姑娘出嫁不再是忧事而是喜事，“哭嫁”现象逐渐减少。

宣汉县土家族中还保留着“哭嫁”的习俗。姑娘出嫁时从长辈哭到晚辈，从里屋哭到外屋，内容主要是表达养育之恩、兄妹之情、邻里关照等。哭得越伤心、越感人，说明新娘越聪慧，亲朋好友也以此为荣，有陪哭，倾诉难舍之情，教育出嫁姑娘做个善良贤惠的媳妇。有劝哭，说出一些安慰的话语。“哭嫁”都通用汉语，新娘对父母的称谓也使用汉语，曲调与汉族民歌相似。婚俗中最具特色的是“谢媒礼”，为表达谢意要向媒人送礼，礼品为嘴里含着一根尾巴的猪头，意为有“头”有“尾”。

（六）丧葬

土家族在历史上曾行火葬。到近代，受周边其他民族影响普遍实行土葬，丧葬礼仪根据贫富和年龄差别而繁简不同。富者坟茔宏大并立以石碑表示家族之盛。丧葬时还请道士念经、椎牛、杀猪祭礼。

在酉阳，老人一死，亲人就放声嚎哭，悲痛欲绝，并烧纸钱，放鞭炮。由死者的子女到水井汲取一罐新鲜水，烧热后给死者洗浴，男者剃须发，穿上新制或较好的衣服，放在用门板和长凳架成的灵床上。灵床放在堂屋中央或火铺边，脸上盖着白纸，脚下点着清油灯。然后，请端公或道士来家里做法事，超度“亡魂”。接着将遗体装入棺材内，用寿被盖着，待亲人痛哭一场、与遗体告别后，即行密封。

灵柩停放时间，视安葬日期远近及是否等待远道亲人回来而定，在此期间，丧家要举行隆重的祭奠活动。到安葬日，先请端公或道士做法事，然后请人将灵柩抬起，由子孙扶着，抬出堂屋，随后抬往墓地。子孙及亲戚跟随在灵柩之后，沿途由端公或道士敲锣鼓，并有一亲人在前拿着火把

“引路”，还有一人沿途丢“买路钱”（纸钱）。灵柩抬到墓井边，做过一番法事后，将棺材安放在墓坑内，用土垒成坟堆，坟墓一般是长方形。

在秀山，还有“跳丧”的习俗。即一人边击鼓边唱，几个人绕着棺木跳舞。有的地方有3个人分别拿小鼓、小镲、小锣边敲打边绕着棺木一边走一边唱，叫“打绕棺”。歌的内容是唱死者一生的经历和作为，生者对死者的感情和劝慰丧家等。无论谁家老人去世，村村寨寨能歌善舞的人，即使生前有矛盾或有仇恨的人都要到丧家唱“孝歌”“以歌代哭”，寄托哀思，劝慰丧家，招留来客。

20世纪50年代以来，酉阳、秀山等地土家族丧葬礼仪逐渐简化，而“以歌代哭”，劝慰丧家之风依旧不衰。

在宣汉，土家人去世后，要请道士做七天七夜道场，念“八经八禅”“十二功过”，唱孝歌、耍筛子、打锣鼓、吹唢呐、鸣山影炮（火药炮）。宣汉土家族现行土葬，坟墓样式与当地汉族相同。亲人去世后男女均戴孝帕，男单女双，后面的帕子不能太长。

第八章　傈僳族

第一节　概　况

傈僳族为四川省世居少数民族之一。据第五次全国人口普查统计，全省有傈僳族18674人。其中凉山州9121人，攀枝花市8658人，眉山市213人，成都市133人，资阳市123人，其他散居各地的426人。

傈僳族主要聚居在凉山州德昌县的南山傈僳族乡、金沙傈僳族乡和攀枝花市米易县的新山傈僳族乡、盐边县的箐河傈僳族乡，其他傈僳族散居在盐边县渔门镇、惠民乡，米易县普威镇、垭口乡，仁和区同德镇、务本乡，西区格里坪镇，以及凉山州的会理县江普乡，会东县嘎吉、新马等乡，木里县博科、桃巴等乡，盐源县金河、树河等乡。

傈僳族自称为“lisu”。唐朝时期其先民就在今凉山州及攀枝花市境内居住，唐朝的《蛮书》《新唐书·南蛮传》，清朝光绪《盐源县志》，民国时期的《宁属调查报告》和《西昌县志》都有记载。

德昌县的南山乡和金沙乡自确立民族乡建制以来行政区划未发生变动，而米易县新山乡和盐边县岩门乡则有变化。2004年8月，米易县原坪山乡和原新山傈僳族乡合并为新山傈僳族乡，乡政府驻地设在原坪山乡政府驻地坪山堡，辖坪山村、新山村、高隆村和中山村。原新山乡所辖的3个村的编制被取消，并被重新划分为10个村民小组。至2005年有傈僳族1820人，占新山乡人口总数的25.7%。2005年4月，盐边县实行撤乡并镇区划调整，原岩门傈僳族乡与箐河乡合并为箐河傈僳族乡，原属岩门乡的虎鼻村划归永兴镇。合并后成立的箐河傈僳族乡下辖6个村，其中傈僳族村2个，分别为岩门村与石龙村。2005年撤乡并镇前，岩门傈僳乡共有人口2056人，其中傈僳族1510人，占其人口总数的73.44%。

第二节　经济状况

自改革开放以来，四川民族地区农村经济发生了重大变化。1988年，凉山州德昌县和攀枝花市米易、盐边县傈僳族聚居乡的人均粮食和纯收入达到“双两百”，即人均粮食200公斤，人均年收入200元。随着林业、种植业以及养殖业的发展，傈僳族的生活水平逐年上升。2005年，米易县新山傈僳族乡农民人均收入3061元，盐边县箐河乡岩门与石龙村的人均年收入2039.4元，德昌县南山乡人均年收入2257元，金沙乡人均年收入2308元。

一、农业

20世纪50年代后，傈僳族逐渐从原来的狩猎采集经济转变为较为稳定的农业生产经济，主要从事种植业、畜牧业和林业。主要农业生产工具有锄头、镰刀、风车、钉耙、犁耙等。20世纪80年代后，有的地方已经使用打谷机、打米机、柴油机、除草机、磨面机等新型农业生产工具。

（一）种植业

主要种植作物有水稻、玉米、土豆、豌豆、蚕豆、小麦等。新的农作物品种以及新生产技术的推广，大大提高了农业生产率。德昌县南山乡傈僳族聚居区地处“二半山区”和高山地区，坡陡，地斜，有的土地坡度甚至达到40度以上，地中多石头，蓄水难，旱地多，水田面积少。1996年，德昌县南山乡有耕地面积1896.43亩，其中水田面积为150亩，占总耕地面积的7.91%。2003年粮食作物种植面积从1996年的2655亩减少到1970亩，而总产量则从1996年的487.9吨增长到926吨。平均亩产量由1996年的0.18吨增加到0.47吨，增长2.6倍。

20世纪80年代以来，随着政府扶持力度的增加，傈僳族地区除了粮食作物生产外，开始种植各种经济作物，主要有甘蔗、烤烟、蘑菇、早熟蔬菜等。到2003年，傈僳族乡村的农业生产结构已发生显著的变化。

1986—2005年部分年度德昌县金沙乡农业生产结构变化表

表2-18

指标 年份	品种	播种面积（亩）	产量（吨）	经济作物总面积（亩）
1986	甘蔗	210	84	308
	蔬菜	98		
1996	甘蔗	720	3634	1031
	蔬菜	98		
	烟叶	279	8.60	
	核桃	32		
2003	甘蔗	611	2842	2073
	蔬菜	558		
	烟叶	1332	601	
	核桃	32		

德昌县金沙乡经济作物播种面积由1986年的0.73%，上升到1996年的26.9%，2003年上升到37.4%。用于种植粮食作物的耕地面积从1986年占全部播种面积的98.5%，下降到1996年的64.2%，2003年下降到44.5%。而粮食产量并未因减少播种面积而降低，反而得到增长，产量由1986年的647.4吨上升到2003年的1124吨。农业生产由于采纳新的生产技术和生产方式而逐渐发展。

其他傈僳族乡村的情况也如此。德昌县南山乡1991年开始种植烤烟，1993年烤烟收入8.9万元，亩均收入150多元。到2002年，烤烟收入已达到109.53万元，较1993年增加12倍以上，亩均收入1000多元，较1993年增加6倍以上。攀枝花市米易县原新山乡1990年开始种植甘蔗，1995年种植甘蔗面积为150亩，年产量700吨。2000年，甘蔗种植面积增加到390亩，年产量达到2000吨，增加产值40多万元。到2005年，甘蔗种植面积达580亩。

（二）畜牧业

傈僳族牲畜饲养主要有猪、牛、马、羊等，家禽饲养主要有鸡、鸭、鹅等。1986—2005年德昌县金沙傈僳族乡畜牧业发展变化显著。1986年，生猪存栏749头、出栏400头，羊3410只。1996年生猪存栏1207头、出栏869头、羊3175只。2003年，生猪存栏1584头、出栏1280头，羊4757只。2005年，生猪存栏1950头、出栏1660头。

（三）林业

傈僳族居住区林业资源丰富，主要有阔叶林、混交林、针叶林、灌木林，其中珍稀树种有“德昌杉”，还有许多药用植物。动物有野鸡、山鹰、斑鸠、黑熊、野猪、野兔等。20世纪50年代前，傈僳族多采用毁林开荒、刀耕火种，生产效率十分低下。20世纪60年代后，政府禁止滥砍滥伐。1998年后开始实行封山造林，种植花椒、板栗、油茶、杉树、核桃、橘子、枇杷等经济林，在林间培植木耳、蘑菇等经济作物，同时发展速成林，定期伐木。

1986年、1996年南山乡林业发展状况表

表2-19

指标 / 年份	人造林面积（亩）	品种	产量（吨）	备注
1986	350	油茶子	5	木材采伐700立方米
		核桃	0.20	
		松脂	4	
		花椒	0.45	
		黑木耳	0.90	
		香菇	0.20	
1996	197	油茶子	21	木材采伐800立方米
		核桃	5.20	
		花椒	5.60	
		黑木耳	0.90	
		蘑菇	3.50	
		松茸	2	

2001年，傈僳族地区开始实施退耕还林工程。盐边县岩门傈僳族乡结合当地实际情况，进行农业产业结构调整，发展生态农业。2004年全乡共种植青椒800亩、核桃700亩、蚕桑900亩、有机茶1000亩、烤烟300亩。2005年烤烟种植增加到750亩，1000多亩有机茶初见成效。

采集经济是傈僳族传统生产方式之一。到20世纪末，傈僳族还保留着传统采集经济，以此为副业。采集物品主要有药材、菌类、蜂蜜、蜂蛹等，用于出售，也用于自食。1990年，德昌南山乡采集收入11.11万元，金沙乡采集收入22.45万元。

20世纪80年代中期以后，傈僳族由于狩猎活动不多，狩猎工具减少，仅有极少数人家保留了弩箭和火枪，弩箭包括完整的箭袋、竹筒（用于盛装毒药）、弩、箭。1986年，金沙傈僳族乡副业生产统计显示捕猎野禽野兽所得杂皮65张。1990—2005年，4个乡的傈僳族已无人从事狩猎。

二、旅游业

20世纪80年代后期，傈僳族开始进行旅游开发。攀枝花市米易县新山傈僳族乡借助会（理）米（易）路优势，充分利用新山乡独特的民族文化和自然生态风光，修建了新山至龙肘山的旅游线路。沿线开办集民族文化、休闲观光、度假为一体的旅游产业。2004年5月15日，新山乡成功举办了第一届傈僳族“约德节”，对外展示了民族传统文化。

盐边县箐河傈僳族乡利用箐河瀑布、格萨拉旅游风景区及“万亩杜鹃”等旅游资源，组织村民节庆期间为人牵马上山，发展农家乐等方式，积极发展本地旅游，增加旅游收入。

三、乡镇企业

20世纪80年代中期，傈僳族地区的乡镇企业开始发展。1986年，德昌县金沙乡有乡镇企业14个，其中乡办企业1个，户办企业13个，从业人员82人，年收入16.3万元。1986年，南山乡有乡镇企业3个，其中乡办1个，户办2个，从业人员58人，年收入13.22万元。米易县原新山乡充分利用水力资源，修建了2座小水电站。至2005年，全乡有小水电站7座，总装机容量2465千瓦，年发电量770万千瓦时。同时还拥有砖厂、纸厂、水泥厂、石灰石矿等。

2000年后，傈僳族外出务工人员逐渐增多。德昌县南山乡2003年外出务工人员有24人，2004年为13人，2005年增加到27人。金沙乡2003年外出务工人员56人，2004年为67人，2005年增加到85人。箐河乡岩门村2005年外出务工人员达49人。这些外出务工人员文化程度不高，大多在初中以下，年龄在40岁以内，主要从事建筑业、服务业以及民族歌舞表演等。

第三节　扶贫和人民生活改善

一、扶贫工作

随着国家经济的发展，对傈僳族地区的扶贫工作也在不断加强，包括住房、饮水、用电、道路交通、农田水利、产业发展等各个方面。1997年攀枝花市机械化公司、糖厂、糖办、信贷部门共投入资金近22万元，在新山傈僳族乡开垦土地200亩用于发展甘蔗生产，每年为全乡增加经济收入20万元以上。米易县委办、县政协办、县农牧局等单位投入资金1.7万元，栽种试验示范地膜玉米207亩，亩产量增加到550公斤，增收10万元。1997年，攀枝花市建委及其所属系统到新山乡开展帮扶工作达98次，无偿支援现金6.5万元，出资1.2万元解决了全乡贫困学生的学杂费。攀枝花市建委及其所属系统、米易县扶贫办、米易县民委、米易县司法局、米易县统计局投资1.4万元对三所小学进行维修；投资2.3万元改善了乡卫生院的办公条件；投资3.3万元，改善乡机关工作条件。

1999年，盐源县对原居住于该县右所乡赵碧山花果村、树河镇岩脚甘塘乡的部分傈僳族村民实施移民扶贫，移民迁入地为盐源县金河乡野鸭塘村，共迁移14户，81人。迁入地相对较好的生存环境改变了傈僳族的生产和生活方式，提升了移民的生活质量。

在新居建设方面，野鸭塘傈僳族移民村整体布局上为街道式排列。由政府建造连户式正三间水泥砖小青瓦房。移民户自建厨房、厕所、院坝、街道等其他房屋设施。完成平整地基3350平方米，建成引水管700米，输电线路0.8公里。移民户实现了户户通水、通路、通电的“三通”目标。

在农业生产方面，野鸭塘村有耕地81亩，其中水田20亩，有荒山荒坡81亩。移民人均拥有耕地1亩，户均有荒地5.7亩。移民主要种植水稻、玉米、黄豆、红薯、小麦等。由于缺乏种植经验，乡农业技术员专门指导，同时得到老住户的帮助，使移民很快掌握生产技术。2005年，移民开始种植经济作物，主要种植枇杷，平均每户种植枇杷树20株。少部分移民在房前屋后种了香蕉以及青花椒等。

在生活方面，傈僳族在移民搬迁前住在高山上，人畜混居，卫生条件极差，人极易生病。移民后人畜分居，房屋干净，生病率下降。新居住地距离城镇更近，交通方便，坐活条件得以改善。

农田水利设施建设上，自1989年金沙乡被列为凉山州重点扶贫乡以来，通过“两项资金”支持，新修和维修了水沟13条，14.5公里；修建蓄水池5口，蓄水量500立方米；修建茅坑227口；购买优质胶管8000多米，基本保证80%的农业用水。至2005年，全乡农业用水通过扩修水渠以及“三面光”工程得以保障。

1990年，原岩门乡有中小型堰渠29处和山平塘4口。至2005年，合并后的箐河乡兴修灌溉水渠17公里，基本解决了农业用水问题。

1992年，原新山乡改建茂佬（莫老）的原五、八社共有的1个小型水库，库容量为5万立方米。1994年修建麦地堰，从根本上解决了部分村、组的农田用水困难问题。1997年，三沟“三面光”工程竣工，全长6800米，共投资45万余元，其中国家投资25万元，群众集资20万元，解决了800亩水田灌溉。2003年完成了新山村白龙堰防渗处置工程，有效保证了农业用水。

二、生活条件改善

（一）饮水、供电

1989年，德昌县南山乡13个村组中已有9个通电，2个用上了自来水。金沙乡17个村组中有6个村组实现通电，1个村组用上了自来水。凡未用上自来水的地方，饮用水条件也有所改善。此后，经过政府和傈僳族群众共同努力，截至1994年，德昌县南山乡5个饮水困难的社都安装了自来水。全乡至1995年全部架通电线，解决了农户用电难的问题。至2000年，德昌县金沙乡各村民点的用电照明以及人畜饮水问题基本解决。

1996年，米易县新山乡在攀枝花市建委的帮助下，投入资金2.45万元，解决了马鹿村小学及附近200多头牲畜的饮水问题。1997年投入资金509万元，为新山村一社、马鹿村四社共1410户解决了生活用水问题，共安装自来水管道73.61公里。1999年架通自来水管道38.23公里，解决了14个村、572户、2131人及3366头牲畜的饮水问题。

2002年2月，“农网”改造工程在岩门全面展开，“农网”改造结束后，大面积解决了农民用电难的问题。然而，由于部分傈僳族地区山高路远，有些仍使用煤油灯或小型发电机。如德昌县金沙乡上黄竹村截至2005年仍未实现电网供电，主要靠煤油灯和小型发电机照明。

（二）能源利用

傈僳族长期以采伐木材作为生活能源。20世纪90年代后期，随着封山育林政策的实行，居住条件的改善，做饭上灶，睡觉上床，传统的火塘渐渐消失，傈僳族以农作物桔梗为燃料，同时建造省柴灶与沼气池以节省能源。进入21世纪以后，沼气、太阳能等新能源的开发以及电的使用逐渐占据主导。2001年，米易新山傈僳族乡共建沼气池39口，节能省柴灶140余个，安装热水器40余台。盐边县箐河乡傈僳族村至2005年共建造沼气池150口，有效解决了能源问题。

（三）交通

傈僳族地区20世纪50、60年代交通多为羊肠小道，全靠步行，负重全靠人背马驮，对外交往十分困难。自20世纪80年代后期开始，各傈僳族乡政府开始修建简易公路，解决人们的出行难问题。1994年，米易县新山傈僳族乡扩修和恢复了马鹿村、麦地村的公路6.5公里；2001年，新建米（易）会（理）公路15公里，建成茂佬（莫老）河至中山段8公里的沙石公路；2002年，新建米会公路12公里，铺设沙石路面10.5公里，新建水泥路1.2公里。米易县新山乡傈僳族地区道路基本通畅。

1990年，盐边县岩门乡公路只有2公里，1990—1995年修建通村公路57公里；2000年铺设沥青公路1.88公里；2001—2003年又修建通村公路46公里。基本解决了村民外出交通不便的情况。

1994年，德昌县南山乡已修建简易公路12公里，接通了德（昌）六（所）公路。至2005年底，“村村通”工程已基本结束。

20世纪50年代前，傈僳族外出交通工具是马、驴、骡。20世纪60年代后已有自行车，20世纪80年代后有了摩托车、拖拉机、汽车。2004年，米易县新山乡拥有摩托车17辆。德昌县南山乡和金沙乡境内多数路段交通不便、坡陡路窄，摩托车是该乡傈僳族出行的重要交通工具。

（四）交换与消费

中华人民共和国成立前，傈僳族地区处于自然经济阶段，以物易物。20世纪80年代以来，攀枝花地区米易县的新山乡和箐河乡傈僳族都有自己的交易市场，集市在乡镇政府周围，隔日开场。主要交易产品为盐、油、茶、肉以及烟酒等生活用品。过去傈僳族人多自制米酒，现在多在市场上购买，主要是白酒或啤酒。啤酒饮用量很大。人们抽烟多是购买香烟，很少有人再抽自种自制的兰花烟。集市上有药材、水果等出售。还出售一些蔬菜，主要对象是乡镇居民。

交易市场内有小型饭店，顾客主要是赶集的群众和中心小学的学生。还有商家经营民族服饰，如挎包、头帕以及民族服装。德昌县的民族服装制作质量较好，攀枝花地区的傈僳族服饰多来源于德昌县，一套大约1000多元。

第四节　社会事业

一、教育事业

20世纪80年代后，部分傈僳族群众较为陈旧的思想观念逐渐得到改变，培养子女学习科学文化知识的积极性有了提高，入学率不断上升，师资力量增强。1990年攀枝花市盐边县岩门乡共有7个村级小学校，1个教学点，1个中心小学校，在校学生208人。至2005年，共有在校学生304人，从当年秋季学期开始，全乡学生享受“两免一补”。2005年，米易县新山傈僳族乡修建光彩工程教学楼，改善了学校的教学环境。全乡有897名学生享受两免政策，248名特困学生享受到一补优惠政策。

2005年，德昌县南山傈僳族乡取消了原有村级教学点，改为全体学生在乡中心小学集中授课，并实行寄宿制。乡中心小学有小学教师18人，小学班19个，在校小学生人数553人。金沙乡有小学教师13人，小学班16个，在校小学生人数419人。

二、文化艺术

（一）广播电视

1986年起，德昌县南山乡和金沙已有专人从事文化和广播电视事业，南山乡3人，金沙乡2人。1988年，德昌县南山乡有收（录）音机85台，金沙乡有147台。2000年后，电视机在傈僳家庭中得到普及。2005年底，盐边县箐河乡电视普及率达80%以上，固定电话、移动电话用户率为70%；南山傈僳族乡电话装机量为31部；金沙傈僳族乡电话装机量为55部，新增3台卫星接收机，促进了广播事业的发展，丰富了该乡群众的业余文化生活。米易县新山乡通过与县广播局联系，增设基础设施，有线电视增加到42个频道，新修机站1个，增加通信信号覆盖面，改变了当地手机无信号的历史。

（二）民间文学

傈僳族有丰富的民间文学，包括神话、传说、故事、寓言、童话、笑话、民歌、民谣、谚语等多种类型。20世纪80年代中期以前，没有进行专门的搜集、整理，研究者少。1985—1988年，德昌县开展民间文学调查，收到傈僳族各类稿件337件。县民间文学集成办公室从中遴选出故事104篇、歌谣37首、谚语237条，编印成《德昌民间文学资料集》。20世纪90年代以后，德昌县数次组织人员对傈僳族民间文学进行采录。至2005年，经过文字整理的傈僳族民间文学作品有200余篇。《傈僳族的阔拾节》《傈僳裙子花边为啥不相连》《葫芦笙的来历》《兰花烟的来历》《美丽的红腰带》等体现了傈僳族的风俗习惯，保存了傈僳族的生产生活经验；《阿牙玛莫二看红军》《傈僳带红军过南山》描述了当年中国工农红军途经傈僳山寨北上抗日的情景，是傈僳族社会生活的重要记录；《儿子和木头阿妈》《两老表结伴打山》《骗人招人恨》等体现了傈僳族孝敬父母、团结互助、诚实待人的传统美德等。

20世纪90年代以来，傈僳族由于与周边汉、彝等民族交流逐渐加深，其民间文学在保持自己民族文化特性的同时，吸收了一些其他民族文化的内容。《老变婆》系列故事中的《聪明的姐姐》就与汉、彝民族流传的《熊家婆》《人熊婆》等故事存在一定的类似之处。

（三）歌舞艺术

傈僳族能歌善舞，有专门乐器为之伴奏。男子喜欢吹葫芦笙，妇女爱好口弦。20世纪80年代中后期以来，随着社会环境变迁和一些老艺人去世，傈僳族原有歌舞曲目有所减少。葫芦笙曲原先有70多种，至2005年只剩下30多种。舞蹈形式由过去的72种消减到60几种。保留下来的歌舞形式多与傈僳族的生产活动和日常生活息息相关，有的反映了时代的新风采。歌曲中，《栽秧歌》《放羊歌》《扯火草歌》《打山歌》等反映了傈僳族的生产活动。《情人对歌》《新婚调》《唱给表妹的歌》表现了男女间纯洁、忠诚的爱情；《党对傈僳亲》《欢乐歌》《金花结果亮晶晶》是新创造的对新生活的歌颂。

留存下来的舞蹈中，表现礼俗的有《迎宾舞》《领亲舞》《送亲舞》《山羊绵羊合拢舞》《阔拾舞》等；体现生产活动的有《打豹子舞》《表姐撵斑鸠舞》《取蜂糖舞》《划柴舞》《盖房舞》《撒菜籽舞》《捻麻舞》《纺线舞》《种包谷舞》《理山药藤舞》《裹草帘子舞》《煮饭舞》《喝茶舞》《上楼梯舞》《诓娃娃舞》《勾脚舞》等；还有模拟动物动作的舞蹈，如《豹子刨土舞》《鸟儿喝水舞》《马儿捡菜舞》《绵羊打架舞》《斗鸡舞》《大雁南飞舞》等。

随着时代发展，傈僳族创造了许多新的歌舞形式，歌舞表演不再局限于自娱自乐，他们开始走出家门，登上舞台展现自己的民族特色。2005 年 11 月 29 日，米易县举办的“迎冬旅、创国优”巾帼文明表彰大会、巾帼风采展文艺会演活动中，新山傈僳族乡选送的歌舞《傈僳姑娘手脚灵》和《山歌好比春江水》获得优胜奖。

三、医疗卫生

1986 年前，傈僳族地区医疗卫生条件差。人们生病后请“尼扒”念经求神保佑或采集山药治疗。村民们熟知一些草药性能，用独活治头痛，岩杜仲治腰痛，岩川穹、青藤香治肚痛，余洋活、陆寒草、白寒石、麻黄草祛寒等。

凉山州德昌县的两个傈僳族乡到1986 年均无医院与医疗点。到2005 年，德昌县南山乡建有卫生院 1 个，医生 2 名；德昌县金沙乡建有卫生医院 1 个，医生 2 名。医疗设备配置齐全。

攀枝花市盐边县岩门乡 1990 年有乡卫生院 1 所，医务人员 3 人，病床 10 张，能基本解决群众看病需求。除了进行治病诊断之外，对新生儿和少年儿童进行预防接种，向群众宣传常见疾病及突发性疾病的防治措施，发放一些预防突发性疾病的药品。2003 年“非典”时期，乡卫生院向当地群众发放板蓝根等预防药品。

20 世纪 90 年代初，攀枝花市米易县新山乡卫生院注重基础设施建设，努力提高医生的医疗水平，解决部分群众“看病难”问题。到2003 年，全乡的医疗设施及医疗水平有所提高。2005 年，开始实施新型农村合作医疗，全乡参保 2065 人，参保率达 29. 99%，报销金额为 13727 元。

四、实用技术推广

20 世纪 80 年代中期以来，烤烟等多种经济作物在傈僳族地区得到种植和推广。21 世纪初开始，傈僳族乡通过开办烤烟种植技术培训会、发放科普资料、发展林果业协会等多种方式，促进了当地农村实用技术推广和产业结构调整。2005 年，米易县新山傈僳族乡开展科技培训会 7 次，其中综合培训会 3 次，烤烟种植技术培训会 5 次，参训 2800 人，发放科普资料 1000 余册，成立林果业协会，有会员 109 人。

德昌县金沙乡和南山乡自 20 世纪 90 年代中期起，在当地推广种植地膜玉米、土豆高厢垄作和水稻抛秧技术等种植技术，有效提高了当地土地资源的利用率和复种指数。2004 年，金沙乡粮食播种面积达 3160 亩，复种指数提高了 9. 9%，粮食总产量为 996. 7 吨，人均有粮食 460 公斤。

第五节　文化变迁

一、服饰

中华人民共和国成立前，傈僳族多穿自制的麻布衣，俗称“火草衣”。男子包缠青布“葫芦”帕，着偏襟短衫，衣长至脐，裤长过膝，腰系麻布带，外罩山羊皮褂，冬天穿用羊毛捻线织成的上衣，双脚缠青布（带）裹腿。成年妇女头上包缠青布帕，帕宽尺许，纹呈“人”字，帕大盈尺；身穿花领偏襟绣花窄袖上衣，衣长过膝；裙多褶皱，长至脚踝，裙边绣数行水波纹，俗称“火草裙”；腰扎一条用羊毛编织的红腰带，带宽5—6寸。小孩幼时只穿上衣，年龄稍大才穿裤（裙）。男女老幼均赤脚，夜晚傍火塘而眠。中华人民共和国成立后，傈僳族人民的生活条件逐渐改善，傈僳族自制麻布减少，只有孝帕仍保留了麻布的传统制作工艺。服饰面料以棉布为主。

20世纪80年代后，傈僳族在衣着及制作工艺方面均有明显变化。包黑帕的男子逐渐减少，黄布或青布制作的有沿帽子成为许多人的选择。进入21世纪以后，戴帽的人明显减少，主要使用者为老年男子。男子发型与城镇居民逐渐趋同，主要为平头和分头。男子穿传统服装的已不多，中老年男子多穿仿式军装、中山装，而年轻男子则多穿休闲装、皮夹克、T恤衫等，穿西装者在数量上有所增加。

傈僳族妇女借鉴了云南傈僳族妇女头帕的制作方法，以黑布直接盘成圆形再固定成帕型的方式，取代了原来在头上绕缠黑布的做法。平时穿休闲装和牛仔裤，春节或其他节日庆典活动中穿戴该民族传统服装。女裙多使用棉布制作，腰带主要使用涤纶线编织，使用羊毛编织的已不多见。

挎包的制作发生了较大变化，用料使用棉布等。表面的花纹图案更为丰富。除原来的几何图案外，绣的图案有天安门城楼、植物、动物等。

二、饮食

傈僳族的饮食文化具有独特风格。20世纪80年代以前，傈僳族的日常饮食较简单，人们主食玉米、土豆和荞麦，只有婚庆佳节才会多设菜品。改革开放后，傈僳族的生活水平逐年提高。1988年以后，德昌南山傈僳族乡和金沙傈僳族乡实现了粮食全额增产，粮食自给有余。大米为主食，日常生活中的猪、羊、鸡等肉类食品大幅增加。

20世纪80年代前，傈僳族的饮食结构比较单一，蔬菜匮乏。1986年，德昌县金沙和南山两个傈僳乡分别只有98亩和65亩用于种植蔬菜。20世纪90年代以后，引进地膜覆盖技术，改善了种植条件，开始种植早熟蔬菜，品种有四季豆、青椒和生菜等。这些蔬菜不仅满足了他们的日常所需，丰富了他们的饮食生活，而且还在市场销售，成为一项重要的收入来源。

攀枝花市原岩门傈僳乡的傈僳族有吃蜂蛹的习惯，贵客临门，蜂蛹和蜂糖是他们招待客人的食品。从20世纪90年代初开始，蜂蛹作为商品大量进入市场，成为大小餐馆不可或缺的一道美食。有些经验丰富的傈僳族青年，每年单靠寻找马蜂蛹就可以净赚2000元左右。德昌南山乡和金沙乡的一些傈僳族村民将传统养蜂拓展为一项产业。

堂屋中的火塘用来烤火、煮饭烧菜、烧烤食物和煨油茶等。火塘上方还可以炕晒粮食。傈僳族吃饭通常将饭菜摆在火塘边上，蹲坐而食，有时坐在矮板凳上。在婚庆期间，事先在场坝上摆放四块劈柴作为板凳，中间则撒些青松针作为饭桌。自20世纪末以来，人们举办婚事时已多将饭菜摆上桌案，地上会餐的习惯基本消失。

三、居住

傈僳族大都分布在海拔2000米以上的半山和高山地区。由于受地形影响，居住较为分散，多建在斜坡上。传统房屋多为简易的木构草房。也有竹木结构的干栏式建筑。具体建筑程序是：先在斜坡上平整出一块空地，然后在空地四周竖起二三十根木桩，木桩由竹子缠绕编织结实，并糊上泥土和干粪混合的泥浆，房顶用木板连结后铺上茅草或瓦片。房屋分上下两层，下面养牲畜，上面住人。屋内一般分两间，内间为卧室，外人一般不能进入。外间为起居室，中间有火塘，架一铁三角架或三块石头。有的房屋前后有门，有梯子通往上方。这种房屋具有通风好、防潮、防水、防野兽的特点。

20世纪80年代后，傈僳族的房屋逐渐多用土木结构瓦房替代了传统住房。1990年初，德昌县南山乡245户全部住上了土墙瓦房。人口居住较为分散的德昌县金沙乡，337户中有251户住上了土墙瓦房，占全乡总户数的74.5%，其余户的住房大多改建为土墙、木板、油毡顶，仅保留极少数的劈柴房作为畜圈，人们的居住条件得到了较为明显的改善。2000年后，政府启动了“安居工程”和“横板房改造工程”，拨出专款扶持傈僳族住房改造。2001年米易县新山乡改造民房40户，2000余平方米。2001—2003年，盐边县岩门乡横板房改造72户，共7110多平方米，改善了300多人的居住条件。改建后的傈僳族民居正房分两层，下层中央为正堂，两侧为卧室及厨房，上层堆放物品，正房左侧为牛圈，右侧为猪圈及厕所，正对面是家禽栖息之处。房屋寝、厨、厕相互分开，少数房舍还用了石灰粉刷、勾檐。房屋内部基本保持了傈僳族的传统居住风格和习惯。德昌县傈僳族房中的家神台位，盐边、米易等地的火塘都是当地傈僳族堂屋中的重要设施。

四、婚丧礼俗

（一）婚俗

20世纪80年代中期以后，随着《中华人民共和国婚姻法》的实施，傈僳族传统的包办婚、姑舅表婚以及“公房制”、“转房制”逐渐消失。族内婚被打破，婚姻自由得到提倡。但“再大也大不过舅舅”的传统观念依然起着作用，舅方的传统权威在许多地方依然存在，许多地方的傈僳族在结婚时仍然要请男方的舅舅来作婚姻的主持人（即“瓦那帕”）。

20世纪90年代以后，傈僳族男女自由恋爱的比例增加，乡村的婚俗礼仪基本维持原貌。在外工作的傈僳族开始接受新的婚礼形式，婚礼上男方穿西装，女方着民族服装。

（二）丧俗

丧葬习俗仍沿袭传统，实行土葬，只有孕妇及凶死者实行火葬。丧礼由专门负责为亡灵超度的“什地帕”主持，死者的墓地由“什地帕”事先为其选定。选定方式为“什地帕”在选定地区的一米远处一边念经，一边将带去的一把长刀或镰刀（死者为男子用长刀，女子则为镰刀）扔过去，刀插之处即定为墓穴，若刀扔三次之后仍未插入土中则需更换地点。德昌县傈僳族的丧礼分“安葬”和“出灵”两部分，举行时间也分离开来，出灵时有专门的仪式，孝子和所有参加送灵的人都会同“什地帕”一起唱灵歌，并且随着葫芦笙手的《送丧调》跳“门读要且”，表达对父母辛苦抚育儿女的追忆。攀枝花市盐边、米易等地的傈僳族丧葬仪式有所不同，安葬仪式结束以后，由“什地帕”用五寸长的松枝做成小木人，象征死者的灵，放置于屋内正对大门的右角处。在屋内念经一夜后，死者的“灵”会被送到山上某一棵楮木（或青杠）树下岩金竹所搭的灵棚内安置。搭灵棚的岩金竹男用19根，女用15根。在灵棚里搁置3天后，由孝子将“灵”请出，藏于深山隐蔽处，丧葬仪式即告结束。

20世纪90年代以来，受到周边民族葬俗习惯的影响，一些傈僳族开始修筑坟墓。

五、节庆

阔拾节，时间为农历正月初一至初七，类似春节。20世纪80年代中后期以来发生的变化有：初一早上鸣枪迎接祖先的习俗被燃放鞭炮所取代；早饭以后，傈僳男子撵山狩猎的习俗消失，上山玩耍成为重要活动内容。

约德节，时间为农历三月十二至十八，类似情人节。仅限于米易县新山傈僳族乡。节日期间青年男女以对歌、舞蹈等方式来寻求自己的伴侣。从2004年开始，“约德节”对外开放，至2005年已成功举办两届，吸引了大量游客。

20世纪90年代以来，四川境内4个乡的傈僳族与周边民族的文化交流增多，挂青节、端阳节、七月半与汉族清明节、端午节、中元节日期重合，奉祭内容相似，端午节吃粽子习俗也被少数傈僳族所接受。

六、民间信仰

傈僳族民间信仰主要有“万物有灵”和多神崇拜。主持民间信仰活动者有两种，一种叫“尼帕”（或“勒叭”），一种叫“什地帕”。“尼帕”主要司驱鬼、禳灾、除祸、祛病等法事。“什地帕”负责主持操办“出灵”、招魂、送鬼等活动。二者通常各司其职，有些地方“尼帕”和“什地帕”由一人兼任。20世纪80年代以后，随着科学技术的普及，医疗卫生条件的改善，傈僳族的观念也在发生变化，生病时到医院就医，而非寄希望于“尼帕”的法事活动。

1986—2005年，傈僳族地区民间流行的神祇保留以下几种：

家神，又称“堂神”。21世纪以来，由于经济发展和观念更新，一些靠近公路的傈僳族家庭（如德昌县金沙乡观音堂村）已经不再供奉象征家神所用的枝桠和苦草，但仍保留家神的台位。

山神，四川境内4个傈僳族乡都信奉。20世纪80年代中期以后，每年农历腊月三十和正月十五（攀枝花市傈僳族地区为农历五月初五），带上纸钱、香蜡、酒、猎肉，以及一只公鸡去特定的山神树前祭祀山神，以祈福运。

坛神，盐边、米易傈僳族地区信奉。坛神信仰受各种变迁因素影响较小，1986—2005年仍然保持外姓人和女性不得参与的传统规矩。

七、语言文字

1984年，在凉山州民委与云南省语委和四川省民委的接洽、协商下，凉山州德昌县南山乡和金沙乡分别派出一名傈僳族小学教师前往云南省丽江县学习傈僳文扫盲课本。1986年，在省、州、县文化部门及云南省朋江县民委和县语委的配合帮助下，南山、金沙两乡举办了傈僳文扫盲培训班和傈僳文民师培训班，同时还帮助周边宽裕、巴洞两乡的傈僳族生产小组培训了5名老师，并在各组办起了夜校。经过培训带动扫盲工作，德昌县内傈僳族学习傈僳文字蔚然成风。至1990年，扫盲人数已达1281人，多数文盲、半文盲已达初识字水平；青年男女中有能识傈僳文报纸、阅读一般傈僳文课本和书籍，少数人还能用傈僳文字写作新闻稿件或记录民歌。两乡的小学教育增加了傈僳文字学习内容，使用课本为丽江纳西族自治县民委、县教育局、县编译室编印。2005年，四川境内4个傈僳族乡小学均开设有傈僳文课程，使傈僳族小孩可以自幼接受傈僳文教育。但许多中老年傈僳族由于长期不用傈僳文从事阅读或写作，对傈僳文存在不同程度的遗忘和生疏。20世纪90年代以后，随着与周边民族交往增多，傈僳族大多已通晓汉语，并能与混居的其他民族（如彝族）进行基本的交流。

第九章 满 族

第一节 概 况

据2000年全国第五次人口普查，四川省共有满族13849人，绝大多数是城市职工和城镇居民。其中，成都市有满族6494人，攀枝花市有满族1105人，绵阳市有满族962人，德阳市有满族629人，其他市（州）均有分布，人数在500人以下。

一、四川满族的来源

四川满族主要是清代驻成都的满洲八旗兵后裔。清康熙五十七年（1718年），副都统法喇从湖北荆州驻防八旗拨3000旗兵入川，进驻巴塘、理塘、打箭炉等地。清康熙六十年（1721年），成都正式设立驻防八旗，八旗官兵及眷属居住少城内。清乾隆年间（1736—1795年），成都八旗官兵及眷属共1600余户、5000余人。清嘉庆年间（1796—1820年），有旗民2153户、10998人。清同治年间（1862—1874年），有旗民4500户、13700余人。清光绪三十年（1904年），有旗民5100余户、21000余人。辛亥革命后，成都部分满族流入攀枝花、内江、绵阳等城市。抗日战争、解放战争和中华人民共和国成立后"三线建设"时期陆续迁来了一些满族人，他们留居四川。总之，经过百余年的发展与变化，形成20世纪初四川满族的分布格局。

清初，四川满族作为统治阶层来到成都定居，过着养尊处优、衣食无忧的生活。到了清末尤其是民国年间，四川满族生活举步维艰，他们大多从事卖红薯、拉人力车等下苦力的职业，生活悲惨，有人甚至只能吃上对时饭。中华人民共和国成立后，满族与全国各民族进入一个新的历史发展阶段，满族群众在党的民族政策光辉沐浴下，获得了民族平等和当家做主的权利，过去被迫隐瞒民族成分的人，恢复了自己的民族成分。散居在四川各地的满族，与当地汉族群众一样享有公民的权利，依法享有选举权和被选举权，在各级人民代表大会与政治协商会议中，都有不少满族代表。

二、成都市满蒙学习委员会

为了组织满族、蒙古族同胞学习党的方针政策，管理好集体财产和相关事务，成都市于1956年成立成都市满蒙学习委员会（以下简称学委会）。学委会是全国唯一的少数民族社团组织。学委会成立以来，在成都市民宗委指导下，每年都积极开展"那达慕""颁金节"民族传统节日活动。每年农历正月初二，举行传统的迎新春联谊会，宣传中共的大政方针和民族政策。同时，中共和人民政府以及学委会积极组织生产自救，组建汽修厂和布壳、蚊烟、缝纫等生产组和满蒙食堂，有效解决了就业和生活问题，使满族人的生活状况大为改观。尤其是改革开放以来，成都满族群众积极兴办养鸡场、乡镇企业、民营企业等，到20世纪90年代初已发展到相当规模，同时涌现出不少的优秀企业家和先进人物。从1980年开始，学委会不定期出版《简报》，介绍全国及成都市满族同胞新人新事和历史、文化以及满族的风俗习惯。学委会积极支持城市建设和旧城改造，不仅多次搬迁会址，还帮助许多居住在“少城”内的满族群众搬迁安置。从1982年开始，学委会每年两次定期帮助、鼓励满族青少年努力学习科学文化知识。1992年变更发放奖学金标准和金额，大学、高中（中专）和初中学生的奖学金分为各科平均成绩80分以上和90分以上两个标准，小学生的奖学金标准为80分以上、90分以上和95分以上3个标准，1982—1992年，共向3013人次发放奖学金和助学金，奖金92352元。每逢重阳节，学委会邀请满族老人参加座谈会、慰问会，平时给满、蒙古族孤寡老人和困难家庭发放慰问金和补助等。20世纪80年代，学委会在四川省民委和成都市民委支持下，报请成都市教委批准，创办成都市三英补习学校，后更名为成都三英学校，为高考落榜生补习，为培养社会有用人才，开办骨伤、针灸、推拿培训班等。

学委会还积极弘扬满蒙民族文化，促进满蒙民族经济和社会事业发展。学委会积极征集、撰写文史资料，1986年按照西城区民间文学“三套集成编委会”的要求，向《中国民间文学四川卷·成都市西城区卷》提供民间故事40余则，歌谣5首，谚语若干。1999年，学会在四川省美术馆举办为期一周的“成都市满族蒙古族艺术作品展”，它集中地展示了成都市满蒙艺术家的书法、绘画、摄影、雕塑、篆刻及其他工艺品数百件，深受好评。2005年为宣传满蒙文化，学会舞蹈队参加成都市人民政府组织的成都市第四届老年艺术节舞蹈大赛，荣获二等奖、创作奖。2000年和2005年先后两次被成都市委、成都市政府授予“成都市民族团结进步模范集体”光荣称号。2005年，学委会原主任赵尔劲被授予四川省民族团结进步模范个人。

第二节　文化变迁

四川满族一方面保存着满族固有的文化和心理特征；另一方面由于长期同汉族杂居，大量吸收了汉族文化，从而形成了四川满族独特的文化。

一、物质文化及其变迁

（一）服饰

清初，刚入主中原的满族男性服饰特点是无领、箭袖、左衽、四开叉、束腰，显示其善射的民族风格。当满族因驻防迁入四川以后，与汉民族杂居共处，服饰渐受汉族大领大袖影响，窄袖长袍既不适合下水田农耕，又不适应炎热的南方气候。箭袖变成喇叭袖，四开叉变为左右开叉。据有关资料记载，四川满族男子在清朝统治的200多年时间里，特别是居住在成都满城内的八旗子弟，一直穿着极富民族特色的服装，如马褂、坎肩、套裤等，其中被称为“鹰膀”的坎肩最具特点。四川满族男子头饰在清代与全国相同，剃去前额短发，只留颅后发，梳成一根长辫垂于脑后。辛亥革命后，这种装束才逐渐消失。

清初，四川满族妇女脚穿高底木质的旗鞋，至清末后只有官宦之家女子沿旧习仍穿旗鞋。旗袍同样是四川满族妇女的主要服装式样，清初的无领、箭袖，清中期逐渐变成宽襟大袖、长袍下摆至小腿，饰以花卉。辛亥革命后至20世纪30—40年代，女性旗袍式样逐渐发展成今天的样式，成为最能体现中国女性美的服装。尤其是极具美感的现代旗袍，它集中了东方的美和神韵，反映了中国服饰文化的审美情趣。清代满族女性头饰不同于男子，未婚少女额前头发将鬓掩住，婚后才显露出外。旗人女子以梳两把头为多，即将两边头发都捋到顶心，然后从中央分开，头两边各绾一个髻。此外，脑后发绾起，紧贴后脖颈，呈燕尾状。

如今在日常生活中，四川满族的服装已与汉族完全相同，没有穿着本民族服装的习俗。只有在每年的“那达慕”“颁金节”民族传统节日活动中，才穿着本民族的服装。

（二）饮食

四川满族在长达几百年的时间里，逐渐接受了汉族的饮食。但他们仍保持相当多的该民族传统饮食，他们主食品种丰富，特点是酸、粘、凉等。最喜欢吃的是饽饽，也最喜做的也是饽饽，常以饽饽做的品种多少为炫耀，以示丰足。成都市的满族人做的饽饽种类较多，形状各异，有豆面饽饽、苏叶饽饽、牛舌饽饽等。满族人在长期的食品制作过程中，亦创制出许多深受各民族喜爱的食品，如“萨其玛”“驴打滚”等。自清代开始火锅成为四川满族的传统风味饮食，多以羊肉为主料，俗称“涮羊肉”，与北京等地的“涮羊肉”制作方法相同。如今火锅文化得以发扬，以麻、辣、鲜、香著称的四川火锅，无论消费人群，还是人均消费次数，甚至大小火锅店遍布大街小巷的盛况，其他地方都望尘莫及。入川后的满族人以猪肉为大宗肉食，但也不失羊肉制作的手艺，如成都市满族人以羊肉为原料制作的“全羊席”就是四川满族人宴客的佳品，也深得其他民族喜爱。烤制或熏制肉食也是四川满族人的传统风味食品，这也体现了传统游牧骑射文化的影响与传承，入川后的满族人仍保留了北方喜面食的习惯，平时常食甜水面、旗花面，逢年过节爱包各种馅的饺子等。同时，也接受了四川汉族人喜酸的习俗，制作酸食也成为满族人饮食的一大特色。喜欢饮酒，用中药材泡制药酒、补酒的习俗在满族人中很是盛行。

（三）居住

四川满族居住与清代驻军有十分密切的关系。自清康熙五十七年（1718年），在当时成都大城西建立满城，经过200余年间的不断扩建，到清末已颇具规模。清康熙六十年（1721年），康熙派八旗兵驻防四川成都。四川总督年羹尧在秦代少城遗址上修筑满城供驻防八旗居住，满城的平面图地形象蜈蚣，从南向北将军衙门是头，长顺街是身，东西两侧各街巷类似脚，分为左右翼，东面是左翼，西面为右翼。左冀有八宝街、东二道街、半节巷、过街楼街、红墙巷、东马棚街、东门街、长发街、黄瓦街、娘娘庙街、商业街、多子巷、仁厚街、桂花巷、斌升街、东胜街、将军街等。右翼有西大街、西二道街、三道街、四道街、下半节巷、焦家巷、西马棚街、槐树街、吉祥街、奎星楼街、实业街、泡桐树街、支矶石街、宽巷子、窄巷子、井巷子、柿子巷等，共有官街8条，兵丁胡同42条。

由于清王朝有禁令，大城居民不允许进入满城，满城内的旗人不允许与大城沟通往来，满城成为相对独立的城中之城。城内街巷星罗棋布，绿树成荫，金河穿城流过，是风景独特的满族人栖居地。一排排的官街胡同不像汉人住房那样鳞次栉比，而是每户有座庭园，犹如北京的四合院。特别是官宦之家，高墙深院，大门雕龙画凤，庭园间隔数十米，种植花草，喂养雀鸟和金鱼。但一般八旗兵丁的住房则为木架榫卯结构的普通平房，邻居之间，互相往来。20世纪20年代后，大批下层满族人迫于生计，卖掉住宅搬进贫民窟（如位于八宝街的“真武官”）或搬出满城，与汉族杂居。从今天的成都市黄瓦街、宽巷子、窄巷子等处的古建筑仍可看出清代四川满城和满城民居的风貌。

20世纪70年代，成都宽窄巷子主要还是木头穿斗结构的平房，和清代、民国时期保留下来的青砖墙、四合院、高门楼、花裙墙一起，密密匝匝挤满这片俗称“少城”的区域，泥地巷道内遇下雨天无处下脚，巷子里少见路灯，最多隔百来米有个木头桩子上挂个灯泡。600余户人住在这里，一个院坝挤10多户人，谁家吃什么全院子都知道。

进入20世纪80年代，宽窄巷子由柏油路取代了泥巷道，处处绿树成荫，是休闲纳凉的好地方。旅行社、旅馆、饭馆比比皆是，临街还开设了许多的铺面，卖各种生活用品、食品和茶水，老板大多就是住户自己。宽窄巷子曾经一度极富诗情画意，成为诗人、画家们心驰神往的地方，激发文人、画家无尽的创作热情，涌现了许多幽雅、优美的文学、艺术佳作，成都市画家协会就坐落在此。改革开放后，随着城市建设步伐的加快，大批旧房拆迁的实施，大多数的满族群众搬出了阴暗、潮湿的旧房，住进了明亮、宽敞的楼房，居家用品也和汉族家庭差不多。

宽窄巷子是老成都“千年少城”城市格局和百年原真建筑格局的最宝贵遗存，也是北方胡同文化和建筑风格在南方的重要“孤本”。宽窄巷子作为历史文化片区，由宽巷子、窄巷子和井巷子三条平行排列的老式街道及其间的四合院落群组成。该区域是成都市三大历史文化保护区之一，于20世纪80年代列入《成都历史文化名城保护规划》。

2003年，成都市宽窄巷子历史文化片区主体改造工程确立，该区域在保护老成都原真建筑的基础上，形成以旅游、休闲为主，具有鲜明地域特色和浓郁巴蜀文化氛围的复合型文化商业街，并最终打造成具有“老成都底片，新都市客厅”内涵的“天府少城”。

二、风俗习惯和宗教信仰

（一）婚娶

据史料记载，清初和清中期满族刚迁入四川，其传统的婚姻习俗仍完好地保存着，婚姻也只在满、蒙古两族中缔结。至清末，才开始出现满族与其他民族通婚的现象。婚俗也出现了该民族风俗与汉族婚俗融合的现象，在其婚俗中明显渗透了较多汉族色彩。如男女结婚大多依媒约之言，信父母之命，算八字，送彩礼。20世纪50年代以后，随着恋爱自由、婚姻自主、不要彩礼、不大摆宴席等社会新风尚的建立，满族传统的婚俗更是少见。如今成都市内满族婚俗与当地汉族几乎完全一样。

（二）丧葬

满族入川前实行火葬、树葬、水葬等。入川后与当地汉族一样实行土葬。其俗与汉族不同之处在于丧事全由出嫁的姑奶奶做主。遗体横卧室中，头朝东脚朝西，姑奶奶未到不得入殓。出殡时，孝子持白幡，男左女右，女婿持红幡，待姑奶奶到场并允许时，孝子方敢填土，否则任何人不得动土。

1950年后，移风易俗，全部实行火葬。但骨灰盒仍入土安葬，墓碑上有死者的氏族和祖先旗籍的记载。

（三）宗教信仰

满族入关前，信奉萨满教。到四川定居后，满族开始信奉释迦牟尼、观音、关圣庙、蒙古神等。特别是旗人，在清代基本上是信奉佛教，但在他们的信仰中仍有不少萨满教的礼仪。如祭祀时，他们先将佛、关圣帝请到户外南墙山神龛里，饭后再杀猪祭祖、祭天。自20世纪20年代以后，满人从满城中流入汉族居住的各街区，与汉族交往更加频繁，加之科学文化的普及和发展，萨满教活动渐衰。

改革开放后，四川满族中除少数人信仰佛教外，绝大部分人融入都市生活之中，已难看到满族古老的萨满教痕迹。

（四）年节

由于满族迁入四川的时间不长，加上清代的特殊社会制度，因此，四川满族没有形成像汉族那样的大宗族。不过，满族人同样十分重视祖宗家规，每年都要举行一次祭祖典礼。祭祖典礼一般在农历二月、八月，祭祀时在祖先神位前摆设供桌，安放香蜡烛台，燃点高香大蜡，气氛庄严肃穆。先由男性家长带着男性家人分长幼行跪拜礼，后由女性家长带女眷行礼。另有一种仪式为祭“祖宗竿子”，先从匣子中取用五色线合成的长绳拴在竿上，绳上拴红蓝布条，红色代表女性，蓝色代表男性，各写历代祖先男女名字。出生一人，就增加一条，女子出嫁后就取下一条送到丈夫家里。祭祀完后，五色线及红蓝布条重新放回匣子中。还有一种为祭家谱，“家谱”是一幅画，形如一颗大树，树根处是祖先的满文名字，树杈用满文写上子孙的名字。这幅画平时卷好放入匣内，便于作战迁徙时携带。过年时拿出供奉，全家隆重祭祀。

20世纪50年代以后，生活在成都市内的满族居民，除了长者在年节时烧香祭祖外，年轻一代的家庭已经很少见有这种习俗，他们的家庭与生活同当地汉族一样产生了变迁。

（五）家庭

四川满族迁移到四川的时候，已经实行了一夫一妻制的家庭。自清初至20世纪初，满族家庭隶属八旗内，一般都是军户。那时，绝大部分家庭都是一个家庭由一对夫妻及子女组成。男子领饷维持家用，女子则多与家务、养育子女为事。个别官宦富豪之家亦有纳妾的现象。自20世纪20年代始，满族基本上都是两代人组成的主干家庭。现在满族家庭基本与当地汉族相同。

第三节　经济发展状况

在清代，四川满族的经济来源主要靠旗饷。从康熙至道光时期，旗兵待遇比较优厚，生活也比较稳定。自同治年间（1862—1874年）始，随着满族人口增长较快，兵额又未获增加，部分无经济收入的旗人为了养家糊口，开始做小商小贩营生。1911年辛亥革命后，旗营解散，旗饷停发，八旗制度彻底崩溃。平日只能当兵吃饷的八旗兵丁，有的靠典当衣物、出卖物件维生，有的加入小商贩行列，有的则卖苦力、拉人力车维生。绝大部分满族人的生活跌入社会底层。

中华人民共和国成立后，在中共和人民政府的关怀和帮助下，四川满族人民的经济生活发生了根本变化，出现了职业稳定、生活水平得到改善和提高的新景象。

成都解放后，中共和人民攻府不断介绍、安排满族人民参加各种工作。同时，市民政局拨专款，兴办满蒙人民汽车修理厂、缝纫生产组、布壳生产组、木材运输组等，组织和吸收满族、蒙古族中无职业人员学习生产技术。市政府对一些困难、丧失劳动能力的满族人还发放救济金和实物，拨专款修补房屋等。青少年通过学手艺、读书，成年后都能找到稳定的工作，过上安居乐业的生活。

改革开放以来，四川满族积极兴办养鸡场、乡镇企业、民营企业等，到20世纪90年代初已发展到相当规模。其中，较为有代表性的是满族人曹培玺。他早年以种菜为业，中共十一届三中全会后，办起了光荣金属熔炼厂。1986 年，又办起了光荣灯具厂，产品销往云南、贵州等十多个省市，并出口尼泊尔。满族人赵尔劲于 1985 年创办成都郫县府河仪器厂，1988 年他带领技术人员研究攻关电力产品，第一代、第二代、第三代具有国内先进水平的测试仪表相继问世，其组织研发“数字式电秒表”填补了国内空白。1992 年能源部指定“府河”牌仪器仪表作为电力系统测试仪器仪表，出口远销巴基斯坦、缅甸等国家和地区。1993 年该企业被电力部批准为仪器仪表定点生产厂家。

此外，较有影响的四川满族民营企业家还有包镛，他创办金牛鸿森木材加工厂，生产高档中式仿古家具、办公桌椅及多个种类的油漆家具；郝孝怡，他创建成都环保建设工程技术公司等等。

第四节　社会文化事业发展

一、文化教育

（一）文化事业

四川满族原本有自己的语言、文字。满语属阿尔泰语系满—通古斯语族满语支。满文是 16 世纪末借用蒙古文创制的。入关后由于满族长期与汉族居处，习汉语、学汉文。清光绪二十八年（1902年）满文被废除。四川满族至 20 世纪 50 年代时，仅有 80 岁以上极少数知识分子识得几个满文字母，能讲几句简单满语。中华人民共和国成立后，经济快速发展，社会变迁加速，尤其是改革开放以来，中国发生了翻天覆地的变化，现在的四川满族人已经没有人能识满文、讲满语的了。

四川满族受教育程度普遍比较高，从事医疗卫生、科研教育、文化艺术的满族知识分子相当多。据 1990 年统计，在四川的少数民族高级专家中，有满族 115 人，约占全省少数民族专家总数的 18.5%。其中，教授级专家 16 人、副教授级 99 人。如成都满族中涌现出一批文学创作、书画、工艺美术、摄影人才及表演艺术家，其作品在国内外都有一定影响，并受到各族人民群众的喜爱和欢迎。

文学评论、文学创作方面的满族专家，有四川大学文新学院教授、四川省文史研究馆研究员吴国泰；中国电影家协会会员、四川省电影家协会副主席、四川省电视艺术家协会常务理事、峨眉电影制片厂文学部主任兼《电影作品》主编、国家一级编剧赵尔寰，长期从事创作、编辑、评论工作，发表大量诗歌、歌词、散文和国内外影视评论文章；书画、工艺美术和摄影创作方面的满族专家，有天府书画会会长、省诗书画院和成都画院顾问、一级美术师岑学恭，以画三峡著称；四川省美术家协会二级美术师安琳；成都画院专职美术师江溶；成都市第十三中学高级教师、翰林书画艺术学院副教授关成厚；四川省工艺美术研究所高级工艺美术师高全芳，长期从事雕塑创作；成都漆器厂工艺师杨莉，从事漆画和工笔画；成都市古建筑工程公司创作员舒炯，习历代各家书法，博采众长，形成自家风格。

新闻、摄影和报刊杂志编辑创作方面的满族专家，有新华社四川分社主任记者金勖琪，《四川日报》社摄影部副主任、新闻研究所副所长、主任记者马继文，《四川日报》社主任编辑金笙，《晚霞报》社总编辑、主任编辑赵振贵，《四川科技报》社主任编辑曹泽民等。

自然科学界也是人才辈出。其中最为突出的有中国科学院院士，成都生物研究所赵尔宓研究员。

他长期从事两栖爬行动物分类学研究。曾参加“青藏高原综合科学考察”“横断山综合科学考察”“西藏南迦巴瓦峰登山科学考察”等项目，并到川、陕、黔、琼、皖、新、甘、青、辽等十余省（区）调查，发现两栖爬行动物新种 34 种。1988 年获中国科学院“竺可祯野外科学工作奖”；1988—1997 年当选第七、八两届全国人民代表大会代表；1999 年当选全国归侨侨眷先进个人；2002 年被授予四川省第四次民族团结进步模范个人。曾担任国际生物多样性计划中国国家委员会科学咨询委员会委员、《中国动物志》编辑委员会委员、《四川动物》杂志名誉主编。

（二）教育事业

四川满族十分重视学校教育。早在清乾隆十六年（1751 年），就办起了八旗官学、八旗小官学。清同治十年（1871 年）兴办了八旗少城书院。清光绪二十三年（1897 年），设立八旗义学等供八旗子弟学习。到清光绪二十七年（1901 年），成都驻防八旗官学、少城书院等相继改为新式学堂。清光绪三十年（1904 年），相继创办八旗高等小学堂（少城小学），公立第三小学堂（三英小学）。民国时期，成都满族、蒙古族还先后建立少城组合小学、崇德小学。

四川满族文化教育程度较高。据 2000 年人口普查统计，省内满族 13849 人，其中小学生文化程度 2358 人、初中生文化 2980 人、高中文化 2384 人、中专文化 1395 人、专科学历 1602 人、本科学历 1823 人。

二、满族与四川京剧

清代，满族对京剧的喜好和传播贡献巨大，是京剧流入四川的传播者。清末，京剧由北方传入成都，开始仅限于在四川满族中传播，那时成都满城内有座坐落在荷花池畔的小茶馆，终日弦歌不绝，为数不少的满族戏迷来此操琴吊嗓，吹拉弹唱。于是，这座小茶馆便成了京剧在成都的“发源地”。当时成都人尚不知京剧为何物，把满族这种与川味大相径庭的唱腔称为“京二簧”。至清朝灭亡，汉族人慢慢加入茶馆坐唱欣赏，京剧也就逐渐在成都发展起来，并传播到四川各地。小茶馆成为满汉京剧爱好者聚会的中心，这就是后来取名为“永聚茶园”的茶馆。

三、尚武与体育

满族是一个崇尚体育运动的民族。因狩猎和军事的需要，他们在长期生产、生活和战争中养成了酷爱骑马、射箭的习惯。天长日久，这些习俗就逐渐演变成独具特色的传统民族体育运动项目。

尚武的满族人在进入辽沈地区之后，其体育活动也随着地理环境和经济生活的变化有了进一步发展和演变。除了骑马和射箭外，还有角觝、踢行头、冰嬉等丰富多彩的休育项目。清朝历代皇帝甚至把骑马、射箭及其他角力活动，当作保持满族人尚武传统的措施，加以提倡和鼓励。

迁入四川后的环境虽然改变，但满族的尚武之风犹存。居住在四川的满族人在清代一直重视骑马射箭和武术操练，保持勇武的民族传统。清道光年间（1820—1850 年），此风渐衰，但直至民国年间，还有满族同胞积极参加成都“打金章”的武术，进行强身健体的练武锻炼。在少城公园（现人民公园）还有群众自发成立的“射德会”，经常比赛射箭、品茗和交流技艺。

成都市满族举重健儿包志慎、武术教练颜联五及其徒弟朱太康是四川满族在这方面的杰出代表。

第十章 纳西族

第一节 概况

纳西族是四川省十四个世居少数民族之一，主要分布在凉山彝族自治州的木里藏族自治县、盐源县和攀枝花市的盐边县，甘孜藏族自治州得荣县也有少量分布。据2000年全国第五次人口普查统计，四川纳西族共有8725人。凉山州有纳西族5199人，主要集中在木里藏族自治县的俄亚纳西族乡俄亚村和盐源县泸沽湖镇大咀村、白乌脚村。攀枝花市的纳西族主要分布在盐边县箐河乡虎鼻大村。甘孜州有纳西族760人，主要分布在得荣县自松乡门松、门巴、门扎三个村落。

纳西族的“纳”有“大”“宏伟”“浩大”“黑”“黑森森”“黑压压”等意思，“西”意为“人”。在汉文古籍中，纳西族被记作有“摩沙夷”“磨些”“么些”“摩挲”“摩娑”“貘梭”“摩梭”等，近现代汉族民间曾流行以“麽些”（摩梭）称纳西人。四川境内的纳西族有“纳西”“纳嘿”“纳哼”等多种自称。根据该民族意愿，经国务院批准，于1954年正式定族称为纳西族。

纳西族的族源，主要观点认为源于远古时期居住在我国西北河（黄河）湟（湟河）地带的古羌人，以后向南迁徙至岷江上游，又向西南方向迁徙至雅砻江流域，再西迁至金沙江上游一带。随着纳西族分布地区考古实物的不断发现，纳西族是南迁的古羌人与现居住地土著融合而成的观点得到较为普遍的认可。

纳西语属于汉藏语系藏缅语族彝语支，四川境内的纳西族操纳西语西部方言。纳西族祭司东巴用来书写经书的文字有两种，一种是图画象形文字，纳西语称之为“斯究鲁究”，意思是“木石上的痕记”（又译为“木石之标记”或“木石之记录”），绝大多数的东巴经用这种文字写成。东巴使用的另一种文字称“格巴”，是一种表词的音节文字，文字记录语言时严格保持字和词相对应。

第二节 经济状况

20世纪50年代以后，在国家的关怀下，纳西族群众在社会经济建设领域取得了长足进步。1956年开始，四川纳西族地区先后实行和平协商民主改革，彻底废除了土司制和农奴制，建立了人民政权，清匪反霸，土地改革，实行互助合作，走上了社会主义道路。20世纪80年代后，四川纳西族的经济发展突飞猛进。

一、盐源县

20 世纪 80 年代前，盐源县境内纳西族聚居的沿海乡（今泸沽湖镇）大咀村和白乌镇的白乌脚村以农业为主，畜牧业为辅。村民多住木楞房，门槛高，门楣低，屋内光线暗。20 世纪 80 年代后，纳西族的生产力有了提高，在科技兴农政策支持下，除了放养黄牛、羊、骡、驴外，每家养有猪、鸡，在湖边还养鸭、鹅。家庭副业有赶马运输、打铁、木工、篾等，已出现一批能工巧匠。1988 年，大咀纳西族有铁匠 1 户、木匠 10 多户，各家房前屋后还栽了梨、桃、李、苹果、花椒、核桃等。渔业是大咀村纳西族的重要经济补充，捕鱼除自食外，还用于交换。2000 年后，大咀村的旅游业发展迅速，由于地处泸沽湖畔，游客较多，一些人家除添置猪槽船和买马、骡外，还修客房吸引游客投宿。当地纳西族的收入也大幅提高，2003 年，户均年收入达 1 万元，生活水平有了显著改善，大多农户都盖起了大瓦房。

二、木里县

木里县纳西族居住的俄亚纳西族乡四周环山隔水，道路崎岖、交通闭塞，与外界来往困难大，马帮为主要交通工具，当地纳西族群众依然比较贫困。以农业经济为主，牧业为次，同时还以驮运、纺织、制革、金属锻造、民间酿酒为家庭经济补充。粮食作物有玉米、水稻、小麦、大麦、荞麦、青稞、豆类。经济作物有大麻、烤烟。蔬菜有圆根、大蒜、青菜、萝卜、辣椒。水（干）果有梨、李、桃、柑子、核桃、板栗等。饲养马、骡、牛、羊、猪、鸡。1990 年，全乡农民人均收入 266 元，比 1980 年增加 151 元。1995 年，全乡农业总产值 403 万元，粮食总产量 2192 吨，财政收入 8 万元，财政支出 17 万元。20 世纪 90 年代中期以后，旅游业有所发展，但因无公路，客人较少，主要为家庭接待。1999 年，农民人均收入 993 元，生活水平有了进一步提升。至 2005 年，全乡有完全小学 1 所，村小 11 所。有乡医院、乡兽医院、信用合作社等社会服务机构。

三、盐边县

1956—1959 年，盐边县民主改革后，各族人民走上民族平等、民族团结、共同繁荣的社会主义道路。纳西族农民有了自己的土地、牲口、农具。1978 年后，盐边纳西族地区实行家庭联产承包责任制。1989 年，人均粮食 200 公斤，人均收入 200 元。1992 年，在 1989 年的基础上人均又增加粮食 55 公斤，增加收入 55 元。1992 年，盐边纳西族地区基本解决了温饱，家有余粮、住有新房，高中档家电和汽车、拖拉机已进入当地农户家庭。20 世纪 90 年代中期以来，发展加快，收入增加。至 2005 年，不少家已建起瓦房，家具也增添不少，生活水平显著提高。

四、得荣县

1950 年，巴塘和平解放，纳西族主要聚居区白松乡划归巴塘县管辖，1992 年后又划属得荣县。白松乡气候温和，属干旱河谷亚热带气候，以农业为主，农作物一年两熟，主要产小麦、大麦、青稞、玉米、荞子。定曲河由北向南穿流而过，两岸有部分稻田出产红米。1989 年白松乡全乡总收入 142.08 万元，人均收入 308 元。2000 年后，当地政府积极帮助纳西族调整农业产业结构，大力扶持发展核桃、苹果等特色种植业，农民收入有了显著提高。2004 年，全乡总收入 432.22 万元，人均收入 1193 元；全乡产粮 1270 吨，人均粮食 407.50 公斤，比 1989 年有了显著增长。2000 年以来，当地旅游业发展较快。2005 年白松乡纳西族聚居地门巴、门扎等村落已经家家通电，电视覆盖率达到

70%，生活质量得到明显改善。

第三节　社会事业

20世纪80年代后，各项社会事业得到全面改善与快速发展。基础教育硬件设施逐步完善，教学条件明显改善，教师队伍整体水平显著提高，素质教育得到良好的贯彻落实；卫生事业快速发展，医疗条件进一步改善，纳西族群众的健康得到充分保障；社会保障与救助体系建立健全，日益规范；文化、体育、广电等各项事业获得全面协调发展。

一、教育

盐源县的纳西族，历史上长期受封建领主统治，中华人民共和国成立前，除土司的少数子弟与少数识藏文的喇嘛外，其余全为文盲。改革开放后，纳西族的教育取得了长足进步，入学率、升学率、巩固率等不断提高，接受高等教育的人数有了明显增加。在盐源县，比较大的纳西族村建立了学校。有很多志愿者团体与大咀村村小挂钩，捐助学校建设，进行教学试点。木里县俄亚纳西族乡认真贯彻执行农村义务教育“两免一补”政策，群众送子女上学的积极性得到提高。1990年后，全乡共改造学校危房10所（村小），青壮年脱盲率达85%，脱盲人员巩固率达90%。

二、医疗卫生

20世纪80年代后，纳西族分布区域的公共卫生体系与疾病预防控制体系逐步完善，群众健康水平得到提高。木里县的医疗卫生事业迅速发展，中央、省、州先后投入项目资金2亿元，县级配套资金1700万元，完成瓦厂医院住院大楼及职工周转房、乔瓦镇卫生院住院综合楼及污水处理工程、查布朗中心卫生院门诊大楼、妇幼保健站整体搬迁工程、40个村卫生室、8个卫生院改扩建等中央扩大内需项目及部分卫生“十年行动计划”项目建设，已全部投入使用。木里县制定了《木里县卫生事业“十二五”规划》，出台了《木里县卫生系统项目管理办法》，建立了卫生项目库。在俄亚纳西族乡，乡医院每年收治病人约1200人次，初步改变了农村缺医少药和看病难的现象。至2005年，农村新型合作医疗制度已经全面覆盖，纳西族群众健康有了保障。

三、文化设施

20世纪80年代后，纳西族分布区域的文化设施建设卓有成效，各项文化工程快速推进，文化活动蓬勃开展，文化事业得到全面发展，群众的精神文化生活获得了丰富与提升。木里县和得荣县高度重视丰富群众精神文化坐活，通过乡镇文化站建设，及“农家书屋”“寺庙书屋”“村村通”等工程，逐渐完善文化设施，让群众成为公共文化资源的受益者。

四、基础设施

纳西族基本分布在偏远山区，基础设施落后，严重制约了社会发展。20世纪80年代后，纳西族分布区域交通、通信、水电等基础设施建设也取得了进步。1999年，木里县俄亚纳西族乡有小水电站1个，装机容量55千瓦。1991—1999年，全乡新建微型电站90座，水电覆盖2个村8个组，满足930余人生活用电。至2005年，水电覆盖全乡6个村，建有农村微型电站100多座，基本满足了群众的生活用电；基本完成了立碧村抓子组150亩中低产田土改造工程；境内“三面光”工程有俄碧大堰、鲁司大堰、拉罗大堰，全长20公里，水塘4个，维修大堰2公里，可灌面积4010亩，解决了5000人、30000余头牲畜饮水问题。交通方面，俄亚纳西族乡以前是木里县未通公路乡之一，境内物资运输大多靠人背马驮，各村组之间有驿道相通，至2005年该乡的交通状况已经得到明显改善。

第四节　文化变迁

中华人民共和国成立前，纳西族地区的社会经济、政治和文化发展不平衡，在衣食住行、节日、婚姻家庭、丧葬和宗教信仰等方面，存在较大差异。20世纪80年代以来，纳西族地区的社会经济有了很大发展，民族文化变迁开始加速，特别是在城镇，文化变迁更为明显。在农村及边远地区，纳西族传统文化仍有较好的传承。

一、衣、食、住、行

（一）服饰

纳西族传统服饰，男穿短衣、长裤，女穿短衣、长裙，披羊皮披肩，上缀七星，喻“披星戴月”。衣服的颜色以黑白为主，青壮年多着白色，老年人穿黑色。清雍正初年以来，受“改土归流”的影响，纳西族的服饰发生了很大的变化。到1949年，部分地方的纳西族男子服饰与邻近汉族已基本相同，穿长袍马褂或对襟短衫，下着长裤。妇女服装，除个别地方仍保持穿裙的习俗外，已改穿长裤。在较为偏远的地区，纳西族的传统服饰得到较好的传承，木里县纳西族服饰有别于其他地区，独具特色。男子着偏襟短衫，缠腰带，穿灯笼裤，打绑脚或用细绳拴长齐脚踝的裤管。有的头戴自制圆形帽。女子长袖短衫，有的着百褶裙，有的着宽裤脚，缠长4尺宽约7尺的头帕，帕上配一银制刻花圆盘，俗称圆盘帽。

（二）饮食

纳西先民多以荞麦、土豆、稗子以及蔓菁等为主食，并辅之以牛羊肉等部分畜产品。清初“改土归流”之后，在吸收汉族农业技术基础上，纳西族农业有了较快发展，饮食结构也产生了一些变化。至2005年，坝区与河谷区的农民一般以小麦、大米以及玉米为主食，山区农民则多掺杂一些荞麦和土豆等。肉食以猪肉为主，且多做成猪膘肉。副食品和瓜果蔬菜等品种较多，纳西群众普遍偏爱酸、辣二味。

（三）居住

纳西族由“随畜迁徙”的游牧民族演变为以农耕为主的民族后，居住方式也发生了变化，开始建造较固定的木结构民居，出现了井干式的木楞房。木里县俄亚大村的民居已有500多年的历史，古建筑群保留完整，素有“纳西古城在云南丽江，纳西古寨在四川木里俄亚”的说法。俄亚大村的民居建筑，多为木石和土木结构的三层碉房，楼下关牲畜，中层设火塘供家人起居餐饮，楼顶土掌，设一楼口沿楼梯上下。全村百多户人家彼此相连成蜂窝状。

（四）出行

纳西族居住的横断山区，山高谷深，交通运输非常不便，物资运输大多依靠人背马驮。20世纪

80年代后，交通条件大为改观。其中，盐边县和盐源县的交通建设发展迅速，得荣县和木里县的交通条件也得到改善。现在，纳西族群众可以选择的交通工具也日益多样，出行大为便利。

二、婚姻与家庭

1949年后，纳西族的婚姻与家庭经历了较大变迁。木里县俄亚大村纳西族的传统婚姻形式，包括一夫一妻制、一妻多夫制和一夫多妻制。一夫一妻制是构成俄亚纳西族父系家庭的主要婚姻关系，分为男娶女嫁的嫁娶婚和女娶男嫁的招赘婚两种。俄亚纳西族以男娶女嫁婚为主，招赘婚为辅。一妻多夫制的表现形式主要是兄弟共妻，一夫多妻制则分为姐妹共夫和非姐妹共夫两种形式。20世纪80年代后，俄亚大村一夫一妻制的比例不断上升，但一妻多夫制和一夫多妻制的婚姻形式依然存在。通婚界限方面，俄亚纳西族实行民族内婚制，与其他民族通婚的较少。

中华人民共和国成立前，俄亚纳西族早已确立了父系家庭，即世系依父系计算，财产按父系继承。同时，在少数家庭中，除了血统从父的父系成员外，还有一部分血统从母的母系成员，他们共居一家，形成了父系、母系并存的双系家庭。母系制婚姻形式已经消失。至2005年，建立在一夫一妻制婚姻基础上的一夫一妻制父系家庭占俄亚纳西族婚配家庭的绝大多数。

三、丧葬

纳西先民奉行火葬，至1949年，大多数纳西族都已改为土葬。20世纪80年代后，各地纳西族的丧葬仪式也有不少变化，大多从简。得荣县纳西族受藏文化影响很大，丧葬习俗已与当地藏族相同，分天葬、土葬和火葬等。盐源、木里等县纳西族的传统火葬习俗保留较为完整。

木里县俄亚乡纳西族中凡老人咽气后，要举行洗尸仪式。无论死者是男性还是女性，均由男子（主要是东巴和亲属）进行洗尸。洗毕，即刻换上寿衣，梳理好头发。用一碗黄酒灌入死者口中，口内放一点碎金银。在眼睛、嘴巴、耳朵、鼻子上涂一点酥油；额头、胸部和四肢的关节上贴一块酥油。两手合着，交叉放在胸前，双腿盘坐，用麻布捆绑成屈肢状。捆好的尸体放在火塘边的高床上，上面覆盖新被子，前面摆一张放供品的桌子，还要做两个灯笼，点长明灯。丧家要鸣枪，吹海螺报丧，同村的亲友闻之前来奔走吊唁，同时要请东巴来念经。第三天早饭后入殓，下午出殡火化。俄亚每个纳西族村寨都有一至两个火化场，纳西语叫“者科”。出殡时，东巴在屋里念《送魂经》为死者指引到达祖居地的路线。火化后的第二天，由死者的儿子和男性亲属三人来捡骨灰，并将骨灰罐放在该家族的公共墓地上（山上的岩洞或石缝），上面用一石块压着，任何人不准动它。俄亚纳西族认为，人死后的第四十九天，才会真正死去。

四、宗教信仰

纳西族地区主要有东巴信仰、藏传佛教信仰，也存在自然崇拜和祖先崇拜。宗教信仰在“文化大革命”期间受到较大影响，20世纪80年代后宗教信仰自由政策得到贯彻，纳西族群众的宗教生活得以恢复。

东巴信仰是纳西族固有的一种多神信仰，奉“丁巴什罗”为祖师。纳西语称其祭司为“东巴”（盐源等地称为“达巴”）。东巴有一种用图画象形文字书写的经书，叫东巴经。东巴信仰没有系统的教义，没有寺庙，没有统一的组织，各村的东巴没有隶属关系。东巴多为不脱离生产的农民，由于他们能读经书，熟悉古规，有一定的知识，受到纳西族群众的尊重，拥有一定的社会地位。东巴除在宗教活动中取得一定报酬外，没有特权。东巴一般是世袭相承，拜师收徒者极少。东巴的法器有五佛冠、法帽、法杖、法刀、达古（皮手鼓）、展啷（铜板铃）、白海螺等。东巴信仰供奉的神祇，除了纳西的本土神，也有不少与藏族本教相同。东巴信仰持“万物有灵，灵魂不灭”的思想，也崇拜鬼魂和祖先。东巴信仰的宗教活动涉及纳西族群众日常生活的一切方面。纳西族的祭天、祭祖、婚姻、丧葬、命名、节庆、求寿、祈年、问子、卜算、治病、驱鬼等，都离不开东巴。

纳西族地区的藏传佛教，有噶玛噶举派和格鲁派。盐源、木里、得荣等地的纳西族大多信奉格鲁派。

五、节日

纳西族节日众多，在“文化大革命”期间活动受到影响。20 世纪 80 年代后得以逐步恢复。主要节日有春节、清明、端午、中秋节、祭天、火把节筹，其中春节、祭天和火把节较有特色。

春节，纳西语称“尤北吉正”，意为正月过年，又称“库市”，意为“新年”。除夕，宰鸡、炖猪头，备办各种菜肴和果品，重新书写祖先牌位，烧香点灯，祭拜灶神，迎接祖先回家过年。《创世纪》记载，狗和猫从天上给纳西人带来了五谷，所以人们吃年饭前先喂狗、猫以表达感激之情。多数纳西族地区，初一不串门。初二以后，才开始在非宗族的亲属友邻之间互相拜节。整个春节期间，还会进行唱民歌、“打跳”、打秋千等娱乐活动。

祭天，是纳西族东巴信仰最大的仪式之一，也是纳西族民间最大的传统节日，在正月间举行。过去，纳西族把祭天作为该民族的标志之一，俗语云“纳西是祭天的人”。祭天最初是纳西人远古自然崇拜的形式，后来与该民族的母系远祖和父系祖先崇拜联系起来。祭天有祭天场，一般在离村寨不远的地方。无专门场地的也轮流在同一祭天群各家院内围栅搭棚。祭天一般以一个村的同姓宗族为单位举行。由于宗族支系不同等因素，祭天的时间和内容略有差异，但基本情况相近。

火把节，纳西语称为“川美生恩”，按照古规于每年农历 6 月 24—26 日举行。最初起源于借助火抵制各种天灾。火把节要点 3 个晚上的火把。每天门前要点一只柱子般粗大的火把，寨子里的青年个个拿着又细又长的小火把，沿着田埂、山路，边走边唱，直到深夜。火把燃得越旺越吉利。

六、文艺

历史上，在与邻近民族共同开发祖国西南边疆的过程中，纳西族群众创造并传承了丰富多彩的文化艺术。改革开放以来，纳西族的传统文化艺术得到了良好的弘扬与传承。

纳西族民间文学体裁多样，种类纷繁，有神话、传说、故事、诗歌、寓言、童话、儿歌、谚语、谜语等。以形式来分，口头文学与书面文学并存。纳西族古老的神话传说叙事诗，主要记载在东巴经中，在纳西文学中占有重要地位。其中，著名史诗《创世纪》是纳西族神话传说叙事诗的优秀代表。纳西族文学中还有大量优美动人的民间传说故事。在木里县俄亚纳西族乡流传着木天王、从恩利恩、东巴与喇嘛念经比赛等民间传说故事。

纳西族音乐，有广泛流传于民间的“温麦达”“阿热热”“三多舞”等曲调，还有古典的大型乐曲《白沙细乐》和《丽江古乐》。乐器有横笛、竖笛、芦笛、二簧、南胡、中胡、大胡、苏古杜、三弦、琵琶、筝、瑟、木点、铃、海螺、鼓、唢呐、长号、钹、钗、芦笙和口弦等。在盐源县纳西族地区流传的横簧吹奏乐有《磋顶》《沙盘产》《阿什沙里蹉》《盘古老》等舞曲。

纳西族的民间舞蹈内容丰富、形式多样。广泛流传和新发掘整理的舞蹈，有原始舞蹈、东巴古典舞蹈、组舞和新歌舞等几类。“麦达磋”和“热热磋”等是诗、歌、舞三者合一的舞蹈。其特点是边唱边舞，以唱促舞，以舞助唱，唱完舞止，无乐器伴奏，人数、地点和场合不受限制，男女都可以参加。舞步简单，一般是以右手搭左肩或手挽手，从右行进，渐成圆圈。可以舞唱古典大调，也可以随场合表达悲壮和喜庆。在盐源县纳西族地区流行“笛子舞”，吹横笛作为舞蹈的伴奏。“笛子舞”跳起来节奏欢乐，是纳西族青年最喜爱的舞蹈。

第十一章 布依族

第一节 概 况

一、人口与分布

布依族自称“布依”“布越”“布雅伊”“布仲”“布饶”“布曼”“仲族”等。布依族是四川14个世居少数民族之一，主要分布在凉山州的宁南、会东，其次是木里、普格、西昌、雷波等县（市），与汉、彝、傈僳等民族交错杂居，此外还零星分布在省内其他市（州）、县（市、区）。据2000年全国第五次人口普查，四川布依族共有8215人，其中凉山州宁南县2353人，会东县1534人①。

宁南县是四川省布依族分布较为集中的地区，其中新华乡中村和西瑶乡拉洛村是其聚居区，其余散居在各乡、镇以及部分村、社。2005年末，宁南县有布依族2019人②。其中，新华乡有布依族652人，西瑶乡有布依族329人。新华乡中村是布依族聚居村，辖3个村民小组，村民基本上都是布依族。西瑶乡拉落村是布依族和彝族聚居村，辖5个村民小组，第四、五村民小组是布依族聚居组。

宁南县各地布依族姓氏情况如下：

新华乡中村：王 余 杨 伍 卢 吴 潘 白 罗 岑 黄

新华乡巫土村：余

新华乡田坝村：梁 伍 王 余

西瑶乡拉洛村：潘 伍 杨 何 马 王

披惠乡：杨 王 韦 罗 吴 赵 陈

景星乡：伍 卢 赵

竹寿镇：罗 杨 陈 潘 卢

石梨乡：卢 罗 吴 梁 韦 潘 余 罗

幸福乡：杨

大同乡：伍 何 赵 梁

华弹镇：黄 罗 杨

① 资料来源：《四川省2000年人口普查资料（上卷）》，四川省人口普查办公室编，第466—543页，中国统计出版社，2002年。

② 资料来源：《宁南县志（1986—2005）》，宁南县地方志编纂委员会编，四川大学出版社，2009年。

骑螺沟乡：伍

松新镇：何　白

会东县松坪村：伍　王

会东县大回村：何　吴　王

二、源流

布依族是古代“百越”中的一支，经历代民族融合而成。四川布依族多数是清嘉庆年间（1796—1820年）黔西南各民族人民反清斗争失败后从贵州省经云南省巧家县逃往川、滇、黔三省交界地定居的，一部分人是因为上述原因随先行者陆续入川，还有一些人是因为通婚、谋生等原因先后迁居四川。

宁南县境内的布依族是先后从贵州省黔西南搬迁过来的，各家族在给死者做道场时都要读诵谱牒，内容包括老地名、迁居原因等。宁南的布依族，据杨、王、白、卢四姓家谱记载已有12代。如拉落村的潘、伍、杨、何、马、王等姓氏的布依族人家，祖籍江西吉安府太和县，明代因战争原因从江西迁至贵州（俗称“江西填贵州”），或居安顺府镇宁州，或居普安州太和镇。清乾隆年间，因为受地方豪强、民团欺凌和荒年日子难熬等原因，从贵州迁至四川宁南。其中，何姓最先来到此地，只见一片马桑林和乱石田，但山青水秀，乃决定在此定居。安顿后，将情况告知潘家，潘家也迁入，两姓人互相开亲。后其他几姓氏陆续到来。他们离开贵州时，正值大年三十，同姓族人杀鸡盟誓，然后将鸡与生米拌合，煮成稀饭，大家吃后，背上一面被视为民族标示的铜鼓，风雨兼程，来到此地，已200多年。

三、语言文字

布依族操布依语。布依语属汉藏语系壮侗语族壮傣语支，与壮语、傣语、侗语、水语、黎语等少数民族语言有历史渊源关系。四川布依族入川后仍然保留着自己的民族语言。据调查，宁南县西瑶乡布依语与贵州水城附近的布依语完全相通，宁南县新华乡布依语与贵州安顺布依语完全相通。因为长期与汉族接触，布依族都能够操一口流利的汉语。老一辈布依族在该民族内部讲布依语（俗称“打话”），年轻一辈多已习惯使用汉语。

布依族过去没有文字，一直使用汉字。20世纪50年代以后，政府为布依族创制了用拉丁字母拼写的布依文，四川布依族地区因条件不具备，并未推广使用。

四、教育

布依族的文化教育水平较高。他们多习用汉语、汉文，与汉族的交流不存在大的语言障碍。中华人民共和国成立前，他们中的少数人或通过私塾，或通过新式学堂，接受了汉族儒家思想教育，因而掌握了一些汉族传统文化知识。

中华人民共和国成立后，布依族文化教育事业的发展有了质的飞跃和进步。早在20世纪90年代初，会东县布依族青少年的入学率和升学率就在当地各少数民族中名列前茅。

以宁南县为例，少数民族教育发展效果显著，学校办学条件不断改善，教师的教学水平逐年提高。1986年，全县少数民族适龄儿童的入学率为78.4%；少数民族毕业生中，小学为107人，初中为77人，高中为9人；招生人数中，小学1391人，初中99人，高中27人；民办教师54人。到

2000年，少数民族适龄儿童入学率达到95.9%，比1986年提高了约17.5个百分点，实现了“普及初等教育”和“普及实验教学”的目标。“四川民族地区教育发展十年行动计划”“两免一补”政策的实施，寄宿制经费的落实，极大地推动了民族地区教育事业的发展。到2005年，少数民族适龄儿童入学率为95.6%。全县少数民族教职工增加到252人，是1986年少数民族民办教师的4.6倍；少数民族毕业生人数和招生人数也大幅度提高，毕业生人数中小学为446人，初中为197人，高中为85人；招生人数中，小学为992人，初中为332人，高中为117人。[①] 宁南县的少数民族教育在20年中得到快速发展，其中，布依族的教育事业也得到了较快发展。

在宁南县西瑶乡，布依族适龄儿童的入学率为100%。2005年，西瑶乡有一个中心小学，“普九”发展较好，是全县实施“普九”较早的地方。20世纪70年代以后出生的布依族，文化程度基本上都是初中以上。受惠于党的民族政策，按人口比例计算，当地大中专毕业生中布依族的比例较高。新华乡中村的布依族也十分重视教育，大中专的比例较高，占该村布依族总人口的10%（仅计算已参加工作的）。

五、基础设施建设

20世纪80年代以来，布依族同其他少数民族一样，在国家政策扶持下，生产得到了迅速发展，经济实力增强，人们在解决了温饱后，都注重新建、改建房屋，改善居住条件。随着通乡公路、村组公路的修建、联户道路硬化、人畜饮水工程、农村电网建设与改造工程、扶贫“两资”工程、饮水配套工程、移动通信村村通工程、广播电视村村通工程等项目的实施，布依族地区的基础设施建设得到了极大的改善。2005年，宁南县乡、村通电率达100%，户通电率达95.65%；广播、电视覆盖面分别为75%和92.5%；全县县道共计5条，总长174.4公里，乡道公路21条，共计305.47公里，村道公路总长1893.97千米。信息网络快速发展，2005年全县有固定电话1.5万户，小灵通用户1500余户，移动电话2万户；1997年开通因特网业务，2002年开通宽带数据ADSL业务。

第二节 经济生活

四川布依族是以农业为主的民族，绝大多数以种植业为主。他们大多居住在依山傍水海拔1000米左右的二半山区。会东县和宁南县布依族聚居区紧邻金沙江及其支流，木里县布依族聚居区在雅砻江边。虽然自然地理条件较为恶劣，但因为气候温和，雨量充沛，土地肥沃，适宜农耕，布依族选择了一种典型的农耕经济生活方式，水田、旱地兼作，主要种植水稻，兼种玉米、小麦、高粱、荞麦、薯类和豆类作物；还种植棉花、油菜、烤烟、甘蔗、茶叶、柑橘、桃、李、杏、香蕉等经济作物。为了养蚕，许多农户在田间地头遍植桑树。绝大多数人还根据各自家中经济、庭院等条件，或多或少地养有猪、牛、羊、鸡、鸭、鹅、兔等家畜、家禽。近些年，在政府的资金、技术扶持下，许多农户从事多种经营，在制糖、养蚕、林果、养殖、经商等多方面发展，不但解决了温饱问题，还走上了致富的道路。

---

① 数据来源：《宁南县1986年统计年鉴》《宁南县2000年统计年鉴》《宁南县2005年统计年鉴》，宁南县统计局编。《宁南县志（1986—2005）》，宁南县地方志编纂委员会编，四川大学出版社，2009年。

一、社会经济

20世纪80年代中期以来，布依族的生产积极性高涨，勤于耕作，树立了商品经济观念，积极发展农业经济。

（一）宁南县新华乡

宁南县新华乡境内主产水稻、玉米、小麦等粮食作物，以蚕桑、生猪、畜牧业为主要经济支柱产业。

1985年农业总产值为159万元，农民人均纯收入为135元。1986年，全乡全年粮食作物总产量为1770.75吨。大牲畜总头数为850头，生猪6462头。全乡有桑园518亩，蚕茧产量合计58779担；水果以柑桔、梨为主，产量合计503担。至1995年，全乡农业总产值为779.07万元，农民人均纯收入为651元。全乡全年粮食作物总产量为2651.45吨。大牲畜总头数为1452头，有生猪7060头。全乡有桑园1041亩。

到2005年，全乡农业总产值为2640万元，农民人均纯收入为2469元。全乡全年粮食作物总产量为3260.8吨。全乡大牲畜总头数为834头，生猪9075头。全乡有桑园1640亩，有果园135亩。水果以梨为主，产量合计37.6吨。

2005年，新华乡三大产业现金收入为：烤烟被收购182.79吨，收购金额128.79万元；蚕茧被收购298.8吨，收购金额为371.29万元；农民现金人均收入723元。

（二）宁南县西瑶乡

西瑶乡境内主产水稻、玉米、小麦、豌豆、红薯、土豆等，兼营蚕桑畜牧，主要经济作物以烤烟、甘蔗、板栗种植为主。西瑶的烟叶是上海卷烟厂主要配料之一。

1985年农业总产值为107.74万元，农民人均纯收入为226元。1986年，全乡粮食作物总产量为1258.25吨。大牲畜总头数为1078头，生猪3490头。烤烟种植450亩，总产量为38.55吨。

至1995年，全乡农业总产值为491.27万元，农民人均纯收入为797元。全乡粮食作物总产量为2015.05吨。大牲畜总头数为1107头，有生猪4705头。全乡有桑园52亩，果园77亩。到2005年，农业总产值为2459万元，农民人均纯收入为2711元。全乡全年粮食作物总产量为2274.75吨。大牲畜总头数为2570头，生猪7420头。全乡有桑园90亩，有果园89亩。水果以苹果、梨、柑桔、脐橙、柿子为主，产量合计115.55吨。

到2005年，西瑶乡三大产业现金收入为：甘蔗被收购450吨，收购金额10.89万元；烤烟被收购516.64吨，收购金额407.87万元；蚕茧被收购53.73吨，收购金额为64.45万元；农民现金人均收入976元。①

二、矿产资源

四川布依族山区的矿产资源比较丰富，主要有煤、铁、铅、锌等矿。以宁南县为例，其境内有丰富的赤铁矿，具有储量大、分布集中、开采较易等优点，仅西瑶乡拉落村境内的铁矿储藏量即达1.4亿吨，品位在30%—50%之间。全县有1处大型铁矿床为华弹铁矿，3处小型铁矿为漆树坪、大岩洞和后山铁矿。其中，距离宁南县城约40公里的华弹赤铁矿，地处西瑶乡、华弹镇境内，公路可

① 资料来源：《宁南县1986年统计年鉴》《宁南县2000年统计年鉴》《宁南县2005年统计年鉴》，宁南县统计局编。

直达矿区，交通较方便；采矿权出让面积 26 平方公里，储量达 12500 万吨，其中表内储量 5168 万吨，表外储量达 7332 万吨。

截至 2005 年底，宁南县仅铅锌矿被开发利用。1988 年县政府组建四川省宁南经济开发实业公司对铅锌矿进行开发，由于市场原因及经营不善，该公司于 2000 年解体。“十五”期间宁南县引进云南省三和福利锌业有限责任公司、三鑫矿业开发有限公司、云南驰宏锌股份有限公司等，对宁南的铅锌矿进行开采。2002 年云南省三和福利锌业有限责任公司在宁南创办分公司，2004 年 6 月投产，2005 年采挖铅锌原矿 86029 吨，产铅锌矿精矿 3059 吨，实现工业总产值 2041 万元，缴纳税金 407 万元；实现利润 159 万元。2003 年 3 月，重庆恒照公司宁南分公司成立，租用宁南冶炼厂厂房，对原有设备进行改造后生产，至 2005 年末，总计生产粗铅 3000 吨，实现产值 2500 万元，税金 90 万元。2002 年，合丰电冶有限公司成立，2003 年 9 月投产，至 2005 年末，企业累计生产工业硅 2912 吨，实现工业产值 1823 万元，工业增加值 780.92 万元，产品销售收入 1529.5 万元，缴纳税金 68 万元。

第三节　文化变迁

一、衣、食、住

（一）服饰

布依族传统服饰尚青，并喜在以青色为基调的服饰上镶配蓝、白等色为装饰。过去，布依族男子头戴毡帽或包头帕，上身穿青布对襟或右开襟短衫（老年人多着青布长衫），下着（青布）长裤，脚穿皮包布边鞋，整个装束与当地汉族基本相同。青年妇女留长发，并编成两条长辫，头上常常包一块青布头帕，婚后改梳发髻，配戴发簪，上身穿右开襟的长衫，下身穿裤，腰间系一条黑色绣花腰带，脚穿绣花布鞋。多喜用青、蓝、黑三色布条绣上花边，缝于背部、袖口、下襟、裤脚等处。会东的老年妇女也有穿裙者。耳环和银项圈是妇女们喜爱的配饰。20 世纪 80 年代中期以来，布依族服饰已发生了显著变化，除了老年人偶尔穿民族服装，已很少有人穿传统服装，而穿社会流行的现代服装者越来越多。藏青、蓝、黑、灰、橄榄绿等色成为人们服饰习用的颜色，有条件的中青年男性穿上了西服，系上了领带，传统服饰只有在传统节日时节才穿。

（二）饮食

布依族的饮食变化不大，仍以大米和玉米为主食。大米分籼米、糯米两类。杂交水稻问世以后，省农业厅等部门曾在布依族地区推广，但许多布依族同胞认为其“口感不好”，仍然坚持种植他们认为“品质好”的传统水稻品种，食用其加工后的大米。一般是煮成干饭或稀饭。布依族人最喜欢吃的是糯米饭。其次，是玉米。人们将其脱粒后磨成碎粒，掺和在大米中煮干饭或稀饭，或是磨成粉，掺少量糯米做成粑粑。小麦多磨成面粉，做成面条等食用。作为主食的补充，红薯和土豆也是人们日常的食物。

布依族喜食蔬菜，其宅地附近都有菜地，种植萝卜、青菜、白菜、莴笋、芹菜、黄瓜、冬瓜、茄子等各类蔬菜。其吃法与汉族农村差不多，或煎、炒，或烧汤。他们用青菜制作的酸菜尤具特色，其作法是将青菜洗干净后，稍微晾晒，再切成小块，加入用糯米酿造的甜酒和大蒜、辣椒粉、食盐，拌和匀净后，再装进坛内，密封后任其发酵。讲究者还要加上冰糖等物。

布依族的特色食品，最有名的是杂骨汤。每年腊月杀猪以后，人们将猪的排骨砍细、砸碎，加入糯米粉、食盐、辣椒粉和酒等，调和匀净后，放进一个大坛之中贮存两月左右，任其发酵。然后用油炒，或干吃，或煮汤。至今，每逢家有来客，他们会端上香气扑鼻的杂骨汤来热情款待。布依族还有特色小吃饵块、汤圆、豆豉、凉粉、米凉糕等。

布依族待人热情、厚道。客人到家，常常奉上一小碗酒，或以葵花籽等招待。打糍粑是他们迎接尊贵客人的礼仪之一，用大米舂制的糍粑，仍是布依族招待客人的佳品。在宁南县西瑶乡流行的民谣典型地反映了布依族热情待客的风俗，该乡有水库、拉落、把口、大水沟4个村，民谣概括四村待客的风俗说："水库的烟，拉落的酒，把口的茶，大水沟的晚饭。"

（三）居住

入川以后，布依族和当地汉族一样，选择了土木结构的平房，并多为四合院式样，没有大的变化。进门后，有一个较大的天井，是晾晒粮食和人们在节日或喜庆之日聚会的场所。正房（亦称堂屋）面积较大，供全家餐饮、聚会和接待客人使用。其两边的开间是全家的卧房。卧房旁边延伸的一间用作厨房。传统的干栏式建筑遗留的典型特征是堂屋前方左右相向的房屋——"厢房"。一楼一底是中国南方许多少数民族村寨常见的房屋结构样式。一侧的上层为客房或家庭成员的卧房，下层关养牛、羊、猪等家畜。进入21世纪后，布依族的住房仍以瓦房为主，部分经济条件好的人家对瓦房进行了改造或修建了新的砖混、砖木房屋。改建或新建的房屋，人畜分隔，厨房、寝室单建，修建了厕所，在住宅周围挖排水沟。许多现代时兴的消费品，如冰箱、彩电、洗衣机、组合音响、影碟机等越来越多地进入了城乡居民家庭。

二、礼仪

（一）婚俗

布依族普遍实行一夫一妻制。过去，青年男女之间交往比较自由，未婚男女可以利用节日、外出劳动等机会，聚集在一起对歌，表达爱慕之情，如男方同意，就可以盟誓订下终身。但绝大多数婚姻仍由父母包办，男女12—13岁时，父母就开始为其物色结婚对象。结婚的双方讲究门当户对，父母为女儿择偶时，尤其看重对方的经济条件，还流行订"娃娃亲"（或称"背带亲"）的习俗。布依族讲究同宗同姓不婚，但受人口限制，近亲结婚者亦较多；与其他民族不通婚，但有招赘汉族、傈僳族为上门女婿者；流行单向姑舅表婚，即姊妹的儿子可以娶兄弟的女儿，但姑家之女绝不可嫁舅家之子。布依族婚恋较早，女孩12岁，男孩13、14岁就可以谈恋爱，15、16岁是两性交往最为频繁的年龄，婚前同居者较多，多数能够成婚。

四川布依族的婚姻为自由恋爱和媒人说合相结合。青年男女相恋后，经父母同意，男子家要准备一坛酒及香、纸、糍粑（糍粑必须12个，10个送女方父母，2个送媒人）等礼物送到女方家。女方家以之祭家神，并请来家族长者、亲友一同喝酒，商议亲事，俗称"吃罐酒"，宣告双方正式订婚。姑娘的头发也要从中间分开编辫，表示已经许配人家。以后，女方要选择日子，带上礼品到男方家"敬家神"，称为"喜口茶"，并将姑娘的生辰八字交给男方，共同商定结婚的有关事宜。婚前，要请"先生"（旧称"布摩"，一种不脱产的神职人员）推算结婚日期，称为"开庚"。结婚年龄一般是18岁左右，人们认为男比女大1至2岁最好。

结婚的前一天，男方要请一个能说会唱的“押礼先生”（亦称“迎亲先生”），随同礼物一道到女方家迎娶。女家要用板凳或人将迎亲者拦在大门外，对歌、说“四言八句”、喝酒，“押礼先生”输了要罚酒一杯，赢了才放行，如此三关，才能进屋“敬家神”。

新娘出嫁的前夜须哭嫁，有的姑娘在出嫁前要以唱歌的形式哭三天，内容多为叙述父母生下她后如何艰难将其抚育成人，自己是怎样舍不得离开父母、兄弟、姊妹及其他亲人，并骂男方来接亲者（假骂）。如果不哭，会被人耻笑。哭嫁时，平时与新娘要好的同村姊妹会前来陪伴，并在次日跟随新娘兄弟、亲属去送亲。迎亲时，新娘要手持一张新手巾，据说是为了辟邪。过去习坐轿或滑竿。

新娘到达夫家之后，亦需通过院子、堂屋、卧房三道门。新郎家的亲友会在每道门口设置障碍，每经过一道门，新娘家亲人会被新郎家两个会唱歌的亲友拦住对歌。如答唱不起，就拦住不让进屋。送亲者对歌使夫家满意后，才让其通过。但新娘要先到邻居家暂时休息后，才被请进男方家堂屋拜堂。

开宴时，送亲者不与其他客人混坐，主人要以双份菜招待他们。席间，送亲者与其他客人对歌联欢。送亲者一般要住3天或6天才回家。

婚后3天、7天或一个月时，新娘回门，礼品中也必须有12个糍粑，分别献给双亲和媒人。婚后3年内，出嫁的女儿都要回娘家拜年，12个糍粑亦为礼品中不可或缺之物。

四川的布依族婚后有“不落夫家”的习俗。新娘在夫家拜见公婆以后，新婚之夜不与丈夫同居，只在夫家住两三天即与送亲者一道返回娘家。俗称“坐家”。但每逢农忙季节或夫家有事需要帮忙时，由丈夫的姐妹接至丈夫家中住一段日子，忙完后再返回娘家。这样来回往返，少则2、3年，多则7、8年。

社会对寡妇再嫁持宽容态度，舆论对之不会谴责，但须征得亡夫亲属的同意，而寡妇再嫁后则丧失了支配原夫遗产的权利。

20世纪80年代以来，布依族的婚俗有了较大变化。婚礼的程序，除必要内容按传统礼俗进行外，大多受现代婚姻观念影响，如办酒席、增加一些文娱节目等。婚恋的年龄普遍推迟，17、18岁甚至年龄更大才恋爱，结婚者不乏其人。通婚的半径明显扩大，与其他民族通婚者已经非常普遍。如宁南县西瑶乡拉落村布依族人家中，潘姓、何姓、伍姓、王姓、赵姓、马姓、卢姓等都与汉族建立了婚姻关系，或娶汉族女子为妻，或外嫁汉族男子，伍姓甚至有女远嫁至重庆市渝北区；伍姓和王姓还分别娶了彝族和苗族媳妇。对方的经济条件虽然还是择偶的重要标准之一，但已经不是唯一的标准，相貌、身材（一度时期内甚至包括家庭出身、退伍军人、党团员等政治条件）等都成为了婚姻是否成功的重要因素。修改后的婚姻法颁布后，近亲结婚现象有了根本的改变，优生、优育为越来越多的布依族认同。婚后“不落夫家”的习俗早已不复存在。

布依族具有尊老爱幼的优良传统，父母悉心抚养、教育子女，儿女尽心赡养、安葬老人。布依族还富有同情心，乐于助人，与汉、彝、傈僳等民族皆能和睦相处。过去虽然有较为严重的重男轻女、男尊女卑观念，如儿子才享有财产继承权，年满12岁的女孩不能参加祭祖等重大宗教祭礼活动等，但处理家中事务时，夫妻双方都有发言权，父母也比较尊重子女的意见。

布依族儿女婚后一般与父母分开居住。兄弟分家之后，父母一般与小儿子同住，也有父母与其他儿子同住，以照料家务，至今无大的变化。

（二）丧葬

布依族人死后多用木棺行土葬，只有孕妇和凶死者才行火葬。一般葬仪都非常隆重，但各地略有差异。宁南县布依族老人去世，人们首先要安顿好遗体，在死者口内略置金银或钱，要绝对避免日、月光照射。棺底铺稻草灰，1岁1碗，若死者是50岁，即铺50碗；灰上垫钱纸，也是1岁1张，盖棺后在棺上放1碗糯米饭。儿女们坐在较矮的草垫上，以示自己地位的卑微和对死者的虔敬。同村的亲友到死者儿女的舅家报丧。报丧者需带一瓶酒、一叠纸钱、三炷香，并在酒瓶盖上盖一块小的白布，表示要为死者举行隆重的丧葬祭祀活动（布依族称“斗摩”）；若瓶盖上盖一块小的白纸条，则表示不举行隆重的丧葬祭祀活动。见了这些标志，舅家才好准备参加丧事活动的礼物。丧家要做“斗摩”者，舅父家必须做一把“纸伞”送给死者到阴间享用。据说此伞有保护亡魂的作用。

整个丧葬祭礼都由“先生”用布依语念经书。宁南布依族丧葬过程可以分为请铜鼓、开天门、朝幡、醒魂、游城、指路、女婿上祭、送葬等阶段；会东布依族举行葬仪则有挂铜鼓、请祖师、起经、送灵房子、送伞、死者上路、游城、送葬等程序。

人死后，死者亲属带上钱纸、酒去砍一棵松树。届时看树会动才砍，树不动就不要。

人们先要挂铜鼓，敲铜鼓。他们认为，人断气时像入睡一样，只有听到铜鼓击响才知道为他举行的“开路”活动已经开始，灵魂才真正离开肉体，也才真正死去。所以，人死后，亲属把香烛纸钱送到“先生”家，祭请铜鼓。祭献过的铜鼓用一根粗麻绳贯穿其四耳，然后用衣服、火毛毡将铜鼓包裹严实，连同包有鸡蛋的一小包米由死者亲属背到死者家中，并将铜鼓悬于灵堂内。铜鼓侧悬，皮鼓平置，“先生”坐在小凳子上，脚尖略垫小皮鼓一侧，左手执一根直竹棍，右手执一根用玉米叶子包成槌头的鼓槌，左右手交叉按布依族经书上的鼓点敲击。鼓谱共4段12节，象征一年12个月，一天12个时辰。敲击铜鼓一开始，头包白布孝帕的死者亲属就放声哭丧。

随后是起经，布依语称“中赛”，即为死者灵魂开路，指示灵魂升天。“先生”先在死者堂屋中的屋脊上揭开一匹瓦，给死者升天引路，意即让死者灵魂能自由出入。然后，“先生”站在死者棺木前念经，内容是叙述死者生卒年月，生平事迹，颂扬死者善良、忠厚、勤劳等美德。接着，在灵堂门前院中栽一棵4—5米高的小松树作为灵魂升天的幡杆。“先生”站在幡杆下，持幡杆上所挂经咒，念念有词，大意是指引亡灵由幡杆升天。

丧事中要指定1人（一般为死者女婿）“扫灵堂”。扫灵堂者不仅要负责搭灵堂和管理灵堂，而且要负责整个丧葬事宜的指挥。

已出嫁的女儿接到父母或祖父母亡讯后，要送灵。有送“灵房”和“灵伞”两种。灵房是以竹子扎成房架，用黄、绿、白、金等彩纸剪成如三个阶梯的形状，刻上花，依层次贴在竹子骨架制作而成。岳父死，女婿买灵房，用布依语唱歌。同时，女婿上岳父家，要先蒸一甑糯米饭，并抱一块糍粑敬献死者。死者的女儿、亲属都将彩色灵伞送来丧家，亲家则只扎白素灵伞。人们送灵伞时，照例要唱孝歌。

人死后，通常在第三天即殓尸用棺木抬上坟山。在这之前，要祭灵，祭灵的糍粑由扫灵堂者提供。有抢糍粑的习俗，往往糍粑刚打好就被抢光，有的要打好几次才有祭灵的糍粑。此时，“先生”念经为亡灵解罪。众人在“先生”带领下，手执长刀从灵堂出来，到村外空旷处念经，再次为亡灵解罪，并送亡灵上路（即游城）。之后，由8个（或更多）青壮年男子抬棺。抬棺者中途只能休息3次，其中第一段路由扫灵堂者家人抬，其余为丧家的家人抬，众人相随，将筒钱、望山钱、灵房、灵伞一起抬至山上墓地，置于土坑中，入葬后垒土为坟。此前，扫灵堂者早已背上糍粑到了葬地，等候帮忙的人到达后进行犒劳。

人们把纸伞覆盖坟上，灵房子摆放在坟前，供酒肉祭祀。亲属边哭边唱。然后，由“先生”念一段安抚亡魂安息的经，再将雨伞、灵房、望山钱等焚烧。葬礼宣告结束。晚上，丧家要宰羊酬谢扫灵堂者。

葬后第3天为复丧日，全村各家都备1簸箕糯米饭到墓前祭奠。此后3年，每逢死者祭日照样去祭奠1次。

三、民间信仰

布依族信仰万物有灵，其主要内容是自然崇拜、祖先崇拜、灵物崇拜等。

布依族自然崇拜的显著特点之一，是各村寨通常建有土地庙，供奉以石板或石块为象征的土地神。他们认为，土地神掌管土地丰育之事，又是村寨人丁、畜禽以及草木的保护神。布依语有“包完山、压完毕、包火洛迭毕”之说，意为“土地公和土地婆都是镇守一方的神”。他们在每年腊月三十下午用鸡、猪头、酒等物祭土地神，年三十晚上12点以后比赛谁是最早的敬祭者。正月初一拜土地神，放鞭炮，只准男子去拜祭，妇女不能参加。

每年三月三，要在土地庙前商量当年的生产计划，水渠修挖等事宜。三月三祭祀土地神时已婚妇女不能参加。村民认为，三月三、六月六均要祭祀土地庙，否则庄稼就会受到虫害。

布依族的土地神崇拜与祖先崇拜往往结合在一起。宁南县西瑶乡拉落村的土地庙内原竖立的石板是从贵州背来的，其上有一张纸，上写一种从上至下排列的字，只有“先生”才认识，意为“家神”。“四清运动”[①] 时土地庙的石板被掀，改革开放后得以恢复，但石板上已无字，仍作为纪念祖先，和家中堂屋所供奉的意义相同。

自然崇拜的另一显著特点是动物崇拜，尤其崇拜牛。作为农耕民族，牛既是布依族生产中不可缺少的畜力，又是其肉食的来源之一。人们将牛视为亲密无间的朋友，平时尽自己所能选择它喜欢吃的各种饲料精心饲养。为了感谢牛对人类做出的牺牲和贡献，每年秋收过后的农历十月初一牛王会，家家户户要专门给牛打糍粑，用糍粑粘牛角，用糍粑或糯米饭喂牛，还给牛喝酒，慰问辛苦劳作了一年的耕牛，祈求牛王菩萨保护耕牛不生病。由于崇拜牛，布依族也尊崇牛王菩萨，将其视为牛的保护神。平时，不管哪家的牛失足摔岩或是患病，这户人家都要杀鸡敬献牛王菩萨，给牛禳灾去病。

布依族还认为奇异的石头、大树、岩洞、山河等都具有灵性，过去常常供祭山神、石神、树神，求其免灾赐福。同时，相信家中有家神、门神、灶神，家中不论谁生了病，都要祈求鬼神保佑。还相信龙脉、风水、吉日，凡婚丧、远行、开土动工等，都要择日子。现在，人们已多不信仰各类鬼神，但仍然存在择吉之俗。

布依族崇拜祖先，相信人的灵魂不灭。他们认为，人死后特别是家族中的祖先死后，其灵魂会在冥冥之中护佑自己的子孙后代，造福于子孙。所以，每个布依族家中堂屋里都供奉有祖先灵位，祖先崇拜还表现在逢年过节以酒肉饭食等祭献祖先，布依语称“拖包”；逢清明或七月半，要上坟或

① 四清运动是指1963年至1966年，中共中央在全国城乡开展的社会主义教育运动。运动的内容是：开始是在农村中“清工分，清账目，清仓库和清财物”，后期在城乡中表现为“清思想，清政治，清组织和清经济”。

烧纸悼念祖先等。

布依族的灵物崇拜主要表现为铜鼓崇拜。铜鼓是布依族珍贵的礼器，多用于祭祀等宗教场合。中华人民共和国成立前，使用铜鼓前要重祭，杀一只小公鸡挂在鼓上以示对铜鼓的敬意。甚至每次搬动使用铜鼓前，都要杀牲祭祀，否则，不得敲击动用。除了在丧葬活动中要使用铜鼓外，铜鼓还被用于消灾祛病。过节时，铜鼓更是为布依族增添了不少欢乐的气氛。人们一般是从大年三十晚上敬菩萨开始敲，每天敲击一至二次，到正月十五停止。一边敲，一边用只有老人才听得懂的布依话悼念先人，唱诵继承先贤遗志之类的话语。

布依族迁入四川时，每个家族都带了铜鼓。据20世纪50年代统计，仅宁南、会东两县的布依族就保存有铜鼓10多面。20世纪60年代，因为“左”的思想影响，不少铜鼓被出售给废品收购站或用作公共食堂报时的敲击物，以致多数铜鼓逐渐散失或被损坏，只有少数保存下来。拉落村有一面铜鼓被全村七姓布依族视为该民族的重要标识，历代倍加珍爱，代代相传，轮流保管。平时，哪家死了人就放在哪家，或放在“先生”家以纪念先人，不准敲打。

布依族的神职人员，旧称“布摩”，现在多习称“先生”。他们人数不多，平时是劳动者，也没有形成特别的阶层。但人们认为他们可以通神，故宗教仪式均由其主持。他们做道场不需要很多现金报酬，一般是一个猪头，几元钱，事主请吃一顿饭。“先生”可以世袭，也可以师承。一般选用具有一定的文化知识，口齿清楚，办事公道，不计较钱财，有求必应者。立志做“先生”的人从十五六岁开始要跟着老“先生”学习，要学会用布依语念经书，会推算选择吉日，会打卦、占卜以及治病之术，并学会各种仪式的规矩、礼节，随同老“先生”参与各种民间宗教活动，逐渐为百姓认同，最后才成为公认的“先生”。“先生”的人数和活动已较从前大为减少，但仍然受到布依族群众的广泛尊重。

布依族的生产、生活中存在诸多禁忌。正月初一至初三不能动土，十五不能动刀、干活；四月初八不能犁田；每年第一次春雷后数天内不能耕地；“红煞日”“戊日”“甲子日”不能劳动，不能出行；不吃蛇、猫、狗的肉；不许跨火塘；火坑内的三脚架不能随便移动，更不能用脚踩；孕妇不能回娘家生孩子；产妇不许穿越堂屋；生小孩未满月的产妇不许到别人家串门；未出嫁的姑娘死后不能从正门出去等。但近20年来，许多禁忌已经消失或有了改变。如过去不许跨火塘，现在小孩已不禁跨，中年人见子女跨也不劝阻，只会招致老人责骂。

择吉和占卜的习俗仍然存在。凡婚丧大事、建房开工、上梁、出门远行等，均要选择“吉日”。人死后，要选择吉地安葬。遇事，多行鸡卜、蛋卜。

四、年节

一年之中，布依族要过几个重要的节日。因长期受汉族文化影响，布依族的节日都以农历计算，且和汉族一样过春节、端午节、七月半、中秋节、重阳节等。20世纪90年代中期以来，随着外来文化的传入，一些生活在城镇的布依族青年也过情人节、圣诞节等。

春节是布依族最为盛大的节日，也称“过年”。时间一般为正月初一至十五。有的人家整个正月都过年休息，走亲戚，赶场。节日期间，各家各户尽其所能杀猪，熏制腊肉、香肠，打糍粑，酿糯米酒。敬神时，要在家神前面铺上厚厚的新鲜松叶。腊月三十团年时，一定要在餐桌上为已故老人摆上碗筷，先喊“XX回来，我们一起过年了”。然后全家老小才一同用餐。年夜饭的菜肴主要是猪肉、豆腐、长菜（不切断的蔬菜）混合煮成。食用时，用勺不用筷。年三十晚上，要在火塘上烧一柴疙瘩，意为请火神保佑明年猪肥羊壮，庄稼丰收，家庭平安，老少健康。子夜，用鸡血煮粥敬神，敬后每人分食一碗。正月初一，要打糍粑敬神。

春节是一年中布依族最欢乐的日子，人们除了敲击神圣的铜鼓，还相互串门，互诉衷肠，同欢共乐，村寨里洋溢着一派节日的喜庆气氛。大部分人到正月十五以后，才开始劳动。随着电视的普及和通信技术的不断发展，人们在节日期间通过电话、短信等方式拜年，除夕晚上还要观看中央电视台的春节联欢晚会。节日期间，宁南县布依族群众亦参加县、乡政府部门组织的文艺表演、游园活动、运动会等。

端午节时，布依族要杀鸡，打糍粑，做包子、饺子、粽子；要在门前挂艾蒿、菖蒲；还要在额关上擦雄黄酒。

四川布依族过七月半的风俗和汉族大致相同，但节日时间略有差异。有过十二、十五日的，多数人过十三日。内容主要是买酒，杀鸡或买猪刀头肉，焚香烧纸，悼念已故的老人，祈求祖先庇佑。

中秋节时，布依族要吃月饼、板栗、核桃和各类水果。因为家家种有向日葵，人们将葵花籽炒吃或生吃。葵花籽成为节日的重要食品之一，老少皆喜。

布依族的传统节日是“三月三”和“六月六”。“三月三”是四川布依族传统农事的主要节日之一。每年此日，全寨家家户户都要做花粑米饭（染色饭）招待亲朋好友。人们要集资买猪宰杀，共祭山神。届时，每户必须有一名男子带上一瓶酒参加集体的祭祀活动，已婚妇女不能参加。供祭之日，严禁外人入村。长者要总结前一年农事活动经验，向青年人传授生产知识。各户祭社神、山神后，还要在家中祭祀祖宗。这一天，青年人还举行对歌、吹奏乐器、跳舞等社交活动，亲朋之间则互相走动。

“六月六”是布依族最隆重的传统节日，此前几天，家家户户开始采摘粽叶，初五包糯米粽粑。初六清早，要以肉品、粽子敬神。早饭后，每户均派代表带上一只鸡、一瓶酒、两个粽粑到田头“放水口”，在秧田进水处折些树枝搭成小棚，将鸡宰杀后以鸡血淋在棚上，把鸡毛和粽叶挂在农作物上，摆粽子和酒在一旁，开始祭土地神和祖先。主祭者用布依语念念有词，祈求土地神、祖先保佑庄稼不受鸟虫侵害，保佑家庭平安，人畜兴旺；祈求已经出穗的庄稼丰产归仓。这天，家家户户喜气洋洋，杀鸡，喝酒，吃粽粑。青年男女身着整洁、鲜艳的服装，参加对歌等节日活动。一些年轻人甚至在节日的盛会里两情相悦，订下终身。

牛王会，也称祭牛王菩萨节。传说十月一日这天是牛王菩萨的生日，打好的糍粑要先捏一砣给牛吃，然后人才能吃。吃了早饭要放牛上山吃草，主人要先捏一砣挂在牛的角尖上，才可赶牛，这样做是对牛的酬谢，因为牛为人类不辞劳苦，成年累月也累了。

第四节　民间艺术

一、传说

宁南县布依族流传着一则《布依族为什么没有土地》的传说，相传远古洪水滔天时，伏羲兄妹俩乘坐葫芦漂浮在水面上，历经艰险，终于免遭洪水之灾。洪水过后，世界上只剩下伏羲兄妹二人。为了人类能够继续繁衍，他们只得互相婚配，生了5兄弟。皮肤较黑的是彝族，皮肤稍白的是汉族。几兄弟中布依族比较憨厚。当几个孩子长大分配土地各自耕种时，彝族在地里埋下石头为记，汉族在地里埋下木桩，布依族则以草绳为界。由于当时实行刀耕火种，布依族的草绳很快就烧光了。后来，彝族和汉族都能找出自己拥有土地的根据，布依族却找不到了。从此，布依族就没有了土地，无论迁到哪里都只能租种彝族和汉族的土地。

二、诗歌

自古以来，民间诗歌在布依族人民的生产、生活中发挥着抒发感情、传达情谊、交流心声、歌颂正义、谴责邪恶、教化风俗等多方面的积极作用。布依族传统诗歌具有独特的结构和形式。每首歌的句数不限，最短者四、五句，长者可达四、五十句。每句一般以五言为基础，个别也有九言一句者。押韵是以押首韵为主，即每首歌前一句的最末一字必须与下一句的首字或次字押韵。在婚丧、喜庆和青年男女的社交活动中，人们广泛运用诗歌来表达自己的感情。

三、歌舞

布依族民间流行民歌，人们根据曲调形式称为小调和大调。小调形式运用广泛，在叙事、祝酒、送客、诉情说理等场合均可使用。其音域一般只有5度，显得稳重、沉静。大调的音域扩展到8度，因而热情、开朗，颇具山歌风味，几乎都用于情歌。

布依族歌曲的形式有大歌、小歌之分。大歌需要有歌头、歌尾，内容一般为四句或六句，情调较为庄重，在人多的场合演唱。一般用于酒歌、叙事歌，偶尔也有用于情歌。小歌无歌头，但需要一人领唱一小节、一乐句或一个乐段。小歌有歌尾，但内容较为简单，一般以四句为完整的一首歌，短小精干，情调柔和，多用于情歌。

布依族喜欢对歌，亦称盘歌，即以唱歌的形式盘问对方一些事物，所问内容非常广泛，包括天地的形成，日月的变化，山川的起源，动植物的种类，庄稼生长的过程等，青年人、老年人都可以唱，只是场合不同而已，或优美动人，或妙趣横生，给人们带来无限的欢乐。如在酒席上，敬酒时彼此对歌称为酒歌，其内容多为互相祝福；在结婚的喜庆日子里，男女对歌可通宵达旦；逢重大节日，青年们成群结队互答山歌，更是热闹非凡。

布依族民间舞蹈多为集体舞，传统的舞蹈有《铜鼓刷把舞》《织布舞》《狮子舞》《转场舞》等，主要表现布依族姑娘们劳动生活中的一些场景。民间流行的乐器有10多种，以铜鼓、笔管、四弦胡和口弦最具民族特点。

四、纺织

布依族的纺织和刺绣具有悠久的历史。迁入四川以后，布依族仍然保持着百越民族善纺织的传统，妇女们经常织布到市集出售。她们还特别善于刺绣，通常用刺绣制作服饰、帐檐、门帘、被面、枕套、鞋面、小孩背带、围腰、头帕、荷包、鞋垫等，其刺绣的技艺精巧，图案美观大方，色调柔和协调。除了常见的几何图形，橄榄枝和蕨等植物是妇女们喜爱选择的图样。她们还尤其喜欢水，在围腰、衣服、枕套等物的刺绣中，水的波纹是她们最青睐的图案。

五、竹编

竹编也是四川布依族民间工艺的一朵奇葩。因为布依族住宅周围都种竹，竹子自然成为他们生产、生活的重要原料。布依族用竹编制精巧的竹笼、竹篮，编制光滑平整的凉席，受到各族人民喜爱。

第十二章　白　族

第一节　概　况

一、人口分布

白族是四川省世居少数民族之一，主要分布在攀枝花市、凉山州及成都市、内江市等地。据2000年全国第五次人口普查统计，四川省白族总人口为7335人①。其中，攀枝花市白族人口为2367人，主要分布在仁和区的大田镇、仁和镇、布德镇，盐边县的国胜乡、新坪乡、渔门镇，米易县除湾丘乡、白马镇、新山乡外的各乡镇。凉山州的白族人口为2343人，主要分布在会理、德昌、西昌、会东、宁南、普格等县（市）。白族人口的增长或减少，主要是自然因素。1964年盐边县白族人口为133人，1982年增长至221人，1984年增长至307人，1990年增长至837人，2000年减少至688人。

二、源流

白族大都认为他们是从云南迁入的，且年代久远。攀枝花市的白族，自称其祖先来自南京应天府，地名高石块，初迁入云南楚雄府大姚县帮碧村，后迁入四川省盐边县白石岩村，皆为李姓。据李姓祖先李德芳、李罗氏清道光十二年（1832年）六月合葬墓碑与1923年李文魁的墓碑记载，他们"原籍南京应天府人氏，由顺治三年（1646年）迁到滇西大姚班别（帮碧）村寄居，乾隆四十七年（1782年）始祖李京宝带领家口来盐，得佃毕属白石岩荒山开垦。"从《蛮书》《南诏野史》可知李姓为白族中之大姓。《洱海丛谈》载："僰人至明初内附，其人多姓李、姓杨，谓之'民家'。"攀枝花市白族称其特点是，每家种麻绩麻织布，白语称泡麻的塘为"阿卡蒲"，即"麻塘沟"。明末清初，白族为大姚县主体民族，当时汉族入云南落籍到白族家"上门"者很多，认家门之风盛行，因此攀枝花市白石岩白族的祖先由白汉民族融合而成。自清乾隆四十七年（1782）迁入盐边白石岩，已有10余代，主要姓氏为李、鲁、罗。米易县也有白族居住，多因工作调动而来。

凉山州的白族因商贸、开垦而迁入。唐朝中叶，南诏地方政府统治凉山时，当地白族先民人口大量增加。《元史·地理志》载："蒙诏立城曰建昌府，以乌、白蛮实之。"南诏衰落后，白族人口受到排挤，有的离去，有的隐瞒了自己的民族成份，并逐渐融入汉族或彝族中。中华人民共和国成立后，民族权益得到保障，一些白族群众恢复了自己的民族成份。

---

① 资料来源：《四川省2000年人口普查资料（上卷）》，四川省人口普查办公室编，中国统计出版社，2002年。

成都市的白族，大多是中华人民共和国成立后因工作调动等原因而迁入。

三、语言文字

白族有自己的语言，属汉藏语系藏缅语族彝语支，但四川的白族由于迁来年代久远，与汉族、彝族等杂居，聚居人口较少，已不会讲该民族的语言，而通用汉语，有的还能说彝语。

白族文字分为老白文和新白文，新白文在云南省剑川、大理两个方言区进行了试验和推广。但四川的白族，由于聚居规模较小，白文推广和使用非常受限，通用汉文。

第二节 经济生活

20 世纪 50 年代以前，攀枝花市和凉山州境内的白族，绝大多数都从事农业生产，手工业和畜牧业等为副业，为自给自足的自然经济。1950 年后，由于四川省白族人口少，住地分散，没有条件建立民族乡。党和政府历来重视散杂居少数民族工作。改革开放以来，为了尽快帮助白族群众摆脱贫困，国家适度放宽政策，全免农业税，农林牧业政策更加灵活，在分配支援不发达地区资金和开发基金时尽可能给予照顾，群众生产有了发展，生活水平也有较大提高。20 世纪 80 年代中期以来，凉山州、攀枝花市的白族，发展优质、高产、高效的农业，着重抓好优质大米、蚕桑、花椒、大蒜、生猪、牛羊、水果等开发，实行“山、水、林、田、路”综合治理，改善生产、生活条件。

盐边县国胜乡是白族主要聚居地，位于盐边县西北部，距离攀枝花市中心 120 公里。全乡幅员面积 331 平方公里，辖 14 个行政村。地貌以山地为主，气候温和，雨量充足，四季分明，立体气候明显，光热条件较好。常年平均气温 16.6℃，年降雨量 1200—2000 毫米。无霜期 250 天以上，日照时间 2273 小时。适合多种粮食和经济作物生长，主要农畜产品有玉米、水稻、小麦、蚕茧、大豆、猪、牛、羊、禽蛋、枇杷、茶叶。

2005 年，国胜乡实现国内生产总值 8329 万元，其中第一产业增加值 3134 万元；第二产业增加值 2770 万元；第三产业增加值 2425 万元。农民人均纯收入 3015 元。粮食总产 6524 吨，生猪、羊、牛、家禽出栏等均有不同程度的增长。发展烤烟 53.76 公顷，增加产值 43 万元。

国胜乡热水塘村位于河谷地带，公路沿线，交通方便，经济条件比较好。主要以种植水稻、玉米、小麦等农作物为主。2000 年后，实施退耕还林工程，全村主要以种茶为主。另外烤烟种植、养猪、养鱼也得到发展，是全乡养殖细鲢鱼最多的地方。2005 年，全村有 334 户 1469 人，人均纯收入 2985 元，与 2004 年相比递增 320 元。通电户数 334 户，修建沼气池 157 个。出栏生猪 1503 头，比 2004 年的 969 头增加 534 头；出栏牛 21 头，比 2004 年的 19 头增加 2 头；出栏羊 270 只，比 2004 年的 190 只增加 80 只。粮食作物播种面积 749 公顷，产量 335 吨。其中，稻谷播种 381 公顷，产量 156 吨；小麦播种 368 公顷，产量 179 吨。年末实有茶园 1536 公顷，采摘 568 公顷。蔬菜种植 48 公顷，产量 980 吨。封山育林 1225 公顷。竹材产量 1674 万根，生产竹木农具 2413 件。内陆水域养殖 18 吨。该村外出打工者比较多，多是集体外出，打工地主要在攀枝花等地。个体经济也发展较好，如开办水泥砖厂，起步较早，因为当地山沙丰富，具有得天独厚的优势资源，20 世纪 80 年代中期已有私人开办水泥砖厂，2005 年砖产量达 12 万块。2004 年，大笮风特色农业开发有限责任公司在热水塘村开办了一个特色农业旅游生产基地。基地以茶叶生产、鱼养殖、鱼家乐、旅游开发等为主，以休闲、度假、食宿、娱乐为一体，实现了“上山看花，下山吃鱼”，带动了全乡经济发展。

热水塘村白石岩村民小组基本上都是白族，改革开放以后实行了以户为单位的家庭生产承包责任制，调动了生产积极性，他们学习科学种田，引进良种、兴修水利，实行精耕细作，较大幅度的提高了粮食产量。2005 年，该组有 80 户 360 人。其中，农业从业人员 107 人，占 29.7%；工业从业人员 15 人，占 4.2%；建筑业从业人员 22 人，占 6.1%；批发与零售业从业人员 39 人，占 10.8%；住宿和餐饮从业人员 37 人，占 10.3%；其他行业从业人员 52 人，占 14.4%。全组粮食作物播种 170 公顷，产量 76 吨，其中稻谷播种 87 公顷，产量 35.6 吨；小麦播种 83 公顷，产量 40.4 吨。年末实有茶园 287 公顷，本年采摘 163 公顷。蔬菜种植 10 公顷，产量 104.2 吨。封山育林 725 公顷。竹材产量 497 万根，生产竹木农具 435 件。出栏生猪 394 头；出栏牛 4 头；出栏羊 57 头。内陆水域养殖 13 吨。

第三节　社会事业

一、教育

20 世纪 80 年代以来，白族教育事业发展较快。儿童按民族政策享受升学、生活等方面的优待。教育发展效果显著，学校办学条件不断改善，教师教学水平逐年提高。“四川省民族地区教育发展十年行动计划”“两免一补”等政策的实施，寄宿制经费的落实，极大地推动了白族地区教育事业的发展。

1990 年，攀枝花市白族有本科毕业生 15 人，专科毕业生 23 人，中专毕业生 67 人，高中毕业生 108 人，初中文化 548 人，小学文化 896 人。到 2000 年，高学历人口比例显著提高，其中：大学本科毕业生 39 人，比 1990 年增长了 160%；大专毕业生 82 人，比 1990 年增长了 256.5%；中专毕业生 151 人，比 1990 年增长了 125.4%；高中毕业生 180 人，比 1990 年增长了 66.7%；初中文化 709 人，比 1990 年增长了 29.4%；小学文化 732 人。

随着改革不断深入，盐边县基本建立了“在国务院领导下、由地方政府负责、分级管理、以县为主”的农村义务教育管理体制和农村义务教育经费保障机制，全面组织实施了“两免一补”，确保家庭经济困难的学生完成九年制义务教育。推进农村教育综合改革，巩固“普九”成果。高中教育、职业教育、成人教育取得进展。教师队伍建设得到加强，教学质量和办学效益不断提高。2005 年，全县小学入学率为 99.37%，初中为 97.88%；小学毕业率为 99.1%，初中为 99.2%；在校学生中小学 24247 人，初中 7276 人，高中 1363 人。有幼儿园 29 所（民办幼儿园 10 所），在园幼儿 3887 人（含学前班），农村幼儿入园率达 50%。

2004 年，四川白族主要聚居地国胜乡有中心小学 1 所，村小 5 所。全乡有教师 51 人，在校学生 962 人，其中初中 208 人、小学 754 人，小学、初中入学率分别为 99.8%、97.9%，毕业率均为 100%。热水塘村有小学 1 所，在校学生 86 人，2005 年招生 21 人，教职工 5 人。

二、医疗卫生

1986 年以来，白族医疗卫生事业得以加强，医疗条件进一步改善，公共卫生、疾病预防控制体系逐步完善，确保了人民群众的身体健康。2005 年，盐边县各级各类医疗机构 245 个，其中县乡两级医疗卫生机构 37 个，企事业单位医务室 7 个，村卫生站 181 个，个体诊所 19 个。全县有病床 566 张，每千人有病床约 2.86 张。县乡两级医疗机构有在职职工 521 人，其中卫技人员 456 人，占职工总数的 87.52%，其中副高级职称 16 人、中级职称 160 人、初级职称 257 人、无职称 23 人。四川白族主要聚居地国胜乡有中心卫生院 1 个，医生 5 名，村卫生站 7 个。该乡热水塘村有村卫生站，村及村以下医务人员 4 人。

2005 年盐边县被确定为新型农村合作医疗试点县，成立了领导办事机构，初步建立起了覆盖全县 16 个乡镇的新型农村合作医疗体制，群众看病难的问题得到改善。参合人数达 120678 人，参合率达 72.2%。同时，加强三级卫生服务网的村卫生站建设，解决了农村缺医少药的问题。

三、文化设施

随着经济的发展，白族居住地的文化设施得到改善，文化生活水平有了提高。文体广电全面发展，群众文化活动蓬勃开展。

2005 年，盐边县所有乡镇全部实现有线电视县乡联网，乡镇宣传文化服务中心和村级文化站建设、广播电视“村村通”工程如期推进。同年，全县有乡镇宣传文化服务中心 16 个，乡镇文化专干和广播员 35 人；文化活动网点覆盖率达 90% 以上；体育领导小组 16 个，乡镇篮球运动场 16 个，活动室 16 个，健身活动中心 1 个，经常参加体育锻炼的人口占总人口的 37.6%。全县有调频广播电台 16 个，村广播室 20 个，广播入户喇叭 10630 个，乡村广播电视设施 212 座，个人卫星接收设施 13800 余个，广播百户拥有率 25%，人口覆盖率 85%；电视百户拥有率 88%，人口覆盖率 94.6%。

四川白族主要聚居地国胜乡建有电视发射站 4 个，有线电视网 1 个，转发点 1 个，地面接收站 1 个，个体设置单收站 50 个，调频广播系统 1 个，广播电视覆盖率 100%，建有联通和移动通信机站和座机电话，电话普及率 100%。

四、基础设施

通乡公路、村组公路的修建、联户道路硬化、人畜饮水工程、农村电网建设与改造工程、扶贫“两资”工程、饮水配套工程、村村通工程、农村能源建设等项目的实施，使白族地区的基础设施建设进一步完善。2004 年，四川白族主要聚居地国胜乡实现了村村通公路。

2005 年，盐边县结合社会主义新农村建设，使农村能源建设与天然林保护和退耕还林（草）工程、农业综合开发、扶贫开发、农业产业结构调整、农村初级卫生保健等结合起来，完成沼气建池 2100 口，改建、新建省柴节煤灶 2000 户；推广使用太阳能热水器 4000 平方米。

第四节　文化变迁

一、衣、食、住

20 世纪 80 年代后，随着城乡居民收入的增加，生活水平显著提高，群众的衣、食、住得到明显改善。

白族崇尚白色，传统服饰以白色衣服为贵。男子头缠白色或蓝色的包头，身着白色对襟衣和黑领褂，下穿白色、蓝色长裤，肩挂绣着美丽图案的挂包。妇女穿白色上衣，外套黑色或紫色丝绒领褂，下着蓝色长裤，腰系缀有绣花飘带的短围腰，足穿绣花的“百节鞋”，臂环扭丝银镯，带珐琅银戒指，耳坠银饰，已婚者挽髻，未婚者盘辫于头，都缠着或绣花或印花或彩色毛巾的包头。由于与汉族和其他兄弟民族杂居相处，20 世纪 80 年代后，白族的着装大都与社会流行的服饰相似，只有老年人在节日期间穿着传统服饰。随着生产和生活的不断发展变化，着中山服、西服、夹克者亦不少，年轻人已追求时髦的现代流行服饰。

白族的饮食变化不大，居住在平坝地区的白族以稻米、小麦为主食，居住在山区的以玉米、荞麦为主。白族喜酸、冷、辣，爱饮烤茶，喜食羊、兔、鱼等，善于腌制猪肉。

白族村寨大多建在依山傍水的山脚地带，每村几户至二三十户不等。白族住房多为土木结构的瓦房或平房。白族人民喜爱在住房院内或房前屋后种植各种花草树木，以美化环境。盐边县国胜乡白石岩村民小组的白族，其住房因受汉族影响，多为瓦顶土木结构，横排三间正房，中为堂屋，两边为住房，楼上堆放粮食和杂物，加一间或两间耳房为厨房、厕所，外围院墙独成院落。进入 21 世纪后，经济条件较好的家庭，已经盖起了钢筋混泥土楼房，安装了太阳能热水器。

除了在生活上得到较大改善外，白族群众随着收入增加、购买力增强，人们购买消费品的数量日趋增加，而且讲究质量、品牌、花色、式样，冰箱、彩电、洗衣机、组合音响、影碟机等越来越多地进入了城乡居民家庭。

二、人生礼仪

白族实行一夫一妻的婚姻制度，同姓同宗不通婚。可与汉族及其他民族通婚，也有招赘的习惯，谓之“上门”。父母代子女择偶，相中后，托媒说合，称“纳口话”。女家如有意，将女孩生辰八字交与媒人合婚，称“开草匹”。男家再送订礼，女家收下即订婚，称“烧香”。此后择定结婚日期，备“三色礼”送女家通知婚期，称“定期”。结婚前日，女孩在家“哭嫁”“辞嫁”。正婚日，男家庭院上空用青枝绿叶搭棚，棚下扎月洞门。新娘离家先拜辞祖先，烧去庚帖和纸钱，表明从此便是男家的人了。再由哥哥抱上花轿，送到夫家即拜其祖先，躲入洞房。待摆好花和茶，又出来拜堂认亲。拜完后让一男孩在毡上滚，包裹后抬入新人床上，称“滚毡礼”，认为能早生贵子。第三日婚宴结束，送亲客在棚内吹笛舞蹈，用柏枝打月洞门后，拆去青棚，各自回家，婚礼结束。20 世纪 80 年代中期后，白族的婚姻多为自由恋爱和媒人说合相结合。青年男女相恋后，经父母同意即可择期办婚礼，婚礼与当地汉族差异不大。

一夫一妻制的小家庭，是白族地区的一种普遍的家庭组织形式。在白族家庭中，比较讲究名分、辈分。不仅长辈有严格的次序，就是平辈也是“长支为大”。对客人，无论是否认识都热情招待。凡贵客光临，必以“三道茶”款待。为客斟茶不能斟满，白族民间有“酒满敬人，茶满欺人”之说。

白族在历史上盛行火葬，明代以来受汉族影响才改为棺木土葬。自从云南迁入以来仍行土葬。人死入棺，除死者穿戴垫盖之外，不装陪葬品。但要缝一小袋，称为“行包”，内装祭文和纸钱灰放于死者手内，方能合棺。然后请“先生”看万年历和当年历书，择吉时入葬，埋入土坑。坟墓的形式一般的为“一层轿”或“两道花门”；显赫者为“三碑四柱”“城门洞”式的大坟。

三、宗教信仰

白族是多神信仰。本主是白族多神信仰中的主神，被认为是一方或一村的护佑神。白族居住的每个乡村，都供有主神，有的还有本主庙，庙里供着用香木雕刻的本主像，定期举行会祭。本主神中，有的是自然崇拜之神，如驱散云雾神、龙母神；有的是与生产生活有关的诸神，如牛王神、树神、灶神；还有历史上被神化了的统治阶级代表人物。白族人民对本主的崇奉高于一切，他们不但在本主诞辰时进行祭祀；平日遇到小灾小难，都要到供奉着本主的地方磕头敬香，求本主显灵保佑。有的还定期举行迎神庙会，迎本主回家过节，届时群众要用彩轿抬着本主像，打着大红伞，敲锣打鼓，摆设香案举行恭迎等祀神活动。

四、年节

白族长期与汉族杂居，因而春节成为白族的主要节日之一。白族称春节为大年。年三十前打扫灰尘，掐七节稻草送灶，祈灶神上天奏告已清除积年的灰尘垃圾。年三十晚上用素茶、豆花接灶。吃年饭时，不用桌子，而是在堂屋内，用松叶铺地，吃团年饭。饭后，即用钱纸把磨、碓子封了，正月十五前不启用。正月初一上坟敬祖先。20世纪80年代以来，盐边县城乡文化部门在春节前后常组织喜闻乐见的游园会、耍龙灯、文艺比赛、猜灯谜、写春联等活动，白族群众积极参加。随着电视的普及和通信技术的不断发展，白族群众在节日期间通过电话、短信等方式拜年，除夕晚上还要观看中央电视台的春节联欢晚会。

每年农历六月二十四日，是白族人民传统而盛大的火把节，也是白族人民秋收前夕预祝丰收的节日。节日期间，每家每户都要劈松柴扎火把，由男青年或小孩擎着，绕田间或寨子周围转，腰上挂个点子篼，内装松香粉末，谓之烧虫除秽，以求庄稼丰收。白族从云南迁入之后，经历了长期生活的变迁，对于火把节由来有新的解释，说打火把是为了照孽龙。

五、文艺

白族在长期的生产生活实践中创造出丰富多彩的民族文化。白族的民歌、民间故事是中国民间文艺宝库中的重要组成部分。白族民歌的曲调，有的高亢嘹亮，有的委婉流畅，有的优美动人，或以三弦伴奏，或以唢呐配奏过门，唱腔别具一格。民歌内容反映了白族人民的历史、社会、劳动、婚姻爱情及日常生活。四川白族地区流行的民间歌曲，按体裁大致可分为山歌、情歌、风俗歌、时政歌、儿歌等。攀枝花市文化部门曾对民间流传的白族民歌和民间故事进行了收集和整理，在攀枝花市编的《民间歌谣卷》《民间故事卷》和盐边县编的《民间文学集成》中，都收集了白族的“石头开花马生角”“大田栽秧行对行”“年年有个三月三”“赶马歌与赶马人”“唱起山歌赶街去”“劝哥莫吃鸦片烟”等民歌和民间故事。

白族在长期的生产生活中积累了天文、气象等方面的丰富经验。体现在谚语中，如“雷声大，雨点小”“早虹雨，晚虹晴”“芒种不种，种来无用”等。

第十三章　壮　族

第一节　概　况

壮族属汉藏语系壮侗语族壮傣语支民族，不同地区称谓有别，计有“布壮”“布爽”“布侬”“布土”“根土”“布样”“布斑”“布越”“布那”“侬安”“布偏”“土佬”“高栏”“布曼”“布岱”“布敏”“布陇”“布东”“布偏”“布僚”等，其中“布”系“人”之意。壮族之“壮”，古代汉文典籍中记作“撞”或“僮”。中华人民共和国成立后，经过民族识别，桂、闽、粤、滇等省（区）将以上不同称谓的人们共同体统称为“僮族”。1965 年，经国务院总理周恩来提议并经国务院批准，将“僮族”改称为“壮族”。一般认为，壮族源于中国古代南方的百越系统民族，其先民与历史上不同时期出现于史籍记载中的“西瓯”“骆越”“俚（僚）”“乌浒”“俍”等人群有着密切的渊源关系。传统上，壮族主要聚居于广西壮族自治区、云南省文山壮族苗族自治州，另有少量散居在四川、贵州、湖南、广东等省份。

据调查，分布在四川省境内的壮族有“贵教”“壮族”“僮觉”（或写作“僮教”）、“老壮”等不同称谓。其中，“贵教”为其自称，主要通行于壮族中老年群体中，具体含义不清；“壮族”是所有四川壮族皆普遍接受的称谓；“僮觉”“老壮”是凉山州木里县境内其他民族对周邻壮族的他称。《木里文史·民族史料专辑》载，木里壮族还有自称“布壮”“布那”“布依”“布雅依”的。

据 2000 年第五次全国人口普查统计，壮族总人口计有 16178811 人，在中国大陆各省、直辖市、自治区均有分布。四川省共有壮族 6905 人，其中男 3671 人、女 3234 人，比例约为 1.135:1。与 1990 年相比，10 年间四川壮族人口净增 3088 人。壮族的人口与分布具体如下：成都市 2283 人，其中男 1399 人、女 884 人；自贡市 121 人，其中男 44 人、女 77 人；攀枝花市 700 人，其中男 348 人、女 352 人；泸州市 133 人，其中男 49 人、女 84 人；德阳市 240 人，其中男 139 人、女 101 人；绵阳市 221 人，其中男 120 人、女 101 人；广元市 216 人，其中男 173 人、女 43 人；遂宁市 157 人，其中男 56 人、女 101 人；内江市 236 人，男 112 人、女 124 人；乐山市 147 人，男 74 人、女 73 人；南充市 277 人，男 140 人、女 137 人；眉山市 114 人，其中男 53 人、女 61 人；宜宾市 145 人，其中男 64 人、女 81 人；广安市 105 人，其中男 21 人、女 84 人；达州市 134 人，其中男 38 人、女 96 人；雅安市 76 人，其中男 36 人、女 40 人；巴中市 123 人，其中男 49 人、女 74 人；资阳市 186 人，其中男 71 人、女 115 人；阿坝州 95 人，其中男 52 人、女 43 人；甘孜州 62 人，其中男 37 人、女 25 人；凉山州 1134 人，其中男 596 人、女 538 人；西昌市 185 人，其中男 109 人、女 76 人；木里县 403 人，其中男 215 人、女 188 人；盐源县 107 人，其中男 54 人、女 53 人；会东县 121 人，其中男

64人、女57人；普格县132人，其中男68人、女64人。从行政区划角度看，居于城市的壮族有3547人（男2219人、女1328人）、居于乡镇的壮族有223人（男112人、女111人）、居于乡村的壮族有2677人（男1103人、女1574人）。

四川壮族主要由三部分组成：一是因清嘉庆年间（1796—1820年）南笼起义失败后，受其影响由贵州经云南辗转迁徙到四川的攀枝花、木里、会东等地居住；一是清同治二年（1863年），太平天国翼王石达开兵败大渡河紫打地（今石棉县安顺场）后，幸存下来的壮族官兵遂流散隐匿于民间；一是改革开放特别是西部大开发战略实施以来，其他省份的壮族因就业、教育、婚姻等因素进入四川各地，并成为本地居民。四川省壮族的人口与分布有三个重要特征：

第一，壮族是四川省14个世居少数民族之一，改革开放前主要分布在攀枝花市与凉山州的木里、会东等地。但据第五次全国人口普查，四川境内几乎所有州、市（县）都有壮族分布，显示随着经济社会发展，壮族人口流动呈速度加快趋势，壮族与其他民族之间的族际交流与经济、文化互动日益频繁密切，其与汉、藏、彝及其他民族交错而居的现象愈加普遍。

第二，分布在攀枝花市、凉山州以外的壮族，既有因受教育、就业、婚姻等因素影响，从木里、会东等壮族传统居住区迁出的，也有近年从其他省份陆续迁入到四川各地的。

第三，在木里、会东等壮族传统居住区域，男女性别比例大致相当。在自贡、泸州、遂宁、广安、达州、巴中、资阳等市，壮族女性人口数量要高于男性，造成该现象的原因是外来壮族女性青年与当地男性的通婚，在导致壮族人口分布扩大的同时造成了性别比例变化，表明婚姻是当前影响省内壮族人口分布与变化的重要因素之一。此外，城镇壮族男性的比例明显要高于女性，约1.67∶1；在乡村，壮族女性的比例要高于男性，约为1.43∶1，这与教育、就业等因素密切相关。

在木里县的乔瓦镇、桃巴乡、博科乡、固增乡、克尔乡，以及会东县的柏岩乡、新马乡、红岩乡的个别村民小组，壮族以小聚居的方式分布。其中，木里县博科乡的壮族主要分布在八科村、君依村，君依村的壮族主要分布在西林组。木里壮族姓氏主要有赵、吴、杨、何、罗、玉、顾、王等，其中君依村有吴姓7人、赵姓8人、杨姓31人、罗姓19人、王姓17人。据说族内有汉教和正仲教之分，说明历史上可能有部分汉族融入壮族中，也可能有不少壮族融于汉族。本志主要依据对小聚居区域壮族的调查、访谈编修而成。

1985—2005年部分年度木里壮族人口变化表

表2-20

指标＼年份	1985	1990	1992	1995	1996	1997	1998	1999	2000	2001	2002	2005
人数	422	407	428	447	469	465	236	402	433①	434	442	424

说明：资料来源于木里县统计局编《木里五十年》，第44—45页。①

① 据2000年第五次全国人口普查统计，木里壮族人口为403人，与此数据存在出入。

第二节　经济发展

壮族多居住于海拔较高、气候偏寒的中高山地区，每年的五六月至九月为雨季，其他月份均较干旱。传统经济产业以农业为主、家庭饲养业为辅，兼种植经济林木，俗语称：“生意买卖眼前花，锄头落地是庄稼”，可见对农业的重视。当地农作物品种主要有玉米、土豆、小麦、大麦、烟叶、白瓜子、油菜、豆类、荞麦、燕麦、青稞、圆根等，少数地方种植水稻。大多数农作物为一年一熟，少量分布在二半山和矮山的农作物能达到一年两熟。肥沃的土地可套种黄豆、苋米等作物。畜牧业以饲养猪、山羊、黄羊为主，绵羊、骡、马、牦牛次之。

中华人民共和国成立前，木里壮族生活在“政教合一”制度下，直至1956年民主改革前还隶属于八司头人、大喇嘛管辖，没有政治地位。他们一般租种土司土地耕种，向大喇嘛、头人交租纳税，过着衣不蔽体、食不果腹的生活。租税通常分三种情况：一是大喇嘛佃客，称“正门户”或“大老伙计”，在大喇嘛、八司头人处承租土地，租税可按规定量上交粮食，也可用猪、牛、羊、鸡等充抵；二是佣户，他们从“正门户”手中租种土地，谷物收获后，既要向大喇嘛、八司头人交租，又要向佃主送“新”，等于交双份租；三是长工，大多为交不起租、无力偿债者。当时的生产力十分低下，还处于刀耕火种的低级阶段。改造土地使用的是火烧山坡后，用水使石头炸裂的方式；使用自己铸造的铁铧犁、鸡公犁耕地，用木制耙子耙田。在这种耕种方式下，作物产量极低，上交租税后一般所剩无几，刚收获不久就又要向土司、头人借粮借贷，永无翻身之日。

1956年民主改革后，木里壮族生产力有了极大提高，使用炸药、十字锹、锤、钢钎等工具改造山林坡地，大大提高了劳动效率。中共十一届三中全会以来，壮族分布地区也实行了家庭联产承包责任制，调动了壮族人民的生产积极性，生活水平逐年提高。在壮族农村，广大农民通过地膜等新技术的采用、农药化肥的普遍使用以及农作物品种的更新等，显著提高了单位面积的作物产量。其中，玉米单产由中华人民共和国成立前后的25公斤/亩提高到200—300公斤/亩，土豆由原来300公斤/亩提高到2005年的1000—1500公斤/亩，小麦、荞子、青稞、四季豆等作物的亩产量均不同程度增加。

经济林木是木里壮族的主要收入来源之一，退耕还林后经济林木主要有花椒、核桃、苹果、桃、梨、红梅（俗称“酸梅子”）等。桃坝西宁村民组罗友福家共有5口人，1994年有核桃15株收入900多元，花椒50棵收入约100无，蔬菜收入150元左右，松茸收入200余元，伐木收入700余元，总收入在2000元左右。君依西林村民组吴云华家共7口人，有地14亩；自2000年国家实行退耕还林政策以来，共退耕还林2.5亩，每亩地补贴240元；每年能收土豆约6000公斤、玉米3000公斤左右，加上经济林木等收入，农林总收入约15000元左右。

木里壮族平日非常勤劳。男的多会木工，有的还能打制铁器、铸铧口，会用羊毛擀毯、披毡，会用小麦、青稞等作物酿制白酒、黄酒。妇女都会织麻布，擅长绣花，还会用竹子编制各种篼器。

外出务工日渐成为壮族家庭收入的重要来源。许多壮族中青年或在农闲时外出从业于建筑、餐饮、采矿等行业，打工收入已占到家庭现金收入的一半以上；或自己募集资金从事运输或者商品零售业，一些家庭也因此完全放弃了传统产业。

第三节 文化变迁

一、居住

木里壮族居住房屋传统上以夯土建筑为主。由于多居于海拔较高的半山坡，每年受雨涝影响常致屋基下沉，垮塌现象严重，因此近年多改建为木楞房式建筑。住房多为平房，也有两层楼房，由正房、厢房组成。正房或为1间，或为3间，厢房分列东西两边。踏入正门即走进堂屋，壮语称“败茹”；堂屋中间有火塘一处，壮语称“巴道”；火塘正中上方有一条自梁下悬的铁链，为挂炊壶烧水之用。受汉族影响，堂屋上方设有神龛，上供“天地君亲师”神位，并摆有香炉，通常家中有几对夫妇就摆几个香炉。

正房是家人吃饭、议事与待客之所，家中老人在火塘旁就寝。东厢房供子女儿媳住宿；西厢房是厨房，但多在正房火塘上做饭。正房对面为牲畜圈舍，左为储藏室。室顶搭木杆、上铺柴块并覆土夯实，或裸露以晒粮食，或搭杉板作储藏玉米（当地人又称“苞谷”）等粮食作物之用，房板支架用来挂晒辣椒、干果、玉米等。

壮族建房，需请该民族中精通占卜、星象之术的“先生”选择吉日，需避开家人的本命日。选址最好背山而居（意为“有靠山”）；正房门的朝向要错开山梁，正对山凹，以免挡住财路。正房左侧有山势相拥最好。房子修好后．需请先生择日生火，亦需避开所有家人的本命日，不能相冲相克。历史上，由于紧张的民族关系与繁重的盘剥差税，壮族经常迁徙，故所建房屋小而简陋。至2005年，壮族殷实之家多盖有楼房，家中彩电、洗衣机、太阳能、电饭锅、电话等现代化设备一应俱全；少数较贫困的壮族，木里县委、县政府也将其统一纳入危房改造计划，大多住进了宽敞明亮的新房。

二、服饰

传统上，未婚女子留长发、长辫，拖于脑后，包土布制成的青帕子，长约4米；着右身开襟短褂；肩部有花边衬托；背用有色布镶以贴花图案；腰束绣花围腰（“绵棒”），其飘带甚长，带头绣鸳鸯，俗称“青布围腰飘带长，飘带头上绣鸳鸯”；下着褶裙（“葛薰”）。富裕人家，妇女戴耳环（“戈杠”）、戒指（“普翁”）和手锦（“戈罐”），脚穿绣花布鞋或缠白色裹脚布。已婚妇女，留长发、束长辫，将长辫梳成发髻盘于脑后方，缠青色土布帕子，穿青布褶裙、巴襟衣服。

男子50岁以前，头前留一根长独辫（“苏考”，又称清辫），用长约4米的青色土布帕子缠绕；身着右开襟衣服；下着粗麻布制成的大裤裆、宽裤脚长裤（“期发”）；小腿缠麻布裹带；脚穿自编麻布草鞋（“戈哈”）。50岁以后，可包蓝布帕子，着长衫，尚青、蓝两色士布。凡男子皆腰佩铁制宽刃吊刀、烟荷包，内装草烟、火镰、火草、火石等烟具。

父母双亡后，男子要剪其发辫，女子要披发散辫。

受周邻汉族的影响，木里壮族服饰自20世纪50—60年代即发生较大变化，传统服饰一般只有老人或逢节庆、婚礼、集会等场合穿戴。日常生活中，学生多着校服，壮族男女着装亦均与当地汉族无异。

三、饮食

以玉米、土豆（当地人又称“洋芋”）、荞子、小麦以及四季豆、青稞等为主食，肉食主要有牛、羊、猪、鸡等，喜食辣椒、干酸菜、白菜以及腊肉煮四季豆。多一日两餐，蒸焖玉米饭、玉米粑或烧煮土豆。传统上，男女分桌进餐，或一人一饭一菜各自席地而食。

喜喝清茶，但子女未上 20 岁不得饮。受藏族影响，木里壮族亦多喝酥油茶，或用酥油茶、糌粑招待来客。壮族开始普遍饮用酥油茶的时间，约始于土地“包产到户”之后，即 20 世纪 80 年代。好饮酒，吸自制的“兰花烟”，但禁止未成年男子吸烟。

四、传统礼仪

（一）出生

木里壮族可生三胎，若生两胎后决定不再生育，县政府会一次性奖励 3000 元。分娩时，按出生时间定地方。若在夜间生，可在寝室内待产，母子（女）10 天内不能前往正屋；若白天生，则必须去屋外找地方生，分娩后将婴儿用破衣裹好抱回寝室，亦 10 天内不得进正屋。婴儿出生 3 天后取名，需杀鸡敬菩萨，由婴儿父亲或爷爷按传统字辈命名。字辈是由家谱上沿袭而来，最少的有 6 字，多的有 30 字，多数是 12 字。取名时，姓随父祖，中间一字即按字辈来排行，最后一字由父亲或爷爷取定。第一个小孩满月后，要办满月酒招待亲朋好友与左右邻居，需宰杀肥猪 1 头。

（二）成年

无论男女，凡到 13 岁时即要为其举行成年礼仪。届时家中亲友长辈毕聚，送礼钱庆贺。仪式于正月初一间举行，在堂屋火塘下方，用口袋装一袋粮食（多为玉米），男着长裤站中间，由最年长的老辈子为其送上一些祝福的话，意为“你今天就成年了，以后你是最富裕的，吃也吃不完，穿也穿不完”。女孩子在这一天改穿裙子。

（三）婚嫁习俗

壮族实行一夫一妻制，过去有订娃娃亲或实行姑舅表婚，同姓之间严禁通婚。入赘婚不受社会歧视，基本无离异现象，若妻无生育可以续娶；通常男女满 15 岁后，即由父母包办嫁娶。

“拿话”　男女相好意中人后，通常请该族中能说会道的长辈做媒人，称“走媒”，先由男方前往女方家提亲。若女方父母回话说“姑娘还小”，则表示婚事可谈；若说“姑娘拿给你家做点事”，则表示同意婚事。之后，女方亦请媒人，称“坐媒”，于二、四、八月（壮族传统上的提亲时间）与“走媒”为双方婚事奔走联络。“拿话”时，“走媒”携一口袋，内盛烟、酒、茶、肉、布等礼品，到女方家后将此带挂于神龛。若女方家不移动，表示婚事已定；或女方家将口袋移至门口挂上，表示婚事无成。

定亲　请该族中的“先生”合男女双方的八字。合可定亲，不合则被视为“克夫”“克妻”或“克老人”，故不宜定亲。定亲需给女方家带猪肉半边、茶数块、酒 15 公斤以上、布至少两匹，给钱视男方家庭经济情况及女方要求而定。之后，需向“走媒”“坐媒”各送土布 8 件或酬谢羊 1 只，有的酬谢牛 1 头。

嫁娶　当男女八字相合后，由男方带上礼品（为女方家庭成员每人各准备一罐酒）去女方家商量择定迎娶日期，具体时间一般亦由该族“先生”推算。之后，男方于婚期前带上“水礼”或“干礼”去女方家，以备婚礼之用，“水礼”是8件土布，“干礼”是一对羊或一对牛。

到了娶嫁时间，男方由媒人带领老、中、青、少各两人（必须是双数）牵马前往女方接亲。女方家设两道“障碍”，每次通过时都要给一些钱方可通行。新娘妆扮停当后，由女方家配同样数量的人送亲，但必须有送亲娘1人（为已婚且生有子女者）、送亲姑娘1人（未婚）。出门时，男方要给女方父母“离娘布”，包括为女方父母准备的衣裳各1件，口袋两个（内装玉米和酒），交女方父母收，意为人虽娶走但未将口带走。从闺房至大门口用土布（忌白色）一件铺地，由送亲娘牵新娘走过，喻“桥常过，水常流”两家关系和好不断之意。送亲途中，鸣放鞭炮、吹唢呐以示欢庆。进门前，由先生杀鸡一只，执其于房内及新娘所骑马上转圈扫除“煞气”，之后新娘才能进门。新娘入门后，按逆时针方向绕男方火塘转1圈或3圈，意为新娘能煮饭烧茶，然后与新郎同拜神龛上的神灵和祖先，再向公公婆婆磕头。之后，在唢呐声中进入洞房。

婚礼当天，宴请全体亲友，8人1桌，每桌8碗至12碗菜不等。送亲者当天坐“大方”，即堂屋左方。待亲友来客按规矩坐定后，新娘要给客人敬酒3次。次日清晨，新娘给长辈端洗脸水，长辈须给新娘钱、针线等物。是日，男方家要宰猪谢媒，猪宰杀时必须有叫声，否则说所杀是死猪，需重新再杀。婚礼期间，男女青年对歌跳舞欢乐，至第三日方陆续离开，新郎陪新娘一道随女方亲友回娘家，之后3天新郎家每天都要专门找人来接新娘一次，新郎需返回自己家中居住。此后，新娘暂居家中，之后每逢端午、中秋、春节等重大节日，都由男方家派人接回，女方家派姐妹陪同，如此反复3年左右。新娘最终定居夫家的时间，多在结婚定年月时即已说好，届时由女方母亲和叔爷长辈将其送回，当天男方家需再次宰猪酬谢。

中华人民共和国成立前，木里壮族奉行同姓不婚的原则，故多族内之间异姓通婚，通婚范围涉及该县境内以及云南永宁等地，且与永宁壮族有着世代姻亲关系。中华人民共和国成立后，始逐渐与周邻的藏、汉、蒙古（摩梭人）、傈僳等族通婚，但数量较少。自20世纪80年代以来，与其他民族通婚数量才逐渐多了起来。至2005年，青年男女均可自由选择婚嫁对象，民族不限，一些传统的婚姻礼俗也逐渐废弃，并与汉族婚俗趋同，族际通婚促进了壮旗与周边其他民族的交往和民族关系的改善。

（四）丧葬

木里壮族多行土葬。老人断气前要请外人为其剃发；断气后，要在其房顶开一“天门”供亡灵出入，并立即为其洗尸，并由孝子剃头。儿女需回家扶住老人待其慢慢落气，可将金、银、米三颗放入老人口中，之后取出，以示生者与逝者共享财富。孝男、孝女均要披麻戴孝，由孝子报丧，无论遇见男女老幼皆要跪下叩头。死者落气洗尸后，穿好老衣横放于堂屋中央的木板上，上覆以被。一些地方，尸体的停放方式由其“根骨”决定，或称“喇方”（与横梁呈十字形，或斜对四角）、或称“喇淌”（与横梁一致），同族人一看停放方式即知其根源。

人死后要请阴阳先生（以下简称“先生”），由亲人清棺后方可入棺。装棺时，先由孝女每人出一件麻布垫于棺底，死者置其上，再由孝媳每人出一件麻布覆于死者身上。装棺毕，由“先生”根据死者生死庚辰及其家人生辰推算出丧日期，多在3日内安葬。棺木置于两根条凳上，由孝婿在棺头、中、尾处各点一盏清油灯，并不断续油保证其常亮不熄。早中晚要给亡灵祭饭，“先生”为其诵经不断，凡葬礼中所杀牲畜“先生”亦要为其念经，死者亲生儿女7天内需戒油荤。

“先生”同时还要为死者做一魂幡，上书死者生辰八字、出生死亡时间以及家庭居址，将其挂于院内插栽的松树上，并做道场为逝者亡灵超度、指路，祭天、地、祖先以及灶神等，卜择坟山地点等。

安葬前夜，用苋米煮一锅斋饭，夜深时每人分食一碗，剩余米饭被用于相互对打，意为死者到阴间后可以用此米饭打狗，防止被咬。

送葬时要带一只公鸡，意为引路，并打一火把伴其前行，一路上由“先生”念经“送魂”。至坟山后，将棺木置于挖好的坑内，先由孝男孝女用衣襟装土撒于棺木上，而后其他人才帮忙往坑内填土。当天垒坟、插幡、烧钱纸，并由“先生”将所有来坟山者的魂魄喊回。之后，孝男连续3天在夜幕降临前拄麻杆、穿草鞋为亡灵送饭。第一天将饭送至坟前；第二天至半途；第三天至家门不远处，送后将麻杆折断，把草鞋扔掉，说：“拄路棍已经拄断了，草鞋也穿烂了，不能再为你送饭了，你饿了要用饭，自己到家里来取。”3天后，丧家需带猪头祭奠，并在坟背上压纸钱，意在给死者盖了新房。

据说，壮族亡灵要在第十三天“回煞”，有的是第三天或者第七天。由阴阳先生用木做一梯，离世老人的年龄除以十就是梯阶数，每一阶上挂一羊肋骨、点上豆花，放一泥制香炉，梯顶需对人死时所开天窗，亡灵即经天窗下梯进屋。将灶灰用竹筛筛满整间屋子，不许猫、狗等家畜以及人出入。如老人是在当日早晨9点离世，这一切就要在第十三天上午9点以前准备好。凭屋内灶灰上留下的迹象，来判断死者投胎转世对象。在过去，家庭富裕之家还要为死者举行“开路”，杀黄牛1头（不能用水牛），请“先生”4名或6名为其诵经。每逢清明、七月十二（当地又称其日“七月半”）、冬至、除夕都去逝者墓前祭扫。自1985年以来，其丧葬礼俗渐与汉族趋同，但“回煞”的传统一直按旧例举行。

五、节日

木里壮族的节日主要有春节、元宵节、清明节、端午节、火把节、中秋节，这些与汉族及彝族大体无异。

除夕夜，在清扫堂屋、庭院后，在火塘上方神龛上要烧香、供鸡、斟酒敬灶神、山神与家神。祭奠时，男女长幼排序给祖先神位磕头。将过节所需木柴、松明备好，准备三天所需肉食，并将农具、刀具、绳子等放在一处，在房门门楣上贴钱印，或在每件农具上贴钱印，以示封印。据传贴了封印的农具不可动用，只有待春节过后，择辛庚日烧香敬神后方可开封启用，否则出门会遇不吉物，或可致灾事发生。之后，在狗面前放一碟事先准备好的肉、饭，若狗先吃饭则喻示当年粮食欠收，先吃肉则表示肉食困难。最后，全家人齐聚一堂吃年饭。节日期间不吵嘴、打架，不准说脏话。

春节初一、初二互不串门，初三后亲友之间相互拜年。一些地方的壮族还有初三妇女休息、男人做家务的风习。

“三月三”，壮语又称“土蚕会”，一说在六月初。到了这一天，要杀鸡煮肉敬土地里的虫子，意在祈求其不要吃地里的庄稼。

端午节这天木里壮族习惯用捣碎的黄石头或雄黄泡酒，用来敬菩萨或者擦洗身体各处，意在去灾免病。民间医生，也多在这天上山采草药，认为以这天所采的草药效力为最佳。

受周边民族影响，木里壮族有七月半“烧包”的习俗，时间为农历七月十二至七月十五。与汉族“烧包”既烧散钱又烧福包不同的是，木里壮族只烧散钱。

中秋节除全家团聚吃月饼外，个别地方还有一些特别的风俗。博科乡八科村的壮族，要邀请该村的汉、傈僳、蒙古、苗等族，一起到平坝宰杀肥羊敬玉皇大帝，大家每年轮流操办。

六、语言

壮语属汉藏语系壮侗语族壮傣语支。壮族内部用壮语交流，对外主要以汉语为日常交际用语，也有少数人能熟练使用藏语、彝语进行族际交流。

壮语称天曰“咯呗”，地曰“亘拉”，星曰“礼道”，月曰“穰泐”，云曰“酿幅”，山曰“咔卜”，水曰“啊哈”，树曰“谷昧”，风曰“壬”，闪电曰“亚泞啪”，房子曰“阿苒”，石曰“迪星”。

父亲曰“阿爸”，母亲曰“阿涅”，爷爷曰“阿普”，奶奶曰“阿亚”，男曰“茫”，女曰“嫂涅”，丈夫曰“罗普萨”，妻子曰“阿惹”。

鼻子曰“给呐”，眼睛曰“木嗒”，眉毛曰“秋达”，嘴唇曰“巴拜”，牙齿曰“丢修”，额头曰“各霖”，头发曰“屏克”，身体曰“朗卓”，胳膊曰“胳巴”，腿曰“咯普”。

牛曰“得芝”，猪曰“得牧”，鸡曰“得给因”，羊曰“得比”。

苦荞曰“阿嘎”，核桃曰“萨米”，花椒曰“椒燃”。

壮族热情好客，有客至，无论相识与否，均起身招呼“布希先根巴，翁西”，意为“稀客”；客人离开时，边送别边说：“迪迪摆”“俄来俄道麻”，意为“慢慢走”“下次再来”。

壮话中也有很多汉语借词，如摩托车就是“摩托车”。

七、民间信仰

木里壮族的信仰有自然崇拜、祖先崇拜，并信奉道教神仙人物。

在家中，敬奉家神、财神、灶神、土地神以及山神，认为“山管人丁水管财”，要敬“布亚”（壮语“菩萨”或“神”），每逢春节、端阳都要祭拜。“布亚”有梅山菩萨、玉皇大帝等。因此，各家都要都选一山头或水流作其保护神，每逢初一、十五都会前往祭拜，祈求平安与收成，念辞有：“山神、水神，我们宰猪杀羊献给你们，请保佑我们的人无病无痛，六畜兴旺，庄稼收成好。”

对于过世的祖先，都当做家神祭拜。一般认为，人死后灵魂在阴间继续生活，有时会返回阳间家中探视。在家中的神龛上，要点油灯、敬香，供酒、饭等，祈求祖先家神保佑子孙平安。

此外，木里壮族还有“拈鸡卜”预测祸福吉凶、财喜的民间宗教习俗。

八、禁忌

春节期间忌动刀、犁、锄等；种地要选吉日，多为逢辛、庚之日，俗例丁、丙、戌日不能下种。妇女分娩时，忌客人来访，认为会给母婴带来邪气。忌有客人在家哭闹，认为会带来霉运。忌在家中敲打锅、碗、瓢、盆，认为会断财路。忌摸别人的头，认为这是欺负人。忌女子叉脚面对老人、叔伯而坐。果树第一年开花所结之果，未婚女孩禁吃，否则日后怀孕会乳房胀痛。忌食狗、马、驴、水牛、蛇肉，误食会致死或死后不能投胎转世，吃狗肉会亵渎神灵。

九、教育

中华人民共和国成立前，木里壮族社会地位低下，受土司、头人及大喇嘛管辖，文化程度十分低下，多数一字不识。中华人民共和国成立后，政府在壮族聚居区办起了学校，儿童入学率显著提高。据1990年统计，木里壮族中有小学以上文化程度的达69名，占总人口的19.7%。至2005年，木里壮族地区普遍享受到“两免一补”、寄宿制教育等政策优惠，学生最高每月可享受50元补贴，在中考、高考中享受木里县其他少数民族一样的加分政策。随着受教育程度的提高，在文教、卫生、林业、交警、粮食、商贸等众多部门都有了壮族青年的身影，有的还从事商贸业以及个体经济。

十、民族关系

壮族性格纯朴善良，为人坦诚，与周边其他民族团结友爱，能做到患难与共、守望相助。每逢邻居建房、收割或婚丧嫁娶事宜，都会带上礼钱主动前去帮忙；若邻居有生活困难，会主动接济，为其无偿付出劳力或给予物资救助。平时视帮忙为分内之事，不会收取工钱。自1986年以来，随着经济发展、族际通婚、外出务工的增多，壮族与其他民族之间的关系越来越和谐，形成了“你中有我、我中有你”的发展格局。

第十四章　傣　族

第一节　概　况

傣族为四川省世居少数民族之一。据2000年全国第五次人口普查统计，四川境内有傣族6642人，主要集中分布在攀枝花市和凉山州。攀枝花市有傣族2838人，主要分布在仁和区的太平乡、永富乡，盐边县的惠民乡、新坪乡、国胜乡，米易县的红格、安宁、撒莲等乡镇。凉山州有傣族2881人，主要集中在会理的新安傣族乡、普隆乡、通安镇、江普乡等地。其中新安、普隆为主要聚居区。凉山州会理县新安傣族乡是全省唯一的傣族乡，地处会理县最南端城河下游，与云南省武定县隔江相望，距县城113公里，属于干热河谷地区。全乡地形呈峡谷状，幅员面积86平方公里，辖5个村，31个村民小组，全乡总人口4385人，其中少数民族人口3061人，傣族人口866人，主要分布在江安、回龙等村。

成都、遂宁、内江、乐山、绵阳等地都有傣族分布。傣族与汉族和其他少数民族交错居住，分布特点是大杂居、小聚居。

四川境内的傣族来自云南。据明《萨连安氏宗祠碑文》和清《土司纪要》记载："洪武年间，建昌月鲁帖木儿叛，云南景东土官刀佩、安伏成等随明军前往征讨。事平之后，'改兵为民，婚娶耕种'"。在米易撒莲、盐边马喇等地设置土千户、土百户。今居住在会理新安、普隆、江普、渡口等地的傣族，多数是近二三百年间从云南景东等地逃荒而来，远者十二三代，近者只有四五代。

傣族80%居住在农村，从事农业生产。20%居住在城镇，主要从事工业、商业、教育、文化等行业。傣族居住地区资源十分丰富，攀枝花、会理一带有丰富的矿产资源，而且储量大、品位高。主要有铁、铜、铅、煤、花岗石、水晶、金等，黑色金属矿产、有色金属矿产、贵重金属矿产等。其中，煤矿资源特别丰富，主要分布在傣族人集中的仁和区和盐边县红泥乡等地，已探明储量61709万吨，远景储量更加可观。水能资源也很丰富，傣族临水而居，享金沙江和雅袭江两江丰富水源之利。此外，还有广阔的森林资源，珍奇的野生植物资源和野生动物资源，以及丰富的旅游资源。

第二节　经济状况

中华人民共和国成立之前，傣族的经济为自给自足的自然经济，生产以农业为主，主要农作物有水稻、玉米、小麦，经济作物有元麻、豌豆、胡豆、黄豆、南瓜、白菜等，有的被迫种植鸦片。畜牧业为家庭副业，饲养少量的鸡、鸭、牛、羊。手工业仅有少数泥木工，能修筑土墙、房屋，搭架牛栏猪圈。生产工具有锄头、铲、犁、镰刀等农具，使用牛耕。由于统治者不重视农业生产，傣族迁入四川后一直沿用旧的生产技术和生产工具。生产水平十分低下，水稻亩产不足100公斤，其他作物产量也很低。尽管傣族群众辛勤耕作，仍然不能满足自身基本生活的需要。每年耕种的收获，除交租外，仅可保证食用两三个月，其余日子只能以野菜充饥。如遇天灾，粮食歉收，生活更加凄惨。中华人民共和国成立后，傣族群众的生活发生了根本的变化。20世纪80年代后，随着傣族地区经济社会的发展，人们的生活水平得到较大提高。2005年会理县新安傣族乡的5个行政村，4个村通公路，2个村通自来水，5个村通电、通邮，2个村通电话。农渔业总产值4087万元，财政收入35万元，农民人均收入3800元。

为了加快发展，国家加大了对傣族地区的扶持力度。省州县三级财政先后投入新安傣族乡扶持资金107万元。其中在回龙村实施新村扶贫工程投入省财政扶贫资金50万元，实施沼气建设投入省级财政扶贫资金10万元，实施人畜饮水工程投入县级财政扶贫资金30万元。在龙茂村实施人畜饮水工程投入州级财政扶贫资金10万元，实施沼气池建设投入县级财政扶贫资金7万元。

凉山州和会理县还制定了优惠政策帮助傣族地区的发展。从1992年以来，会理县政府安排县级财政2%扶贫资金帮助全县（含新安傣族乡）16个少数民族乡经济社会事业的发展。以当地的贫困村、贫困人口为扶贫对象，每年安排一定资金，重点进行当地涉及交通、能源、水利、贫困户住房改造、社会事业等方面的工程建设。2005年1月11日，凉山州委、州政府制定了《关于加强散杂居少数民族工作的意见》文件，明确“要进一步贯彻执行《四川省民族乡暂行规定》，对非贫困县的民族乡及少数民族聚居的乡村，要按照贫困县的扶贫政策对待。对民族乡财政实行定额上解增收全留或定额补助等办法”，同年12月30日，州委、州政府又制定了《关于贯彻〔中共四川省委、四川省人民政府关于贯彻中共中央国务院关于进一步加强民族工作加强少数民族和民族地区经济社会发展的决定的意见〕的意见》的文件，明确“州级财政设立民族工作机动金和少数民族发展资金，随财力增长逐年增加。县（市）设立民族工作机动金和少数民族发展资金，随财力增长逐年增加”。为傣族乡的扶贫及社会经济发展奠定了基础。

一、农业

农业是傣族的主导产业。傣族地区属南亚热带金沙江干热河谷气候，年均气温20.5℃，年日照时间2700小时，空气相对湿度59%，四季变化不明显，干、雨季分明，年均降水量800—850毫米，终年无雪，霜期短，适应多种农作物生长，立体气候特征十分明显。由于冬期短，春温高，夏秋热，是省内农、牧、粮、菜、果等的重要生产基地。主要农畜产品有水稻、玉米、花生、小麦、豌豆、胡豆、黄瓜、西红柿、红薯、脐橙、桂圆、荔枝、芒果、李子、石榴、生猪、山羊等。傣族集中居住的米易县红格乡，总耕地面积889.87公顷，其中田275公顷，地614.87公顷，林地面积24940.40公顷。当地可供开发的土地资源十分丰富，有大量可供开发利用的疏灌林地、疏草地等荒山、荒地，可开垦耕地达3333.35公顷。红格乡由于海拔高差悬殊和独特的光热资源，形成“一山有四季，十里不同天”的立体气候和“天然温室”，适应多种作物生长，立体农业大有可为，综合农业开发前景广阔。植物资源多达130科、372属、548种。傣族集中居住的米易县撒莲镇也同样如此，气候、自然资源独特。从海拔1030米的河谷至2418米的二半山，日照丰富，光热充足，具有典型的亚热带立体气候特征。农产品以粮、菜、果、蔗、猪、牛、禽、鱼为主，其中无公害蔬菜在米易县乃至全国享有盛誉。拥有“南方的热量，北方的光照”的优势，是个天然的温室，使当地农业具有早、稀、高、优的特点。至21世纪初已建成优质葡萄基地、优质莲藕基地、无公害蔬菜基地各一个。甘蔗曾是撒莲镇重要的农作物，撒莲镇土糖房生产的“碗儿糖”独具特色，色黄味甜，晶莹透明，远销省内外。

傣族经济作物种类繁多，大面积栽种和经济效益较好的有甘蔗、芭蕉、烤烟、芒果、柑桔、早熟蔬菜等。2005年，会理县新安傣族乡种植烤烟2300亩，烟叶产量27万公斤，其中上等烟叶占62.3%，实现烤烟收购总金额371.97万元，加上农特税返还37.2万元，烟农实际总收入409.17万元，种烟农户户均收入8850元，人均收入3238元。为加快林果业的发展，当地政府推动以下工作：加强技术培训，努力提高果农的生产管理技术水平；成立了协会，增强种植农户的相互联系，使农户相互交流种植技术，传递信息；组建营销队伍，解决销售问题。2005年种植香蕉、大青枣、芒果等亚热带林果园1750亩，投产果园1250亩，优质示范果园500亩，水果年产量达2000吨，实现总收入400万元。种植早熟蔬菜和无公害蔬菜、反季蔬菜等1100亩，产量2200吨，产值300万元。主要品种有四季豆、西红柿、洋葱、蒜苔、青椒等。

傣族集中的新安、普隆为甘蔗主产区，是凉山州会理县重要的蔗糖基地，甘蔗产量高、质量好。此外，傣族人民还大量种植经济林木，2005年，新安乡种植林木2095亩，普隆乡1000亩，江普乡648亩。主要品种有生漆、油桐籽、油菜籽、五倍籽、棕片、松脂、核桃、板栗、花椒、松籽等。

西瓜是盐边县惠民乡的主要经济作物之一，该地土质好、温差大，西瓜品质好，皮薄、瓤甜。2003年以来，惠民乡在提升粮食、生猪、蚕桑等传统支柱产业的同时，积极调整优化农业产业布局，推进现代农业产业的发展。为保证农村经济的增效和群众增收，在扩大西瓜种植面积的基础上，提高西瓜产业的科技含量和发展后劲，引进无籽西瓜、京欣2号等西瓜新品种，引导瓜农成立了“西瓜协会”，并与市县科技部门合作，培养出了一大批西瓜“土专家”。

傣族地区的各级政府十分注重依靠发展养殖业来增加傣族农户的收入，大力推广科学养殖工作，引进优良品种，认真做好疫情疫病的防治工作，使当地养殖业的发展进入良性循环的轨道。主要养殖产品有猪、牛、羊、马、驴、鸡、鸭、兔等。2005年，会理县新安乡牛存栏3633头，其中黄牛2453头，水牛423头，出栏230头，马86匹，驴581匹，骡90匹。生猪存栏8149头，出栏7153头，羊存栏12811只，出栏11850只，鸡存栏25458只，出栏24184只。普隆乡牛存栏2798头，其中黄牛1653头，水牛436头，出栏1070头，马70匹，驴582匹，骡96匹。生猪存栏8659头，出栏8393头，羊存栏12763只，出栏8929只，鸡存栏28996只，出栏21465只。

傣族地区在保证粮食生产的前提下，大力发展经济作物，改变了农业生产结构，提高了当地农民的经济收入。2005年傣族农户人均收入达3800元，超过当地农户的平均水平。

二、工业

傣族从事工业的人员不多，一般都在当地的乡镇企业就业。傣族地区的乡镇企业随着农村经济体制改革的深入而逐渐兴起，并且依靠丰富的自然资源和攀枝花钢铁公司的优势，通过广泛的经济技术协作，不断发展壮大。20世纪80年代中期，乡镇企业深化改革，一些傣族群众开始办企业，他们在傣族地区兴办的乡镇企业，实行群众自筹资金和国家扶持相结合的原则，门类涉及煤矿、农机、运输、铁矿、制糖、酿造等。

在会理县新安、普隆一带，乡镇企业以采铁矿居多。1985 年新安乡兴办乡镇企业 46 家，从业人员 81 人，年总产值 15.17 万元。普隆乡兴办乡镇企业 31 家，从业人员 71 人，年总产值 10.81 万元。

在攀枝花市盐边县太平乡、惠民乡一带，乡镇企业以煤矿为主。太平乡是攀校花市 3 个亿元乡之一，乡镇企业本着“以工补农，以工建农，以工促农”的原则，发挥当地煤炭资源丰富的优势，利用国营大矿的边角余料于 20 世纪 80 年代中期办起了 22 家煤矿；兴建两座焦化厂，并办起了乡建筑队、耐火材料厂、砖厂等，形成了一个以焦化厂为龙头、以小煤矿为主体的乡镇企业体系。

三、旅游业

傣族居住地区的旅游业起步较晚，1985—2005 年还处于一个相对滞后的水平。旅游景区管理粗放，呈无序状态，各类旅游设施不健全；少数几家饭店、宾馆，仅能满足外来探亲或出差人员需求。从旅游活动内容看，当地旅游业尚未形成规模效益。

四川傣族地区旅游资源丰富，主要有：

龙肘山：位于会理县城西北的龙泉乡境内，山脉源于螺髻山，又名玉墟山，海拔 3585.7 米。困山势蜿蜒，主峰顶如神龙昂首，两侧峰耸立似巨龙运肘，故而得名。龙肘山山势南北纵列，宛如巨龙起伏。山间有原始森林数万亩，其中仅原始杜鹃林就有上万亩。春夏之际，花海如潮。山下白马河随山势蜿蜒曲折，水流清澈。仙人湖水光潋艳，山水相映，风光秀丽。龙肘山作为森林公园列入会理县自然保护区。

会理古城：会理县于西汉元鼎六年（公元前 111 年）置县，至 2005 年已有 2117 年历史，县城为四川省首批省级历史文化名城。有保存完好的元至明代建筑 1 处，清代建筑 7 处，其中会理县城北门为省级文物保护单位。会理古城保护面积 1.02 平方公里，古城建筑为明清风格，同时具有川滇文化特征。

会理古白塔：因塔身为白色而得名，当地又称文塔。白塔坐落在会理县城关镇东南部的南阁乡文峰山巅。古白塔始建年限无考，有关史料只记载于清道光二十一年（1841 年）重修。该塔建筑面积 68.89 平方米，共 9 级 4 面，高 31.8 米。空腔。底层北面有拱门，经此可进入塔内。拱门右侧石枨上刻有 1 副对联的上联，书有“文峰峭凌云一径登峰造极”，下联无存。第三、四级内有大理石浮雕如来佛和四大天王像。第五、六级有小圆窗。古白塔所在的白塔山，形如一艘木船，山上树木葱郁，林中还有民间自筹资金建造的庙宇群，是当地人休闲游乐的好去处。

第三节　社会事业

一、文化

傣族有多姿多彩的文化资源，如民间传说、歌谣、笑话、童话等，内容非常丰富。民间传说在傣族地区广为流传，大都具有浓郁的地方特色和民族色彩。包括人类起源的传说，反映傣族英雄人物的传说，还有生产劳动、男女相爱的传说故事等。有的传说反映了地名的由来。傣族歌谣流传最广的是山歌。山歌优美动听，内容丰富。山歌中有的颂扬青年之间的纯真爱情，有的告诫人们不要虚度光阴，山歌的形式自由而多样，除一代一代流传下来的古歌外，大都是触景生情，即兴编唱。

傣族群众能歌善舞，舞蹈是他们文化生活的重要内容。他们称舞蹈为“跳锅庄”或“打跳”。跳舞时讲究场面、礼仪和服装。一般舞蹈开始时轻松缓慢，逐渐情绪高涨，舞姿热烈快速，到高潮时豪放狂舞。舞蹈形式较多，有独脚、独脚两方、独脚三方、拐脚、拐脚两方、拐脚三方、新跳等，舞蹈时都以葫芦笙或木叶伴奏。

中华人民共和国成立后，国家对傣族地区文化事业的发展非常重视，傣族居住的乡村都建有广播站、文化室，配备有专门的文化干部。中共十一届三中全会以后，傣族集中居住的农村发生了很大变化，农民物质生活得到改善和提高，对文化精神生活产生了新的愿望和需求，为文化事业的发展创造了良好的条件。1996 年会理县新安傣族乡成立了文艺宣传队，以老年人为主，也有年青人参与，他们自己编排节目，经常在村中义务演出，还常在县上组织的文艺调演中获奖，成为当地有一定影响的文艺骨干队伍，深受当地群众欢迎。会理县普隆乡、攀枝花市仁和区太平乡、盐边县惠民乡还有乡电影放映队、录像室、图书室、台球室等，丰富了傣族群众的文化生活。

二、教育

中华人民共和国成立前，统治阶级对傣族群众实行愚民政策，傣族群众没有受教育的机会。中华人民共和国成立后，国家大力发展民族教育事业，根据傣族和其他少数民族居住分散的特点，要求办学做到“小学不出队，中学不出社（乡）”，将学校办到了傣族群众的家门口。20 世纪 80 年代以来，在傣族居住地区，村寨有小学，区乡有中学。2005 年，会理县新安傣族乡有 1 所中心校，3 所村小学，学生 448 人，教师 3 人。米易县红格乡小学共有学生 1288 名，入学率 100%，毕业率 100%；红格中学共有学生 2455 名，入学率 97.1%，辍学率 2.9%；九年义务教育完成率 90.76%。全年共有 1002 名中学生、510 名小学生享受了住校贫困生生活补助。米易县撒莲中心校有教师 116 人，学生 1600 余名，中心校下辖 7 所村小，1 所幼儿园和 3 个教学点，分别是摩挲小学、湾崃小学、丙海小学、烂坝小学、海塔小学。盐边县惠民乡有中学 1 所，中心完小 1 所，村小学 7 所，教驭工 113 人，基本消除了中小学“D 级危房”，“两基”评估验收顺利达标。

三、卫生

中华人民共和国成立后，傣族地区的卫生状况有了很大的改善。建立了各级卫生组织，培养了一批傣族医务工作者，完善了各种医疗设备，从根本上保障了傣族群众的身体健康。从 20 世纪 50 年代开始，国家就组织医疗队到傣族地区开展地区流行病、传染病的防治工作，给傣族群众免费注射预防霍乱和伤寒的疫苗，发放药物，成立卫生防疫站和卫生所，培训保健人员，为儿童接种疫苗等。在药物预防的同时，卫生防疫部门大力开展环境卫生运动，带领群众灭老鼠、灭蟑螂、填污水沟、修厕所和牲畜圈。医务人员经常下乡巡回医疗，送医送药。20 世纪 60 年代中期，许多地方流行病被根除，一些疾病得到控制，缺医少药现象基本解决。20 世纪 80 年代以来，各级政府逐年加大对农村医疗资金的投入和医护人员的技术培训力度。从 1997 年开始，省委、省政府对少数民族地区实施“民族卫生扶贫工程”，采取省州县联合出资的方式实行卫生扶贫，傣族居住的乡卫生院、村卫生所得到改建和扩建，初步建立了农村医疗卫生体系。新型农村合作医疗、社区卫生服务逐步形成，傣族农民就医状况有了较大的改善。

2005 年，仁和区太平乡有中心医院 1 所，下设 3 个医疗点，共有 8 名医生，12 张病床。卫生院有较好的医疗设备，如 B 超、洗胃用具、计划生育手术设备等。会理县新安傣族乡有医院 1 所，医生2人，病床10张。盐边县惠民乡有中心卫生院1所，村卫生站13个，卫生院和各卫生站的基础免疫工作和“降消”工作得到有效开展。为适应农村经济的发展和群众防病治病的需要，各地开展了爱国卫生运动，以群众喜闻乐见的方式进行卫生宣传和卫生竞赛，积极做好妇幼保健、儿童免疫、地方病普查、婚前检查等各项工作，推行“儿童计划免疫保偿”和“母子系统保偿制”，专门落实人员，解决经费，使乡村卫生事业上了一个新的台阶。

卫生事业的发展，提高了傣族人民的身体素质，傣族婴儿成活率提高，人口死亡率下降，平均寿命延长。到2005年，育龄妇女人均活产婴儿2.1人；平均寿命达73岁左右。同时，计划生育工作有效开展，米易县红格乡2005年共出生232人，计划内202人，计划外26人，计划生育率为88.79%。落实各类措施946例，综合避孕率达95.3%。全年净增人口160人，自然增长率为10‰。开展早孕普查工作，接受普查1896人次，普查率达95.4%。落实了计划生育奖励扶助政策，全年新增列入国家级奖励扶助14户16人，列入省级奖励扶助3户3人。“三结合”工作新增20户，联系户29户，帮带户44户，共计93户。

社会保障事业在傣族地区也得到了发展，2005年米易县红格乡发放五保金17.05万元；发放城镇最低生活保障金7.25万元，元旦春节一次性发放生活补贴8000元；实施安居工程建设，补助建设资金10万元；将较为贫困的14户残疾人家庭纳入残疾人建房工作，补助资金14万元。做好农村大病医疗救助，办理农村大病医疗救助95户，救助资金15.43万元。开展双拥工作，发放重点优抚对象定补45人，复员退伍军人享受医疗救助参加医保45人，对享受医疗救助的人员每年报销医疗费2次，为6户义务兵家庭兑现优待金1.91万元。

第四节　文化变迁

一、居住

傣族多居住在金沙江和雅砻江岸边，少数居住在二半山上。清代，盐边、攀枝花近郊的傣族尚住竹楼、草顶，上住人下关畜，竹楼外有晾台、栏杆。楼分为3间，中间为堂屋，是起坐间、餐室，两侧为宿居。后为适应自然条件，改为草屋，竹席夹壁，有堂屋和住房、粮食堆放间，厨房、厕所、畜圈在离正房处用木杆搭成。民国以来，四川境内傣族的住房与当地汉族相同，筑土墙房，称为“土掌房”。这种建筑先以石砌墙基，然后就地取土揢墙，墙顶放椽木，椽木上加草末，再添土压实。屋顶覆盖比瓦盖厚，隔热性能好，故室内冬暖夏凉。屋顶是平面，可以晾晒农作物。建筑一般都成院落，有正房和厢房，正房一式三间，正中一间为堂屋，堂屋中设有火塘，作取暖、烧茶用，两边为住房，修有厕所和牲畜圈。

20世纪80年代后，随着生活水平的提高，住房有了很大的改善，大都建起了钢筋混泥土的瓦房，房屋布局与“土掌房”相同，只是建筑材料有了变化。许多经济条件好的人家还盖起了小楼房，有的两层，有的三层。20世纪80年代前，傣族家庭室内陈设较为简陋，20世纪80年代后，桌、柜、床、沙发、收音机、自行车、缝纫机，电视机、音响、VCD、电饭煲等走进了寻常人家。有的家庭还添置了摄像机、照相机、摩托、汽车等。

二、饮食

傈族以大米、玉米为主食，肉食以牛、羊、猪为主，兼食黄鳝、泥鳅、鱼等，忌食狗肉。蔬菜主要是大白菜、圆白菜、青菜、马铃薯、豆类。其他品种较少。喜咸、鲜、酸、香、苦、辣和微麻的口味，尤以酸辣、咸鲜为先；爱吃带酸味的特色食品，擅于利用当地原料制作出带酸味的食品，如酸笋、酸菜、酸醋、酸鱼等，还用酸菜做汤。常用的烹调方法主要有拌、煮、烧烤、蒸、炸、焐、腌等，其中以拌、煮、烧烤和蒸等最具特色。

傈族嗜好烟、茶、酒，这三样是待客不可缺少的物品。男性多吸兰花烟和大叶烟，女性吸黄烟。20 世纪 80 年代以来，女性吸烟者减少，男性吸烟多购买成品烟。傈族大都喜欢饮茶，饮法颇为独特，称为“煮茶”。将青茶或砖茶放入壶中煎煮，煮沸后倒入杯中，熬的时间越长越好喝。老年人喝浓茶，年轻人喝淡茶。另外，还喜欢喝一种油茶，即将茶叶和米同时放入罐中煎煮，再加入捣碎的火麻籽、核桃仁以及牛、羊油和盐，加水煮沸后饮用。这种茶清香可口，营养丰富。还饮甜茶，用开水将茶叶泡开后加糖饮用。傈族无论男女都喜欢饮酒，平时所饮的酒多是白酒和米酒，逢年节或婚丧嫁娶，就饮自制的“拎杆酒”和“甜酒”。“拎杆酒”用玉米或高粱酿制，将酿造好的酒装入一种特制的陶罐内，罐上放置一个木头，然后用棕叶密封，保存一年之后才饮用。“甜酒”是用糯米做成的醪糟甜酒，味道甘甜可口。

傈族饮水颇为讲究，他们不饮河水，只饮井水。水井分公用和私用两种，水源条件好的地方，每家都打有水井。水井用石砌封顶，顶上只留一打水小口。打水时用长竹杆挂一竹筒或葫芦汲水。20 世纪 80 年代后，绝大多数山村都实施了饮水工程，将干净的泉水引到家中，解决了人畜饮水问题。

三、服饰

据清道光《宁远府志》记载：“摆夷以黑帕裹头，戴笋择尖帽，身著短衣，赤足，戴巴坐短刀。妇人戴花手巾，上著短衣，衿下无褶，桶裙、赤足。”清光绪《盐源县志》记载：“摆夷衣麻布对襟短衫。妇女盘发束巾，上复方布坠钿珠子于四角。”可见，傈族初入四川时，传统服饰上，男子以青布包头，着偏襟无领白色短上衣，外套一件青布褂，下穿黑色或白色长裤。妇女盘发辫，红彩包头，饰以五彩线须，上身着五色窄袖小袄，穿筒裙，赤足，布料多为自制的火麻布。受汉文化影响，民国时期，男子穿白布对襟长袍，上罩黑布马褂，腰系绣花肚兜，包黑帕。妇女上身着偏襟中袖短衫，前襟，袖口绣花，图案有花草、鸟虫、动物等。下穿无福筒裙，衣裙均爱用黑色，头缠绣花巾。未婚少女梳辫，身背绣花小包，戴耳环，赤脚。20 世纪 50 年代以后，四川境内傈族大都着汉装，逢年节或喜庆的日子，一部分人着该民族服装。20 世纪 80 年代后，在傈族聚居地区，人们重新重视该民族传统文化，将服饰作为一种重要的文化符号。傈族家庭中每人都备有一套传统服饰，这些服装大都是从商店购买。在节日及庆典或人们认为重要的日子穿戴。

四、婚俗

傈族家庭形态为一夫一妻制的父权小家庭。民国以前大都实行同族内婚，民国末期逐渐开始与当地汉族通婚。中华人民共和国成立后，通婚的范围更加广泛，20 世纪 80 年代后，在傈族地区有傈汉通婚，还有傈彝通婚，傈苗通婚等。该民族内只要不是直系血亲，同姓可以通婚，重姑舅表婚，姨表不婚。劳力不足或子女不多的家庭喜欢招赘，称为“上门”，上门后男方要改从女方姓氏，子女也要从母亲姓。

中华人民共和国成立前，傣族的婚姻有议婚、偷婚、拉婚、抢婚四种形式。1949 年后，《中华人民共和国婚姻法》颁布，提倡婚姻自主，恋爱自由，傣族改革了旧婚俗，只保留议婚一种形式，并由六礼告成。议婚，无论男女双方是自由恋爱或父母包办，都要请亲友作媒。媒人带白酒、茶叶、布匹到女方家，称吃“开口酒”。女方父母表示同意，男方再备礼金开庚，纳采后，即可议定婚期迎娶。

婚期前一天，男方要背酒肉到女方家待客，要送“离娘布”和糯米。新娘要哭嫁辞亲，长辈要给新娘哭嫁钱。迎亲那天，男家请亲友相帮，抬花轿、吹葫芦笙到女方家迎新娘。新娘坐花轿到男方家，要放鞭炮辟邪。媒人唱迎亲歌，称赞新娘美丽能干，赞婚礼盛况。新郎、新娘拜天地、祖先、父母及族中长辈，然后夫妻交拜和喝交杯酒，最后小辈参见新娘，新娘给见面礼钱。入夜，院坝中烧起篝火，亲友们在葫芦笙和木叶伴奏声中跳“锅庄”。新郎新娘向跳锅庄的亲友敬“拎杆酒”后，在亲友们的祝词和歌声中入洞房。新婚三天之内，亲友和新娘不分长幼，可尽情玩耍，三天后，新郎备礼和新娘回门，婚礼即告结束。

四川省志·民族志

附　　录

一、名　录

（一）领导名录

1986—2005年中共四川省委民族工作委员会书记、副书记名录

表附-1

姓　名	性别	政治面貌	民族	职务	任免职时间	其他
冯元蔚	男	中共党员	彝族	书记	1983.04—1993.04	省委副书记兼
谢世杰	男	中共党员	汉族	书记	1993.04—1996.02	省委书记兼
杨崇汇	男	中共党员	汉族	书记	1996.02—1999.12	省委副书记兼
席义方	男	中共党员	汉族	书记	1999.12—2001.03	省委副书记兼
欧泽高	男	中共党员	藏族	书记	2001.03—2002.05	省委常委兼
陶武先	男	中共党员	汉族	书记	2002.07—2005.09	省委副书记兼
孙自强	男	中共党员	彝族	副书记	1980.10—1993.04	省民委主任
罗通达	男	中共党员	藏族	副书记	1983.10—1993.01	副省长
李祎辉	男	中共党员	汉族	副书记	1993.04—1995.11	省民委主任
扎　舍	男	中共党员	藏族	副书记	1985.10—1993.04	兼职
史志义	男	中共党员	彝族	副书记	1993.01—1998.01	省委常委
欧泽高	男	中共党员	藏族	副书记	2002.05—2011.09	省委常委
朱洪明	男	中共党员	汉族	副书记	1995.11—2000.05	省民委主任
刘绍先	男	中共党员	彝族	副书记	1998.01—2000.02	省委常委
马开明	男	中共党员	彝族	副书记	2001.02—2003.01	副省长
张作哈	男	中共党员	彝族	副书记	2003.04—2011.10	副省长
肖光成	男	中共党员	汉族	副书记	2002	省委统战部部长
袁本朴	男	中共党员	土家族	副书记	2000.08—2003.03	省民委主任
敬全林	男	中共党员	汉族	副书记	2003.04—2013.01	省民委主任

1986—2005年四川省民委主任、副主任名录

表附-2

姓 名	性别	政治面貌	民族	职务	任免职时间	其他
罗通达	男	中共党员	藏族	主任	1983.04—1988.05	副省长
孙自强	男	中共党员	彝族	主任	1988.05—1993.04	
李祎辉	男	中共党员	汉族	主任	1993.04—1995.11	
朱洪明	男	中共党员	汉族	主任	1995.11—2000.05	
袁本朴	男	中共党员	土家族	主任	2000.05—2003.03	
敬全林	男	中共党员	汉族	主任	2003.03—2013.01	
康镜明	男	中共党员	汉族	副主任	1981.08—1987.12	
李祎辉	男	中共党员	汉族	副主任	1981.08—1993.04	
扎 舍	男	中共党员	藏族	副主任	1985.12—	兼职
泽 茸	男	中共党员	藏族	副主任	1989.03—1993.07	非专职
王雨顺	男	中共党员	藏族	副主任	1993.05—1997.09	
周礼成	男	中共党员	羌族	副主任	1985.05—1998.02	
杨宁超	男	中共党员	彝族	副主任	1993.05—2001	
郭全喜	男	中共党员	汉族	副主任	1993.07—1996.06	
袁本朴	男	中共党员	土家族	副主任	1993.07—2000.05	
德尔基彭错	男	中共党员	藏族	副主任	1997.12—	
蔡世勤	男	中共党员	羌族	副主任	1998.06—	
曲木车和	男	中共党员	彝族	副主任	2001.11	
肖晓军	男	中共党员	汉族	副主任	2001.11	
何晓平	男	中共党员	藏族	副主任	2002.06	

四川省民委机关党委书记、副厅级巡视员名录

表附-3

姓 名	性别	政治面貌	民族	职务	离退时间	其他
李茂荣	男	中共党员	汉族	副厅级巡视员	1990.07	
陈叔乾	男	中共党员	汉族	副厅级巡视员	1991.08	
贾祥植	男	中共党员	汉族	副厅级巡视员	1992.11	
徐嘉仁	男	中共党员	汉族	副厅级巡视员	1993.08	
马黑木呷	男	中共党员	彝族	副厅级巡视员	1995.01	
杨学文	男	中共党员	羌族	副厅级巡视员	1996.11	
刘朝舜	男	中共党员	汉族	副厅级巡视员	1999.01	
敖泽普	男	中共党员	汉族	副厅级巡视员	1999.04	
张培权	男	中共党员	汉族	副厅级巡视员	2000.03	
蓝宇翔	男	中共党员	彝族	省民委机关党委书记、党组成员	2005.01	
甘映平	男	中共党员	彝族	省民委机关党委书记、党组成员	2005.03	

（二）民族团结进步先进集体、先进个人名单

1. 1988 年“全国民族团结进步先进集体、先进个人表彰大会”四川省先进集体、先进个人名录

先进集体（18 个）

交通厅
黔江土家族苗族自治县人民政府
武警阿坝藏族羌族自治州支队
成都军区 56026 部队
射洪县人民政府民族宗教事务科
万县市万洲食品公司
阿坝藏族羌族自治州岷山机械厂
雅安地区石棉县栗子坪彝族乡
阿坝藏族羌族自治州接待归国藏胞工作办公室
阿坝州军分区
绵阳市北川县人民政府
阿坝藏族羌族自治州红原县奶粉厂
雅安地区宝兴县硗碛藏族乡
自贡市人民政府民族宗教事务处
中共峨边彝族自治县委员会
阆中县民族小学校
凉山彝族自治州德昌县南山傈僳族乡政府
财政厅综合计划处银行债务科

先进个人（37 名）

冯冰向　陈质静（女、满族）　熊光明（苗族）　丁正明（傈僳族）　熊文正（苗族）　史志义（彝族）　牛　瓦（藏族）　张希令　杨志先（羌族）　杨守义　居里·却吉降措（藏族）　周传良（女）　江　峰（彝族）　杨发美（彝族）　马嘉谋（回族）　刘崑水　谷金波　起光禄（彝族）　马兴龙（满族）　马万全（回族）　王存全（蒙古族）　海内凡（回族）　王志清（女）　马德全（苗族）　柳恩梅　何服生（土家族）　吴云鹏（回族）　石登山（苗族）　任荣安（苗族）　沙文波（回族）　卡拉·泽郎（女、藏族）　王克林（羌族）　黄长莲（女）　罗绒达瓦（藏族）　江郎阿牛（彝族）　余文学（藏族）　胡大祥

特邀代表（2）

天　宝（藏族）　冯元蔚（彝族）

2. 1994 年“全国民族团结进步先进集体、先进个人表彰大会”四川省先进集体、先进个人名录

先进集体（31 个）

四川省委组织部
四川省农业银行
四川省教育委员会
四川省体育委员会
四川省交通厅
四川省水利电力厅
四川省农业科学院赴稻城县专家组
中国农业银行四川省分行

康定民族师范专科学校	甘孜州军分区
阿坝铝厂	木里藏族自治县农业银行
武警阿坝州支队	凉山大学
中共会理县委	黔江地区行政公署
黔江土家族苗族自治县人民政府	西南师范大学
攀枝花钢铁集团有限公司	中共峨边彝族自治县委
乐山市民族事务委员会	成都市武侯区人民政府浆洗街办事处
德阳市人民政府	绵阳市人民政府
射洪县人民政府	叙永县水电局
阆中市人民政府	石棉县回隆彝族乡
宜宾地区民委	中国华能集团公司四川分公司
西南民族学院	

先进个人（29 名）

郜志远	73 岁	汉族	中共党员	原四川省委民族工委常务副书记
王开友	56 岁	汉族	中共党员	四川省商业厅民族贸易处处长
范云儒	59 岁	汉族	中共党员	四川省防疫站副主任医师
陈　铃	60 岁	汉族	中共党员	四川省以工代赈办主任
刘子寿	51 岁	藏族	中共党员	中共甘孜州委书记
尼玛泽仁	50 岁	藏族		甘孜州政协副主席、藏画院副院长
洛绒曲批	32 岁	藏族		理塘县人民政府副县长
冯庆春	54 岁	汉族	中共党员	石渠县人民政府副县长
旦　科	61 岁	藏族	中共党员	若尔盖县藏医院名誉院长
王体仁	54 岁	羌族	中共党员	中共茂县县委书记
蒋运龙	52 岁	汉族	中共党员	阿坝州国土局副局长
朱洪明	52 岁	汉族	中共党员	中共凉山州委副书记
江忠英（女）	56 岁	彝族	中共党员	凉山州妇联主任
邱木呷	59 岁	彝族	中共党员	凉山州磨房沟电站党委书记
马庆湘	48 岁	回族	中共党员	西昌市锅盖梁镇和平村村长
雷德高	61 岁	汉族	中共党员	黔江地区行署巡视员
王光四	42 岁	土家族	中共党员	中共秀山土家族苗族自治县委书记
周信仁	55 岁	苗族	中共党员	彭水苗族土家族自治县民委主任
李朝申	49 岁	彝族	中共党员	攀枝花市民族事务委员会主任
陈德玉	50 岁	汉族	中共党员	中共乐山市委书记
马嘉谋	69 岁	回族	中共党员	成都市伊斯兰协会副会长
李永明	62 岁	回族	中共党员	重庆市伊斯兰协会秘书长
蹇洪秀（女）	45 岁	羌族	中共党员	北川县人民政府县长

邓启凤（女）	52岁	回族	中共党员	德阳市民族宗教局副局长
母继福	50岁	汉族	中共党员	广元市人民政府副市长
周荣寿	55岁	回族	中共党员	内江市东兴区民族宗教事务办公室主任
谈云章	57岁	苗族	中共党员	丰都县农业局副局长
罗德全	59岁	苗族	中共党员	高县文江镇人民政府副区级调研员
拜亚莉（女）	49岁	蒙古族	中共党员	四川玻璃股份有限公司董事、副厂长、高工

3. 1999年“全国民族团结进步先进集体、先进个人表彰大会”四川省先进集体、先进个人名录

先进集体（20个）

德阳市旌阳区人民政府	中共乐山市委
会理县人民政府	四川省地震局
康定民族师范学校	阿坝州财政局
凉山州烟草公司	四川省大学中专招生委员会办公室
中共仁寿县委	广元市民族宗教事务局
自贡市人民政府	甘孜州里伍铜业股份有限公司
四川省交通厅	绵阳市财政局
成都市民族宗教事务委员会	宜宾市民族宗教事务局
四川省对口支援藏区协调办公室	四川省农业科学院
泸州市民族宗教事务委员会	攀枝花市民族事务委员会

先进个人（20名）

胡孔瑜	51岁	汉族	中共党员	中共武胜县委统战部部长、政协副主席
立克石波	53岁	彝族	中共党员	中共马边彝族自治县委常委、副县长
何成炳	44岁	汉族	中共党员	中共遂宁市委常委、副市长
秦道彬	44岁	汉族	中共党员	中共隆昌县委统战部副部长
香根·巴登多吉	50岁	藏族		甘孜州副州长
王雨顺	50岁	藏族	中共党员	阿坝州州长
陈　智	39岁	汉族	中共党员	成都市民用建筑统一建设办公室主任
斯朗旺姆（女）	56岁	藏族	中共党员	四川省卫生厅党组成员、副厅长
张居平	59岁	汉族	中共党员	四川省邮电管理局局长
周维莲（女）	54岁	汉族	中共党员	四川省财政厅厅长
邓世良	36岁	汉族	中共党员	四川省公安厅一处八科科长
肖永学	50岁	苗族	中共党员	资阳地区民族宗教事务局局长
邱　康	38岁	彝族	中共党员	雅安地区民族宗教事务局局长
祝春秀（女）	36岁	彝族	中共党员	中共冕宁县委副书记、县长
杨大洪	47岁	汉族	中共党员	达川地区民族宗教事务处处长

杨秀全	54岁	苗族	中共党员	四川省人大常委会巴中地区工委委员、处长
余海清	26岁	羌族	共青团员	茂县林业局副局长
马新福	48岁	回族	中共党员	阆中市博树回族乡乡长
王光四	46岁	土家族	中共党员	四川省以工代赈办公室主任

4. 2005年“全国民族团结进步模范集体、模范个人表彰大会”四川省模范集体、模范个人名录

模范集体（23个）

成都市：成都市人民政府

攀枝花市：攀枝花市民族宗教事务局

泸州市：泸州市人民政府

自贡市：自贡市教育局

乐山市：中共马边彝族自治县委

广元市：广元市民族宗教事务局

宜宾市：宜宾市民族宗教事务局

雅安市：雅安市民族宗教事务局

眉山市：眉山市民族宗教事务局

甘孜州：政协甘孜藏族自治州委员会

阿坝州：四川省阿坝军分区

凉山州：中共木里藏族自治县委

省级部门：中共四川省委政法委员会、四川省民族事务委员会、四川省民政厅、四川省大中专招生委员会办公室、四川师范大学、四川省交通厅公路局、四川省卫生厅、四川省体育局、四川省扶贫开发办公室、四川民族出版社、四川移动通信有限责任公司

模范个人（23名）

阿的鲁曲	男	彝族	成都市民族宗教事务局民族处处长
赵　琪	男	汉族	中共北川羌族自治县委书记、县人大主任
盛庆书	男	彝族	攀枝花市仁和区交通局局长
张海波	男	彝族	乐山市人民政府副市长
刘　燕	女	汉族	德阳市民族宗教事务局局长
何国太	男	汉族	射洪县太和镇保河社区党总支书记
宋云峰	男	汉族	阆中市博树回族乡党委书记
彭朝家	男	汉族	巴中市人民政府民族事务办公室主任
陈天宁	男	汉族	武胜县人民政府副县长
黄　萍	女	回族	资阳市财政局投资管理科科长
万自见	男	汉族	内江市民族宗教事务局局长
李元周	男	汉族	宣汉县人民政府办公室主任

陈德华	男	藏族	甘孜州公路分局工会主席、五道班班长
格达·扎西绒布	男	藏族	甘孜县政协副主席
张　锐	男	藏族	中共若尔盖县委副书记、县人民政府县长
王福耀	男	羌族	阿坝藏族羌族自治州人大主任
朱明清	男	彝族	雷波县马道子村党支部书记
杨　卉	女	彝族	共青团凉山州委书记
雷广智	男	汉族	中共会理县委书记、县人大主任
陈开华	男	汉族	四川省人大民宗委主任
尹志君	男	汉族	四川省政协民宗委主任
张和民	男	汉族	四川省汶川卧龙特别行政区主任
李仁霖	男	汉族	九三学社四川省委副主委

二、大事记

1986 年

2 月 17 日 四川省人民政府发布《关于实施〈中华人民共和国民族区域自治法〉的若干规定》。

7 月 12 日 四川省人大常委会批准《甘孜藏族自治州条例》和《阿坝藏族自治州条例》。

8 月 全国人大常委会副委员长班禅额尔德尼·却吉坚赞考察甘孜藏族自治州。

10 月 11 日 四川省民委、四川省教育厅在凉山州会理县召开省寄宿制民族中小学教育工作会议。

11 月 四川省民族地区科普宣传队成立，派遣科普工作者和科技能手到甘孜州、阿坝州、凉山州和川东南民族地区传授科普知识和技术。

1987 年

2 月 四川省民族资金管理领导小组召开全省支援不发达地区发展资金和甘孜州、阿坝州、凉山州三州开发基金管理工作会议，明确规定了资金使用的管理办法和措施。

3 月 5 日 四川省人民政府批准石棉县享受少数民族县待遇。

4 月 22 日 四川省倡议的“甘肃、青海、西藏、云南、四川少数民族毗邻协作会”在成都市成立。

7 月 2 日 四川省人大常委会批准《凉山彝族自治州条例》。

7 月 16 日 中共四川省委、四川省人民政府印发《关于扶持我省杂散居少数民族发展经济文化有关政策问题的通知》。

7 月 24 日 阿坝藏族自治州更名为阿坝藏族羌族自治州，撤销茂汶羌族自治县，设置茂县。

9 月 1 日 四川省民族理论学会成立。

11 月 24 日 四川省人民政府批准北川县享受少数民族县待遇。

1988 年

2 月 5 日　全国彝族服饰展在凉山州西昌市开幕。

4 月 15 日　国务院在北京市召开全国民族团结进步先进集体先进个人表彰大会。四川省推荐的四川省交通厅等 18 个先进集体，冯冰向等 37 名先进个人在大会上受到表彰。

5 月 18 日　国务院批准酉阳、秀山、黔江、彭水、石柱 5 个县从涪陵地区划出，设立黔江地区。

9 月　阿坝州红原县肉联厂新产品“双鞭汤罐头”获全国保健食品“金鹤奖”。

10 月 12 日　凉山州豪吉鸡精厂生产的“鸡鲜味精”，黔江地区石柱县生产的“天安牌”纯兔毛在全国“星火”展交易会上获得金奖。凉山州索玛花皮革厂生产的“索玛花皮衣”获得银奖。

12 月 15 日　四川省人民政府在成都市召开宗教界为四化建设服务先进集体和先进个人表彰大会。甘孜州甘孜县佛教协会、阿坝州格尔登寺等 4 个集体和 9 名个人受到表彰。

1989 年

2 月 25 日　“四川省少数民族风情展览”在香港展出。

2 月　乐山市峨边彝族自治县实现农村初级电气化。

4 月 16—25 日　甘孜州巴塘县连续两次发生 6.7 级地震。

5 月 11 日　中国水电工程学会、中国能源学会、中国水利研究会、中国生态学会的专家、学者及四川省有关科研部门组成“三江考察团”，到甘孜州康定县考察瓦斯河水能资源开发情况。

9 月 22 日　阿坝州小金县两河乡发生 6.6 级地震。

9 月 26 日　《峨边彝族自治县自治条例》公布实施。

10 月 22 日　四川省第八届少数民族体育运动会在黔江地区黔江县举行。

1990 年

4 月 13 日　赵世炎烈士塑像在黔江地区酉阳县赵庄揭幕，邓小平题写“赵世炎烈士像”碑文。

4 月 17 日　四川省少数民族语言文字工作领导小组恢复成立，冯元蔚（彝族）任组长，扎西泽仁（藏族）任副组长。

6 月 27 日　四川省人民代表大会常务委员会《关于民族自治地方自治法规报批程序的规定》公布实施。

8 月 25 日　红军长征纪念碑在阿坝州松潘县川主寺落成，并举行落成典礼。

8 月　全国少数民族抢花炮邀请赛在凉山州西昌市举行，四川代表队获亚军。

9 月 13 日　四川省第二次民族团结进步先进集体和先进个人表彰大会在成都市召开，167 个先进集体和226名先进个人受到表彰。

11月15日 中共四川省委、四川省人民政府在凉山州昭觉县召开四川省西部民族地区第二次扶贫工作会议。

11月20—25日 四川省首届少数民族艺术节在凉山州西昌市举行。

1991年

3月18日 四川省藏文学校举行建校10周年庆典。该校是中共四川省委、四川省人民政府为抢救、继承和发展藏族文化而试办的全国第一所四年制中等藏文专业学校，并正式纳入国家招生计划。

4月15日 四川省人民政府印发《关于第三批省级文物保护单位的通知》，其中茂县点将台摩崖造像，松潘县古城墙、黄龙寺、红军长征纪念碑碑园，壤塘县措尔基寺院、日斯满巴碉房，马尔康县直波碉群、壤塘县棒托喇嘛塔及石经，德格县八邦圣教法轮寺，西昌市大通门、东坪冶铜铸币遗址，米易县清真寺，攀枝花市回龙湾洞穴遗址，北川县永平堡古城，石柱县秦良玉陵园等被列入第三批省级文物保护单位。

4月17日 中共中央总书记江泽民视察凉山州，接见和问候州党政领导和各族代表，感谢凉山各族人民对维护民族团结、社会稳定、发展民族经济所作出贡献。为了解彝族人民的生活状况，江泽民实地考察了西昌市彝族聚居乡——大箐乡。

8月22日 甘孜州甘孜县举行红军总司令朱德、五世格达活佛联谊塑像奠基仪式。

8月26日 甘孜州自主设计的规模最大的升航电站建成运行，解决了康定城区长期用电紧张的状况。该电站有3台发电机组，总装机容量为9600千瓦。

10月4—10日 全国人大常委会副委员长、国家民委顾问、著名民族学家和社会学家费孝通考察四川省黔江民族地区。费孝通十分重视山区民族的经济发展，认为发展山区民族经济要因地制宜、自力更生，要改变孤立封闭的状况，要把自然经济转变为商品经济，要引进技术和人才。

11月10—17日 第四届全国少数民族传统体育运动会在广西壮族自治区南宁市举行。四川代表团参加了抢花炮、射弩和民族式摔跤3个竞赛项目的比赛和6个民族传统体育项目的表演。竞赛项目取得1枚银牌、1枚铜牌、3个其他优胜名次；表演项目获得一、二、三等奖各2个。竞赛总成绩位居全国第四，超过历届水平。

12月7日 成都市少数民族联谊会召开成立大会。中央顾问委员会委员天宝、四川省民委和成都市领导到会祝贺。成都市有44个少数民族，共3万余人。

1992年

3月 黔江土家族苗族自治县教委荣获“全国民族教育先进集体”称号。这是四川省当年唯一获此殊荣的教育行政部门。

5月5日 首届“四川省少数民族文艺基金奖”颁奖大会在成都市举行。大会颁发了134项奖，其中最佳奖67项、表彰奖16项。另有凉山州歌舞团、四川人民广播电台民族文艺科、四川省民间文学集成编委会办公室、甘孜州歌舞团、四川省音乐舞蹈研究所5家单位获集体奖。获奖作品包括文学、戏剧、广播、电视、音乐、舞蹈、美术、摄影等。

10月1日 凉山彝族自治州各族群众庆祝建州40周年。国家民委副主任伍精华率国务院有关部委祝贺团，中共四川省委副书记冯元蔚、李伯勇率四川省祝贺团前往凉山州祝贺并讲话。

12月30日 全国少数民族声乐大奖赛结束，四川省选手刘琼（藏族）获美声唱法青年组三等奖，杨晓芳（羌族）获优秀奖，格桑志玛（藏族）、吉香（藏族）、吉克尔哈莫（彝族）、赫尔甲（藏族）、拥忠丹增（藏族）、张莉（回族）和泽娜卓（藏族）获演唱奖。

1993年

5月6日 木里藏族自治县举行成立40周年庆祝活动，表演了精彩的文艺节目并举行了独具特色的化妆游行。

9月1日 阿坝藏族羌族自治州在马尔康县举行建州40周年庆祝大会。

10月10—17日 四川省第九届少数民族体育运动会在凉山州西昌市举行。全省各地各族运动员，经过6天角逐，决出金、银、铜牌各53枚。凉山州、阿坝州和甘孜州分列金牌总数和奖牌总数前三名。

11月7—11日 秀山土家族苗族自治县和酉阳土家族苗族自治县举行成立10周年庆祝活动。国家民委祝贺团、四川省人民政府祝贺团到会祝贺。

11月30日 四川民族出版社在成都市庆祝建社40周年。

1994年

3月29日 国务委员、国家民委主任司马义·艾买提一行到凉山州、阿坝州考察，先后考察了西昌卫星基地、西昌卷烟厂、阿坝铝厂、太平驿电站、马尔康民族师范学校等。

8月2日 中国首届凉山彝族国际火把节在凉山州西昌市开幕。此次火把节以“让世界了解凉山，让凉山走向世界”为主题，以“高举火把，面向世界、文化搭台、经贸唱戏”为宗旨，将传统的文化活动、旅游观光与经贸洽谈、招商引资结合，以进一步促进凉山州改革开放和社会经济发展。

9月4日 四川省庆祝《中华人民共和国民族区域自治法》颁布实施10周年和民族宗教政策宣传月活动开幕。全省各地通过广播、电视、电影、歌舞、民族知识竞赛、座谈会、街头宣传咨询等多种形式，大力宣传民族、宗教政策，宣传四川省贯彻实施《中华人民共和国民族区域自治法》情况，以及改革开放以来少数民族和民族地区的巨大变化和民族团结进步的新人新事。

9月12日 四川省第二届少数民族艺术节在甘孜州康定县开幕。甘孜州、阿坝州、凉山州等9个州（市、地）代表队和甘孜州18个县代表队共15个民族近3000多名演员参加开幕式演出。与艺术节同期举行的还有四川少数民族美术摄影书法展，甘孜藏画院作品展，甘孜根雕艺术展等。艺术节期间还上演了10场民族歌舞。

12月 四川省为解决少数民族地区通信落后状况的10座卫星地面站进入安装调试阶段。成都中心站顺利通过中国通讯广播卫星公司的入网验收。甘孜州、阿坝州、凉山州等少数民族地区地域广大，山高路远，但通信状况落后，一到冬季受气候影响，线路时常中断，通信受阻。四川省决定用卫星通讯方式改变这些地区的通信面貌，投资3400多万元兴建卫星地球站，并将其纳入省第三期数据通信网工程，使少数民族地区通信进入卫星时代。

1995年

2月19日 中共中央政治局常委、全国人大常委会委员长乔石听取凉山州及西昌市的工作汇报。乔石指出：攀西地区，凉山占了70%，对国家贡献很大；凉山要充分利用资源优势，加快经济发展，要加快西昌航天城建设，利用科技优势搞开发、搞开放；凉山农业发展前景广阔，必须加快农业开发，走现代化大农业的发展之路；在发展经济的同时要控制人口增长。

5月5日 “福田——阿坝心连心”活动在广东省深圳市福田区举行。四川省阿坝州、广东省深圳市福田区结为对口帮扶地区。中共四川省委常委、省委民族工委副书记史志义，阿坝州人民政府州长泽巴足，深圳市及福田区有关领导出席活动并讲话。深圳市决定福田区对口支援阿坝州，并从市级扶贫基金中拨专款支援阿坝州经济发展；同时，无偿为阿坝州新建一所师范学校，援助资金2000余万元。

5月23日 四川省藏学研究会成立大会暨首届藏学研讨会在德阳市广汉市举行。四川省人大常委会副主任罗通达、四川省政协副主席杨岭多吉出席会议。全国人大常委会委员平措汪杰、中国藏学研究中心副总干事洛桑等到会祝贺。会议选举产生了第一届理事会，选出理事51名，常务理事23名，正副会长10人。

8月1日 “纪念红军长征过冕宁暨彝海结盟60周年庆典”在凉山州冕宁县举行。全国政协副主席杨汝岱，全国人大常委会委员、全国人大民委副主任伍精华，全国人大常委会委员、全国妇联副主席聂力，全国政协常委冯元蔚及中共四川省委、四川省人大常委会、四川省人民政府、四川省政协、成都军区的领导和刘伯承、果基约达的家属代表出席庆典。

10月6日 中共中央政治局常委、全国人大常委会委员长乔石视察川西北民族地区。乔石指出：阿坝州在发展农牧业的同时，有条件的地方要进一步把多种经营搞上去；要积极开发资源，推动经济发展；加强基础设施建设，在开发旅游资源的同时要保护生态环境；要继承和发扬红军长征精神，艰苦奋斗；要搞好民族教育事业，提高民族素质；加强民族团结，把国家建设得更富强，使各族人民生活更幸福。

11月5—12日 第五届全国少数民族传统体育运动会在云南省昆明市举行。四川省派出由藏族、彝族、土家族、苗族等9个民族组成的110余人代表队，参加了摔跤、射弩、马术、抢花炮等项目的竞赛，及跳火绳、嘉绒狮舞、舞麻龙、土家竹铃球等项目的表演。通过竞赛，四川省夺取金牌10枚，银牌4枚，铜牌2枚。金牌数和团体总分均列全国第三名。同时，获得表演项目一等奖1个，二等奖2个，三等奖3个。

11月24日 《四川省〈城市民族工作条例〉实施办法》经四川省人民政府批准发布实施。

1996年

5月27日 四川省民族地区全面整顿矿业秩序，重点开展《中华人民共和国矿产资源法》和相关法规、条例的宣传，全面检查整顿矿业企业和重点矿种的开采，限期关闭不具备条件的和无证采矿的矿山，制止越界开采和破坏性开采，严格管理黄金、稀土等矿产。

7月12—23日 国家民委语文室主任宝斯尔一行到四川省检查指导羌文试点工作。《羌族拼音文字方案》在四川省羌族地区试点以来，得到羌族干部群众的认同和接受。宝斯尔一行前往羌族村寨、学校、机关等调研，听取各族各界意见，肯定了四川省羌文试点工作取得的成绩。

9月12—29日 国家民委副主任、国务院扶贫工作领导小组成员文精到四川省民族地区调研。文精强调，四川少数民族贫困人口多，脱贫难度大，因此，要把扶贫工作作为一项重大政治任务抓紧抓好，这也是落实民族政策的一个重要方面。民族地区要结合实际抓扶贫、抓发展，要重视教育，提高人口素质。

9月27日 四川省纪念红军长征胜利60周年大会在阿坝州松潘县举行。中共四川省委书记谢世杰参加纪念活动。活动结束后，谢世杰到松潘县、茂县和汶川县考察。

10月25日 第六届全国少数民族题材电视艺术“骏马奖”颁奖大会在北京市举行。四川电视台摄制的《郎莎雯波》获电视单本剧三等奖，中共四川省委宣传部、四川电视台摄制的《我的妈妈在西藏》获儿童电视艺术片二等奖。

11月12日 全省散杂居民族工作经验交流会在攀枝花市召开。中共四川省委副书记、省委民族工委书记杨崇汇到会讲话。杨崇汇强调，民族地区要更新观念，积极推进两个根本转变，要注意解决好五个方面的问题：一是变发展农业单纯为解决吃饭问题为既解决吃饭，同时又解决增收问题的农业发展观；二是变传统食物观念为现代的食物消费观念；三是变传统农业生产观念为农业社会化再生产观念；四是变小而全的多种经营观念为专业化的企业化经营观念；五是变只找政府和部门解决问题为善于依靠社会化服务组织来解决问题。

11月28日 四川省教委、四川省民委在成都市召开全省民族地区教育工作经验交流会，交流总结四川省民族地区教育工作经验，明确“九五”期间民族教育的奋斗目标和政策措施，并表彰了25个双语教学先进单位。

1997年

1月22日 中共四川省委副书记、省委民族工委书记杨崇汇对全省民族工作提出三点要求：一是抓住机遇，加快发展，重点突破，从民族地区实际出发，特事特办；二是坚持两手抓，贯彻好党的路线、方针、政策，特别是民族宗教政策，采取有效措施，切实保证民族地区的稳定；三是加快党的建设，注意培养人才，加大选拔少数民族干部力度，增强少数民族干部培训。

6 月 11 日 中共中央政治局常委、国务院总理李鹏在中共四川省委书记谢世杰，中共四川省委副书记、四川省人民政府省长宋宝瑞陪同下视察凉山州普格县，前往彝族乡村看望农户。李鹏号召彝族同胞要学文化、学科技，早日脱贫致富，指出："凉山要根据本地具体情况发展经济，多搞农产品深度加工，发展自己的支柱产业。"并为凉山题词："加快改革开放，凉山大有希望"。

6 月 中共四川省委副书记、四川省人民政府省长宋宝瑞到甘孜州现场办公时指出：民族地区的发展和稳定是民族工作两大任务，要坚定不移地抓好；要一心一意抓发展，加大开发力度，变资源优势为经济优势；民族地区经济要发展，要有好的项目，突出重点；要转变观念，搞好开放引进，大力发展个体私营企业、民营企业。

8 月 23 日 地矿部部长宋瑞祥考察阿坝州南坪县马脑壳和壤塘县金木达、南木达 3 个金矿区的勘探、开发情况。

9 月 19—23 日 四川省第十届少数民族运动会在乐山市举行。甘孜州、阿坝州、凉山州，攀枝花、绵阳市、乐山市、雅安地区和西南民族学院 8 个代表团、544 名运动员，参加了射弩、民族式摔跤、篮球、田径 4 个竞赛项目和 21 项少数民族传统体育表演，决出金牌 46 枚，评出少数民族传统体育表演一等奖 5 个，二等奖和三等奖各 7 个。有 9 个代表队和 82 名运动员、17 名裁判员获体育道德风尚奖。

10 月 24 日 四川省第三次民族团结进步表彰大会在成都市召开。

1998 年

2 月 13 日 中共四川省委书记谢世杰考察雅安地区宝兴县硗碛藏族乡。谢世杰指出：硗碛在稳定粮食的基础上，要着力发展经济作物、畜牧业等优势产业；发挥水电资源丰富的优势，大力发展乡镇企业，以电生财，加大改革开放力度，加快藏乡奔小康步伐。

3 月 6 日 全国妇联、国家民委决定，授予四川省峨边彝族自治县妇女联合会"全国各族妇女团结进步模范"荣誉称号，授予王定清（藏族）、艾云（苗族）、马小玲（彝族）、胥桂清（羌族）"模范个人"荣誉称号。

8 月 6 日 全国政协副主席、中央统战部部长王兆国在中共四川省委书记、四川省人大常委会主任谢世杰，四川省政协主席聂荣贵陪同下，赴阿坝州若尔盖县、松潘县、九寨沟县、茂县等地考察。

9 月 18 日 甘孜州石渠县公安局政侦科科长尼美曲加长期扎根海拔 4200 米的高原藏区，由于长期超负荷工作，病逝在办案途中。公安部追授尼美曲加为一级英模。尼美曲加被当地各族群众誉为"雪域之鹰"。

9 月 19—24 日 四川省第三届少数民族艺术节在阿坝州马尔康县举行。艺术节期间，共演出 16 台 28 场节目，开展送文化下乡活动，举办四川省少数民族美术、摄影、书法展览和四川省少数民族文化艺术理论研讨会、专家讲座等学术交流和民间工艺及经贸活动，观众达 12.3 万人次。

11 月 1 日 第七届全国少数民族题材电视艺术"骏马奖"颁奖，四川省电视台录制的《大山里的维城寨》获专题片二等奖，成都经济电视台拍摄的《三节草》获纪录片二等奖，凉山州民族影视译制发行中心译制的大型纪录片《邓小平》（彝语）获优秀译制片奖。四川省凉山州民族语影视译制发行中心、甘孜州民族语电影译制中心被评为全国少数民族语电影、电视工作先进集体。山正元（彝族）、万金莲（藏族）、蒋明全（彝族）、阿来呷呷（彝族）、扎西斑鸠（藏族）被评为全国少数民族语电影、电视工作先进个人。

12月7日 四川省引进外资最大农业资源开发项目——安宁河流域农业资源开发项目正式启动。该项目总投资20亿元，世界银行贷款1.2亿美元。项目包括水利、种植、养殖、农产品加工等4个方面的七大类20个子项目。

1999年

1月1日 四川省人民政府新闻办公室在凉山州西昌市举行新闻发布会，介绍凉山旅游资源开发状况及前景。中共四川省委书记、四川省人大常委主任谢世杰，中共四川省委副书记、四川省人民政府代省长张中伟等领导，以及在川各新闻单位、全省旅游系统负责人300余人出席发布会。

2月2日 中央电视台“心连心”艺术团赴凉山州西昌市慰问演出。中共四川省委副书记杨崇汇，中共四川省委常委、宣传部部长席义方，四川省人民政府副省长徐世群等到现场观看演出。

3月1日 经四川省人民政府批准同意，平武县从1999年3月1日起享受少数民族地区待遇，成为第七个享受民族地区待遇的县（区）。

4月8日 共青团中央、国家民委、全国青联授予四川省甘孜州党委办公室“全国各族青年团结进步模范集体”称号；授予曲木伍牛（彝族）、余海青（羌族）、郑琨（藏族）、张平森（藏族）、蔡伟素“全国各族青年团结进步模范个人”光荣称号。

4月14日 四川、云南、贵州、广西四省区彝族古籍第六次协作会暨《中国少数民族古籍总目提要——彝族卷》编撰工作会在成都市召开。全国人大常委会委员、全国人大农委副主任伍精华等领导到会指导。会议总结交流彝文古籍工作的经验，商讨彝语文的有关问题，研究制定下阶段的协作编撰工作计划等。

8月5日 四川省决定在民族地区重点开展“五大”扶贫工程：一是农区和半农半牧区的“农业丰收扶贫”工程，确保贫困户粮增产、钱增收，解决好民族地区粮食自给问题；二是高原牧区的“人草畜”三配套扶贫工程，当年建成三配套户1万户，2000年底完成任务；三是彝族聚集区的“形象扶贫”工程，1999年完成1万户，2000年完成计划，基本解决人畜混居现象；四是每年投入2000万元，对缺医少药的县实行“卫生扶贫工程”，每年10个县；五是每年投入6000万元，连续3年，解决好民族地区乡政府办公用房建设工程。

8月24日 国务院扶贫开发领导小组副组长胡富国一行到四川省民族地区考察，了解凉山州扶贫开发、形象扶贫和移民扶贫工程的实施情况。

8—9月 全国第六届少数民族传统体育运动会分别在拉萨市和北京市举行。四川省参加了摔跤、押加、射弩、马术、珍珠球、武术、蹴球等7个竞赛项目和民族体育表演项目。四川代表团取得9枚金牌、4枚银牌、7枚铜牌及民族体育表演项目一等奖2个、二等奖2个、三等奖5个的成绩。张洪等16名运动员荣获体育道德风尚奖。

9月14日 四川省召开全省第一次各族妇女团结进步表彰大会，对43个先进集体和21名模范个人进行表彰。

2000 年

2 月 25 日 国家语委副主任朱新钧、傅永和一行到四川调研，充分肯定四川少数民族语言文字在立法、新闻出版、广播电视翻译等工作中取得的成绩。

7 月 2—16 日 首届中国民族服装服饰博览会在云南省昆明市举行。四川省参加了博览会的民族服装服饰表演、民族服装服饰陈列展览、民族服饰文化研讨会等活动。四川代表团获“首届中国民族服装服饰博览会最佳组织奖”“首届中国民族服装服饰博览会贡献奖”，以及表演的“最佳表演奖”“优秀组织奖”，展览的“最佳展品奖”“最佳陈列奖”“优秀设计奖”等 7 项大奖。

8 月 17—20 日 全国少数民族计划生育工作会议暨先进集体、先进个人表彰会在北京市召开。四川省阿坝州马尔康县计划生育委员会、甘孜州康定县姑咱镇人民政府被评为全国少数民族计划生育工作先进集体，杨长林（藏族）、巫达吉（彝族）、梁跃红、娜太（藏族）、龚洛（藏族）5 人被评为全国少数民族计划生育工作先进个人。

8 月 18 日 甘孜藏族自治州建州 50 周年庆祝大会在甘孜州康定县召开。全国人大常委会、国务院发来贺电；国家民委副主任李晋有率国务院有关部委祝贺团到会祝贺并讲话。

12 月 7 日 四川省文学艺术创作杰出贡献表彰会在成都市举行。藏族作家、第五届“茅盾文学奖”获得者阿来受到表彰。中共四川省委常委、宣传部部长柳斌杰到会并讲话。中共四川省委副书记席义方专程到会看望阿来，感谢他为四川文艺繁荣作出的贡献。

12 月 22 日 四川省启动“民族地区教育发展十年行动计划”，决定从当年起，在认真落实对民族地区教育对口支援、大力吸纳社会资金办学、加大教育结构调整、挖掘现有资源的同时，10 年之内，努力协调落实 30 亿元，用于民族地区教育。

2001 年

4 月 24—27 日 国务委员司马义·艾买提率国家民委、中国地震局、民政部有关领导，在中共四川省委副书记陶武先、四川省人民政府副省长马开明陪同下，前往甘孜州地震灾区，察看灾情和恢复重建工作，并代表中共中央、国务院向灾区人民表示亲切慰问。

5 月 5—15 日 中共中央政治局原常委乔石在中共四川省委领导陪同下，先后赴雅安市、甘孜州、成都市、自贡市、宜宾市等市（州）考察。

6 月 8 日 中共中央政治局常委、国务院总理朱镕基一行，在四川省领导陪同下，沿成雅高速公路前往川西北高原考察。

9 月 第二届全国少数民族文艺会演在北京市举行。四川代表团参演的民族歌舞“七彩天府”赢得专家和首都观众的好评。该节目获组织奖、创作金奖、表演金奖和舞美金奖以及舞蹈 4 个单项金奖、3 项单项银奖、3 项单项铜奖、2 个优秀演员奖和 3 个演员新人奖。

10月12日 四川省第十一届少数民族体育运动会在绵阳市开幕。四川省人民政府省长张中伟出席开幕式并讲话。

2002年

1月23日 四川省民委、四川省新闻出版局在成都市举行藏族《显密文库》《彝族尔比词典》荣获第五届国家图书奖及提名奖座谈会。四川省人民政府副省长马开明、四川省政协副主席阿称，原中共中央顾问委员会委员天宝、四川省政协原副主席冯元蔚等参加座谈会。

4月 "四川省民族地区教育十年行动计划"协调领导小组在成都市召开电视电话会，总结2001年度行动计划的实施情况，部署2002年工作。大会表彰了红原县等15个行动计划实施县、成都市教育局等40个对口支援单位和马文华等16名先进个人。中共四川省委副书记席义方，四川省人民政府副省长马开明、柯尊平以及中共四川省委民族工委副书记、民委主任袁本朴等参会。

6月5日 根据藏族作家阿来获茅盾文学奖的长篇小说《尘埃落定》改编的25集同名电视连续剧，经3个多月拍摄，在阿坝州马尔康县封镜。

9月26日 凉山彝族自治州举办建州50周年庆典。国务院部委祝贺团团长、国家民委副主任图道多吉率祝贺团到凉山庆贺。

10月10日 四川省召开第四次民族团结表彰大会。中共四川省委主要领导出席会议并讲话。

10月15—19日 四川省第四届少数民族艺术节在绵阳市举行。甘孜州、阿坝州、凉山州、攀枝花市等10多个市（州）和有关单位的藏族、彝族、羌族、回族、苗族、汉族等民族的1200名演职人员参加，演出剧目11台、27场，展出作品500余件。

10月底 国家民委、国家广电局、文化部、中国文联举办的第九届少数民族题材电视暨全国少数民族题材电影"骏马奖"评选活动在山东省济南市揭晓。四川省选送的作品获二等奖1项，三等奖2项，提名奖4项；四川省民委、四川省文化厅、四川省文联获组织奖。

2003年

2月17日 四川省人民政府副省长张作哈到四川省民委调研。

6月10日 凉山州西昌市上千农民领到"绿色证书"。进入21世纪初，市场上优质、无公害的绿色食品销路好，西昌市农业技术推广学校为提高农民素质，积极开办"绿色证书"培训班，对广大乡镇干部和农民进行培训。

7月2日 根据国家民委"关于召开起草《国务院贯彻民族区域自治法若干问题的规定分片区（西南片）的通知》"精神，四川省民委组织召开"关于征求对即将起草的国务院贯彻实施《民族区域自治法》若干问题的规定建议"座谈会。四川省人大常委会副主任刘子寿、马开明，四川省政协副主席刘绍先、阿称等30余人参会。

7月23日 中共四川省委书记、四川省人大常委会主任张学忠率队在阿坝州调研时强调：民族地区要兴起学习贯彻“三个代表”重要思想教育活动，大力推进“三个转变”的实践；要把“三个代表”重要思想落实到加快发展的各项工作中，进一步加大经营城市力度，实现土地资源向土地资本的转变，加快发展民营经济，实现民间资金向民间资本的转变，加速人才资源向人才资本转变。

8月5日 中国红十字会代表红十字国际委员会在北京人民大会堂举行第39届南丁格尔奖章颁奖大会。甘孜州第一人民医院藏族男护士巴桑邓珠获此殊荣。中共中央总书记、国家主席胡锦涛出席大会并为巴桑邓珠颁奖。巴桑邓珠是第一位获得南丁格尔奖的藏族同胞，也是国内唯一一位获得该奖的男性。

8月 中共四川省委、四川省人民政府印发《关于加强散杂居少数民族工作的意见》，就加快少数民族干部的培养、使用，建设一支高素质的散杂居少数民族干部队伍提出具体意见。

9月17日 庆祝西南民族大学更名并增列为博士学位授予单位暨新校区落成庆典在西南民族大学新校区举行。国家民委党组副书记、副主任牟本里，中国高校学会会长、教育部原副部长周远清，中共四川省委副书记陶武先，四川省人民政府副省长张作哈等领导到会祝贺并讲话。

9月26—28日 阿坝藏族羌族自治州举行建州50周年庆典。全国人大常委会、国务院与中共四川省委、四川省人民政府发来贺电、贺信。中共中央、国务院和中共四川省委、四川省人民政府派祝贺团前往祝贺。国家民委副主任杨建强、中共四川省委书记张学忠出席庆典并讲话。

10月25日 中国唯一的羌族自治县——四川省绵阳市北川羌族自治县正式成立。以国家民委专职委员铁木尔为团长的全国人大民委、国家民委祝贺团，以四川省人大常委会副主任刘子寿、四川省人民政府副省长张作哈、四川省政协副主席阿称等组成的祝贺团出席成立大会。

11月6日 木里藏族自治县成立50周年庆祝大会在县城所在地凉山州木里县乔瓦镇举行。全国人大民委、国家民委祝贺团团长、国家民委政策研究室副主任李红杰，四川省民族工委副书记、省民委主任敬全林到会祝贺并讲话。

2004年

3月 攀枝花市民族乡镇实现通信“乡乡通”。该项工程由中共攀枝花市委、攀枝花市人民政府决策，攀枝花市民宗局抓落实，与电信公司协调，架设程控光缆120公里，总投资539万元。

4月 国家重点社会科学研究项目《中华大藏经》藏文《甘珠尔》《丹珠尔》对勘出版。

5月10—15日 四川省民委在成都市举办第一期民族乡书记乡长培训班。宜宾市、广元市、南充市、甘孜州、阿坝州、凉山州等市（州）民族乡书记、乡长参训。

5月26日 四川省康巴藏传佛教文化研究会成立。中国藏学研究中心《大藏经》对勘局副局长、著名藏学家土登尼玛任会长。有关领导和各界人士200多人出席成立大会。

6月10日 中国科学院资助北川县图书捐赠仪式在北川县曲山镇任家坪村小学举行。中国科学院向北川县12个希望小学赠送了5万余册、价值50万元的书籍。

8月3日 四川省人大常委会举行纪念《中华人民共和国民族区域自治法》颁布20周年座谈会。中共四川省委书记、四川省人大常委会主任张学忠，中共四川省委副书记、四川省人民政府省长张中伟等领导和民族自治地方、省级各相关部门领导参会。

8月28日至9月1日 第四届康巴艺术节暨中国·甘孜首届香格里拉国际旅游节在甘孜州康定县举行。

10月 马边彝族自治县、峨边彝族自治县举行庆典，庆祝两县成立20周年。四川省人民政府副省长、省民族工委副书记马开明，四川省政协副主席阿称等领导到两县祝贺。全国人大民委、国家民委和中共四川省委、四川省人大常委会、四川省人民政府分别发了贺电。

12月 阿坝州金川县、黑水县、阿坝县、壤塘县经国务院批准对外国人开放。至此，四川民族地区52个县实现了全部对外国人开放。

同月 在中央电视台农业频道、农民日报社、农博网发起的主题为“推荐优秀农业网站，见证互联网与中国共同发展”的大型评选活动中，攀西农业网获“2004中国农业网站100强”称号。

2005年

1月 凉山州昭觉县由于在文物发掘、保护方面取得突出成绩，被国家文物管理局授予“全国文物工作先进县”称号。木撮乃姐石板墓群、利利兹莫衙门石柱两处古文化遗存，被四川省人民政府批准为省级重点文物保护单位。至此，昭觉县已有4处省级重点文物保护单位。

同月 总投资1106万元的马边大风顶国家级自然保护区一期建设工程竣工。

4月27日 上海市民宗局副局长马定华一行在阿坝州黑水县开展捐资扶贫活动。

6月13日 全国民族团结进步模范事迹报告团在成都市作模范事迹报告。湖北省武汉市民委干部梁海涛，致公党重庆市渝中区委办公室主任何萌，江苏省海安县农业工程技术学校党支部副书记汪宝银，西藏那曲地区妇联党组书记、主席张娅娜，四川省移动通信公司大九寨移动分公司经理周述冬，武警广西总队融水县中队指导员何方礼等6位报告团成员作报告。

9月29日 四川省委民族工作会议暨全省第五次民族团结进步表彰大会在成都市召开。中共四川省委书记、四川省人大常委会主任张学忠，中共四川省委副书记、四川省人民政府省长张中伟，中共四川省委副书记、省民族工委书记陶武先等领导出席会议并讲话。

12月 应波兰共和国扎科帕市邀请，中共甘孜州委常委、宣传部部长王怀林带领以甘孜州色达藏戏团为主的演出团一行25人，前往波兰参加第37届国际山丘艺术节。该演出团为亚洲地区唯一的代表团，获得5项大奖。

三、文献辑存

四川省《城市民族工作条例》实施办法

四川省人民政府令第74号

《四川省〈城市民族工作条例〉实施办法》已经1995年11月23日省人民政府第46次常务会议通过，现予发布，自发布之日起施行。

省长　萧秧

一九九五年十一月二十四日

四川省《城市民族工作条例》实施办法

第一条　为了加强城市民族工作，保障城市少数民族的合法利益，根据国务院《城市民族工作条例》和有关规定，结合四川实际，制定本办法。

第二条　四川省行政区域内的所有单位和个人应当遵守《城市民族工作条例》和本办法。

第三条　城市人民政府应当加强对城市民族工作的领导，协调处理民族工作中的重大问题，保障少数民族享有宪法规定的权利，维护和发展各民族的平等、团结、互相关系。

第四条　省人民政府民族事务工作部门是全省城市民族工作的主管部门。市、市辖区人民政府应当根据当地民族工作的需要，设立或者确定负责民族事务工作的部门，配备与工作任务相适应的工作人员，管理民族事务工作。少数民族人口较多的市、市辖区的人民政府，少数民族聚居地的街道办事处、居民委员会，直接为少数民族生产、生活服务的企业、事业单位，应当配备适当数量的少数民族干部。

第五条　任何单位和个人应当尊重少数民族的风俗习惯、宗教信仰，不得因风俗习惯和宗教信仰不同而歧视少数民族。

第六条　少数民族人员应当遵守国家法律、法规，遵守社会公德，维护社会秩序和民族团结。

第七条　城市人民政府应当将适应当地少数民族需要的经济、文化、教育、卫生等事业列入国民经济和社会发展计划，并根据本行政区域内少数民族居住人口数量，安排适当的资金发展当地少数民族经济、文化、教育、卫生等事业。资金额度由各级民族事务工作部门与同级财政部门协商。

第八条 金融机构对以少数民族为主要服务对象有从事食品生产、加工、经营和饮食服务的国有企业或集体企业，在贷款额度、还款期限、自有资金比例等方面给予优惠，城市人民政府也可以根据当地实际需要和条件予以贴息。前款所列企业由县级人民政府民族事务工作部门会同企业主管部门、工商行政管理部门认定。

第九条 对本办法第八条所列企业纳税确有困难的，税务机关依照有关税收法律、法规的规定，给予减税或者免税。

第十条 城市人民政府各部门及企业、事业单位应当重视少数民族干部、管理人员和专业技术人员的培养、使用和选拔。城市人民政府有关部门对少数民族青年报名参军，在符合招收条件的情况下优先选送。

第十一条 城市人民政府应当重视民族教育工作，加强对民族学校的领导，制定优惠政策，改善办学条件。城市民族学校的教职员工中，应当配备适当数量的少数民族人员。城市人民政府对民族学校校办企业给予扶持，并根据国家有关规定在资金、场地等方面给予优惠。

第十二条 各类学校录取新生时应当按照国家有关规定对少数民族考生给予照顾。各类学校应当关心民族班和散读的少数民族学生，可以适当提高其助学金、奖学金和生活补助的标准。

第十三条 城市人民政府应创造条件帮助少数民族失业人员就业，对少数民族职工人数占全部职工人数1/3以上的生产加工企业，在贷款、税收方面给予扶持。城市人民政府鼓励企业招收少数民族职工。企业招工时，在同等条件下应当优先录用少数民族人员。

第十四条 城市人民政府应当根据实际需要，合理规划清真饭店和清真食品和生产加工、供应网点，保证有清真习俗的少数民族人员所需肉食和副食品的供应。机关、企业事业等单位设有职工集体食堂的，对有清真习俗的少数民族职工应设置清真食堂或清真灶；无条件设置清真食堂或清真灶的，应按国家规定发给伙食补贴费。

第十五条 城市人民政府应重视和帮助少数民族开展有民族传统和民族特色的文化体育活动。少数民族职工参加本民族重大节日活动，所在单位应按照国家规定给予放假，其工资、福利待遇不变。

第十六条 城市各类服务企业及从业人员应当尊重少数民族的生活习俗，不得因生活习俗不同而歧视少数民族人员或者拒绝向其提供经营范围内的服务。

第十七条 城市人民政府对本市、市辖区从事合法经营的外地少数民族人员，应当在经营场地及食宿、交通等方面创造必要的条件，保护其合法利益不受侵犯。

第十八条 城市人民政府应当加强对少数民族流动人员的及时疏导、处理民族纠纷，宣传有关城市、市场等方面的管理规定，教育其遵守国家的法律、法规。进入各市、市辖区的少数民族流动人员应当服从当地人民政府的管理。

第十九条 少数民族人口较多的城市人民政府应根据少数民族的需要和条件，设置有民族特色的文化馆（站）、图书馆（站）和文艺演出、电影放映场所等。

第二十条 城市人民政府在城市规划、建设中，对少数民族集中居住的街道、区域，应注意保持民族特色，对有纪念意义或典型少数民族风格的建筑物予以严格保护。

第二十一条 城市少数民族人员的合法权益受到侵犯时，有权向所在单位和有关部门反映、申诉和控告。对情节严重构成犯罪的，依法追究刑事责任。

第二十二条 城市人民政府要组织经济、科技等部门对少数民族地区开展对口支援和各项经济技术协作，鼓励企业、事业单位参与少数民族地区的经济技术开发和建设，促进少数民族地区经济和社会发展。

第二十三条 各级人民政府可根据当地实际情况，制定具体的贯彻措施。

第二十四条 本办法适用中的具体问题由省民族事务工作部门负责解释。

第二十五条 本办法自发布之日起施行。

四川省民族乡工作暂行规定

四川省人民政府令第27号

《四川省民族乡工作暂行规定》已于一九九一年十一月六日经省人民政府第七十四次常务会议讨论通过，现发布施行。

省长 张皓若

一九九一年十一月二十六日

四川省民族乡工作暂行规定

第一条 为了加强民族乡工作，促进民族乡经济和社会的发展，根据国家有关法律、法规，结合四川实际，制定本规定。

第二条 散居少数民族占总人口百分之三十左右的乡，可建立民族乡。

民族乡可由一个少数民族建立，也可由几个少数民族共同建立。

民族乡的名称，以地方名称和建立民族乡的少数民族名称组成。

第三条 民族乡的建立，由所在的县（市、区）、自治县人民政府同有关民族的代表充分协商拟定，经所在市（州）人民政府、地区行政公署审查同意后报省人民政府批准。

民族乡特殊情况需要撤销或合并，按前款规定办理。

第四条 民族乡工作必须以经济建设为中心，坚持四项基本原则，坚持改革开放，保障民族乡内各民族的合法权益，维护和发展平等、团结、互助的社会主义民族关系。

第五条 民族乡国家机关在执行职务时，使用当地民族通用的一种或几种语言文字。

民族乡国家机关的牌匾、公章等，同时使用建立民族乡的少数民族的文字和汉字。

第六条 民族乡人民政府的乡长，由建立民族乡的少数民族的公民担任。

民族乡人民政府工作人员的配备应照顾乡内各民族，所占比例与其人口占全乡总人口的比例相适应。

第七条 民族乡人民政府可在编制总额内，按照精简、效能的原则，自行决定工作人员的配备。少数民族干部不足时，除国家分配、调剂外，可在增干指标内从少数民族公民中择优招聘。招聘干部在受聘期间享受国家机关工作人员的同等待遇。

第八条 民族乡人民政府依法管理和保护当地的土地、森林、草原、矿藏、河流、湖泊等自然资源。

第九条 民族乡人民政府根据本地的自然条件、资源状况和民族特点，因地制宜地发展农林牧副渔业生产，积极兴办乡镇企业，实现各民族的共同富裕。

第十条 民族乡人民政府根据本地实际情况，发展教育、科技、文化、卫生、体育等事业，促进社会主义精神文明建设。

第十一条 民族乡应当积极发展民族幼儿教育、职业技术教育和成人教育，办好民族学校或民族班，逐步普及义务教育。

民族校（班）使用汉语言文字教学的同时，可根据群众意愿使用当地通用的少数民族语言文字。

第十二条 民族乡应重视科普宣传，推广先进实用技术，依靠科学技术提高生产力。

第十三条 民族乡要积极兴办文化娱乐设施，开展群众性的民族文化体育活动，丰富和发展各民族的传统文化。

第十四条 民族乡要办好卫生院（所、站），发展初级卫生保健事业；培养、使用少数民族医疗卫生保健人员，发挥民族医药在防病治病中的作用。

第十五条 民族乡必须做好计划生育工作，落实人口与计划生育目标管理责任制，控制人口数量，提高人口素质。

第十六条 辖有民族乡的地方人民政府应当采取多种措施，在资金、物资、技术、信息等方面对民族乡给予扶持和帮助，促进民族乡发展经济和社会事业。

第十七条 辖有民族乡的县级人民政府可根据实际情况对民族乡财政实行定额上解、增收全留或定额补助等办法，并按核定的包干基数百分之二至百分之三设置民族机动金和预备费。对民族乡财政征收和节余的资金，全部归民族乡自主安排使用。

辖有民族乡的地方人民政府在分配支援不发达地区发展资金等专项资金时，对民族乡予以适当照顾。

第十八条 辖有民族乡的地方人民政府及有关部门，根据税收法律、法规和政策的规定以及管理权限，对民族乡新办的集体企业酌情减税和免税。

对民族乡用于发展生产、资源开发的贷款，按规定予以优先安排。

第十九条 辖有民族乡的县级人民政府应当逐步增加民族乡的教育经费，用于发展民族教育事业。教育部门安排学校基建、修缮、教学设施费用，应优先照顾民族乡。

大中专院校、技工学校按规定对民族乡考生降分录取，并可对民族乡实行定向招生、定向分配，为民族乡培养建设人才。

第二十条 提倡和鼓励教师、科技人员、管理人员到民族乡工作，帮助民族乡发展各项建设事业。

第二十一条 在民族乡开发资源、兴办企业或进行工程建设，要适当照顾民族乡的利益，带动民族乡的发展。

第二十二条 本规定具体适用中的问题，由省民族事务委员会负责解释。

第二十三条 本规定自发布之日起施行。

中共四川省委办公厅　四川省人民政府办公厅
关于转发进一步做好我省培养选拔少数民族干部工作意见的通知

川委办〔1994〕32号

各市、地、州委，各市、州人民政府，各地区行政公署，省级各部门：

省委组织部、省委统战部、省委民族工委、省民委《关于进一步做好我省培养选拔少数民族干部工作的意见》，已经省委、省政府同意，现转发给你们，请结合实际情况研究执行。大力培养选拔少数民族干部，是实现民族平等，加强民族团结，加快民族地区改革开放和经济发展步伐，保持政治稳定的关键，各级党委和政府要高度重视，切实做好四川省培养选拔少数民族干部工作。

一九九四年七月五日

中共四川省委组织部　省委统战部　省委民族工委　四川省民委
关于进一步做好四川省培养选拔少数民族干部工作的意见

四川省是一个多民族的省份，少数民族占有很大的比重，民族干部工作，是四川省干部工作的重要组成部分，大力培养少数民族干部，是实现民族平等、加强民族团结、实行民族区域自治制度和加快民族地区改革开放、经济发展的关键。党的十一届三中全会以来，各级党委、政府认真贯彻执行党的干部路线和民族政策，坚持按中央关于大力培养和选拔少数民族干部的方针，使四川省民族地区的干部工作有了较大的发展，在培养选拔少数民族干部方面取得了一定成绩，一大批少数民族干部走上了各级领导岗位，他们为民族地区的稳定和发展以及“两个文明”建设做出了重要贡献。

为进一步壮大四川省少数民族干部队伍，提高少数民族干部的素质，培养和造就一大批优秀的民族干部，按照全国培养选拔少数民族干部工作座谈会精神和中组发（1993）9号文件精神，现提出以下意见。

一、采取多种途径，大力加强对少数民族干部的培养、锻炼，着眼于全面提高少数民族干部的政治、思想、文化素质和能力

1. 进一步加强政治理论教育，努力提高民族干部的政治思想素质。在现有基础上普遍对少数民族干部进行一次马克思主义基本理论的学习和教育，使他们基本掌握建设有中国特色社会主义理论，树立马克思主义的民族观和宗教观，学会运用马克思主义的立场、观点和方法去分析和处理问题。县（处）级以上各级各类领导干部在每届任期内应分期分批到各级党校集中培训一次，重点学习马克思主义的基本理论和邓小平同志建设有中国特色社会主义理论。培训时间不得少于三个月。区科以下干部，也要接受一至二次政治理论培训。

2. 进一步加强发展社会主义市场经济需要的专业、文化知识教育，不断提高民族干部的科学文化素质。采取多渠道、多层次、多形式的办学手段和办学方法，大力培训少数民族干部，提高他们的科学文化素质。一是抓好基础教育，各地要从实际情况出发，认真贯彻实施义务教育法，不断改善办学条件，提高教学水平。二是要进一步开展成人教育。省委两所党校要继续办好民族干部大专班，各市、地、州委党校要突出以中专（高中）为重点的文化科技培训，各级干校、大、中专院校，广播、函授等也要利用社会化、开放性的办学形式举办高中、初中文化补习班和科学知识普及班。到二〇〇〇年，年龄在五十岁以下的县级和县级以上的少数民族干部基本上都要具有大专文化程度。

3. 进一步加强业务培训，不断提高民族干部的科学管理水平和业务能力。有计划、有针对性地采取多种形式，加强以提高领导水平为目的，以实践锻炼为特征的领导干部培养；大力开展业务培训，每年有计划地组织少数民族干部学习现代化管理和履行岗位职责所需要专业知识和技能，提高解决实际问题的能力；对有一定领导工作基础、有培养前途的民族干部，提拔使用前，要先送到党校进行以适应领导职务要求，提高政治、思想水平为目标的长、中、短期培训，先培训，后上岗，凡未经过党校培训的不得提拔担任上级领导职务。

4. 坚持德才兼备的原则，大胆地把那些在改革开放和经济建设中成绩突出、政治立场坚定、改革开放意识强、群众公认的优秀民族干部选拔到各级领导岗位上来。

二、加强各级领导班子的组织、思想、作风建设

1. 积极开展以“学习、团结、廉洁、勤政”为主要内容的创“四好”活动，加强各级领导班子思想作风建设，根据新形势、新任务的要求，给“四好”活动注入新内容，提出新要求，力争五年内民族聚居地区的州（地）、县党政班子达到“四好”标准。

2. 优化班子结构，努力培养党政主要领导干部。民族地区的领导班子建设，要在贯彻落实“两个离不开”的基础上，积极选拔少数民族干部进入州、县级领导班子。在民族杂散地区也要注意培养选拔少数民族干部进入各级领导班子。使少数民族干部在班子中占有适当的比例。各级组织、统战、人事部门还要注意培养和选拔少数民族非党干部和少数民族女干部进入各级领导班子。

3. 抓好党风建设和廉政建设。要教育广大党员干部自觉遵守党的纪律，增强党性锻炼，坚持党性原则，自觉维护党的团结和统一，积极开展反腐倡廉斗争，发扬勤政廉洁、艰苦创业的精神，树立全心全意为人民服务的好风尚。

三、加强民族地区的后备干部队伍建设

1. 各级党委要建立少数民族后备干部名单，州、县两级党政班子后备干部中，少数民族要达到十至十五名，后备干部名单中，要有少数民族非党员干部和女干部。少数民族散、杂居地区的市、县党政班子后备干部中，也要有三至五名少数民族干部。

2. 采取有效措施，切实加强对少数民族后备干部的培养。加强对后备干部的培养，是后备干部从选拔到使用过程中极其重要的环节，因此，要对已列入名单的后备干部根据其不同阅历、不同行业、不同层次的要求和缺什么补什么的原则，确定培养目标，制定培养规划，采取多种形式进行培养。

3. 进一步抓好备用结合，完善后备干部管理制度。在培养选拔后备干部工作中，要把各级领导班子建设的近期和远期需要紧密结合起来，不仅要有充足的数量，而且还要保证质量；要对已列入名单的后备干部，按照德才兼备的原则，定期进行深入、认真的考察，并根据新情况、新的要求，随时补充调整，实行滚动式的管理。

四、进一步搞好干部培训

省委党校和省委第二党校应继续办好民族干部班，定期举办民族地区党校师资进修班，为三州一地党校培训教师。省委二所党校和省级机关党校应对口支援黔江地区和三州州委党校，选派一批党性强、素质高的教师去任教，或帮助提高教学质量。西南民院应主动安排为三州培训民族干部。省经济、财政、行政、政法、农业、教育、卫生、计划生育、商业、粮食、城乡建设等干部院校，应采取举办岗位培训班和业务短训班等形式，为民族地区培训干部，其收费标准要适当降低。有关大专院校也要积极为民族地区培养中高级专业人才。继续发挥州、县两级党校的培训作用，为本地区培养更多的人才。在今后几年内，省委组织部要分期、分批有计划、有重点地帮助部分党校改善办学条件。为确保各项培训措施的落实，各级财政部门要大力支持民族干部的培养工作，适当增加培训经费。

五、采取多种办法，为民族地区培养教育、卫生、科技和管理等方面人才

除继续办好现有高校民族预科班外，根据民族地区基础教育的发展以及生源情况，今后几年内，按既要适当扩大规模，又要保证质量的原则，逐步把高校预科班的招生数扩大。省计委、省教委和省招委要做好相关的计划衔接工作。成都、重庆、德阳、绵阳等市分别确定一所条件较好的中学为民族地区开办民族初中班。自贡、攀校花、乐山三市应派出一定数量的骨干教师到受援地区任教。省里要帮助凉山州办好凉山大学和凉山中学。各地要下大决心加强民族基础教育，逐步提高教育普及程度和教育质量，大力提倡和帮助培养乡土人才和农牧工业初级技术人才，以解决经济发展的迫切需要，从根本上解决人才缺乏问题。

六、加强对口支援，带动民族地区的经济、科技和文化事业的发展

省级机关和成都、重庆、自贡、攀枝花、绵阳、德阳、乐山、内江、泸州、南充等市，除划定的对口支援民族地区外，还要进一步扩大对口支援的范围，承担对口支援任务的市应根据被支援地区的需要制定出人才支援计划，按受支援地区提出的项目和任务，分期分批选派一定数量的优秀人员（主要是教育、卫生、科技和管理等方面）到对口支援的民族地区工作，其工作时间按任务、项目完成的期限进行轮换。省委组织部要继续扩大向民族地区选派科技副县长。省卫生厅要继续坚持和完善省级医疗卫生单位新分配大学生下派制度，同时要有针对性地组织有较高水平的医务人员到民族地区帮助工作。继续实行三州和黔江地区派医务人员到对口省级医疗卫生单位免费进修培训制度。省科委、科协也应派出科技服务团，开展科技服务，既为民族地区普及科学技术知识，又为民族地区培训科技人才。省委统战部要继续组织全省民主党派、工商联组织和科技界人士积极投身民族地区经济的开发，利用自身的智能知识、技术和网络渠道对民族地区进行广泛的智力服务，省委民族工委应给予大力支持。

七、继续有组织、有计划地选派少数民族地区领导干部到省级机关、国营大中型企事业、公司和内地经济较发达地区挂职锻炼

实践证明，这是加快培养少数民族领导干部的最有效的方式之一，今后将长期坚持下去，到二○○○年，力争县级党政班子中主要领导同志在任职前或任期内安排一次挂职锻炼。同时，还要选调适量的少数民族干部到省级机关特别是一些综合部门工作。

八、积极开展干部交流和轮岗锻炼，在实践中培养少数民族干部

为了使少数民族干部尽快提高组织领导才能和实际工作能力，各级组织人事部门要进一步做好干部交流工作，加大干部交流的力度，采取易地交流、轮换岗位、上挂见习、下基层任职等形式，对少数民族干部进行培养。对那些有一定文化知识、表现较好但缺乏基层实践经验的中青年干部，要将他们放到基层领导岗位任职，进行以提高领导工作能力为目标的锻炼；对那些比较年轻、优秀但现还处于较低层次的少数民族干部，及时搭台阶、压担子，帮助他们积累领导经验；对那些长期在一个地方、一个单位工作的少数民族干部，实行易地交流或单位之间的横向换岗、交叉任职，使他们接触和熟悉多方面的工作。今后要把干部交流作为一项制度长期坚持下去。

九、加强领导，狠抓落实

各级党委、政府要把培养少数民族干部工作纳入议事日程，切实加强领导，根据本地政治、经济、文化、社会发展的需要和干部队伍的状况，制定切实可行的意见和实施办法，狠抓落实。

各级党委组织部、统战部和民族工委要密切配合，在同级党委、政府的领导下，担负起培养少数民族干部工作的组织、协调、督促、检查、指导责任，经常检查执行情况，主动向党委汇报工作，提出改进意见，共同做好培养少数民族干部工作。

一九九四年五月三日

中共四川省委　四川省人民政府
关于加强散杂居少数民族工作的意见

川委发〔2003〕18号

各市、州、县委，各市、州、县人民政府，省级各部门：

四川是一个多民族大省。全省除民族自治地方外，还有散杂居少数民族81万，占全省少数民族总人口的19.5%。长期以来，各级党委、政府高度重视散杂居少数民族工作，加强领导，采取切实有效措施，制定了一系列优惠政策，帮助散杂居少数民族发展经济和社会事业，取得了显著成绩。但是，由于历史条件、自然环境等诸多因素制约，散杂居少数民族地区经济社会发展不平衡，整体生产力水平低，还存在不少困难和问题。为认真贯彻落实党的十六大和省第八次党代会精神，努力实践“三个代表”重要思想，促进四川省散杂居少数民族经济社会的跨越式发展，全面建设小康社会，现就加强四川省散杂居少数民族工作提出以下意见。

一、积极帮助散杂居少数民族加快经济发展和基础设施建设

1. 各地、各部门要结合实际，认真贯彻落实中央和省制定的帮助、扶持散杂居少数民族发展经济和社会事业的各项政策，加大对散杂居少数民族的扶持力度。从2003年起，每年从中央分配四川省的少数民族发展资金中，调剂增加安排省散杂居少数民族发展资金。省以工代赈资金、省财政扶贫资金以及国家投入的扶贫资金、下达给四川省的少数民族发展资金、支援不发达地区发展资金要向散杂居少数民族地区和民族乡适当倾斜。市、县两级设立或增加民族工作机动资金，主要用于帮助散杂居少数民族发展经济和社会事业。

2. 要增加对民族乡水电、交通、邮电、通讯等基础设施建设的投入。水利、电力部门要帮助少数民族和民族乡、村解决人畜饮水问题以及进行小流域综合治理和开发利用，力争在较短时间内使少数民族聚居村实现村村有电。交通部门要积极帮助民族乡、村改善交通条件。各级政府要在“十五”期间安排经费帮助民族乡发展通讯事业，电信部门对此要给予大力支持和帮助。

3. 要加大扶贫力度，增加投入，减轻农民负担，帮助散杂居少数民族尽快脱贫。继续对民族乡、村进行对口支援，各地要组织有关部门和企事业单位，与民族乡、村建立长期稳定的对口支援关系，做到受援乡、村不脱贫，对口支援工作就不脱钩；要组织一批优势企业、大专院校、科研单位、医疗机构，采取多种方式，对口支援民族乡发展文化、教育、卫生事业，加快民族乡、村经济发展。

4. 要采取特殊措施扶持民族乡的企业发展，对符合产业政策、经济效益好的项目积极扶持，对散杂居少数民族发展个体、私营经济在办证、发照、贷款、税收等方面给予政策优惠。要积极帮助散杂居少数民族和民族乡调整产业结构，扶持优势产业，培植新的经济增长点。要积极帮助民族乡实施天然林保护和退耕还林工程，对原林业经济所占比重大的民族乡，帮助其选准新的发展路子，搞好植树造林，发展经济林木，保持生态平衡，提高综合效益。各级政府要加大投入，支持民族乡建设集市贸易市场，加快小城镇建设。

二、大力发展散杂居少数民族教育、科技、文化、卫生等社会事业

5. 要认真贯彻执行省委办公厅、省政府办公厅转发的《省教育厅、省民委关于进一步加快四川省少数民族散杂居地区教育发展的意见》（川委办〔2002〕33号），采取切实有效措施，有计划、分步骤地推进少数民族散杂居地区教育事业加快发展。对少数民族考生继续实行加分录取和定向招生的办法，扩大招生规模。计划、教育部门每年要划出一定比例，录取少数民族考生进入大中专院校学习。对特困少数民族考生学杂费给予减免和照顾。各级教育部门要加强对民族教育师资力量的培养，每年安排资金和名额，帮助民族乡、村学校教师轮流到教师进修校学习提高，逐步减少直到取消民族乡、村学校的代课人员。大力发展职业技术教育，用3至5年时间使少数民族较多的县（市、区）建成一所规范的并与当地产业发展相适应的综合性少数民族职业中学。认真办好寄宿制教育。

6. 要继续帮助散杂居少数民族和民族乡发展科技事业。在制定和实施科技发展规划时要对民族乡、村给予特殊扶持。县级科技部门要积极帮助民族乡建立实用科技推广站。继续支持科研单位、民主党派、大专院校采取多种形式对散杂居少数民族和民族乡进行科技扶贫。

7. 广播电视、文化、体育部门要帮助民族乡建设好广播站、文化站和卫星电视接收站，提高广播电视覆盖率，积极引导少数民族群众开展全民健身活动。

8. 要加大对散杂居少数民族和民族乡医疗卫生建设的投入，积极帮助民族乡改造乡卫生院的危房、搞好配套设施建设，切实解决少数民族群众缺医少药和看病难的问题。

三、实行财政税收金融优惠政策

9. 随着经济发展和财政收入增加，县级政府要逐步加大对民族乡的财政转移支付力度，增加资金投入。

10. 要对散杂居少数民族和民族乡在税收上给予一定的优惠扶持政策。对散杂居少数民族中未解决温饱的贫困户，经县以上地税机关审核批准，可继续实行减征或免征农业税的政策。对散杂居少数民族新办的企业，符合企业所得税纳税人条件和新办企业优惠政策规定的，可减征或免征所得税1年。

11. 要采取措施继续扶持清真“三食”（肉食、副食、饮食）企业。各地可根据物价上涨指数适当提高清真饮食习俗的少数民族职工伙食补贴标准。

12. 金融部门的开发性贷款、小额贷款以及扶贫贴息贷款和其他专项贴息贷款要向散杂居少数民族和民族乡适当倾斜。对散杂居少数民族和民族乡办的企业、重点项目，金融部门应采取特殊措施，支持企业健康发展。

四、加快少数民族干部的培养、使用，建设一支高素质的散杂居少数民族干部队伍

13. 各级组织人事部门要积极培养和选拔少数民族干部，对政治坚定、实绩突出、群众公认的少数民族干部要及时提拔和使用。享受民族地区待遇和辖民族乡的县（区）要在党委或政府领导班子中配备少数民族干部。市和县（市、区）人大、政协在换届时要有少数民族代表、委员。民族工作任务较重的要在党委或政府领导班子中选配少数民族干部。

14. 要加强少数民族干部队伍建设，使少数民族干部数量与当地少数民族人口比例相适应。各地在录用公务员时，要充分考虑当地少数民族实际，采取加分录取的办法，对少数民族报考者予以适当照顾。

15. 要加强少数民族干部的培养。选派少数民族干部到中央国家机关、省级机关和沿海发达地区挂职锻炼，选派民族乡干部在本地区市、县级机关或经济发达的乡（镇）任职或挂职锻炼。选送少数民族干部到各级党校和干部院校进修、培训，制定政策，鼓励少数民族干部通过自学、脱产学习等形式参加更高层次的国民学历教育。

16. 要制定优惠的政策措施，鼓励和吸引人才到条件艰苦的边远民族地区和民族乡工作。

五、切实加强对散杂居少数民族工作的领导，加强民族团结，维护社会稳定

17. 各级党委、政府要切实加强对民族工作的领导，明确 1 名领导同志分管民族工作，定期听取工作汇报，及时研究、认真解决重大问题，为少数民族群众办实事。要建立健全民族工作机构，积极为民族工作部门提供必要的工作条件，保证民族工作部门的业务经费。民族工作部门要加强自身建设，充分发挥好党委、政府的参谋助手作用，切实抓好各项民族工作。

18. 各级宣传、教育、新闻、出版等部门要认真贯彻执行党的民族政策，加强马克思主义民族观、民族理论和民族政策、法律法规的宣传教育，传播民族优秀传统文化。各级党校、干校要安排民族理论和民族政策教育课，中小学要开展民族常识教育。城市治安管理等部门和车站、旅馆等服务行业要经常性地开展民族团结的宣传教育，增强民族政策观念，注意尊重少数民族的风俗习惯。要在散杂居少数民族地区进一步开展争创民族团结进步模范的活动，定期表彰，推动当地民族团结进步事业。

19. 要加强各民族友好交往的管理、服务、协调工作。少数民族往来较多的大中城市要建立由相关部门组成的民族团结协调小组或社区服务站，促进各民族友好交往。

20. 对散居在城市的少数民族，有关部门要在政治上给予关心，生活上给予照顾，尽量为他们提供良好的工作、生活环境。对下岗少数民族职工，有关部门要优先帮助他们再就业。对婚迁到农村的少数民族群众，当地政府要帮助他们解决户口、宅基地等具体困难。对少数民族群众新建或改建房屋，国土、城建、林业等部门要给予支持帮助。

中共四川省委　四川省人民政府

二〇〇三年五月

四川省民族地区教育发展十年行动计划

川委发〔2000〕53号

发展民族地区教育，是促进民族地区经济发展、社会进步的根本途径，是民族地区各族群众摆脱愚昧落后、脱贫致富的关键所在。四川是一个多民族大省，由于历史、地理、经济等多方面的原因，民族地区教育发展滞后，是四川省实施“两基”的难点。党中央西部大开发战略的实施，给四川省民族地区加快发展提供了难得的历史机遇，为了改变民族地区教育的落后状况，促进民族地区经济社会发展，实现各民族共同繁荣进步，特制定本行动计划。

一、民族地区教育的基本状况

建国前，四川省民族地区少数民族聚居县基本没有学校教育。中华人民共和国成立50年来，特别是改革开放以来，民族地区教育有了很大的发展，取得了显著成绩。在校点布局、校舍设施、办学形式、招生办法、教育方式等方面探索出了比较切合实际的路子。截止1999年底，全省50个民族自治县（市）已有37个县基本普及小学教育，有5个县基本普及九年义务教育，有30个县基本扫除青壮年文盲。民族地区中小学、中等职业学校、高等学校（教学点）共计7888所，在校学生达82.5万人。

但是，四川省民族地区教育总体水平仍然落后，发展也极不平衡，很不适应民族地区经济社会发展的需要。至今还有13个县未普及小学教育，45个县未普及九年义务教育，20个县未实施基本扫除青壮年文盲；有4个县小学入学率不到60%，个别县的初中入学率仅为百分之几；在已经普及义务教育和扫除青壮年文盲的地方，巩固提高的任务还十分艰巨；职业教育和成人教育发展相对滞后；教学质量和办学效益不高；办学形式、教学模式还存在着与社会发展不相适应的地方。

一些地方党政领导对教育战略地位和优先发展的认识不高、重视不够，加之部分群众对教育尚无迫切要求，少数群众还存在不愿送子女入学等落后观念，致使部分地方入学率下滑，辍学情况严重。在藏区，一些地方的寺庙对实施义务教育也有消极影响。由于受经济发展的制约，民族地区教育经费中人头经费占95%左右，用于事业发展的资金很少，一些地方还存在拖欠、挪用教育经费的现象，学校设施条件普遍较差，严重制约着教育的发展。

在三州，尚有10%的中小学教师学历未达标，有相当一部分教师虽然学历达标，但实际教学水平还有较大差距。一些地方为了节约经费，聘请了一些不具备教师资格的小学代课教师，这类代课教师已占民族地区小学专任教师总数的20%，师资队伍的数量和素质都不能适应教育发晨的要求。

民族地区教育改革进展迟缓，以政府办学为主，社会各界多方筹集资金办学的投资体制尚未形成。中等及中等以下学校管理体制改革还处于起步阶段，教育结构调整、学校内部改革和加强管理的力度不够，管理水平、教育质量和办学效益有待提高。

四川省民族地区教育总体水平虽然落后，但经过几十年的创业和探索，现已具备了加快教育发展的条件。实施西部大开发战略，既为四川省民族地区教育发展带来了难得的历史机遇，又对四川省民族地区教育事业提出了新的更高的要求。我们必须抓住机遇，通过10年的艰苦努力，从根本上改变民族地区教育的落后状况，使教育发展跨上一个新台阶。

二、民族地区教育发展的指导思想和目标任务

发展四川省民族地区教育的指导思想是：以邓小平理论为指导，以西部大开发为契机，把发展教育作为民族地区脱贫致富、繁荣进步的根本措施，继续对民族地区教育实行特殊的扶持政策。按照优先发展、适度超前、总体规划、分类指导、分步实施的原则，积极推进民族地区基本普及九年义务教育和基本扫除青壮年文盲的工作进程、大力发展职业教育、成人教育和高等教育，不断提高各族人民的思想和科学文化素质，努力实现民族地区跨越式的发展，促进各民族的团结、发展、繁荣和进步。

从现在起到2010年，四川省民族地区教育事业的奋斗目标是：基本普及九年义务教育和基本扫除青壮年文盲，强化基础教育、职业教育，发展成人教育、高等教育，建立基本适应当地经济社会发展和西部大开发需要、体现民族特色和时代特点的民族地区教育体系，在推进素质教育、实现教育资源优化配置的基础上，使教育更直接地为群众脱贫致富服务，为经济社会发展服务。

分类分阶段目标：

以普及小学教育的先后为基准，把民族地区分为三类地区。西昌、德昌、会理、会东、宁南、冕宁、峨边、马边、汶川、理县、茂县、金川、九寨沟、马尔康、泸定、丹巴、康定、九龙、乡城19个县为一类地区；盐源、喜德、普格、甘洛、昭觉、木里、雷波、越西、金阳、黑水，小金、松潘、若尔盖、红原、阿坝、甘孜、炉霍、巴塘、稻城、得荣、新龙、雅江、道孚23个县为二类地区；布拖、美姑、壤塘、石渠、白玉、色达、德格、理塘8个县为三类地区。

第一阶段，从现在到2005年，积极推进“两基”。一类地区基本普及九年义务教育，普及九年义务教育地区人口占民族地区总人口的50%以上；二类地区巩固提高普及小学教育成果，接近普及九年义务教育要求；三类地区基本普及小学教育。一、二类地区基本扫除青壮年文盲，扫除青壮年文盲地区人口占民族地区总人口90%以上。扫除青壮年文盲工作与培训农牧民掌握实用技术紧密结合。大力发展职业教育、成人教育和高等教育。

第二阶段，从2006年到2010年，基本实现“两基”。一类地区巩固提高普及九年义务教育成果，有计划地发展普通高中教育和职业技术教育；二类地区基本普及九年义务教育，普及九年义务教育地区人口累计占民族地区总人口的85%以上，民族地区基本实现普及九年义务教育；三类地区巩固提高普及小学教育成果，接近普及九年义务教育的要求。一、二类地区巩固提高扫除青壮年文盲成果，三类地区基本扫除青壮年文盲。

实现上述目标要着力完成以下五项主要任务：

（一）*教育改革有较大进展*。深化教育管理体制、投资体制和学校内部管理体制、改革。强化政府统筹，打破条块分割，调整教育结构，合理布局校点，优化资源配置；在坚持财政投入为主的同时，建立有效机制，加强对民族地区教育的对口支援，调动广大农牧民办学积极性，鼓励和支持社会力量办学；努力提高学校管理水平，推进素质教育，使教育质量和办学效益有显著提高。

（二）*办学条件显著改善*。完成中小学校点布局调整，所有学校硬件建设达到无危房、有教室、有课桌凳、有旗杆、有厕所的办学基本要求。大多数学校在“一无四有”的基础上，逐步实现有广播电视、有基本的仪器设备、音体美器材、图书，有宿舍，有运动场地、绿化场地、农牧业生产基地等。

（三）*师资队伍明显加强*。建设一支数量足够、素质合格、学科配套、相对稳定的师资队伍，基

本满足实施九年义务教育的需要。小学教师全部学历达标，初中教师学历达标率达95%以上，高中教师学科配套、学历达标率达到90%左右，学历达标教师基本能胜任教学工作。当地各民族教师成为中小学教师队伍的主体，培养一批能全面推进素质教育的骨干和学科带头人。

（四）寄宿制学校有大的发展。从民族地区的实际出发，积极发展寄宿制学校。到2010年，寄宿制中小学生达到30万人左右，寄宿制学校的教学、生活设施基本配套，农区寄宿制学校有菜地，牧区寄宿制学校有草场。力争把所有寄宿制学校建设成办学条件基本完善，家长放心、群众满意的学校。

（五）初步建立民族地区远程教育体系。所有县能收转中央和省的教育电视节目，以广播电视村村通为基础，实现广播电视校校通，大多数乡镇中心完小及以上学校能用计算机进行辅助教学，县城中小学与省级教育网络联网。

三、加快民族地区教育发展的保障措施

（一）进一步提高思想认识。民族地区的发展，不仅是一个重大的经济问题，也是一个重大的政治问题。民族地区教育发展落后，人的素质上不去，将成为民族地区经济社会发展的根本制约因素。各级党委、政府和有关部门一定要充分认识到发展民族地区教育事业的重要性和紧迫性。要从实施西部大开发和落实科教兴川战略的高度，从加快民族地区发展，实现各民族共同繁荣进步和国家长治久安的大局出发，把关心、支持和抓好民族地区教育发展作为贯彻江泽民同志“三个代表”重要思想的实际行动，把民族地区教育作为一项战略性、先导性、基础性工作，切实放在优先发展地位，抓紧、抓实、抓好。

（二）加强宣传教育，加大教育法律法规的执法力度。要教育和引导广大干部群众转变观念，充分认识到如果不从娃娃抓起，首先把九年义务教育抓好，民族地区的脱贫致富，摆脱愚昧落后，过上小康生活等都将是一句空话。要加强教育法律法规宣传，依法保证义务教育年龄阶段的少年儿童都能入学。要建立和完善教育地方性法规，加大教育行政执法力度，认真实施和推行教育行政执法责任制，增强各级政府、有关部门依法行政、依法治教的意识。各级各类学校要全面开展依法治校工作，促进学校管理民主化、科学化。

（三）切实加大对教育的投入。各级党委、政府要千方百计增大教育投入。未来10年，按最低标准测算，实现民族地区教育发展目标任务需新增投入40亿元。鉴于四川省目前财政承受能力的实际情况，在认真落实对民族地区教育对口支援，大力吸纳社会资金办学、加大教育结构调整、挖掘现有资源潜力的同时，10年之内努力协调落实30亿元，用于发展民族地区教育，并力争在实施中进一步增加。重点用于改善办学条件，加强师资队伍建设，大力发展寄宿制学校，提高学生生活补助和建设远程教育网络。

在2001年到2010年间，省财政厅和省教育厅积极向中央争取每年对四川省民族地区教育专项补助1亿元。省扶贫办在扶贫资金中每年集中民族地区教育财政扶贫资金1亿元。省级有关部门以及民族地区保证每年共筹措资金1亿元以上用于民族地区教育。其中省财政每年新增2000万元，省民委在现有“两项资金”中每年列出3000万元，省计委每年争取国家和省投资1500万元，省教育厅每年从两基经费中划出2000万元，三州调整支出结构每年增加教育投入共计1500万元。同时，要积极争取内地支援、国外援助和社会捐赠。

农村税费改革后，义务教育经费要纳入地方预算，从财政体制上切实加以保证。要加强城市教育费附加的征收，把已经确定的各项政策用好。广泛发动群众为发展教育投工投料，捐资助学。

为了保证教育经费及时、足额到位，不被克扣、挪用，今后中央和省划拨给民族地区的教育专项经费必须按照财政体制改革的要求，实行归口管理，由教育行政部门统一安排，财政直接拨付。省级有关部门用于民族地区教育的专项资金，也要统一规划安排，切实按项目拨款到位。省教育厅、省民委要根据本行动计划的要求，提出项目和经费具体安排意见，报省协调领导小组审定后实施。审计部门要加强审计监督，确保资金安全，务必做到专款专用。

（四）认真落实对民族地区教育的对口支援。对口支援是帮助民族地区加快教育发展的重要途径。要认真贯彻落实《中共中央办公厅国务院办公厅关于推动东西部地区学校对口支援工作的通知》（厅字〔2000〕13号），积极争取浙江等东部省市组织更多的学校对口支援四川省民族地区的学校。要建立健全对口支援民族地区教育发展的机制，发动全省特别是较发达的地区和省级各部门、各单位支援民族地区教育。这既是促进发达地区教师队伍建设的重要措施，也是解决民族地区师资不足、水平不高、设施落后的有效办法。通过对口支援，动员各方面的力量帮助民族地区实现“两基”任务。目前，要认真组织好省内成都、绵阳、德阳等8个市按照县对县、校对校的方式对口支援甘孜、阿坝、凉山三州47个县的中小学。乐山市负责组织所属县（区）的中小学对口支援峨边县、马边县的学校。对口支援的学校要选派教师和管理人员到民族地区任教、任职；民族地区学校要选派教师和管理人员到内地学校挂职，以帮助提高民族地区学校的教育质量和管理水平。内地学校对民族地区受援学校要给予力所能及的经费、物资、设备支持。在加强教育对口支援的同时，鼓励开展多种形式的联合办学，为民族地区引进先进的教学模式、教学方法和现代设施。要建立责任制，每个对口支援的市、县（区）都要有一位政府领导负责，定期到受援地区学校指导工作；对口支援的学校要组织干部、教师深入受援学校。县、校对口10年不变，具体人员可定期轮换。要制定具体政策，解决好支教人员的生活待遇和工作条件。要发动各级党政机关、群团组织和企事业单位捐资捐物支援民族地区教育，动员全社会都来关心、支持四川省民族地区教育事业的发展。

（五）切实加强师资队伍建设。教育大计，教师为本。要有计划地把民族地区在职教师保送到各级各类师范院校进行在职或离职进修，提高教育教学水平。逐步清退代课教师。加强中小学校长和教育行政管理干部培训，提高教育管理水平。办好民族地区的师范学校，并在内地师范院校定向为民族地区培养师资。制定相关优惠政策，为民族地区补充高中缺科教师。通过优惠政策和激励机制，鼓励引导教师到农村、牧区任教，可采取双薪制等办法，聘用内地教师到民族地区工作。根据需要，由省统筹规划为内地到民族地区高校工作的教师在内地修建退休教师住所。加强师德教育，强化教师的责任心和奉献意识。

（六）努力发展职业技术教育。发展职业技术教育，既是教育服务于经济社会发展的需要，也是教育在市场经济条件下健康发展的内在要求。民族地区职业教育应走普通职业教育、成人职业教育并举，初等、中等、高等职业教育协调发展的路子。多数地区以发展初等职业教育、办综合中学为主；充分依托现有中专、技工校和与内地国家级、省级重点职业学校联合办学，发展中等职业教育，依托民族地区高等学校发展高等职业教育。努力做到按民族地区经济社会发展需要培养人才。

（七）积极发展以卫星电视教学为重点的现代远程教育。现代远程教育是随着现代信息技术的发展而产生的一种跨时空的新型教育方式，在民族地区具有特殊重要的作用。要纳入当地广播电视发展规划，大力发展民族地区卫星电视教育，在广播电视村村通工程的基础上实施广播电视校校通工程。积极创造条件发展民族地区教育校园网络，大力开发先进适用的教育教学软件，推广应用现代化技术手段，搞好多样化的电化教育和计算机辅助教学。

（八）加强寄宿制学校建设，因地制宜开展双语教学。寄宿制和双语教学是针对民族地区特点而采取的特殊办学形式和教学模式。未来10年，通过科学规划，在民族地区新办寄宿制乡中心完小300所，改扩建寄宿制乡中心完小500所，并进一步完善中学寄宿制建设。要适当划拨土地和草场，让寄宿制学校自办小农场或小牧场，实现蔬菜、肉奶的自给或半自给。提高民族地区受义务教育学生生活补助，规范生活补助的发放办法，逐步走上学生生活费以家长负担为主、国家适当补贴的路子。根据语言环境、群众意愿等实际情况，因地制宜地开展双语教学，使双语教学为提高民族地区教育质量和人口素质服务。

（九）调整教育结构，合理利用资源，提高办学效益。按照省的统一部署，结合民族地区实际，调整好民族地区的教育结构。调整高等教育结构，努力把民族地区现有高等学校逐步办成综合性的高等院校。继续采取特殊的招生政策，定向为民族地区培养急需人才，在更多科类的大专院校进一步办好少数民族预科班。少数民族本科预科生的直升要根据民族地区需要，逐步增加升入省内重点院校的比重。调整中师、中专、技校和职业中学的结构，由州统筹，办成综合性的职业技术学校或职业技术教育中心。12万人以内的县原则上只办一所综合性的高完中，不单独办职业中学和民族中学。继续办好内地中学民族班和民族中学。调整小学校点布局，在保证让学生进得来、留得住的前提下，尽可能集中办学，把乡中心完小和村小建设成为多功能的学校。

（十）加强领导，建立工作责任制。办好教育是各级党委、政府的一项重要任务和工作职责。为了保证本行动计划的顺利实施，各级党委、政府特别是民族地区各级党委、政府要进一步加强对教育工作的领导，建立工作责任制，民族地区各级政府主要领导是实施本行动计划的第一责任人。省教育厅、省民委、省财政厅、省扶贫办等部门要紧密配合，切实负起责任。要把发展民族地区教育工作纳入目标管理，作为考核领导干部政绩的重要内容。为加强对这项工作的领导和协调，省上成立四川省实施民族地区教育发展10年行动计划协调领导小组。民族地区各州、县也要建立相应的机构。要精心部署，认真组织，扎实工作，通过几届班子的不懈努力，务求实现民族地区教育发展10年行动计划确定的目标任务。

四川省人民政府关于实施《中华人民共和国民族区域自治法》的若干规定

川府发〔1986〕27号

四川省是一个多民族的省份，一亿多人口中有五十一种民族成份，其中世代居住在省内的少数民族十四种、四百多万人，居住区域占全省面积一半以上。民族聚居地区建有三个自治州、九个自治县，一百一十三个民族乡。散居在城乡的少数民族二十余万人。在我省全面贯彻执行《中华人民共和国民族区域自治法》，对于保障境内少数民族的平等权利和民族区域自治权利，进一步发展民族地区的政治和经济、文化等各项事业，巩固和发展平等、团结、互助的社会主义民族关系，促进全省各民族的共同繁荣具有十分重要的现实意义和深远的历史意义。为此，现根据民族区域自治法的有关规定和甘孜、阿坝、凉山三州在起草本州自治条例过程中提出的意见与要求，对若干问题作如下规定。

第一，全省各级政府机关必须认真学习、宣传和贯彻执行《中华人民共和国民族区域自治法》。它是处理中国民族问题的综合性的基本法律，它的基本任务是保障少数民族的平等权利和自治权利，正确处理统一与自治、上级国家机关和民族自治地方的关系。促进各民族的共同繁荣，发展平等、团结、互助的社会主义民族关系。

第二，必须充分尊重民族自治州、县的自治权利。省级各机关在制订工作方针、政策和处理日常事务时，要严格遵守《中华人民共和国民族区域自治法》的规定。凡涉及民族区域自治地方重大问题的决定，应征求自治机关意见，要积极主动地帮助民族区域自治地方发展经济、文化等建设事业。省级各机关的决议、决定、命令、指示，如有不适合民族区域自治地方实际情况的，自治机关可以报经上级批准，变通执行或停止执行。

第三，民族区域自治机关，在执行职能的时候，要从本地实际出发，进一步解放思想，实事求是，改进领导和工作作风，发扬自力更生，艰苦奋斗的革命精神，团结各族人民，调动一切积极因素，为加快区域自治地方社会主义建设步伐，为尽快提高各族人民的物质生活水平和科学文化水平而奋斗。

第四，民族区域自治机关，应当大力培养少数民族干部，逐步使民族干部的数量同少数民族人口所占比例相适应。并应大力培养少数民族的各项专业人才和技术工人，同时还应积极引进科学技术人才，采取特殊政策和优惠措施，鼓励各族干部安心在民族地区工作。省级部门要配备适当数量的少数民族干部，并选拔优秀干部担任领导工作。

第五，民族区域自治机关，根据省府规定的机构设置和编制控制指标，可以按照实际情况，自行确定和调整自治地方国家机关和事业单位和机构设置与编制员额，并报省府备案。

第六，民族自治地方的企业、事业单位在招收人员时，要优先吸收少数民族人员，并且可以从农村、牧区少数民族人员中招收。自治州、县从农村、牧区少数民族人口中招收人员，随着城镇待业人员就业安置，逐步增加从农村、牧区招收人员的比例，并注意保证招收人员的政治文化素质。

第七，民族区域自治机关在国家统一计划指导下，根据本地方的财力、物力和其他具体条件，有权合理安排基本建设项目。对地方基本建设项目的审定，除按规定必须上报国家批准的以外，自治机关可在省下达的投资控制总额和投资意向范围内自主确定。严格按照基本建设程序管理。

第八，省级各有关部门在制订各项经济和社会发展规划和年度计划投放资金时，应当照顾民族自治地方的特点和需要，放宽具体政策规定，不搞“一刀切”，内地有关的大市要继续搞好与民族地区的对口支援，积极扶持民族地区社会主义建设事业的发展。

第九，民族自治地方要在国家加强“宏观控制，微观搞活”原则的指导下，大力发展横向经济联系，开展与省内外的经济技术协作，促进本地方经济文化建设的发展。民族自治地方使用引进省内外的资金和自筹配套资金进行能源、交通以及各种开发性生产建设和旅游、商业服务设施建设，对现有企业进行技术改造，以及发展文化、教育事业，都可以自行安排实施，但必须加强可行性论证。

第十，民族自治地方依照国家规定，积极开展对外经济贸易活动。凡是完成省下达外贸计划的超额产品，非计划产品和四川省外贸部门不经营出口的小宗产品，民族自治地方可以在外贸统一归口的前提下，与外贸部门协商采取多口岸、多渠道、多形式灵活经营。所获外汇从优返还民族自治地方使用。

第十一，依照国家关于经济合同制改革的规定。省财政对三个民族自治州继续实行“划分税种，核定收支，差额补助，逐年递增”的财政管理体制。

第十二，依照民族区域自治法的规定。国家和省级有关部门在民族自治地方开发资源进行建设的时候，应注意兼顾自治地方的利益，并可通过协议的形式予以确认，这些企业留给自治地方的利润，可以不列入自治地方财政固定收入，不抵减上级补贴，作为自治地方发展工业建设的专项资金。

第十三，银行要按照《银行管理暂行条例》的规定，积极支持民族地方发展经济。允许民族地区的银行实行“多存多贷”的原则，即存教增加总额超过年度计划的部分，可用于除指令性计划指标以外的贷款项目。省级人民银行和专业银行在安排信贷计划时，要适当照顾民族地方的需要；在资金管理上，要适当扩大民族地方银行机构的权力。民族自治地方按规定经过上级人民银行批准，可以建立必要的非银行金融机构，有计划有管理地开放资金市场。民族地方各银行机构，要认真执行国家的金融政策，切实做好金融工作，努力办好优惠利率的贷款，积极为发展民族经济服务。

第十四，民族自治机关，根据《森林法》、《草原法》的规定，对本地方内的森林和草场，权属已经明确的，应通过核发证书，予以确认；对尚未明确权属或有争议的，有权依据法律规定，确定其所有权和使用权。为保护自然资源、维护生态平衡，把年采伐量控制在年生长量以内。省下达木材生产和调拨计划时，既要考虑国家经济建设的需要，又要照顾民族地区林业开发的实际情况，认真与自治机关协商确定，国家对民族地区的林业建设应给予必要的扶持；在森林资源开发、木材分配和林业基金使用方面，给予比一般地区更多的自主权和经济利益。省有关部门要加强对自治地方草原建设的领导和扶持。在不影响国家的统一规划前提下，对属于本地方的自然资源，可以优先合理开发利用。

第十五，民族自治机关应根据国家的有关方针和法律的规定，自主地发展民族教育事业，努力提高教学质量；自主地发展具有民族形式和民族特点的文化事业；自主地发展民族传统医药，开展民族传统体育活动，继承和发扬少数民族的优良文化传统，搞好社会主义精神文明建设，上级有关部门在安排发展计划的时候，也应根据民族自治地方的实际需要和特点，对自治地方从优给予照顾和扶持。

四、统计表

四川省民族乡基本情况一览表

表附-4

市（州）	民族乡名称	成立时间	面积（平方公里）	总人口（人）	少数民族人口（人）
泸州市	叙永县白蜡苗族乡	1984 年	22.20	2780	778
	叙永县合乐苗族乡	1984 年	89.11	11000	2841
	叙永县枧槽苗族乡	1984 年	81.40	11000	3068
	叙永县石坝彝族乡	1984 年	34.70	7866	1670
	叙永县水潦苗族乡	1984 年	83.10	20030	5450
	古蔺县箭竹苗族乡	1987 年	96	10246	1688
	古蔺县乌龙苗族乡	1987 年	31	4334	759
	古蔺县大寨苗族乡	1987 年	43	6295	1120
	古蔺县马嘶苗族乡	1987 年	41	6628	1405
宜宾市	筠连县高坪苗族乡	1984 年	33.60	6718	2070
	筠连县联合苗族乡	1984 年	39.20	7963	2580
	筠连县团林苗族乡	1984 年	49.50	6518	2020
	屏山县屏边彝族乡	1984 年	113	7716	3852
	屏山县清平彝族乡	1984 年	41	2940	1380
	兴文县沙坝苗族乡	1984 年	42	7280	2374
	兴文县毓秀苗族乡	1984 年	86.88	6669	1672
	兴文县大河苗族乡	1984 年	86.70	28523	3378
	兴文县麒麟苗族乡	1984 年	64.96	17611	4816
	兴文县仙峰苗族乡	1984 年	111.40	11245	2670
	珙县罗渡苗族乡	1993 年	41.03	13091	1944
	珙县玉和苗族乡	1984 年	25	5431	1640
	珙县观斗苗族乡	1989 年	20.43	4917	1020

续表附-4

市（州）	民族乡名称	成立时间	面积（平方公里）	总人口（人）	少数民族人口（人）
攀枝花市	仁和区大龙潭彝族乡	1984 年	260	15000	10080
	仁和区啊喇彝族乡	1984 年	171.17	9232	4982
	米易县麻陇彝族乡	1983 年	320	8118	5520
	米易县白坡彝族乡	1996 年	342.80	9719	3500
	米易县湾丘彝族乡	1984 年	122.26	13823	5722
	米易县新山傈僳族乡	1984 年	78.70	6934	1955
	盐边县格萨拉彝族乡	2005 年	339	11495	11038
	盐边县红果彝族乡	2005 年	284.33	13220	6625
	盐边县温泉彝族乡	1955 年	167.80	6560	5520
	盐边县和爱彝族乡	1950 年	80.20	5079	1710
	盐边县箐河傈僳族乡	2005 年	150.10	6001	2017
	盐边县敢鱼彝族乡	2005 年	272	7930	3281
	盐边县红宝苗族乡	1953 年	304	5077	4259
乐山市	金口河区共安彝族乡	1984 年	171	5383	2394
	金口河区和平彝族乡	1984 年	40.73	8300	1525
南充市	阆中市博树回族乡	1986 年	23	7856	3720
雅安市	汉源县小堡藏族彝族乡	2000 年	58	7236	2140
	汉源县坭美彝族乡	1985 年	66.60	2039	1019
	汉源县永利彝族乡	1985 年	87.20	3575	1200
	汉源县顺河彝族乡	1955 年	61.60	3100	2100
	汉源县片马彝族乡	1984 年	54.90	5274	1552
	石棉县安顺彝族乡	1985 年	195	6178	2333
	石棉县先锋藏族乡	1985 年	69.80	5601	1378
	石棉县蟹螺藏族乡	1982 年	197	3548	1925
	石棉县回隆彝族乡	1983 年	224.10	5670	1941
	石棉县擦罗彝族乡	1983 年	76.30	3890	1710
	石棉县栗子坪彝族乡	1981 年	515	3950	3870
	石棉县新民藏族彝族乡	1987 年	123	8274	2900
	石棉县挖角彝族藏族乡	1984 年	187.10	3473	1511
	石棉县田湾彝族乡	1985 年	155	3291	1135
	石棉县草科藏族乡	1985 年	360	2717	1352
	宝兴县硗碛藏族乡	1952 年	889	5216	4955

续表附-4

市（州）	民族乡名称	成立时间	面积（平方公里）	总人口（人）	少数民族人口（人）
绵阳市	平武县木皮藏族乡	1994 年	250	1163	863
	平武县木座藏族乡	1956 年	476	1650	990
	平武县白马藏族乡	1956 年	715	1509	1374
	平武县黄羊关藏族乡	1983 年	196	1624	539
	平武县虎牙藏族乡	1962 年	484	2500	900
	平武县泗耳藏族乡	1962 年	548	858	384
	平武县平南羌族乡	2003 年	97.50	2365	2100
	平武县徐塘羌族乡	2003 年	121	2711	2494
	平武县锁江羌族乡	2003 年	249	6997	6787
	北川县桃龙藏族乡	2001 年	69	3445	2828
	盐亭县大兴回族乡	1984 年	24.07	8260	2880
广元市	青川县蒿溪回族乡	1989 年	111.40	4012	1565
	青川县大院回族乡	1989 年	50.10	6064	1383
阿坝州	松潘县十里回族乡	1984 年	38.39	3086	1873
	松潘县进安回族乡	1984 年	32.97	5231	2878
甘孜州	九龙县子耳彝族乡	1984 年	353	3275	2185
	九龙县三垭彝族乡	1984 年	122	2586	2576
	九龙县俄尔彝族乡	1984 年	116	2156	2147
	九龙县小金彝族乡	1984 年	122	1878	1622
	九龙县朵洛彝族乡	1984 年	122	1202	835
	九龙县踏卡彝族乡	1984 年	319	3224	2922
	九龙县湾坝彝族乡	1984 年	535	5737	5039
凉山州	西昌市高草回族乡	1985 年	25	13289	3986
	西昌市裕隆回族乡	1985 年	44.09	16546	4487
	木里县屋脚蒙古族乡	1984 年	306.77	2124	2045
	木里县俄亚纳西族乡	1984 年	587	5545	4731
	木里县白碉苗族乡	1984 年	382.60	5902	5429
	木里县项脚蒙古族乡	1984 年	155	3173	2753
	木里县固增苗族乡	1984 年	388	3076	2634
	盐源县大坡蒙古族乡	1984 年	148.96	3824	2400
	德昌县金沙傈僳族乡	1984 年	52	2896	2727
	德昌县南山傈僳族乡	1984 年	39	1859	1832
	会理县新安傣族乡	1996 年	86	4209	3483
	冕宁县和爱藏族乡	1988 年	96	3115	1256
	越西县保安藏族乡	1984 年	34.22	4278	3039

1994—2004 年四川省哲学社会科学优秀成果奖民族研究成果一览表

表附-5

年份	成果名称	作者/单位	出版时间	获奖等级
1990	《汉彝词典》(工具书)	马黑木呷(省民委)、沈伍己(西南民院)、马明(省民研所)、谢志礼(西南民院)	四川民族出版社 1989 年	四川省第四次哲学社会科学优秀成果一等奖
	《滇西南边疆少数民族婚姻家庭制度与法的研究》(专著)	杨怀英、赵勇山、聂天职、丛培钟(西南政法学院)	法律出版社 1988 年	四川省第四次哲学社会科学优秀成果二等奖
1992	《关于调整四川藏区政策的研究报告》(调研报告)	李绍明(省民研所)、周锡银(省民研所)、周明禄(省民研所)、李星星(省民研所)、罗勇(中共成都市委党校)	《民族论丛》1991 年第 9 辑	四川省第五次哲学社会科学优秀成果二等奖
	《加快民族地区脱贫致富步伐探要》(论文)	何学湘	《西南民族学院学报(哲学社会科学版)》1990 年 3 期	四川省第五次哲学社会科学优秀成果三等奖
	《彝文字典》(工具书)	朱建新、潘正云(西南民院)	四川民族出版社 1990 年	
1994	《嘉戎语研究》(专著)	林向荣(阿坝师专)	四川民族出版社 1993 年	四川省第六次哲学社会科学优秀成果二等奖
	《川东西水土家》(专著)	李绍明(省民研所)、徐铭(西南民院)、李星星(省民研所)、冉光荣(四川联合大学,今四川大学)、张朴(省民研所)	成都出版社 1993 年	
	《历史时期西南经济开发与生态变迁》(专著)	蓝勇(西南师范大学)	云南教育出版社 1992 年	
	《当代凉山彝族的社会与家庭》(专著)	袁亚愚(四川联合大学)、袁兵(四川联合大学)、刘焰(凉山州委宣传部)、马尔子(凉山州民研所)、米吾作(省彝校)	四川大学出版社 1992 年	
	《中国悬棺葬》(专著)	陈明芳(省民研所)	重庆出版社 1992 年	四川省第六次哲学社会科学优秀成果三等奖
	《超越贫困的选择》(专著)	卿太金(凉山州财政局)、罗文杰(四川行政财贸管理干部学院)、杨化书(四川行政财贸管理干部学院)、谭豹(四川行政财贸管理干部学院)、张云强(凉山州金阳县财政局)	民族出版社 1993 年	
	《信息交换用彝文编码字符集》与《信息交换用彝文字符 15×16 点阵字模集及数据库》(资料书)	沙马拉毅(西南民院)、孙自强(省人大)、马黑木呷(省民委)、刘汝林(省外作者)、黄伟敏(省外作者)	中国标准出版社 1992 年	

续表附－5

年份	成果名称	作者/单位	出版时间	获奖等级
1994	《长江会变成第二条黄河吗?——对长江上游四川西部林区的考察报告》(调研报告)	李祎辉(省民委)、敖泽普(省民委)、余国耀(省外作者)	《长江流域资源与环境》第2卷第4期1993年	四川省第六次哲学社会科学优秀成果三等奖
	《民族文化与民族文学》(专著)	鲁云涛(西南民院)	云南民族出版社1992年	
1996	《藏传佛教的噶举派》(论文)	刘立千(民族出版社)	《中国藏学》1995年第4期	四川省第七次哲学社会科学优秀成果荣誉奖
	《加快攀西地区经济开发研究》(研究报告)	杨超(省委)、周振华(省社科院)、杜肯堂(四川联合大学)、解洪(省政府攀西川南资源开发办)、王小琪(省社科院)	西南财经大学出版社1995年	四川省第七次哲学社会科学优秀成果一等奖
	《李绍明民族学文选》(论文集)	李绍明(省民研所)	成都出版社1995年	
	《四川省凉山彝族自治州喜德县李子乡倮纠村的灵姆》(调查报告)	王康、吉克·则伙·史伙(西南民院)	台湾:施合郑民俗文化基金会1995年	四川省第七次哲学社会科学优秀成果三等奖
	《羌族文学史》(专著)	李明、林忠亮、王康、徐希平、梁银林(西南民院)	四川民族出版社1994年	
	《甘孜州稳定与发展研究》(专著)	杨嘉铭(康定民族师专)、金学文(甘孜州州委)杨文俊(甘孜州委党校)、林俊华(康定民族师专)、唐明钊(康定民族师专)	四川大学出版社1995年	
	《攀西裂谷上的生长点——攀枝花经济辐射及民族关系》(专著)	李星星(省民研所)、罗勇(成都市委党校)、张宽宏(攀枝花市委政研室)	四川民族出版社1995年	
	《达赖集团与国外藏胞研究》(研究报告)	李绍明(省民研所)、唐家卫(四川藏学研究所)、谢刚政(四川藏学研究所)、郭训明(四川藏学研究所)、仁真洛色(四川藏学研究所)	四川藏学研究所内部印1995年(省民委采纳)	
	《凉山彝族风俗》(专著)	伍精忠(省民研所)	四川民族出版社1994年	
	《西南基础教育改革与发展研究》(专著)	刘克兰(西南师范大学)、李承武(西南师范大学)、周鸿(西南师范大学)、李小融(四川教育学院)、周林(省教科所)	西南师范大学出版社1995年	
	《西南少数民族爱国斗争史》(专著)	李全中(西南民院)	四川大学出版社1995年	
	《木里藏族自治县志》(资料书)	买家友(木里县政协)、张锭桢(木里县志办)、边仕周(木里县政协)、杨偏初(木里县政协)、王章秀(木里县政府)	四川人民出版社1995年	

续表附－5

年份	成果名称	作者/单位	出版时间	获奖等级
1996	《凉山彝族礼俗》(专著)	王昌富(中央民族翻译局彝文室)	四川民族出版社 1994 年	四川省第七次哲学社会科学优秀成果优秀奖
	《民族政策教育纲要》(专著)	周锡银(省民研所)、朗维伟(省民研所)、冉光荣(四川联合大学)、张全昌(省民委政研室)、吴远容(成都市青羊区教研中心)	四川人民出版社 1994 年	
	《中国藏传佛教寺院》(专著)	冉光荣(四川联合大学)	中国藏学出版社 1994 年	
1998	《彝语大词典》(工具书)	《彝语大词典》编纂委员会	四川民族出版社 1997 年	四川省第八次哲学社会科学优秀成果一等奖
	《四川藏区双语教育与教学研究》(专著)	杨嘉铭、李能武、林俊华、唐明钊、王辉全(康定民族师专)	四川大学出版社 1996 年	四川省第八次哲学社会科学优秀成果二等奖
	《民族地区要坚定不移地走资源开发之路——四川民族地区工业发展路子问题探讨》(调研报告)	袁本朴(省民委)、常江(省民委)、李传林(省民委)、娄国庆(省建行)、赵克彬(省民委)	内部调研报告 1997 年 11 月印	
	《四川少数民族传统文化与教育》(专著)	关荣华(西南民院)	四川大学出版社 1997 年	四川省第八次哲学社会科学优秀成果三等奖
	《凉山彝族自治州跨世纪发展方略》(专著)	凉山州"九五"规划领导小组办公室	四川人民出版社 1997 年	
	《完善民族区域自治法问题研究》(专著)	周伟(省人大)、杨文(省人大)、陈健生(省人大)、钟剑麟(省人大)、王允武(西南民院)	四川人民出版社 1997 年	
	《四川苗族社会与文化》(专著)	郎维伟(省民研所)	四川民族出版社 1997 年	
	《阿坝州牧区教育的现状问题及其发展对策研究》(论文)	杨岭多吉(省政协)	载《四川藏学研究》,四川人民出版社 1997 年	
	《藏族一代学术大师——更敦群培文集精要》(译著)	格桑曲比(甘孜州民族干部学校)	中国藏学出版社 1996 年	
	《藏族文化散论》(论文集)	李学琴(西南民院)	西藏人民出版社 1996 年	
	《对彝族大学生社会化问题的思考》(论文)	蔡华(西南民院)	《西南民族学院学报·中华彝学研究专辑》1996 年 12 月	
	《城镇对西部民族地区乡村生活方式的影响——西藏两个城郊乡村农民生活变迁调查》(调研报告)	李涛(四川藏学研究所)	《学术季刊》1997 年第 4 期	
	《甘孜州志》(资料书)	甘孜州地方志办公室	四川人民出版社 1997 年	

续表附－5

年份	成果名称	作者/单位	出版时间	获奖等级
1998	《川西民族地区投资运行机制研究》（调研报告）	仰协、董洪清、刘斌、李进、丁利国（西昌农业高等专科学校，今西昌学院）	内部调研报告1997年印	四川省第八次哲学社会科学优秀成果优秀奖
	《四川当代少数民族小说诗歌创作研究》（系列论文）	徐其超、罗庆春（西南民院）	《民族文学》1996年第9期等	
	《平武县志》（资料书）	何代华（平武县志办）、李瑞平（平武县志办）、马永洪（平武县志办）、曾维益（平武县志办）、蒲大平（平武县县委）	四川科技出版社1997年	
	《藏族语文研究文集》（论文集）	胡书津（西南民院）	四川民族出版社1997年	
	《凉山——大西南开发的制高点》（专著）	李星星（省民研所）、罗勇（中共成都市委党校）、马尔子（凉山州民研究）、李锦（省民研所）、罗凉昭（省民研所）	四川民族出版社1997年	
	《藏传密宗气功——那若六成就法》（译著）	佘万治、万果（西南民院）	四川民族出版社1997年	
	《现实的民族新问题——对成都市无业人口滞蓉现象的思考》（论文）	来仪（西南民院）、木呷克哈（省司法厅）	《西南民族学院学报》1996年第5期	
	《我国西部民族地区可持续发展问题研究》（论文）	何景熙（四川大学）	《民族研究》1997年第2期	
2000	《攀西地区经济开发模式与政策研究》（专著）	杨超（省委）	西南财经大学出版社1999年	四川省第九次哲学社会科学优秀成果荣誉奖
	《四川高耗能工业发展研究》（专著）	袁本朴（省民委）、李传林（省民委）、常江（省民开办）、曾玉成（四川大学）、肖晓军（省政府）	四川人民出版社1999年	四川省第九次哲学社会科学优秀成果一等奖
	《凉山彝族哲学与社会思想》（专著）	苏克明、刘俊哲、张绍学、邓孝廷、苏连科（西南民院）	四川人民出版社1999年	四川省第九次哲学社会科学优秀成果二等奖
	《彝族尔比词典》（工具书）	沈伍已（西南民院）	四川民族出版社1999年	
	《中国藏族人口与社会》（专著）	程贤敏（四川大学）、李绍明（省民研所）、何景熙（四川大学）、左齐（四川大学）、易毅（四川大学）	中国藏学出版社1999年	

续表附－5

年份	成果名称	作者/单位	出版时间	获奖等级
2000	《西部民族地区经济发展战略与实践》(专著)	傅志康(中共雅安地委)	西南师范大学出版 1998 年	四川省第九次哲学社会科学优秀成果三等奖
	《凉山经济地理》(资料书)	仰协(西昌农业专科学校)、张旭(凉山州烟办)、张作哈(凉山州政府)、刘斌(西昌农业专科学校)、李剑(凉山州政府)	四川科技出版社 1998 年	
	《中国各民族原始宗教资料集成·土家族卷》(资料书)	李绍明(省民研所)、钱安靖(四川大学)	中国社会科学出版社 1998 年	
	《阿坝森工志》(资料书)	阿坝州林业局	四川美术出版社 1999 年	
	《邓小平民族理论与实践研究》(专著)	周锡银、张仆、李锦、罗凉昭、耿静(省民研所)	四川人民出版社 1999 年	
	《苗族服饰文化》(专著)	杨正文(西南民院)	贵族民族出版社 1998 年	
	《走出香巴拉——西藏"一江两河"流域乡村城镇化研究》(专著)	李涛(四川藏学研究所)	西藏人民出版社 1999 年	
	《彝族的三色文化》(论文)	曲比阿果(西南民院)	《西南民族学院学报》1999 年增刊	
	《〈民族区域自治法〉实施保障问题研究》(论文)	岳彩申(西南财经大学)、袁林(四川省广播电视大学)	《西南民族学院学报》1998 年第 5 期	
	《书信汇编》(藏文·古籍整理)	噶玛降村(康定民族师专)	四川民族出版社 1998 年	
	《浅谈阿坝州发展旅游业的潜力及对策》(论文)	杨秋、庄春辉(阿坝州委宣传部)	《阿坝州高等专科学校学报》1999 年第 1 期	四川省第九次哲学社会科学优秀成果优秀奖
	《我国少数民族地区党风廉政建设的几个问题》(调研报告)	欧可智、何后祥、李学东(省纪委)	《纪检监察调研》1999 年第 9 期	
	《彝族的竹崇拜文化——从彝族的祭竹词说开去》(论文)	罗曲(西南民院)	《西南民族学院学报》1999 年增刊	
	《浅谈民族地区经济报道个性》(论文)	龙德华(凉山日报)	《凉山日报》1998 年 8 月 25 日	
	《西藏原始艺术》(专著)	李永宪(四川大学)	四川人民出版社 1998 年	
	《伍湛民族学术论集》(论文集)	伍湛(省民研所)	四川世族出版社 1999 年	
	《四川古歌》(古籍整理)	德尔基彭错、阿尔五一、龙彦、古玉林、陶晓平(省委民族工委)	巴蜀书社 1999 年	
	《藏语里有补语吗?》(论文)	车谦(西南民院)	《西南民族学院学报》1999 年增刊	
	《西藏西部佛教文明》(专著)	霍巍(四川大学)	四川人民出版社 1998 年	

续表附-5

年份	成果名称	作者/单位	出版时间	获奖等级
2002	《族群记忆与多元创造——新时期四川少数民族文学》(专著)	徐其超、罗布江村、罗庆春(西南民院)	四川人民出版社 2001 年	四川省第十次哲学社会科学优秀成果二等奖
	《长江上游民族地区生态经济研究》(专著)	袁本朴(省民委)、李传林(省民委)、李锦(省民研所)、袁晓文(省民研所)、李星星(省民研所)	四川人民出版社 2001 年	
	《文明的困惑——藏族教育之路》(专著)	巴登尼玛(四川师范大学)	四川民族出版社 2000 年	
	《中国西部攀西地区农业经济可持续发展研究》(专著)	徐玖平、符礼建、朱毅、胡知能(四川大学)	四川教育出版社 2000 年	四川省第十次哲学社会科学优秀成果三等奖
	《民族区域自治与社会主义市场经济》(专著)	王允武(西南民院)	天地出版社 2000 年	
	《藏族族源与藏东古文明》(专著)	石硕(四川大学)	四川人民出版社 2001 年	
	《略论丽江木氏土司与噶玛噶举派的关系》(论文)	赵心愚(西南民院)	《思想战线》2001 年第 6 期	
	《西藏自治区群众体育的现状调查的发展规划》(论文)	霍红、孙淑惠、聂啸虎、王广虎、黎莎(成都体育学院)	《成都体育学院学报》2001 年第 6 期	
	《四川省志·民俗志》(资料书)	《四川省志·民俗志》编写组	四川人民出版社 2001 年	
	《四川省志·民族志》(资料书)	周锡银(省民研所)、李绍明(省民研所)、伍湛(省民研所)、冉光荣(四川大学)、冯敏(省民研所)	四川民族出版社 2000 年	
	《彝族民间文艺概论》(专著)	罗曲、李文华(西南民院)	巴蜀书社 2001 年	
	《四川藏区的开发之路》(专著)	冉光荣(四川大学)、徐君(四川大学)、冉翠(成都教育学院)、郎维伟(省民研所)、田兴敏(四川旅游学校)	四川人民出版社 2000 年	
	《计算机彝文信息处理》(工具书)	沙马拉毅(西南民院)	四川民族出版社 2000 年	
	《僰国与泸夷——民族迁徙、冲突与融合》(专著)	刘复生(四川大学)	巴蜀书社 2000 年	
	《凉山民族文化与旅游》(专著)	陆文熙(西昌师范高等专科学校,今西昌学院)、王安瑞(凉山州攀西办)、陈新华(四川科技出版社)、梁志德(凉山州社科联)、田秀山(西昌师范高等专科学校)	四川科技出版社 2001 年	
	《万户千门入画图——巴蜀少数民族文化》(专著)	冯敏(省民研所)	四川人民出版社 2001 年	

续表附－5

年份	成果名称	作者/单位	出版时间	获奖等级
2002	《关于凉山生态保护与财政问题的案例分析》（论文）	许正模、伍皎辉（凉山州财政局）	《财政研究》2000 年第 10 期	四川省第十次哲学社会科学优秀成果优秀奖
	《论泸沽湖摩梭人文化保护区的建立》（论文）	吕一飞（四川大学）	《旅游学刊》2001 年第 1 期	
	《四川藏区职业技术教育研究》（专著）	李能武、林俊华、唐明钊、詹先友、杨国君（康定民族师专）	四川大学出版社 2000 年	
	《凉山彝族非血缘亲属称谓试析》（论文）	巴且日火（凉山州民研所）	《民族语文》2000 年第 5 期	
	《阿坝州实施生态环境建设标志性工程的潜力、问题及途径》（论文）	杨秋（阿坝州州委）、紫腾嘉（西南民院）、庄春辉（阿坝州文化局）	《西藏研究》2001 年第 1 期	
	整顿旅游定点商店、促进四川旅游纪念品发展——九环线沿线调研报告》（调研报告）	白云升（西南财经大学）、李志明（江油国土资源局）、辜强国、白肖云（西南财经大学）	内部报告省政府采纳 2001 年	
	《西部大开发与兴边富民行动》（专著）	吴建国、马勇、肖琼（西南民院）	民族出版社 2001 年	
2004	《长江上游经济带西部大开发战略与政策研究》（专著）	刘世庆（省社科院）、罗宏翔（省社科院）、邓立新（成都市人民政府研究室）、郭岚（省社科院）、劳承玉（省社科院）	四川科学技术出版社 2003 年 2 月	四川省第十一次哲学社会科学优秀成果一等奖
	《中国古代民族融合问题研究》（专著）	陈玉屏、罗新本、张建世、来仪、陶斯文（西南民大）	四川民族出版社 2003 年 7 月	四川省第十一次哲学社会科学优秀成果二等奖
	《西部开发中西藏及其他藏区特殊性研究》（专著）	冉光荣（四川大学）、李涛（四川大学）、王川（四川师范大学）、杨振之（四川大学）、徐君（四川大学）	黑龙江人民出版社 2003 年 8 月	
	《退耕还林（草）利益补偿机制研究——以长江上游地区为例》（专著）	杨明洪（四川大学）、杜伟（四川师范大学）	四川人民出版社 2002 年 12 月	四川省第十一次哲学社会科学优秀成果三等奖
	《藏区政法队伍建设调研报告》（调研报告）	欧泽高（省政法委）	《省委领导 2002 年专题调研报告》，川新出内［2003］28 号	
	《凉山州彝汉双语教育发展的研究》（论文）	景志明（西昌学院）、张杜佳（凉山州卫校）、李道华（西昌学院）、胡清林（西昌学院）	《凉山大学学报》2002 年第 4 卷第 2 期	

续表附－5

年份	成果名称	作者/单位	出版时间	获奖等级
2004	《琉璃刻卷——丹巴莫斯卡〈格萨尔王传〉岭国人物石刻谱系》（专著）	罗布江村（西南民大）、赵心愚（西南民大）、杨嘉铭（西南民大）	四川民族出版社 2003 年 5 月	四川省第十一次哲学社会科学优秀成果三等奖
	《清季民国康区藏族文献辑要》（资料书）	赵心愚、秦和平（西南民大）	四川民族出版社 2003 年 7 月	
	《四川民族地区基础教育现状调查分析与对策研究》（调研报告）	袁晓文、杨健吾、李锦、罗凉昭、耿静（省民研所）	四川民族出版社 2003 年 12 月	
	《“稳藏必先安康”的历史新启示》（调研报告）	李锦、袁晓文（省民研所）	《国家民委要报》第 11 期 2002 年 9 月	
	《四川省散杂居民族工作调研报告集》（调研报告集）	省民族工委、省民委	2002 年 11 月被中共四川省委采用	
	《凉山彝族饮食文化概要》（资料书）	罗国清（凉山州人大）、列索（凉山州民族宗教委员会）、姚昌道（凉山州语言文学委员会）、吴应嵩（凉山州食品工业办）、王林吉（凉山州地方志办）	四川民族出版社 2002 年 7 月	
	《近代康藏重大事件史料选编》（资料书）	任新建（省社科院）	西藏古籍出版社 2001 年 12 月	
	《敦煌·西域古藏文社会历史文献》（译著）	刘忠（中国社科院）、杨铭（西南民大）	民族出版社 2003 年 3 月	
	《西部大开发与凉山生态环境保护、建设和利用战略研究》（专著）	阿什老轨（凉山州人大）、林如俊（凉山州委政研室）、彭徐（西昌学院）、刘锋（凉山州计委）、龙平（凉山州环保局）	中国文联出版社 2002 年 12 月	四川省第十一次哲学社会科学优秀成果优秀奖
	《凉山彝族自治州军事志》（资料书）	四川省凉山军分区	四川人民出版社 2003 年 4 月	
	《四川民族地区现代远程教育研究》（对策研究）	蔡世勤（省民委）、周发成（省民委）、王红接（成都市七中）、赵克彬（省委民族工委）、冯发贵（省委办公厅）	四川人民出版社 2002 年 11 月	

1994—2005 年四川省获国家社科基金立项的民族研究项目一览表

表附-6

项目名称	项目类别	立项时间	负责人	单位	项目成果
四川省少数民族地区个体、私营经济发展问题的调查研究	一般项目	1994—07—01	伍精忠	省民研所	
四川省彝藏地区中小学双语教学研究	一般项目	1994—07—01	胡书津	西南民院	四川省彝藏地区中小学双语教学研究
十至十三世纪中国西南地区的民族与民族关系研究	一般项目	1995—07—01	刘复生	四川大学	西南史地与民族
体制改革过程中民族区域自治制度的法制发展问题研究	重点项目	1996—07—01	罗通达	省人大常委	体制改革过程中民族区域自治制度法制发展问题研究
藏区黄金资源开发的历史地理研究	一般项目	1996—07—01	任新建	省社科院	藏区黄金资源的历史地理研究
川甘滇藏区扶贫综合效益研究	一般项目	1996—07—01	郎维伟	省民研所	川甘滇藏区扶贫综合效益研究
攀西地区开发模式及政策研究	一般项目	1997—04—15	周振华	省社科院	攀西地区开发模式及政策研究
凉山彝族道德研究	一般项目	1997—04—15	苏克明	西南民院	凉山彝族道德研究
藏文化与现代化——四川安多藏区可持续发展研究	一般项目	1998—05—01	巴登尼玛	四川师范大学	现代化的回声——四川安多藏区发展研究
攀西地区农业资源最优配置与综合开发的立体生态研究	青年项目	1998—05—01	徐玖平	四川大学	中国西部攀西地区农业经济可持续发展研究
长江上游民族地区天然林禁伐后发展生态经济研究	一般项目	1999—07—01	李绍明	省民研所	长江上游民族地区生态经济研究
川藏民族地区都市化进程与社会文化变迁研究	一般项目	2000—07—01	李星星	省民研所	川藏民族地区城镇化进程及社会文化变迁
藏传佛教尼众寺院调查报告	一般项目	2000—07—01	妮玛娜姆	四川大学	藏传佛教尼众及尼众寺院调研报告
西南少数民族传统造型文化资源保护与利用的调查	一般项目	2001—07—01	张建世	西南民院	西南少数民族民间工艺文化资源保护
四川民族地区基础教育现状调查分析与对策研究	一般项目	2001—07—01	袁晓文	省民研所	四川民族地区基础教育现状调查分析与对策研究
彝文的起源与发展史研究	一般项目	2001—07—01	朱建新	西南民院	彝文的起源与发展史研究
西南民族地区的毒品危害及其对策	一般项目	2002—07—01	秦和平	西南民院	西南民族地区的毒品危害及其对策
泸沽湖周边及香格里拉民族文化生态与经济协调发展	青年项目	2002—07—01	李锦	省民研所	民族文化生态与经济协调发展
长江上游四川横断山区生态移民研究	一般项目	2003—08—11	李星星	省民研所	长江上游四川横断山区生态移民研究
近代康藏民族关系史	一般项目	2003—08—11	任新建	省社科院	近代康藏民族关系史
西部大开发进程中四川少数民族地区完善人才竞争机制研究	西部项目	2004—11—22	祁晓玲	四川师范大学	民族地区人才竞争机制研究

表附-6

项目名称	项目类别	立项时间	负责人	单位	项目成果
羌族地区文化生态建设与经济社会发展研究	西部项目	2004—11—22	赵鹏程	西华师范大学	羌族地区文化生态建设与经济社会发展研究
四川民族地区技术创新体系建设研究	西部项目	2004—11—22	王康	西南民大	四川民族地区技术创新体系建设研究
西南民族地区城镇化进程中的社会文化变迁研究	一般项目	2004—05—09	蒋彬	西南民大	西南民族地区城镇化进程中的社会文化变迁研究
西南地区民族民间文化传承与保护项目实施效果研究	一般项目	2004—05—09	杨正文	西南民大	西南地区民族民间文化传承与保护项目实施效果研究
机遇与挑战:加快少数民族与民族地区经济社会发展	西部项目	2005—07—01	向传三	省社科院	
论藏族传统习惯法与社会主义法制建设的有机结合	西部项目	2005—07—01	索南才让	西南民大	论藏族传统习惯法与社会主义法制建设的有机结合
“藏彝走廊”地区民族互动与文化发展	重点项目	2005—05—18	石硕	四川大学	藏彝走廊的民族互动与文化多样性
西南少数民族金属工艺文化遗产保护调查研究	一般项目	2005—05—18	张建世	西南民大	西南少数民族银铜工艺文化保护与利用
四川民族地区水电工程移民政策创新研究	一般项目	2005—05—18	庄万禄	西南民大	四川民族地区水电工程移民政策研究
西部少数民族地区生态环境建设进程与其财政补偿机制的形成	青年项目	2005—05—18	钟大能	西南民大	西部少数民族地区生态环境建设进程与其补偿机制的形成

编后记

《四川省志·民族志（1986—2005）》（以下简称《民族志》）是四川省民族宗教事务委员会（以下简称省民宗委）牵头承编的一部省志分卷，由四川省民族研究所具体承编。2001年，在首轮《四川省志·民族志》出版后，志书续修工作纳入省志部门志试点，省民委按要求成立续修编纂班子，着手资料搜集工作，并完成大事记试写和审核。

2006年4月，《中共四川省委办公厅　四川省人民政府办公厅关于印发〈四川省志（1986—2000）〉编纂方案的通知》（川委厅〔2006〕4号）下发，启动第二轮《四川省志》编纂工作。2007年3月，《中共四川省委办公厅　四川省人民政府办公厅关于调整续修〈四川省志〉断限的通知》（川委办发电〔2007〕21号）将《四川省志》断限期由1986—2000调整为1986—2005。同年5月，作为省志分卷之一，《民族志》续修工作重新启动。省民委按《〈四川省志（1986—2000）〉编纂方案》要求，制定年度编纂工作计划，加强领导，精心组织，组建《民族志》编纂委员会及办公室，落实编写人员和专项经费，保障续修工作正常进展。

续修《民族志》得到四川省地方志编纂委员会（2015年7月更名为四川省地方志工作办办公室）的帮助和支持。在历任责任总编、责任编辑的悉心指导下，《民族志》编纂委员会办公室按《地方志书质量规定》《四川省志·编写细则》等编纂要求，根据20年来四川民族地区和少数民族改革发展进程及内容，设置了篇、章、节、目。同时，落实撰写人员责任，各篇章撰稿人员如下：统稿（袁晓文、罗凉昭），概述（李锦），第一篇第一章（苏红丽），第一篇第二章（蒋小琴），第一篇第三章（刘俊波），第二篇第一章、第十四章（罗凉昭），第二章、第十三章（陈东），第三章（耿静），第四章（张朴），第五章（尚云川），第六章、第九章（张利），第七章、第十章（何文海），第八章（罗凉昭、青松），第十一章、第十二章（刘俊波），大事记（罗凉昭、张朴），附录等其他内容分别由尚云川、耿静、张利、刘俊波撰写。各撰写人员严格按《民族志》续修工作方案、工作目标、工作计划开展工作。根据编写要求，分别前往凉山州、甘孜州、阿坝州以及攀枝花市、宜宾市、泸州市等散杂居民族地区调查，搜集了大量的第一手资料，为各篇的编写工作打下坚实基础。在各参编人员积极努力下，通过辛勤工作，完成各篇书稿的编写任务。

《民族志》编纂工作有三个方面的特点：一是省民宗委领导高度重视，始终将《民族志》续修作为一项重点工作来抓，及时落实编写人员和专项经费。在编纂过程中，相关领导主动关心编纂进展，听取工作汇报，及时解决存在的问题和困难。二是编纂委员会办公室悉心服务，为保质保量完成续修任务打下基础。一方面，编纂委员会办公室分期分批派遣撰写人员参加四川省地方志编纂委员会（四川省地方志工作办公室）组织的培训班，提高撰写人员的业务能力。另一方面，多次召开《民族志》续修编写人员业务会议，请首轮修志老专家进行业务指导，要求大家在写作中一定要突出民族特色、区域特色和20年来各民族团结进步事业取得的成就，充分反映少数民族的优秀文化；专稿要符合时代发展要求，注重反映时代精神和特征。三是编写人员认真负责，精益求精。编写人员高度重视志书编写工作，一些篇章在人员变动的情况下，继续团结合作，几易其稿，反复打磨，继承和发扬老一辈民族研究工作者吃苦耐劳、求真务实的奉献精神，保质保量完成编写任务。

《民族志》在编纂过程中，得到四川省直机关有关部门及民族地区各州、县、乡党委和政府的大力支持；得到四川大学图书馆、西南民族大学图书馆、四川省档案馆、四川省图书馆等单位的大力相助，谨致谢忱！本书使用的资料，除编写人员直接调查的以外，均引自历史文献和有关民族类书刊，我们特向以上著作的作者和出版者表示衷心感谢！本书图片由胡小平、邓风等人及甘孜州、阿坝州、凉山州等相关单位提供。

《民族志》续修工作虽已完成，但由于我们的水平有限，难免有一些疏漏和错误，敬请读者批评指正！

《四川省志·民族志（1986—2005）》
分卷编纂委员会
2020年9月